Uni-Taschenbücher 778

UTB

Eine Arbeitsgemeinschaft der Verlage

Birkhäuser Verlag Basel und Stuttgart
Wilhelm Fink Verlag München
Gustav Fischer Verlag Stuttgart
Francke Verlag München
Paul Haupt Verlag Bern und Stuttgart
Dr. Alfred Hüthig Verlag Heidelberg
Leske Verlag + Budrich GmbH Opladen
J. C. B. Mohr (Paul Siebeck) Tübingen
C. F. Müller Juristischer Verlag – R. v. Decker's Verlag Heidelberg
Quelle & Meyer Heidelberg
Ernst Reinhardt Verlag München und Basel
K. G. Saur München · New York · London · Paris
F. K. Schattauer Verlag Stuttgart · New York
Ferdinand Schöningh Verlag Paderborn
Dr. Dietrich Steinkopff Verlag Darmstadt
Eugen Ulmer Verlag Stuttgart
Vandenhoeck & Ruprecht in Göttingen und Zürich

Philosophische Arbeitsbücher
herausgegeben von Willi Oelmüller und Ruth Dölle

Erschienen sind:
Band 1, Diskurs: Politik (UTB 723)
Band 2, Diskurs: Sittliche Lebensformen (UTB 778)
Band 3, Diskurs: Religion (UTB 895)
Band 4, Diskurs: Geschichte (UTB 1007)

In Vorbereitung sind:
Diskurs: Kunst und Schönes
Diskurs: Sprache
Diskurs: Wissenschaft und Erkenntnis
Diskurs: Philosophische Anthropologie
Diskurs: Natur
Diskurs: Metaphysik
(Arbeitstitel)

Band 2

Willi Oelmüller, Ruth Dölle, Rainer Piepmeier

Diskurs: Sittliche Lebensformen

Ferdinand Schöningh
Paderborn · München · Wien · Zürich

Professor Dr. WILLI OELMÜLLER ist Ordinarius für Philosophie an der Gesamthochschule Paderborn und Lehrbeauftragter an der Universität Münster

RUTH DÖLLE ist Studiendirektorin und Fachleiterin für Philosophie und allgemeine Pädagogik in Münster und Lehrbeauftragte an der Gesamthochschule Paderborn.

Dr. RAINER PIEPMEIER ist Dozent für Philosophie an der Gesamthochschule Paderborn.

CIP-Kurztitelaufnahme der Deutschen Bibliothek

Philosophische Arbeitsbücher
hrsg. von Willi Oelmüller u. Ruth Dölle. –
Paderborn: Schöningh.
NE: Oelmüller, Willi [Hrsg.]
Bd. 2. Diskurs sittliche Lebensformen / Willi
Oelmüller . . . – 2. Aufl. – 1980.
(Uni-Taschenbücher; 778)
ISBN 3-506-99251-1

2. Auflage 1980

München · Wien · Zürich
Printed in Germany.
Satz: Dörlemann-Satz, Lemförde.
Gesamtherstellung: Ferdinand Schöningh, Paderborn.
Einbandgestaltung: Alfred Krugmann, Stuttgart.

Vorwort

Dieser zweite Band Philosophischer Arbeitsbücher für Schulen und Hochschulen enthält folgendes: Die Einleitung I: Versuch einer Orientierungshilfe für sittliche Lebensformen begründet innerhalb des Gesamtkonzepts der Reihe das Konzept dieses Bandes und die Auswahl der Autoren und Texte von der antiken Sophistik bis zu Foucault und Kolakowski. Sie macht hierbei einige historische und systematische Voraussetzungen der Argumentationen der ausgewählten Texte deutlich und ist damit eine erste Einführung in das Thema dieses Bandes. Sie stellt zugleich eine eigene These zur Diskussion, die selbstverständlich ebenso wie die anderen Beiträge des Bandes in einem philosophischen Diskurs auf ihre Leistungsfähigkeit und Grenzen hin geprüft werden muß. Die Einleitung II: Zur Verwendung dieses Bandes als Arbeitsbuch zeigt, wie man in Schulen und Hochschulen, in Akademien und beim Selbststudium mit den ausgewählten Texten arbeiten kann. Sie nennt und erläutert im dritten Teil verschiedene Themen für Kurse und Seminare und zeigt an Beispielen, wie Kurse und Kursabschnitte bzw. Seminare zu dem Thema ‚Sittliche Lebensformen‘ und ‚Ethik‘ inhaltlich und methodisch geplant und durchgeführt werden können. Beide Einleitungen bieten so verschiedene Hilfen für einen Diskurs: Sittliche Lebensformen, der selbstverständlich in verschiedenen Zusammenhängen und mit verschiedenen Gesprächspartnern in verschiedener Weise geführt werden muß. Sowohl diejenigen, die zum erstenmal sich mit diesem Thema beschäftigen, als auch diejenigen, die bereits Kenntnisse auf diesem Gebiet haben, finden in den beiden Einleitungen Anregungen.

Im Textteil werden unter dem Titel ‚Alteuropäische Gesellschaft‘ Texte von Antiphon, Platon, Aristoteles, Epikur, Diogenes, Seneca, Texte aus dem Neuen Testament, von Augustinus und Thomas von Aquin vorgestellt, unter dem Titel ‚Europäische Neuzeit‘ Texte von Descartes, Pascal, Mandeville, Kant, Fichte, Hegel, Kierkegaard, Mill, Schopenhauer. Der Teil ‚Ende der Neuzeit‘ enthält Texte von Nietzsche, Freud, Weber, Marcuse, Horkheimer, Apel, Lübbe, Sartre, Foucault, Skinner, Kolakowski. Unter den Texten werden einige Begriffe und Sachzusammenhänge kurz erläutert. Fremdwörter sind in der Regel nur dann erklärt, wenn sie nicht im Duden ‚Rechtschreibung‘ stehen.

Der Anhang enthält kurze Charakterisierungen wichtiger Lexika, Textsammlungen und allgemeiner Darstellungen, die bei einem Diskurs:

Sittliche Lebensformen hilfreich sein können. Zu den Autoren des Bandes werden biographische Angaben gemacht und einige wenige, möglichst kontroverse Interpretationen vorgestellt. Das Sachregister beschränkt sich auf solche Begriffe, die einige Gemeinsamkeiten und Differenzen sowie vergleichbare Problemstellungen und Problemlösungen bei den Autoren deutlich machen. Fragen und Ethik und des Sittlichen und solche der Gesellschaft und Politik lassen sich der Sache nach nicht voneinander trennen. Dies zeigen die Philosophien und Wissenschaften, die sich in Geschichte und Gegenwart mit diesen Fragen beschäftigen. Der Band ‚Diskurs: Sittliche Lebensformen' beschäftigt sich daher auch mit Fragen, für die der Band ‚Diskurs: Politik' Materialien bereitstellt. Andererseits behandelt auch der Band ‚Diskurs: Politik' Fragen und Ethik und der sittlichen Lebensformen.

Alle Texte sind mehrfach im Unterricht und in Seminaren an Schulen und Hochschulen behandelt worden. Die Auswahl der Texte sowie die Art der Einleitungen und Kommentierung wurden ausführlich besprochen mit Schülern, Studenten, Lehrern und Hochschullehrern. Für ihre Mitarbeit und ihre Anregungen gilt wieder besonderer Dank Schülern des Freiherr vom Stein-Gymnasiums Münster und Studenten der Gesamthochschule Paderborn sowie der Universität Münster. Entscheidende Anregungen haben auch diesmal vor allem die Mitglieder eines Kolloquiums an der Universität Münster geliefert, an dem Doktoranden, Assistenten und Lehrer teilnehmen. Dank für die Hilfe beim Korrekturlesen gilt auch Mitarbeitern an der Gesamthochschule Paderborn, besonders stud. phil. Hans Legner und stud. phil. Franz-Josef Nettelnbreker.

Inhaltsverzeichnis

Einleitung I

Willi Oelmüller

Versuch einer Orientierungshilfe für sittliche Lebensformen

> Nicht ohne Grund scheint man das Gute und die Glückseligkeit an den Lebensformen abzulesen.
> Aristoteles, Nikomachische Ethik
>
> Die wissenschaftliche Sicht des Menschen bietet erregende Möglichkeiten. Wir haben noch nicht erkannt, was der Mensch aus dem Menschen machen kann.
> B. F. Skinner, Jenseits von Freiheit und Würde

Diese Einleitung beschäftigt sich mit folgenden fünf Themen:

1. einige allgemeinere Überlegungen zum Thema;
2. die seit dem Ende der Neuzeit verschärfte Spannung zwischen Traditionskritik und Traditionsbewahrung und ihre Folgen für sittliche Lebensformen und Institutionen sowie für die sie rechtfertigenden letzten Orientierungssysteme;
3. die hier zur Diskussion gestellte These und eine erste Bestimmung der für sie zentralen Begriffe sittliche Lebensform und Orientierungssystem auf einer relativ abstrakten Ebene;
4. die Rekonstruktion des inneren Zusammenhangs sowie der historischen Genese und des Wandels von drei gegenwartsrelevanten Orientierungssystemen, die man zunächst sehr knapp und erläuterungsbedürftig Natur, christlicher Schöpfer- und Erlösergott und Menschenrechte nennen kann;
5. einige in diesem Zusammenhang nicht erörterte Fragen.

1. Wer heute von der Philosophie aus einen Versuch einer Orientierungshilfe für unsere sittlichen Lebensformen und Institutionen zur Diskussion stellt, unterstellt mindestens dreierlei:

- Für Einzelne und soziale Gruppen (z. B. Freunde, Arbeitskollegen, Familien, soziale Minderheiten, Rassen, Völker) gibt es Orientierungskrisen ihrer sittlichen Lebensformen und Institutionen, und Menschen haben wie Menschen eh und je das Bedürfnis, solche Krisen zu bewältigen oder auch nur zu verdrängen. Dies ist trivial, es kann im Ernst nicht bestritten werden und wird es auch nicht. Immer schneller und radikaler schwindet, besonders in den entwickelten Industriegesellschaften, aber nicht nur hier, die Überzeugungskraft bisher anerkannter sittlicher Lebensformen und Institutionen sowie der letzten Orientierungssysteme, in deren Rahmen Menschen bisher diese Lebensformen und Institutionen gerechtfertigt und kritisiert haben, ohne daß wir bereits überzeugende neue besitzen, die wie die tradierten für die Einzelnen und die sozialen Gruppen Integrations- und Legitimationsaufgaben erfüllten. Dies führt zu einer Reihe für die Gegenwart spezifischer Orientierungskrisen und Handlungskonflikte auf verschiedenen Ebenen. Jeder kann oder könnte auf Grund seiner alltäglichen Erfahrungen und Informationen durch verschiedene Medien hierfür hinreichend viele Beispiele angeben: Beispiele aus seinem alltäglichen Zusammenleben mit Freunden und in der Liebe; Beispiele aus den verschiedenen sozialen Institutionen und Systemen, z. B. aus der Familie, der Wirtschaft, dem Recht, der Politik, der Erziehung, der Religion, der Kunst und Literatur, der Wissenschaft. Auch für folgendes kann oder könnte jeder hinreichend viele Beispiele angeben: Menschen versuchen heute, ihre ungelösten Orientierungskrisen und Handlungskonflikte je nach Raum, Zeit und sozialer Schicht auf verschiedene Weise zu bewältigen oder auch nur zu verdrängen: durch Tabus und Mythen des Alltags, durch alte und neue Ideologien, durch überlieferte religiöse und philosophische Orientierungssysteme, durch Kunst und Literatur, durch kollektive und private ‚Zwangsneurosen' (Freud), durch mehr oder weniger bewährte ‚Hilfskonstruktionen' (Fontane), oder einfach durch verschiedene Mittel der ‚Kultur der Analgetika' (Kolakowski).

– Es gibt noch Menschen, z. B. Schüler, Studenten und Lehrer, aber nicht nur diese, die Muße, d. h. freie Zeit und Interesse dafür haben, in einem Diskurs, der natürlich je nach Situation und Kreis der Gesprächsteilnehmer verschieden ist, mit Gründen bestimmte traditionelle sittliche Lebensformen und Institutionen zu kritisieren bzw. zu akzeptieren oder nach neuen zu suchen. Zweifellos gibt es auch in den entwickelten Industriegesellschaften, in der viele von unmittelbarer Lebensnot befreit sind, wenige, viel zu wenige, die überhaupt in der Lage oder auch nur dazu bereit sind, einen Diskurs zu führen über ihre problematisch gewordenen sittlichen Lebensformen und Institutionen. Unfähig zu einem solchen Diskurs ist z. B., wer durch harte Arbeit oder wegen Arbeitslosigkeit all seine Kräfte und Zeit für die Bewältigung seiner unmittelbaren Lebensnot verwenden muß. Unfähig sind aber auch diejenigen, die durch fremdes oder eigenes Verschulden nicht nur in ihrer Arbeitswelt, sondern auch in ihrer Freizeitwelt immer bewußtloser und sprachloser ‚von außen' gesteuert leben.

Der in der europäischen Kultur und Zivilisation vor zweitausendfünfhundert Jahren mit der griechischen Philosophie begonnene Versuch, argumentativ in einem Diskurs nach letzten Rechtfertigungs-

und Kritikgründen des sittlichen Lebens und der sozialen Institutionen zu suchen, war, wie wir inzwischen wissen, ein biologisch-anthropologisch durchaus nicht notwendiger und weltgeschichtlich sehr später Orientierungsversuch, der von sehr voraussetzungsreichen soziokulturellen Bedingungen abhing und abhängt. Die Menschen brauchen wegen ihres spezifischen biologisch-physiologischen Antriebsreservoirs allein zur Ausbildung und Sicherung ihrer personalen und sozialen Identität und ihres Überlebens tradierte Lebensformen, Institutionen und Orientierungssysteme. Sie brauchen jedoch nicht notwendig philosophische Diskurse zur Rechtfertigung und Kritik ihrer Lebensformen und sozialen Institutionen und der sie rechtfertigenden letzten Orientierungssysteme. Dies ist eine sehr voraussetzungsreiche Errungenschaft der Menschen, die man sowohl als Fortschritt als auch als Verfall gedeutet hat.

– Es gibt Gründe dafür, warum die gegenwärtig von den Philosophien und handlungsbezogenen Wissenschaften entwickelten neuen Orientierungshilfen zumindest bisher viele Fragen offenlassen und warum man daher, an den ungelösten Problemüberhang dieser Philosophien und Wissenschaften anknüpfend, versuchen sollte, einen neuen Ansatz einer Orientierungshilfe zu entwickeln und ihn zur Diskussion zu stellen. Es ist sicher unbestritten, daß es zur Zeit auf der Ebene der Philosophien und Wissenschaften keine in sich kohärente Theorie und kein von allen anerkanntes und praktiziertes Verfahren gibt, mit dem man die Krise der sittlichen Lebensformen und Institutionen sowie die Krise der Orientierungssysteme zureichend beschreiben oder gar erklären, geschweige denn bewältigen kann. Philosophen, Sozial- und Humanwissenschaftler, die den gegenwärtigen Stand des Bewußtseins und der ausdifferenzierten Lebensverhältnisse nicht unterbieten wollen, reagieren auf die angedeuteten Krisen, sehr vereinfacht formuliert, auf dreifache Weise: Die einen versuchen, trotz aller vor allem durch Modernisierungsprozesse in den entwickelten Industriegesellschaften faktisch vollzogenen Traditionsbrüche und trotz aller berechtigten Kritik an bestimmten inhumanen Traditionen durch mehr oder weniger differenzierte Interpretationskünste und Bewahrungsversuche bestimmte in der Geschichte entwickelte inhaltliche Lebensformen und Orientierungssysteme gegenwartsrelevant neu zu rechtfertigen, so daß sie auch jetzt für Menschen fruchtbar gemacht werden können. Voraussetzung all dieser Versuche ist, daß das Arsenal der uns historisch vorgegebenen inhaltlichen Traditionen für Gegenwartsorientierungen noch nicht erschöpft ist – wenn dies sicher auch nicht mehr für so viele Menschen wie bisher gilt. Andere entwickeln neue formalere Beschreibungs- und Rechtfertigungsverfahren für das, was nun noch als Recht und Sitte gelten soll. Voraussetzung all dieser Verfahren ist die Annahme, daß nach dem Ende der Überzeugungskraft aller inhaltlichen Traditionen allein noch formalere Verfahren Rechtfertigungs- und Legitimationskraft besitzen. Wieder andere ziehen mehr oder weniger skeptische Konsequenzen aus dem Kompetenzverlust der handlungsorientierenden Philosophie und der Human- und Sozialwissenschaften. Voraussetzung aller mehr oder weniger skeptischen Positionen ist die Annahme, daß der Prozeß der Subjektivierung, ja Funktionalisierung der Vernunft und die damit zusammenhängende sogenannte Wertfreiheit der Wissenschaften irreversibel ist und daß auch ein anderes Denken, etwa ein andenkendes Denken (Heidegger) für die Bewältigung von Orientierungskrisen und Handlungskonflikten nicht mehr hilfreich sein kann.

2. Der im folgenden zur Diskussion gestellte Versuch einer Orientierungshilfe geht aus von einem ungelösten Problem in unserer Lebenswelt und in den Wissenschaften, das seit dem Ende der Neuzeit direkt oder indirekt immer wieder erörtert wird: Durch die Subjektivierung und Funktionalisierung der Vernunft sowie durch Modernisierungsprozesse der entwickelten Industriegesellschaften schwindet einerseits auf der Ebene der Wissenschaften, aber auch auf anderen Ebenen, die Überzeugungskraft inhaltlicher Traditionen; es gibt jedoch andererseits auf allen Ebenen sehr gewichtige Argumente gegen die Geschichtslosigkeit der total verwalteten Gesellschaft bzw. die posthistoire. Die Verschärfung der Spannung zwischen Traditionskritik und Traditionsbewahrung bzw. Traditionstransformation bedeutet daher nicht notwendig das Ende aller weiteren Diskussionen zu dem Thema Normenbegründung bzw. Normendurchsetzung und Geschichte.
Die Begriffe Ende der Neuzeit, alteuropäische Gesellschaft und europäische Neuzeit sind, wie in Nr. 44 (S. 267–309) und Nr. 18 (S. 9–53)[1]gezeigt wurde, Epochenbezeichnungen, die weder Widerspiegelungen objektiver Geschichtszäsuren sind noch in sich geschlossene Epocheneinheiten innerhalb einer entweder als Fortschritts- oder Verfallsprozeß gedeuteten einlinigen, irreversiblen, kausal erklärbaren universalen Welt- und Menschheitsgeschichte. Zahlreiche neuere Forschungen verschiedener Wissenschaften zum Begriff Geschichte, zu be-

1 Die mit ‚Nr.' bezeichnete Zahl benennt das Buch mit gleicher Nummer aus dem Anhang. Einfache Zahlenangaben beziehen sich auf Seiten dieses Buches.

stimmten sachlichen Problemen und zu bestimmten historischen Zusammenhängen haben überzeugend gezeigt, warum solche und andere Annahmen neuzeitlicher Geschichtsphilosophien bzw. des durch ihn ermöglichten Historismus wissenschaftlich unhaltbar sind (Nr. 1, Nr. 2, Nr. 44). Die hier verwendeten drei Epochenbegriffe versuchen lediglich, bestimmte Ereignisse, Prozesse und Phänomene der ‚Basis' und des ‚Überbaus', die trotz aller Kontinuitäten und Diskontinuitäten im einzelnen für bestimmte Räume, Zeiten und soziale Schichten kennzeichnend und für die Genese und für das Verständnis unserer gegenwärtigen Welt entscheidend sind, gegenwartsrelevant auf den Begriff zu bringen.

Die ausgewählten Texte zum ‚Ende der Neuzeit' und die Einleitung II zeigen an Beispielen, daß trotz aller Diskontinuitäten auch heute vieles von dem, was in der bisherigen Geschichte, vor allem in der Geschichte der europäischen Kultur und Zivilisation entwickelt und erörtert wurde, für uns nicht einfach erledigte Vergangenheit ist. Im Gegenteil, die heute geführten Diskussionen über die Themen Freiheit, Gewissen, Glück, Böses, Zweck-Mittel, Selbsterhaltung des Einzelnen und der Gattung, ferner der Streit zwischen denen, die eine wissenschaftliche Letztbegründung von sittlichen Normen für möglich bzw. für unmöglich halten, sowie der Streit zwischen denen, die ausgehen von handelnden und in bestimmter Weise verantwortlichen Subjekten bzw. von subjektlosen Strukturen, Systemen, Prozessen und Verhaltensweisen, all dies ist unverständlich ohne die vor allem in der europäischen Geschichte ausgebildeten gegenwartsrelevanten inhaltlichen Traditionen. Die Spannung zwischen Traditionskritik und Traditionsbewahrung ist nicht neu. Sie gehört zu allen uns bekannten Kulturen und Zivilisationen. Sowohl primitive Gesellschaften als auch Einzelne, soziale Gruppen und soziale Institutionen in entwickelteren und differenzierteren Kulturen und Zivilisationen haben diese Spannung, wenn auch in sehr verschiedener Weise, lösen müssen. Der Grund hierfür ist einfach und elementar: Menschen besitzen zwar in ihrem biologisch-physiologischen Antriebsreservoir sehr allgemeine Rahmenbedingungen des Lebens, die alle Kulturen und Zivilisationen respektieren müssen, wenn Menschen überhaupt überleben wollen. Um jedoch konkret leben und überleben zu können, brauchen Menschen selbst dann, wenn sie gegen bestimmte Traditionen revoltieren, ein durch Sprache, Symbole und Institutionen und d. h. eben durch Traditionen vorgegebenes und erlernbares Arsenal von Erfahrungs-, Lebens- und Handlungsmöglichkeiten. Menschen können, wenn sie leben und überleben wollen, nicht jedesmal absolut von vorn anfangen, und sie können nicht alles, vor allem nicht alles zur gleichen Zeit, zur Disposition stellen.

Dies ist eine Einsicht, die zur Zeit nicht nur bei Traditionalisten und Hermeneutikern, sondern auch bei vielen Kybernetikern und Systemtheoretikern unbestritten ist. Drei Beispiele hierfür: Kolakowski beschreibt diesen Tatbestand so:

,,Mein allgemeiner Leitsatz ist einfach und gar nicht neu. Es gibt zwei Umstände, deren wir uns immer gleichzeitig erinnern sollen: Erstens, hätten nicht die neuen Generationen unaufhörlich gegen die ererbte Tradition revoltiert, würden wir noch heute in Höhlen leben; zweitens, wenn die Revolte gegen die ererbte Tradition einmal universell würde, werden wir uns wieder in den Höhlen befinden. Der Kult der Tradition und der Widerstand gegen die Tradition sind gleichermaßen unentbehrlich für das gesellschaftliche Leben; eine Gesellschaft, in der der Kult der Tradition allmächtig wird, ist zur Stagnation verurteilt; eine Gesellschaft, in der die Revolte gegen die Tradition universell wird, ist zur Vernichtung verurteilt.“ (378)

Luhmann schreibt: Weil unsere endliche Kapazität zur Reduktion der immer größeren Komplexität unserer Lebenswelt zu gering ist, ist die ,,Übernahme der Geschichte als Handlungsgrundlage“ zwingend notwendig. Marquard schreibt dazu:

,,Das ist – systemtheoretisch präzisiert – nichts anderes als der Grundgedanke des hermeneutischen Ansatzes in der modernen Philosophie: nur indem das geschichtlich Vorhandene ‚immer schon‘ ohne Zutun als Vorgabe da ist, hat das eigene Zutun eine Chance; kein Mensch kann absolut von vorne anfangen, jeder muß . . . an das anknüpfen, was schon da ist: Zukunft braucht Herkunft.“[2]

Neu ist am Ende der Neuzeit dies, daß die Spannung zwischen Traditionskritik und Traditionsbewahrung größer geworden ist und daß die fatalen Konsequenzen einer Totalkritik der Traditionen, aber auch einer undifferenzierten pauschalen Bewahrung von Traditionen für unsere sittlichen Lebensformen und Institutionen deutlicher geworden sind. Dies sei an Argumentationen von so verschiedenen Denkern wie Nietzsche, Freud, Foucault, Skinner und Kolakowski beispielhaft kurz erläutert. Diese Einleitung und auch die Einleitung II (3. Teil) gibt zu den Argumentationen einiger (nicht zu allen) in diesem Band präsentierter Autoren historische und systematische Hinweise. Diese Hinweise sind dem Umfang und der Art nach verschieden; sie wollen Hilfen zu verschiedenen Interpretationen liefern.

Nietzsche formuliert besonders deutlich und wirkungsgeschichtlich folgenreich Probleme und Folgeprobleme der sittlichen Lebensformen und Institutionen, die seit dem Ende der Neuzeit erörtert werden.

---

2 O. Marquard, Ende des Schicksals? Einige Bemerkungen über die Unvermeidlichkeit des Unverfügbaren, in: Schicksal? Grenzen der Machbarkeit, dtv 1236, München 1977, S. 15–16

Darin stimmen heute Theisten und Atheisten, Bürgerliche und Sozialisten, Konservative und Progressive weithin überein. Nietzsches Entlarvungsgenealogien der Entstehungsbedingungen und „Entstehungsherde“ der, wie er meinte, kurzen moralischen Periode der Menschheit, der „zweitausendjährigen Geschichte“ (264), die in Europa bei den Juden und Griechen begann und nun zu Ende gehe, arbeitet mit vielen ihm und seiner Zeit zur Verfügung stehenden wissenschaftlichen Methoden: mit biologischen, physiologischen, psychologischen, linguistischen, sozialen und historischen. Wie man auch immer seine durchaus nicht konsistenten – auch innerhalb seiner Entwicklung nicht konsistenten – Therapievorschläge für die Zeit, seine Programme und Prognosen: Heraufkunft des Nihilismus, Umwertung aller Werte, Rehabilitierung des Lebens sowie des Willens zur Macht, des amor fati, der ewigen Wiederkehr des Gleichen deuten mag: Nietzsches Diagnose des Endes der in der europäischen Hochkultur und in der Neuzeit entwickelten sittlichen Lebensformen und Institutionen und der sie legitimierenden höchsten Werte und Ideale reflektiert in besonders prägnanter Weise Probleme des Endes der Neuzeit, die bis heute nicht nur in der Wissenschaft, sondern vor allem auch in der Kunst und Literatur ungelöst weitertreiben. Nietzsche selbst ist sich dessen bewußt. Er versteht sich als „Seismograph“ eines Kontinuitätsbruchs der Geschichte, der, wie etwa die Rede des ‚tollen Menschen‘ zeigt, unzeitgemäß ist und von den Zeitgenossen nicht begriffen wird. An zwei Aussagen sei dies deutlich gemacht:

„Ich kenne mein Los. Es wird sich einmal an meinen Namen die Erinnerung an etwas Ungeheures anknüpfen – an eine Krisis, wie es keine auf Erden gab, an die tiefste Gewissens-Kollision, an eine Entscheidung, heraufbeschworen gegen alles, was bis dahin geglaubt, gefordert, geheiligt worden war. Ich bin kein Mensch, ich bin Dynamit. – Und mit alledem ist nichts in mir von einem Religionsstifter.“[3]

„Was ich erzähle, ist die Geschichte der nächsten zwei Jahrhunderte. Ich beschreibe, was kommt, was nicht mehr anders kommen kann: die Heraufkunft des Nihilismus. Diese Geschichte kann jetzt schon erzählt werden: denn die Notwendigkeit selbst ist hier am Werke. Diese Zukunft redet schon in hundert Zeichen, dieses Schicksal kündigt überall sich an; für diese Musik der Zukunft sind alle Ohren bereits gespitzt. Unsere ganze europäische Kultur bewegt sich seit langem schon mit einer Tortur der Spannung, die von Jahrzehnt zu Jahrzehnt wächst, wie auf eine Katastrophe los: unruhig, gewaltsam, überstürzt: einem Strom ähnlich, der ans Ende will, der sich nicht mehr besinnt, der Furcht davor hat, sich zu besinnen. – Der hier das Wort nimmt, hat umgekehrt nichts

3 F. Nietzsche, Werke in drei Bänden, hrsg. v. K. Schlechta, München 1956, Bd. 2, S. 1152. Die folgenden Nietzsche-Zitate ‚a.a.O.‘ beziehen sich auf diese Ausgabe.

bisher getan als sich zu besinnen: als ein Philosoph und Einsiedler aus Instinkt, der seinen Vorteil im Abseits, im Außerhalb, in der Geduld, in der Verzögerung, in der Zurückgebliebenheit fand; als ein Wage- und Versucher-Geist, der sich schon in jedes Labyrinth der Zukunft einmal verirrt hat; als ein Wahrsagevogel-Geist, der zurückblickt, wenn er erzählt, was kommen wird; als der erste vollkommene Nihilist Europas, der aber den Nihilismus selbst schon in sich zu Ende gelebt hat, – der ihn hinter sich, unter sich, außer sich hat." (a.a.O. Bd. 3, S. 634)

Der Nihilismus ist für Nietzsche kein zufälliges, jedermann unmittelbar einsichtiges Geschichtsverhängnis, sondern die zu Ende gedachte Logik der in der europäischen Kultur und Zivilisation entwickelten großen Werte und Ideale. Auf die immanente Logik und Dialektik des europäischen Rationalisierungsprozesses berufen sich auch andere Gegenwartsanalysen: idealistische und materialistische Fortschrittstheorien, aber auch Verfallstheorien, z. B. Adorno bei seiner Deutung der total verwalteten Gesellschaft und Gehlen bei seiner Deutung der posthistoire.

Wer *Nietzsche* und *Freud* liest, erkennt trotz unübersehbarer Differenzen fundamentale Gemeinsamkeiten in der Beurteilung gegenwärtiger Lebens- und Handlungsbedingungen, die sich von denen der alteuropäischen Gesellschaft, aber auch von denen der europäischen Neuzeit unterscheiden. Zwei Differenzen, die das Medium der Mitteilungen ihrer Erfahrungen und Einsichten sowie die Sache betreffen, lassen sich kurz so kennzeichnen:

- Nietzsche schreibt durchweg essayistisch und aphoristisch, oft – vor allem in seinen frühen und späten Arbeiten, aber nicht nur hier – mit Metaphern und Bildern und in verschiedenen Masken. So wenn er z. B. im Stil vorsokratischer Dichter und Denker oder im biblischen Redestil die Überwindung des europäischen Verfallsprozesses verkündet. Der Verfallsprozeß begann nach Nietzsche mit der griechischen Philosophie und der jüdisch-christlichen Religion. Die bekannten Thesen und Botschaften zur Überwindung dieses Verfallsprozesses lauten: Dionysisches gegen Apollinisches, Dionysos gegen den Gekreuzigten, Also sprach Zarathustra, der Antichrist, der Übermensch, die ewige Widerkehr des Gleichen, amor fati. Das hat man, je nach Standpunkt, existentialistisch (Jaspers), seinsgeschichtlich (Heidegger [Nr. 122–125]), stoisch (Löwith [Nr. 127–128]) oder gesellschaftlich-politisch (Lukács [Nr. 129], Holz [Nr. 126]) interpretiert. Einig ist man sich hierbei darin, daß Nietzsche sehr bewußt seine lebens- und handlungsrelevanten Erfahrungen und Einsichten durchweg in einem sprachlichen Medium formuliert, das wissenschaftliche Methoden und Ergebnisse zwar einbezieht, den Rahmen

alteuropäischer und vor allem neuzeitlicher Rationalität und Wissenschaft jedoch sprengt.
Freud dagegen formuliert seine Einsichten streng wissenschaftlich, zumeist im Denk- und Begriffsrahmen der von ihm entwickelten Psychoanalyse. Manchmal spricht er zwar quasimythologisch vom ,,Kampf zwischen Eros und Todestrieb"[4] oder von ,,unserem Gott Logos" (a.a.O. S. 187). Oft formuliert er seine Einsichten in einem ,,szientistischen Selbstmißverständnis" (Habermas) und mit einem behavioristisch verkürzten (Ricoeur [Nr. 134]) Wissenschafts- und Realitätsbegriff. Nach dem Ende der religiösen und philosophischen Illusionen und der neuzeitlichen gesellschaftlich-politischen Utopien können wir nach Freud nur noch durch die Wissenschaft etwas Verläßliches ,,über die Realität der Welt erfahren, wodurch wir unsere Macht steigern und wonach wir unser Leben einrichten können" (a.a.O. S. 188).

- Nietzsche und Freud unterscheiden sich jedoch nicht nur in der Verwendung ihrer sprachlichen Darstellungsmittel, sondern auch in ihrer Analyse der am Ende der Neuzeit ungelösten Probleme. Hierfür drei Beispiele:
- Für beide gibt es weder im Hinblick auf unsere letzten theoretischen Wirklichkeitsinterpretationen noch auf unsere letzten lebens- und handlungsrelevanten Orientierungssysteme eine absolute oder auch nur intersubjektiv akzeptable immergültige Wahrheit. Für Freud ist dadurch die Wissenschaft nicht in Frage gestellt; Wissenschaft spiegelt für ihn keinen vorgegebenen immerseienden Wahrheitsbestand wider; sie ist für ihn auch kein allmählicher Fortschrittsprozeß zu einer absoluten Wahrheit. Wissenschaft bildet für ihn trotzdem das einzige verbindliche Medium der Realitätserfahrung. Für Nietzsche dagegen steht und fällt der ,,Glaube an die Wissenschaft" mit deren Wahrheitsanspruch.

> ,,Die Frage: warum Wissenschaft? (führt) zurück auf das moralische Problem: wozu überhaupt Moral, wenn Leben, Natur, Geschichte ‚unmoralisch' sind? Es ist kein Zweifel, der Wahrhaftige, in jenem verwegenen und letzten Sinne, wie ihn der Glaube an die Wissenschaft voraussetzt, bejaht damit eine andre Welt als die des Lebens, der Natur und der Geschichte; und insofern er diese ‚andre Welt' bejaht, wie? muß er nicht eben damit ihr Gegenstück, diese Welt, unsre Welt – verneinen? . . . Doch man wird es begriffen haben, worauf ich hinaus will, nämlich daß es immer noch ein metaphysischer Glaube ist, auf dem unser Glaube an die Wissenschaft ruht – daß auch wir Erkennenden

4 S. Freud, Studienausgabe, hrsg. v. A. Mitscherlich – A. Richards – J. Strachey, Bd. 9, Frankfurt 1974, S. 264. Die folgenden Freud-Zitate ‚a.a.O.' beziehen sich auf diesen Band.

von heute, wir Gottlosen und Antimetaphysiker, auch unser Feuer noch von dem Brande nehmen, den ein jahrtausendealter Glaube entzündet hat, jener Christen-Glaube, der auch der Glaube Platos war, daß Gott die Wahrheit ist, daß die Wahrheit göttlich ist . . . Aber wie, wenn dies gerade immer mehr unglaubwürdig wird, wenn nichts sich mehr als göttlich erweist, es sei denn der Irrtum, die Blindheit, die Lüge – wenn Gott selbst sich als unsre längste Lüge erweist?"[5]

Für beide haben mit dem Ende der Religion und in deren Gefolge mit dem Ende der Metaphysik alle bisher geltenden sittlichen und politischen Lebensformen und Institutionen ihre inhaltlichen Letztbegründungen und Legitimationen verloren. Freud hofft zwar noch, daß die Menschen in Zukunft so aufgeklärt sein werden, daß sie auch ohne inhaltliche Letztbegründungen pragmatisch aus Gründen der Selbsterhaltung die lebenssichernden Ordnungen schaffen und verteidigen werden. Nietzsche jedoch geht davon aus, daß die Immoralisten und freien Geister nach dem ‚Tode Gottes' und dem Ende der Metaphysik ohne solche Aufklärungsillusionen leben müssen. Wenn der Mensch wahrhaft Mensch werden will, muß er sein bisheriges Wesen überwindend zum Übermenschen werden und nicht weniger, sondern mehr Verantwortung übernehmen. Umwertung aller Werte bedeutet daher für Nietzsche nach der Verneinung aller bisherigen lebenszerstörenden Werte eine neue Stufe der Moralität, eine neue Wertschätzung, die die Selbsterhöhung, ja Selbsterlösung des Menschen zum Ziel hat.

Wo der Mensch weder eine religiös oder philosophisch interpretierte geschichtstranszendente Zukunft erhofft noch eine bürgerlich oder sozialistisch interpretierte innergeschichtliche Zukunft erwartet, wo man mit der Heraufkunft des Nihilismus bzw. der Steigerung der aggressiven, vor allem technischen Selbstzerstörungsmittel rechnet, da wird die Frage, wie der Mensch in Zukunft noch menschlich leben kann, besonders dringlich. Nach Nietzsche werden nur wenige die Chance zur Steigerung und Übersteigerung des Menschen zum Übermenschen haben. Freud dagegen geht davon aus, daß ein jeder mit den ihm zur Verfügung stehenden Mitteln und Methoden ein mäßiges Glück und eine wenn auch nur geringe Milderung einiger Leiden erreichen kann.

Vier Ereignisse, die die Neuzeit und auch viele Zeitgenossen noch nicht erkannt haben, machen nach Nietzsche und Freud das Ende der Neuzeit deutlich und gehören von nun an irreversibel zu den Lebensbedingungen der Menschen. Beide beschreiben und erklären diese Ereignisse

5 Nietzsche a.a.O. Bd. 2, S. 208

im einzelnen verschieden. Das Gemeinsame kann man etwas vereinfacht so formulieren:

– Die europäische Neuzeit ist für beide eine unentschiedene Halbheit. Sie hat nicht begriffen, daß mit dem ‚Tod Gottes' bzw. dem Ende der Religion unsere letzten Wirklichkeits- und Lebensvorstellungen grundlos geworden sind. Die europäische Aufklärung hat dies fundamentale Ereignis bisher verdeckt und verschleiert, z. B. durch Transformationen des Gottes Abrahams, Isaaks und Jakobs zum Gott der Philosophen. Nicht nur die immer schnelleren und radikaleren Modernisierungsprozesse: die Entdeckung differenzierterer wissenschaftlicher Methoden, die Entwicklung neuerer Technologien zur Beherrschung der Natur und der Menschen, die veränderten Produktionsverhältnisse und politischen Ordnungsformen, sondern auch der ‚Tod Gottes' bzw. das Ende der Religion sind für beide für die Lebens- und Handlungsprobleme folgenreiche Ereignisse.

Nietzsches ‚toller Mensch' spricht aus, was in der Zeit noch verborgen, verdeckt und verdrängt ist: Das „Wegwischen des ganzen Horizontes" und das „Losketten der Erde von der Sonne". In der religiösen und metaphysischen Tradition ist die Sonne das sinnliche Bild Gottes bzw. des höchsten Seins. „Was taten wir, als wir diese Erde von ihrer Sonne loskettеten? Wohin bewegt sie sich nun? Wohin bewegen wir uns? Fort von allen Sonnen? Stürzen wir nicht fortwährend? . . . Gibt es noch ein Oben und ein Unten?" An die Stelle der Weltordnung ist der „leere Raum" getreten: „Irren wir nicht wie durch ein unendliches Nichts? Haucht uns nicht der leere Raum an?" Die Folgeprobleme des ‚Todes Gottes' sind den Zeitgenossen noch verborgen, wie der ‚tolle Mensch' bei seiner Rede vom ‚Tode Gottes' vor seinen sich aufgeklärt wähnenden Mitmenschen, den Atheisten und Freigeistern, erfahren muß:

> „Ich komme zu früh, . . . ich bin noch nicht an der Zeit. Dies ungeheure Ereignis ist noch unterwegs und wandert – es ist noch nicht bis zu den Ohren der Menschen gedrungen . . . Diese Tat ist ihnen immer noch ferner als die fernsten Gestirne – und doch haben sie dieselbe getan!"[6]

Freud schreibt anders, ohne Metaphern und ohne Pathos. Aber was er über das noch unbegriffene Ereignis der europäischen Neuzeit und Aufklärung schreibt, ist der Sache nach nicht sehr verschieden. Mit dem Ende der Religion, die dem „gemeinen Mann . . . die Rätsel dieser Welt mit beneidenswerter Vollständigkeit aufklärt" (273), sowie mit dem damit zusammenhängenden Ende der Metaphysik kann man

6 Nietzsche a.a.O. Bd. 2, S. 127

die Welt nicht mehr als einen in sich geordneten Kosmos oder als eine von Gott nach seiner göttlichen Vernunft bzw. seinem unergründlichen heiligen Willen geschaffene und durch seine Vorsehung geleitete Schöpfung ansehen. Der Mensch kann nicht mehr als höchstes ‚Geschöpf' und als Endzweck der Schöpfung gedacht werden: „Alle Einrichtungen des Alls widerstreben ihm." (276) Eine Teleologie der Natur, die bisher durch die Annahme eines weltimmanenten Logos oder eines welttranszendenten Schöpfergottes plausibel war, ist nicht mehr erkennbar. Die außermenschliche und menschliche Natur strebt nicht mehr von sich aus bzw. durch ein ihr durch die Schöpfung innewohnendes natürliches Streben nach einem Ziel und Endzweck, der dem Menschen vorgegeben ist und für sein Denken und Handeln leitend und maßgebend sein kann. „Daß der Mensch ‚glücklich' sei, ist im Plan der ‚Schöpfung' nicht enthalten." (276) Es gibt daher für Freud keinen identitätssichernden und identitätsverbürgenden „Lebenszweck" (275) oder Lebenssinn, wenn man die Religion, wie er glaubt, als „psychischen Infantilismus", als „Massenwahn" (283) und als „Zwangsneurose" durchschaut hat: „Die Idee eines Lebenszweckes (steht und fällt) mit dem religiösen System." (275) Für Nietzsche ist der Mensch „das noch nicht festgestellte Tier"[7]. Für Freud ist er ein Ensemble bewußter und unbewußter Triebe und Verdrängungen, ein „Empfindungsapparat", ein „seelischer Apparat" mit bestimmten „Energiebeträgen"(278), den man naturwissenschaftlich analysieren und durch bestimmte Techniken der Lebensführung für eine Zeitlang lebensfähig halten kann.

– Für Nietzsche und Freud sind damit nicht nur die alteuropäischen innerweltlichen und welttranszendierenden Lebens- und Handlungsorientierungen, sondern auch die im Zusammenhang mit der Entstehung der europäischen Hochkulturen erreichte Individualisierung des Menschen und Moralisierung des Bösen unhaltbar. Die ‚Erfindung des schlechten Gewissens' und der Schuld ist für Nietzsche und Freud eine Folge der Moralisierung des Bösen. Wenn der bürgerliche Liberalismus und Utilitarismus sowie der Sozialismus weiterhin von Demokratie, Freiheit, Autonomie, Mündigkeit, Glück und Wohlfahrt des Menschen sprechen, leben sie nach Nietzsche und Freud von Residuen, für die es keine diese legitimierende letzte inhaltliche Instanz mehr gibt. Es ist für Nietzsche und Freud eine Naivität anzunehmen, daß in der bürgerlichen und sozialistischen Gesellschaft alte

7 Nietzsche a.a.O. Bd. 2, S. 623

moralische und sittliche Ordnungen und Lebensformen fortbestehen können, wenn Gott und die Religion tot sind. Es ist eine „Naivität", so zu tun, „als ob Moral übrigbliebe, wenn der sanktionierende Gott fehlt"[8].

– Für Nietzsche und Freud kann die Kunst in dieser Situation nur ‚Ersatzidentitäten', Masken bzw. Ersatzbefriedigungen für kurze Zeit liefern. In seiner Jugend hatte Nietzsche wie viele seiner Zeitgenossen eine Zeitlang geglaubt, „nur als ästhetisches Phänomen (sei) das Dasein der Welt gerechtfertigt" (a.a.O. Bd. 1, S. 14). Aber schon bald gibt er diese Illusion preis. Wie für Freud, so können auch für ihn nur wenige – und das auch nur für kurze Zeit – aus ästhetischen Illusionen Lust und Befriedigung gewinnen:

„Wer für den Einfluß der Kunst empfänglich ist, weiß ihn als Lustquelle und Lebensströstung nicht hoch genug einzuschätzen. Doch vermag die milde Narkose, in die uns die Kunst versetzt, nicht mehr als eine flüchtige Entrükkung aus den Nöten des Lebens herbeizuführen und ist nicht stark genug, um reales Elend vergessen zu machen." (280)

Kunst und Wissenschaft können nach alledem für Nietzsche und Freud, anders als für Goethe, nicht alle Funktionen der Religion übernehmen. Wer Kunst und Wissenschaft besitzt, hat eben nicht auch Religion. Im Unterschied zu Nietzsche hofft Freud zwar, daß die Wissenschaften bei ihrer weiteren Entwicklung wenigstens die beiden ersten Funktionen der Religion übernehmen können: die der Welterklärung und die der Handlungsorientierung – wenigstens soweit dies für die Sicherung des Überlebens notwendig ist. Die dritte und zentrale Funktion der Religion, durch Jenseitsverheißungen Trost und Entschädigung für alle Leiden des Lebens zu bieten, kann jedoch auch nach Freud die Wissenschaft unmöglich übernehmen.

– Was dem Menschen im letzten bleibt, heißt bei Nietzsche ‚amor fati', bei Freud „bedingungslose Unterwerfung"(284) unter das unverfügbare, unbegreifliche und blinde Schicksal. Nicht Traditionsbewahrung oder Befreiung von Tradition, ja nicht einmal Selbstbewahrung oder, wie wir heute sagen würden, Identitätssicherung, sondern allein die Preisgabe aller verlogenen und illusionären Lebens- und Kontingenzbewältigungsversuche macht die wahre Größe und Würde des Menschen aus. Nietzsche schreibt:

„Meine Formel für die Größe am Menschen ist amor fati: daß man nichts anders haben will, vorwärts nicht, rückwärts nicht, in alle Ewigkeit nicht. Das

8 Nietzsche a.a.O. Bd. 3, S. 484

Notwendige nicht bloß ertragen, noch weniger verhehlen – aller Idealismus ist Verlogenheit vor dem Notwendigen –, sondern es lieben."[9]

Freud schreibt:

„Auch die Religion kann ihr Versprechen nicht halten. Wenn der Gläubige sich endlich genötigt findet, von Gottes ‚unerforschlichem Ratschluß' zu reden, so gesteht er damit ein, daß ihm als letzte Trostmöglichkeit und Lustquelle im Leiden nur die bedingungslose Unterwerfung übriggeblieben ist. Und wenn er zu dieser bereit ist, hätte er sich wahrscheinlich den Umweg ersparen können." (284)

Auch die Ansätze von *Foucault* und *Skinner* kann man in gewisser Weise als Weiterentwicklungen, ja Radikalisierungen der Ansätze von Nietzsche und Freud betrachten. Nietzsche und Freud beschäftigen sich mit dem ‚Tod Gottes' bzw. dem Ende der Religion und den sich daraus ergebenden Folgeproblemen; Foucault und Skinner beschäftigen sich mit dem damit zusammenhängenden ‚Tod des Menschen' und den sich daraus ergebenden Folgeproblemen. Beide arbeiten mit neuen wissenschaftlichen Methoden, das unterscheidet sie sicherlich. Foucault beschäftigt sich nach seinem Selbstverständnis mit „strukturalen" und „funktionalen" Analysen. Skinner ist Behaviorist. Foucault knüpft neben anderen ausdrücklich an Nietzsche an, Skinner an Freud.

Foucault stimmt mit Nietzsche darin überein, daß die Philosophie, wenn sie heute überhaupt noch eine Kompetenz hat, „die Aufgabe des Diagnostizierens hat und nicht mehr eine Wahrheit zu sagen sucht, die für alle zu allen Zeiten gültig ist . . . Dieses Graben unter unseren Füßen charakterisiert seit Nietzsche das gegenwärtige Denken."(362–363)

Foucault versucht wie Nietzsche eine kritische Genealogie der gegenwärtigen Moral und Kultur von einem Standpunkt diesseits oder jenseits dieser Moral und Kultur. Beide gehen daher nicht von den bis heute so genannten humanistischen Prämissen aus: dem autonomen und souveränen Subjekt, seinem Selbstbewußtsein, seiner Vernunft, seinen inneren Handlungsmotiven und Handlungsabsichten, seinen selbstgesetzten Handlungszwecken, seiner Willensfreiheit, seinem Gewissen. Nietzsche betreibt entlarvende Genealogie der kurzen, nun, wie er meint, zu Ende gehenden zweitausendjährigen moralischen Periode von der von ihm prognostizierten nachmoralischen Periode aus; Foucault versucht „eine Analyse der Zivilisationstatsachen, die unsere Kultur charakterisiert" von einem Standpunkt „außerhalb der Kultur, der wir angehören" (362).

9 Nietzsche a.a.O. Bd. 2, S. 1098

Dies hat Konsequenzen nicht nur für ihre Deutung des Menschen, sondern auch für ihre Methode bei der Analyse der Geschichte. Geschichte ist für sie beide nicht mehr Ideengeschichte, auch nicht mehr Darstellung des Zusammenspiels von Individuen und sozialen Gruppen auf der einen Seite und sozialen Institutionen und Systemen auf der anderen Seite. Geschichte ist für sie kein linearer Prozeß, in dem man mit der Kausalitätskategorie Ursachen und Wirkungen feststellen und Wandlungen erklären kann. Beide interessieren nicht Kontinuitäten in der Geschichte, sondern Diskontinuitäten. Beide suchen die durch Geschichte gebildeten „Ersatzidentitäten" zu entlarven. Nietzsche schreibt:

„Der europäische Mischmensch – ein leidlich häßlicher Plebejer, alles in allem – braucht schlechterdings ein Kostüm: er hat die Historie nötig als die Vorratskammer der Kostüme. Freilich bemerkt er dabei, daß ihm keines recht auf den Leib paßt – er wechselt und wechselt. Man sehe sich das neunzehnte Jahrhundert auf diese schnellen Vorlieben und Wechsel der Stil-Maskeraden an; auch auf die Augenblicke der Verzweiflung darüber, daß uns ‚nichts steht' –."[10]

Foucault schreibt hieran anknüpfend über seine neue historische Methode:

„Der historische Sinn umfaßt drei Arten der Historie, die sich jeweils deren platonischen Spielarten entgegensetzen: die wirklichkeitszersetzende Parodie widerstreitet der Historie als Erinnerung oder Wiedererkennung; die identitätszersetzende Auflösung stellt sich gegen die Historie als Kontinuität oder Tradition; das wahrheitszersetzende Opfer stellt sich gegen die Historie als Erkenntnis. In jedem Fall geht es darum, die Historie für immer von – zugleich metaphysischen und anthropologischen – Modell des Gedächtnisses zu befreien . . . Dem Europäer, der ein anonymer Mischmensch ist und der nicht weiß, wer er ist und welchen Namen er zu tragen hat, bietet der Historiker Ersatzidentitäten an, welche anscheinend individueller und wirklicher sind als seine eigene."[11]

Nietzsche hatte noch geglaubt, daß die Geschichte unter bestimmten Bedingungen einen lebenssteigernden Nutzen haben könnte, Foucault dagegen ist – wie er meint: tiefer grabend – nur noch an der Analyse der allen historischen Ereignissen und Phänomenen zugrunde liegenden unbewußten Systeme, Strukturen, Kombinatoriken und Epochenraster interessiert.

Nietzsches Thema ist die Frage, wie der Mensch nach dem ‚Tod Gottes' und den noch unbegriffenen Folgeproblemen dieses Ereignisses menschlich werden kann. Foucault glaubt, daß sich mit dem ‚Tod Gottes' der des Menschen, nicht als Individuums und als biologischen Gat-

---

10 Nietzsche a.a.O. Bd. 2, S. 686

11 M. Foucault, Von der Subversion des Wissens, übers. u. hrsg. v. W. Seitter, Reihe Hanser 150, München 1974, S. 104

tungswesens, sondern als souveränen und autonomen Subjekts im Sinne des Humanismus, endgültig abzeichne. Der Mensch sei eine späte Entdeckung am Ende des 18. Jahrhunderts. Er verschwinde jetzt wieder. Der Humanismus des 19. und des 20. Jahrhunderts hat nach Foucault in seinen verschiedenen Schattierungen außerdem mit innerer Notwendigkeit ebenso wie alle anderen humanistischen Ideologien und Mythen zum Stalinismus und Faschismus geführt. Beide rechtfertigen sich jedenfalls im Namen des Humanismus. Die neuzeitlichen Humanwissenschaften, die den Menschen nicht nur als Objekt, sondern auch als Subjekt betrachten und zugrunde legen, sind für ihn unwissenschaftlich. Wir leben nach Foucault in einem Augenblick, in dem die Idee des Menschen sich endgültig auflöst und zersetzt:

„In dem Augenblick, in dem man sich darüber klar geworden ist, daß alle menschliche Erkenntnis, alle menschliche Existenz, alles menschliche Leben und vielleicht das ganze biologische Erbe des Menschen in Strukturen eingebettet ist, d. h. in eine formale Gesamtheit von Elementen, die beschreibbaren Relationen unterworfen sind, hört der Mensch sozusagen auf, das Subjekt seiner selbst zu sein, zugleich Subjekt und Objekt zu sein. Man entdeckt, daß das, was den Menschen möglich macht, ein Ensemble von Strukturen ist, die er zwar denken und beschreiben kann, deren Subjekt, deren souveränes Bewußtsein er jedoch nicht ist. Diese Reduktion des Menschen auf die ihn umgebenden Strukturen scheint mir charakteristisch für das gegenwärtige Denken." (364–365)

Moral ist für Foucault identisch mit Politik, und die einzig legitime ‚linke' Politik, ist für ihn die Auflösung des Menschen:

„Der Versuch, der gegenwärtig von einigen unserer Generation unternommen wird, besteht daher nicht darin, sich für den Menschen gegen die Wissenschaft und gegen die Technik einzusetzen, sondern deutlich zu zeigen, daß unser Denken, unser Leben, unsere Seinsweise bis hin zu unserem alltäglichsten Verhalten Teil des gleichen Organisationsschemas sind und also von den gleichen Kategorien abhängen wie die wissenschaftliche und technische Welt." (Nr. 148, S. 207)

Moral und Politik treiben heißt daher für Foucault: „das Optimum des gesellschaftlichen Funktionierens definieren . . . ohne Berufung auf die Idee des Menschen"(367).

Auch für Skinner ist die Abschaffung des ‚autonomen Menschen' das Ziel der modernen Wissenschaft und der erst jetzt möglichen Sozialtechnologie und behavioristischen Verhaltenssteuerung. ‚Jenseits von Freiheit und Würde' lassen sich, wie er meint, alle Verhaltensweisen des Menschen ohne die unwissenschaftlichen traditionellen Moralvorstellungen (Freiheit, Autonomie, Glück, Gewissen, Schuld, Verantwortung, Solidarität) „zurückführen auf Folgewirkungen, zu denen eine Vielfalt von Verstärkern gehört" (372). Die „experimentelle Analyse menschlichen Verhaltens" überträgt „die bislang dem ‚autonomen Menschen' zugeschriebenen Funktionen eine nach der anderen der kontrollierenden Umwelt" (373). Ungeklärt – und erschreckend naiv – ist freilich bei Skinner der Widerspruch zwischen der totalen Determiniertheit des Menschen und seinen noch nicht erkannten und realisierten Möglichkeiten. Einerseits ist der Mensch total das Produkt seiner biologischen und sozialen Umwelt, andererseits soll er erst jetzt mit Hilfe seiner Sozialtechnologie zur ungeahnten Umgestaltung dieser natürlichen und gesellschaftlichen Umwelt fähig sein:

„Die wissenschaftliche Sicht des Menschen bietet erregende Möglichkeiten. Wir haben noch nicht erkannt, was der Mensch aus dem Menschen machen kann." (377)

Wo auf der einen Seite aus welchen Gründen auch immer bisher bewährte sittliche Lebensformen und Institutionen zerbrochen sind bzw. von Menschen nicht mehr anerkannt werden können und auf der anderen Seite überzeugende neue noch nicht entwickelt sind, da ist die Bewahrung bzw. Transformation bestimmter verteidigungswürdiger Traditionen von entscheidender Bedeutung. Traditionen können leichter zerstört als wieder lebendig gemacht werden. Kurzlebige Tendenzwenden und Moden der sogenannten Öffentlichkeit zeigen jedenfalls ebenso wie die bloße Beschwörung von Tradition, daß diese „ihre Macht über die Menschen verloren hat" (Horkheimer [319]).

„Wenn die in der modernen wissenschaftlichen und politischen Geschichte so oft denunzierte Tradition jetzt als das Maß irgendeiner ethischen oder religiösen Wahrheit beschworen wird, ist diese Wahrheit schon beschädigt und muß nicht weniger akut unter einem Mangel an Glaubwürdigkeit leiden als das Prinzip, das sie rechtfertigen soll." (318)

Traditionen, die personale und soziale Identität ausbilden und sichern, leben von Voraussetzungen der Einzelnen und der soziokulturellen Lebenswelt, die man auch nicht einfach durch administrative Verwaltung oder durch politische Entscheidungen (z. B. durch Richtlinien der Kultusministerien, durch Synoden und Parteibeschlüsse) wieder neu herstellen kann. Auch wenn wir heute allgemein anerkannte wissenschaftliche Verfahren zur Rekonstruktion gegenwartsrelevanter Traditionen und gute Gründe für bewahrenswerte Traditionen hätten, wäre dies allein keine Garantie dafür, daß wir auch das bewahren könnten, was wir bewahren wollten. „Tradition gilt nicht aus der Evidenz ihrer guten Gründe, sondern aus der Evidenz der Unmöglichkeit, ohne sie auszukommen."[12]

Der hier zur Diskussion gestellte Versuch einer Orientierungshilfe für unsere sittlichen Lebensformen und Institutionen geht sehr bewußt von

12 H. Lübbe, Dezisionismus – eine kompromittierte politische Theorie, in: Nr. 18, S. 290

der seit dem Ende der Neuzeit in der Lebenswelt und in den Philosophien und Wissenschaften ungelösten Spannung zwischen Traditionsbewahrung und Traditionskritik aus. Diese läßt sich auch im einzelnen an den Argumentationen von *Weber, Marcuse* und *Horkheimer* zeigen; sie läßt sich ferner an dem ungelösten Problemüberhang derjenigen gegenwärtigen Normenbegründungsverfahren aufweisen, die den Anspruch erheben, ohne Ausgang von geschichtlichen Zusammenhängen wissenschaftlich zwingend universalgültige Normen begründen zu können: gegenwärtige transzendentalphilosophische und quasitranszendentalphilosophische Normenbegründungsverfahren, Normenbegründungsverfahren des Logischen Konstruktivismus sowie des Kritischen Rationalismus (s. Nr. 44, S. 274–286).

Kolakowski hat drei Einsichten formuliert, die angesichts der Gegenwartsdiagnosen von Nietzsche, Freud, Foucault und Skinner bei einem Diskurs über sittliche Lebensformen und Institutionen berücksichtigt werden sollten. Thesenhaft kann man sie so formulieren:

– Trotz aller Unmenschlichkeit von Traditionen in der Geschichte und Gegenwart ist auch heute für uns endliche Wesen die Einheit von Traditionskritik und Traditionsbewahrung notwendig, wenn wir nicht „wieder in den Höhlen" leben wollen. Weder aus unserem biologisch-physiologischen Antriebsreservoir noch durch Rationalisierungskonzepte und Planungsstrategien unserer zweckrationalen oder funktionalen Vernunft können wir die inhaltlichen Bedingungen gewinnen, die wir heute für ein menschenwürdiges Leben, ja bereits für unser Überleben brauchen. Erst recht brauchen wir, wenn wir bestimmte inhumane Lebensverhältnisse ändern wollen, bestimmte ‚humane' Traditionen als Ausgangspunkt für unsere Ziele und Handlungsmotive. Stirner zeigt, daß die Konsequenz einer zu Ende gedachten Kritik aller Traditionen die Fixierung des Egoismus des Einzelnen ist.

– Gegen Nietzsches Forderung einer Umwertung *aller* Werte durch den noch zu schaffenden Übermenschen verteidigt Kolakowski die These: Wir können weder für die westliche Kultur und Zivilisation noch für die sich realisierende Weltgesellschaft neue gesamtgesellschaftlich relevante letzte Wert- und Orientierungssysteme stiften, und wir brauchen dies auch nicht.

  „Wir bedürfen nicht neuer Werte oder neuer Religionen. Der Vorrat an Werten, den wir in den existierenden Religionen und Philosophien ererbt haben, ist zwar inkohärent – und kann gar nicht kohärent sein –, er ist jedoch als ein Rückhalt für das Leben und für die Reflexion ausreichend." (387)

Seit Mohammed habe es keine religiöse Bewegung gegeben, die eine gesamtgesellschaftlich relevante neue Religion gestiftet habe. Die gegenwärtigen Sektenbildungen in den Subkulturen der entwickelten Industriegesellschaften sind jedenfalls kein Argument gegen, sondern für diese These. Es spricht nach Kolakowski nichts dafür, „daß wir mit einer universellen Synthese der Kultur rechnen dürfen, einer Synthese, die die Konflikte der entgegengesetzten Traditionen beseitigt. Wir können uns nur darum bemühen, die Kraft dieser Tradition der Mitmenschlichkeit zu stärken, weil sie es ist, deren Kraft oder Ohnmacht über Leben oder Vernichtung der Gattung entscheidet.“ (384–385)

- Der Mißbrauch der uns historisch vorgegebenen letzten Wert- und Orientierungssysteme ist kein zwingendes Argument für das Ende der in ihrem Rahmen möglichen Rechtfertigung und Kritik traditioneller und neuer sittlicher Lebensformen.

„Wir sind nicht berechtigt zu sagen, daß die Freiheit aufgehört hat ein Wert zu sein, weil sie als Losung, die Ausbeutung, Unterdrückung und Terror heiligen sollte, mißbraucht worden ist. Die Evangelien hören nicht auf, die Hauptquelle unserer Moral zu sein, weil sich ihrer skrupellose Fanatiker bedient haben . . . Wahrlich, in keinem Fall dürfen wir uns mit der bloßen Erklärung zufriedengeben, daß eine Idee ‚mißbraucht‘ worden ist; wir sind verpflichtet, zu überlegen, *warum* sie auf solche Weise mißbraucht werden konnte.“ (387)

Und wir sind verpflichtet, diese Gründe, soweit wie es möglich ist, zu beseitigen.

3. Auf einer relativ abstrakten Ebene läßt sich das, was hier unter Orientierungshilfe für unsere sittlichen Lebensformen und Institutionen verstanden wird, thesenhaft so formulieren: Wenn wir uns heute bei unseren Lebens- und Handlungskonflikten auf der intersubjektiven Ebene sowie in den verschiedenen sozialen Institutionen und Systemen über das orientieren wollen, was wir tun sollen, sind wir, ob wir uns dessen bewußt sind oder nicht, im letzten auf ein geschichtlich gewordenes gegenwartsrelevantes Arsenal von Orientierungssystemen angewiesen. Diese sind nicht unbegrenzt verallgemeinerungsfähig, jedenfalls nicht einfach kulturinvariant. In der westlichen Kultur und Zivilisation sind uns z. B. drei im Zusammenhang des europäischen Rationalisierungsprozesses entwickelte Orientierungssysteme vorgegeben, die man kurz und erläuterungsbedürftig Natur, christlicher Schöpfer- und Erlösergott sowie Menschenrechte nennen kann. Man kann den inneren Zusammenhang dieser Orientierungssysteme sowie ihre Genese und Wandlungen einigermaßen rekonstruieren. Innerhalb dieser Orientierungssysteme haben die Menschen bisher, je nach ihren räumlichen,

zeitlichen und sozialen Lebensbedingungen, zur Bewältigung ihrer Lebens- und Handlungskonflikte sowie zur Ausbildung und Sicherung ihrer personalen und sozialen Identität im einzelnen verschiedene sittliche Lebensformen ausgebildet. In der griechisch-römischen Antike entwickelten etwa die sophistische Aufklärung, Platon, Aristoteles, die Epikureer, die Kyniker und die Stoiker innerhalb des Orientierungssystems Natur, so wie sie diese verstanden und verstehen konnten, verschiedene sittliche Lebensformen. Innerhalb des Orientierungssystems christlicher Schöpfer- und Erlösergott lebten Christen bei allen gemeinsamen Abgrenzungen zu den Sitten ‚dieser' Welt in dieser Welt in verschiedenen Lebensformen: z. B. in denen der syrischen Einsiedler, der mittelalterlichen Mönche, der Calvinisten, der Jesuiten, der Erben des Erasmus, in den zur Zeit in verschiedenen Kulturen und Zivilisationen gesuchten und ausprobierten neuen christlichen Lebensformen. Trotz vieler Traditionsbrüche und Gegenargumente gibt es Gründe dafür, daß Menschen auch in Zukunft aus dem noch nicht erschöpften Arsenal der Orientierungssysteme neue sittliche Lebensformen entwickeln können. Diese handlungsorientierenden Lebensformen und die ihnen zur Rechtfertigung zugrunde liegenden letzten Orientierungssysteme sind sicher im Vergleich mit den Lebensformen und Orientierungssystemen vorhochkultureller Mythen und Religionen in Stammesgesellschaften und weniger differenzierten Gesellschaften universaler, d. h. für mehr Menschen auch über die unmittelbaren Lebenswelten hinaus Orientierungshilfen. Sie sind jedoch zumindest in zweifacher Weise im neuzeitlichen Sinn nicht wissenschaftlich zwingend und für jedermann verbindlich als universale Orientierungssysteme zu rechtfertigen:

1. Diese Lebensformen und Orientierungssysteme wurden und werden faktisch nicht von allen Menschen in allen uns bekannten Räumen, Zeiten und sozialen Schichten anerkannt und konnten auch nicht von ihnen anerkannt werden.

2. Sie können nicht mit neuzeitlichen wissenschaftlichen Verfahren als für alle Menschen in allen uns bekannten Räumen, Zeiten und sozialen Schichten verbindlich und verpflichtend gerechtfertigt werden. Die uns vorgegebenen und in der überschaubaren Zukunft möglichen und wahrscheinlichen sittlichen Lebensformen und die sie legitimierenden letzten Orientierungssysteme sind weltgeschichtlich späte, außerordentlich voraussetzungsreiche und biologisch-anthropologisch durchaus nicht selbstverständliche Vorgaben bzw. Errungenschaften der Menschen. Ich kenne kein wissenschaftliches Verfahren, mit dem man diese Orientierungssysteme wissenschaftlich zwingend und für jeder-

mann verbindlich rechtfertigen könnte. Ich kenne aber auch kein wissenschaftliches Verfahren, mit dem man sie als erledigte Vergangenheit und als überwundene und verbrauchte Tradition erweisen könnte. Sittliche Lebensformen und Orientierungssysteme gelten ebenso wie Traditionen überhaupt im letzten nach einer Formulierung von Lübbe „nicht aus der Evidenz ihrer guten Gründe, sondern aus der Evidenz der Unmöglichkeit, ohne sie auszukommen" (Nr. 18, S. 290). Das zwingt uns, neue differenziertere Rechtfertigungsverfahren zu suchen. Rechtfertigungsverfahren, die Orientierungshilfen sein wollen, müssen wegen der Berücksichtigung vielschichtiger Lebensbedingungen notwendigerweise weniger exakt sein als die der theoretischen Wissenschaften, z. B. der Logik und Mathematik; dies war schon für Aristoteles, auch für Thomas, erst recht für neuzeitliche Denker (z. B. Pascal, Descartes, Erasmus, Kant) eine Selbstverständlichkeit. Rechtfertigungsverfahren des Sittlichen und Politischen sind damit jedoch nicht unwissenschaftlich oder, wie man heute sagt, irrationalistisch, dezisionistisch, existentialistisch, privatistisch, historistisch und relativistisch. Wer dies behauptet, hat die Beweislast. Er muß die Prämissen und die Leistungskraft seines eigenen Wissenschaftsbegriffs und Rechtfertigungsverfahrens nachweisen. Er kann sich jedenfalls nicht auf einen in unserer vorwissenschaftlichen Lebenswelt sowie auf der Ebene der Wissenschaften evidenten Konsens oder gar Wahrheitsbegriff berufen.
Den Begriff Orientierungssystem verwende ich in diesem Zusammenhang etwas anders als in meinen letzten Arbeiten (Nr. 18, Nr. 44). Unter den Begriffen Lebensform und Orientierungssystem verstehe ich folgendes:

Lebensformen kann man ablesen an bestimmten Motiven, Interessen, Wünschen und Intentionen von Einzelnen und sozialen Gruppen sowie an ihren konkreten Handlungen und Entscheidungen; sie sind jedoch nicht identisch mit diesen. Sie sind auch nicht identisch mit dem, was man zufällig oder nur unter bestimmten Bedingungen und nur eine Zeitlang will und tut. Lebensformen sind begrenzt verallgemeinerungsfähige Formen, in denen Einzelne und soziale Gruppen ihr Leben und Handeln im ganzen als ein für sie menschenwürdiges gutes oder glückliches Leben interpretieren, realisieren und institutionalisieren wollen. „Eine Schwalbe macht noch keinen Frühling," (138) ein einmaliger Entschluß oder eine einzelne Tat macht noch keine Lebensform. „Nicht ohne Grund scheint man das Gute und die Glückseligkeit an den Lebensformen abzulesen." (133) Dieser Satz des Aristoteles gilt nicht nur für Lebensformen der griechisch-römischen Antike, er gilt auch – wenn auch in verschiedener Weise – für Lebensformen des Mittelalters, der Neuzeit, des Endes der Neuzeit. Die Inhalte dieser Lebensformen sind dabei selbstverständlich verschieden. Sie sind abhängig von räumlichen, zeitlichen und sozialen Lebensbedingungen, abhängig auch von dem, was Menschen bei der Ausbildung und Sicherung ihrer personalen und sozialen Identität für notwendig und wünschenswert halten.

Zu einer Lebensform gehört, daß sie sich in selbstverständlichen Handlungen zeigt und durch wiederholtes Handeln internalisiert und institutionalisiert ist. Man kann sich innerhalb eines vorgegebenen Orientierungssystems über anerkannte oder neue Lebensformen orientieren, Gründe für oder gegen Lebensformen vortragen. Man kann sie jedoch nicht durch ein Deduktionsverfahren von einem immerseienden Bestand von letzten ontologischen Prinzipien ableiten oder durch transzendentale Reflexionen aus immer schon vorgegebenen Kompetenzen der Subjektivität oder Intersubjektivität ermitteln. Was die Lebensform eines Menschen ist, zeigt sich auch nicht in je einzelnen transzendentalen Akten und Grundentscheidungen oder an der quasitranszendentalphilosophischen Urwahl (Sartre), sondern an dem, was ,,ein volles Leben hindurch" (138) für das Ganze des Lebens Lebensmuster und Lebensregel ist.

Unter einer sittlichen Lebensform verstehe ich hiernach die Form des Lebens und das Ziel aller Handlungen, die wir durch unser Tun erstreben und für anerkennungs- und verteidigungswürdig halten. Bei einzelnen Tätigkeiten geht es um die Verwirklichung bestimmter Ziele und Zwecke: Der Schuster repariert Schuhe, der Lehrer belehrt und erzieht Schüler. Man kann hier fragen, warum einer das tut, und man wird dann in der Regel Gründe hören, die zu weiteren Warumfragen veranlassen. Wenn wir jedoch nach den letzten Zielen und Zwecken und nach dem Gesamtzusammenhang all unserer Handlungen und Tätigkeiten fragen, fragen wir nach der uns leitenden und für uns verbindlichen Lebensform. Einzelnes kann ich tun um eines anderen willen: um Geld zu verdienen, um einen Posten zu erhalten usw. Die sittliche Lebensform jedoch benennt das Gesamtziel des Lebens und des Tätigseins, das um seiner selbst willen erstrebt wird. Die europäische Traditon nannte das letzte Umwillen mit sehr verschiedenen Begriffen: Vollendung des Menschen, Glück, Glückseligkeit, Selbstverwirklichung, Autonomie, Freiheit. Hier kann man nicht mehr fragen: Warum? Wer aus Erfahrung weiß, was Glück ist, kann auf die Frage, warum man glücklich sein will, nur antworten: um eben glücklich zu sein.

Orientierungssysteme sind letzte Vorgaben bzw. menschliche Errungenschaften aus dem Arsenal der Geschichte, an dem wir uns orientieren können, wenn wir vor uns selbst oder vor anderen alte oder neue Lebensformen kritisieren oder rechtfertigen wollen. Thesenhaft läßt sich das, was ich in diesem Zusammenhang unter Orientierungssystemen verstehe, in sieben Punkten so präzisieren:

- Orientierungssysteme sind ablesbar an ‚Basis'- und ‚Überbauphänomenen' in bestimmten räumlichen, zeitlichen und sozialen Zusammenhängen. Sie sind damit nicht unbegrenzt verallgemeinerungsfähig. Sie sind ablesbar an der Art und Weise, wie Menschen die äußere Natur bearbeiten, wie sie zusammenleben, wirtschaften, Recht sprechen und Politik treiben, wie sie Konflikte lösen, personale und soziale Identitätskrisen erfahren und bewältigen sowie in verschiedenen Medien der Kommunikation, z. B. im Mythos, in der Kunst und Literatur, in der Religion und Wissenschaft, darstellen und reflektieren. Orientierungssysteme sind keine Abbilder oder Widerspiegelungen objektiver Welt- und Geschichtsstrukturen. Sie sind Rekonstruktionen, mit denen wir heute auf einer gewissen Abstraktionsebene unsere durch verschiedene Medien gewonnenen Erkenntnisse und Einsichten „denkend ordnen" (Weber).
  Wenn wir uns in diesem Zusammenhang auf Texte und Argumentationen von Philosophen und Wissenschaftlern beschränken, so deshalb, weil in diesem Medium argumentativ das zur Sprache kommt, was in den jeweiligen Orientierungssystemen lebens- und handlungsrelevant ist. Die Beschränkung auf das Medium Wissenschaft ist jedoch nicht notwendig. Nicht nur an der Philosophie der Antike, auch an ihrer Form des Wirtschaftens, der Gesetzgebung und Politik, der Kunst und Religion ließe sich ablesen, was z. B. im folgenden als Orientierungssystem Natur rekonstruiert werden soll.
- Orientierungssysteme zeigen uns die letzten praxisleitenden Erfahrungs- und Denkmöglichkeiten von Menschen. Sie regeln und steuern die Erlebnis- und Handlungsorientierungen von Menschen, die Konfliktbewältigung, die Ausbildung von sittlichen Lebensformen und Identitätsvorstellungen. Nicht alles ist zu allen Zeiten für alle Menschen in gleicher Weise erfahrbar und denkbar. Bestimmte Zeitdimensionen (z. B. Vergangenheit, Gegenwart, Zukunft sowie Heilsgeschichte und Weltgeschichte) sind z. B. in mythischen Stammesgesellschaften nicht erfahrbar und denkbar. Zukunft konnte hier nicht als etwas Neues, sondern nur als Wiederkehr des Gleichen gedacht werden. Wo die Weltgeschichte und die Heilsgeschichte durch den Prozeß der Schöpfung der Welt über die Geburt Christi bis zu seiner Wiederkehr strukturiert und begrenzt sind, wird die Zeit anders erfahren und gedacht als z. B. in den modernen Naturwissen-

schaften oder in den modernen historischen Wissenschaften. Zeit ist in diesen neuzeitlichen Wissenschaften bekanntlich quantifizierbar und meßbar, Vergangenheit und Zukunft der Geschichte sind unbegrenzt, ohne Anfang und Ende, ohne Ursprung und Ziel. Anders erfahrbar und denkbar wird unter Neuzeitbedingungen auch die Lebenszeit des Individuums zwischen Geburt und Tod.

Ich gehe also davon aus, daß wir uns über unsere letzten lebens- und handlungsrelevanten Erfahrungs- und Denkmöglichkeiten nicht durch ahistorische Verfahren und durch immerseiende Annahmen orientieren können, etwa durch eine sensualistische oder rationalistische Erkenntnistheorie oder durch einen platonisch interpretierten Dualismus zwischen Immerseiendem und Wandelbarem. Die letzten praxisorientierenden Erfahrungs- und Denkmöglichkeiten, in denen wir im Rahmen der uns geschichtlich vorgegebenen Orientierungssysteme Erfahrungen machen und sie denkend ordnen, sind weltgeschichtlich späte, sehr voraussetzungsreiche und biologisch-anthropologisch durchaus nicht notwendige Vorgaben und Errungenschaften des Menschen. Sie können wieder verlorengehen. Die Literatur von Proust bis Beckett, die Antiutopien, aber auch die Wissenschaften reflektieren inzwischen diese und ähnliche Wandlungen des Zeitbewußtseins und der Zeitstrukturen[13].

– Orientierungssysteme sind für uns historisch vorgegebene unverfügbare Vorgaben. Wir können nicht sagen, daß die bis heute gegenwartsrelevanten letzten Orientierungssysteme von bestimmten Menschen und Gruppen mit Wissen und Bewußtsein geschaffen und gestiftet worden sind. Wir können die Entstehung von Orientierungssystemen mit Kriterien neuzeitlicher Wissenschaften nicht hinreichend zwingend erklären, weder mit monokausalen noch mit multikausalen Erklärungsmodellen. Wir können Einzelprozesse rekonstruieren. Wir können z. B. zeigen, daß es nach der Achsenzeit bei den Griechen zur Entdämonisierung und Entmythologisierung der Natur, zur größeren Differenzierung der sozialen Institutionen, Familie, Recht, Wissenschaft, Politik, Religion, insgesamt zum Rationalisierungsprozeß vom Mythos zum Logos kam. Wir können jedoch nicht erklären, warum das so sein mußte und warum es nicht auch anders hätte sein können, warum ein dem okzidentalen Rationa-

13 s. z. B. die Arbeiten von Luhmann, Koselleck und mir in Nr. 44, S. 203–309 und die Diskussionen über dieses Thema in: R. Koselleck – W.-D. Stempel, Geschichte – Ereignis und Erzählung, München 1973

lisierungsprozeß analoger Prozeß nach der Achsenzeit in Indien und China faktisch nicht in Gang gesetzt wurde. Entsprechend konnten gläubige Juden und Christen zwar in den biblischen Texten und auch noch bis zum Mittelalter (zum Teil in ähnlicher Weise wie die damaligen Anhänger auch anderer Religionen) sagen, daß sich ihnen der Schöpfer- und Erlösergott auf sehr verschiedene Weise geoffenbart hatte. Erst mit der Ausbildung der neuzeitlichen Wissenschaften wird ja religions- und theologiegeschichtlich *die* Offenbarung bzw. *der* Glaube zum unterscheidenden religionsspezifischen Medium. Warum sich Gott jedoch erst weltgeschichtlich so spät auf endgültige Weise geoffenbart hat, erst den Juden und Christen und dann noch auf die von ihnen erfahrene Weise, diese Warumfrage konnten auch sie und können auch wir heute nicht beantworten. Die theologische Formel lautet: Dies bleibt für Menschen, auch für Gläubige, der unerforschliche Ratschluß Gottes. Orientierungssysteme sind für die Menschen also wissenschaftlich nicht total erklärbare und für sie verfügbare historische Vorgaben.

– Orientierungssysteme, die es ermöglichen, sittliche Lebensformen zu kritisieren oder zu rechtfertigen, unterscheiden sich von Weltbildern, die eine theoretisch-wissenschaftliche Gesamtinterpretation der Wirklichkeit versuchen. Beides ist sicherlich nicht beziehungslos zueinander; es ist jedoch nicht identisch. Christliche Lebensformen sind möglich bei Annahme eines ptolemäischen oder kopernikanischen Weltbildes. Christliche Lebensformen waren und sind mit verschiedenen Wirklichkeitsinterpretationen möglich: mit mythischen Welterklärungen, mit solchen der platonisch-aristotelischen Ontologie oder mit solchen der gegenwärtigen Astronomie, die das Weltall etwa als ein Ensemble von Milliarden Galaxien interpretiert, die nach dem sogenannten Urknall explosionsartig immer weiter auseinanderfliehen, ohne Ziel, aber vielleicht nicht ohne Ende. Die Unterscheidung von praxisleitenden Orientierungssystemen und theoretischen Weltbildern hat Aristoteles zum erstenmal begründet. Am Beginn der Neuzeit wurde diese Unterscheidung von Descartes, Pascal und Kant differenzierter und deutlicher herausgearbeitet. Nach dem Ende des von dem Logischen Positivismus entwickelten Konzepts von Einheitswissenschaft und nach den neueren Untersuchungen der verschiedenen Wissenschaftstheorien und Wissenschaftsgeschichten sollte die Unterscheidung heute selbstverständlich sein.

– Praxisleitende Orientierungssysteme unterscheiden sich auch von Ideologien. Ich verstehe in diesem Zusammenhang unter dem in der Umgangs- und Wissenschaftssprache geradezu inflationär gebrauch-

2 UTB 778, Diskurs: Sittliche Lebensformen (99251)

ten Ideologiebegriff dies und nur dies: die seit der Neuzeit mit Berufung auf die Wissenschaft entwickelten Gesamtwirklichkeitserklärungen, die beanspruchen, zugleich ein Monopol an Handlungsorientierung für Einzelne und für die Gesellschaft und Politik zu besitzen. Die Bandbreite dessen, was ich hiermit unter Ideologie zusammenfasse, ist groß. Extreme sind auf der einen Seite die wissenschaftlich primitive faschistische Rassenideologie und auf der anderen Seite der zumindest wissenschaftlich differenziertere historisch-dialektische Materialismus. Ich übersehe also nicht die erheblichen Unterschiede zwischen den verschiedenen Ideologien. Ich bestreite selbstverständlich auch nicht, daß Ideologien für Handelnde, sowohl für Unterdrückte wie für Herrschende, Legitimationsfunktionen gehabt haben und auch heute haben. Entscheidend ist hier nur folgender Unterschied: Die praxisbestimmenden Orientierungssysteme der Natur, des christlichen Schöpfer- und Erlösergottes, der Menschenrechte stützen ihre Entstehung und ihre Überzeugungskraft nicht auf Argumente und Verfahren der neuzeitlichen Wissenschaften. Sie sind daher von diesen Wissenschaften aus auch nicht total apologetisch zu verteidigen oder total ideologiekritisch als falsches Bewußtsein aufzulösen. Genau dies droht neuzeitlichen Ideologien, die ihren Legitimationsanspruch allein mit dem Anspruch zu rechtfertigen vorgeben, sie seien wissenschaftlich begründet.

- Wenn ich die drei hier beispielhaft ausgewählten letzten inhaltlichen Orientierungssysteme im folgenden nach ihrer historischen Genese nacheinander darstelle, so bedeutet das weder im Sinne der traditionellen Geschichtsphilosophie noch im Sinne der gegenwärtigen soziokulturellen Evolutionstheorien (z. B. der von Luhmann und Habermas), daß das Frühere durch das Spätere positiv aufgehoben oder als durchschaute Illusion überwunden ist. Das Spätere ist nicht notwendig und in jeder Hinsicht das Bessere. Die spätere Wissenschaft kann auch nicht Vergangenes total gegenwartsrelevant auf den Begriff bringen. Ich gehe aus von der Gleichzeitigkeit, wenn auch nicht in jeder Hinsicht von der Gleichheit und Gleichwertigkeit gegenwartsrelevanter Orientierungssysteme. Ich gehe davon aus, daß es heute in der westlichen Kultur und Zivilisation, erst recht in der sich realisierenden Weltgesellschaft nicht nur verschiedene, sondern auch inhaltlich inkompatible Orientierungssysteme gibt. Nichts spricht dafür, daß sich dies in Zukunft wesentlich ändern wird.
- Innerhalb eines bestimmten Orientierungssystems sind, wie wir sahen, nicht nur verschiedene sittliche Lebensformen möglich, sondern auch wirklich. Auch das Umgekehrte ist heute möglich, nämlich, daß

Menschen mit verschiedenen letzten Orientierungssystemen in konkreten Situationen dieselben sittlichen und politischen Ziele verteidigen und kritisieren. Christen, Atheisten und Agnostiker fordern heute z. B. mit Berufung auf die Menschenrechte die Verwirklichung bestimmter Menschenrechte, z. B. der Religions- und Pressefreiheit, der Bürgerrechte. Die Menschenrechte sind, wie wir sehen werden, jenes neuzeitspezifische Orientierungssystem von unveräußerlichen vorstaatlichen und vorgesellschaftlichen Rechten des Menschen, für die es keine für alle Menschen verbindliche Letztbegründung gibt sondern nur inhaltlich verschiedene Letztbegründungen.

4. Was bisher auf einer relativ abstrakten Ebene entwickelt wurde, sc nun inhaltlich und geschichtlich konkretisiert werden durch die Rekc struktion des inneren Zusammenhangs sowie der historischen Gen und des historischen Wandels der drei Orientierungssysteme Na christlicher Schöpfer- und Erlösergott und Menschenrechte, die ir westlichen Welt in der Geschichte und Gegenwart für die Recht gung sittlicher Lebensformen weithin verwendet werden.

4.1. *Orientierungssystem Natur*

Was kultur- und zivilisationsübergreifend nach den Wandlungen der technischen Produktionsmittel, der wirtschaftlichen Produktionsverhältnisse, des Verkehrs, des Rechts, der Politik, der Sitte und Religion in der sogenannten Achsenzeit um 600 v.Chr. im Mittelmeerraum, im Vorderen Orient, in Indien und China für die Lebensbedingungen der Menschen gilt, gilt auch für die griechisch-römische Antike: Sittliche Lebensformen sind nun für immer mehr Menschen nicht mehr legitimierbar durch traditionelle Mythen. Statt „üppig wuchernder Mythologie . . . wünscht man jetzt Rechtfertigung; und dies Verlangen macht vor dem Göttlichen nicht halt“[14]. In der griechisch-römischen Welt verlangt man z. B. eine Kritik bzw. kritische Prüfung der relativ neuen mythischen, politischen und natürlichen Theologie, die durch die Dichter (z. B. Homer, Hesiod, Vergil) und durch Philosophen entwickelt worden war, sowie eine Kritik und kritische Prüfung der sehr alten bzw. aus dem Orient neu eingeführten Mythen der Menge.
Nicht kultur- und zivilisationsinvariant dagegen, sondern, wenigstens zunächst, nur für die westliche Kultur und Zivilisation typisch und folgenreich ist der riskante Versuch, wie man hier im Zusammenhang mit dem sogenannten okzidentalen Rationalisierungsprozeß und der damit parallel verlaufenden Ausdifferenzierung der Gesellschaft die Orientie-

14 F. Altheim, in: Propyläenweltgeschichte (Ullstein) II,2, S. 610

rungskrisen des Sittlichen und Politischen zu bewältigen versucht. Physis statt Nomos, Natur statt bloßer Tradition, das ist die neue Instanz, mit der man nun sittliche und politische Lebensformen und Institutionen zu kritisieren bzw. zu rechtfertigen versucht. Die bisher durch Mythen legitimierten Lebensformen, die Sitten und Gebräuche, werden zum bloßen Herkommen. Die neuen Lebensformen, die nun Anspruch auf Anerkennung erheben, müssen sich vor dem Gerichtshof der Natur rechtfertigen lassen. Was im ersten Jahrhundert n. Chr. Seneca schreibt, fordern in dieser Allgemeinheit trotz aller Unterschiede im einzelnen auch die sophistische Aufklärung, Platon, Aristoteles, die Epikureer, die Kyniker und die Stoiker: „Die Natur muß man zur Führerin nehmen; der Vernünftige beobachtet und befragt sie. Glückselig leben und naturgemäß leben ist ein und dasselbe.“ (157)

Schon in Griechenland waren das zum erstenmal in der westlichen Kultur und Zivilisation maßgebende Orientierungssystem Natur und das sogenannte Naturrecht vieldeutig. Vor allem durch das Christentum und die verschiedenen Modernisierungsprozesse der Neuzeit, besonders durch die Ausbildung der modernen Wissenschaft und der Industriegesellschaft wurden jedoch der Begriff der Natur und die Theorien des Naturrechts noch wesentlich komplexer – dogmatischer und metaphorischer. Das Mittelalter mußte Natur und Naturrecht im Erfahrungs- und Denkrahmen des christlichen Schöpfer- und Erlösergottes anders denken. Die modernen Wissenschaften und die auf sie gestützte moderne Technik konnten die Natur nicht mehr teleologisch denken. Sie konnten nicht mehr davon ausgehen, daß den Dingen und den Menschen ein ihrer spezifischen Wesensnatur entsprechender Endzweck maßgeblich vorgegeben war. Natur wurde durch die moderne Vernunft kalkulierbar und berechenbar und durch die Technik zum neutralen Material im Prozeß der Naturbeherrschung und Industrialisierung. Die neuzeitliche Aufklärung gab mehr oder weniger radikal die Annahme teleologischer Prinzipien preis und transformierte wegen der Vieldeutigkeit des Naturbegriffs und der Ausbildung des Begriffs des modernen autonomen Subjekts das Naturrecht zum Vernunftrecht. Es gab hierbei freilich große Ungleichzeitigkeiten und Gegenbewegungen. In Deutschland versuchten im 19. Jahrhundert und nach dem Zweiten Weltkrieg noch soziale Institutionen (z. B. Kirchen und Rechtsinstitute) mit Berufung auf das Naturrecht wissenschaftlich zwingende und für jedermann verbindliche sittliche und politische Ziele zu formulieren. Unübersehbar ist, daß sich inzwischen in der westlichen Welt, erst recht in der nichteuropäischen Welt, auch die Kirchen und Rechtsinstitute eher auf die Menschenrechte als auf das Naturrecht berufen, wenn sie in

der Öffentlichkeit und mit ihrer Hilfe sittliche und politische Ziele formulieren und durchsetzen wollen.
Im System der Wissenschaft werden zur Zeit die bisher geltenden Naturrechtstheorien mit verschiedenen Gründen kritisiert. Die sozialen, rechtlichen und politischen Systeme zeigen, daß die bisher im Namen des Naturrechts verteidigten Handlungsziele zu einfach sind und den Einzelnen und den sozialen Gruppen zu wenig Orientierung bieten. Trotzdem kann man selbst in den entwickelteren Industriegesellschaften des Westens nicht einfach vom Ende des Orientierungssystems Natur und vom Ende des Naturrechts sprechen. Wie freilich heute neue sittliche Lebensformen innerhalb des Orientierungssystems Natur entwickelt und gerechtfertigt werden können, ist zur Zeit offen. Auf der Ebene der Wissenschaften empfehlen selbst diejenigen weiterhin eine Orientierung an der Natur, die aus theoretischen und praktischen Gründen alle bisher anerkannten Naturvorstellungen und Naturrechtstheorien kritisieren. Böckenförde nennt trotz seiner Kritik das Naturrecht einen orientierenden „Richtungsanzeiger" (Nr. 32, S. 124), Spaemann eine „Denkweise" (Nr. 32, S. 276), die auch und gerade bei der Verteidigung von Menschenrechten und Grundrechten orientierende Kraft besitzt. Für Horkheimer und Adorno ist der Prozeß der okzidentalen Rationalisierung und Technisierung, der „auf Kosten der Natur in- und außerhalb der menschlichen Gesellschaft"[15] den Mythos überwinden wollte, wieder in Mythos umgeschlagen. Hoffnung, daß der Mensch in industriell entwickelteren und total verwalteten Gesellschaften menschlich bleiben oder werden kann, stützen beide darauf, daß vergessene und verdrängte Natur „im erinnernden Denken des Menschen widerscheint" (a.a.O. S. 237). Blochs Prinzip Hoffnung steht und fällt mit der auf idealistische und materialistische Traditionen gestützten Annahme, daß in der bisherigen Evolution der Welt und des Menschen die noch ausstehende ‚Resurrektion der Natur', die Humanisierung der Natur und die Naturalisierung des Menschen, noch erwartet und durchgesetzt werden muß. Löwiths Kritik der christlichen Tradition und sein Auszug aus der Geschichte lebt von der Prämisse, daß trotz aller wissenschaftlichen und gesellschaftlichen Veränderungen innerhalb der westlichen Zivilisation die stoisch interpretierte Natur noch lebens- und handlungsorientierend sein kann. Nicht nur diese hier beispielhaft genannten Autoren und ihre Argumentationen sprechen für die Gegenwartsrelevanz des Orientierungssystems Natur.

15 M. Horkheimer – Th. W. Adorno, Dialektik der Aufklärung, Frankfurt 1969, S. 235

Wenn man unter Natur einen dem Menschen vorgegebenen Bestand unverfügbarer Vorgaben versteht, der vom Menschen nicht gemacht ist und von ihm auch nicht beliebig geändert werden darf, wenn er überhaupt überleben will, so gibt es auch nach den Erfahrungen und Einsichten in die Grenzen des Wachstums und die katastrophalen Folgen eines ungesteuerten Machens und Herstellens ernsthafte Argumente für den Versuch einer Entwicklung neuer sittlicher Lebensformen innerhalb des Orientierungssystems Natur.
Die folgenden Überlegungen beschränken sich auf drei Themen:

1. auf einige in der griechisch-römischen Antike innerhalb des Orientierungssystems Natur entwickelte und verteidigte sittliche Lebensformen;

2. auf einige gemeinsame Prämissen des antiken Denkens über die Natur und über das von Natur Rechte und Gute;

3. auf einige vor allem durch das Christentum und die neuzeitlichen Modernisierungsprozesse ungelöste Folgeprobleme des Orientierungssystems Natur.

4.1.1. Schon die griechisch-römischen Theorien, die sich an der Natur orientierten, verstanden darunter sehr Verschiedenes: die Welt als Inbegriff all dessen, was ist, die menschliche Natur oder die außermenschliche Natur. Hierbei deutete man die Natur entweder als einen vernünftigen oder unvernünftigen, geordneten oder ungeordneten Zusammenhang. Dafür beispielhaft einige Argumentationen, die trotz aller Diskontinuitäten und Transformationen in der europäischen Kultur und Zivilisation wirksam blieben. Die Beispiele beschränken sich nicht nur auf die bedeutsamen ‚idealistischen' Antworten, z. B. auf die von Platon und Aristoteles. Diese sind für die Antike nicht allein typisch. Diese waren neben den Antworten der sophistischen Aufklärung und den Antworten der ‚Materialisten' nur *eine* mögliche Reaktion auf die kurz- oder langfristigen Wandlungen der ‚Basis' und des ‚Überbaus' und der sich daraus erklärenden Krisen des Sittlichen und Politischen.
Die Wandlungen der griechisch-römischen Antike können wir auf folgenden Ebenen im einzelnen nachweisen: in der Wirtschaft die Entstehung der Geldwirtschaft und in ihrem Gefolge die Entstehung der ‚Klassengesellschaften' zwischen Reichen und Armen, zwischen rechtsfähigen Bürgern und rechtlosen Sklaven; im Recht die Positivierung des Rechts; in der Politik die Ausbildung und Krise der Polis und der res publica; im Handwerk, in den Wissenschaften und Künsten sowie in der Sitte das Bedürfnis nach rationaleren Formen des Umgangs mit den

Mitmenschen und der außermenschlichen Natur; in der Religion statt narrativer und partikularer Mythen rationalere, moralischere und universalere Götter- und Gottesvorstellungen.

Weder die homerischen Mythen der Adelsgeschlechter noch die von Hesiod für die Bauern entwickelten Mythen noch die Mythen der Menge konnten den Bürgern der Polis und res publica überzeugende Rechtfertigungen ihrer sittlichen Lebensformen bieten. Dies zeigen die Argumentationen der sophistischen Aufklärung, des Sokrates, Platon, Aristoteles, der Epikureer, der Kyniker und Stoiker. Ihre im einzelnen sehr verschiedenen religiösen oder areligiösen Reaktionen auf die angedeuteten Wandlungen ihrer Lebens- und Handlungsbedingungen sind nachmythisch, wenn man sie mit den historisch vorgegebenen Mythen vergleicht. Sie sind Symptome für den verschieden interpretierten Übergang vom Mythos zum Logos. Sokrates berief sich gegen die Anklage, nicht mehr an die Götter der Polis zu glauben und daher die Jugend zu verderben, bei seiner Verteidigung auf den Auftrag des Gottes in Delphi und auf sein Daimonion. Die ‚Idealisten' Platon und Aristoteles transformierten die Götter der Mythen zu dem rationaleren und moralischeren Gott der Philosophen. Die ‚Materialisten', die Epikureer, die Kyniker und die Stoiker, kritisierten die traditionellen religiösen sowie sittlich-politischen Vorstellungen der Menge und die Grundannahmen der ‚Idealisten'. Die von der Sophistik eingeleitete Aufklärung verlangte nicht nur eine radikalere Mythenkritik, sondern auch eine Kritik der Ontologie, die unterstellte, daß es im Unterschied zu dem Werden, dem Entstehen und Vergehen, davon getrennte immerseiende Ordnungen und Maßstäbe für das menschliche Handeln gebe. Gemeinsam war all diesen Theorien der Versuch, nach dem Ende des Mythos im Rahmen der neuen Erfahrungs- und Denkmöglichkeit der Natur sittliche Lebensformen argumentativ zu rechtfertigen.

Die Antwort der *sophistischen Aufklärung* auf den Zerfall der Polis und der sie tragenden sozialen, rechtlichen, sittlichen und religiösen Institutionen zeigt z. B. der von Platon erzählte Protagoras-Mythos (Protagoras 320 b–323 a). Hiernach ist der Mensch im Unterschied zu allen biologischen Lebewesen ein Mängelwesen, das allein schon zur Selbsterhaltung seiner Gattung Handwerk, Künste und Wissenschaften, aber auch Sitte und Recht braucht. Sittlich ist hiernach für die sophistische Aufklärung die Lebensform, die im Rahmen der Natur die Selbsterhaltung des Menschen als Gattungswesen garantiert. Selbsterhaltung ist hierbei wegen der dabei ins Spiel kommenden partikularen Interessen und Bedürfnisse für die biologisch Stärkeren und Schwächeren, die Herrschenden und die Beherrschten nicht dasselbe. Für die Stärkeren ist

Naturrecht das, was ihnen zuträglich ist. Für die Schwächeren ist Naturrecht das, was ihnen gegenüber den Stärkeren Schutz und Sicherheit bietet.

Antiphon fixiert den in der sophistischen Aufklärung diskutierten Gegensatz von traditionellem Nomos und Physis in verschiedener Weise. Handlungsorientierende Gesetze der Natur sind für ihn nicht das Ergebnis menschlicher Vereinbarung: sie sind gewachsen, notwendig, dem Menschen unverfügbar vorgegeben. Traditionelle Gesetze und Verbote dagegen gelten nur auf Grund von Vereinbarungen, sie sind nicht gewachsen, sondern willkürlich, von Menschen gemacht und daher auch von Menschen änderbar. Wer gegen die Gesetze der Natur handelt, schadet sich in jedem Fall. Wer „allein und ohne Zeugen" gegen die Gebote und Verbote der Menschen handelt, die nicht der Natur des Menschen gemäß sind, ja feindlich gegen sie sind, der schadet sich nur dann, wenn er wegen Verletzung der öffentlich anerkannten Ordnungen durch Sanktionen der Gesellschaft bestraft wird. Man hat daher „am meisten Nutzen", wenn man „vor Zeugen die Gesetze hoch hält" (113). Menschliche Gesetze haben für die sophistische Aufklärung in sich keinen Wahrheits- und Verpflichtungsanspruch. Es ist für die Menschen jedoch aus pragmatischen Gründen nützlich, menschliche Vereinbarungen und Verträge zu respektieren, wenn man sicher und angenehm leben will. Nach Antiphon entlarvt das von Natur Rechte nicht nur den Gesamtbestand historisch vorgegebener ‚unnatürlicher' Traditionen. Es entlarvt auch bestimmte soziale und nationale Schranken und die sie legitimierenden Verhaltensnormen, die unter ‚nachmythischen' historisch entwickelteren Lebensbedingungen von Menschen als ‚widernatürlich' erfahren werden. Eine Betrachtung der allen Menschen gemeinsamen Natur zeigt nach Antiphon z. B., daß die Unterscheidung zwischen Hellenen und Barbaren und, wie Seneca später formuliert, die zwischen Bürgern und Sklaven nicht mehr natürlich und vernünftig zu rechtfertigen ist. Naturrecht ist so seit der sophistischen Aufklärung beides: 1. Kritikinstanz gegen das, was Menschen bei einem bestimmten Stand sozialer Differenzierung und entwickelter Freiheiten sowie des Bewußtseins von Freiheit als Ungerechtigkeit und Unmenschlichkeit erfahren und kritisieren, 2. Legitimationsinstanz für das, was die Stärkeren und die Schwächeren als das für die Selbsterhaltung Notwendige und Zuträgliche anerkannt und durchgesetzt wissen wollen.

Platon und *Aristoteles* zeigen, daß es innerhalb des Orientierungssystems der Natur auch noch eine von der sophistischen Aufklärung verschiedene Erfahrung und Denkmöglichkeit naturgemäßer Lebensformen gibt. Naturgemäßes Leben heißt für sie und andere seit der Antike nicht nur so leben, daß das biologische Mängelwesen Mensch im Kampf gegen die Mitmenschen und gegen die äußere Natur durch Techniken und vereinbarte Verfassungen sich selbst erhalten kann. Naturgemäß leben heißt für sie so leben, daß die Menschen ihre von den Tieren und den Göttern verschiedene spezifische Wesensnatur verwirklichen können. Sittlich ist für sie die Lebensform, in der die Menschen so sie selbst sein können, wie es ihnen „von Natur eigentümlich" (141) ist.

Platon und Aristoteles stimmen mit der sophistischen Aufklärung darin überein, daß die überlieferten Mythen nicht mehr das adäquate Medium sind, in dem man über die Natur des Menschen wahre Auskünfte erhält. Wahre, d. h. zustimmungs- und rechtfertigungsfähige Auskünfte kann für beide nur noch die Philosophie geben. Platon sieht zwar im Unterschied zu Aristoteles in neuinterpretierten und transformierten Mythen eine die Philosophie sinnvoll ergänzende Auskunft auf Fragen, die die Philosophie nicht von sich aus beantworten kann. Die Mythen, die Homer und Hesiod entwickelt hatten, und auch die Mythen, an die sich noch die Menge hielt, sagen für Platon und Aristoteles nicht mehr die Wahrheit über das, was die wahre Natur des Menschen, die wahre Natur Gottes und die wahre Beziehung zwischen Menschen und Gott ist. Diese aber muß man kennen, wenn man sich über das orientieren will, was sittlich ist und glückselig macht.

In der Methode und in der Sache bestehen erhebliche Unterschiede zwischen den Untersuchungen von Platon und Aristoteles. Beide, vor allem der Platonschüler Aristoteles, reflektieren und erörtern sehr bewußt diese Differenzen. Vor allem folgende Unterschiede sind unübersehbar: Platon geht bei seinen Untersuchungen aus von den letzten und höchsten Prinzipien des guten und gerechten Handelns. Er tut dies sowohl dann, wenn er, wie z. B. in der ‚Apologie', das Handeln des Sokrates religiös rechtfertigt vom Willen Gottes und der inneren Stimme des Daimonion, als auch dann, wenn er, wie z. B. im ‚Staat', das Handeln der Philosophenkönige ontologisch rechtfertigt von der Idee des Guten, einer immerseienden Idee, die jenseits des Wandelbaren und davon „abgetrennt und an und für sich besteht" (135). Aristoteles kritisiert nicht nur diese Idee des Guten, sondern auch die Methode seines Lehrers. Er geht bei seinen Untersuchungen aus von dem „für uns Bekannten" (133), von der gelebten „Praxis des Lebens" bzw. von dem, was „das zumeist Vorkommende" (132) ist. Gegenstand der praktischen Philosophie ist daher für Aristoteles auch nicht die Konstruktion von möglichen Utopien und das Sich-Ausdenken von dem, was an sich notwendig, wünschenswert, möglich und denkbar ist. Praktische Philosophie ist das Bewußtmachen der Lebensformen und Lebensziele, die in der gelebten sittlich-politischen Praxis letztlich und im Grunde als vernünftig anerkannt werden können. In der praktischen Philosophie wird daher nach Aristoteles auch „vielleicht nicht mehr gesagt, als was jedermann zugibt“ (137). Die Idee des Guten ist nach ihm „für den Menschen weder zu verwirklichen noch zu erwerben. Nun ist es aber solches, was wir suchen“ (135), wenn wir uns über unsere sittlichen Handlungsziele und Lebensformen orientieren wollen. Dem Arzt nützt die Erkenntnis der abgetrennten allgemeinen Idee des Guten nichts, wenn er einen bestimmten Menschen gesundmachen will. Er braucht Kenntnisse über die Gesundheit des Menschen und eine Urteilskraft dafür, was im konkreten Fall gesundheitsfördernd ist, „Gesundheit des Menschen oder vielleicht eher die Gesundheit dieses bestimmten Menschen. Denn er heilt den Einzelnen“ (135).

Trotz dieser und anderer Differenzen besteht jedoch – etwas vereinfacht – Übereinstimmung in der Analyse und Beurteilung der Lebensformen der Menschen. Drei „Lebensformen“ (bioi) (133), die in der Antike immer wieder innerhalb und außerhalb der Wissenschaften erörtert werden, kennzeichnen nach Platon und Aristoteles das Leben und Handeln der Menschen. An ihnen kann man ablesen, worin Menschen ihr höchstes Gut und Glück sehen. Alle drei Lebensformen werden daher in der praktischen Philosophie von Platon und Aristoteles immer wieder erörtert und daraufhin untersucht, ob sie der wahren Natur des Menschen gemäß sind.

Die drei Lebensformen unterscheiden sich so: Die Lebensform des Genusses sieht das letzte Ziel und Glück des Lebens und Handelns in der Förderung und Steigerung des sinnlichen Genusses. Die politische Lebensform sieht das letzte Ziel und Glück des Lebens und Handelns in der „Tätigkeit der Seele auf Grund ihrer besonderen Befähigung“ (138). Die betrachtende Lebensform ist für Platon und Aristoteles das letzte Ziel und Glück des menschlichen Lebens und Handelns, die höchste nur dem Menschen mögliche Lebensform: die Betrachtung des Göttlichen.

In der Kritik an dem von der Menge – den „schlechten Leuten“ – für erstrebenswert gehaltenen Leben des Genusses stimmen Platon und Aristoteles überein. Beide wenden sich nicht schlechthin gegen Lust und Glück. Im Gegenteil, um beides geht es auch bei der politischen und theoretischen Lebensform. Platon kritisiert das „menschliche Elend“ derjenigen, die in ihrer Verblendung und Umkehrung der ‚wahren Natur‘ des Menschen dem Wahne nachjagen, Genuß und Schwelgerei brächten wahres Glück. Diese Lebensform zieht nach Platon nicht nur die „Seele nach unten“ (127); sie macht auch unglücklich, weil die Bedürfnisse und Leidenschaften immer schneller und maßloser wachsen als die Mittel, sie zu befriedigen. Platon und Aristoteles kritisieren die schlechteste Lebensform mit den gleichen Begriffen: sklavenartig und viehisch: „Die große Menge erweist sich als völlig sklavenartig, da sie das Leben des Viehs vorzieht.“ (133) Aristoteles' Kommentar zu dem, was sich Sardanapal – der Inbegriff maßlosen Genusses in der Antike – auf seinen Grabstein schreiben ließ, zeigt, was er vom bios apolaustikos hält: „Auf das Grabmal eines Ochsen hätte man nichts anderes schreiben können. Er behauptet, als Toter das zu besitzen, was er nicht einmal als Lebender länger besaß, als der Genuß dauerte.“[16] Aristoteles macht sich auch keine Illusionen über die Erziehung der großen Menge:

„Diese gehorchen ihrer Natur nach nicht der Ehrfurcht, sondern der Angst und lassen sich vom Schlechten nicht durch die Schande, sondern nur durch die Strafe abhalten. Denn sie leben der Leidenschaft und suchen die ihnen gemäße Lust.“ (145)

Nicht den Worten, den Ermahnungen und Belehrungen, sondern „nur der Gewalt“ gehorche die Leidenschaft (146). „Die meisten gehorchen eher dem Zwang als der Rede und Strafen eher als dem Edlen.“ (146) Wie Platon, so macht sich auch Aristoteles keine Illusionen über die Wirkung moralischer Appelle an diejenigen, die von ihren Leidenschaften und ihrem Streben nach immer mehr sinnlicher Lust getrieben werden. Für Platon und Aristoteles sind daher Gesetze und Erziehung, ja Zwang und Strafen notwendig, wenn der Bestand des sittlichen und politischen Lebens bewahrt und gesichert werden soll. Nicht nur das Problem der Normenbegründung, sondern auch das der Normendurchsetzung ist daher Gegenstand ihrer praktischen Philosophie. Man kann daher nach ihrer Überzeugung nicht über sittliche Lebensformen sprechen, ohne die gesellschaftlich-politischen Rahmenbedingungen und Institutionen mitzuberücksichtigen. Auch aus diesem Grunde ist für Platon und Aristoteles die Ethik ein Teil der politischen Wissenschaft und diese die „wichtigste und leitendste Wissenschaft“ (131).

In ihrer Deutung und Rechtfertigung des Politischen unterscheiden sich Platon und Aristoteles sehr. Aristoteles kann die Vollendung des Politischen nicht wie Platon von einem von den Philosophenkönigen oder gar von mythischen ‚dämonischen‘ Wesen geleiteten Einheitsstaat erwarten. Beide gehen jedoch davon aus, daß der Mensch im Unterschied zu den Tieren und zu Gott seiner spezifischen „Natur nach in der Gemein-

16 überliefert bei Cicero, Tusc.disp.V 101

schaft lebt". Für beide ist sowohl für den Einzelnen als auch für den Staat das Endziel des sittlichen und politischen Handelns dasselbe: das gute und glückliche Leben. „Das letzte Ziel der politischen Lebensform" (134) ist identisch mit dem letzten Ziel der dem Menschen eigentümlichen Tätigkeit: der Tugend, die „in einer Tätigkeit der Seele besteht, die sich nach der Vernunft oder doch nicht ohne die Vernunft vollzieht" (137). Die Menschen verfolgen zwar nach Aristoteles in ihren sehr verschiedenen Tätigkeiten verschiedene Einzelziele und erhoffen damit verschiedene Formen des Glücks. Das Ziel der Tätigkeit des Arztes ist die Gesundheit, das Ziel des Feldherrn der Sieg, das Ziel des Architekten das Haus. Das letzte Glück, das alle Menschen als Menschen jedoch um seiner selbst willen suchen, ist die Glückseligkeit. Da der Mensch als Einheit von Leib und Seele und als ein auf die Gesellschaft angewiesenes Wesen jedoch nicht in reiner Innerlichkeit und auch nicht allein leben und glücklich werden kann, braucht er, um wirklich glücklich zu sein, eine Reihe „äußerer Dinge", z. B. Reichtum, Gesundheit, Freunde, gut geratene Kinder, eine gute Erziehung. Und das alles „außerdem noch ein volles Leben hindurch. Denn eine Schwalbe macht noch keinen Frühling, und auch nicht ein einziger Tag; so macht auch ein einziger Tag oder eine kurze Zeit niemanden glücklich und selig." (138) Nur wenn alle diese Bedingungen zu einem glücklichen und seligen Leben erfüllt sind, hat der Mensch „das letzte Ziel der politischen Lebensform" erreicht. Platon und Aristoteles wissen, daß in der zerfallenen Polis diese Bedingungen alles andere als selbstverständlich sind. Diese Bedingungen sind für sie weder bei den Barbaren noch bei den Sklaven, ja nicht einmal bei den zeitgenössischen Bürgern Athens gegeben. Das Schicksal des Sokrates und ihre eigenen politischen Erfahrungen machen die Gefährdungen überdeutlich. Sokrates weiß aus Erfahrung, warum derjenige kein öffentliches Amt annehmen kann, der „Ungerechtigkeit und Gesetzwidrigkeit in seiner Stadt verhindern will. Wer wirklich für die Gerechtigkeit kämpft, der muß notwendigerweise, wenn er auch nur für kurze Zeit sein Leben erhalten will, ein zurückgezogenes Leben und nicht eines in der Öffentlichkeit führen." (119)

An der politischen Lebensform, die Platon und Aristoteles analysieren, kann man ablesen, worin nach ihrer Meinung der Mensch als Mensch Glück und Seligkeit findet. Die politische Lebensform ist für beide jedoch nicht die höchste. Dies ist vielmehr die betrachtende, in der in Muße das Göttliche in uns, die Seele bzw. der Geist, das Göttliche betrachtet. Aristoteles begründet diese Lebensform von der wahren Natur der Seele aus so: „Ein solches Leben ist höher als es dem Menschen als Menschen zukommt. Denn so kann er nicht leben, sofern er Mensch ist, sondern nur sofern er etwas Göttliches in sich hat." (141) Der Mensch als bedürftiger und sterblicher Mensch brauche zwar zum guten und glücklichen Leben notwendig „äußere Güter". Hierbei finde seine wahre Natur jedoch nicht ihre höchste Glückseligkeit.

„Man darf aber nicht auf jene Mahnung hören, die uns anweist, als Menschen nur an Menschliches und als Sterbliche nur an Sterbliches zu denken, sondern wir sollen, soweit es möglich ist, uns bemühen, unsterblich zu sein und alles zu tun, um nach dem Besten, was in uns ist, zu leben." (141)

Auch Platon geht bei seiner Deutung des höchsten Glücks des Menschen davon aus, daß die Seele von Natur aus trotz aller Deformationen und trotz aller dagegen sprechenden Erfahrungen die Fähigkeit zum Schauen des Göttlichen besitzt und daß diese ihm nicht ‚von außen' durch Erziehung, Gewohnheit und Übung eingepflanzt zu werden braucht. „Vorausgesetzt" ist nach Platons eigener Deutung des ‚Höhlengleichnisses', daß die Seele diese Fähigkeit von Natur aus „zwar besitzt, aber nicht zu der richtigen Seite gewandt ist". Bildung und Erziehung seien daher eine „Kunst der ‚Umlenkung'" der Seele vom Werdenden zur unwandelbaren Idee des Guten (127). Und auch das wird von Platon ähnlich wie von Aristoteles deutlich ausgesprochen, daß die Seele das Göttliche nur „als letztes und nur mit Mühe" (125) schauen kann.

Die höchste Lebensform besteht für Platon und Aristoteles also in der Betrachtung des Göttlichen. Organ der Betrachtung ist die unpersönlich gedachte Seele bzw. der Geist, der freilich nicht im Sinne der christlichen oder neuzeitlichen Deutung des Menschen als Person oder Subjektivität gedacht werden darf. Die Betrachtung ist deshalb für Platon und Aristoteles die höchste Lebensform, weil beide sich keine andere denken können, die der Tätigkeit des unpersönlich gedachten Göttlichen bzw. der Götter ähnlicher ist. Es sei „absurd" (Aristoteles), den Göttern Handlungen der Klugheit, Gerechtigkeit, Tapferkeit, Mäßigkeit und Freigebigkeit beizulegen. Wer, soweit es dem Menschen überhaupt möglich ist, der wahren Natur des Menschen bzw. der wahren Natur der Götter gemäß in der Betrachtung lebt, der wird nach Platon und Aristoteles „auch von der Gottheit am meisten geliebt" (144).

Die *Epikureer*, die *Kyniker* und die *Stoiker* entwickeln innerhalb des Orientierungssystems Natur Lebensformen, an denen man andere, von Platon und Aristoteles, aber auch von der frühen sophistischen Aufklärung inhaltlich verschiedene Vorstellungen vom guten und glücklichen Leben ablesen kann. Alle drei Schulen, vor allem die Stoiker, waren in der Antike, aber auch später, besonders seit der europäischen Neuzeit und Aufklärung von großem Einfluß auf diejenigen, die Muße hatten, sich in den Orientierungskrisen ihres Lebens und Handelns über neue Lebensformen Rechenschaft abzulegen. Nach Dilthey haben die Stoiker in der Antike den größten Einfluß gehabt von 300 v.Chr. bis 200 n.Chr.

Die gesellschaftlich-geschichtlichen Wandlungen der Lebensbedingungen und die gesellschaftlich-geschichtlichen Kontexte, in denen in der Antike im Mittelmeerraum Neuorientierungen notwendig waren, sind räumlich und zeitlich im einzelnen verschieden. Was für Griechen gilt, gilt nicht bzw. nicht in der gleichen Weise für Römer oder gar für die Fremden und die Barbaren. Die wirtschaftlich, sozial und politisch bedingten ‚Klassengegensätze' zwischen Reichen und Armen, zwischen rechtsfähigen Bürgern und rechtlosen Sklaven waren schärfer geworden. Die griechische Polisstruktur war durch hellenistische Großreiche zerstört worden; an die Stelle der res publica Romana waren nach den Bürgerkriegen die Imperien der römischen Kaiser getreten.

Den Lebensformen, die unter den neuen gesellschaftlich-geschichtlichen Lebens- und Herrschaftsbedingungen von den Epikureern, den Kynikern und Stoikern im Horizont der Natur entwickelt wurden, ist – sehr vereinfacht formuliert – ein Vierfaches gemeinsam:

- Auch für sie sind die Mythen der Menge, aber auch die jetzt aus dem Orient bekannt gewordenen und übernommenen neuen Mythen und Kulte sowie die quasimythischen Welterklärungen, etwa die der Gnosis, nicht lebens- und handlungsorientierend. Die mythische Theologie ist zwar noch für die Vielen, nicht aber für die Aufgeklärten hilfreich.
- Aber auch die natürliche Theologie der Philosophen und die politische Theologie der politisch Herrschenden werden weithin abgelehnt. Die von Platon und Aristoteles aus der Natur des Menschen entwickelte höchste Lebensform der Betrachtung des Göttlichen mußte abgelehnt werden, wo der rationalere Gott der Philosophen mehr oder weniger atheistisch kritisiert wurde oder wo ihm jeder Einfluß auf die Menschen abgesprochen wurde.
- Da die traditionell anerkannten politischen Ordnungen zerfallen waren, konnte man nun die politischen Lebensformen nicht mehr wie Platon und Aristoteles direkt aus der Natur des Menschen begründen. Was das glückliche und sittliche Leben des Einzelnen ausmacht, kann nun nicht mehr dasselbe sein wie das für die politische Ordnung Notwendige. Auch die Stoiker, die prinzipiell politisches Handeln fordern, können ihre sittlichen Lebensformen nicht mehr so mit dem

Politischen identifizieren, wie das Platon und Aristoteles versucht hatten.
- Die Stoiker, aber auch die Epikureer und die Kyniker lehnen ebenso wie Platon und Aristoteles, wenn auch im einzelnen aus verschiedenen Gründen, die Lebensform des Genusses ab. Auch wo die „Lust das Lebensziel" (150) ist (Epikur), plädiert man nicht für den maßlosen Genuß des Wüstlings, sondern für maßvollen und vernünftigen Genuß der Dinge.

Trotz dieser Gemeinsamkeiten gibt es fundamentale Unterschiede. Die Lebensformen der Epikureer, der Kyniker und der Stoiker lassen sich kurz so kennzeichnen:

Für Epikur ist die Annahme von „Platon und den Stoikern", die Welt sei ein vernünftig geordneter Kosmos und die Seele etwas Göttliches, unhaltbar. Alles, was ist, ist für ihn eine zufällig entstandene und ebenso zufällig vergehende Atomkomposition. Recht und Sittlichkeit sind für ihn weder religiös noch ontologisch begründbar, sondern lediglich zweckmäßige Vereinbarungen. Die „Erfüllung des seligen Lebens" (149), das unter diesen Voraussetzungen dem „Endziel der Natur" (150) entsprechend Glück und Genuß sichert, besteht nach Epikur in der „Gesundheit des Leibes und der Beruhigtheit der Seele" (149). Bedroht wird das glückliche und selige Leben nach Epikur sowohl durch maßlosen und unvernünftigen Genuß, der die Gesundheit zerstört, als auch durch die Götter- und Todesfurcht, die die Ataraxie der Seele zerstören. Philosophie ist daher ‚Gesundheitslehre des Lebens' und Befreiung von unbegründeten Ängsten. Die in den Intermundien lebenden Götter und das blinde Schicksal können nach Epikur die Ruhe der Seele nicht erschüttern. Von der Todesfurcht kann sich der Mensch dadurch befreien, daß er einsehen lernt, daß da, wo wir sind, der Tod nicht ist, und da, wo der Tod ist, wir nicht mehr sind. Zum glücklichen Leben gehört für Epikur das von der Politik zurückgezogene Leben mit Freunden. Der Garten, nicht die Polis ist der Ort, an dem der Mensch das Glück findet, das seiner menschlichen Natur entspricht.

Der antike Kynismus radikalisiert die von der sophistischen Aufklärung zuerst formulierte These von der Selbsterhaltung des Menschen. Selbsterhaltung wird in den Diogenes-Anekdoten reduziert auf biologisch-animalische Selbsterhaltung. Das impliziert radikale Kritik, ja ironisch-parodistische Entlarvung aller in der Antike entwickelten widernatürlichen sittlichen Lebensformen. Die parodistische Destruktion des Ödipus-Mythos und die ironische Berufung des Diogenes für sein

Handeln auf das Orakel von Delphi oder Delos als Parodie der sokratischen Berufung auf das delphische Orakel soll die Dummheit aller religiös-mythischen Wertvorstellungen entlarven. Die Kritik der Ideenlehre Platons, seiner Ethik und Politik und vor allem seiner Lehre von der Unsterblichkeit der Seele soll den falschen und unnatürlichen Idealismus entlarven. Auch die öffentlich anerkannten Wertvorstellungen des Menschen sind für Diogenes unnatürlich, ja widernatürlich und schädlich für die biologisch-animalische Selbstbehauptung. Diogenes verachtet daher den Reichtum und lebt bedürfnislos in seiner Tonne. Er verachtet die politische Geschäftigkeit seiner Mitbürger und die Macht der Selbstherrlichkeit Alexanders des Großen. Er sucht auch nicht Lust und Glückseligkeit im Zusammenleben mit Freunden, sondern lebt allein in Verachtung seiner Mitmenschen. Selbst die Befriedigung seiner sexuellen Bedürfnisse in der Öffentlichkeit soll die Widernatürlichkeit der allgemein anerkannten Moral bloßstellen. Die Transformationen des antiken Kynismus und die Entwicklung des neuzeitlichen Zynismus bis Nietzsche und in die Gegenwart zeigen, daß die Kritik religiös-philosophisch begründeter Moralvorstellungen eine Lebensform ist, die im Rahmen des Orientierungssystems Natur entwickelt wurde. (s. Nr. 65)

Die Stoa hat in der alteuropäischen Gesellschaft und in der Neuzeit – hier oft als Antithese zum Christentum – die wohl einflußreichste Lebensform entwickelt, die sich an der Natur orientiert. Seneca unterscheidet die Lehre Epikurs von der Lehre der in üblen Ruf geratenen Epikureer, ja er hält Epikur für „sehr streng und fast freudlos" (158). Trotzdem ist der Sache nach der Unterschied ihrer Konzeptionen des Sittlichen sehr groß, zumindest in folgenden drei Punkten:

- Epikurs Lebensform des glücklichen Lebens ist grundsätzlich apolitisch. Für Stoiker dagegen gehört auch nach dem Zerfall der politischen Sitten und Staaten politisches Handeln prinzipiell zu den Aufgaben des Weisen. Seneca plädiert mit Berufung auf die gemeinsame menschliche Natur für eine menschliche Behandlung der Sklaven sowie für die Weltgemeinschaft, die alle sozialen und nationalen Schranken übersteigt, zu der alle Menschen als Kosmopoliten von Natur aus gehören.
- Für Epikur ist alles, was ist, im letzten eine zufällige und sinnleere Atomkomposition. Für Stoiker dagegen ist alles, was ist, Teil des vernünftig geordneten und von der Vorsehung geleiteten Kosmos.
- Epikur und die Stoiker entwickelten zwei verschiedene Lösungsmöglichkeiten des sogenannten Theodizeeproblems innerhalb des Orientierungssystems Natur. Für Epikur kümmern sich die Götter weder

um die Welt noch um die Menschen. Sein berühmtes, bis in die Neuzeit immer wieder zitiertes Argument gegen die Vorsehung wegen des Übels in der Welt lautet:

> „Entweder will Gott die Übel beseitigen und kann es nicht, oder er kann es und will es nicht, oder er kann es nicht und will es nicht, oder er kann es und will es. Wenn er nun will und nicht kann, so ist er schwach, was auf Gott nicht zutrifft. Wenn er kann und nicht will, dann ist er mißgünstig, was ebenfalls Gott fremd ist. Wenn er nicht will und nicht kann, dann ist er sowohl mißgünstig wie auch schwach und dann auch nicht Gott. Wenn er aber will und kann, was allein sich für Gott ziemt, woher kommen dann die Übel und warum nimmt er sie nicht weg?"[17]

Laktanz, der dieses Argument überliefert, schreibt dazu:

> „Ich weiß, daß die Mehrzahl der Philosophen, die die Vorsehung verteidigen, durch dieses Argument verwirrt werden und gegen ihren Willen zu der Folgerung gedrängt werden, daß Gott für nichts sorgt, worauf ja Epikur vor allem hinaus will." (a.a.O. S. 80–81)

Seneca dagegen hält es für beweisbar, „daß die Vorsehung das ganze Weltall leite und daß die Gottheit Anteil an uns nehme" (158). Angesichts der Übel und des erschreckenden Unheils in der Welt, von denen nach Seneca auch Gott den Menschen nicht befreien kann, da auch er an das Schicksal gebunden ist, kann allerdings auch Seneca dem Leidenden nur zwei Vorschläge machen: Entweder soll der Mensch Armut, Schmerz, Geschick und Tod verachten und sich dem unbegreiflichen Schicksal stoisch unterwerfen: „Das Glück nicht brauchen, das ist euer Glück." Andernfalls soll er sich durch den Freitod dem Unerträglichen entziehen: „Der Ausweg ist offen. Wollt ihr nicht kämpfen, so könnt ihr entfliehen." (160)

Man kann die sittlichen Lebensformen, die innerhalb des Orientierungssystems Natur in der griechisch-römischen Antike als natürlich und vernünftig gerechtfertigt werden, kurz so zusammenfassen: Nachdem der Mythos nicht mehr gesamtgesellschaftlich verbindliche sittliche Lebensformen legitimieren kann, unternimmt die griechisch-römische Antike im Zusammenhang des okzidentalen Rationalisierungsprozesses zum erstenmal den Versuch, sittliche Lebensformen innerhalb des Orientierungssystems Natur zu rechtfertigen. Was man hierbei ‚von Natur aus' für recht, sittlich, gut, politisch hält, ist freilich für die sophistische Aufklärung, für Platon, Aristoteles, Epikur, die Kyniker und die Stoiker im einzelnen sehr verschieden:

---

17 Epikur, Von der Überwindung der Furcht, eingel. u. übertr. v. O. Gigon, ²Zürich-Stuttgart 1968, S. 80

- Für die Sophisten gilt das als von Natur aus sittlich und recht, was dem Stärkeren zuträglich ist und was den Schwachen Schutz und Hilfe gegen die Übermacht der Starken bietet.
- Für Platon gilt das als von Natur aus sittlich und recht, was der Natur der unpersönlich, jedenfalls nicht subjekthaft gedachten Seele gemäß ist, die ihr Maß in den vorgegebenen Ideen (Politeia) bzw. in der Ordnung des Kosmos (Nomoi), letztlich in Gott hat. Nicht der Mensch, sondern Gott ist für ihn das Maß aller Dinge.
- Für Aristoteles gilt das als von Natur aus sittlich und recht, was in der sittlich und vernünftig geordneten Polis den Bürgern (nicht den Barbaren und Sklaven, auch nicht den Frauen) als höchste bzw. zweithöchste Lebensform möglich ist: die Betrachtung des Göttlichen bzw. die Tätigkeit der Seele auf Grund ihrer besonderen Befähigung.
- Für die Epikureer gilt das als von Natur aus sittlich und recht, was Menschen unabhängig von der Politik und frei von der Götter- und Todesfurcht im Zusammenleben mit Freunden im ‚Garten', im Gespräch und im vernünftigen Genuß an mäßigem Glück und maßvoller Lust zu erreichen möglich ist.
- Für die Kyniker gilt das als von der Natur aus sittlich und recht, was den Einzelnen in der Krise aller sittlichen und politischen, religiösen und metaphysischen Lebensformen seine biologische Selbstbehauptung sichert.
- Für die Stoiker gilt das als von Natur aus sittlich und recht, was im Grunde allein dem Weisen, in der Regel im Rückzug aus aller Politik, möglich ist, wenn er mit dem Logos des Kosmos in Übereinstimmung lebt.

4.1.2. Allen antiken Natur- und Naturrechtsvorstellungen sowie ihren Vorstellungen von den natürlichen sittlichen Lebensformen liegen drei damals selbstverständliche, inzwischen aber durchaus nicht mehr selbstverständliche Voraussetzungen des Orientierungssystems Natur zugrunde. Thesenhaft kann man diese kurz so formulieren:

- Die Natur ist entdämonisiert und entmythologisiert. Der Mensch lebt nicht mehr, wie die primitiven Stammesreligionen, aber auch noch die mythische Religion des Homer und Hesiod sowie die Mythen der Menge zeigen, in einer mythologisch interpretierten Natur, in der Götter und Dämonen in einer für den Menschen unberechenbaren Weise mit den Menschen spielen. Die Natur ist nun für die Menschen rationaler, berechenbarer und verläßlicher geworden. Sie ist der letzte Lebens- und Orientierungsrahmen ihrer Erfahrungen, ihres Denkens, Wollens und Handelns. Nicht nur der Film ‚Der Exorzist' und andere Phänomene und Mythen des Alltags zeigen uns heute, daß die Entdämonisierung und Entmythologisierung der Natur eine weltgeschichtlich späte, sehr voraussetzungsreiche und biologisch durchaus nicht notwendige Errungenschaft des Menschen ist. Es gibt, wie wir heute wissen, weder biologisch-physiologisch noch gesellschaftlich-geschichtlich eine Garantie dafür, daß der Mensch als Mensch ‚von Natur aus' in einer entdämonisierten und entmythologisierten Natur lebt.

- Die Natur ist eine dem Menschen unverfügbare Vorgabe. Natur und natürlich ist nicht, was durch Traditionen, Sitte und Herkommen gilt, sondern was als allgemeine ‚Wesensnatur' des Menschen und der Welt unterstellt und gerechtfertigt werden kann. Die so gedachte und erfahrene Natur kann eine doppelte Funktion erfüllen: Sie ist einmal Entlarvungsinstanz alles dessen, was nur auf Grund von Herkommen gilt; sie ist auf der anderen Seite Kritikinstanz gegen all das, was nun als unmenschlich erfahren wird (z. B. die Unterscheidung zwischen Menschen und Nichtmenschen, beispielsweise Barbaren und Sklaven). Diese beiden Funktionen kann die Natur freilich nur so lange übernehmen, als sie zwar entdämonisiert und entmythologisiert, jedoch noch nicht entontologisiert ist, d. h. solange man unter Natur noch versteht ein dem Menschen vorgegebenes und für sein Leben und Handeln maßgebendes inhaltliches Baugesetz der Welt. Ohne diese Voraussetzung sind die seit der Antike in verschiedener Weise entwickelten Teleologien, Ontologien und Metaphysiken der Natur undenkbar und nicht mehr zu verteidigen.
- Die Natur ist die letzte vom Menschen nicht hinterfragbare und tatsächlich in der griechisch-römischen Antike auch nicht hinterfragte Instanz. Sie behält damit einen quasinuminosen Charakter. Sie ist Schicksal, dem sich die Menschen, aber auch die Götter unterwerfen müssen. Man konnte in der griechisch-römischen Antike nicht die Frage stellen: Warum ist überhaupt Seiendes und nicht Nichts? und: Warum ist alles so geschaffen wie es ist? Natur ist Unverfügbares, weder von Göttern noch von Menschen Gemachtes. Auch für die nichtreligiösen Menschen und die sogenannten Materialisten der Antike behält die Natur diesen quasinuminosen Charakter. Genau deshalb kann sie in der griechisch-römischen Antike auch Rechtfertigungs- und Kritikmöglichkeit für sittliche Lebensformen sein.

4.1.3. Die historischen Wandlungen des Orientierungssystems Natur und die damit zusammenhängenden Wandlungen des Naturrechts können hier selbstverständlich nicht dargestellt werden. Schon in der Antike waren im Orientierungssystem Natur verschiedene natürliche sittliche Lebensformen denkbar und möglich. Nur auf vier durch das

Christentum und durch neuzeitliche Modernisierungsprozesse entstandene und bis heute ungelöste Folgeprobleme für das Orientierungssystem Natur sei kurz hingewiesen:

- Wo man auf Grund der verschiedenen Offenbarungen Gottes glaubt, Gott habe die Welt als Natur geschaffen, da kann die Natur nicht mehr immerseiende Letztinstanz sein. Sie ist nun abhängig und hinterfragbar. Gott hat sie geschaffen aus dem Nichts; er muß sie im Sein erhalten (creatio continua), sonst fällt sie wieder ins Nichts zurück. Jetzt kann die Frage gestellt und auf verschiedene Weise beantwortet werden: Warum ist überhaupt etwas und nicht Nichts? und: Warum ist das, was ist, so wie es geworden ist? Die Antworten lauten dann etwa: Gott hat freiwillig aus seiner Vernunft oder seinem Willen, jedenfalls aus für uns unerforschlichen Gründen um seiner oder um des Menschen willen die Welt als Natur geschaffen. Die Natur ist nicht immerseiend. Sie ist nicht das Letzte und nicht der Endzweck. Daher sind jetzt für die christlichen Denker, die Theologen wie die Philosophen, neue, in der Antike undenkbare Unterscheidungen möglich und notwendig: z. B. die zwischen natura und gratia, zwischen naturale und supranaturale. Diese und andere Differenzierungen haben Konsequenzen für die Rechtfertigung sittlicher Lebensformen, die in der antiken Welt nicht einmal denkbar waren.
- Wenn man auf Grund der verschiedenen Offenbarungen Gottes glaubt, daß die außermenschliche und menschliche Natur nicht mehr in ihrem ursprünglichen heilen Zustand ist, daß sie vielmehr gefallene Natur ist, dann erzeugt dies von der griechisch-römischen Antike aus gesehen unheimliche Fragen und neue Problemlösungen. Man muß sich nun den Fall der Natur verständlich machen z. B. durch den Aufstand der Engel und Satans, durch den Sündenfall des Menschen und die damit verbundene Erbsünde. Man sieht hierin auf der einen Seite (z. B. Pascal, Kant, Hegel, Schopenhauer, Horkheimer und Kolakowski) die Überlegenheit des Christentums über alle unrealistischen antiken und neuzeitlichen Deutungen des Menschen und der Welt. Auf der anderen Seite erzeugt dies das seit Leibniz so genannte unheimliche Theodizeeproblem: die Frage, wie man die Allmacht, Weisheit, Gerechtigkeit und Güte des Schöpfer- und Erlösergottes mit dem Übel und dem Bösen in der Welt zusammen denken kann. Alle nach der sophistischen Aufklärung in der griechisch-römischen Welt von ‚Idealisten' und ‚Materialisten' unternommenen Rechtfertigungs- und Erklärungsversuche des Übels und des Bösen in der Welt gehen davon aus, daß der wie auch immer im einzelnen gedachte Gott bzw. die Götter an dem Übel und dem Bösen unschuldig sind

und daß sie ohnmächtig sind, sie wegzunehmen. Kann man jedoch so auch gegenüber dem Gott argumentieren, der sich den Menschen als der allmächtige, weise, gerechte und gütige Schöpfer- und Erlösergott, ja als die Liebe geoffenbart hat?

- Die jüdisch-christliche Schöpfungslehre hat durch den Auftrag ‚Macht euch die Erde untertan!' die Naturbeherrschung als Aufgabe des Menschen verstanden und somit prinzipiell möglich gemacht. Adorno und Améry interpretieren dies heute so, daß die Schöpfungslehre damit für die Dialektik der Aufklärung, für die Beherrschung und Unterdrückung der Natur, ja für die gegenwärtige Bedrohung des ökologischen Gleichgewichts entscheidend mitverantwortlich ist. Freilich wurde es erst in der Neuzeit möglich – und dies aus nichttheologischen Gründen und Motiven –, die außermenschliche und menschliche Natur wissenschaftlich-technisch zu beherrschen und zum bloßen Material unseres Machens zu depotenzieren. Seitdem wird die Natur nicht nur entdämonisiert und entmythologisiert, sondern auch entontologisiert. Neuzeitliche Säkularisierungsthesen versuchten eine Zeitlang, die jüdisch-christliche Schöpfungslehre dadurch neuzeitkonform auszulegen, daß diese bereits vor Beginn der Neuzeit die Menschen zur Freiheit und Mündigkeit und zur Herrschaft über die Natur befreit habe. Nach den Erfahrungen und Einsichten in die Folgen dieser Befreiung und Freisetzung von der Natur dürfte die gegenwärtige Theologie wohl eher daran interessiert sein, sich von der ‚Mitschuld!' an diesem Befreiungsprozeß zu befreien.
- Das Naturrecht konnte in der alteuropäischen Gesellschaft, d. h. in relativ geschlossenen und undifferenzierten Gesellschaften ohne große Wandlungsprozesse, als Legitimationsinstanz für sittliche Lebensformen betrachtet werden. Sittliche Lebensformen waren allgemeine Lebensmuster, an denen man sich in einer überschaubaren und relativ stabilen Welt orientieren konnte. Was Sitte und Recht war, war für die Menschen das Altbewährte und Natürliche. In differenzierten Gesellschaften sind jedoch zumindest die bisher entwickelten Naturrechtstheorien zu einfach, um für das Leben und Handeln in den verschiedenen Systemen hinreichend differenzierte Antworten zu geben. Es kann daher auch nicht überraschen, daß man in Deutschland nach dem Zweiten Weltkrieg sehr Verschiedenes: das Eigentum, Elternrecht, Mitbestimmung, ja die atomare Verteidigung naturrechtlich zu verteidigen *und* zu kritisieren versuchte. (s. Nr. 32)

Trotz dieser und anderer ungelösten Folgeprobleme bleibt, wie gesagt, auch heute für Menschen, die wie auch immer im einzelnen interpretierte Natur das letzte Orientierungssystem für die Rechtfertigung ihrer

Selbsterhaltungsversuche – aber auch für den z. B. in der stoischen Tradition gelehrten und praktizierten Freitod.

4.2. *Orientierungssystem christlicher Schöpfer- und Erlösergott*

Bibelstellen in einem philosophischen Arbeitsbuch sind sicher ungewöhnlich. Sie sind auch nicht unproblematisch. Exegetische, konfessionelle oder theologische Unterschiede und Kontroversen können hier selbstverständlich nicht erörtert werden. Es kann Nichttheologen selbstverständlich auch nicht darum gehen zu entscheiden, was das Wesentliche aller christlichen Lebensformen, sozusagen ihre Kurzformel, ist oder wodurch sich Christliches vom Jüdischen und überhaupt von Religionsvorstellungen des alten Orient und der griechisch-römischen Antike unterscheidet. Der Band beschränkt sich innerhalb der alteuropäischen Gesellschaft auf ausgewählte Texte von drei Autoren: drei kurze Texte aus dem Matthäusevangelium, die in der Geschichte und Gegenwart für Christen und Nichtchristen bei der Rechtfertigung bzw. Kritik sittlicher Lebensformen von Bedeutung sind: das Gebot der Gottes- und Nächstenliebe, die Seligpreisungen der Bergpredigt und die Rede vom Weltgericht, ferner auf Texte von Augustinus und Thomas von Aquin.

Biblische Zeugnisse unterscheiden sich allein schon durch ihren literarischen Stil von den philosophischen Argumentationen und den Anekdoten der griechisch-römischen Antike sowie von dem literarischen Stil späterer Theologien und Philosophien. Dem Diskurskonzept des Bandes entsprechend beschränkt sich diese Einleitung auf drei Hinweise zu den Texten aus dem *Matthäusevangelium*:

Auch religiöse Texte des alten Orient und der griechisch-römischen Antike sprechen von der Liebe Gottes zu den Menschen und der der Menschen zu Gott. Das von Jesus formulierte Gebot der unbedingten Gottesliebe setzt jedoch voraus, daß Gott nun in einer auch für die damalige Welt und überhaupt für ‚diese' Welt unvorstellbaren Weise als der Gott der Liebe und der Mensch als eine zur Gottesliebe fähige Person erfahrbar und denkbar geworden ist. Ob und in welcher Weise Jesus hierbei alttestamentliche Gebote und Gottesvorstellungen aufnimmt, radikalisiert oder deren Horizont sprengt, kann hier nicht erörtert werden. Nicht die Selbsterhaltung, auch nicht die Selbstliebe und Selbstverwirklichung, sondern die Gottesliebe ist der entscheidende Punkt für das, was innerhalb des Orientierungssystems christlicher Schöpfer- und Erlösergott sittlich und recht ist.

Auch die Koppelung von Gottes- und Nächstenliebe sprengt die sittlichen und rechtlichen Vorstellungen ‚dieser' Welt. Der Nächste, der geliebt werden soll, ist nicht wie in anderen Lebens- und Verhaltensformen z. B. mein Blutsverwandter, mein Stammes- oder Standesgenosse, mein Mitbürger, sondern jeder Mensch, gleich ob er mein Freund oder mein Feind ist, ob er räumlich nah oder fern ist, jeder Mensch, der meiner Hilfe, ja meiner Liebe bedürftig ist. Gott identifiziert sich mit dem Nächsten, den er den „Geringsten meiner Brüder" nennt. Was wir konkret dem Nächsten und Geringsten getan haben, sowohl dem Einzelnen als auch den sozialen Gruppen, die unter Armut, Hunger, Krankheit, Einsamkeit, Ungerechtigkeit, Unfrieden leiden, das allein ist nach der Verheißung das Kriterium, nach dem Gott im Weltgericht über das ewige Heil entscheiden wird. Entscheidend ist nicht, was der Mensch an theologischen Glaubensinhalten explizit oder implizit für wahr gehalten hat bzw. wie viele kultische Handlungen er ausgeführt hat. Entscheidend ist auch nicht, ob man bei der Nächstenliebe im Nächsten den Bruder Gottes ‚gesehen' hat bzw. sehen konnte. Wer übrigens den Nächsten nur aus Selbstliebe liebt, als Mittel zum Zweck der Erlangung des ewigen Lohns etwa, der verfehlt das, was das Gebot der Gottes- und Nächstenliebe fordert und intendiert.

Wer nach dem Gebot der Gottes- und Nächstenliebe in dieser Welt handelt, tut, was der Mensch für die Verwirklichung des Reiches Gottes in dieser Welt tun kann und tun soll. Dem Menschen ist hierbei nicht verheißen oder garantiert, daß er in der Welt glücklich wird, sich selbst verwirklicht oder auch nur sich selbst erhält. Im Gegenteil, er muß mit Verleumdung, Verfolgung und anderen Leiden rechnen. Der Mensch muß und soll das Reich Gottes in dieser Welt verwirklichen, soweit das in seiner Macht steht. Er ist jedoch weder als Einzelner noch als soziale Gruppe das Handlungssubjekt, das allein das Reich Gottes schaffen kann. Das Reich Gottes ist in dieser Welt bereits angebrochen; es ist jedoch nicht von ‚dieser' Welt, und es wird auch nicht in diesem Äon vollendet.

Um die Interpretation und die Verwirklichung der Gottes- und Nächstenliebe bemühen sich bis heute je nach räumlichen, zeitlichen und sozialen Bedingungen verschiedene christliche Lebensformen. Die in diesen Band aufgenommenen Texte zeigen z. B., was nach Augustinus und Thomas sowie nach Pascal, Kant, Hegel und Kierkegaard für eine christliche Lebensform entscheidend ist. Aber auch für die Kritik der Gottes- und Nächstenliebe sowie der Ethik der Bergpredigt gibt es, wie dieser Band beispielhaft zeigt, in der europäischen Kultur und Zivilisation gewichtige Argumente. Mandeville zeigt z. B., warum die realen Bewegungsgesetze der ökonomisch definierten bürgerlichen Gesellschaft, der es um Mehrung von Besitz, Wohlstand, Macht, Ehre, Selbstsucht und menschliche Eitelkeiten geht, nicht die Gottes- und Nächstenliebe, sondern die privaten Laster sind – und sein müssen, wenn dieses gesellschaftliche System nicht zusammenbrechen soll. Für Nietzsche sind die Gottes- und Nächstenliebe sowie die Bergpredigt Symptome der Schwäche und Lebenszerstörung. Für Freud ist das Gebot der Nächstenliebe „unfaßbar", seine „Erfüllung (kann) sich nicht als vernünftig empfehlen"[18]. „Das Gebot ‚Liebe deinen Nächsten wie dich selbst' ist die stärkste Abwehr der menschlichen Aggression und ein ausgezeichnetes Beispiel für das unpsychologische Vorgehen des Kultur-Über-Ichs. Das Gebot ist undurchführbar; eine so großartige Inflation der Liebe kann nur deren Wert herabsetzen." (a.a.O. S. 268) Für Weber ist die „Ethik der Bergpredigt" „eine Ethik der Würdelosigkeit – außer: für einen Heiligen. Das ist es: man muß ein Heiliger sein in *allem*, zum mindesten dem Wollen nach". (286)

Augustinus und *Thomas von Aquin* unterscheiden sich nicht nur in ihrer Methode, sondern auch – und dies nicht nur wegen ihrer soziokulturell verschiedenen Lebenswelten – inhaltlich sehr. Beide rechtfertigen jedoch die christliche Lebensform letztlich wie die Bibel von den Offenbarungen Gottes aus. Ausgangspunkt ist für beide das, was uns „unmittelbar von Gott durch die Offenbarung", vor allem und endgültig durch die Bibel mitgeteilt wurde. Bibelzitate sind daher für ihre Argumentationen gewichtigere Argumente als die der Philosophen. Inhalt der christlichen Lebensform ist für beide, „was unsere Vernunft übersteigt" (169), wenngleich dies für beide auch nicht gegen die durch die Offenbarung erleuchtete Vernunft ist. Für beide gibt es die spezifisch neuzeitliche Unterscheidung und Spannung zwischen *der* Offenbarung und *dem* Glauben auf der einen Seite und *der* Vernunft und *der* Wissenschaft auf der anderen Seite noch nicht. Zum Ausgangspunkt ihrer Argumentation gehören daher für Augustinus und Thomas z. B. das Gebot der Gottes- und Nächstenliebe, die Voraussetzungen, daß die Welt Schöpfung und der Mensch Geschöpf, Sünder und Erlöster ist, sowie die Überzeugung, daß das höchste Glück nicht in dieser Welt und in diesem Leben erreichbar ist. Von diesem Ausgangspunkt aus ist das ambivalente Verhältnis von Augustinus und Thomas zur Philosophie verständlich: Beide berufen sich auch auf die Vernunft und verteidigen das Christentum und christliche Lebensformen mit der durch die Offenbarungen Gottes erleuchteten Vernunft. Beide kritisieren jedoch gleichzeitig die bisher von den Philosophen begründeten sittlichen Lebensformen sowie ihre Vorstellungen von Glück und Tugend. Augusti-

18 Freud a.a.O. S. 239

nus kritisiert z. B. die von der Stoa entwickelte Vorstellung vom Glück des Weisen und vom Freitod. Thomas kritisiert, was Aristoteles über das höchste Glück des Menschen gesagt hat, und versucht zu begründen, warum dieses höchste Glück in diesem Leben grundsätzlich nicht zu erreichen ist. Für beide lautet die fundamentale Kritik aller bisherigen Philosophen: Weil diese Philosophen nicht ausgingen von den durch die Offenbarungen Gottes gewonnenen wahren Einsichten über die Schöpfung, den Fall der Schöpfung und des Menschen sowie der Erlösung, haben sie sich unrealistische und illusionäre Vorstellungen über den Stand des Menschen und über seine Glücksmöglichkeiten „gewissermaßen selbst zurecht zimmern" müssen. Ihre Vorstellungen von einem glückseligen Leben seien vor allem deshalb Irrtümer, weil sie „glauben, es mehr finden als erbitten zu müssen, während doch Gott dessen Geber ist" (Augustinus [164]).

Für Augustinus und Thomas ist trotz aller großen Unterschiede zwischen ihnen die Vernunft durch den Sündenfall nicht so total verdorben, daß sie nicht als eine durch Gottes Offenbarung erleuchtete Vernunft für die Rechtfertigung und Verteidigung christlicher Lebensformen von großer Bedeutung ist. Augustinus knüpft dabei bekanntlich vor allem an die platonische, Thomas vor allem an die aristotelische Tradition an. Für beide gibt es eine wahrheitserkennende ‚gesunde Vernunft'. Der Mensch ist zwar ein endliches, dem Tode verfallendes Wesen, als Geschöpf Gottes ist er jedoch fähig, die Absichten Gottes in dieser Welt zu erkennen. Thomas vor allem geht davon aus, daß es für unser Handeln auch in der gefallenen Schöpfungsnatur erkennbare maßgebliche Ordnungsstrukturen gibt. Der Mensch und alles Natürliche bewegen sich, wie er meint, von sich aus auf ihr Endziel hin, weil Gott alles so geschaffen habe, nicht weil der Mensch das Ziel seines Lebens und die Natur von sich aus absolut frei bestimmen könne. Die so interpretierte Natur kann daher für Thomas sogar ein Argument dafür sein, daß der Mensch sein höchstes, von ihm natürlicherweise verlangtes Glück erst nach diesem Leben erreichen werde:

„Die Natur macht nämlich nichts umsonst. Das Verlangen der Natur wäre aber sinnlos, wenn es niemals erfüllt werden könnte. So ist auch das natürliche Verlangen des Menschen erfüllbar." (173)

Die bisherigen Überlegungen und Argumentationen haben über das Orientierungssystem christlicher Schöpfer- und Erlösergott und über die in seinem Rahmen entwickelten und möglichen sittlichen Lebensformen bereits Wesentliches gesagt. Thesenhaft kann man 1. über die Verschiedenheit christlicher Lebensformen, 2. über einige ihrer Gemeinsamkeiten kurz dies sagen: 1. Die Geschichte und Gegenwart zeigen, daß es innerhalb des Orientierungssystems christlicher Schöpfer- und Erlösergott je nach zeitlichen, räumlichen und sozialen Bedingungen verschiedene christliche Lebensformen gibt. Auf den ersten Blick lassen sich kaum Gemeinsamkeiten erkennen. Es gibt christliche Lebensformen, die in der Weltabkehr oder in der Weltzuwendung, in der Weltverachtung oder in der Weltbejahung, in der Verteidigung des Bewährten oder in der Revolution das Ziel ihres Lebens sehen. Christen gehen davon aus, daß der Mensch durch den Sündenfall so total gefallen sei, daß er nur sola fide gerettet werden kann und von sich aus nichts für sein Heil tun kann. Andere gehen davon aus, daß auch nach dem Sündenfall der Mensch Werke vollbringen kann, durch die er sich des Heils würdig machen kann.

Man kann noch unterstellen, daß alle Verteidiger christlicher Lebensformen subjektiv ehrlich und redlich versuchen, die Offenbarungen Gottes den jeweiligen Lebensbedingungen gemäß zu interpretieren und zu realisieren. Es ist jedoch schwieriger, ein Kriterium christlicher Lebensformen darin zu sehen, daß sie mit einer bestimmten Form institutionalisierter Kirchen und organisierter Religion übereinstimmen oder gar mit einer in einer bestimmten Zeit gelehrten und für verbindlich erklärten ‚dogmatischen' Lehre übereinstimmen. Unmöglich jedoch scheint es zu sein, einer bestimmten sozialen Gruppe oder Institution das Interpretations-oder Entscheidungsmonopol darüber zuzugestehen, ob eine gelebte Lebensform, die sich als christlich versteht, ‚wirklich' christlich oder nichtchristlich sei. Es gibt jedenfalls gute Gründe dafür – und zwar nicht nur in den Evangelien, sondern auch in der Geschichte der Kirchen und Theologien – zu glauben, daß diese Entscheidung allein Gott, und zwar erst am Ende der Geschichte, endgültig vorbehalten bleiben muß.

2. Trotzdem kann man zumindest aus der bisherigen Geschichte christlicher Lebensformen vier Gemeinsamkeiten benennen:

- Christliche Lebensformen unterscheiden sich dadurch von nichtchristlichen, daß sie ihre letzte Rechtfertigung von sittlichen Verhaltensweisen nicht von ‚dieser' Welt ableiten, obwohl christliche Lebensweisen selbstverständlich *in* dieser Welt und *für* diese Welt entwickelt werden. Christliche Lebensformen rechtfertigen sich nicht von dem aus, was man in ‚dieser' Welt allein aus der Natur, allein durch die Vernunft, allein durch die sogenannte natürliche Theologie erkennen kann. Sie rechtfertigen sich von dem aus, was sie als für sie heilsrelevante Offenbarungen Gottes erfahren haben. Das unterscheidet in fundamentaler Weise den Denk- und Hoffnungsrahmen christlicher Lebensformen von dem nichtchristlicher. Ob dem Menschen diese Offenbarungen Gottes mehr oder weniger unmittelbar durch die diese Offenbarungen bezeugenden Zeugnisse der Evangelien, durch die diese Offenbarungen auslegenden Kirchen, durch organisierte Religionsformen, Konfessionen, Sekten oder bestimmte Theologien vermittelt werden, ist hierbei eine sekundäre Frage. Unbestreitbar scheint dies zu sein, daß seit der Neuzeit für die Individuen und sozialen Gruppen die Frage nach der Glaubwürdigkeit und Legitimität der Offenbarungsquellen, ob Evangelien und/oder organisierte Religion, Christentum und/oder Kirche, spannungsreicher, ja alternativer beantwortet wird.

- Gemeinsam scheint christlichen Lebensformen ferner zu sein, daß sie die menschliche Natur, die Welt und damit menschliches Handeln als erlösungsbedürftig interpretieren. Hierbei gibt es drei immer wiederkehrende und in Konfessionen, Sekten und Schulen vorliegende Interpretationsmöglichkeiten: a) Der Mensch ist bei all seinen Handlungen und Werken so total böse, daß er allein durch die unverdiente Gnade gerechtfertigt und gerettet werden kann. b) Der Mensch ist auch nach dem Sündenfall nicht so verdorben, daß die rettende Gnade nicht an bestimmte Handlungen und Werke des Menschen anknüpfen und diese vollenden kann. c) Der Mensch ist diesseits solcher konfessioneller und dogmatischer Alternativen in einer solchen Verfaßtheit, daß er im Sinne der „Erasmischen Formeln" (Kolakowski) verschiedene christliche Lebensformen entwickelt hat und entwikkeln kann.
- Gemeinsam scheint christlichen Lebensformen hiernach auch dies zu sein, daß sie bis zum Ende dieses Äons, den Horizont ‚dieser' Welt sprengend, in der prinzipiell unaufhebbaren Spannung von Diesseits und Jenseits leben. Das Evangelium hat mit seiner Formel von der Einheit der Gottes- und Nächstenliebe und Augustinus hat mit seiner Aussage: ama et quod vis fac jede bloß diesseitige Ethik und Sittlichkeit unmöglich gemacht. Nicht nur Augustinus und Thomas, sondern auch Hobbes und Rousseau gehen davon aus, daß der Mensch als Bürger des irdischen und des himmlischen Reichs sein letztes Endziel nicht in dieser Welt verwirklichen kann.
- Gemeinsam scheint christlichen Lebensformen damit eine neue Dimension von Erfahrungs- und Denkmöglichkeiten zu sein, die eine nur für sie spezifische Zeitstruktur impliziert. Der Prozeß von der Schöpfung der Welt über die Geburt Christi bis zur Wiederkehr Christi sprengt antike Zeitstrukturen und Kreislauftheorien und legt Anfang und Ende der Weltgeschichte endgültig fest. Auch wenn man davon ausgeht, daß die Erlösung durch Jesus Christus an sich voll-

bracht ist, so ist dies für uns jedenfalls noch nicht offenbare Wirklichkeit. Sicher deutet man auch noch im Mittelalter die Welt in übernommenen und transformierten antiken Zeitvorstellungen. Sicher kann man den Unterschied zwischen antiken und christlichen Erfahrungs- und Denkmöglichkeiten nicht hinreichend differenziert durch die Alternative Natur und Geschichte bezeichnen. Ob man den durch den christlichen Schöpfer- und Erlösergott ermöglichten Denkrahmen als Geschichtstheologie oder Geschichtsphilosophie bezeichnet, ist im einzelnen eine Definitionsfrage. Zumindest unterscheiden sich christliche Zeit- und Geschichtserfahrungen von der nach der ‚Sattelzeit' (Koselleck) entwickelten neuzeitlichen transzendentalphilosophisch begründeten Geschichtsphilosophie. Diese versteht die Welt- und Menschheitsgeschichte als einen monokausalen, einlinigen, irreversiblen und europazentrierten Prozeß. Ja, neuzeitliche Geschichtsphilosophie deutet die Geschichte als einen weltimmanenten Prozeß, für den man nach dem Stand der erreichten Emanzipation und nach dem Ende der bisherigen ‚Vorgeschichte' ein die Geschichte mit Willen und Bewußtsein machendes Handlungssubjekt angeben kann: den Menschen, die Menschheit, die soziale Gruppe, die Klasse. Das für christliche Lebensformen kennzeichnende Zeit- und Geschichtsdenken unterscheidet sich von antiken Zeit- und Geschichtsvorstellungen im Horizont der Kreislauf- und Wiederkunftstheorien. Sie unterscheiden sich jedoch auch von solchen Grundannahmen neuzeitlicher Geschichtsphilosophien, die manche neuzeitliche bürgerliche und sozialistische Fortschrittstheorien ermöglicht haben.

4.3. *Orientierungssystem Menschenrechte*

In der europäischen Neuzeit wurden im Zusammenhang der neuen Rechtfertigungs- und Kritikversuche sittlicher Lebensformen und Institutionen verschiedene Voraussetzungen der Menschenrechte formuliert, die in diesem Jahrhundert in verschiedenen Menschenrechtsdeklarationen als verbindlich formuliert und von Staaten anerkannt wurden. Im ersten Teil dieses Abschnitts soll beispielhaft an einigen Autoren und Texten gezeigt werden, warum unter Neuzeitbedingungen bei aller Kontinuität mit der alteuropäischen Gesellschaft im einzelnen neue Rechtfertigungs- und Kritikversuche notwendig waren. Der zweite Teil enthält einige historische und systematische Überlegungen zu dem zur Zeit außerordentlich komplexen und umstrittenen Thema Menschenrechte.

4.3.1 Epochenschwellen sind Rekonstruktionen, die historisches Material aus einem überschaubaren Raum- und Zeitzusammenhang, das wir durch verschiedene Medien kennen, denkend ordnen. Rekonstruktionen der europäischen Neuzeit versuchen, verschiedene, von der alteuropäischen Gesellschaft unterscheidbare Modernisierungsprozesse der ‚Basis' und des ‚Überbaus' sowie deren Folgen für die neuzeitliche Ethik und Sittlichkeit auf den Begriff zu bringen. Modernisierungsprozesse und damit zusammenhängende Strukturwandlungen der neuzeitlichen Handlungsbedingungen lassen sich an verschiedenen Wandlungen sichtbar machen: an solchen der Wissenschaft, der Technik, der Wirtschaft, des Rechts, der Familie, der bürgerlichen Gesellschaft, des Staats, der Kunst und Literatur, der Religion.[19]

An den ausgewählten Texten von drei verschiedenen Argumentationen von *Descartes*, *Pascal* und *Mandeville* läßt sich beispielhaft zeigen, warum man nach der ‚kopernikanischen Wende' nicht mehr einfach an die in der alteuropäischen Gesellschaft entwickelten sittlichen Lebensformen und ihre Rechtfertigungsmöglichkeiten anknüpfen kann, und ferner, wie man am Beginn der Neuzeit in verschiedener Weise sittliche Lebensformen und Institutionen zu rechtfertigen und zu kritisieren versucht.

Am Wandel des Weltmodells, den man mit der Metapher ‚kopernikanische Wende' bezeichnet, wird deutlich, warum die neuzeitliche Wissenschaft das wie auch immer im einzelnen interpretierte alteuropäische Weltmodell preisgeben muß. Welt kann nicht mehr als Natur oder Schöpfung gedeutet werden, die maßgebende Orientierungen für unsere sittlichen Lebensformen liefern können. Es gibt in dem neuen Weltmodell, wie Pascal formuliert, kein „gemeinsames Maß" (185) mehr zwischen unserer endlichen Vernunft und dem Weltall. Man kann das Weltall nun nicht mehr anthropomorphistisch oder technomorph denken. Das Weltall ist für uns in seiner Unendlichkeit und Rätselhaftigkeit unbegreiflich. Religiöse und metaphysische Ursprungserklärungen erklären nichts mehr. Wir kennen, wie Pascal sagt, weder Ursprung noch Ziel des Weltalls, weder seinen Anfang noch sein Ende. Diese neue Welterfahrung ist nicht nur für Pascal typisch. Kant schreibt z. B.: Der „Anblick einer zahllosen Weltenmenge vernichtet gemeinsam meine Wichtigkeit, als eines tierischen Geschöpfs, das die Materie, daraus es ward, dem Planeten (einem bloßen Punkt im Weltall) wieder zurückgeben muß, nachdem es eine kurze Zeit (man weiß nicht wie) mit Lebenskraft versehen gewesen." (196–197) Das Weltall ist also für die Vernunft

---

19 s. hierzu H.-U. Wehler, Modernisierungstheorie und Geschichte, Göttingen 1975; H. Blumenberg, Die kopernikanische Wende, es 138, Frankfurt 1965; Nr. 44, S. 293–305; Nr. 18, S. 9–53

und Wissenschaft kein verläßlicher Kosmos mehr, keine von Gott geschaffene Schöpfung, keine Heimat des Menschen, sondern ein unheimlich leerer Weltenraum. Pascal schreibt: ,,Alle Dinge entwachsen dem Nichts und ragen bis in das Unendliche . . . Es ist außer Zweifel, daß man diesen Plan (des Weltalls) nicht fassen kann ohne eine Anmaßung." (185) Erst diese nicht nur entdämonisierte und entmythologisierte, sondern auch entontologisierte Natur kann nur, wie Descartes formuliert, zum bloßen Gegenstand unseres wissenschaftlich-technischen Berechnens, zum bloßen Material unseres Machens und Bearbeitens werden. Erst jetzt können sich die Menschen in einer radikalen Weise als freigewordene und freigesetzte ,,Herren und Eigentümer der Natur" (182) erfahren, aber auch, ob theistisch oder atheistisch, als im unendlichen Weltall verlassene Wesen.

Descartes, Pascal und Mandeville ziehen aus dieser ,kopernikanischen Wende' drei mögliche Konsequenzen für die Rechtfertigung und Kritik der sittlichen Lebensformen und Institutionen: Nach Descartes kann man sich in seinem Leben und Handeln nicht an dem orientieren, was die neuen theoretischen Wissenschaften als zweifelsfreie und methodisch gesicherte Einsichten formulieren. Die Diskrepanz zwischen den neuen theoretischen Wirklichkeitsinterpretationen und den praxisleitenden Orientierungen wird nun unüberbrückbar. Man braucht daher, um überhaupt leben und handeln zu können, aus pragmatischen Gründen eine ,provisorische Moral'. Descartes formuliert in ihr zur Handlungsorientierung etwa folgende bewährte Alltagserfahrungen: Man kann nicht den Gesamtbestand vorgegebener und anerkannter Sitten und Traditionen – und dies erst recht nicht zur gleichen Zeit – problematisieren oder gar preisgeben; man kann, weil man wohnen muß, nicht das alte Haus abreißen, bevor man das neue erbaut hat. Man kann einmal gefaßte Entschlüsse und Entscheidungen nicht ständig korrigieren; wer sich im Wald verirrt hat, geht zweckmäßigerweise in eine einzige Richtung, wenn er aus dem Wald herauskommen will. Man soll eher sich selbst, seine Wünsche und Hoffnungen als die Welt ändern wollen; das erste steht zumindest in unserer Macht.

Pascal begnügt sich nicht mit solchem Pragmatismus. Wie Mandeville geht er aus von der durch hinreichend viele Beispiele aus der Lebenswelt schwer bestreitbaren Korruption des Menschen, von seiner Eigenliebe, Eitelkeit und Selbstsucht. Anders als Mandeville sieht er jedoch auch, was ebenfalls durch hinreichend viele Beispiele offenbar ist: ,,Der Mensch übersteigt unendlich den Menschen." (187) Weder die skeptische noch die dogmatische Vernunft kann uns diese Erfahrungen und die in ihnen sich zeigende ,,wirkliche Seinslage" (187) des Menschen verständlich machen. Eine für unsere Selbsterkenntnis und Lebensführung notwendige Orientierung gibt es nach Pascal

„nur durch schlichte Unterwerfung der Vernunft . . . (unter) zwei gleich unerschütterliche Wahrheiten des Glaubens (. . .): erstens, daß der Mensch im Stande der Schöpfung oder der Gnade über alles in der ganzen Natur erhöht worden ist, geschaffen als gottähnlich und an seiner Göttlichkeit teilhabend; dann, daß er im Stande der Verderbtheit und der Sünde aus diesem Stande gestürzt und den Tieren ähnlich geworden ist." (188)

Wie unzeitgemäß dieser Ausgangspunkt des Denkens am Beginn der Neuzeit ist, weiß Pascal: „Fraglos, nichts erregt heftigeren Anstoß als diese Lehre und indessen sind wir uns selbst ohne dies unverständlichste Mysterium unbegreifbar." (188)

Mandeville empfiehlt weder wie Descartes einen wissenschaftlich nicht begründbaren Pragmatismus noch wie Pascal eine Unterwerfung der Vernunft unter das für sie „unverständlichste Mysterium" der christlichen Religion. „Unsere tägliche Erfahrung" (192) und die Analyse der menschlichen Verhaltensweisen und sozialen Institutionen in der Geschichte und Gegenwart widerlegen seiner Überzeugung nach alle bisherigen religiösen und philosophischen Morallehren: Der Mensch unterscheide sich weder durch seine Vernunft noch durch sein Wissen von Gut und Böse von den Tieren. Im Gegenteil, er sei „ein außerordentlich selbstsüchtiges und widerspenstiges sowie auch schlaues Tier" (189). Alle uns in der Geschichte der Völker, Kulturen und Zivilisationen vorgegebene angebliche Sittlichkeit sei „ein sozialpolitisches Erzeugnis aus Schmeichelei und Eitelkeit" (190). Ja, „alle Errungenschaften einer hochentwickelten Kultur" (194) und auch die Errungenschaften der modernen ökonomisch orientierten bürgerlichen Gesellschaften seien ohne private Laster undenkbar und unmöglich. Die Prostitution sei zur Bewahrung der Keuschheit bürgerlicher Frauen notwendig. Ohne Trunksucht, Luxus, Komfort, Eitelkeit und Wohlstandssteigerung würden die Wirtschaft, der Innen- und der Außenhandel, zusammenbrechen und die Arbeitsplätze verlorengehen. Nicht die privaten Laster, sondern die bürgerlichen Tugenden, wenn diese Wirklichkeit wären, seien systemgefährdend. „Mit Tugend bloß kommt man nicht weit;/Wer wünscht, daß eine goldene Zeit/Zurückkehrt, sollte nicht vergessen:/Man mußte damals Eicheln essen."(193)

Auch nach *Kant* suchen Menschen nach dem mit der Metapher ‚kopernikanische Wende' beschriebenen Wandel des philosophisch-wissenschaftlichen Weltbildes sowie nach der Ausbildung neuzeitlicher Lebensbedingungen eine neue Rechtfertigungs- und Kritikinstanz für sittliche Lebensformen. Das Orientierungssystem Natur und das Orientierungssystem christlicher Schöpfer- und Erlösergott können jedenfalls nicht mehr wie in der alteuropäischen Gesellschaft von allen und von diesen nicht mehr in der gleichen Weise als Rechtfertigungs- und Kritikinstanz anerkannt werden. Für Kant ist zwar in seiner theoretischen und praktischen Philosophie der Begriff Natur von entscheidender Bedeutung. Unter Natur versteht er etwa, ähnlich wie Pascal, im Sinne der neuzeitlichen Wissenschaften das unendliche Weltall, die ,,zahllose Weltenmenge", die ,,gleichsam meine Wichtigkeit" (196) vernichtet. Dieses unendliche Weltall kann für ihn ähnlich wie für Pascal kein Orientierungssystem mehr für unser Handeln und unser Verhalten sein.

Auch die Natur, die Kant im Sinne der damaligen Wissenschaften als mechanisches System der biologisch-physikalischen Kräfte und Anlagen des Menschen von all dem unterscheidet, was der Mensch allein aus sich machen muß und machen kann, um menschlich zu leben, auch diese Natur ist kein Orientierungssystem für das Leben und Handeln mehr. Was diese Natur aus dem Menschen gemacht hat, ist verschieden von dem, was der Mensch aus sich machen kann und machen soll. Aber auch dann, wenn Kant der Natur, etwa in Anlehnung an platonisch-christliche Traditionen, als quasi übermenschlicher Vorsehungsinstanz einen Willen, einen Plan oder eine Absicht unterstellt, die auch gegen den Willen, den Plan und die Absicht der Menschen das Ganze der Welt und Geschichte auf einen vernünftigen Endzweck hinleitet, ist diese Natur kein Orientierungssystem für Handelnde, sondern ein Denkrahmen für die die Welt als Ganzes Betrachtenden. Wie die Natur, so kann auch der christliche Schöpfer- und Erlösergott für Kant nach den spätmittelalterlichen philosophisch-theologischen Spekulationen und den konfessionellen Streitigkeiten der folgenden Zeit keine unmittelbar handlungsorientierende Instanz für alle mehr sein. Ja, wo Gott als Willkürgott gedacht wird und wo der Mensch durch den Sündenfall bzw. durch die Prädestination als so radikal böse gedacht wird, daß er ohne die Gnade Gottes zu keiner sittlichen Handlung fähig ist bzw. der Erlösung nicht teilhaftig werden kann, da werden diese christlichen Vorstellungen von Kant als unannehmbare heteronome abgelehnt. Wären Gott und der Mensch tatsächlich so, wie diese Theologoumena annehmen, so wäre für Kant die Ablehnung dieser Religionsvorstellungen um Gottes und des Menschen willen unausweichlich, wenn man nicht die Würde des Menschen und seine sittliche Verantwortung und Zurechnungsfähigkeit zerstören wollte. Hierbei denkt und argumentiert Kant nicht im Sinne der seit der Neuzeit immer wieder fixierten Alternative von Heteronomie und Autonomie, sondern im Sinne der von Kolakowski so genannten ‚Erasmischen Formeln' (Nr. 95, S. 103–239). Daher können für ihn auch die seit der frühen Neuzeit empfohlene pragmatische Orientierung an bewährten Lebensregeln, erst recht die bloße Selbsterhaltung, die den Menschen im Grunde nach Kant mit allen anderen biologischen Lebewesen gemeinsam ist, keine überzeugende Legitimation sittlicher Lebensformen liefern.

Allein die praktische Vernunft kann nach Kant Rechtfertigungs- und Kritikinstanz für das sein, was die Menschen tun und lassen sollen. Nur sie kann unbedingte Pflichten des Menschen gegenüber anderen Menschen und sich selbst und unveräußerliche Rechte des Menschen sichtbar machen. In Kants Entwicklung, erst recht in der nachkantischen Philosophie, wird der Begriff praktische Vernunft nicht einheitlich gebraucht. Vereinfacht kann man Kants Auffassung so kennzeichnen: Unter praktischer Vernunft versteht er mehr als ein bloß subjektives Erkenntnis- und Beurteilungsvermögen, mehr als eine kalkulierende Fähigkeit des Menschen, erst recht mehr als eine funktionale Systemrationalität. Trotz seiner scharfen Kritik der „Genieschwünge", der „Schwärmerei", des „Aberglaubens" und aller überschwenglichen Spekulationen in der Philosophie und den Wissenschaften offenbart sich für Kant in den Pflichten und Rechten der praktischen Vernunft in einer hinreichend klaren Weise die uns mit „Bewunderung und Ehrfurcht" erfüllende Würde des Menschen, seine Überlegenheit über das gesamte physikalische Weltall und über die gesamte biologische Natur. Bei aller Nüchternheit zeigt Kant diese „Bewunderung und Ehrfurcht" auch in seinem Sprachgebrauch. Das moralische Gesetz läßt „uns die Erhabenheit unserer eigenen übersinnlichen Existenz spüren" (208), ja, es zeigt die „Bestimmung meines Daseins..., welche nicht auf Bedingungen und Grenzen dieses Lebens eingeschränkt ist, sondern ins Unendliche geht" (197).

Kant selbst war, jedenfalls nach den meisten Aussagen seiner praktischen Philosophie, der Überzeugung, daß die praktische Vernunft universal gültig sei, d. h. für alle Menschen als Vernunftwesen unabhängig von Raum, Zeit und sozialer Schicht, ja sogar für alle intelligiblen Wesen überhaupt unbedingt verbindliche Pflichten und unaufhebbare Rechte enthält. Was Kant jedoch im einzelnen als universal gültige formal-inhaltliche Pflichten und Rechte formuliert, konnte er nicht durch transzendentale Reflexionen auf die der Vernunft schlechthin immer schon innewohnenden Prinzipien, sondern allein durch einen kritischen Diskurs mit Traditionen und Erfahrungen deutlich machen. (s. Nr. 45, Bd. 1) Die Spannung zwischen praktischer Vernunft und Geschichte reflektiert Kant an verschiedenen Stellen sehr deutlich, z. B. so:

„Der Charakter der Gattung kann nur aus der Geschichte gezogen werden ... Der Charakter der Gattung kann nicht historisch durch Geschichte allein ausgemacht werden."[20]

Wir wissen heute deutlicher, daß Kants praktische Vernunft eine sehr voraussetzungsreiche Rechtfertigungs- und Legitimationsinstanz des Sittlichen ist, die nicht unabhängig von Traditionen, nicht unabhängig von Raum, Zeit und sozialer Schicht unbegrenzt verallgemeinerungsfähig ist. Kants praktische Vernunft ist nicht die Vernunft schlechthin, sondern die vor allem durch platonisch-christliche Traditionen gebildete und durch Erfahrungen der bürgerlichen Aufklärung „gereifte Urteilskraft des Zeitalters, welches sich nicht länger durch Scheinwissen hinhalten läßt" (a.a.O. Bd. 2, S. 13). Das läßt sich an Kants formal-inhaltlichen Prinzipien der praktischen Vernunft zeigen. Das zeigen aber auch diejenigen, die bis heute Kants Rechtfertigungsversuch des Sittlichen weiterentwickeln oder kritisieren wollen.

Kant versucht die sittlichen Pflichten und Rechte der praktischen Vernunft in seinen verschiedenen Schriften in verschiedener, durchaus nicht immer stimmiger Weise vor allem unter den Begriffen moralisches Gesetz, kategorischer Imperativ, Gewissen, Pflicht, Freiheit, Autonomie zu explizieren und zu rechtfertigen. Hierbei geht er grundsätzlich davon aus, daß nicht nur der Philosoph, sondern auch die „gemeine Vernunft" das „Richtmaß" der Beurteilung „jederzeit wirklich vor Augen" hat. Ein jeder weiß im Grunde, „was man zu tun habe, um ehrlich und gut, ja sogar, um weise und tugendhaft zu sein" (a.a.O. Bd. 4, S. 31). Auch der Philosoph hat und braucht keinen anderen Maßstab als die gemeine Vernunft. Über die sittlichen Pflichten und Rechte der praktischen Vernunft braucht sich der Mensch nach Kant nicht ‚von außen' belehren zu lassen. Er braucht diese auch nicht durch formale und herrschaftsfreie Beratungs- und Diskursverfahren allererst zu legitimieren oder gar zu stiften. Das freilich nicht empirische, das auch nicht empirisch verifizierbare und falsifizierbare „Faktum der Vernunft" ist für Kant im letzten mit Hilfe der endlichen menschlichen Vernunft weder begründungsfähig noch begründungsbedürftig:

„Wäre dieses Gesetz nicht in uns gegeben, wir würden es, als ein solches, durch keine Vernunft herausklügeln, oder der Willkür anschwatzen." (a.a.O. Bd. 4, S. 673)

20 Kant, Werke in sechs Bänden, hrsg. v. W. Weischedel, Darmstadt 1966, Bd. 6, S. 685. Die folgenden Kant-Zitate ‚a.a.O.' beziehen sich auf diese Ausgabe.

„Wenn nicht etwas ist, was durch Vernunft unmittelbar Achtung abnötigt (wie das Menschenrecht), so sind alle Einflüsse auf die Willkür der Menschen unvermögend, die Freiheit derselben zu bändigen." (a.a.O. Bd. 6, S. 164)

Trotzdem sind auch für Kant, wie die alltäglichen Erfahrungen und die Geschichte der Kulturen leider zeigen, die sittlichen Pflichten und Rechte der praktischen Vernunft nicht jedermann jederzeit unmittelbar in seinem Gefühl, seinem Gemüt oder der Vernunft eindeutig und zweifelsfrei vorgegeben. Kant erklärt dies auf verschiedene Weise, etwa so: Unsere Ehrsucht, Herrschsucht und Habsucht treiben uns immer wieder dazu, sophistisch vor uns selbst und vor anderen unsere egoistischen oder bloß subjektiven Ziele als auch für andere, ja für alle gute Ziele zu erklären. Die „natürliche Dialektik, d. i. ein Hang, wider jene strenge Gesetze der Pflicht zu vernünfteln, und ihre Gültigkeit, wenigstens ihre Reinigkeit und Strenge in Zweifel zu ziehen, und sie, wo möglich, unsern Wünschen und Neigungen angemessener zu machen, d. i. sie im Grunde zu verderben und um ihre ganze Würde bringen", nötigt den Menschen daher, „in der Philosophie Hülfe zu suchen" (a.a.O. Bd. 4, S. 32–33). Die Geschichte der Moral aller Kulturen und Völker bestätigt leider, daß es sich hierbei um eine aufklärungsbedürftige Depravation des Menschen handelt. „Die edelste Eigenschaft der menschlichen Natur . . . endigte – mit der Schwärmerei, oder dem Aberglauben." (197) Kritische Philosophie – so bezeichnet der späte Kant sein gesamtes wissenschaftliches Bemühen – ist daher nicht nur in der theoretischen Philosophie und den theoretischen Wissenschaften, sondern auch in der praktischen Philosophie und den praxisbezogenen Wissenschaften notwendig, wenn man zu wahren Einsichten kommen will, denen man eine freie und begründete Zustimmung geben kann:

"Wissenschaft (kritisch gesucht und methodisch eingeleitet) ist die enge Pforte, die zur Weisheitslehre führt, wenn unter dieser nicht bloß verstanden wird, was man tun, sondern was Lehrern zur Richtschnur dienen soll, um den Weg zur Weisheit, den jedermann gehen soll, gut und kenntlich zu bahnen, und andere vor Irrwegen zu sichern." (198)

Drei formal-inhaltliche Prämissen der kritischen praktischen Vernunft, die nach Kant für eine jede sittliche Lebensform unter Neuzeitbedingungen konstitutiv sind, kann man thesenhaft so formulieren:

- Der Mensch ist nicht (zumindest jetzt nicht mehr) von Natur aus gut. Die Befriedigung sogenannter natürlicher Neigungen und Wünsche, bloß subjektiver Bedürfnisse und bloß privater Glücksvorstellungen ist für Kant kein Weg, auf dem man wahrhaft glücklich und sittlich wird. Dies ist für Kant ein Hauptfehler der meisten Moralvorstellungen der Antike und frühen Neuzeit. Die Bedürfnisse wachsen schneller als die Mittel, sie zu befriedigen. Und selbst dann, wenn das System der Bedürfnisbefriedigung immer mehr und immer schneller Bedürfnisse befriedigt, ist das für Kant keine Garantie dafür, daß hierbei auch die Würde und Freiheit der Person gesichert werden. Wir können uns jedenfalls nach unserer Alltagserfahrung das Verhalten und Handeln der Menschen nicht verständlich machen, wenn wir unterstellen, daß der Mensch von Natur aus gut ist. Es ist für Kant nicht nur eine von Platon und vor allem vom Christentum mit guten Gründen verteidigte Lehre, sondern auch eine für die „gereifte Urteilskraft des Zeitalters" durch hinreichend viele Erfahrungen begründete Einsicht, daß der Mensch nicht (zumindest nicht mehr) von Natur aus gut ist. Die Annahme einer guten Natur des Menschen und die auf sie gegründete Moral ist für Kant eine „heroische Meinung, die wohl allein unter Philosophen, und in unsern Zeiten vornehmlich unter Pädagogen, Platz gefunden hat . . . bloß eine gutmütige Voraussetzung der Moralisten von Seneca bis Rousseau" (a.a.O. Bd. 4, S. 665–666).

- Die Menschen haben nach Kant entgegen dem naiven Optimismus mancher Moralisten und Aufklärer keine „sichere Hoffnung", daß sie, wenn sie gut handeln, einmal glücklich werden. „Das Glück des Lebens (unsere Wohlfahrt überhaupt) hängt von Umständen ab, die bei weitem nicht alle in des Menschen Gewalt sind." (200) Allein in unserer Gewalt steht, daß wir uns durch unser Handeln dieser Glückseligkeit würdig machen. Weder die theoretische noch die praktische Vernunft kann uns jedoch mit Gewißheit sagen, daß und wie unsere Hoffnung und Sehnsucht nach dem Erreichen des Endzwecks des Menschen und nach einer Verbindung von Sittlichkeit und Glückseligkeit erfüllt wird. Die durch die platonisch-christlichen Traditionen gebildete und durch kritische Diskurse gereifte praktische Vernunft kann uns freilich gute Gründe dafür angeben, daß es nicht widervernünftig ist, „daß, wenn wir uns nicht selbst der Glückseligkeit unwürdig machen, welches durch Übertretung unserer Pflicht geschieht, wir auch hoffen können, ihrer teilhaftig zu werden" (200).
- Die praktische Vernunft, die kritisch und nicht dogmatisch oder schwärmerisch ist, kann uns also nach Kant weder über den Ursprung noch über das Ziel des menschlichen Lebens und Handelns absolute Gewißheit geben. Sie kann nicht erklären, warum der Mensch nicht bzw. nicht mehr von Natur aus gut ist. Was Kant in Übereinstimmung mit dem traditionellen theologischen Sprachgebrauch das radikal Böse nennt und in einem ganz bestimmten Sinne interpretiert,

bleibt für ihn unerklärbar. Die praktische Vernunft kann auch nicht das letzte Ziel des menschlichen Lebens und Handelns wissenschaftlich zwingend beweisen, das Kant in Übereinstimmung mit dem traditionellen philosophisch-theologischen Sprachgebrauch Endzweck des Menschen, Verbindung von Sittlichkeit und Glückseligkeit nennt.

Die kritische praktische Vernunft kann uns dagegen wohl sagen, was für jede sittliche Lebensform unter Neuzeitbedingungen konstitutiv sein muß: Der Mensch kann und darf zwar alles in der Welt, was er beherrschen kann, „auch bloß als Mittel gebrauchen". „Nur der Mensch . . . ist Zweck an sich selbst", d. h. der Mensch darf weder sich selbst noch andere „bloß als Mittel gebrauchen".

„Das moralische Gesetz ist heilig (unverletzlich). Der Mensch ist zwar unheilig genug, aber die Menschheit in seiner Person muß ihm heilig sein. In der ganzen Schöpfung kann alles, was man will, und worüber man etwas vermag, auch bloß als Mittel gebraucht werden; nur der Mensch, und mit ihm jedes vernünftige Geschöpf, ist Zweck an sich selbst. Er ist nämlich das Subjekt des moralischen Gesetzes, welches heilig ist, vermöge der Autonomie seiner Freiheit." (207)

Kant war sich dessen sehr bewußt und hat dies immer wieder gezeigt, daß diese von der „gereiften Urteilskraft" formulierten Prinzipien der Sittlichkeit für alle Lebensformen und Institutionen, für die Einzelnen, aber auch für das System der Erziehung, der Religion, des Rechts, des Staates, der zwischenstaatlichen Beziehungen sehr erhebliche Konsequenzen hat. Er hat sich keine Illusionen darüber gemacht, daß wir im Hinblick auf die Respektierung des Menschen als „Zweck an sich selbst", trotz aller zivilisatorischer Fortschritte im einzelnen, noch weithin Barbaren sind und daß wir bedroht sind von der „kontinuierlichen Gefahr (. . .), in die alte Rohigkeit zurückzufallen" (a.a.O. Bd. 6, S. 95).

Wer in einen Diskurs über sittliche Lebensformen Kants Argumentationen einbringen will, begegnet immer wieder drei schon zu Kants Lebzeiten formulierten Vorurteilen, die sicher nicht einfach grundlos, wohl aber in der Regel einseitig sind. Die ausgewählten Texte wollen diese Vorurteile korrigieren helfen:

– Es gibt zweifellos Aussagen Kants, die man isoliert betrachtet, wie Schiller das z. B. tat, im Sinne eines ‚herzlosen' Moralismus und Rigorismus interpretieren kann. Man glaubt dann, diesen Moralismus und Rigorismus biographisch, religions- und sozialgeschichtlich erklären oder rechtfertigen zu müssen. Für Kant schließt jedoch die Erfüllung der sittlichen Pflichten der praktischen Vernunft ein „fröhliches Herz", ja die „Lust" nicht aus, sondern ein. Dafür zwei Belege:

,,Was man aber nicht mit Lust, sondern bloß als Frohndienst tut, das hat ... keinen inneren Wert.“ (209)
,,Die Mönchsasketik ..., welche aus abergläubischer Furcht, oder geheucheltem Abscheu an sich selbst, mit Selbstpeinigung und Fleischeskreuzigung zu Werke geht, zweckt auch nicht auf Tugend, sondern auf schwärmerische Entsündigung ab, sich selbst Strafe aufzuerlegen und, anstatt sie moralisch (d. i. in Absicht auf die Besserung) zu bereuen, sie büßen zu wollen.“ (210)

- Mit der Unterscheidung von Moralität und Legalität versuchte Kant nicht, ein bloß moralisches Sollen (wie Hegel glaubte) (s. Nr. 110, Nr. 106) oder gar eine bloß subjektive Gesinnungsethik (wie Weber glaubte) (287) von der objektiven oder gar bloß zweckrationalen Sphäre des Rechts und der Politik zu trennen. Im Gegenteil, er wollte unter den Bedingungen des neuzeitlichen Staates durch diese Differenzierung die Sittlichkeit *und* die Politik neu begründen. Der Lösungsversuch mag ungenügend und zeitbedingt sein. Was Kant zu dieser Unterscheidung trieb, ist jedoch bis heute ein ungelöstes Problem. Gegenüber Hobbes und anderen Vertragstheoretikern war Kant der Überzeugung, daß es für den Menschen unveräußerliche Rechte gibt, die er auf das rechtlich-gesellschaftlich-politische System und seine Träger nicht übertragen darf, wenn er menschlich bleiben will. Andererseits war er der Überzeugung, daß ein rechtlich-gesellschaftlich-politisches System unmenschlich ist, das von den Beweggründen und sittlichen Motiven der in diesem System lebenden Menschen abgekoppelt ist und sich um diese nicht kümmert, sondern bloß ,,mit dem Maschinenwesen ihrer Polizei“ (211) funktioniert.
- Kant hatte nach seiner sogenannten transzendentalphilosophischen Wende eine Zeitlang vergeblich versucht, allein aus der reinen praktischen Vernunft wissenschaftlich zwingende und für jedermann verbindliche universale Pflichten und Rechte zu begründen. Im Alter gestand er, daß dieser Versuch mißlungen sei – ,,ein tantalischer Schmerz“. Auch diejenigen, die Kants Rechtfertigungsversuche des Sittlichen heute kritisieren oder weiterentwickeln wollen, bestätigen, daß Kants praktische Vernunft nicht die Vernunft schlechthin, sondern eine sehr voraussetzungsreiche Vernunftkonzeption ist. Gemeinsam ist Kritikern und Verteidigern Kants die Einsicht, daß Kants praktische Vernunft eine durch platonisch-christliche Traditionen gebildete und durch Erfahrungen der bürgerlichen Aufklärung ,,gereifte Urteilskraft des Zeitalters“ ist. Für Kritiker der praktischen Vernunft Kants, z. B. für Nietzsche, Freud, Löwith, Topitsch und Horkheimer, gehört Kants praktische Vernunft konstitutiv in den Zusammenhang platonisch-christlicher Traditionen. Für Topitsch z. B. ist Kants Transzendentalphilosophie eine inkonsequente Kritik

dieser Traditionen (Nr. 98). Wenn auch von einem sehr verschiedenen Ausgangspunkt aus, bestätigt der Sache nach Horkheimer dasselbe:

„Die Lehre, der Kategorische Imperativ finde als überempirisches Faktum in jedem denkenden Wesen sich vor, ist Verabsolutierung des Produkts der Tradition." „Der Kategorische Imperativ kennzeichnet zivilisierte Mentalität, keineswegs Vernunft schlechthin."[21]

Nichtdogmatische Marxisten in Ost- und Westeuropa versuchen heute wie Marx zu seiner Zeit, Kants kategorischen Imperativ in folgender Weise ohne die platonisch-christlichen Traditionen neu zu formulieren: Nicht nur durch eine „Revolution der Denkungsart" (Kant), sondern auch und vor allem durch eine Veränderung der soziokulturellen Verhältnisse müßten neue Lebensformen geschaffen werden, in denen der Mensch aufhört, „ein erniedrigtes, ein geknechtetes, ein verlassenes, ein verächtliches Wesen"[22] zu sein. Logische Konstruktivisten (Nr. 97) versuchen, zunächst einmal Kants praktische Philosophie ohne deren sehr voraussetzungsreiche kulturspezifische Prämissen und Vorgaben kulturinvariant in einer logischen Sprache zu rekonstruieren. Neuere Transformationen der Transzendentalphilosophie (Nr. 45, Bd. 1), die Analytische Philosophie und formale Logik (Nr. 96, Nr. 89) und Vertreter des Utilitarismus (Nr. 46, Bd. 2) beanspruchen auf verschiedene Weise, Kants Einsichten ohne ihre zeit-, sozial- und traditionsbedingten Vorurteile, Irrtümer und Unklarheiten gegenwartsrelevant klar und deutlich auf den Begriff zu bringen.

Kant glaubte auf dem Höhepunkt der bürgerlichen Aufklärung in Deutschland in der praktischen Vernunft eine neue Rechtfertigungs- und Kritikinstanz sittlicher Lebensformen gefunden zu haben. Schon seine unmittelbaren Schüler und Nachfolger *Fichte*, *Hegel* und *Kierkegaard* glaubten die Krise der bürgerlichen Gesellschaft und die sich abzeichnende Dialektik der Aufklärung durch andere Legitimationen der sittlichen Lebensformen bewältigen zu müssen.

Was Kant von den Prämissen seiner praktischen Vernunft aus weder für möglich noch für notwendig hielt, versuchten einige seiner Schüler und Nachfolger. Sie lehnten die durch Traditionen gebildete und durch geschichtliche Erfahrungen gereifte praktische Vernunft des endlichen

21 M. Horkheimer, Zur Kritik der instrumentellen Vernunft, Frankfurt 1967, S. 235–236

22 Karl-Marx-Ausgabe. Werke – Schriften, hrsg. v. H.-J. Lieber, ²Darmstadt 1962, Bd. 1, S. 497

Menschen als Rechtfertigungs- und Kritikinstanz des Sittlichen ab. Sie versuchten z. B., allein aus dem reinen transzendentalen Ich durch eine transzendentalphilosophische Geschichtsphilosophie ein neues Orientierungssystem zu stiften, das für die Menschen als Einzelne und als Gattung von nun an Lebens- und Handlungsorientierung sein sollte. Der ausgewählte Text von *Fichte*, der selbstverständlich nicht für den ganzen Fichte repräsentativ ist, zeigt, wie man sich schlechthin unabhängig von allen sogenannten bloßen Traditionen und Erfahrungen, unabhängig auch vom bloß „empirischen Selbstbewußtsein" (213) und „der besonderen empirisch bedingten Art von Gesellschaft, die man den Staat nennt", (221) nach der „a priori vorgezeichneten Laufbahn des Menschengeschlechts" (221) die neue sittliche Lebensform des Menschen vorstellte. Was nach Kant die endliche praktische Vernunft und der endliche Mensch in diesem Leben und in dieser Welt prinzipiell nicht erreichen können und was daher auch nicht Prinzip des sittlichen Handelns unter den uns vorgegebenen Bedingungen sein kann und sein darf, soll nun nach der transzendentalphilosophisch deduzierten Geschichtsphilosophie zum neuen moralischen Prinzip allen Handelns werden: Nach Fichte sind wir bis zu diesem Zeitpunkt „noch nicht einmal wahreMenschen" (221); wir sollen es jedoch werden. Das Ich soll in der Menschheitsgeschichte „die vollkommene Übereinstimmung eines vernünftigen Wesens mit sich selbst" (215) und die Einheit von Sittlichkeit und Glückseligkeit durch sein eigenes moralisches Handeln und das der anderen und der menschlichen Gattung erreichen. Dies hielt Kant bekanntlich für schlechthin unmöglich. Der Staat „wie alle menschlichen Institute", die für Fichte nur „Mittel zur Gründung einer vollkommenen Gesellschaft" sind, werden für ihn in dem geschichtsphilosophisch konstruierten Prozeß der Menschheit überflüssig, ja sie sind zur „Vernichtung" (221)bestimmt. Sicher, Fichte weiß, daß der Mensch nicht Gott ist. Er will auch nicht totalitär die Menschen als Mittel zum Zweck der Tugend opfern. Er ist sich jedoch dessen gewiß –

> „und dauere es Millionen und Billionen Jahre – was ist die Zeit? – so gewiß wird einst eine Zeit kommen, da ich auch dich in meinen Wirkungskreis mit fortreißen werde, da ich auch dir werde wohltun, und von dir Wohltaten empfangen können, da auch an dein Herz das meinige durch das schönste Band des gegenseitigen freien Gebens und Nehmens geknüpft sein wird" (225).

Die Deutung und Auseinandersetzung mit Fichtes Philosophie ist bis heute außerordentlich kontrovers. Schon dies zeigt, wie gegenwartsrelevant manche seiner Themen und Thesen sind. Es kann nicht überraschen, daß Marxisten Fichte durchweg als einen progressiven Denker feiern. Garaudy versucht z. B. nicht nur Hegel, sondern auch Fichte auf die marxistischen Füße zu stellen bzw. Marx durch Fichte zu ergänzen (Nr. 18. S. 58–81). Nichtmarxisten, z. B. Willms (Nr. 101), machen dagegen die totalitären Konsequenzen von Fichtes Theorie für die bürgerliche Gesellschaft deutlich. Kosellecks breit angelegte historische Analysen und begriffsgeschichtliche Studien zu den Entstehungsbedingungen und ideologischen Konsequenzen der neuzeitlichen Geschichtsphilosophie zeigen, warum diese die Krisen der bürgerlichen Gesellschaft nicht gelöst, sondern nur verschärft haben (Nr. 2, Bd. 1 ‚Geschichte').

Im Blick auf das Konzept dieses Bandes kann man die Einheit der *Hegelschen* Philosophie, ihre Größe und Zeitbedingtheit in dem Versuch sehen, die damals bereits erkennbaren Krisen der bürgerlichen Gesellschaft bzw. die Dialektik der Aufklärung oder allgemeiner: die Dialektik des europäischen Rationalisierungsprozesses zu analysieren und für die Bewältigung dieser Krisen eine Lösung anzubieten. Im Zentrum stehen dabei für Hegel nicht direkt Fragen der sittlichen Lebensformen, sondern vor allem solche der bürgerlichen Gesellschaft, des Rechts, des Staates, der Kunst, der Religion, der Geschichte, der Logik. Dies läßt sich bis heute auch an der Geschichte der Hegel-Rezeptionen und der Hegel-Kritiken zeigen. Selbstverständlich geht es Hegel jedoch in diesen Zusammenhängen explizit und implizit immer auch um Fragen der sittlichen Lebensformen. Zwei Aspekte stehen hierbei im Vordergrund: 1. die Kritik der für Hegel unzureichenden zeitgenössischen Moralvorstellungen; 2. die Analyse der Zweideutigkeit der zentralen Begriffe, die bisher im Mittelpunkt der Legitimation moderner sittlicher Lebensformen standen.

1. Kritisiert werden von Hegel von den zeitgenössischen Moralvorstellungen unter anderem die von Jacobi, Novalis, F. Schlegel und Hölderlin (Nr. 103), vor allem jedoch die von Rousseau, Kant und Fichte (Nr. 104, Nr. 110, Nr. 106). Der entscheidende Vorwurf gegen Kant und Fichte, deren Argumentationen Hegel nicht hinreichend deutlich voneinander unterscheidet, läßt sich vereinfacht so formulieren: Die von Kant und Fichte formulierte Verstandesposition der abstrakten Aufklärung und der abstrakten Moralität fixiert die Entzweiung zwischen dem ständig geforderten, aber ohnmächtigen moralischen Sollen und der vorgegebenen vernünftigen Wirklichkeit. Was Hegel unter vernünftiger Wirklichkeit, Totalität, substantieller Einheit versteht, versucht er in seinen frühen Arbeiten als Liebe und Leben, später als verwirklichte Idee und verwirklichten absoluten Geist zu bestimmen. Die abstrakte Moralität bleibt nach Hegel stehen bei der „Zerrissenheit des Menschen" (226) und der Entzweiung zwischen dem Einzelnen und

dem, was als an und für sich ausgebildetes sittliches Universum vorgegeben ist. Sie versöhnt den Menschen nicht mit dem, was in Wahrheit vorgegeben ist. Hegels These lautet: „Was sein soll, ist in der Tat auch, und was nur sein soll, ohne zu sein, hat keine Wahrheit." Die Vernunft „läßt sich nicht durch die Gedankendinge, die nur sein sollen und als Sollen Wahrheiten sein sollen, ob sie schon in einer Erfahrung angetroffen werden, . . . irre machen". (227–228) Nur wenn sich der Mensch auf den Standpunkt der Vernunft stellt und mit dem, was wahrhaft wirklich ist und sich geschichtlich ausgebildet hat, versöhnt, weiß er, was seine wahren Pflichten und Rechte sind. Dann und nur dann ist für Hegel auch die Krise der gegenwärtigen Welt überwunden und im Gegenwärtigen und Vergänglichen die Wirklichkeit des Vernünftigen und Allgemeinen erkannt und anerkannt.

2. Nur von dem aus, was für Hegel der Standpunkt der Vernunft ist, läßt sich verständlich machen, warum für ihn – anders z. B. als für Kant – die zentralen Legitimationsbegriffe aller in der Moderne entwikkelten sittlichen Lebensformen: Freiheit, Autonomie, Subjektivität, Gewissen zweideutig geworden sind. Einige knappe Hinweise zu der Zweideutigkeit dieser Begriffe:

- Was Hegel als substantielle Freiheit bejaht und verteidigt, ist ohne seine freilich nicht unbestrittene Interpretation des Christentums und der Französischen Revolution nicht verständlich zu machen. Ähnlich wie Kant sieht Hegel im Christentum als der Religion der Freiheit die „Angel", um die sich die ganze Weltgeschichte dreht, und in der Französischen Revolution das einmalige Ereignis der Weltgeschichte, das dazu geführt habe, daß von nun an nur noch die Freiheit des Menschen als Menschen als Prinzip alles dessen anerkannt werden kann, was als sittlich und recht gelten soll. Auf der anderen Seite verurteilt Hegel jedoch die bloß subjektive abstrakte Freiheit des Einzelnen, die sich gleichzeitig mit der Aufklärung und dem europäischen Rationalisierungsprozeß in seiner Zeit immer mehr ausbildet. Die bloß subjektive Freiheit ist für ihn „Eitelkeit und Besonderheit des Meinens und Seins" (229), weil diese Freiheit nicht das Allgemeine und Vernünftige anerkennen will. Ja diese Freiheit ist, wie die Französische Revolution und insbesondere Robespierre nach Hegel auch gezeigt haben, der „Terror", die „Furie des Zerstörens"[23].
- Was für den Begriff der Freiheit gilt, gilt nach Hegel auch für den Begriff der Subjektivität. Dieser Begriff wird seit dem Ende des

23 Hegel, Theorie Werkausgabe, Frankfurt 1971, Bd. 7, S. 50. Die folgenden Hegel-Zitate ‚a.a.O.' beziehen sich auf diese Ausgabe.

18. Jahrhunderts im philosophischen Sprachgebrauch verwendet. Er wird von Hegel ähnlich wie die traditionellen Begriffe Person, Persönlichkeit, Individuum vor allem dazu verwendet, das zu bezeichnen, was den Menschen bei dem in der Moderne erreichten Stand der Entwicklung der Weltgeschichte, der Aufklärung und der europäischen Rationalisierung wahrhaft zum Menschen macht. Subjektivität ist also für Hegel auf der einen Seite das Fundamentalprinzip, das jetzt aller Sitte und Religion, allem Recht und dem Staat zugrunde liegt und das von allen sozialen Institutionen anerkannt werden muß, wenn diese ihrerseits mit der freien Zustimmung und Anerkennung der in diesen Institutionen lebenden Menschen rechnen wollen. Auf der anderen Seite hat nach Hegel der dialektische Prozeß der Geschichte, der Aufklärung und des europäischen Rationalisierungsprozesses die „sich in sich verhausende Subjektivität" (a.a.O. Bd. 14, S. 105) hervorgebracht. Diese Subjektivität ist nicht bereit und in der Lage, sich mit dem Vernünftigen und Allgemeinen zu versöhnen, das nach Hegel in der Sitte, in der Religion, im Recht und im Staat Wirklichkeit geworden ist. Diese bloße Subjektivität ist für ihn ein eitles Meinen, etwas bloß Subjektives und Privates, das Leere, ja das Böse, nicht Endpunkt der Geschichte des Fortschritts, sondern sich ankündigender Endpunkt einer drohenden Verfallsgeschichte.

– Ebenso zweideutig ist für Hegel der Begriff des Gewissens. Einerseits gehört die Ausbildung und Anerkennung des Gewissens zu den bedeutendsten, durchaus nicht selbstverständlichen Fortschritten der ganzen bisherigen Entwicklung. Gewissen wird hier verstanden als das Recht und die Pflicht des besonderen Subjekts, von nun an in allen sozialen Institutionen in sich den Maßstab für das zu wissen, was gut und böse ist. Dieses Gewissen ist für Hegel der „Wende- und Mittelpunkt in dem Unterschiede des Altertums, und der modernen Zeit. Dies Recht in seiner Unendlichkeit ist im Christentum ausgesprochen und zum allgemeinen, wirklichen Prinzip einer neuen Form der Welt gemacht worden." (234) Andererseits besteht für Hegel „die Zweideutigkeit in Ansehung des Gewissens" darin, daß einer, der sich auf sein Gewissen beruft, sich in Wirklichkeit oft bloß auf sein subjektives Meinen und Interesse, auf seine „nur subjektive Reflexion des Selbstbewußtseins" beruft. Hegel zieht hieraus die bis heute umstrittene und von Links- und Rechtshegelianern (Nr. 16, Nr. 17) verschieden interpretierte und praktizierte Konsequenz: „Der Staat kann deswegen das Gewissen in seiner eigentümlichen Form, d. i. als subjektives Wissen nicht anerkennen." (236)

Hegel hat die Zweideutigkeit der zentralen Begriffe der modernen sittlichen Lebensformen: Freiheit, Autonomie, Subjektivität, Gewissen durch detaillierte historisch-systematische Analysen der modernen Familie, der bürgerlichen Gesellschaft, des Staates, der Kunst, der Religion und der Philosophie im einzelnen deutlich gemacht. Nicht diese Detailanalysen waren und sind bis heute die zentralen Streitpunkte in der Hegeldiskussion (Nr. 107, Nr. 108). Im 19. und 20. Jahrhundert wurde diese Zweideutigkeit deutlicher, als Hegel ahnen konnte. Es wurde deutlicher, wie riskant der in der europäischen Neuzeit unternommene weltgeschichtlich späte und sehr voraussetzungsreiche Versuch ist, sittliche Lebensformen und die sie tragenden Institutionen (Familie, Wirtschaft, Recht, Staat, Religion) nur noch dann für zustimmungs- und anerkennungswürdig zu halten, wenn sie sich in einem Prozeß vor dem Gerichtshof der Subjektivität, ihrer Freiheit und ihres Gewissens rechtfertigen lassen.

Der zentrale Streitpunkt der Hegeldiskussion war von Anfang an: Was ist das, was Hegel auf dem Standpunkt der Vernunft und d. h. für ihn auf dem Standpunkt der Philosophie im emphatischen Sinne sittlich und vernünftig nennt, und wie kann der Einzelne dies als für ihn persönlich verbindlich erkennen und anerkennen? Hegel hat in einer Antwort auf seine Kritiker ein Mißverständnis zurückgewiesen. Nicht alles, was wirklich sei, sei deshalb schon im emphatischen Sinne vernünftig. Was im gemeinen Leben bloße Erscheinungen seien, ,,triviale, äußerliche und vergängliche Gegenstände, Einrichtungen, Zustände usf. . . .: wer wäre nicht so klug, um in seiner Umgebung vieles zu sehen, was in der Tat nicht so ist, wie es sein soll?" (233–234) Wenn man die Krise der gegenwärtigen Welt überwinden will, kommt nach Hegel alles darauf an, daß der Einzelne im Staat nicht nur den ‚Not- und Verstandesstaat' sieht, der seine privaten Bedürfnisse und Neigungen befriedigt und sein Eigentum und seinen Wohlstand mehrt und sichert, sondern das durch Recht und Sitte gebildete ,,sittliche Universum" (a.a.O. Bd. 7, S. 26), das seine wahre Freiheit ermöglicht. Diese besteht vor allem darin, daß der Mensch ,,in dem Scheine des Zeitlichen und Vorübergehenden die Substanz, die immanent, und das Ewige, das gegenwärtig ist", (a.a.O. Bd. 7, S. 25) erkennt und anerkennt. Die Substanz, die Platon und die an ihm sich orientierende Metaphysik als etwas zeitlos Immerseiendes bestimmen, ist für Hegel etwas, das sich nach seiner philosophischen Betrachtung der Weltgeschichte in der Geschichte und Immanenz verwirklicht hat. Das Ewige, das manche christliche Interpreten ,,als Glauben im Gefühl und im Zeugnis des Geistes" zu fassen sich bemühten, ,,es ist dasselbe, was der weiterhin gereifte Geist im Begriffe zu fassen und so in der Gegenwart sich zu befreien und dadurch in ihr sich zu finden bestrebt ist" (a.a.O. Bd. 7, S. 27).

Hegels Kritik an den Moralvorstellungen der abstrakten Verstandesphilosophie, sie fixiere die Zerrissenheit des Menschen und die Entzweiung zwischen dem Einzelnen und dem Gegenwärtigen und Vernünftigen, ging davon aus, daß die Vernunft dem Einzelnen zeigen kann, daß ihm in der gegenwärtigen Wirklichkeit die Aufhebung seiner Zerrissenheit und der Entzweiung und die wirkliche Versöhnung möglich sind. Daß genau dies für den Einzelnen in der Gegenwart keine reale Lebensmöglichkeit mehr sein konnte, hat Hegel selbst spätestens seit 1830 wiederholt ausgesprochen. Und genau an diesem Punkt begann der Streit zwischen seinen Schülern und Anhängern, den Links- und Rechtshegelianern, der bis heute nicht entschieden ist. Schon im 19. Jahrhundert konnte man in der vorgegebenen geschichtlichen Wirklichkeit, vor allem in der Gesellschaft und Politik, aber auch in der Religion das, was Hegel emphatisch als wirkliche Versöhnung beschrieb und unterstellte, nicht wiederfinden. Nach Hegel konnte der durch Traditionen gebildete „gereifte Geist" in der ausgebildeten Wirklichkeit und ihren sittlichen Institutionen die an und für sich vollbrachte Versöhnung erkennen und anerkennen, für die Links-, aber auch für die Rechtshegelianer war diese Versöhnung nur eine solche im Begriff und im Kopf – also ein bloßes Sollen. Nicht nur die Wirklichkeit zu interpretieren, sondern sie so zu verändern, daß sie menschlich sein könnte, war daher eine der geschichtlichen Konsequenzen, die unter anderm Marx zog.

Was Hegel, quer zum Strich seines Systemanspruchs, dem Sokrates in seiner Welt noch zugestanden hatte, war unter veränderten geschichtlichen Bedingungen das Zentralproblem *Kierkegaards*. Hegel hatte geschrieben:

„Nur in Zeiten, wo die Wirklichkeit eine hohle geist- und haltungslose Existenz ist, mag es dem Individuum gestattet sein, aus der wirklichen in die innerliche Lebendigkeit zurückzufliehen. Sokrates stand in der Zeit des Verderbens der atheniensischen Demokratie auf: er verflüchtigte das Daseiende und floh in sich zurück, um dort das Rechte und Gute zu suchen. Auch in unserer Zeit findet es mehr oder weniger statt, daß die Ehrfurcht vor dem Bestehenden nicht mehr vorhanden ist und daß der Mensch das Geltende als seinen Willen, als das von ihm Anerkannte haben will." (239)

Für Kierkegaard ist das für unser Zeitalter spezifische Laster die „ausschweifende Verachtung des einzelnen Menschen. . . . Keiner will ein einzelner existierender Mensch sein." (240–241) Seine zentrale Aufgabe als religiöser Schriftsteller sieht er daher darin, auf die für jede ethische und religiöse Lebensform konstitutive Kategorie des Einzelnen aufmerksam zu machen. Kierkegaards Deutung des Einzelnen kann hier selbstverständlich nicht im Zusammenhang dargestellt werden. Die ausgewählten Texte zeigen, daß er vor allem auf vier vergessene und verdrängte Zusammenhänge, die in unserem Zeitalter für das Leben des Einzelnen konstitutiv sind, aufmerksam machen will. Thesenhaft kann man diese so benennen:

- Der Einzelne ist nicht wahrhaft bei sich und in seiner unendlichen Bedeutung gefaßt, wenn er sich in Hegels „ästhetisch-metaphysischem Prinzip" (240) oder in der von Fichte und Hegel konstruierten universalen Weltgeschichte mit dem Allgemeinen versöhnt. Dies ist für Kierkegaard nicht Vollendung des Menschen, sondern Flucht des Einzelnen aus der für ihn unerträglich gewordenen Leere und Langeweile in eine fiktive und konstruierte Scheinwelt. Das von der bürgerlichen ‚idealistischen' Philosophie konstruierte Ganze ist für Kierkegaard nicht das Wahre, sondern das Unwahre.
- Der Einzelne verfehlt sich ebenfalls, wenn er sich gesellschaftlich-politisch in der „Menge", der „großen Horde" verwirklichen und auf diese Weise seine wahre Identität finden will. Die Menge, die Partei, die Klasse, das Volk, die Nation, alle diese von Liberalen und historischen Materialisten konstruierten Ersatzidentitäten sind für Kierkegaard die Unwahrheit. Wahre Verwirklichung des Einzelnen gibt es für ihn nur durch die „Nächstenliebe", nicht durch die Liebe zur Menge.
- Der Einzelne verfehlt sich ebenfalls, wenn er nur ästhetisch und nicht ethisch und religiös lebt. Nicht in der ästhetischen, sondern nur in der ethischen und religiösen Lebensweise lebt der Mensch in der Wahrheit. Die ästhetische Existenz spielt wie Don Juan mit verschiedenen Möglichkeiten, bleibt offen für alles und nichts und bleibt damit bloß zufällig. Die ethische Existenz dagegen entscheidet sich für bestimmte Aufgaben und versucht, diese zu verwirklichen.
- Aber auch die ethische Existenz ist im letzten für Kierkegaard nicht identitätssichernd. Wie das Zeitalter zeige, gibt es nach Kierkegaard für den „gottverlassenen" Einzelnen im Ernst keine Möglichkeit, dem Grauen, der Langeweile und der Verzweiflung zu entgehen. „Wenn man keine ethische und religiöse Begeisterung hat, (muß) man darüber verzweifeln, ein einzelner Mensch zu sein – sonst nicht". (241)

Für jede Diskussion über sittliche Lebensformen, die den Menschen – zumindest in bestimmten Dimensionen – als ein für bestimmte Handlungen verantwortliches und zurechnungsfähiges Wesen versteht, ist bis heute das Thema des Einzelnen zentral und ungelöst. Das zeigen Diskussionen von Theisten und Atheisten, von Bürgerlichen und Sozialisten, von Humanisten und Antihumanisten (Nr. 112). Die Theologie, vor allem die Dialektische Theologie, knüpfte im 20. Jahrhundert immer wieder an Kierkegaard an. Das tat auch der Existentialismus, und zwar sowohl der christliche (z. B. Marcel) als auch der nichtchristliche (z. B. Jaspers [Nr. 113]) und der atheistische (z. B. Sartre [353]). Adorno zeigt, wie man Kierkegaard ohne existentialistische Engführung im sozialgeschichtlichen Kontext seiner Zeit als Denker einer „verlorenen Unmittelbarkeit" in der entfremdeten modernen Gesellschaft verstehen kann (Nr. 111).

4.3.2 Innerhalb der Philosophien und der Human- und Sozialwissenschaften sowie bei interdisziplinären Kolloquien über Normenfragen begegnet man gegenwärtig oft zwei Auffassungen, die man kurz so kennzeichnen kann: Was sittlich und recht ist, läßt sich seit dem Beginn der Neuzeit, erst recht seit ihrem Ende mit Hilfe der Wissenschaften und der Vernunft nicht mehr von inhaltlichen Letztinstanzen aus rechtfertigen. Solche inhaltlichen Letztinstanzen waren in relativ geschlossenen Gesellschaften z. B. Gott und die Natur. Bürgerliche und sozialistische Theoretiker denken und argumentieren heute weithin im theoretischen Bannkreis von *Max Webers* bekannter These:

„Wie Konflikte zwischen mehreren in concreto kollidierenden, gewollten oder gesollten Zwecken zu schlichten seien, (ist) ganz und gar Sache der Wahl oder des Kompromisses. Es gibt keinerlei (rationales oder empirisches) wissenschaftliches Verfahren irgendwelcher Art, welches hier eine Entscheidung geben könnte." (297)

Human- und Sozialwissenschaften können hiernach keine inhaltlichen Letztbegründungen von sittlichen Lebensformen mehr liefern. Sie können jedoch – zumindest war dies die Meinung Max Webers – bei „Diskussionen über praktische Wertungen" (299)mehr leisten, als manche Vertreter des Dezisionismus, des Pragmatismus und sogenannten Kritischen Rationalismus annehmen, die sich auf Weber berufen. Solche Diskussionen können z. B. uns selbst und andere bei einem Streit über das, was wir tun sollen, über die letzten diesem Streit zugrunde liegenden verschiedenen Wertaxiome aufklären. Sie können bewußte oder unbewußte, beabsichtigte oder nichtbeabsichtigte Nebenfolgen unserer Handlungen und Entscheidungen deutlich machen. Sie können den Unterschied bewußtmachen zwischen einer Gesinnungsethik, die nur auf die Reinheit der letzten Handlungsmotive und nicht auf die Folgen der Handlungen achtet, und der Verantwortungsethik, die beides mitreflektiert und mitberücksichtigt. Wissenschaftliche Wertdiskussionen, die sich bei gegebenen letzten Wertaxiomen und Orientierungssystemen darauf beschränken, uns über unsere Handlungsmotive und Handlungsfolgen sowie über angemessene Zwecke und Mittel aufzuklären, sind damit für Max Weber für unsere Handlungen alles andere als überflüssig:

„Sehr weit entfernt davon also, ‚sinnlos' zu sein, haben Wertungsdiskussionen dieses Typus, gerade wenn sie in ihren Zwecken richtig verstanden werden, und m. E. nur dann, ihren sehr erheblichen Sinn." (300)

Eine zweite Auffassung läßt sich so kennzeichnen: Was sittlich und recht ist, läßt sich heute durch die Wissenschaften und die praktische Vernunft nur noch durch formale Verfahren rechtfertigen: Gerechtfertigt und zustimmungsfähig soll hiernach z. B. nur das sein, was sich in einer formal korrekt eingeführten Orthosprache rechtfertigen läßt (Lorenzen), was sich durch formal korrekte Diskurs- oder Beratungsverfahren als Konsens aller ermitteln läßt (Apel, Habermas), was durch systemfunktionale Verfahren legitimierbar ist (Luhmann), was sich nach Prüfung mit Verifikations- und Falsifikationskriterien des Kritischen Rationalismus bis auf weiteres bewährt hat.

Diese zugegebenermaßen grob skizzierte Situation auf der Ebene der Wissenschaften steht in einer nicht übersehbaren Diskrepanz zu dem, was sich auf vorwissenschaftlichen Ebenen zeigt: auf der Ebene intersubjektiver Beziehungen sowie auf der Ebene vorgegebener Institutionen. Hier sind nach wie vor letzte inhaltliche Orientierungssysteme und Wertaxiome, nicht nur die genannten, für die Lebens- und Handlungsorientierung, aber auch bei der Bewältigung von Lebens- und Handlungskonflikten von entscheidender Bedeutung. Bei der Bewältigung von Identitätskrisen auf der intersubjektiven Ebene (z. B. Sterben, Tod) sind z. B. nicht nur alteuropäische, sondern auch noch archaische Traditionsbestände lebendig und wirksam. Bei der Kritik und Verteidigung sozialer Lebensformen und Institutionen beruft man sich seit Beginn der Neuzeit, zuerst in der westlichen Welt und heute global, immer häufiger auf die Menschenrechte. Alle berechtigte Kritik an den Menschenrechten: an ihren unzureichenden theoretischen Begründungen, an ihren unzureichenden Deklarationen und Institutionalisierungen in den sozialen Institutionen und Organisationen, vor allem an dem Mißbrauch, den Einzelne und soziale Gruppen und Völker mit ihnen treiben, all dies ist kein hinreichendes Argument dagegen, daß die Menschenrechte gegenwärtig die einzige Instanz sind, auf die sich religiöse und nichtreligiöse, bürgerliche und sozialistische Menschen verschiedener Kulturen, Rassen, Völker und Schichten berufen und berufen können, wenn sie in der Öffentlichkeit und mit ihrer Hilfe konkrete unmenschliche Lebensformen und Institutionen kritisieren und neue fordern und durchsetzen. Auf die Menschenrechte berufen sich Menschen, die als Einzelne und soziale Gruppen bestimmte Rechte als unveräußerliche anerkannt und respektiert wissen wollen, in Staaten, vor Gerichten, in der Wirtschaft, in der Erziehung, in den Kirchen usw. Wer heute bestimmte Rechte als unveräußerliche anerkannt und öffentlich durchgesetzt wissen will, beruft sich auf allgemeine Menschenrechte, nicht z. B. auf partikulare Standesrechte, nicht auf Rechte, die Menschen z. B. auf Grund ihrer Nationalität, Rasse, Religion, Weltanschauung usw. besitzen.

Ich beschränke mich auf vier Überlegungen und Argumentationen zu dem gegenwärtig außerordentlich komplexen und umstrittenen Thema Menschenrechte. Selbstverständlich sind hiermit nur bestimmte Aspekte und Probleme thematisiert.

– Die historische Genese und die sachlichen Voraussetzungen der Menschenrechte können wir ebensowenig wie die aller anderen Orientierungssysteme wissenschaftlich zwingend erklären. Auch ihr Bestand ist für alle Zukunft nicht gesichert. Menschenrechte sind jedenfalls keine selbstverständlichen ewigen Errungenschaften der Menschheit. Trotzdem kann man nach unseren bisherigen Erfahrungen aus der Geschichte und Gegenwart über ihre Entstehungsbedingungen dies sagen: Menschenrechte werden dann möglich, wenn sich Menschen in geschlossenen Gesellschaften (in Europa z. B. innerhalb der alteuropäischen Ständegesellschaft, in der Welt heute z. B. in traditionellen Kulturen und/oder totalitären Herrschaftssystemen) vor allem durch Modernisierungsprozesse innerhalb und außerhalb dieser Gesellschaften nicht mehr bzw. nicht mehr total mit diesen identifizieren können. Das zeigt sich ganz allgemein an allen bisherigen bürgerlichen und sozialistischen Revolutionen, das gilt heute auch für die verschiedenen Bürgerrechtsbewegungen. Menschenrechte setzen sich freilich nicht naturwüchsig und von selbst da durch, wo Modernisierungsprozesse alte Lebensformen verändern. Menschenrechte müssen von Einzelnen und vor allem von sozialen Gruppen, Völkern und Klassen gefordert, verteidigt und in der Regel gegen erhebliche Widerstände mehr oder weniger evolutionär oder revolutionär durchgesetzt werden.

  Die Rechtfertigung der Menschenrechte – hierauf beschränken sich die folgenden Überlegungen und Argumentationen – ist bei Traditionalisten *und* Revolutionären nicht unumstritten. Sie ist auch außerordentlich schwierig, weil es hierfür kein einheitliches gesamtgesellschaftlich verbindliches Rechtfertigungsverfahren gibt. Dafür drei Beispiele:

- Wer Menschenrechte rechtfertigen will, kann sich auf die biologische Identität des Menschen berufen. Dies ist in bestimmten Situationen sinnvoll und notwendig, aber nicht hinreichend. Selbstverständlich kann derjenige, der mit Berufung auf die allgemeinen Menschenrechte die biologische Identität schützen und verteidigen will, nicht von einer partikularen religiösen, philosophischen, ideologischen oder weltanschaulichen Definition der ‚wahren Natur' des Menschen ausgehen. Menschenrechte sind gerade gegenüber partikularen Rechtfertigungsinstanzen allgemeine Instanzen. Theisten und Atheisten, Bürgerliche und Sozialisten, Menschen verschiedener Rassen und Kulturen berufen sich auf die Menschenrechte. Auf die biologische Identität kann man sich z. B. berufen, wenn man Elementares retten will, z. B. daß in einer Leistungsgesellschaft nicht nur die arbeitsfähigen Erwachsenen, sondern auch die Kinder und die Alten. nicht nur die Gesunden, sondern auch die Kranken, nicht nur die Mündigen, sondern auch die Unmündigen des Schutzes der Menschenrechte bedürftig sind und daß man auch diese Menschen als Personen und „Zwecke an sich" und nicht wie Sachen behandeln darf. Nicht hinreichend ist diese Rechtfertigungsmöglichkeit jedoch, weil sie sich nur auf sehr allgemeine Rahmenbedingungen des menschlichen Lebens beschränkt. Die Sicherung der biologischen Identität des Menschen ist in sehr verschiedenen Gesellschaften in sehr verschiedener Weise möglich, auf primitive Weise in primitiven Stammesgesellschaften und differenzierter in entwickelten Industriegesellschaften. Das, was Individuen und soziale Gruppen heute in der Regel als Menschenrechte für sich und andere anerkannt und gesichert wissen wollen, zielt durchweg auf konkrete Rechte und Freiheiten, z. B. auf Religionsfreiheit oder Pressefreiheit.
- Wer Menschenrechte rechtfertigen will, kann sich auch auf die kontingente historische Identität des Menschen berufen. Auch dies ist in bestimmten Situationen sinnvoll und notwendig, aber nicht hinreichend. Schon Kant hatte gezeigt, warum das moderne Rechtssystem und der moderne Staat dem Einzelnen nicht vorschreiben können und dürfen, worin er jeweils inhaltlich sein Glück und seine Glückseligkeit sehen soll. Nach Hegel hat der moderne Staat das Recht der Subjektivität zu respektieren, „sich zum selbständigen Extreme der persönlichen Besonderheit"[24] zu entwickeln. „Der Mensch gilt so, weil er Mensch ist, nicht weil er Jude, Katholik, Protestant, Deutscher, Ita-

24 Hegel a.a.O. Bd. 7, S. 407

liener usf. ist." (a.a.O. Bd. 7, S. 360) Dies impliziert nach Hegel eine fundamentale Änderung aller sozialen, politischen und rechtlichen Institutionen. Kant und vor allem Hegel haben jedoch bereits gezeigt, warum der Mensch, wenn er menschlich bleiben und werden soll, in der Krise der bürgerlichen Gesellschaft mehr als seine historisch kontingente Identität und sein Anderssein sichern muß. Wenn die Menschenrechte heute nicht nur im Recht und in der Politik, sondern auch in der Erziehung, der Religion, der Familie, der Wirtschaft Kritik- und Rechtfertigungsinstanz sein sollen, so impliziert das sehr konkrete inhaltliche Vorgaben und Errungenschaften des Menschen. Wie schwer übrigens Menschenrechte durchzusetzen sind in all den genannten Institutionen und welche bis heute ungelösten Folgeprobleme sich daraus ergeben, wissen wir. Wenn sich Marx und Engels, Tocqueville und Mill gegen den Idealismus der Aufklärer und ihrer Menschenrechtsvorstellungen wenden, so richten sie sich nicht in erster Linie gegen den Universalitätsanspruch des Menschen als Menschen, sondern gegen die gesellschaftlichen und politischen Verhältnisse der eigenen Zeit, die gerade die Verwirklichung der Rechte und Freiheiten für alle Menschen unmöglich machten.

– Wer sich heute in West und Ost, in Nord und Süd auf die Menschenrechte beruft, fordert in der Regel nicht nur den Schutz der biologischen Identität sowie der historisch kontingenten Identität des Menschen, sondern den Schutz bzw. die Durchsetzung historisch entwikkelter, sehr voraussetzungsreicher inhaltlicher Vorstellungen von Freiheit, Gerechtigkeit, Glück. Alle bisherigen bürgerlichen und sozialistischen Revolutionen revoltierten gegen unmenschliche Lebensverhältnisse im Namen von menschlichen Idealen, die man nur aus den jeweils vorgegebenen Traditionen kannte. Was Kolakowski grundsätzlich zeigt, hat auch Horkheimer an der Amerikanischen Revolution nachgewiesen. Für Männer, die die Verfassung der Vereinigten Staaten schufen und dabei Freiheit, Gleichheit und Gerechtigkeit zu den leitenden Begriffen erklärten, „gab es kein Prinzip, das seine Autorität nicht einer metaphysischen oder religiösen Quelle verdankte"[25].

Die Schwierigkeit dieses Rechtfertigungsversuchs der Menschenrechte durch Berufung auf Tradition besteht nicht in erster Linie darin, daß es heute auf der Weltebene für die verschiedenen Völker, Staaten und Kulturen verschiedene, durchaus nicht kompatible legitimierende Traditionen gibt. Wir wissen z. B. durch die verschiedenen

25 Horkheimer a.a.O. S. 38

Deklarationen und Interpretationen der Menschenrechte, daß diese zwar weithin kulturübergreifend sind, aber nicht schlechthin für alle Kulturen und Zivilisationen inhaltlich das Gleiche und in der gleichen Priorität bedeuten. Nicht die Würde des Einzelnen, sondern die Souveränität von sozialen Gruppen, Völkern und Staaten scheint z. B. für manche Menschenrechtsdeklarationen und ihre Interpretationen das oberste Ziel zu sein (Nr. 12, Nr. 47, Nr. 39). Die Schwierigkeit dieses Rechtfertigungsversuchs besteht vielmehr darin, daß mit der weiteren Subjektivierung, Funktionalisierung und Instrumentalisierung der Vernunft die in den Menschenrechten formulierten Ziele und Zwecke des Menschen ,,ihre geistigen Wurzeln" verlieren:

> ,,Gerechtigkeit, Gleichheit, Glück, Toleranz, alle die Begriffe, die (. . .) in den vorhergehenden Jahrhunderten der Vernunft innewohnen oder von ihr sanktioniert sein sollten, haben ihre geistigen Wurzeln verloren. Sie sind noch Ziele und Zwecke, aber es gibt keine rationale Instanz, die befugt wäre, ihnen einen Wert zuzusprechen und sie mit einer objektiven Realität zusammenzubringen. Approbiert durch verehrungswürdige historische Dokumente, mögen sie sich noch eines gewissen Prestiges erfreuen, und einige sind im Grundgesetz der größten Länder enthalten. Nichtsdestoweniger ermangeln sie der Bestätigung durch die Vernunft in ihrem modernen Sinne. Wer kann sagen, daß irgendeines dieser Ideale enger auf Wahrheit bezogen ist als sein Gegenteil? Nach der Philosophie des durchschnittlichen modernen Intellektuellen gibt es nur eine Autorität, nämlich die Wissenschaft, begriffen als Klassifikation von Tatsachen und Berechnung von Wahrscheinlichkeiten. Die Feststellung, daß Gerechtigkeit und Freiheit an sich besser sind als Ungerechtigkeit und Unterdrückung, ist wissenschaftlich nicht verifizierbar und nutzlos." (317)

5. Einige Hinweise auf Fragen, die in diesem Zusammenhang nicht erörtert werden konnten, sollen abschließend noch einmal deutlich machen, daß es sich hier nur um einen ersten Versuch einer Orientierungshilfe handelt. Ich beschränke mich auf drei Fragen und mögliche Einwände:

– Beschränken sich die Überlegungen und Argumentationen nicht nur auf Orientierungssysteme und Lebensformen der westlichen Welt, die doch in der sich realisierenden Weltgesellschaft immer weniger typisch sind für das, was gegenwärtig notwendig ist? Dies ist richtig und wurde anfangs ausdrücklich betont. Es ging mir sehr bewußt um inhaltliche Probleme unserer Lebensformen und damit notwendigerweise um räumlich, zeitlich und sozial nur begrenzt verallgemeinerungsfähige Lebensformen und Institutionen der europäischen Kultur und Zivilisation, die weltgeschichtlich erst spät ausgebildet wurden. Damit ist freilich nicht gesagt, daß Menschen in anderen Kulturen und Gesellschaften, vor allem in vergleichbaren Hochkulturen, völlig anders gelebt haben und leben. Was hier im einzelnen verschieden, ähnlich, vergleichbar und auch über Kulturgrenzen hinaus verallgemeinerungsfähig ist, kann konkret nur durch vergleichende Kulturwissenschaften aufgezeigt werden. Hierfür gibt es zur Zeit im Anschluß an Max Weber interessante Forschungsansätze. Dies konnte jedoch nicht Gegenstand dieser Einleitung sein.

- Beschränken sich die Überlegungen und Argumentationen nicht nur auf die Vergangenheit und höchstens Gegenwart der westlichen Welt, und sind sie nicht bedeutungslos für die Zukunft der westlichen Welt? Nach allen bisherigen Erfahrungen ist es zumindest sehr unwahrscheinlich, daß neue inhaltliche Orientierungssysteme die Chance haben, einmal gesamtgesellschaftliche Bedeutung zu gewinnen. Die mit Berufung auf die Wissenschaft in der Neuzeit entwickelten bürgerlichen und sozialistischen Ideologien haben jedenfalls heute in differenzierteren und entwickelteren Gesellschaften und Staaten des Westens und des Ostens weitgehend ihre Legitimationskraft für sittliche Lebensformen verloren. Voraussetzung der hier vorgetragenen Überlegungen und Argumentationen ist, daß sich auch heute und in der überschaubaren Zukunft trotz aller bestimmten Traditionskritik von den drei vorgestellten Orientierungssystemen aus bewährte Lebensformen rechtfertigen und neue entwickeln lassen. Wir brauchen keine neuen inhaltlichen Orientierungssysteme zu konstruieren, erst recht keine neuen globalen, und wir könnten dies auch überhaupt nicht. Die Analyse der historischen Genese und der historischen Wandlungen der verschiedenen sittlichen Lebensformen im Rahmen der drei Orientierungssysteme läßt vermuten, daß wir auch in der für uns überschaubaren Zukunft mit neuen Lebensformen innerhalb dieser Orientierungssysteme rechnen können. Es gibt Gründe dafür, daß trotz aller ungelösten Folgeprobleme die Legitimationskraft und die Orientierungskraft der Orientierungssysteme Natur, christlicher Schöpfer- und Erlösergott und Menschenrechte noch nicht erschöpft ist.

- Was sollen wir hiernach konkret tun auf der intersubjektiven Ebene und in den sozialen Institutionen? Welche konkreten Lebensformen sind heute möglich, ja notwendig, und wie sollen wir das, was wir für möglich, ja für notwendig halten, durchsetzen? Ich habe zu zeigen versucht, daß ein philosophischer Diskurs dadurch eine Orientierungshilfe sein kann, daß er gegenwartsrelevante inhaltliche Orientierungssysteme in ihrem inneren Zusammenhang, in ihrer historischen Genese und in ihrem historischen Wandel zu rekonstruieren versucht. Dies ist für konkretes Handeln nicht folgenlos. Ein philosophischer Diskurs, der eine Orientierungshilfe sein will, ist jedoch nicht dasselbe wie ein Verfahren zur Durchsetzung von Lebensformen. Er kann keine unmittelbaren Handlungsanweisungen geben für das, was jeder Einzelne oder jede soziale Gruppe heute in einer bestimmten Lebenssituation konkret tun soll. An Platon und Lenin, aber auch an anderen läßt sich zeigen, welche fatalen Folgen es hat, wenn man Normenbegründungsverfahren und Normendurchsetzungsverfahren nicht unterscheidet.

Einleitung II

Ruth Dölle

Zur Verwendung dieses Bandes als Arbeitsbuch

Dieser Band ist gedacht als Arbeitsbuch in Kursen der Sekundarstufe II und in Seminaren an Hochschulen und Universitäten, ferner als Arbeitsbuch für Akademien und zum Selbststudium. Es kann Verwendung finden in den Fächern Philosophie, Theologie, im Ethikunterricht, in den Sozial- und Humanwissenschaften. Für die Verwendung als Arbeitsbuch will die Einleitung II einige Anregungen geben. Sie behandelt dabei drei Themen:

1. einige didaktische und methodische Konsequenzen, die sich aus dem in Einleitung I dargestellten systematischen Ansatz ergeben;
2. einige Anregungen für die unterschiedliche Verwendung des Bandes;
3. einige Möglichkeiten, wie im Rahmen des Diskurses: Sittliche Lebensformen verschiedene Themen ausgewählt werden bzw. welche problemorientierte Kurse oder Unterrichtsreihen auf Grund dieses Bandes zusammengestellt werden können und welche Texte hierfür eine Diskussionsgrundlage geben.

1. Nach dem gegenwärtigen Stand der erziehungswissenschaftlichen Diskussion gibt es weder für die Schul- noch für die Hochschuldidaktik ein allgemein anerkanntes Konzept eines Curriculum, von dem aus Begründungen für Inhalte, Ziele und Methoden schlüssig gewonnen werden könnten. Konsens besteht jedoch darin, daß sowohl die rationalen Entscheidungen der Wissenschaften wie auch Qualifikationen für das künftige Leben der Lernenden wesentliche Entscheidungs- und Strukturierungskriterien für den Unterricht sind. Trotz des gegenwärtigen Pluralismus von Philosophien und auf sie sich gründende didaktische Konzepte besteht auch in folgendem Übereinstimmung: Alle Empfehlungen bzw. Richtlinien für den Philosophieunterricht gehen davon aus, daß durch Philosophieunterricht Orientierungshilfen für gegenwärtige Problemlösungen gewonnen werden sollten. Und selbst wenn es unmöglich ist, ,,aus den divergierenden Tendenzen der Philosophie . . . eine einheitliche ,Funktion der Philosophie' herauszudestillieren''[1], so wird doch vom Philosophielehrer wie von allen Lehrern ,,tag-

1 H. Poser, Die Funktion der Philosophie in der Lehrerbildung, in: Allgemeine Zeitschrift für Philosophie 2 (1976) 17–38; S. 18. Siehe hierzu auch die Beiträge in: H.M. Baumgartner – O. Höffe – Ch. Wild (Hrsg.), Philosophie, Gesellschaft, Planung, München 1974

täglich vom Schüler . . . ,Orientierungshilfe' gefordert. Nicht, daß er die Aufgabe hätte, ihm eine Orientierung aufzuoktroyieren; doch muß er ihm helfen, selbst einen Standpunkt zu finden. . . . Der Problemkreis, um den es hier geht, . . . tangiert fast alle traditionellen philosophischen Disziplinen, in erster Linie gehören ihm Fragen der praktischen Philosophie in einem sehr weiten Sinne an." (a.a.O. S. 25–26) Aus Einleitung I wird deutlich, daß der ,Diskurs: Sittliche Lebensformen' bei unseren problematisch gewordenen Lebensbedingungen ansetzt und Orientierungshilfen zu geben versucht. Das dort vorgelegte Konzept ist sicher nicht voraussetzungslos und wird sicher nicht von allen akzeptiert. Da es jedoch nicht dogmatisch ist, keine Festlegung auf eine einzige philosophische und wissenschaftstheoretische Position sowie keine Entscheidungen im Sinne einer bestimmten Weltanschauung verlangt, kann es – auch nach ausführlichen Diskussionen mit Theoretikern und Praktikern – als offenes Konzept mit breiter Zustimmung rechnen. Zumindest reduziert es nicht die Philosophie auf bestimmte Positionen, Autoren und Interpretationen von Autoren. Dies tun auch relativ offene Ansätze, wenn beispielsweise allein ein konsenstheoretischer Philosophiebegriff oder der des Logischen Konstruktivismus einem Didaktikmodell zugrunde gelegt wird. Einige didaktische und methodische Konsequenzen, die sich aus dem in Einleitung I dargestellten wissenschaftlichen Konzept ergeben, sollen kurz angedeutet werden: Der philosophische Diskurs über unsere sittlichenLebensformen wird in einer Zeit geführt, in der „die Überzeugungskraft bisher anerkannter sittlicher Lebensformen und Institutionen" „immer schneller und immer radikaler" (9) schwindet und in der auch die Überzeugungskraft der drei inhaltlichen Orientierungssysteme, der Natur, des christlichen Schöpfer- und Erlösergottes sowie der Menschenrechte, die bisher gesamtgesellschaftlich relevante Rechtfertigungsfunktionen hatten, schwindet. In der Gegenwart gibt es, auch das wurde deutlich gemacht, keine Wissenschaft und kein wissenschaftliches Verfahren, das für alle Menschen universal gültige inhaltliche Lebensformen und Institutionen begründen kann. Durch die „Rekonstruktion des inneren Zusammenhangs sowie der historischen Genese und des historischen Wandels der drei Orientierungssysteme Natur, christlicher Schöpfer- und Erlösergott und Menschenrechte, die in der westlichen Welt in der Geschichte und Gegenwart für die Rechtfertigung sittlicher Lebensformen weithin verwendet werden," (35) kann die Philosophie beitragen, gegenwärtige Probleme und ihre geschichtlichen Voraussetzungen bewußtzumachen und Lösungen aufzuzeigen. Für eine solche Philosophie sind sowohl Gegenwarts- wie Vergangenheitsgeschichte von konstitutiver Bedeutung. Argumentationen aus Vergangenheit und Gegenwart sollen in einem philosophischen Diskurs dazu verhelfen, gute Gründe für die eigenen Entscheidungen zu gewinnen.

Vier Wege des Philosophierens scheiden nach diesem Ansatz aus:

- Es kann nicht nur eine bestimmte Legitimationsinstanz bzw. ein bestimmtes wissenschaftliches Verfahren als verbindlich erklärt werden. Die Vielfalt der Philosophien und ihrer verschiedenen Versuche der Normenbegründung und Normenrechtfertigung, aber auch schon die alltägliche Erfahrung sowie die Kenntnisse, die wir aus den verschiedenen Medien (Presse, Fernsehen, Kunst, Dichtung, Literatur usw.) gewinnen, zeigen, daß in der Gegenwart inhaltlich verschiedene Lebensformen (Werte, Normen, Institutionen) gelten, begründet bzw. postuliert werden, und dies mit verschiedenen Verfahren. Die inhaltlich verschiedenen Lebensformen gehen auf verschiedene Traditionen zurück und werden unter Berufung auf verschiedene Traditionen legitimiert.
- Eine Beschäftigung mit philosophischen Argumentationen der Vergangenheit kann (2.) auch kein rein historisches Interesse verfolgen. Die historische Bedingtheit und Begrenztheit der jeweiligen Positionen muß selbstverständlich deutlich werden. Aber es ist eine verkürzte Sicht etwa der im Orientierungssystem Natur argumentierenden Theorien von Platon, Epikur, der Stoa oder des Kynismus, wenn man nicht berücksichtigt, daß trotz allen historischen Wandels und aller Veränderungen und Uminterpretationen auch heute Menschen platonische, epikureische, stoische oder zynische Vorstellungen vom guten Leben bzw. vom Überleben als für ihr Leben verbindlich anerkennen.

  Es bedarf daher auch keiner künstlichen Aktualisierung von Legitimationen der sittlichen Lebensformen aus der alteuropäischen Gesellschaft oder der europäischen Neuzeit. In den Texten selbst (von der sophistischen Aufklärung bis zu Kolakowski) wird deutlich, daß sich der Versuch, sittliche Lebensformen zu begründen, trotz Kontinuitätsbrüchen in einem beständigen Diskurs der Philosophen und philosophischen Richtungen miteinander vollzieht und daß somit zur Begründung Traditionskritik und Traditionsbewahrung gehört; sie gehört demnach auch zu dem philosophischen Diskurs, der in Schulen und Hochschulen geführt wird.
- Auch ein dritter Weg scheidet damit aus: Ein philosophischer Diskurs kann sich nicht nur auf heute entwickelte Begründungen unserer sittlichen Lebensformen beschränken. Selbst wenn diese sich kritisch gegen alle vorgegebenen Traditionen stellen, sind sie eben nur auf

dem Hintergrund dieser Traditionen verständlich. Selbst an solchen gegenwärtigen Rechtfertigungsversuchen, die ohne Rückgriff auf Traditionen sittliche Lebensformen glauben rechtfertigen zu können, kann man zeigen, daß sie letztlich inhaltsleer und folgenlos sind, wenn sie nicht zumindest implizit historisch Gewordenes aufgreifen (s. hierzu Nr. 45).

- Ein philosophischer Diskurs kann (4.) auch nicht angeblich immergleiche Lebensprobleme thematisieren. Es gibt keine ‚ewigen' Lebensprobleme, und schon gar nicht ‚ewige' Problemlösungen. Begründungen für Normen, sittliches Handeln, gutes und glückliches Leben werden unter jeweils sehr verschiedenen geschichtlichen Bedingungen gegeben; und gerade wenn man die historischen Veränderungen mitberücksichtigt, können historisch vergangene Argumentationen nicht kurzschlüssig und nicht naiv unmittelbar auf die Gegenwart appliziert werden.

Positiv ergibt sich für einen philosophischen Diskurs:

- Wer einen gegenwarts- und handlungsrelevanten philosophischen Diskurs führen will, muß Kenntnisse der Argumente und Methoden aus Vergangenheit und Gegenwart besitzen. Nur dann ist er auch selbst in der Lage, mit Argumenten über eine Sache zu sprechen. Erst durch fundierte Kenntnisse kann sich ein philosophischer Diskurs vom Räsonieren über Tages- und Lebensprobleme unterscheiden.
- Man kann nur lernen, auf einem der Sache angemessenen Reflexionsniveau zu argumentieren, wenn man bei verschiedenen Autoren zusammenhängende philosophische Argumentationen kennengelernt hat. Erst zusammenhängende längere Textabschnitte – es müssen nicht immer geschlossene Aufsätze sein – machen Argumente, Argumentation, Sprache und Methode des Autors sichtbar. Das dürfte wohl kaum möglich sein, wenn man beispielsweise einen achtzehn Seiten langen Aufsatz auf eine halbe Seite, fünf Sätze, kürzt.
- Wenn die verschiedenen Positionen sowohl in ihrer historischen Bedingtheit als auch in ihrer Relevanz für gegenwärtige Problemlösungen deutlich werden sollen, so ist zweierlei notwendig:
- Man muß sich die historischen Bedingungen vergegenwärtigen, in denen die Theorien entstanden sind. Dies kann dieser Band nicht allein leisten, sondern historische Werke müssen hinzugezogen werden. So dürften etwa die auch in Taschenbuchausgaben vorliegenden ‚Fischer-Weltgeschichte' und ‚Propyläen-Weltgeschichte' jedem leicht zugänglich sein.
- Eine Berücksichtigung unmittelbarer gegenwärtiger Probleme und aktueller Ereignisse sowie des Erfahrungshorizontes der Schüler ist

zumindest für den Unterricht in der Sekundarstufe II notwendig, damit eine Konkretisierung und Aktualisierung der Theorien für die Schüler leichter ist. Auch eine Berücksichtigung der nichtwissenschaftlichen Medien Presse, Fernsehen, Kunst, Dichtung und Literatur usw. kann zwar im Rahmen dieses Bandes nicht erfolgen, ist jedoch notwendig. Dies alles muß von jedem Lehrer der jeweiligen Situation gemäß geleistet werden.

– Philosophische Diskurse über sittliche Lebensformen sind wichtig, um das, was in der unmittelbaren individuellen und gesellschaftlich-politischen Lebenswelt – unpräzise und unreflektiert – praxisrelevant ist, besser zu begreifen. Dafür sind Kenntnisse von Inhalten und Methoden unabdingbare Voraussetzung. Sicher ist auch eine wertneutrale Theorie über die sprachliche Form moralischer Aussagen, wie sie die Analytische Philosophie liefert, oder eine Einübung in das moralische Argumentieren im Sinne des Logischen Konstruktivismus nützlich. Aber das Ziel des Diskurses, wie er hier verstanden wird, ist der Erwerb von Kenntnissen der Argumentationen, die bestimmte inhaltliche Probleme rechtfertigen oder kritisieren. Auch die kritische Reflexion der Argumentationen muß geübt werden, um die „gereifte Urteilskraft" (Kant) zu gewinnen, die für die Bewältigung der theoretischen und praktischen Probleme des gegenwärtigen Zeitalters erforderlich ist. Nur wer sie besitzt, kann das Ziel praktischer Diskurse erreichen, das schon Aristoteles formuliert hat: „Ziel ist hier nicht die Erkenntnis, sondern das Handeln." (132) Die Methode ist zwar der Diskurs, aber sein Inhalt läßt sich nicht auf lehr- und lernbare Inhalte allein reduzieren.

2. Der vorliegende Band enthält Materialien, die es ermöglichen, in verschiedenen Zusammenhängen einen solchen philosophischen Diskurs über sittliche Lebensformen zu führen. Die Einleitung I, die Auswahl der Texte und der Anhang berücksichtigen die Erfordernisse und die institutionellen Vorgaben, die es in der Form von Richtlinien bzw. Empfehlungen der verschiedenen Länder für den Unterricht in der Sekundarstufe II, von Studien- und Prüfungsordnungen und von Eingangsqualifikationen für Referendare gibt. Das Arbeitsbuch berücksichtigt jedoch auch vielfältige Erfahrungen, die bei der Arbeit an Schulen und Hochschulen, in der Referendarausbildung sowie bei der Arbeit mit dem ersten Band der Arbeitsbücher ‚Diskurs: Politik' gewonnen wurden. Der Band ist als Arbeitsbuch für Studenten, Lehrer und Schüler gedacht. Daraus ergeben sich zumindest zwei Schwierigkeiten, die bei diesem Konzept der Arbeitsbücher nicht zu vermeiden sind:

- Die biographischen Angaben im Anhang geben nur ganz knappe Informationen über die Autoren, die vor allem für den Zusammenhang dieses Bandes von Interesse sind. Der Anhang, aber auch die systematische Einleitung können ebenfalls keine detaillierten Ausführungen über die sozialgeschichtliche Lebenswelt der Autoren und über den geschichtlichen Hintergrund der vorgetragenen Argumentationen geben. Diese Zusammenhänge sind jedoch nicht unwichtig. Abgesehen davon, daß es bei so verschiedenen Adressaten schwer wäre, ein für alle sinnvolles Mittelmaß der Information zu finden, würde jedoch eine genauere biographische bzw. historische Information den Rahmen eines philosophischen Arbeitsbuches sprengen. Zudem ist es für jeden möglich (und sollte selbstverständlich sein), daß er sich durch Lexika, Philosophiegeschichten und Geschichtswerke über diese Zusammenhänge informiert.

- Für einige besteht beim Arbeiten mit den philosophischen Arbeitsbüchern eine Schwierigkeit darin, daß zu wenig die systematische Theorie des jeweiligen Autors in der Einleitung und in der Textauswahl thematisiert wird. Bei diesem Konzept des Diskurses kommt es jedoch nicht auf die vollständige und umfassende Präsentation der Position des Autors an, sondern auf zentrale und wirkungsgeschichtlich folgenreiche Argumentationen zu dem Thema ‚sittliche Lebensformen'. Hieraus ergibt sich mit Notwendigkeit eine Beschränkung. So wird beispielsweise bei der Auswahl aus Nietzsches Werken Nietzsche nur mit den Werken ‚Jenseits von Gut und Böse' und ‚Zur Genealogie der Moral' aus seiner mittleren Periode berücksichtigt, nicht aber der ‚frühe' und der ‚späte' Nietzsche. Grund dafür ist, daß in der späteren Diskussion gerade die hier präsentierte Position immer wieder diskutiert wird. Bei Aristoteles beschränkt sich die Auswahl beispielsweise – bedingt durch Thema und Intention des Bandes – auf seine Lehre von den Lebensformen, dem Lebensziel und dem vollkommenen Leben, während anderes, was für Aristoteles' ‚Nikomachische Ethik' wichtig ist und was auch für die Entwicklung innerhalb der Geschichte der Ethik wichtig ist (z. B. die Mesoteslehre oder die Lehre von der Freundschaft), nicht berücksichtigt ist. Eine Aufnahme von Texten, die so etwas wie die ‚Grundposition' eines Autors verdeutlichen sollen, verbietet sich auch schon deshalb, weil in der philosophischen Diskussion nicht Übereinstimmung darüber besteht, was etwa der ‚eigentliche' Platon oder Kant ist. Weiterführende Hinweise für diejenigen, die sich intensiver mit dem einzelnen Autor beschäftigen wollen, liefert der bibliographische Anhang, in dem einige Gesamtdarstellungen zu den Autoren und einige möglichst kontroverse Interpretationsmöglichkeiten ihrer Werke nicht nur zitiert, sondern auch kurz erläutert werden.

Wer sich als Lehrender oder Lernender bisher noch nicht oder noch nicht ausführlich mit Problemen der Ethik beschäftigt hat, kann durch die vorhergehende Lektüre der Einleitung I sowohl eine Einführung in den systematischen Zusammenhang und die leitenden Begriffe als auch Zugang zu den Problemzusammenhängen gewinnen, innerhalb deren die Autoren jeweils ihren Diskurs über die sittlichen Lebensformen führen. Der bibliographische Anhang gibt Hilfen für die Auswahl weiterführender Literatur. Der dritte Teil dieser Einleitung und das Register können Anregungen geben für die Lektüre der Texte unter bestimmten systematischen Gesichtspunkten, die das Gesamtthema ‚sittliche Lebensformen' auf begrenztere Probleme reduzieren. Durch all dies wird ermöglicht, sich in diesen Bereich der Philosophie auch selbständig einzuarbeiten.

Aus vielen Gesprächen und Erfahrungen mit Studenten und Referendaren wird von solchen Studenten der Philosophie, die das Lehramt in der Sekundarstufe II anstreben, immer wieder als Mangel empfunden, daß sie zwar in ihrem Studium detaillierte Spezialkenntnisse in verschiedenen Bereichen der Philosophie gewonnen haben, diese jedoch beziehungslos nebeneinanderstehen. Natürlich sollen diejenigen, die Philosophie studieren, in bestimmten Gebieten Spezialkenntnisse besitzen; aber wer beispielsweise – wenn auch vorzüglich – nur Kant kennt, ist nicht in der Lage, im späteren Beruf diejenigen problemorientierten Kurse anzubieten, die er anbieten muß. Daher ist es erforderlich, daß wenigstens auch Überblicke über den historischen Zusammenhang von philosophischen Problemen gewonnen werden. Hierfür bietet dieses Arbeitsbuch eine Hilfe. Aber es enthält natürlich nur eine Auswahl. Wer sich z. B. ausführlich mit der Analytischen Ethik, dem Utilitarismus oder mit der praktischen Philosophie des Logischen Konstruktivismus beschäftigen will, kann auf die im Anhang genannten Textsammlungen und Einführungen zurückgreifen (z. B. Nr. 9, 11, 13, 15, 49) und findet dort weitere Literaturhinweise.

Die Textauswahl ermöglicht die Kenntnis zentraler repräsentativer Positionen aus Geschichte und Gegenwart. Sie bietet auch die Möglichkeit zu einem Vergleich der Positionen und Methoden. Anregungen hierfür liefert die Einleitung I und die Zusammenstellung von Themen im dritten Teil dieser Einleitung. Die Textauswahl sollte jedoch durchaus auch als Anregung verstanden werden für eine breitere und intensivere Beschäftigung mit den präsentierten Autoren, von denen hier jeweils nur

Ausschnitte aus Werken oder relativ kurze Aufsätze aufgenommen sind. Für eine intensivere und weiterführende Arbeit, auch als Anregung für Referate, enthalten die Literaturhinweise Informationen, die auf den gegenwärtigen Forschungsstand aufmerksam machen. In den genannten Lexika wird man unter den entsprechenden Stichworten (z. B. Ethik, Glück, Freiheit, Autonomie, das Böse, praktische Philosophie) nicht nur über den gegenwärtigen Stand der internationalen Forschung informiert, sondern sie verdeutlichen auch den Pluralismus der systematischen und methodischen Ansätze in den Diskussionen über Probleme der Ethik und Politik. Als Erstinformation auch für Schüler gibt das Taschenbuch: Lexikon der Ethik (hrsg. v. O. Höffe, Nr. 8) gute und verständliche Informationen und Literaturhinweise.

Die ausgewählten Texte sind in der Arbeit in Seminaren sowie in Kursen der Sekundarstufe II erprobt. Auch auf Grund der Erfahrungen mit dem ersten Band der philosophischen Arbeitsbücher hat sich für die Verwendung des Arbeitsbuches auf der Sekundarstufe II folgendes bewährt: Auf keinen Fall können alle Texte im Rahmen eines einzigen Kurses behandelt werden. Die Auswahl der zu diskutierenden Texte wird selbstverständlich mitbedingt sein vom Interesse und den Vorkenntnissen der Schüler und des Lehrers, vom Einsatz des Buches in Grund- oder Leistungskursen und in verschiedenen Jahrgangsstufen. Die Einschränkung auf begrenzte Problemzusammenhänge hat sich bewährt; hierfür werden im dritten Teil dieser Einleitung Vorschläge gemacht. Die Textauswahl beschränkt sich bewußt auf nicht zu viele Autoren, und sie enthält nicht zu kurze Texte, auch ungekürzte Aufsätze. Eine Aneinanderreihung zu vieler kurzer Textabschnitte von fünfzig und mehr Autoren verhindert zum einen eine fundierte und hinreichend differenzierte Kenntnis verschiedener Positionen und vor allem des Argumentationszusammenhangs; verschiedene Argumentationsformen, z. B. Platon, Seneca: Dialog; Thomas: Quaestionen; Pascal, Schopenhauer, Nietzsche: Aphorismus u. ä. und ihre Funktion können nur an zusammenhängenden Textstücken erkannt werden. Zu kurze Texte und Textmontagen bergen zum anderen von der inhaltlichen Seite die Gefahr des Relativismus in sich und von der psychologischen Seite die Gefahr der Ermüdung und des Desinteresses, wenn in beinahe jeder Stunde neue Texte womöglich noch mit gleichen Verfahren präsentiert werden. Wenn man ernst nimmt, daß der Unterricht in der Sekundarstufe II wissenschaftspropädeutisch sein und die Schüler zu selbständigem Arbeiten befähigen soll, verbieten sich zwei Dinge: Es kann bei einem Arbeitsbuch keinen gesonderten Kommentarband ‚für die Hand des Lehrers‘ geben. Die in den beiden Einleitungen und im Anhang gegebenen Hinweise sind für alle Beteiligten am Diskurs gedacht. Selbstverständlich werden sie vom Lehrer und Schüler in anderer Weise verwendet werden können. So werden Schüler sinnvollerweise bei der Lektüre bestimmter Autoren jeweils nur die entsprechenden Passagen der Einleitung I lesen (und nicht zu Beginn die gesamte Einleitung); aber dies ist nach den Erfahrungen aus der Arbeit mit dem ersten Band der Arbeitsbücher eine Hilfe für die Lektüre und Anregung für die Diskussionen. Die Hinweise im Anhang sind auch für Schüler dann hilfreich, wenn sie Methoden wissenschaftlichen Arbeitens (auch die Benutzung von Lexika und Literatur) erlernen sollen. Die im folgenden ausgeführten Vorschläge für Themen können auch für Schüler hilfreich sein, Vorschläge für Unterrichtsinhalte machen zu können. Wenn Schüler, wie es in verschiedenen Bundesländern vorgesehen ist und von vielen Lehrern praktiziert wird, an der Bestimmung der Unterrichtsinhalte mitbeteiligt werden sollen, dann ist dies eine Hilfe. Erfahrungsgemäß sind Schüler, wenn man sie darauf vorbereitet, sehr wohl in der Lage, begründete Vorschläge zu machen.

Von dem hier vorausgesetzten Philosophiebegriff aus kann ein philosophisches Arbeitsbuch nur Hilfen für Diskurse geben, nicht aber eine pädagogische Vorstrukturierung des gesamten Unterrichts. Eine starre Vorstrukturierung des Unterrichts durch eine Fülle von Arbeitsaufgaben bzw. sogenannte lernzielorientierte Fragen, bei denen es nicht ganz deutlich ist, ob man den Lehrer oder den Schüler für solcher Hilfen bedürftig hält, engen auf Grund von Erfahrungen sowohl Lehrer wie Schüler ein, erschweren zumindest den spontanen selbständigen Zugriff und machen die Verwendung verschiedener Texte in verschiedenen problemorientierten Kursen nahezu unmöglich.

Insgesamt empfiehlt es sich (zum Teil wird es auch in den vorliegenden Richtlinien gefordert), problemorientierte Kurse (und nicht Kurse über *die* Ethik, *die* Staatsphilosophie, *die* Anthropologie oder ähnliches) durchzuführen, weil nur bei der Einschränkung des Themas einigermaßen fundierte Kenntnisse gewonnen werden können. Außerdem kann man auch mit mehr und anhaltenderem Interesse der Schüler rechnen. Das impliziert jedoch nicht, daß bei diesem Arbeitsbuch jeder Kurs mit der alteuropäischen Gesellschaft beginnen und sich über die europäische Neuzeit zum Ende der Neuzeit vorarbeiten muß. Selbstverständlich können auch im Unterricht der Sekundarstufe II verschiedene Schwerpunkte gesetzt werden. Der Schwerpunkt des Kurses kann legitimerweise etwa in der gegenwärtigen Diskussion liegen oder in der alteuropäischen. Auch der Einstieg kann verschieden gewählt werden. Denkbar und möglich ist durchaus, von der gegenwärtigen Problemstellung ausgehend auf frühere Begründungen sittlichen Handelns und sittlicher Lebensformen zurückzugehen, etwa von Skinners Infragestellung des autonomen Menschen und der Bedeutung der Verhaltenstechnologie ausgehend nach dem Sinn und Wert des Menschen als Subjekt bzw. von einer Position ‚Jenseits von Freiheit und Würde' nach der Bedeutung von Freiheit und Würde zu fragen. Zu bedenken ist hierbei jedoch, daß im allgemeinen die alteuropäischen und neuzeitlichen Texte leichter sind als die Gegenwartstexte, die die bisherigen Diskussionen explizit oder implizit voraussetzen.

Die Methoden der Erarbeitung werden je nach Gegenstand, Interesse und Voraussetzungen verschieden sein. Nach dem hier vertretenen Verständnis von Philosophie und Philosophieunterricht ist jedoch eine genaue Textanalyse konstitutiv. Natürlich muß man bei bestimmten Fragen an Erfahrungen der Schüler in ihrer Lebenswelt anknüpfen. Aber der philosophische Text dient nicht dazu, sogenannte unmittelbare Lebensweltprobleme zu illustrieren, wodurch begrenzte Erfahrungen geradezu fixiert werden können. Die in den Texten dargestellte Wirklichkeit ist nicht so einfach, wie es einige Konzepte von Philosophieunterricht uns glauben vormachen zu können. Philosophie ist als „das Allgemeinste . . . auch für den Menschen gerade am schwersten zu erkennen"[2]. Wenn die Schüler nicht die Komplexität der Probleme kennenlernen und dadurch zu differenzierteren Urteilen auch über Erfahrungen aus ihrer Lebenswelt kommen, ist Philosophie eine „räsonierende Konversation", bei der an die Stelle der Wissenschaftlichkeit „die Unmethode des Ahnens und der Begeisterung"[3] tritt. In diesem Punkt kann man trotz aller Vorbehalte gegenüber Hegels Philosophie ihm – und nicht nur ihm – zustimmen. Um ihres Gegenstandes willen darf und kann die Philosophie nicht zu leicht gemacht werden. Um die „Anstrengung des Begriffs" (a.a.O. S. 48) kommt keiner herum, der auf eine dem Argumentationsniveau der Sache angemessene Weise einen philosophischen Diskurs führen will. „Von dieser Seite tut es besonders not, daß wieder ein ernsthaftes Geschäft aus dem Philosophieren gemacht werde. Von allen Wissenschaften, Künsten, Geschicklichkeiten, Handwerken gilt die Überzeugung, daß, um sie zu besitzen, eine vielfache Bemühung des Erlernens und Übens derselben nötig ist. In Ansehung der Philosophie dagegen scheint jetzt das Vorurteil zu herrschen,

2 Aristoteles, Metaphysik I 2, 982 a 24

3 Hegel, Phänomenologie des Geistes, hrsg. v. J. Hoffmeister, Hamburg 1952, S. 41

daß, wenn zwar jeder Augen und Finger hat, und wenn er Leder und Werkzeug bekommt, er darum nicht imstande sei, Schuhe zu machen – jeder doch unmittelbar zu philosophieren und die Philosophie zu beurteilen verstehe, weil er den Maßstab an seiner natürlichen Vernunft dazu besitze, – als ob er den Maßstab eines Schuhes nicht an seinem Fuße ebenfalls besäße. – Es scheint gerade in den Mangel von Kenntnissen und von Studium der Besitz der Philosophie gesetzt zu werden und diese da aufzuhören, wo jene anfangen." (a.a.O. S. 54–55)

Voraussetzung für einen philosophischen Diskurs ist also, daß die Texte genau gelesen und analysiert werden. Dies sollte selbstverständlich sein. Selbstverständlich ist auch, daß man mit genauer Textinterpretation zunächst beginnen muß. Die Schüler müssen merken, daß ein philosophischer Text etwas anderes ist als ein Roman; mit anderen Worten: „daß Mehreres erst wiederholt gelesen werden müsse, ehe es verstanden werden könne" (a.a.O. S. 52). Selbstverständlich ist aber auch, daß abstrakte Texte konkretisiert werden müssen, etwa durch Beispiele aus der alltäglichen individuellen oder gesellschaftlichen Lebenswelt, durch aktuelle Diskussionen, die über die behandelten Probleme in Zeitungen, im Fernsehen usw. geführt werden. So wird etwa das Thema Menschenrechte oder Freiheit für absehbare Zeit nicht aus den aktuellen Diskussionen der Massenmedien verschwinden. Konkretisierung kann auch erfolgen durch den Hinweis auf die Darstellung eines Problems in einem anderen Medium. So können beispielsweise die Konsequenzen einer Skinnerschen Verhaltenstechnologie an Huxleys ‚Schöne neue Welt' illustriert werden.

Die Einführung in die Lektüre mit bestimmter Themenstellung, zusammenfassende Besprechung von Aufsätzen, genaue Interpretation und Diskussion bestimmter Kernstellen, Herausarbeiten von Argumentationsketten in selbständiger Einzelarbeit (auch in Referaten), in Gruppenarbeit, in sachgemäßer geordneter Diskussion sind verschiedene Möglichkeiten, mit und an den Texten zu arbeiten.

Nach der Konzeption dieses Arbeitsbuches und bei einem offenen, nichtdogmatischen Konzept von Philosophie kann man nicht für verschiedene mögliche Kurse in verschiedenen Jahrgangsstufen detaillierte Ziele angeben. Lernziele legen notwendig Inhalte fest. So implizieren beispielsweise genaue Lernziele zu einem platonischen Dialog eine bestimmte Interpretation dieses Dialogs, die – auch angesichts der Vielzahl von Philosophien und wissenschaftstheoretischen Ansätzen – nicht von allen geteilt zu werden braucht. Nur auf einer sehr abstrakten Ebene lassen sich also zusammenfassend folgende allgemeine Ziele benennen:

Durch einen Diskurs: Sittliche Lebensformen sollen theoretische Grundlagen vermittelt werden. Sie sollen zur Reflexion unserer gegenwärtigen Orientierungssysteme für unsere sittlichen Lebensformen unter den problematisch gewordenen gegenwärtigen Lebensbedingungen befähigen. Dies erreicht man nach den gesicherten Erfahrungen von Wissenschaften dadurch, daß man wichtige – auch historische – Positionen, Problemlösungen und Problemlösungsverfahren kennt. Hierdurch gewinnt der Lernende die Fähigkeit, seine unmittelbaren Lebenserfahrungen besser zu verstehen und begründetere Entscheidungen zu treffen. Dazu ist die Diskussion der hier präsentierten Argumentationen notwendig, in der sowohl ihre theoretischen Prämissen, ihre Bestimmtheit durch geschichtliche Bedingungen als auch ihre expliziten oder impliziten Konsequenzen und ihre Tragfähigkeit für praxisrelevante Problemlösungen zu erörtern sind. Hierdurch können Orientierungshilfen für unsere sittlichen Lebensformen gewonnen werden, die auf der Fähigkeit zur kritischen Auseinandersetzung mit Weltanschauungen und Ideologien und auf der Erkenntnis der in ihnen enthaltenen unausgesprochenen Implikationen beruhen. So wird eine kritische Einstellung gegenüber Dogmatismus und Ideologisierungen gefördert.

3. Die folgenden Vorschläge dazu, wie im Rahmen des Diskurses: Sittliche Lebensformen mit der Textauswahl dieses Bandes verschiedene Themen artikuliert bzw. verschiedene problemorientierte Kurskonzepte entwickelt werden können, sind als Anregung gedacht, sich bei der Einarbeitung in den Themenkomplex von spezielleren Fragestellungen leiten zu lassen. Die Beispiele, die Hilfen für verschiedene Verwendungsmöglichkeiten und für den Einsatz verschiedener Methoden geben wollen, sind bewußt unterschiedlich angelegt. Sie gehen davon aus, daß ethische Fragen nicht nur in der Philosophie thematisiert werden, sondern auch etwa in der Theologie, den Sozialwissenschaften, den Erziehungswissenschaften; daß das Interesse vorherrschend sein kann, sich ausführlich (z. B. ein Semester lang) oder nur für eine begrenzte oder kurze Zeit mit einem speziellen Problem zu beschäftigen; daß man sich chronologisch oder unter einem bestimmten systematischen Gesichtspunkt in einen Themenkomplex einarbeiten will. Aus der Fülle der Möglichkeiten werden nur einige beispielhaft vorgestellt. All diese Themen benennen solche Fragen, die zwar zum Teil aus der gegenwärtigen wissenschaftlichen Diskussion zu verschwinden drohen, die aber ausnahmslos für die heutigen Probleme der individuellen und gesellschaftlich-politischen Lebenswelt und deren Voraussetzungen bedeutsam sind. Aus dem Sachregister kann man weitere Anregungen für speziellere Themen erhalten. (Die in diesem Abschnitt in Klammern ange-

gebenen Zahlen von 1 bis 13 beziehen sich auf Textabschnitte der Autoren, nicht auf Seitenzahlen.)

3.1. Das Thema *Freiheit* ist sicher eines der zentralsten im Bereich von Ethik und Politik. Einen historischen und systematischen Überblick kann man sich verschaffen in den Lexikonartikeln Autonomie (Nr. 22), Freiheit (Nr. 23). Abschnitte dieser Artikel und der Artikel Freiheit (in Nr. 8) sind auch für Schüler zur Information sinnvoll und eventuell durch Referat in den Unterricht einzubringen. Das Thema kommt in der alteuropäischen Gesellschaft und der Neuzeit sehr verschieden vor. Freiheit des Menschen ist dort undenkbar ohne die Verwirklichung der in der Natur oder in der Schöpfungsordnung vorgegebenen Ziele des Menschen. Seit der Neuzeit wird Freiheit ohne diese ontologischen und theologischen Vorgaben diskutiert, vor allem als das Problem der Autonomie des Menschen und des Menschen, der ein für sein individuelles und gesellschaftlich-politisches Handeln zurechnungsfähiges Subjekt ist; und die Diskussion des Freiheitsproblems enthält zugleich die Reflexion auf das, was diese Freiheit bedroht. Um deutlich werden zu lassen, um eine wie brennende und aktuelle Problematik es sich bei einem solchen Thema handelt, könnte man von der Spannung ausgehen, die sich in der gegenwärtigen Diskussion zeigt. *Sartres* These, daß der Mensch Freiheit ist, durch seinen je eigenen Entwurf sich zu dem macht, was er ist, und als Subjekt für sich und für alle anderen verantwortlich ist, steht die *Foucaults* gegenüber, der autonome Mensch sei eine Erfindung des 18. Jahrhunderts und das Subjekt nur ein Ensemble von Strukturen. Die äußerste Bedrohung des autonomen Subjekts wird deutlich an *Skinners* Verhaltenstechnologie, bei der das Subjekt abgeschafft ist, aber der Mensch „noch nicht erkannt (hat), was der Mensch aus dem Menschen machen kann (377)." Ein solcher Ansatz ist anhand der hier ausgewählten Texte auch für diejenigen mit wenig Vorkenntnissen nicht zu schwierig. Von dieser Diskussion aus kann man nach der Bedeutung von Freiheit und Verantwortung in der Tradition fragen. Für *Platon* ist der Mensch dafür verantwortlich, daß seine „Seele möglichst gut werde" (116), und er hat auch in der Polisgemeinschaft die Aufgabe, dafür zu sorgen, die anderen Bürger zum guten Leben zu führen (1; der relativ einfache Text kann in kursorischer Lektüre vorbereitet und als ganzer besprochen werden); höchste Selbstverwirklichung gibt es nur in der Schau der höchsten Idee des Guten und Schönen, zu der man durch einen langen und mühsamen Befreiungsprozeß gelangen kann; aber die Freiheit der Erkenntnis entbindet nicht von der Verantwortung für die Polis (2). Für *Aristoteles* (2) ist Freiheit die Autarkie des theoretischen Lebens, für den *Kynismus des Diogenes* die Bedürfnislosigkeit. Nach *Seneca* machen nicht politische oder gesellschaftliche Stellung, sondern die Gesinnung die wahre Freiheit des Menschen aus (3). Für *Augustinus* ist jeder für ein tugendhaftes Leben verantwortlich, aber diese Verantwortung ist zugleich eine Pflicht, die dem Menschen von Gott gegeben ist. *Pascal* sieht den Menschen weder als ganz frei noch als unfrei, sondern als Mitte zwischen Schöpfer und Nichts (3); unfrei hat sich der Mensch selbst durch die Sünde gemacht (4). Nicht aus Freiheit und Verantwortung handeln die Menschen nach *Mandeville*, sondern aus Egoismus (1). Die Menschenwürde ist Unsinn (2); Tugenden (5,6) und politische Freiheit (4) sind eine Folge der Laster. Für *Kant* ist Freiheit die Einschränkung der Neigung durch praktische Vernunft (2); der Mensch ist als autonomes Subjekt (Person, Persönlichkeit) Zweck an sich (3,4; Text 4 ist allerdings sehr schwierig und kann bei geringeren Vorkenntnissen nur in schrittweisem Vorgehen, evtl. durch Auswählen einzelner Passagen behandelt werden). Sicher empfiehlt es sich nicht für Anfänger, *Fichtes* Freiheitsbegriff als letztes transzendentales Prinzip zu behandeln und die These, daß für den Einzelnen und die Gesellschaft Freiheit durch Vernunft zu erreichen ist. Auch *Hegels* Aussagen über das Prinzip der subjektiven Freiheit (3), über die Freiheit des Denkens als in Recht und Sitte wirklich (4), über Freiheit und Besonderheit des Subjekts (6) und das Gewissen (7) sind schwierig und bedürfen bei geringen Vorkenntnissen genauer Erläuterung; für eine vorbereitende Hausarbeit oder selbständige Bearbeitung scheiden sie wohl aus. Nach *Kierkegaard* gibt es Freiheit nur für den Einzelnen (1,2) der sich von der Menge löst (3); die ethische wird von der ästhetischen Existenz dadurch unterschieden, daß der Einzelne von den bestehenden Möglichkeiten durch Konkretisierung einer bestimmten sich als Wirklichkeit wählt (6). Das Verständnis der einzelnen Argumentationen von Kant, Fichte, Hegel und Kierkegaard wird sicher dadurch erleichtert, daß man in der Einleitung I die Ausführungen zu dem Ansatz der einzelnen Autoren vorher liest. *Mills* Nützlichkeitsprinzip kann durchaus als eine Bedrohung, zumindest als eine Reduzierung des freien autonomen Subjekts verstanden werden.

Aber die zentrale Kritik und Infragestellung der Verantwortlichkeit des Menschen geschieht erst bei *Nietzsche*. Sie richtet sich nicht nur gegen den neuzeitlichen Freiheitsbegriff, sondern auch gegen die im Judentum und Christentum entwickelten Vorstellungen (1). Er kritisiert den freien Willen (8) und das Gewissen (9); der freie und gleiche Mensch ist für ihn eine „Vertierung des Menschen zum Zwergtiere“ (270) (10), eine „Verneinung des Lebens“, „Auflösungs- und Verfalls-Prinzip“ (271) (12). Für die Kritische Theorie sind Freiheit und verantwortliches

Subjekt gerade das, was angesichts der gegenwärtigen entfremdeten bzw. total verwalteten Gesellschaft nicht preisgegeben werden darf. Für *Marcuse* rechtfertigen gesellschaftliche und individuelle Freiheit als Ziel auch Revolutionen; *Horkheimer* sieht in der subjektiven Vernunft Freiheit immer mehr zur Beliebigkeit werden. Während die Aufsätze von Marcuse und Horkheimer sich auch dafür eignen, daß unter Voraussetzung der kursorischen Lektüre, die von allen Kursteilnehmern zu leisten ist, Einzelne oder Gruppen nach Besprechung und Beratung Thesenpapiere anfertigen, die die Thesen des Aufsatzes knapp referieren und Diskussionsfragen formulieren, und die gemeinsame Diskussion auf Grund dieser Thesenpapiere geführt wird, gilt dies nicht für den Ansatz von *Apel*. Apel geht aus von der Aufgabe der heutigen Menschen, „die solidarische Verantwortung für die Auswirkungen ihrer Handlungen im planetarischen Maßstab zu übernehmen" (323). Die Anerkennung als Person in der Argumentationsgemeinschaft ist für ihn nicht hintergehbar. Die verantwortliche Entscheidung für die ideale Kommunikationsgemeinschaft ist von zentraler Bedeutung auch für die reale Kommunikationsgemeinschaft. Gerade um der Wahrung der Identität kontingenter Subjekte willen fordert *Lübbe* dagegen eine Minimalisierung des Universalisierbaren und die Schaffung freiheitsbewahrender Institutionen. Der ‚Sinn der Tradition' für die gegenwärtige Diskussion über Freiheitsbewahrung und Freiheitsbedrohung kann abschließend an dem (nicht schwierigen) Aufsatz von *Kolakowski* behandelt werden und Ausgangspunkt für eine Schlußdiskussion sein. Sicher werden durch die Auseinandersetzung mit den sehr verschiedenen Freiheitskonzeptionen der europäischen Kultur und Zivilisation Dimensionen von Freiheit deutlich, die in dem behavioristischen Ansatz von Skinner gar nicht mehr sichtbar werden.

3.2. Das Problem des *Gewissens* ist gebunden an das des autonomen zurechnungsfähigen Subjekts. Was unter Gewissen verstanden wird, ist von dem jeweils letzten Orientierungssystem abhängig. Einen historischen und systematischen Überblick gibt der Lexikonartikel: H. Reiner, Gewissen (Nr. 1, Bd. 3, Sp. 574–592). Teile dieses Artikels und der Artikel Gewissen (Nr. 8) sind auch für Schüler zur Information zu empfehlen (evtl. Schülerreferat). Die gegenwärtige Diskussion in verschiedenen Wissenschaften dokumentiert der Band: J. Blühdorn (Hrsg.), Das Gewissen in der Diskussion (Nr. 31); siehe auch die Beiträge von Luhmann und Andreae zu diesem Thema (Nr. 32).

Die ‚Erfindung' des Gewissens ist für Nietzsche, Freud und Skinner überhaupt mit dem Ursprung und der Geltung der europäischen Moralvorstellungen verbunden. Mit der Destruktion dieser Moral ist daher auch die Destruktion des Gewissens verbunden. Trotz dieser in der gegenwärtigen wissenschaftlichen Diskussion unternommenen Eliminierung des Gewissensbegriffs spielt dieser in der Lebenswirklichkeit nach wie vor eine bedeutende Rolle. Um welche Probleme und Voraussetzungen es sich – unabhängig von der gegenwärtigen wissenschaftlichen Diskussion – in der Lebenswirklichkeit handelt, wenn man das Gewissen bestreitet oder (noch) Gewissen hat, kann durch einige der hier ausgewählten Texte deutlich werden.

Bei *Platon* bezeichnet Sokrates in der ,Apologie' die innere Stimme, die ihn warnt, wenn er im Begriff ist, Schlechtes zu tun, in mythischer Weise als sein ,,Daimonion" (119) (1). In der europäischen Neuzeit ist das Gewissen nicht die von außen, von den Göttern oder Gott erfolgende Lenkung, sondern für *Kant* ist das Gewissen Ausdruck des moralischen Gesetzes in uns. Dieser ,,innere Richterstuhl" ist die Triebfeder, die den Menschen dazu bringt, daß aus reiner Achtung für das moralische Gesetz nicht nur ,,der Buchstabe des Gesetzes (Legalität) . . . in unseren Handlungen", sondern ,,der Geist derselben . . . in unseren Gesinnungen (Moralität)" (211) anzutreffen ist (4,6). Nach *Hegel* können in der Moderne die Rechtsgesetze und die Gesetze der Natur oder die ,,innere Stimme" in Konflikt miteinander treten (4 Anm.). Das Recht der Besonderheit des Subjekts, das Recht der subjektiven Freiheit, zu dem Moralität und Gewissen gehören, ,,macht den Wende- und Mittelpunkt in dem Unterschiede des Altertums, und der modernen Zeit. Dies Recht in seiner Unendlichkeit ist im Christentum ausgesprochen." (234) (6) Das Gewissen drückt die Berechtigung des Subjekts aus, ,,in sich und aus sich selbst zu wissen, was Recht und Pflicht ist, und nichts anzuerkennen, als was es so als das Gute weiß" (236). Aber da das, was es für gut hält, nicht immer identisch ist mit dem, was wirklich gut ist, und das Gewissen oft nur als subjektive Meinung erscheint, kann der Staat dieses bloß subjektive Gewissen nicht als allgemeines anerkennen (7). Ganz anders ist für *Kierkegaard* Gewissen gerade nicht Ausdruck des bloß Subjektiven. Gewissen heißt, daß ,,zugleich ein individuelles Leben und das Allgemeine ist, wenn nicht unmittelbar als solches, so doch nach seiner Möglichkeit"; denn ,,wer ethisch lebt, der drückt in seinem Leben das Allgemeine aus, er macht sich zu dem allgemeinen Menschen" (244). (5) Die Kritik und Destruktion des Gewissens kann bei Nietzsche, Freud und Skinner deutlich gemacht werden. Für *Nietzsche* ist Gewissen grundsätzlich ein negativer Begriff. Die Geschichte des Gewissens ist die (negativ verstandene) Geschichte von der Herkunft der Verantwortlichkeit (8). Das Gewissen ist die ,,tiefe Erkrankung, welcher der Mensch . . . verfallen mußte". Alle Instinkte

,,wenden sich nach innen", d. h. sie wenden sich ,,gegen den Menschen selbst". Damit begann die ,,unheimlichste" Erkrankung der Menschheit, ,,das Leiden des Menschen am Menschen, an sich" (267–268) (9). Für *Freuds* Theorie des Gewissens sollte man (statt des hier abgedruckten 2. Kapitels von ,Das Unbehagen in der Kultur') das 7. Kapitel (Studienausgabe Bd. IX, S. 250–259) heranziehen. Das Gewissen ist ursprünglich die Angst vor äußerer Autorität, die ,,durch die Aufrichtung eines Über-Ichs verinnerlicht wird" (S. 252). Gewissen und Schuldgefühl sind eng miteinander verbunden. Während bei Nietzsche die ,Erfindung' des schlechten Gewissens als Krankheit beschrieben wird, bei Freud als Kulturmittel in einer infantilen Phase der Menschheit, ist nach *Skinner* Gewissen etwas, das der noch unaufgeklärten Zeit der Freiheit und Würde des Menschen angehört, heute aber völlig überflüssig ist. Die sogenannte ,,innere Stimme" ist nichts als ,,Folgewirkungen, zu denen eine Vielzahl von Verstärkern gehört, darunter auch die verallgemeinerten verbalen Verstärker ,Gut!', ,Schlecht!', ,Richtig!' und ,Falsch!'" (372). Falsches Verhalten hat in Gemeinschaften soziale Folgen. Also muß man ,richtiges' Verhalten konditionieren. Das sogenannte Gewissen ist sozialen Ursprungs. Die ,,Abschaffung" des autonomen Menschen ,,ist seit langem überfällig" (375). (1,2)

3.3. Das Thema *Übel – Leiden* interessiert sicher nicht nur Philosophen, sondern jeden, der sich mit Fragen des sittlichen und guten Lebens beschäftigt. Einen historischen und systematischen Überblick geben die Lexikonartikel: Das Böse (Nr. 26, Nr. 8); auch für Schüler ist eine Information hierüber durch Lektüre oder Referat möglich und sinnvoll.
Platon sieht nicht im Leiden und Tod, sondern in der Schande, der Folge des Unrechttuns, das eigentliche Übel (1). Nach *Epikur* ist Philosophie die ,Gesundheitslehre', die den Menschen von den Übeln befreit bzw. sie leichter ertragen läßt. Für *Seneca* stellt sich die Frage als die klassische Frage der Theodizeen: ,,Wenn doch die Welt von der Vorsehung geleitet wird, wie kommt es da, daß den Guten so viel Unheil widerfährt?" (158) Eine ,Rechtfertigung' der Vorsehung erfolgt dadurch, daß das Unheil nur die äußeren Güter betrifft, daß aber das moralisch Böse der Vorsehung nicht anzulasten ist. Wenn ,,Armut, Krankheit und schweres Geschick" (159) zu unerträglich werden, dann ist der Freitod die Möglichkeit, ihnen zu entfliehen. (2) Der *Kynismus des Diogenes* ist insgesamt ein Versuch, Leiden zu bewältigen und Selbsterhaltung zu gewährleisten; der Tod ist nichts als das Ende des Lebens. Für *Augustinus* und *Thomas von Aquin* (2) sind Leiden und Tod konstitutiv mit dem irdischen Leben verbunden; sie werden durch Frömmig-

keit höchstens leichter zu ertragen und verweisen darauf, daß das wahre Glück erst im Jenseits zu erreichen ist. Nach *Pascal* ist Ursache allen Übels der Sündenfall (1,4), die Eigenliebe das schlimmste Laster (3). Das Laster gehört nach *Mandeville* zur Natur des Menschen, aber es ist zugleich Ursache für Kultur (2,3), Staat (4) und Tugend (5,6). Leiden und Übel erhalten bei *Kant* in der Diskussion um die Moralität einen untergeordneten Rang. Das moralische Gesetz siegt über Übel und Leiden (3,6). Verharmlost werden Leiden und Tod bei *Mill*. Unglück und Leiden machen einen Anteil in jedem Leben aus; also kommt es darauf an, diesen Anteil zu verringern. Die größten Übel kann man beseitigen, und im übrigen muß man mit dem bescheidenen Anteil an Glück zufrieden sein. Daß man auch ohne Glück leben kann, beweist, daß „unfreiwillig (. . .) neunzehn Zwanzigstel der Menschheit ohne Glück" (250) auskommen. *Schopenhauer* dagegen sieht im Leiden geradezu den Zweck des Daseins. Ausgehend von der „Leere des Daseins" (252) ist das Leiden die eigentliche Positivität, der Mitmensch ist der Leidensgefährte. „Die Welt ist eben die Hölle, und die Menschen sind einerseits die gequälten Seelen und andererseits die Teufel darin." (256) (1,2) Auch für *Nietzsche* ist die äußerste Sinnlosigkeit des Leidens das bedrängende Problem der Menschen (9,13). Wenn nach *Freud* Glück in der Schöpfung nicht vorgesehen ist, dann werden die verschiedenen Möglichkeiten der Leidensminderung zur brennenden Frage der Lebensbewältigung. Nach *Marcuse* sind Leiden dann gerechtfertigt, wenn sie dazu anspornen, eine leidfreiere künftige Gesellschaft zu schaffen. Für *Skinner* existiert das Problem des Leidens und des Bösen im strengen Sinne nicht mehr. Die Leidensbewältigung ist ein naturwissenschaftlich zu bewältigendes Problem, und so ist es auch mit dem Bösen. Es existiert nicht, sondern ist als falsches Verhalten zu erklären, das man ändern kann. (1)

3.4. Beim Thema *Glück* kann (wie auch bei den anderen, vor allem bei dem Thema Freiheit) aus den hier genannten Texten wiederum noch eine Auswahl getroffen werden je nach Vorkenntnissen, Leistungsfähigkeit des Kurses, Länge des Semesters usw. Einen historischen und systematischen Überblick geben die Artikel Glück (Nr. 24, Nr. 8). Abschnitte von Nr. 24 und der Artikel in Nr. 8 können auch von Schülern bearbeitet werden.

Aus Erfahrung mit Kursen und in Seminaren kann man sagen, daß gerade auch die Vorstellungen vom guten Leben aus der alteuropäischen Gesellschaft als sehr ‚aktuelle' und interessante Beiträge verstanden werden. Für *Platon* ist Glück für den Einzelnen und die Stadt dasselbe. Das volle Glück ist jedoch nicht in diesem Leben zu erreichen, sondern erst nach dem Tod (1) und in der Schau der höchsten Idee (2). Auch für *Aristoteles* ist das Glück für den Einzelnen und die Stadt dasselbe. Es ist das Endziel; die höchste Lebensform, die Theoria als Ziel allen menschlichen Tuns, ist nur dem Philosophen möglich und verschieden von den Glücksvorstellungen der Menge. (1,2) *Epikurs* gutes Leben bedeutet höchstens ein mäßiges Glück, das in der Gesundheit des Leibes und dem Beruhigtsein der Seele besteht fern von aller Politik. Glückliches Leben ist für *Seneca* ein Leben gemäß der Natur (1), ein Leben gemäß der Tugend (2). Bei *Matthäus* wird in den Seligpreisungen der Bergpredigt und im Bericht vom Weltgericht denjenigen das Glück als ewige Seligkeit verheißen, die das Gebot der Nächstenliebe erfüllt haben, und auch bei *Augustinus* und *Thomas von Aquin* ist das höchste Glück nicht in diesem Leben, sondern nur in Gott, im ewigen Leben zu erreichen. Wenn man Aristoteles (Eth. Nik. X 7) mit Thomas (2) vergleicht, so zeigt sich hier ein fundamentaler Unterschied in der Bestimmung des höchsten Glücks, obwohl sich Thomas auf Aristoteles als d e n Philosophen beruft. Man kann hier sehen, wie mit Bezug auf verschiedene Orientierungssysteme Verschiedenes bewiesen werden kann. Für *Descartes* gibt es im Bereich des Handelns keine sichere Erkenntnis (1), aber wenn wir uns auf eine ‚provisorische Moral' stützen, können wir so glücklich wie möglich sein (2). Wie für Aristoteles, so streben auch nach *Pascal* alle Menschen nach Glück; aber dieses Glück ist unerreichbar (1); denn obwohl der Mensch ursprünglich vollkommen war, ist durch den Menschen selbst, durch die Sünde, das Unglück für den Menschen entstanden (4). Für *Mandeville* geht es nicht um das individuelle gute Leben, sondern zunächst einmal um die Befriedigung der Bedürfnisse und um Wohlstand (1); und das ‚Glück' der gesamten Menschheit beruht auf den Lastern der Einzelnen und der gesellschaftlichen und politischen Gruppen (2,3,4). An sich wäre ein glückliches Leben ein tugendhaftes Leben; aber in der Gesellschaft ist das unmöglich (5,6). Alle bisher zu diesem Thema aufgeführten Texte waren nicht schwierig, wenn man vielleicht von dem nicht wegen des Inhalts, sondern wegen der Form der Quaestionen schwierigeren Thomas-Text absieht; die Texte von Kant stellen dagegen einige Anforderungen und verlangen intensive Hilfen zum Verstehen. *Kant* unterscheidet zwischen Glückseligkeit und der Glückseligkeit würdig sein (2). Dies können wir dadurch werden, daß wir der Pflicht gemäß leben (4). Das sollte nicht geschehen in „Mönchsasketik", sondern mit einem „jederzeit fröhlichen Herz" (209–210) (5). Das gute Leben wird nach *Mill* vom Nützlichkeitsprinzip bestimmt und besteht inhaltlich in der Freiheit von Unlust. Nach *Schopenhauer* läßt sich Glück nicht einmal denken. „Das Leben ist ein Pensum zum Abarbeiten" (256), und die anderen Menschen sind „Leidensgefährten" (257). Für *Freud* ist „die Absicht, daß der Mensch ‚glücklich' sein, (. . .) im Plan der ‚Schöpfung' nicht enthalten" (276). Ziele des Lebens sind „einerseits die Abwesenheit von Schmerz und Unlust, anderseits das Erleben starker Lustgefühle" (275). In der gegenwärtigen Diskussion wird die Möglichkeit eines guten bzw. glücklichen Lebens sowohl bejaht wie auch bestritten. Obwohl im allgemeinen der Begriff Glück weitgehend aus der wissenschaftlichen Diskussion schwindet, ist für den Einzelnen die Sehnsucht nach Glück nicht geringer geworden. *Marcuse* hält, um gesellschaftliches und individuelles Glück zu schaffen oder zu sichern, die Revolution für ein ethisch gerechtfertigtes Mittel. Glück gehört für *Horkheimer* ebenso wie Gerechtigkeit und Freiheit zu den großen Ideen und Idealen der Menschheit, die durch die wachsende Herrschaft der instrumentellen Vernunft bedroht sind. *Lübbe* spricht nicht von Glück; aber das, was er mit Identitätssicherung meint, gehört sicher in diesen Zusammenhang. Für *Foucault* kann es nach dem ‚Tod des Menschen' auch kein Glück des Menschen geben, sondern nur ein „Optimum des gesellschaftlichen Funktionierens" (367). In diesem Punkte stimmt seine Theorie mit der *Skinners* überein. Interessant wäre, Skinners in seinem Werk ‚Futurum Zwei'[4] entwickelte Vorstellung einer ‚glücklichen' Welt mitzubehandeln. Hier werden die Menschen zu einer solchen „Lebensform" (S. 5) konditioniert, daß sie in einer Gemeinschaft leben, in der sie sich glücklich fühlen. Die Thesen der Skinnerschen romanhaften ‚Vision einer aggressionsfreien Gesellschaft' könnten durch ein Schülerreferat der wesentlichen Kapitel des Buches in den Unterricht eingebracht werden oder durch die Besprechung des „Vorworts des Autors zu dieser neuen Ausgabe" (1969). Die aus dem ‚Ende der Neuzeit' angeführten Texte sind nicht schwierig. Sie können durchweg, zumal wenn man chronologisch vorgeht und schon eine Argumentations- und Verständnisbasis geschaffen ist, kursorisch gelesen und im Zusammenhang unter Herausgreifen bestimmter Themen und Kernstellen besprochen und diskutiert werden. Bei der Behandlung der angegebenen Texte zeigt sich, daß in der Geschichte und Gegenwart Glück als Lebensziel sehr Verschiedenes bedeutet: Glück als Unveränderliches – als Wandelbares; Glück als etwas, was im Diesseits – was im Jenseits realisiert werden kann; Glück, das man als Einzelner privat erreicht – das man in Staat oder Gesellschaft erreicht:, Glück als erstrebtes

4 B. F. Skinner, Futurum Zwei. ‚Walden Two'. Die Vision einer aggressionsfreien Gesellschaft, übers. von M. Beheim-Schwarzbach, rororo 6791, Reinbek bei Hamburg 1972

Endziel des Menschen – als das, was von vielen dem Menschen nicht verfügbaren Dingen abhängig ist.

3.5. Fragen der Ethik sind nicht nur philosophische Fragen, sondern werden in der europäischen Kultur auch in der Politik und Geschichte und in den verschiedensten Wissenschaften diskutiert. Und das Thema *Nächstenliebe* wird nicht nur von Theologen und religiösen Institutionen diskutiert, sondern ist auch ein zentrales Problem der philosophischen Diskussion um die Begründung sittlicher Lebensformen. (Siehe hierzu die Lexikonartikel Liebe [Nr. 1, Nr. 8], die einen historischen und systematischen Überblick geben.) Dabei besteht eine Spannung zwischen denen, die das Liebesgebot für fundamental halten, und denjenigen, die dies bestreiten und die „Ethik der Bergpredigt" (285) als eine „Ethik der Würdelosigkeit" (286) bezeichnen. An folgenden Texten dieses Bandes kann diese kontroverse Diskussion in Geschichte und Gegenwart sichtbar werden: Matthäus 1,2,3; Augustinus; Kant 4 (203–206), Hegel 1; Kierkegaard 3; Mill (250); Schopenhauer (257–258); Nietzsche 6; Freud (Einleitung I,56); Weber 1.

3.6. Interessant, aber schwieriger ist es, im Zusammenhang mit der Frage nach den sittlichen Lebensformen das Thema *Zweck – Mittel* zu behandeln. Bei *Aristoteles* stellt sich die Frage als die nach dem Endziel des Handelns; im Vergleich mit diesem Endziel sind alle anderen Ziele nur Mittel (1,2). Das Endziel des Handelns ist nach *Thomas von Aquin* nur das ewige Leben; alle anderen Ziele sind ihm untergeordnet. Für *Mandeville* (1–6) sind die Laster Mittel zu guten Zwecken. Nach *Kant* ist der Mensch Zweck an sich; und der kategorische Imperativ befiehlt so zu handeln, „daß du die Menschheit, sowohl in deiner Person, als in der Person eines jeden andern, jederzeit, zugleich als Zweck, niemals bloß als Mittel brauchest" (202) (3,4). Auch für *Fichte* ist der Mensch nie Mittel, sondern Zweck; aber der Endzweck der Menschheit, die vollkommene Gesellschaft, zu der der Staat ein Mittel ist, ist nicht zu erreichen. Subjektive und objektive Zwecke und Mittel sind nach *Hegel* zu bemessen an dem Wert des Subjekts (6); von hier aus ist auch der Satz ‚Der Zweck heiligt die Mittel' zu beurteilen (8). Nach *Mill* gibt es zwar das Glück als Endzweck, aber es kommt im Leben zunächst darauf an zu erkennen, was für die größte Zahl der Menschen das Nützliche ist. *Nietzsche* lehnt es ab, daß es ein Endziel der Menschheit gibt (13); Leben ist Wille zur Macht, und „Ausbeutung" „gehört ins Wesen des Lebendigen, . . . sie ist eine Folge des eigentlichen Willens zur Macht, der eben der Wille des Lebens ist" (271) (12). Von einem Lebenszweck sprechen nach *Freud* nur die Religionen. Für *Weber* wird der Satz, ob der Zweck die Mittel heilige, im Zusammenhang der Diskussion um Gesinnungs- und Verantwortungsethik diskutiert; in der Gesinnungsethik sind nur die Zwecke bedeutsam für das Handeln, in der Verantwortungsethik auch die Mittel (1). *Marcuse* sieht in der Revolution ein Mittel zum Glück, und der Zweck heiligt dann die Mittel, wenn nachweislich menschlicher Fortschritt in Freiheit gefördert wird. *Horkheimers* Unterscheidung von subjektiver und objektiver Vernunft ist auch eine Frage nach Zwecken und Zielen und Mitteln, diese zu erreichen. Nach dem Schwinden der objektiven Vernunft werden in der subjektiven Vernunft die unverzichtbaren Ziele der Menschheit nicht mehr begründbar. Für *Lübbe* wird wie bei Weber die Zweck-Mittel-Frage zu einer nach der Berücksichtigung der Nebenfolgen bei Normenbegründung und Normendurchsetzung. Es kommt nicht nur auf die in der Gesinnungsethik guten Zwecke an, sondern auch auf die Mittel, mit denen man sie erreicht. Die schon bei Nietzsche sich vollziehende Destruktion der Zweck-Mittel-Frage ist bei *Foucault* und *Skinner* vollendet. Das Problem ist als moralisches nicht mehr vorhanden, weil Handeln nicht mehr auf Handeln des Einzelnen bezogen ist. Foucaults Ziel, das ,,Optimum des gesellschaftlichen Funktionierens", und Skinners Steuerung der Gesellschaft durch Verhaltenstechnologie hat nichts mehr mit dem ,Zweck der Menschheit' in der bisherigen philosophischen Diskussion zu tun.

3.7. In der gegenwärtigen Diskussion spielt das Thema *Subjekt – subjektlose Strukturen* eine zentrale Rolle. Bedeutsame Theorien in diesem Streit sind einerseits der Existentialismus, andererseits Strukturalismus und Behaviorismus. An den hier abgedruckten Texten von *Sartre* einerseits und *Foucault* und *Skinner* andererseits kann man exemplarisch diese Diskussion deutlich machen. Eine vorzügliche Ergänzung, die die unmittelbare Diskussion belegt, sind die Interviews: Foucault, Absage an Sartre – Sartre, Jean Paul Sartre antwortet (Nr. 148, S. 203–213). Die Texte, die alle nicht sehr schwierig sind, eignen sich gut dazu, zentrale Gesichtspunkte zunächst an dem (oder den) Sartre-Texten herauszuarbeiten und dann bei Foucault und Skinner jeweils die kontroverse Deutung zu diskutieren. Solche bei allen drei Autoren wichtige Vergleichspunkte sind: Subjekt, System, Geschichte, Moral, Humanismus, Bedeutung der Wissenschaft (Philosophie), Methode.

3.8. Das Thema *Letztbegründung – ihre Bestreitung*, das sicher kein Thema für einen Kurs der Sekundarstufe II sein dürfte, ist ein spezifisch modernes Problem; denn in der Geschichte ist es selbstverständlich, daß Orientierungssysteme Letztbegründungen für sittliche Lebensformen liefern. Das Problem ist bei Weber aufgebrochen als die Frage: Was kann die moderne Wissenschaft in der Diskussion über Werte leisten? Horkheimer kritisiert Weber, weil er der subjektiven Vernunft das Wort rede, führt dies jedoch nicht weiter aus. Die Möglichkeit der Letztbegründung von Normen wird heute verstärkt bestritten, weil dies von der modernen Wissenschaft nicht mehr zu leisten sei. Trotzdem bleibt das Problem vorhanden, ob und wie solche Normen begründet werden können, die universalisierbar sind. In der gegenwärtigen Diskussion sind *Apel* und *Lübbe* typische Vertreter der beiden kontroversen Positionen. Das Problem kann an den in diesem Band abgedruckten Aufsätzen der beiden Autoren exemplarisch deutlich werden. Eine gute Ergänzung hierzu bildet die Dokumentation der Diskussionen dreier Kolloquien in Paderborn, in denen die Frage der Normenbegründung thematisch war (Nr. 45). In Band 1: Transzendentalphilosophische Normenbegründungen vertreten Apel, Habermas und Krings vor allem die Möglichkeit der Letztbegründung, die extreme Gegenposition vertritt Lübbe.

Die wesentlichen Differenzen in der Auffassung über die Frage der Begründung unserer sittlichen Lebensformen in der gegenwärtigen Welt lassen sich so kennzeichnen:

Apel geht von der Paradoxie aus, daß in der sich realisierenden Weltgesellschaft einerseits das Bedürfnis nach einer universalgültigen Ethik besteht, aber andererseits die szientistischen Wissenschaften diese nicht begründen können. Die traditionellen Ethiken entsprachen dem Mikrobereich der Familie, Ehe, Nachbarschaft oder dem Mesobereich der nationalen Politik, aber nicht der Weltebene. Bei der Begründung von Normen ist jedoch immer schon die „Sinnverständigung in der Dimension der (transzendentalen) Intersubjektivität" (327) vorausgesetzt. „In der Argumentationsgemeinschaft ist die wechselseitige Anerkennung aller Mitglieder als gleichberechtigter Diskussionspartner vorausgesetzt." (330) Wer unter den Bedingungen der Moderne nach konsensueller Wahrheit sucht, setzt immer schon eine „ideale Kommunikationsgemeinschaft" voraus, „die prinzipiell imstande sein würde, den Sinn seiner Argumente adäquat zu verstehen und ihre Wahrheit definitiv zu beurteilen" (340). Daraus entsteht das Postulat, die ideale Kommunikationsgemeinschaft geschichtlich zu realisieren. Dies ist das eine regulative Prinzip. Das andere ist die Überlebenssicherung der Gattung. „Die Überlebensstrategie erhält ihren Sinn durch eine langfristige Emanzipationsstrategie." (341) Wenn man diese transzendentalpragmatisch begründete universale neue Ethik realisieren will, bedarf es in der konkreten geschichtlichen Situation der „Parteiergreifung für die Emanzipation". Dieses ,,Engagement" kann ,,weder durch philosophisches noch durch wissenschaftliches Wissen gedeckt werden." Hierbei ,,muß jeder eine nicht – oder nicht völlig – begründbare ,moralische' Glaubensentscheidung auf sich nehmen" (342–343). *Lübbe* bestreitet nicht den Sinn von Diskursen für die Normenbegründung, aber er bestreitet den Sinn von ,,Fundamentaldiskursen" (347) und die Möglichkeit einer Letztbegründung universalgültiger Normen.

- Gerade in der Gegenwart besteht ein ,,Hiatus zwischen kognitiver und sozialer Geltung von Normen" (345). Wenn wir überhaupt zur Lösung von Konflikten auf der intersubjektiven und gesellschaftlich-politischen Ebene gelangen wollen, müssen wir pragmatisch von Diskursen über das ausgehen, was effizient und freiheitssichernd ist. Dies erfordert gerade eine Diskursbegrenzung, weil wir nicht transzendentale Subjekte sind, sondern Subjekte mit ,,historisch kontingenter Identität" (349).
- ,,Fundamentaldiskurse" ,,über die wechselseitigen . . . Basis-Orientierungen" sind zwar möglich, aber ,,pragmatisch ist es", sie ,,gar nicht erst anzufangen" (349). Denn selbst wenn man annehmen will, daß solch neue globale Weltanschauungen möglich seien, so sind sie selbst gerade deshalb ,,konflikterzeugend", weil ihre Durchsetzung zur ,,Liquidation unseres wechselseitigen Andersseins" (352) führen müßte, d. h. statt Freiheit Terror erzeugten.
- Es gibt Diskurse auf verschiedenen Ebenen. Eine Unterscheidung zwischen kommunikativem und strategischem Handeln ist jedoch unhaltbar; denn auch nichtdiskursive Gewaltandrohung ist letztlich eine Art der Kommunikation.
- Wir brauchen keine neuen Weltanschauungen und keine neue universale Ethik, sondern gerade eine ,,Minimalisierung von Universalisierbarkeitsanforderungen"; denn hierdurch wird die ,,Freiheit von Subjekten in ihrer historisch kontingenten Identität" (352) gesichert. Deshalb müssen wir mit inkompatiblen verschiedenen kognitiven Orientierungssystemen leben.

3.9. Die in den Einleitungen verwendeten leitenden Begriffe *sittliche Lebensformen* und *Orientierungssysteme* könnten selbst wieder in Seminaren an Hand der Diskussion der Texte auf ihre Tragfähigkeit geprüft werden. Die Einleitung I gibt ausführliche Hinweise für die Behandlung dieser Themen in der Ethik-Diskussion in Geschichte und Gegenwart; die zum Schluß formulierten Fragen könnten bei der Diskussion leitend sein.

Man kann das Thema sittliche Lebensformen auch unter dem besonderen Aspekt *Sittliche Lebensformen in der Spannung zwischen Vernunft und Religion (bzw. Mythos)* betrachten. Sokrates versteht die Lebensform des Philosophen in der Polis als ‚Gottesdienst' (*Platon* 1), für *Epikur* und *Seneca* (1) ergibt sie sich aus der Vernunft, während die beste Lebensform nach *Thomas von Aquin* (2) diejenige ist, die sich nach dem Urteil der Vernunft und der Offenbarung als die beste erweist. Nach *Pascal* (4) kann man die wirkliche Lage des Menschen nicht aus der Vernunft, sondern nur von Gott her erkennen, während nach *Mandeville* das Postulat sittlicher Lebensformen bei vernünftiger Betrachtung Selbstverleugnung ist (2) und gerade die Laster zum Fortschritt der Menschheit beitragen (4). Für *Hegel* (1,6,7) sind Lebensformen vernünftig, in denen die Subjektivität und das Gewissen das an und für sich Wahre als letzte Instanz anerkennen. Für *Kierkegaard* überschreiten die religiöse Innerlichkeit und die religiöse Existenz den Bereich der Vernunft (1,2). Für *Nietzsche* kann die Religion nur eine widernatürliche (5) „Herdentier-Moral" (265) (7) erzeugen, und die „Erfindung des schlechten Gewissens" führte zum Verlust der Instinkte (9). Weder Vernunft noch Religion, sondern der „Wille zur Macht" (11) muß das Leben bestimmen. Während bei *Freud* unter verschiedenen mehr oder weniger vernünftigen Formen die Religion eine Möglichkeit der Leidensbewältigung in einem Leben ist, in dem das „Glück . . . nicht vorgesehen" (276) ist, ist nach *Skinner* der Mensch in der Lage, allein aus der wissenschaftlichen Vernunft solche Verhaltensrepertoires zu finden, die ein Leben in einer (technologisch planbaren) konfliktfreien Gesellschaft ermöglichen (2,3).

I. ALTEUROPÄISCHE GESELLSCHAFT

Antiphon[1]

Gerechtigkeit *besteht darin*, die gesetzlichen Vorschriften des Staates, in dem man Bürger ist, nicht zu übertreten. Es wird also ein Mensch für sich am meisten Nutzen bei der Anwendung der Gerechtigkeit haben, wenn er vor Zeugen die Gesetze hoch hält, allein und ohne Zeugen dagegen die Gebote der Natur; denn die der Gesetze sind willkürlich, die der Natur dagegen notwendig; und die der Gesetze sind vereinbart, nicht gewachsen, die der Natur dagegen gewachsen, nicht vereinbart. Wer also die gesetzlichen Vorschriften übertritt, ist, wenn es ihren Vereinbarern verborgen bleibt, von Schande und Strafe verschont; bleibt es ihnen nicht verborgen, so nicht. Wer dagegen eins der von Natur mit *uns* verwachsenen *Gesetze* wider die Möglichkeit zu vergewaltigen sucht, *für den ist*, wenn es vor allen Menschen verborgen bleibt, das Unheil um nichts geringer und, wenn alle es bemerken, um nichts größer; denn der Schaden beruht nicht auf bloßer Meinung, sondern auf Wahrheit. Die Betrachtung dieser Dinge ist im allgemeinen um dessen willen angestellt, weil die meisten gesetzlichen Rechtsbestimmungen feindlich zur Natur stehen. Es sind ja Gesetze aufgestellt für die Augen, was sie sehen dürfen und was nicht; und für die Ohren, was sie hören dürfen und was nicht; und für die Zunge, was sie sagen darf und was nicht; und für die Hände, was sie tun dürfen und was nicht; und für die Füße, wozu sie schreiten dürfen und wozu nicht; und für den Sinn, wessen er begehren darf und wessen nicht. Dabei sind wahrlich die Verbote der Gesetze an die Menschen und ihre Gebote beide genau ebenso wenig naturfreundlich oder -gemäß. Dagegen das Leben untersteht der Natur und auch das Sterben, und zwar kommt das Leben ihnen von dem Zuträglichen, das Sterben dagegen von dem nicht Zuträglichen . . .

Die von vornehmen Vätern *abstammen*, achten und verehren wir, die dagegen nicht aus vornehmem Hause sind, achten und verehren wir nicht. Hierbei verhalten wir uns zueinander wie Barbaren, denn von Natur sind wir alle in allen Beziehungen gleich geschaffen, Barbaren wie Hellenen. Das läßt *eine Betrachtung* der allen Menschen von Natur in gleicher Weise notwendigen Dinge erkennen. Zu erwerben sind diese allen auf dieselbe Art möglich, und in allen diesen ist weder ein Barbar

---

1 Die Fragmente der Vorsokratiker von Hermann Diels, RK 10, Hamburg 1957, Weidmannsche Verlagsbuchhandlung

von uns geschieden noch ein Hellene. Atmen wir doch alle insgesamt durch Mund und Nase in die Luft aus und essen wir doch alle mit Hilfe der Hände?

(Fragment 44)

Platon[1]

1.

Daß ich kein solches Unrecht begangen habe, wie Meletos in seiner Anklage behauptet, das, ihr Athener, bedarf wahrlich keiner längeren Verteidigung mehr; das bereits Gesagte genügt schon[2].

Wenn ich aber vorhin gesagt habe, daß ein grimmiger und weitverbreiteter Haß gegen mich entstanden sei, so wißt ihr wohl, daß das wahr ist. Und das wird es auch sein, was mich zu Fall bringt, wenn ich zu Fall gebracht werde, und nicht Meletos und nicht Anytos, sondern die Verleumdung und die Mißgunst der Menge; diese haben ja auch schon viele andere treffliche Männer zu Fall gebracht und werden, glaube ich, noch mehr zu Fall bringen; denn es ist kaum anzunehmen, daß sie bei mir haltmachen werden.

Vielleicht wird nun aber jemand sagen: „Schämst du dich eigentlich nicht, Sokrates, eine Lebensweise geführt zu haben, die dich nun in Gefahr bringt, sterben zu müssen?" Dem dürfte ich wohl mit Recht folgendes antworten: Es ist eine falsche Ansicht, mein Lieber, wenn du glaubst, ein Mann, der auch nur einigermaßen etwas wert ist, dürfte Gefahr um Leben oder Tod in Rechnung ziehen und müsse in seinem Handeln nicht allein darauf schauen, ob er recht oder unrecht und wie ein guter oder wie ein schlechter Mann handelt. Denn was sollten wir dann von jenen Halbgöttern halten, die vor Troja gefallen sind? Was vor allem von dem Sohne der Thetis, der die Gefahr im Vergleich zu der

---

1 Jubiläumsausgabe sämtlicher Werke, 8 Bde., eingeleitet von Olof Gigon, übertragen von Rudolf Rufener, Zürich-München 1974, Stellenangaben unter dem Text: Stephanus-Paginierung. Apologie: entstanden etwa 395–390 v. Chr., Staat: um 375 v. Chr.

2 Sokrates hält seine Verteidigungsrede (Apologie) im Jahre 399 v. Chr. vor einem Athener Gericht von 501 ausgelosten Richtern. Die von Meletos, Anytos und Lykon erhobene Klage lautet: „Sokrates tut Unrecht; denn er verdirbt die Jugend und glaubt nicht an die Götter, welche die Stadt verehrt, sondern an neue, dämonische Wesen" (24 b). Nachdem er die Haltlosigkeit beider Anklagepunkte dargelegt hat, rechtfertigt er seine Lebensweise. Nach der Verurteilung zum Tode wendet er sich sowohl an die, die ihn verurteilt, als auch an die, die ihn freigesprochen haben.

Schande so gering achtete? Denn als er ausziehen wollte, um Hektor zu töten, sagte seine Mutter, die doch eine Göttin war, ungefähr folgendes zu ihm: „Mein Sohn, wenn du den Tod deines Freundes Patroklos rächst und Hektor tötest, wirst du selber sterben; denn", so sagte sie, „bald nach Hektor ist dir das Todesschicksal bereitet."[3] Er aber achtete, als er das hörte, Tod und Gefahr gering; viel mehr fürchtete er das Leben eines Feiglings, welcher seine Freunde nicht rächt, und sagte: „Möchte ich doch gleich sterben, wenn ich den Frevler bestraft habe, damit ich nicht hier bleibe, verlacht bei den geschnäbelten Schiffen, eine unnütze Last der Erde." Glaubst du etwa, er habe sich um Tod und Gefahr gekümmert?

So steht es damit in Wahrheit, ihr Athener: „An dem Platze, an den man entweder sich selbst hingestellt hat, in der Meinung, es sei so am besten, oder an den man von seinem Vorgesetzten gestellt wurde, da, glaube ich, muß man bleiben und die Gefahren auf sich nehmen und weder den Tod noch irgend etwas anderes in Rechnung stellen außer der Schande.

Ich hätte nun aber gewiß übel gehandelt, ihr Athener, wenn ich damals bei Poteidaia, bei Amphipolis und bei Delion[4], auf dem Posten, den die Befehlshaber, die ihr über mich gesetzt hattet, mir anwiesen, wie jeder andere standgehalten und die Todesgefahr bestanden hätte, wenn ich dann aber da, wohin mich, wie ich glaubte und annahm, der Gott hinstellte, damit ich im Streben nach Weisheit leben und mich und die anderen prüfen solle, wenn ich da aus Furcht vor dem Tode oder irgend etwas anderem meine Aufgabe im Stiche gelassen hätte! Das wäre arg, und da könnte mich dann tatsächlich von Rechts wegen einer vor Gericht führen und mich anklagen, daß ich nicht an die Götter glaube, da ich ja dem Orakel ungehorsam sei und vor dem Tode Angst habe und mich für weise halte, obwohl ich es nicht sei[5]. Denn vor dem Tode Angst zu ha-

---

3 Helden der ‚Ilias' des Homer, die den sagenhaften Kampf um Troja schildert. Sohn der Meeresgöttin Thetis ist Achilleus, der im Kampf mit Hektor, dem Verteidiger Trojas, seinen Freund Patroklos rächt, der von Hektor getötet worden war.

4 Orte von Schlachten, an denen Sokrates beteiligt war. Bei Poteidaia hatte Sokrates dem Alkibiades das Leben gerettet (vgl. Symposion 220 d–e), auch bei Delion hatte er sich durch Tapferkeit ausgezeichnet.

5 Das Orakel von Delphi hatte gesagt, daß niemand weiser sei als Sokrates. Sokrates prüfte daraufhin im Gespräch mit Politikern, Dichtern und Handwerkern, ob es nicht doch einen weiseren Menschen gebe. Hierbei macht er seinen Mitbürgern die Begrenztheit ihres Wissens klar. Das Ergebnis der Prüfung besteht für ihn in folgendem: „In der Tat, ihr Männer, scheint aber nur Gott weise zu sein, und mit seinem Orakelspruch will er sagen, daß die menschliche

ben, das ist nichts anderes, als wenn einer den Anschein erweckt, weise zu sein, trotzdem er es nicht ist: bedeutet es doch den Wahn, zu glauben, man wisse etwas, was man nicht weiß. Weiß ja doch niemand, was der Tod ist und ob er nicht vielleicht für den Menschen das höchste Gut ist; und doch fürchtet man ihn, wie wenn man ganz genau wüßte, daß er das größte Übel sei. Ist aber das nicht gerade die schmählichste Unwissenheit, wenn man glaubt, man wisse etwas, was man nicht weiß?

Ich aber, ihr Männer, unterscheide mich vielleicht dadurch und in diesem Punkte von den meisten Menschen, und wenn ich mich möglicherweise in einer Hinsicht für etwas weiser halten darf, dann darin, daß, wenn ich über das Reich des Hades nichts Sicheres weiß, ich auch nicht glaube, etwas zu wissen. Aber unrecht tun und dem Besseren, sei es ein Gott oder ein Mensch, nicht gehorchen, davon weiß ich, daß es schlecht und schimpflich ist.

Mehr nun als die Übel, von denen ich weiß, daß sie Übel sind, werde ich niemals das fürchten oder fliehen, von dem ich nicht weiß, ob es nicht vielleicht auch gut sei. Nehmen wir einmal an, ihr sprächet mich frei und folgtet dem Anytos nicht, der sagt, entweder hätte ich überhaupt nicht vor Gericht gestellt werden sollen oder, nachdem es einmal geschehen sei, müsse man mich hinrichten. Er gibt euch als Grund an, daß, wenn ihr mich jetzt freisprächet, alle eure Söhne nach meinen Lehren lebten und dadurch ganz und gar verdorben würden. Und wenn ihr mir dann sagtet: „Sokrates, wir folgen dem Anytos nicht, sondern sprechen dich frei, unter der Bedingung aber, daß du dich nicht mehr mit dem Suchen nach Wahrheit abgibst und nicht mehr philosophierst. Wenn du aber noch einmal darüber betroffen wirst, mußt du sterben" – wenn ihr mich, wie gesagt, unter diesen Bedingungen freiließet, dann würde ich zu euch sagen: „Ich verehre und liebe euch sehr, ihr Athener. Aber ich will lieber dem Gotte als euch gehorchen, und solange ich atme und die Kraft dazu habe, nicht ablassen, zu philosophieren, euch zu mahnen und jeden von euch, den ich antreffe, zu überführen, indem ich in meiner gewohnten Art zu ihm sage: ‚Mein Bester, du bist doch ein Athener, ein Bürger der größten und an Bildung und Macht berühmtesten Stadt. Schämst du dich nicht, daß du dich zwar darum bemühst, wie du zu möglichst viel Geld, zu Ruhm und Ehre kommst, um die Einsicht aber und um die Wahrheit und darum, daß deine Seele möglichst gut werde,

---

Weisheit wenig oder nichts wert ist. Offenbar nennt er Sokrates in diesem Sinne und bedient sich meines Namens, um ein Beispiel zu geben, als wolle er sagen: ‚Der ist der weiseste von euch, ihr Menschen, der wie Sokrates erkannt hat, daß er, was die Weisheit betrifft, tatsächlich nichts wert sei.'" (23 a–b)

dich weder sorgst noch kümmerst?' Und wenn einer von euch widerspricht und behauptet, er bemühe sich darum, dann lasse ich ihn nicht gleich frei und gehe nicht einfach weiter, sondern ich frage und prüfe und forsche ihn aus. Und wenn ich dann den Eindruck bekomme, daß er keine Tugend besitzt, trotzdem er das behauptet, so tadle ich ihn, daß er das Wertvollste am geringsten, das Minderwertige aber höher schätze. So will ich es mit jedem halten, dem ich begegne, mit jung und alt, mit Fremden und Bürgern, vor allem aber mit euch Bürgern, die ihr mir von Natur ja näher steht. Denn das, wisset es wohl, befiehlt mir der Gott, und ich glaube, daß euch in der Stadt noch keine größere Wohltat widerfahren ist als dieser Dienst, den ich dem Gotte leiste. Denn, wenn ich umhergehe, tue ich nichts anderes, als euch, jung und alt, zu überreden, nicht mehr so sehr für den Leib zu sorgen noch für das Geld, sondern mehr um die Seele und darum, daß sie möglichst gut werde. Dabei sage ich dann, daß nicht aus dem Reichtum Tugend kommt, sondern aus der Tugend Reichtum und alle anderen Güter, für die einzelnen Menschen wie für die Allgemeinheit. Wenn ich durch diese Reden die Jugend verführe, dann müssen sie ja allerdings schädlich sein. Wer aber behauptet, daß ich etwas anderes sage als das, der lügt. „Unter diesen Umständen, ihr Athener", würde ich sagen „ob ihr dem Anytos gehorcht oder nicht, und ob ihr mich freisprecht oder nicht: ich werde auf keinen Fall anders handeln, und wenn ich den Tod noch so oft erleiden müßte."

Unterbrecht mich nicht, ihr Athener, sondern bleibt mir bei dem, worum ich euch gebeten habe: nicht unwillig zu werden über das, was ich sage, sondern zuzuhören. Ich glaube, ihr werdet sogar Nutzen davon haben, wenn ihr zuhört. Denn ich will euch jetzt noch manches sagen, wogegen ihr vielleicht protestieren möchtet; doch tut das bitte nicht. Denn wisset wohl: wenn ihr mich tötet, einen Mann also, wie ich ihn euch jetzt beschreibe, dann schadet ihr euch selbst mehr als mir. Mir wird wohl weder Meletos noch Anytos einen Schaden zufügen. Sie könnten es auch gar nicht. Es kann ja nicht sein, dünkt mich, daß ein schlechterer Mensch einem besseren zu schaden vermag. Natürlich kann er mich hinrichten lassen oder in die Verbannung schicken, oder er kann mir die bürgerlichen Ehren nehmen. Das alles wird er oder ein anderer vielleicht für ein großes Übel halten. Ich aber halte es nicht dafür, sondern ein viel größeres Übel sehe ich in dem, was dieser Mann jetzt tut: zu versuchen, ungerechterweise einen Menschen ums Leben zu bringen. Darum, ihr Athener, bin ich weit davon entfernt, mich um meiner selbst willen zu verteidigen, wie man vielleicht glauben möchte. Ich tue das für euch, damit ihr euch durch meine Verurteilung nicht an der Gabe versündigt, die der Gott euch geschenkt hat. Denn wenn ihr mich tötet, dann findet ihr schwerlich einen anderen, der – mag das auch recht lächerlich klingen – von dem Gott der Stadt beigegeben ist wie einem großen und edlem Pferde, das seiner Größe wegen ein wenig träge ist und mit einer Bremse angetrieben werden muß. Denn so etwa hat mich offenbar der Gott unserer Stadt auf den Hals geschickt, als einen, der nicht müde wird, den ganzen Tag und überall beharrlich aufsitzend, Mann für Mann euch aufzurütteln, zu überzeugen und zu tadeln. Einen solchen Menschen werdet ihr kaum wieder finden, ihr Männer, und deshalb werdet ihr mich schonen, falls ihr mir Glauben schenken wollt.

Vielleicht aber seid ihr verärgert wie Leute, die man aus dem Schlummer weckt und die nun zuschlagen und sich von Anytos leicht überreden lassen, mich ums Leben zu bringen; dann würdet ihr wohl euer übriges Leben schlafend zubringen, wenn euch nicht etwa der Gott, aus Sorge um euch, einen anderen zuschickt, der euch aufweckt. Daß ich aber in meiner Art ein Mann bin, der von dem Gotte der Stadt geschenkt wurde, das könnt ihr daraus erkennen: es ist doch nicht Menschenart, daß ich mich um meine eigenen Angelegenheiten nicht kümmere und schon so viele Jahre die Vernachlässigung meiner häuslichen Dinge auf mich nehme und mich nur mit euch beschäftige, mich wie ein Vater oder älterer Bruder an jeden einzelnen von euch wende und ihn ermahne, er solle sich um Tugend bemühen. Hätte ich einen Vorteil davon und bekäme ich für meine Ermahnungen einen Lohn, dann wäre mein Tun noch einigermaßen erklärlich. Aber nun seht ihr ja selber, daß meine Ankläger, die mir doch sonst bedenkenlos alles mögliche vorwerfen, nicht imstande sind, unter Berufung auf einen Zeugen auch die dreiste Behauptung aufzustellen, daß ich jemals Bezahlung entgegengenommen oder verlangt hätte. Daß ich da die Wahrheit sage, dafür stelle ich, dünkt mich, einen vollgültigen Zeugen: meine Armut.

Eines könnte nun vielleicht unfaßlich scheinen: daß ich, umhergehend, Einzelnen meine Ratschläge gebe und mich in vielerlei Dinge mische, es aber nicht wage, öffentlich in eurer Volksversammlung aufzutreten und dem Staat meinen Rat zu erteilen.

Der Grund dazu liegt in dem, was ihr mich oft und an manchem Ort habt sagen hören: daß etwas Göttliches und Dämonisches in mir vorgeht – Meletos hat es in seiner Klageschrift höhnend erwähnt. Schon von Kindheit an habe ich das: irgendeine Stimme, die mich jedesmal, wenn sie sich hören läßt, von dem abmahnt, was ich gerade tun will, die mich aber nie zu etwas auffordert. Das ist es, was mich daran hindert, mich mit Politik zu befassen, und ich glaube, es ist sehr gut, daß es mich daran hindert. Denn ihr wißt ganz genau, ihr Athener: wenn ich mich schon früher mit Politik eingelassen hätte, dann wäre ich auch schon längst umgekommen und hätte weder euch noch mir selber etwas genützt.

Seid mir nicht böse, wenn ich die Wahrheit sage: kein Mensch kann mit dem Leben davonkommen, der euch oder einer anderen Volksmenge freimütig entgegentritt und Ungerechtigkeit und Gesetzwidrigkeit in seiner Stadt verhindern will. Wer wirklich für die Gerechtigkeit kämpft, der muß notwendigerweise, wenn er auch nur für kurze Zeit sein Leben erhalten will, ein zurückgezogenes Leben und nicht eines in der Öffentlichkeit führen. . . .

Und nun möchte ich euch, die ihr mich verurteilt habt, gerne das Kommende prophezeien; denn ich stehe ja schon da, wo die Menschen zu weissagen pflegen, an den Pforten des Todes. So sage ich euch denn, ihr Männer, die ihr mich umgebracht habt, daß euch bald nach meinem Tode eine viel schlimmere Strafe ereilen wird, bei Zeus, als die, die ihr mir mit dem Todesurteil angetan habt. Denn damit glaubt ihr nun, euch von der Pflicht zu befreien, über euer Leben Rechenschaft abzulegen. Das aber wird sich für euch gerade ins Gegenteil wenden, glaube ich; denn es werden ihrer nur noch mehr sein, die euch zur Rechenschaft ziehen. Bis jetzt hielt ich sie zurück, so daß ihr sie gar nicht bemerktet. Und da sie jünger sind, werden sie euch um so lästiger sein, und ihr werdet euch um so mehr über sie ärgern. Denn wenn ihr glaubt, durch Hinrichtungen verhindern zu können, daß jemand euch den schlechten Lebenswandel vorwirft, so täuscht ihr euch. Denn diese Art, sich der Kritiker zu entledigen, ist gar nicht durchführbar, sie ist auch nicht vornehm. Nur die ist die schönste und zugleich die leichteste: nicht den anderen Einhalt zu tun, sondern sich so einzurichten, daß man selbst möglichst gut ist. Dies möchte ich euch, die ihr gegen mich gestimmt habt, geweissagt haben, und damit nehme ich Abschied von euch.

Mit denen aber, welche zu meinen Gunsten gestimmt haben, möchte ich gerne noch über das Geschehene reden, solange die Beamten beschäftigt sind und ich noch nicht dorthin gehen muß, wo ich sterben soll. So haltet denn noch solange bei mir aus, ihr Männer; denn nichts hindert uns, miteinander zu reden, solange es möglich ist. Euch als meinen Freunden will ich zeigen, was für einen Sinn ich in dem sehe, was mir jetzt geschehen ist.

Denn mir ist etwas Seltsames widerfahren, ihr Richter – euch darf ich ja mit Recht „Richter“ nennen. – Die warnende Stimme meines Daimonion, die sich jeweils in mir regt, ließ sich in der ganzen letzten Zeit sehr häufig vernehmen und trat mir auch in ganz unbedeutenden Angelegenheiten entgegen, wenn ich irgendwie unrichtig handeln wollte. Jetzt aber ist mir, wie ihr hier ja selbst seht, etwas widerfahren, was man wohl für das allergrößte Unglück halten könnte – und es wird auch wirklich dafür gehalten. Aber das göttliche Zeichen stellte sich mir nicht entgegen, weder als ich heute früh aus meinem Hause ging, noch als ich hier vor das Gericht trat, noch an irgendeiner Stelle meiner Rede, wenn ich dies oder jenes sagen wollte, während es mich doch in anderen Reden oftmals mitten im Sprechen aufhielt. Während dieses Prozesses aber trat es mir in keinem Augenblick entgegen, weder bei irgendeinem Tun noch bei irgendeinem Wort. Worin soll ich den Grund dafür sehen? Ich will ihn euch nennen: was mir hier geschehen ist, muß offenbar gut sein, und wir täuschen uns sicher, wenn wir glauben, daß das Sterben etwas Schlimmes sei. Dafür ist mir das Geschehene ein großer Beweis. Denn es ist gar nicht möglich, daß mir das gewohnte Zeichen nicht entgegengetreten wäre, wenn das, was ich vorhatte, nicht gut gewesen wäre.

Aber auch auf folgende Art wollen wir erwägen, wie sehr wir hoffen dürfen, daß der Tod etwas Gutes sei. Er ist nämlich eines von beiden: entweder wie ein Nichts-Sein, so daß der Tote auch keine Wahrnehmung mehr von irgendeiner Sache hat; oder dann ist er, wie die Überlieferung sagt, ein Übergang und eine Übersiedelung der Seele von dieser Stätte an eine andere. Wenn nun gar keine Empfindung mehr vorhanden und wenn der Tod wie ein Schlaf ist, wo der Schläfer nicht einmal träumte, dann wäre er wohl ein wunderbarer Gewinn. Denn ich glaube, wenn einer die Nacht, in der er so tief geschlafen hat, daß er nicht einmal träumt, aussuchen und sie den übrigen Nächten und Tagen seines Lebens gegenüberstellen und dann prüfen und sagen sollte, wie viele Tage und Nächte seines Lebens er besser und angenehmer verlebt habe als diese eine Nacht, dann, glaube ich, würde nicht nur ein gewöhnlicher Mann, sondern sogar der Perserkönig finden, daß solche Tage und Nächte rasch gezählt wären im Vergleich zu den übrigen. Wenn nun der Tod ein solcher Zustand ist, dann nenne ich ihn einen Gewinn; denn die ganze Folge der Zeit scheint dann nicht länger zu sein als *eine* Nacht.

Ist dagegen der Tod gewissermaßen eine Reise von hier an einen anderen Ort und stimmt das, was man sagt, daß dort alle Verstorbenen versammelt sind, was könnte es dann für ein größeres Glück geben als dies, ihr Richter? Denn wenn einer in den Hades kommt und, der Leute ledig, die sich hier „Richter" nennen, die wahren Richter findet, die, wie man sagt, dort Recht sprechen, Minos und Rhadamanthys, Aiakos und Triptolemos[6] und die übrigen Halbgötter, die auf Erden ein gerechtes Leben geführt haben: würde sich diese Übersiedelung nicht lohnen? Was würde wohl mancher unter euch darum geben, wenn er mit Orpheus und Musaios[7], mit Hesiod und Homer[8] zusammentreffen dürfte? Ich will gern mehr als einmal sterben, wenn das wahr ist; denn für mich wäre es ein wunderbarer Aufenthalt dort, wenn ich den Palamedes und Aiax, den Sohn des Telamon[9] anträfe oder wer sonst noch von den Alten einem ungerechten Urteil zum Opfer gefallen ist. Wenn ich dann mein Geschick mit dem ihrigen vergleichen könnte, so wäre es, glaube ich, nicht ohne Reiz. Das Höchste aber wäre es, die Leute dort unten ebenso zu prüfen und auszuforschen, wie ich es hier tat, wer von ihnen weise sei und wer sich zwar für weise hält, es aber nicht ist. Was würde man nicht darum geben, ihr Richter, wenn man den ausfragen könnte, der das große Heer nach Troja geführt hat[10], oder den Odysseus[11] oder den Sisyphos[12] oder noch viele andere, die man da aufzählen könnte, Männer und Frauen? Sich mit diesen zu unterhalten, mit ihnen zusammenzuleben und sie zu prüfen, das wäre wohl eine unbeschreibliche Glückseligkeit. Sicher werden sie dort auch niemanden deswegen hinrichten. Denn dort sind sie überhaupt glücklicher als hier, und außerdem sind sie für alle Zukunft unsterblich, sofern wahr ist, was man erzählt.

Aber auch ihr sollt dem Tode gegenüber zuversichtlich sein, ihr Richter, und müßt vor allem das als wahr erkennen, daß es für einen guten Menschen kein Übel gibt, weder im Leben noch im Tod, und daß auch die Götter seinem Schicksal gegenüber nicht gleichgültig sind. Auch das meinige hat jetzt nicht zufällig diese Wendung genommen, sondern es ist mir ganz klar, daß es nun am besten für mich ist, zu sterben und die

---

6 Totenrichter; der üblichen Dreizahl ist hier Triptolemos zugefügt, ein sagenhafter attischer Herrscher

7 mythische Dichter

8 Hesiod (um 700 v. Chr.), Werke: ‚Theogonie' und ‚Werke und Tage', und Homer (um 800 v. Chr.), Werke: ‚Ilias' und ‚Odyssee', waren diejenigen, von denen, wie Xenophanes und Platon sagen, von Anfang an die Griechen gelernt haben.

9 Kämpfer vor Troja

10 Agamemnon, Heerführer der Griechen

11 eine der Hauptgestalten des griechischen Mythos, König von Ithaka, nimmt am Zug gegen Troja teil und hat durch seine List (Erfindung des Trojanischen Pferdes) entscheidenden Anteil an der Eroberung der Stadt. Die viele Jahre dauernde Heimfahrt von Troja besingt Homers ‚Odyssee'.

12 mußte im Totenreich einen stets zurückrollenden Stein wiederum auf den Gipfel wälzen (Sisyphusarbeit).

Sorgen loszuwerden. Deshalb hat mich auch das Zeichen nirgends gewarnt, und so zürne ich auch denen, die mich verurteilt haben, und auch meinen Anklägern nicht. Freilich haben sie mich nicht in dieser Absicht verurteilt und angeklagt, sondern in der Meinung, mir zu schaden; das muß man ihnen zum Vorwurf machen.

Um eines aber bitte ich sie: an meinen Söhnen, ihr Männer, übt Vergeltung, wenn sie ins Jünglingsalter treten, und plagt sie ebenso, wie ich euch geplagt habe. Wenn ihr den Eindruck habt, daß sie auf Reichtum oder etwas anderes mehr bedacht sind als auf die Tugend, oder wenn sie sich für etwas halten, was sie nicht sind, dann tadelt sie, wie ich euch getadelt habe, weil sie sich nicht um das kümmern, worum sie sich kümmern sollten, und weil sie sich einbilden, etwas zu sein, während sie doch nichts wert sind. Wenn ihr das tut, dann werdet ihr an mir und auch an meinen Söhnen gerecht gehandelt haben.

Aber nunmehr ist es Zeit, daß wir gehen, ich, um zu sterben, ihr, um zu leben. Wer von uns dem besseren Los entgegengeht, das weiß niemand als der Gott allein.

(Die Apologie des Sokrates 28a–32a, 39b–42a)

2.

Hierauf vergleiche nun, fuhr ich fort[13], unsere Natur in bezug auf Bildung und Unbildung mit folgendem Erlebnis. Stelle dir Menschen vor in einer unterirdischen, höhlenartigen Behausung; diese hat einen Zugang, der zum Tageslicht hinaufführt, so groß wie die ganze Höhle. In dieser Höhle sind sie von Kind auf, gefesselt an Schenkel und Nacken, so daß sie an Ort und Stelle bleiben und immer nur geradeaus schauen; ihrer Fesseln wegen können sie den Kopf nicht herumdrehen. Licht aber erhalten sie von einem Feuer, das hinter ihnen weit oben in der Ferne brennt. Zwischen dem Feuer und den Gefesselten aber führt oben ein

---

13 Im ‚Staat' (Politeia) zeigt Platon im Hauptteil (2.–9. Buch) in dem Gespräch zwischen Sokrates und Glaukon und Adeimantos über den vollkommenen Staat, was Gerechtigkeit ist. Im 5.–7. Buch legt er dar, daß die beste Politeia nur Wirklichkeit werden kann, wenn die Philosophen Könige oder die Könige Philosophen werden. Der Philosophenherrscher muß hingeführt werden zur Schau des wahrhaft Guten. Zu Beginn des 7. Buches verdeutlicht Platon, wie dieser Vorgang der Bildung zu denken ist und welche Rolle der so Gebildete im Staat einnehmen soll.

Weg hin; dem entlang denke dir eine kleine Mauer errichtet, wie die Schranken, die die Gaukler vor den Zuschauern aufbauen und über die hinweg sie ihre Kunststücke zeigen.
,,Ich sehe es vor mir", sagte er.
Stelle dir nun längs der kleinen Mauer Menschen vor, die allerhand Geräte vorübertragen, so, daß diese über die Mauer hinausragen, Statuen von Menschen und anderen Lebewesen aus Stein und aus Holz und in mannigfacher Ausführung. Wie natürlich, redet ein Teil dieser Träger, ein anderer schweigt still.
,,Ein seltsames Bild führst du da vor, und seltsame Gefesselte", sagte er.
Sie sind uns ähnlich, erwiderte ich. Denn erstens: glaubst du, diese Menschen hätten von sich selbst und voneinander je etwas anderes zu sehen bekommen als die Schatten, die das Feuer auf die ihnen gegenüberliegende Seite der Höhle wirft?
,,Wie sollten sie", sagte er, ,,wenn sie zeitlebens gezwungen sind, den Kopf unbeweglich zu halten?"
Was sehen sie aber von den Dingen, die vorübergetragen werden? Doch eben dasselbe?
,,Zweifellos."
Wenn sie nun miteinander reden könnten, glaubst du nicht, sie würden das als das Seiende bezeichnen, was sie sehen?
,,Notwendig."
Und wenn das Gefängnis von der gegenüberliegenden Wand her auch ein Echo hätte und wenn dann einer der Vorübergehenden spräche – glaubst du, sie würden etwas anderes für den Sprechenden halten als den vorbeiziehenden Schatten?
,,Nein, beim Zeus", sagte er.
Auf keinen Fall, fuhr ich fort, könnten solche Menschen irgend etwas anderes für das Wahre halten als die Schatten jener künstlichen Gegenstände.
,,Das wäre ganz unvermeidlich", sagte er.

Überlege dir nun, fuhr ich fort, wie es wäre, wenn sie von ihren Fesseln befreit und damit auch von ihrer Torheit geheilt würden; da müßte ihnen doch naturgemäß folgendes widerfahren: Wenn einer aus den Fesseln gelöst und genötigt würde, plötzlich aufzustehen, den Hals zu wenden, zu gehen und gegen das Licht zu schauen, und wenn er bei all diesem Tun Schmerzen empfände und wegen des blendenden Glanzes jene Dinge nicht recht erkennen könnte, deren Schatten er vorher gesehen hat – was meinst du wohl, das er antworten würde, wenn ihm jemand erklärte, er hätte vorher nur Nichtigkeiten gesehen, jetzt aber sei er dem Seienden näher und so, dem eigentlichen Seienden zugewendet,

sehe er richtiger? Und wenn der ihm dann ein jedes von dem Vorüberziehenden zeigte und ihn fragte und zu sagen nötigte, was das sei? Meinst du nicht, er wäre in Verlegenheit und würde das, was er vorher gesehen hat, für wahrer (wirklicher) halten als das, was man ihm jetzt zeigt?
,,Für viel wahrer (wirklicher)", erwiderte er.
Und wenn man ihn gar nötigte, das Licht selber anzublicken, dann schmerzten ihn doch wohl die Augen, und er wendete sich ab und flöhe zu den Dingen, die er anzuschauen vermag, und glaubte, diese seien tatsächlich klarer als das, was man ihm jetzt zeigt?
,,Es ist so", sagte er.
Schleppte man ihn aber von dort mit Gewalt den rauhen und steilen Aufgang hinauf, fuhr ich fort, und ließe ihn nicht los, bis man ihn an das Licht der Sonne hinausgezogen hätte – würde er da nicht Schmerzen empfinden und sich nur widerwillig so schleppen lassen? Und wenn er ans Licht käme, hätte er doch die Augen voll Glanz und vermöchte auch rein gar nichts von dem zu sehen, was man ihm nun als das Wahre bezeichnete?
,,Nein", erwiderte er, ,,wenigstens nicht im ersten Augenblick."
Er müßte sich also daran gewöhnen, denke ich, wenn er die Dinge dort oben sehen wollte. Zuerst würde er wohl am leichtesten die Schatten erkennen, dann die Spiegelbilder der Menschen und der andern Gegenstände im Wasser und dann erst sie selbst. Und daraufhin könnte er dann das betrachten, was am Himmel ist, und den Himmel selbst, und zwar leichter bei Nacht, indem er zum Licht der Sterne und des Mondes aufblickte, als am Tage zur Sonne und zum Licht der Sonne.
,,Ohne Zweifel."
Zuletzt aber, denke ich, würde er die Sonne, nicht ihre Spiegelbilder im Wasser oder anderswo, sondern sie selbst, an sich, an ihrem eigenen Platz ansehen und sie so betrachten können, wie sie wirklich ist.
,,Ja, notwendig", sagte er.
Und dann würde er wohl die zusammenfassende Überlegung über sie anstellen, daß sie es ist, die die Jahreszeiten und Jahre herbeiführt und über allem waltet in dem sichtbaren Raume, und daß sie in gewissem Sinne auch von allem, was sie früher gesehen haben, die Ursache ist.
,,Offenbar", sagte er, ,,würde er nach alledem so weit kommen."
Wenn er nun aber an seine erste Behausung zurückdenkt und an die Weisheit, die dort galt, und an seine damaligen Mitgefangenen, dann wird er sich wohl der Veränderung glücklich preisen und jene bedauern – meinst du nicht?
,,Ja, gewiß."

Die Ehren aber und das Lob, das sie einander dort spendeten, und die Belohnungen für den, der die vorüberziehenden Schatten am schärfsten erkannte und der sich am besten einprägte, welche von ihnen zuerst, und welche danach, und welche gleichzeitig vorbeizukommen pflegten, und daraus am besten vorauszusagen wußte, was jetzt kommen werde – glaubst du, er sei noch auf dieses Lob erpicht und beneide die, die bei jenen dort in Ehre und Macht stehen? Oder wird es ihm so gehen, wie Homer sagt, daß er viel lieber *auf dem Acker bei einem armen Mann im Taglohn arbeiten* und lieber alles mögliche erdulden will als wieder in jenen Meinungen befangen sein und jenes Leben führen?
„Ja, das glaube ich", sagte er. „Lieber wird er alles andere ertragen als jenes Leben."

Denke dir nun auch folgendes, fuhr ich fort: Wenn so ein Mensch wieder hinunterstiege und sich an seinen alten Platz setzte, dann bekäme er doch seine Augen voll Finsternis, wenn er so plötzlich aus der Sonne käme?
„Ja, gewiß", erwiderte er.

Wenn er dann aber wieder versuchen müßte, im Wettstreit mit denen, die immer dort gefesselt waren, jene Schatten zu beurteilen, während seine Augen noch geblendet sind und sich noch nicht wieder umgestellt haben (und diese Zeit der Umgewöhnung dürfte ziemlich lange dauern), so würde man ihn gewiß auslachen und von ihm sagen, er komme von seinem Aufstieg mit verdorbenen Augen zurück und es lohne sich nicht, auch nur versuchsweise dort hinaufzugehen. Wer aber Hand anlegte, um sie zu befreien und hinaufzuführen, den würden sie wohl umbringen, wenn sie nur seiner habhaft werden und ihn töten könnten.
„Ja, gewiß", sagte er.

Dieses ganze Gleichnis, mein lieber Glaukon, fuhr ich fort, mußt du nun an das anknüpfen, was wir vorhin besprochen haben. Die durch das Gesicht uns erscheinende Region setze dem Wohnen im Gefängnis und das Licht des Feuers in ihr der Kraft der Sonne gleich. Und wenn du nun den Aufstieg und die Betrachtung der Dinge dort oben für den Aufstieg der Seele in den Raum des Einsehbaren nimmst, so wirst du meine Ahnung nicht verfehlen, die du doch zu hören wünschest. Gott aber mag wissen, ob sie richtig ist. Meine Ansicht darüber geht jedenfalls dahin, daß unter dem Erkennbaren als letztes und nur mit Mühe die Idee des Guten gesehen wird; hat man sie aber gesehen, so muß man die Überlegung anstellen, daß sie für alles die Urheberin alles Richtigen und Schönen ist. Denn im Sichtbaren bringt sie das Licht und seinen Herrn hervor; im Einsehbaren aber verleiht sie selbst als Herrin Wahrheit und

Einsicht. Sie muß man erblickt haben, wenn man für sich oder im öffentlichen Leben vernünftig handeln will.
„Ich bin derselben Ansicht", sagte er, „soweit ich zu folgen vermag."

Wohlan denn, fuhr ich fort, schließe dich auch im folgenden meiner Meinung an. Wundere dich nicht: wer dahin gelangt ist, will vom menschlichen Treiben nichts mehr wissen, sondern seine Seele hat den Drang, für immer hier oben zu verweilen. Das ist auch ganz natürlich, wenn es dem vorhin beschriebenen Gleichnis entsprechen soll.
„Ja, freilich", sagte er.

Glaubst du nun aber, fuhr ich fort, man dürfe sich darüber wundern, daß, wenn einer von der Betrachtung des Göttlichen in das menschliche Elend versetzt wird, er sich dann ungeschickt benimmt und höchst lächerlich erscheint? Denn während sein Auge noch geblendet ist und bevor er sich noch recht an die herrschende Finsternis gewöhnt hat, muß er vor Gericht oder anderswo über die Schatten des Gerechten streiten oder über die Bildwerke, deren Schatten sie sind, und muß sich mit den Vermutungen herumschlagen, die jene Leute darüber anstellen, die die Gerechtigkeit selbst nie zu sehen bekommen haben.
„Nein, das ist gar nicht zu verwundern", sagte er.

Ein Einsichtiger, fuhr ich fort, würde vielmehr bedenken, daß es für die Augen zwei Arten und zwei Ursachen von Störungen gibt: die eine, wenn man aus dem Licht in das Dunkel, die andere, wenn man aus dem Dunkel in das Licht versetzt wird. Erkennt er nun an, daß dasselbe auch mit der Seele vor sich geht, so wird er nicht unüberlegt lachen, wenn er eine Seele sieht, die verwirrt ist und etwas nicht zu erkennen vermag. Sondern er wird prüfen, ob sie aus einem helleren Leben kam und jetzt von der Finsternis, an die sie nicht gewöhnt ist, umhüllt wird, oder ob sie aus größerer Unwissenheit in größere Klarheit gekommen ist und nun vom helleren Glanze geblendet wird. Und so wird er die eine um ihres Zustandes und ihres Lebens willen glücklich preisen und die andere bedauern; und wollte er über diese lachen, so wäre sein Lachen hier weniger lächerlich als das über die andere, die von oben aus dem Licht kommt.
„Was du sagst, ist durchaus am Platze", erwiderte er.

Wenn das aber wahr ist, fuhr ich fort, so müssen wir darüber zu folgender Ansicht kommen: daß die Bildung nicht das ist, wofür sie einige in ihren Anpreisungen ausgeben. Sie behaupten nämlich, sie pflanzten der Seele ein Wissen ein, das vorher nicht darin war, wie wenn sie blinden Augen Sehkraft geben könnten.
„Ja, das behaupten sie", sagte er.

Unser Gespräch zeigt nun aber, fuhr ich fort, daß der Seele eines jeden Menschen das Vermögen und das Organ innewohnt, mit dem er lernen kann. Wie aber das Auge nicht imstande ist, sich anders als mit dem ganzen Leibe aus dem Dunkel gegen das Helle zu wenden, so muß auch dieses Organ zugleich mit der ganzen Seele vom Werdenden weggewendet werden, bis diese imstande ist, den Anblick des Seienden und des Hellsten unter den Seienden auszuhalten; dies aber, behaupten wir, ist das Gute; nicht wahr?
„Ja."

Die Bildung, fuhr ich fort, wäre nun also eine Kunst der ‚Umlenkung', die Art nämlich, wie dieses Organ am leichtesten und am wirksamsten umgewendet werden kann. Sie ist nicht die Kunst, ihm das Sehen zu verleihen; sondern indem sie voraussetzt, daß es dieses zwar besitzt, aber nicht nach der richtigen Seite gewandt ist und deshalb nicht dorthin schaut, wohin es schauen sollte, will sie ihm behilflich sein.
„Ja, offenbar", sagte er.

Die anderen sogenannten Tüchtigkeiten der Seele sind nun offenbar mit denen des Leibes nahe verwandt; sie scheinen nämlich am Anfang wirklich nicht vorhanden zu sein, sondern erst nachträglich durch Gewohnheit und Übung in sie hineingebracht zu werden. Die des Denkens aber hat anscheinend mit etwas viel Göttlicherem zu tun. Niemals verliert das seine Kraft; es wird aber durch die Wendung, die man ihm gibt, entweder brauchbar und heilsam oder unbrauchbar und schädlich. Oder hast du noch nicht bemerkt, wie scharf die kleine Seele derer blickt, die man böse, aber klug nennt, und wie genau sie das durchschaut, worauf sie sich richtet? Sie hat keine geringe Sehkraft, muß aber der Schlechtigkeit dienen, so daß sie, je schärfer sie sieht, desto mehr Schlechtes tut.
„Allerdings", sagte er.

Wenn jedoch, fuhr ich fort, dieses Organ einer solchen Natur gleich von Kindheit an beschnitten worden wäre und man das, was daran mit dem Werden verwandt ist, ringsum abgehauen hätte, das nämlich, was ihr gleichsam wie Bleikugeln anhängt, die durch allzu reichliches Essen und die Lust daran und Schwelgereien mit ihr verwachsen sind und den Blick der Seele nach unten ziehen – wenn es also davon befreit und dem Wahren zugewendet würde, dann würde eben dieses Organ derselben Menschen jene höheren Dinge mit ganzer Schärfe sehen, so wie es das sieht, dem es jetzt zugewendet ist.
„Ja, wahrscheinlich", sagte er.

Ist nun aber, fuhr ich fort, nicht auch das wahrscheinlich und nach dem, was wir bisher gesagt haben, sogar notwendig, daß weder die Ungebildeten und mit der Wahrheit nicht Vertrauten je eine Stadt richtig leiten können, noch auch die, die sich bis zum Ende ihres Lebens ihrer Bildung widmen dürfen? Jene nicht, weil ihnen das *eine* Ziel in ihrem Leben fehlt, wonach sich alles das richten sollte, was sie für sich und im öffentlichen Leben tun, diese nicht, weil sie sich freiwillig überhaupt nicht praktisch betätigen wollen, da sie glauben, sie wohnten schon hier im Leben fern auf den Inseln der Seligen.
„Das ist wahr", sagte er.
Wir als die Gründer der Stadt, fuhr ich fort, haben also die Aufgabe, die besten Naturen zu nötigen, zu jenem Lehrstück zu gelangen, das wir vorhin als das höchste bezeichnet haben, nämlich das Gute zu schauen und jenen Weg hinaufzusteigen. Wenn sie es dann dort oben zur Genüge gesehen haben, dürfen wir ihnen das nicht erlauben, was man ihnen heute erlaubt.
„Was denn?"
Dort oben zu bleiben, sagte ich, und nicht wieder zu jenen Gefesselten hinabzusteigen und nicht teilhaben zu wollen an ihren Mühen und an ihren Ehren, seien diese nun mehr oder weniger geringfügig oder bedeutend.
„Dann sollen wir ihnen also Unrecht tun", erwiderte er, „und sie veranlassen, ein schlechteres Leben zu führen, während sie ein besseres haben könnten?"
Du hast wiederum vergessen, mein Freund, fuhr ich fort, daß ein Gesetz nicht dafür zu sorgen hat, daß es nur *einem* Stand in der Stadt vorzüglich gut geht. Es muß vielmehr diesen Zustand für die ganze Stadt zu erreichen suchen, indem es die Bürger durch gütliche Überredung und durch Zwang zusammenfügt und sie dazu bringt, daß sie sich gegenseitig an dem Nutzen teilhaben lassen, welchen ein jeder der Gemeinschaft erweisen kann, und indem es selbst solche Männer in der Stadt heranbildet, nicht, um jeden nachher gehen zu lassen, wohin ihn seine Neigung führt, sondern um selbst sich ihrer zum Zusammenschluß der Stadt zu bedienen.
„Ja, das hatte ich freilich vergessen."

So kannst du also sehen, Glaukon, sagte ich, daß wir denen, die bei uns zu Philosophen werden, kein Unrecht tun, sondern eine gerechte Zumutung an sie richten, wenn wir sie nötigen, für die anderen zu sorgen und über sie zu wachen. Denn wir werden ihnen sagen: Wer in den anderen Städten das wird, was ihr seid, nimmt mit guten Gründen an ihren

Sorgen keinen Anteil, entwickelt er sich doch selbständig, ohne Zutun der jeweiligen Staatsverfassung. Es ist denn auch billig, daß das, was von selbst heranwächst und niemandem seine Pflege verdankt, auch niemandem ein Kostgeld zahlen will. Euch dagegen haben wir zu eurem eigenen Vorteil und zu dem der Stadt wie Weise und Könige in einem Bienenstocke herangezogen und euch besser und vollkommener ausgebildet als jene, so daß ihr eher imstande seid, euch auf beiden Gebieten zu betätigen. Darum muß nun auch jeder der Reihe nach in die Behausung der anderen hinabsteigen und sich daran gewöhnen, das Dunkle zu betrachten. Denn seid ihr einmal daran gewöhnt, so werdet ihr tausendmal besser sehen als die Bewohner dort und werdet erkennen, was alle die Bilder sind und wovon sie die Bilder sind, weil ihr über das Schöne und Gerechte und Gute die Wahrheit geschaut habt. Und so wird von uns und von euch die Stadt im Wachen verwaltet werden und nicht im Traum, wie es heute bei den meisten der Fall ist, die von Leuten gelenkt werden, die Schattenkämpfe miteinander ausfechten und sich um die Herrschaft streiten, als ob sie ein großes Gut wäre. In Wahrheit ist es aber so: die Stadt, wo die, die dazu berufen sind, am wenigsten nach der Herrschaft trachten, wird notwendig am besten und friedlichsten verwaltet, im Gegensatz zu der, die Regenten mit gegenteiliger Gesinnung hat.
„Ja, gewiß", sagte er.

Glaubst du nun, unsere Zöglinge werden uns nicht gehorchen, wenn sie das hören, und nicht gewillt sein, in der Stadt mitzuarbeiten, ein jeder zu seinem Teil, die meiste Zeit aber miteinander im Reinen zu wohnen?
„Doch, gewiß", sagte er. „Denn wir verlangen ja nur Gerechtes von Gerechten. Wie zu einer unumgänglichen Pflicht wird jeder von ihnen an das Regieren herantreten, im Gegensatz zu denen, die heute in jeder Stadt regieren."

Ja, so ist es, mein Freund, sagte ich. Wenn du für die berufenen Regenten eine Lebensweise finden kannst, die besser ist als das Regieren, dann ist es möglich, daß eine wohl verwaltete Stadt entsteht. Denn in ihr allein werden die wahrhaft Reichen regieren, die nicht an Gold reich sind, sondern an dem, woran der Glückliche reich sein muß, an einem guten und vernünftigen Leben. Machen sich aber Bettler und an eigenen Gütern Arme an die öffentlichen Angelegenheiten, in der Meinung, sie müßten ihr Gut dort holen, dann ist es nichts damit. Dann gibt es Streit um die Herrschaft, und dieser einheimische und innere Krieg reißt sie und die ganze Stadt ins Verderben.
„Das ist vollkommen wahr", sagte er.

Kennst du nun noch eine andere Lebensweise, fuhr ich fort, welche die politische Macht verachtet, außer der der wahren Philosophie?
„Nein, beim Zeus", sagte er.
Nun dürfen also nur Leute an die Macht kommen, die keine Liebhaber von ihr sind; sonst werden ihre Nebenbuhler mit ihnen Streit anfangen.
„Zweifellos".
Doch wen wolltest du sonst dazu nötigen, sich mit der Obhut über die Stadt zu befassen, wenn nicht die, die die größte Einsicht haben, wie eine Stadt am besten verwaltet wird, und die andere Ehren und ein besseres Leben kennen als das des Staatsmannes?
„Nein, niemand sonst", sagte er.

(Der Staat 514a–521b)

Aristoteles[1]

1.

Jede Kunst und jede Lehre, ebenso jede Handlung und jeder Entschluß scheint irgendein Gut zu erstreben. Darum hat man mit Recht das Gute als dasjenige bezeichnet, wonach alles strebt. Es zeigt sich aber ein Unterschied in den Zielen: denn die einen sind Tätigkeiten, die andern sind bestimmte Werke außer ihnen. Wo es Ziele außerhalb der Handlungen gibt, da sind ihrer Natur nach die Werke besser als die Tätigkeiten.

Da es nun viele Handlungen, Künste und Wissenschaften gibt, ergeben sich auch viele Ziele: Ziel der Medizin ist die Gesundheit, der Schiffsbaukunst das Schiff, der Strategik der Sieg, der Ökonomik der Reichtum. Wo nun immer solche Künste einer einzigen Aufgabe untergeordnet sind, wie etwa der Reitkunst die Sattlerei und die andern der Reitkunst dienenden Künste, und wie die Reitkunst wiederum und die gesamte Kriegskunst der Strategik untergeordnet ist und so andere unter anderen, in allen diesen Fällen sind die Ziele der leitenden Künste insgesamt vorzüglicher als die der untergeordneten. Denn diese werden um jener willen verfolgt.

---

1 Die Nikomachische Ethik, übersetzt und herausgegeben von Olof Gigon, dtv 6011, 2München 1975. Stellenangaben unter dem Text: Buch, Kapitel und Akademie-Paginierung

Dabei macht es keinen Unterschied, ob die Tätigkeiten selber das Ziel des Handelns sind oder etwas anderes außer ihnen, wie bei den genannten Künsten.

Wenn es aber ein Ziel des Handelns gibt, das wir um seiner selbst willen wollen und das andere um seinetwillen; wenn wir also nicht alles um eines andern willen erstreben (denn so ginge es ins Unbegrenzte, und das Streben wäre leer und sinnlos), dann ist es klar, daß jenes das Gute und das Beste ist.

Wird nun das Erkennen jenes Zieles nicht auch für das Leben ein großes Gewicht haben, und werden wir nicht wie Bogenschützen, wenn wir unser Ziel vor Augen haben, das Gehörige besser treffen können? Wenn dies der Fall ist, müssen wir versuchen, wenigstens im Umriß zu erfassen, was es wohl sein mag und welcher Wissenschaft oder Fähigkeit es zugeordnet ist.

Man wird wohl an die wichtigste und leitendste Wissenschaft denken wollen. Dies scheint die politische Wissenschaft zu sein. Denn sie bestimmt, welche Wissenschaften in den Staaten vorhanden sein müssen, welche ein jeder lernen muß und bis zu welchem Grade man sie lernen muß. Wir sehen auch, daß die angesehensten Fähigkeiten ihr untergeordnet sind: Strategik, Ökonomik, Rhetorik und andere. Da sie sich also der übrigen praktischen Wissenschaften bedient und außerdem Gesetze darüber erläßt, was man zu tun und zu lassen habe, so dürfte wohl ihr Ziel die Ziele aller anderen mit umfassen; dann wäre also dieses das Gute für den Menschen. Mag nämlich auch das Gute dasselbe sein für den Einzelnen und den Staat, so scheint es doch größer und vollkommener zu sein, das Gute für den Staat zu greifen und zu bewahren; erfreulich ist es zwar schon bei einem einzigen Menschen, schöner und göttlicher aber für Völker und Staaten.

Darauf zielt also unsere Untersuchung, die ein Teil der politischen Wissenschaft ist. Wir werden uns aber mit demjenigen Grade von Bestimmtheit begnügen müssen, der dem gegebenen Stoffe entspricht. Denn man darf nicht bei allen Fragen die gleiche Präzision verlangen, wie man es ja auch nicht im Handwerklichen tut.

Das Edle und Gerechte, das der Gegenstand der politischen Wissenschaft ist, zeigt solche Unterschiede und solche Unbeständigkeit, daß man vermuten könnte, es beruhe nur auf dem Herkommen und nicht auf der Natur. Dieselbe Unbeständigkeit besteht auch im Bezug auf die Güter; denn viele Menschen kommen durch sie zu Schaden: schon manche sind durch den Reichtum zugrunde gegangen, andere durch die

Tapferkeit. Da wir nun über solche Dinge und unter solchen Voraussetzungen reden, müssen wir damit zufrieden sein, in groben Umrissen das Richtige anzudeuten; und wenn wir bloß über das zumeist Vorkommende reden und von solchem ausgehen, so werden auch die Schlußfolgerungen dieser Art sein.

Auf dieselbe Weise hat nun aber auch der Hörer alles, was wir sagen werden, aufzunehmen. Denn es kennzeichnet den Gebildeten, in jedem einzelnen Gebiet nur so viel Präzision zu verlangen, als es die Natur des Gegenstandes zuläßt. Andernfalls wäre es, wie wenn man von einem Mathematiker Wahrscheinlichkeitsgründe annehmen und vom Redner zwingende Beweise fordern würde.

Jeder beurteilt dasjenige richtig, was er kennt, und ist darin ein guter Richter. Über einen bestimmten Gegenstand vermag der darin Gebildete zu urteilen, über alle Gegenstände der in allem Gebildete. Darum ist ein junger Mensch kein geeigneter Hörer für die politische Wissenschaft. Denn er ist unerfahren in der Praxis des Lebens; die Untersuchung geht aber gerade von dieser aus und behandelt diese. Ferner ist er geneigt, den Leidenschaften zu folgen, und wird darum ohne Zweck und Nutzen zuhören, da ja das Ziel hier nicht die Erkenntnis, sondern das Handeln ist. Es macht allerdings keinen Unterschied, ob man an Jahren jung ist oder an Charakter unreif. Denn der Mangel hängt nicht von der Zeit ab, sondern davon, daß man den Leidenschaften lebt und auf sie hin jedes einzelne erstrebt. Für solche Menschen ist die Erkenntnis völlig fruchtlos, wie etwa für die Unbeherrschten. Wer aber seine Strebungen nach der Vernunft richtet und demgemäß handelt, für den dürfte das Wissen von diesen Dingen von vielfältigem Nutzen sein.

Dies mag als Einleitung gesagt sein über den Hörer, wie unsere Untersuchung aufgenommen werden soll und was wir uns zum Ziele setzen. Wir nehmen nun das Frühere wieder auf: Da also jede Erkenntnis und jeder Entschluß nach irgendeinem Gute strebt, wonach wird nach unserer Auffassung die politische Wissenschaft streben, und welches ist das oberste aller praktischen Güter? Im Namen stimmen wohl die meisten überein. Glückseligkeit nennen es die Leute ebenso wie die Gebildeten, und sie setzen das Gut-Leben und das Sich-gut-Verhalten gleich mit dem Glückseligsein.

Was aber die Glückseligkeit sei, darüber streiten sie, und die Leute sind nicht derselben Meinung wie die Weisen. Jene nämlich verstehen darunter etwas Selbstverständliches und Sichtbares, wie Lust, Reichtum oder Ehre, der eine dies, der andere jenes, oftmals auch einer und derselbe Verschiedenes: wenn er krank ist, meint er die Gesundheit, wenn er arm ist, den Reichtum. Da sie sich aber ihrer eigenen Unwissenheit bewußt sind, bewundern sie jene, die etwas Großes und ihr Verständnis Übersteigendes sagen. Einige meinten, es gebe neben diesen vielen Gütern ein anderes Gutes an und für sich, das auch die Ursache des Gutseins all der andern Güter wäre. Alle Ansichten zu prüfen ist wohl eher sinnlos; wir dürfen uns also auf jene beschränken, die am verbreitetsten sind oder einigermaßen begründet zu sein scheinen.

Wir dürfen nicht übersehen, daß ein Unterschied besteht zwischen den Untersuchungen, die von den Prinzipien ausgehen, und denen, die zu den Prinzipien hinführen. Mit Recht pflegte denn auch Platon die Frage zu stellen und zu untersuchen, ob der Weg von den Prinzipien kommt oder zu ihnen geht, so wie wenn man im Stadion von den Preisrichtern zum Ziele läuft oder umgekehrt. Man muß nämlich vom Bekannten beginnen. Dies ist aber ein Doppeltes: ein Bekanntes für uns und ein Bekanntes an sich. Wir werden wohl mit dem für uns Bekannten anfangen müssen. Darum muß der, der über das Schöne und Gerechte und überhaupt über die politische Wissenschaft hören will, eine gute Lebensführung aufweisen; denn der Ausgangspunkt ist das Daß, und wenn dieses hinreichend sichtbar geworden ist, dann wird es nicht mehr des Warum bedürfen. Wer nun diese Lebensführung besitzt, der kennt entweder die Prinzipien schon oder dürfte sie leicht begreifen. Wo aber weder das eine noch das andere zutrifft, da gelten die Verse Hesiods: „Dieser ist der Allerbeste, der selbst alles ersinnt; tüchtig ist aber auch jener, der dem gut Redenden folgt. Wer aber weder selbst zu ersinnen vermag noch sich in seinem Innern merkt, was er von einem anderen hört, der ist ein unbrauchbarer Mann.“[2]

Wir wollen nun den Punkt erörtern, von dem wir abgeschweift sind. Nicht ohne Grund scheint man das Gute und die Glückseligkeit an den Lebensformen abzulesen. Die Mehrzahl der Leute und die rohesten wählen die Lust. Darum schätzen sie auch das Leben des Genusses. Es gibt nämlich vor allem drei hervorstechende Lebensformen, die eben genannte, die politische und die betrachtende.

Die große Menge erweist sich als völlig sklavenartig, da sie das Leben des Viehs vorzieht. Sie kommen aber zu einiger Rechtfertigung, da es vielen unter den Mächtigen ähnlich ergeht wie Sardanapal[3].

---

2 Werke und Tage 293, 295–297

3 (Assurbanipal) der letzte König von Assyrien, dessen Üppigkeit und Schwelgerei sprichwörtlich geworden sind. Auf seinem Grab ließ er die Inschrift anbringen: „Nur das besitze ich jetzt, was ich gegessen und im Liebesrausch ge-

Die gebildeten und energischen Menschen wählen die Ehre. Denn dies kann man als das Ziel des politischen Lebens bezeichnen. Aber es scheint doch oberflächlicher zu sein als das, was wir suchen. Denn die Ehre liegt wohl eher in den Ehrenden als in dem Geehrten, vom Guten aber vermuten wir, daß es dem Menschen eigen ist und nicht leicht verlorengehen kann. Ferner scheint man die Ehre zu suchen, um sich selbst zu überzeugen, daß man gut sei. Man wünscht ja geehrt zu werden durch die Verständigen und durch jene, die einen kennen, und dies wegen der eigenen Tüchtigkeit. So ist eigentlich für diese die Tüchtigkeit das höhere Ziel. Also könnte man vielleicht die Tüchtigkeit als das letzte Ziel der politischen Lebensform auffassen.

Aber selbst sie erweist sich als unvollkommen. Denn offenbar ist es möglich, daß man im Besitze der Tüchtigkeit auch schlafen oder sein Leben lang untätig sein kann. Man kann außerdem mit ihr Mißgeschick erleiden und in das größte Unglück kommen. Wer aber so lebt, den wird niemand glückselig nennen, außer um eben seine Behauptung zu retten. Doch genug davon. Darüber ist ja auch in den enkyklischen Schriften[4] hinreichend gesprochen worden.

Die dritte Lebensform ist die betrachtende. Sie werden wir im nachfolgenden untersuchen[5].

Die kaufmännische Lebensform hat etwas Gewaltsames an sich, und offensichtlich ist der Reichtum nicht das gesuchte Gute. Denn er ist nur als Mittel zu anderen Zwecken zu gebrauchen. Darum wird man wohl eher die obengenannten Dinge als Ziele annehmen; denn diese werden um ihrer selbst willen geschätzt. Doch auch sie scheinen nicht das Gesuchte zu sein, obschon viele Argumente zu ihren Gunsten angeführt worden sind.

Dies wollen wir nun lassen. Wichtiger ist es wohl, den Begriff des Universalen zu untersuchen und sich zu fragen, wie er gemeint sei; freilich

---

nossen habe. Das andere aber, viel Vortreffliches, bleibt liegen." Darüber spottet Aristoteles: „Auf das Grabmal eines Ochsen hätte man nichts anderes schreiben können. Er behauptet, als Toter das zu besitzen, was er nicht einmal als Lebender länger besaß, als der Genuß dauerte" (zitiert bei Cicero, Tusc.disp. V 101).

4 Enkyklische Schriften sind solche, die nicht für Spezialisten, sondern für das allgemeine Publikum bestimmt sind. In einer solchen Schrift muß Aristoteles den Einfluß äußeren Unglücks auf die Glückseligkeit des Menschen ausführlich behandelt haben.

5 Nikomachische Ethik X 6–9, s. u. S. 138–145

widerstrebt eine solche Untersuchung, da uns befreundete Männer[6] die Ideen eingeführt haben. Es scheint aber wohl besser und eine Pflicht der Wahrheit gegenüber zu sein, auch die eigenen Empfindungen nicht zu schonen, zumal da wir Philosophen sind. Denn da beide uns lieb sind, so dürfen wir es verantworten, die Wahrheit vorzuziehen. . . .

Auch wenn ein Gutes existiert, das eines ist und allgemein ausgesagt wird, oder das abgetrennt und an und für sich besteht, so ist es doch klar, daß dieses Gute für den Menschen weder zu verwirklichen noch zu erwerben ist. Nun ist es aber ein solches, was wir suchen.

Vielleicht könnte man meinen, die Kenntnis jenes abgetrennten Guten böte einen Nutzen im Hinblick auf die zu erwerbenden und zu verwirklichenden Güter. Wir hätten jenes wie eine Art Vorbild vor Augen und würden damit auch das Gute für uns besser erkennen und, wenn wir es erkennen, dann auch erlangen. Diese Überlegung hat zwar einige Wahrscheinlichkeit, widerspricht aber dem Tatbestand bei den Wissenschaften. Denn alle streben zwar nach irgendeinem Gute und kümmern sich um das, was ihnen dazu fehlt, und dennoch lassen sie die Erkenntnis dieses Guten an sich beiseite. Es ist aber nicht glaubhaft, daß sämtliche Spezialisten ein derartiges Hilfsmittel nicht kennen und nicht einmal vermissen. Man sieht auch nicht ein, was ein Weber oder Schreiner für einen Nutzen in seiner eigenen Kunst davon haben soll, daß er das Gute an sich kennt, oder wie einer ein besserer Arzt oder Feldherr wird, „wenn er die Idee des Guten betrachtet hat". Es scheint ja der Arzt nicht einmal die Gesundheit an sich zu suchen, sondern die Gesundheit des Menschen oder vielleicht eher die Gesundheit dieses bestimmten Menschen. Denn er heilt den Einzelnen.

Hierüber sei soviel gesagt. Wir wollen abermals auf das gesuchte Gute zurückkommen und fragen, was es wohl sei. Offenbar ist es in jeder Handlung und Kunst ein anderes. Denn ein anderes ist es in der Medizin und in der Strategik und so fort. Welches ist nun das Gute in jedem einzelnen Falle? Wohl das, um dessentwillen alles übrige geschieht. Dies ist in der Medizin die Gesundheit, in der Strategik der Sieg, in der Baukunst das Haus, anderswo wieder anderes. Bei jedem Handeln und Entschlusse ist es das Ziel. Denn dieses ist es, wegen dessen man stets das übrige tut. Wenn es also ein Ziel allen Handelns überhaupt gibt, so wäre dies das zu verwirklichende Gute, und wenn es mehrere solche Ziele

6 Aristoteles war Schüler Platons und langjähriges Mitglied seiner ‚Akademie'. Nur an dieser Stelle spricht Aristoteles ausdrücklich von seiner persönlichen Bindung an Platon.

gibt, dann sind es diese. So ist die Untersuchung auf einem anderen Wege zu demselben Punkte gelangt.

Wir wollen versuchen, dies noch etwas besser zu verdeutlichen. Da sich viele Ziele zeigen, wir aber von diesen manche um anderer Dinge willen wählen, wie den Reichtum, Flöten und überhaupt alle Instrumente, so ist es offenbar, daß nicht alle Endziele sind. Das vollkommen Gute scheint aber ein Endziel zu sein. Wenn es also nur ein einziges Endziel gibt, so wäre dies das Gesuchte, wenn aber mehrere, dann das vollkommenste unter diesen.

Vollkommener nennen wir das um seiner selbst willen Erstrebte gegenüber dem um anderer Ziele willen Erstrebten und das niemals um eines anderen willen Gesuchte gegenüber dem, was sowohl seiner selbst wegen als auch wegen eines andern gesucht wird; allgemein ist das vollkommene Ziel dasjenige, was stets nur an sich und niemals um eines anderen willen gesucht wird.

Derart dürfte in erster Linie die Glückseligkeit sein. Denn diese suchen wir stets wegen ihrer selbst und niemals wegen eines anderen; Ehre dagegen und Lust und Vernunft und jede Tüchtigkeit suchen wir teils ihrer selbst wegen (denn auch wenn wir keinen weiteren Gewinn von ihnen hätten, würden wir jedes einzelne von ihnen wohl erstreben), teils aber auch um der Glückseligkeit willen, da wir glauben, eben durch jene Dinge glückselig zu werden. Die Glückseligkeit aber wählt keiner um jener Dinge willen und überhaupt nicht wegen eines anderen.

Dasselbe scheint sich aus dem Prinzip der Selbstgenügsamkeit zu ergeben. Denn das vollkommen Gute scheint selbstgenügsam zu sein. Wir verstehen diese Selbstgenügsamkeit nicht einfach für den Einzelnen, der für sich allein lebt, sondern auch für seine Eltern, Kinder, Frau und überhaupt seine Freunde und Mitbürger, da ja der Mensch seiner Natur nach in der Gemeinschaft lebt. Doch muß hier eine Grenze gezogen werden. Denn wenn man weitergehen wollte bis zu den Vorfahren und Nachkommen und zu den Freunden der Freunde, so geriete man ins Unbegrenzte. Aber dies wollen wir später untersuchen.

Als selbstgenügsam gilt uns dasjenige, was für sich allein das Leben begehrenswert macht und vollständig bedürfnislos. Für etwas Derartiges halten wir die Glückseligkeit, und zwar so, daß sie das Wünschenswerteste ist, ohne daß irgend etwas anderes addiert werden könnte. Wenn nämlich eine Addition möglich wäre, so würde sie offenbar noch wünschbarer, wenn auch noch das kleinste Gut dazukäme. Denn das Dazutreten würde dann einen Zuschuß an Gutem bedeuten, und es ist immer das größere Gut das wünschbarere. So scheint also die Glückseligkeit das vollkommene und selbstgenügsame Gut zu sein und das Endziel des Handelns.

Aber damit, daß die Glückseligkeit das höchste Gut sei, ist vielleicht nicht mehr gesagt, als was jedermann zugibt. Wir möchten aber noch genauer erfahren, was sie ist. Dies sollte wohl geschehen können, wenn wir von der eigentümlichen Leistung des Menschen ausgehen. Wie nämlich für einen Flötenspieler, einen Bildhauer und überhaupt für jeden Künstler und für jeden, der eine Leistung und ein Handeln hat, in der Leistung das Gute und das Rechte liegt, so wird es wohl auch vom Menschen gelten, wenn anders auch ihm eine besondere Leistung zukommt. Oder sollte es eigentümliche Leistungen und Handlungen des Schreiners oder Schusters geben, nicht aber des Menschen, als ob er zur Untätigkeit geschaffen wäre? Sollte nicht eher so, wie das Auge, die Hand, der Fuß und überhaupt jedes einzelne Körperglied seine besondere Leistung hat, auch der Mensch neben all dem seine besondere Leistung besitzen? Welche mag sie nun wohl sein? Das Leben offenbar nicht, denn dies besitzen auch die Pflanzen, wir suchen aber das dem Menschen Eigentümliche. Das Leben der Ernährung und des Wachstums ist also auszuscheiden. Es würde darauf das Leben der Wahrnehmung folgen, aber auch dieses ist uns gemeinsam mit dem Pferde und Rinde und allen Tieren überhaupt. Es bleibt also das Leben in der Betätigung des vernunftbegabten Teiles übrig. Dieser findet sich vor, teils als ein der Vernunft gehorchender, teils als ein die Vernunft besitzender und ausübender. Da auch dies wiederum in doppeltem Sinne zu verstehen ist, so muß man da an das wirklich tätige Leben denken; denn dieses dürfte doch als das eigentlichere gelten.

Wenn nun die eigentümliche Leistung des Menschen in einer Tätigkeit der Seele besteht, die sich nach der Vernunft oder doch nicht ohne die Vernunft vollzieht, und wenn wir die Leistung eines beliebig Tätigen und eines hervorragend Tätigen derselben Gattung zurechnen (so wie das Spiel des Kitharisten und dasjenige des guten Kitharisten, und so in allen Fällen), so daß wir zur Leistung überhaupt noch das Merkmal hervorragender Tüchtigkeit in ihr beifügen (denn die Leistung des Kitharisten ist das Kitharaspielen, die des hervorragenden Kitharisten aber das gut Spielen) – wenn also das so ist und wir als die eigentümliche Leistung des Menschen ein bestimmtes Leben annehmen und als solches die Tätigkeit der Seele und die vernunftgemäßen Handlungen bestimmen und als die Tätigkeit des hervorragenden Menschen eben diese Tätigkeit in einem hervorragenden Maße, und wenn endlich dasjenige hervorragend wird, was im Sinne der ihm eigentümlichen Leistungsfähigkeit vollendet wird –, wenn das alles so ist, dann ist das Gute für den Menschen die Tätigkeit der Seele auf Grund ihrer besondern Befähigung, und wenn es mehrere solche Befähigungen gibt, nach der besten und vollkommensten; und dies außerdem noch ein volles Leben hindurch. Denn eine Schwalbe macht noch keinen Frühling, und auch nicht ein einziger Tag; so macht auch ein einziger Tag oder eine kurze Zeit niemanden glücklich und selig.

(I 1–6; 1094a1–1098a20)

2.

Unsere Erörterung über die Tugenden, die Freundschaft und die Lust ist nun zu Ende, und so bleibt noch die Glückseligkeit im Umrisse zu behandeln, da wir sie als das Ziel allen menschlichen Tuns ansetzen. Wir werden uns kürzer fassen können, wenn wir uns auf das Vorausgehende zurückbeziehen.

Wir haben gesagt, die Glückseligkeit sei kein bloßes Verhalten. Sonst könnte ja auch derjenige sie besitzen, der sein Leben lang schläft und wie eine Pflanze lebt, oder auch ein Mensch, den die größten Unglücksfälle träfen. Wenn uns dies nun nicht befriedigt und wir sie vielmehr, wie früher gesagt worden ist, in eine gewisse Tätigkeit setzen müssen, und wenn ferner die Tätigkeiten teils notwendig und als Mittel, teils an sich begehrenswert sind, so ist die Glückseligkeit offensichtlich als eine von den Tätigkeiten aufzufassen, die an sich und nicht bloß als Mittel begehrenswert sind. Sie ist ja keines anderen Dinges bedürftig, sondern sich selbst genug. Und an sich begehrenswert sind die Tätigkeiten, bei denen man nichts weiter sucht als die Tätigkeit selbst.

Diesen Charakter scheinen die tugendgemäßen Handlungen zu haben, da es an sich begehrenswert ist, schön und tugendhaft zu handeln; sodann die Unterhaltungen, die dem Genusse dienen, da man auch sie ja nicht als Mittel zu einem Zweck begehrt. Man hat freilich mehr Schaden als Nutzen von ihnen, da man ihretwegen Gesundheit und Vermögen vernachlässigt. Zu solchem Zeitvertreib nimmt die Mehrheit derer, die man glücklich preist, ihre Zuflucht. Darum stehen bei den Fürsten diejenigen, die in solchen Unterhaltungen gewandt sind, in hoher Gunst. Sie machen sich ihnen angenehm in dem, wonach jene streben; und gerade solcher Leute bedürfen sie.

So gewinnt es den Anschein, als ob derartiges die Glückseligkeit ausmache, da die Machthaber ihre Muße damit zubringen. Indessen dürfte das Verhalten solcher Leute nichts beweisen. Denn Tugend und Vernunft, von denen die edlen Tätigkeiten kommen, beruhen nicht auf dem Besitz der Macht. Und wenn jene Menschen, da ihnen der Geschmack für reine und edle Freude fehlt, ihre Zuflucht zu den sinnlichen Genüssen nehmen, so darf man nicht glauben, daß diese darum besonders begehrenswert sind. Glauben doch auch Kinder, was bei ihnen geschätzt werde, sei das Höchste. So ist es begreiflich, daß, wie für Kinder andere Dinge Wert haben als für Erwachsene, so auch schlechte Menschen andere Dinge schätzen als tugendhafte. Wie wir schon oft wiederholt haben, ist also wertvoll und genußreich zugleich das, was dem Tugendhaften solches ist. Nun ist jedem diejenige Tätigkeit am liebsten, die seiner eigentümlichen Art entspricht. Dies kann für den Tugendhaften nur die der Tugend gemäße Tätigkeit sein.

Die Glückseligkeit besteht also nicht im Spiel. Es wäre ja unsinnig, wenn unser Ziel das Spiel wäre und wenn die Mühe und das Leid eines ganzen Lebens das bloße Spiel zum Zweck hätte. Fast alles begehren wir als Mittel, ausgenommen die Glückseligkeit. Denn sie ist das Ziel. Da erscheint es doch als töricht und gar zu kindisch, dem Spiele zuliebe zu arbeiten und sich anzustrengen; dagegen der Satz des Anacharsis[7]: „Spielen, um zu arbeiten“, darf als richtig gelten. Das Spiel ist nämlich eine Art von Erholung, und der Erholung bedürfen wir, weil wir nicht ununterbrochen arbeiten können. Also ist die Erholung nicht Zweck. Der Tätigkeit wegen wird sie gepflegt.

Auch scheint das glückselige Leben ein tugendhaftes Leben zu sein. Dieses ist aber ein Leben des Ernstes und nicht des Spiels. Das Ernste nennen wir ja besser als das Scherzhafte und Spielerische, und die Tätigkeit des besseren Teiles und Menschen nennen wir immer auch ernster. Nun ist aber die Tätigkeit des Besseren vorzüglicher und so denn auch glückseliger.

Auch kann die sinnliche Lust jeder beliebige genießen, der Sklave nicht minder als der ausgezeichnetste Mensch. Die Glückseligkeit aber erkennt niemand einem Sklaven zu, außer es müßte auch seine Lebensform dem entsprechen. Denn die Glückseligkeit besteht nicht in solchen Vergnügungen, sondern in den tugendgemäßen Tätigkeiten, wie wir schon früher erklärt haben.

---

7 Skythenprinz, der Anfang des 6. Jahrhunderts v. Chr. Griechenland bereiste. Freund Solons. Obwohl Nichtgrieche, wurde er zu den Sieben Weisen gezählt.

Ist aber die Glückseligkeit eine der Tugend gemäße Tätigkeit, so muß sie vernünftigerweise der vorzüglichsten Tugend gemäß sein, und diese ist wieder die Tugend des Besten in uns. Mag dies der Geist oder etwas anderes sein, was seiner Natur nach als das Herrschende und Leitende auftritt und das Schöne und Göttliche zu erkennen vermag, oder sei es selbst göttlich oder das Göttlichste in uns: immer wird die seiner eigentümlichen Tugend gemäße Tätigkeit die vollendete Glückseligkeit sein.

Daß diese Tätigkeit eine betrachtende ist, haben wir bereits gesagt. Dies dürfte doch wohl mit unseren früheren Ausführungen wie mit der Wahrheit übereinstimmen.

Denn zunächst ist diese Tätigkeit die beste. Der Geist nämlich ist das beste in uns, und die Objekte des Geistes sind wieder die besten im ganzen Bereich der Erkenntnis. Sodann ist sie die anhaltendste. Anhaltend denken können wir leichter als irgend etwas anderes anhaltend tun.

Ferner glauben wir, daß der Glückseligkeit Lust beigemischt sein muß. Nun ist aber unter allen tugendgemäßen Tätigkeiten die der Weisheit zugewandte eingestandenermaßen die genußreichste. Und in der Tat bietet die Philosophie Genüsse von wunderbarer Reinheit und Beständigkeit; natürlich ist aber die Tätigkeit und das Leben noch genußreicher, wenn man schon weiß, als wenn man erst sucht.

Auch was man Autarkie nennt, findet sich am meisten bei der Betrachtung. Was zum Leben erforderlich ist, dessen bedarf der Weise wie der Gerechte und die übrigen. Sind sie aber mit dergleichen ausreichend versehen, so bedarf der Gerechte noch solcher, gegen die und mit denen er gerecht handeln kann, und dasselbe gilt von dem Mäßigen, dem Tapferen und jedem anderen; der Weise dagegen kann, auch wenn er für sich ist, betrachten, und je weiser er ist, desto mehr. Vielleicht kann er es besser, wenn er Mitarbeiter hat, aber immerhin ist er sich selbst am meisten genug.

Von der Betrachtung läßt sich behaupten, daß sie ihrer selbst wegen geliebt wird. Sie bietet uns außer dem Betrachten nichts; vom praktischen Handeln dagegen haben wir noch einen größeren oder kleineren Gewinn außer der Handlung.

Die Glückseligkeit scheint weiterhin in der Muße zu bestehen. Wir opfern unsere Muße, um Muße zu haben, und wir führen Krieg, um in Frieden zu leben. Die praktischen Tugenden äußern ihre Tätigkeit in der Politik oder im Kriege. Die Aktionen auf diesen Gebieten aber dürften sich mit der Muße kaum vertragen, die kriegerische Tätigkeit schon gar nicht. Niemand will Krieg und Kriegsrüstungen des Krieges wegen.

Denn man müßte als ein ganz blutdürstiger Mensch erscheinen, wenn man sich seine Freunde zu Feinden machte, nur damit es Kampf und Blutvergießen gäbe. Aber auch die Politik verträgt sich nicht mit der Muße und verfolgt neben den öffentlichen Angelegenheiten als solchen den Besitz von Macht und Ehren oder die Glückseligkeit für die eigene Person und die Mitbürger als ein Ziel, das von der Politik verschieden ist und das wir auch als ein von der Politik verschiedenes zu erreichen suchen. Wenn also nun zwar unter den tugendhaften Handlungen diejenigen, die sich um Staat und Krieg drehen, an Schönheit und Größe obenanstehen und sie trotzdem mit der Muße unvereinbar und auf ein außer ihnen liegendes Ziel gerichtet sind, also nicht ihrer selbst wegen begehrt werden, und wenn dagegen die betrachtende Tätigkeit des Geistes an Ernst hervorzuragen scheint und keinen andern Zweck hat als sich selbst, auch eine eigentümliche Lust in sich schließt, die die Tätigkeit steigert, so sieht man klar, daß in dieser Tätigkeit, soweit es menschenmöglich ist, die Autarkie, die Muße, die Freiheit von Ermüdung und alles, was man sonst noch dem Glückseligen beilegt, sich finden wird. Somit wäre dies die vollendete Glückseligkeit des Menschen, wenn sie auch noch die volle Länge eines Lebens dauert. Denn nichts, was zur Glückseligkeit gehört, darf unvollkommen sein.

Aber ein solches Leben ist höher als es dem Menschen als Menschen zukommt. Denn so kann er nicht leben, sofern er Mensch ist, sondern nur sofern er etwas Göttliches in sich hat. So groß aber der Unterschied ist zwischen diesem Göttlichen selbst und dem aus Leib und Seele zusammengesetzen Wesen, so groß ist auch der Unterschied zwischen der Tätigkeit, die von diesem Göttlichen ausgeht, und allem sonstigen tugendgemäßen Tun. Ist nun der Geist im Vergleich mit dem Menschen etwas Göttliches, so muß auch das Leben nach dem Geiste im Vergleich mit dem menschlichen Leben göttlich sein.

Man darf aber nicht auf jene Mahnung hören, die uns anweist, als Menschen nur an Menschliches und als Sterbliche nur an Sterbliches zu denken, sondern wir sollen, soweit es möglich ist, uns bemühen, unsterblich zu sein und alles zu tun, um nach dem Besten, was in uns ist, zu leben. Denn mag es auch klein an Umfang sein, ist es doch an Kraft und Wert das bei weitem über alles Hervorragende. Ja, jeder Einzelne ist wohl gerade dieses, wenn anders es unser vornehmster und bester Teil ist. Also wäre es auch unsinnig, wenn einer nicht sein eigenes Leben leben wollte, sondern das eines anderen. Und was wir oben gesagt haben, paßt auch hierher. Was einem Wesen von Natur eigentümlich ist, ist auch für es das beste und genußreichste. Für den Menschen ist dies das Leben gemäß dem Geiste, da ja dieses am meisten der Mensch ist. Also ist dieses Leben auch das glückseligste.

An zweiter Stelle ist dasjenige Leben glückselig, das der sonstigen Tugend gemäß ist.

Die dieser sonstigen Tugend entsprechenden Tätigkeiten sind menschlicher Art. Gerechtigkeit, Tapferkeit und die anderen Tugenden üben wir gegeneinander im geschäftlichen Verkehr, in Notlagen, in Handlungen aller Art und in den Leidenschaften dadurch, daß wir jedem soviel zumessen, als sich gebührt. Das sind aber offenbar lauter menschliche Dinge. Einiges davon scheint auch vom Körper herzukommen und die ethische Tugend in mancher Hinsicht den Affekten nahezustehen. Auch ist mit der ethischen Tugend die Klugheit verbunden und umgekehrt, da ja die Grundsätze der Klugheit auf die ethischen Tugenden zielen und diese wieder durch jene geordnet werden. Da nun beide, ethische Tugend wie Klugheit, auch auf die Affekte Bezug haben, so haben sie es ohne Zweifel mit dem Ganzen aus Leib und Seele zu tun. Die Tugenden dieses zusammengesetzten Ganzen sind aber menschliche Tugenden. Somit ist auch das ihnen gemäße Leben menschlich, und menschlich auch die Glückseligkeit, die es gewähren kann. Abgesondert von ihr ist die Glückseligkeit des Geistes. Dies sei darüber genug. Denn Genaueres darüber zu sagen ginge über die vorliegende Aufgabe hinaus.

Auch bedarf diese Glückseligkeit der äußeren Güter nur wenig oder doch weniger als diejenige gemäß den ethischen Tugenden. Mögen beide das zum Unterhalt Nötige auch gleich sehr brauchen – obschon der Politiker sich um den Körper und dergleichen mehr bemühen muß; doch macht dies nicht viel aus –, so muß sich doch bei der jeweiligen Tätigkeit ein großer Unterschied ergeben. Der Freigebige braucht Geld, um freigebig zu handeln, und der Gerechte braucht es, um Empfangenes zu vergelten; denn das bloße Wollen ist nicht erkennbar, und auch wer nicht gerecht ist, tut so, als wolle er gerecht handeln; der Mutige bedarf der Macht, wenn er eine Tat des Mutes vollbringen will, und der Mäßige bedarf der Gelegenheit. Wie könnte man sonst wissen, ob einer diese oder eine andere Tugend wirklich hat oder nicht? Man fragt sich freilich, welche Seite der Tugend die wichtigere ist, der Wille oder die Tat, da sie im einen wie im anderen sein könnte. Doch findet sie offenbar ihre Vollendung erst in beiden zugleich. Nun bedarf sie aber, um zu handeln, vieler Dinge und bedarf ihrer desto mehr, je größer und schöner ihre Handlungen sind. Der Betrachtende aber hat, wenigstens für diese seine Tätigkeit, keines dieser Dinge nötig, ja sie hindern ihn gewissermaßen an der Betrachtung. Sofern er aber Mensch ist und mit vielen zusammenlebt, wird er auch wünschen, die Werke der ethischen Tugend auszuüben; so wird er denn solcher Dinge bedürfen, um als Mensch unter Menschen zu leben.

Auch an folgendem mag man sehen, daß die vollkommene Glückseligkeit eine betrachtende Tätigkeit ist. Von den Göttern glauben wir, daß sie die glücklichsten und seligsten Wesen sind. Aber was für Handlungen soll man ihnen beilegen? Etwa Handlungen der Gerechtigkeit? Wäre es aber nicht lächerlich, sie Verträge schließen und Depositen zurückerstatten zu lassen und dergleichen mehr? Oder Handlungen des Mutes, wobei sie vor Furchterregendem standzuhalten und Gefahren zu bestehen hätten, weil es schön ist, solches zu tun? Oder Handlungen der Freigebigkeit? Aber wem sollen sie geben? Es wäre ja absurd, wenn sie Geld oder dergleichen zu vergeben hätten. Was hieße ferner Mäßigkeit bei den Göttern? Es wäre doch ein plumpes Lob, daß sie keine schlechten Begierden hätten. So mögen wir nehmen, was wir wollen, alles, was zur Tugendübung gehört, muß als klein und der Götter unwürdig erscheinen. Und doch hat man immer geglaubt, daß sie leben, also tätig sind; denn niemand denkt, daß sie schlafen wie Endymion[8]. Nimmt man aber dem Lebendigen jenes Handeln und noch viel mehr das Produzieren, was bleibt dann noch außer dem Betrachten? So muß denn die Tätigkeit Gottes, die an Seligkeit alles übertrifft, eine betrachtende sein. Ebenso wird von den menschlichen Tätigkeiten diejenige die seligste sein, die ihr am nächsten verwandt ist.

Ein Zeichen dafür ist endlich, daß die übrigen Lebewesen an der Glückseligkeit keinen Anteil haben, weil sie einer solchen Tätigkeit vollständig ermangeln. Das Leben der Götter ist seiner Totalität nach selig, das der Menschen soweit, als ihnen eine Ähnlichkeit mit dieser Tätigkeit zukommt. Von den anderen Lebewesen ist aber keines glückselig, da sie an dem Betrachten in keiner Weise teilhaben. Soweit sich demnach das Betrachten erstreckt, so weit erstreckt sich auch die Glückseligkeit, und den Menschen, denen das Betrachten in höherem Grade zukommt, kommt auch die Glückseligkeit in höherem Grade zu, nicht zufällig, sondern eben auf Grund des Betrachtens, das seinen Wert in sich selbst hat. So ist denn die Glückseligkeit ein Betrachten.

Der Glückselige wird als Mensch auch in guten äußeren Verhältnissen leben müssen. Denn die Natur genügt sich selbst zum Betrachten nicht;

---

8 Gestalt des Mythos. Hirtenjüngling, den die Mondgöttin Selene liebte. Sie schenkte ihm ewige Jugendschönheit, aber in ewigem Schlaf.

dazu bedarf es auch der leiblichen Gesundheit, der Nahrung und alles anderen, was zur Notdurft des Lebens gehört. Indessen darf man, wenn man ohne die äußeren Güter nicht glückselig sein kann, darum nicht meinen, daß dazu viele und große Güter erforderlich wären. Denn die Selbstgenügsamkeit und die Möglichkeit des Handelns liegt nicht am Überfluß; man kann auch, ohne über Land und Meer zu herrschen, edel handeln; auch mit mäßigen Mitteln läßt sich der Tugend gemäß handeln. Man kann das deutlich daran sehen, daß die Privatleute den Fürsten im rechten Handeln nicht nachstehen, sondern eher voraus zu sein scheinen. Es genügt also, wenn die nötigen Mittel vorhanden sind. Denn das Leben wird glückselig sein, wenn es in tugendgemäßer Tätigkeit verbracht wird.

Auch Solon[9] hat die Frage, wer glückselig sei, wohl treffend beantwortet, wenn er sagte, glückselig seien diejenigen, die, mit äußeren Gütern mäßig bedacht, die nach seiner Ansicht schönsten Taten verrichtet und besonnen gelebt hätten. Denn auch mit bescheidenen Mitteln läßt sich pflichtgemäß handeln. Desgleichen hat sich Anaxagoras[10] offenbar den glückseligen Menschen nicht als Reichen oder Fürsten gedacht, wenn er sagte, ihn würde es nicht wundern, wenn derjenige, den er selbst für glückselig hielte, der Menge als absurd erschiene. Denn die Menge urteilt nach dem Äußeren, weil sie dafür allein Sinn hat. So stimmen denn die Ansichten der Weisen mit den von uns dargelegten Gründen überein, und zweifellos liegt in solchen Zeugnissen eine gewisse Beweiskraft. Doch muß man im Gebiet des Praktischen die Wahrheit nach den Leistungen und der Lebensart beurteilen. Denn diese sind hier entscheidend. So muß man denn auch die bisherigen Darlegungen so prüfen, daß man sie mit den Leistungen und dem Leben vergleicht, und sie, falls sie damit zusammenstimmen, für wahr halten, falls sie aber damit im Widerspruch stehen, nur als leere Worte betrachten.

Wer aber denkend tätig ist und dies in sich pflegt, mag sich nicht nur der besten Verfassung erfreuen, sondern auch von der Gottheit am meisten geliebt werden. Denn wenn die Götter, wie man glaubt, um unsere menschlichen Dinge irgendwelche Fürsorge haben, so darf man annehmen, daß sie an den besten und ihnen verwandtesten Freude haben – und das ist unser Geist – und daß sie denjenigen, die dies am meisten lieben und hochachten, mit Gutem vergelten, weil sie für das, was ihnen

9 berühmter Gesetzgeber Athens, gestorben 559 v. Chr. wird zu den Sieben Weisen gezählt. Die Solonische Verfassung galt von 594 v. Chr. bis zur Zeit des Peloponnesischen Krieges (431–404).

10 griechischer Philosoph, Mathematiker und Astronom (um 500–428 v. Chr.)

lieb ist, Sorge tragen und recht und edel handeln. Es ist aber unverkennbar, daß dies alles vorzüglich bei dem Weisen zu finden ist. Also wird er von der Gottheit am meisten geliebt; wenn aber dies, so muß er auch der Glückseligste sein. So wäre der Weise auch aus diesem Grunde der Glücklichste.

Wir haben nun hierüber und über die Tugenden, ebenso über die Freundschaft und die Lust im Umrisse hinreichend gesprochen. Soll man annehmen, daß damit unser Plan sein Ziel erreicht hat? Oder ist (wie wir zu sagen pflegen) beim Handeln das Ziel nicht im Betrachten und Erkennen des Einzelnen, sondern eher im Ausführen? Also reicht es nicht, über die Tugend Bescheid zu wissen, sondern man muß versuchen, sie anzueignen und auszuüben oder wie immer sonst tugendhaft zu werden. Wenn nämlich die Worte allein den Menschen tugendhaft machen könnten, so würden sie wohl mit Recht nach Theognis[11] vielen und großen Lohn davontragen, und man müßte sich solche Reden beschaffen. Nun aber scheint es, daß sie zwar die Kraft haben, die edelgearteten unter den jungen Leuten zu ermahnen und anzuspornen und einen vornehmen und wahrhaft das Schöne liebenden Charakter an die Tugend zu fesseln; die große Menge aber vermögen sie nicht dahin zu bringen. Denn diese gehorchen ihrer Natur nach nicht der Ehrfurcht, sondern der Angst und lassen sich vom Schlechten nicht durch die Schande, sondern nur durch die Strafe abhalten. Denn sie leben der Leidenschaft und suchen die ihnen gemäße Lust und was ihnen diese verschafft, und fliehen den entsprechenden Schmerz; vom Schönen und wahrhaft Lustvollen aber haben sie nicht einmal einen Begriff, da sie nie daran geschmeckt haben. Was für eine Rede soll solche Menschen umgestalten? Es ist kaum oder doch nicht leicht möglich, was seit langem in den Charakter aufgenommen wurde, durch das Wort wieder zu vertreiben. Wir müssen also wohl zufrieden sein, wenn wir beim Vorhandensein aller Voraussetzungen, um anständig zu werden, an der Tugend einen gewissen Anteil zu erhalten vermögen.

Die einen meinen nun, man werde tugendhaft durch Natur, die andern durch Gewöhnung, die dritten durch Belehrung. Was die Natur betrifft, so ist es klar, daß dies nicht bei uns steht, sondern nur aus einer Art von göttlicher Ursache den wahrhaft Glückgesegneten zukommt. Rede und Belehrung dagegen werden wohl nicht bei allen Menschen wirken, sondern zuvor muß die Seele des Hörers durch Gewöhnung bearbeitet werden, daß sie sich in rechter Weise freut und haßt, so wie man die Erde bearbeitet, die den Samen pflegen soll. Denn wer gemäß der

11 griechischer Dichter (um 500 v.Chr.)

Leidenschaft lebt, wird nicht auf warnende Worte hören, ja sie nicht einmal verstehen. Wie will man aber den umstimmen, der sich so verhält? Ganz allgemein scheint die Leidenschaft nicht dem Wort zu weichen, sondern nur der Gewalt. Es muß also der Charakter schon in gewisser Weise zuvor der Tugend verwandt sein, das Schöne lieben und das Schimpfliche verabscheuen.

Aber von Jugend auf eine rechte Erziehung zur Tugend zu erhalten ist schwer, wenn man nicht unter entsprechenden Gesetzen aufwächst. Denn besonnen und abgehärtet zu leben ist für die meisten nicht angenehm, und erst recht nicht für junge Leute. Also müssen Erziehung und Beschäftigungen durch Gesetze geregelt sein. Denn das, woran man sich gewöhnt hat, ist nicht mehr schmerzlich.

Aber es reicht vielleicht nicht, daß die Menschen, solange sie jung sind, die rechte Erziehung und Fürsorge erhalten, sondern da man auch als Männer diese Gewohnheiten weiter behalten soll, so bedürfen wir auch dazu der Gesetze und schließlich für das ganze Leben. Denn die meisten gehorchen eher dem Zwang als der Rede und Strafen eher als dem Edlen.

So meinen einige, die Gesetzgeber müßten zur Tugend aufrufen und mahnen, um des Edlen willen zu handeln, da jene, die durch Gewohnheit schon zum Guten geneigt seien, gewiß darauf hören würden; den Ungehorsamen und Unbegabten dagegen müßten sie Züchtigung und Strafen auferlegen und die Unheilbaren völlig wegschaffen. Denn der Tugendhafte und der auf das Edle hin lebt, werde der Rede gehorchen, der Schlechte aber, der nach der Lust verlangt, würde durch Schmerzen gezüchtigt wie ein Zugtier. Darum sagt man auch, daß die Schmerzen den erstrebten Lüsten möglichst entgegengesetzt sein müßten.

Wenn nun, wie gesagt, jener, der tugendhaft werden soll, edel erzogen und gewöhnt werden muß und dann in anständigen Beschäftigungen leben und weder freiwillig noch unfreiwillig das Schlechte tun soll, so wird das wohl geschehen, wenn man einem bestimmten Geist gemäß lebt und nach einer rechten und zugleich wirksamen Ordnung. Denn die väterliche Ermahnung besitzt weder solche Kraft noch Notwendigkeit; dies besitzt überhaupt nicht die Mahnung eines einzelnen Mannes, wenn er nicht ein König oder dergleichen ist. Das Gesetz dagegen hat zwingende Gewalt und ist eine Rede, die von einem bestimmten Erkennen und Geist ausgeht.
Außerdem haßt man die Menschen, deren Streben dem unsern entgegengesetzt ist, auch wenn sie darin richtig handeln. Das Gesetz aber haßt man nicht, wenn es das Anständige befiehlt.

(X 6–10; 1176a30–1180a24)

Epikur[1]

Epikuros grüßt den Menoikeus

Wer jung ist, soll nicht zögern zu philosophieren, und wer alt ist, soll nicht müde werden im Philosophieren. Denn für keinen ist es zu früh und für keinen zu spät, sich um die Gesundheit der Seele zu kümmern. Wer behauptet, es sei noch nicht Zeit zu philosophieren oder die Zeit sei schon vorübergegangen, der gleicht einem, der behauptet, die Zeit für die Glückseligkeit sei noch nicht oder nicht mehr da. Darum soll der Jüngling und der Greis philosophieren, der eine, damit er im Alter noch jung bleibe an Gütern durch die Freude am Vergangenen, der andere, damit er gleichzeitig jung und alt sei durch die Furchtlosigkeit vor dem Künftigen. Wir müssen uns also kümmern um das, was die Glückseligkeit schafft: wenn sie da ist, so besitzen wir alles, wenn sie aber nicht da ist, dann tun wir alles, um sie zu besitzen.

Wozu ich dich dauernd gemahnt habe, das tue auch und kümmere dich darum und begreife es als Elemente des guten Lebens.

Erstens halte Gott für ein unvergängliches und glückseliges Lebewesen, so wie die allgemeine Vorstellung von Gott im Menschen angelegt ist, und hänge ihm nichts an, was seiner Unvergänglichkeit fremd oder seiner Glückseligkeit unangemessen wäre. Glaube vielmehr von ihm alles, was seine Glückseligkeit und Unvergänglichkeit zu sichern vermag. Götter nämlich existieren; denn die Gotteserkenntnis hat sichtbare Gewißheit. Sie sind aber nicht so, wie es die Leute meinen. Denn die Leute halten gar nicht die Gedanken über die Götter fest, die sie haben. Gottlos ist nicht der, der die Götter der Menge beseitigt, sondern der, der den Göttern die Ansichten der Menge anhängt. Denn die Aussagen der Menge über die Götter sind nicht Vorahnungen, sondern falsche Vermutungen. Darum entstehen von den Göttern her die größten Schädigungen für die Schlechten und auch Förderungen für die Guten. Denn da die Götter durch und durch mit ihren eigenen Tugenden vertraut sind, akzeptieren sie nur Wesen, die ihnen ähnlich sind; doch alles, was nicht derart ist, schließen sie aus als fremd.

Gewöhne dich an den Gedanken, daß der Tod uns nichts angeht. Denn alles Gute und Schlimme beruht auf der Wahrnehmung. Der Tod aber ist der Verlust der Wahrnehmung. Darum macht die rechte Einsicht, daß der Tod uns nichts angeht, die Sterblichkeit des Lebens genußreich,

---

1 Von der Überwindung der Furcht, eingeleitet und übertragen von Olof Gigon, ^{2}Zürich–Stuttgart 1968

indem sie uns nicht eine unbegrenzte Zeit dazugibt, sondern die Sehnsucht nach der Unsterblichkeit wegnimmt. Denn im Leben gibt es für den nichts Schreckliches, der in echter Weise begriffen hat, daß es im Nichtleben nichts Schreckliches gibt. Darum ist jener einfältig, der sagt, er fürchte den Tod nicht, weil er schmerzen wird, wenn er da ist, sondern weil er jetzt schmerzt, wenn man ihn erwartet. Denn was uns nicht belästigt, wenn es wirklich da ist, kann nur einen nichtigen Schmerz bereiten, wenn man es bloß erwartet.

Das schauerlichste Übel also, der Tod, geht uns nichts an; denn solange wir existieren, ist der Tod nicht da, und wenn der Tod da ist, existieren wir nicht mehr. Er geht also weder die Lebenden an noch die Toten; denn die einen geht er nicht an, und die anderen existieren nicht mehr. Die Menge freilich flieht bald den Tod als das ärgste der Übel, bald sucht sie ihn als Erholung von den Übeln im Leben. Der Weise dagegen lehnt weder das Leben ab noch fürchtet er das Nichtleben. Denn weder belästigt ihn das Leben, noch meint er, das Nichtleben sei ein Übel. Wie er bei der Speise nicht einfach die größte Menge vorzieht, sondern das Wohlschmeckendste, so wird er auch nicht eine möglichst lange, sondern eine möglichst angenehme Zeit zu genießen trachten.

Wer aber dazu mahnt, der Jüngling solle edel leben und der Greis edel sterben, der ist töricht, nicht nur weil das Leben liebenswert ist, sondern auch weil die Sorge für ein edles Leben und diejenige für einen edlen Tod eine und dieselbe ist.

Noch viel schlimmer steht es mit dem, der sagt: „Das beste ist, nicht geboren zu sein – wenn man aber geboren ist, so eilig als möglich zu den Toren des Hades zu streben.“ Wenn er das nämlich aus Überzeugung sagt, warum scheidet er dann nicht aus dem Leben? Dies steht ihm ja frei, wenn er wirklich zu einem festen Entschlusse gekommen ist. Wenn es aber bloßer Spott ist, so ist es ein einfältiger Spott bei Dingen, die Spott nicht vertragen.

Es ist ferner zu bedenken, daß die Zukunft weder vollständig in unserer Gewalt ist noch vollständig unserer Gewalt entzogen. Wir werden also niemals erwarten, daß das Künftige sicher eintreten wird, noch daran verzweifeln, daß es jemals eintreten werde.

Ferner ist zu beachten, daß die Begierden teils natürliche, teils nichtige sind. Von den natürlichen wiederum sind die einen notwendig, die anderen bloß natürlich. Von den notwendigen endlich sind die einen notwendig zur Glückseligkeit, die anderen zur Ungestörtheit des Leibes, die dritten zum Leben überhaupt. Eine unverwirrte Betrachtung dieser Dinge weiß jedes Wählen und Meiden zurückzuführen auf die Gesundheit des Leibes und die Beruhigtheit der Seele; denn dies ist die Erfüllung des seligen Lebens. Um dessentwillen tun wir nämlich alles: damit wir weder Schmerz noch Verwirrung empfinden. Sobald einmal dies an uns geschieht, legt sich der ganze Sturm der Seele. Das Lebewesen braucht sich dann nicht mehr aufzumachen nach etwas, was ihm noch fehlte, und nach etwas anderem zu suchen, durch das das Wohlbefinden von Seele und Leib erfüllt würde. Dann nämlich bedürfen wir der Lust, wenn uns die Abwesenheit der Lust schmerzt. Wenn uns aber nichts schmerzt, dann bedürfen wir der Lust nicht mehr.

Darum nennen wir auch die Lust Anfang und Ende des seligen Lebens. Denn sie haben wir als das erste und angeborene Gut erkannt, von ihr aus beginnen wir mit allem Wählen und Meiden, und auf sie greifen wir zurück, indem wir mit der Empfindung als Maßstab jedes Gut beurteilen. Und eben weil sie das erste und angeborene Gut ist, darum wählen wir auch nicht jede Lust, sondern es kommt vor, daß wir über viele Lustempfindungen hinweggehen, wenn sich für uns aus ihnen ein Übermaß an Lästigem ergibt. Wir ziehen auch viele Schmerzen Lustempfindungen vor, wenn uns auf das lange dauernde Ertragen der Schmerzen eine größere Lust nachfolgt. Jede Lust also, da sie eine uns angemessene Natur hat, ist ein Gut, aber nicht jede ist zu wählen; wie auch jeder Schmerz ein Übel ist, aber nicht jeder muß natürlicherweise immer zu fliehen sein. Durch wechselseitiges Abmessen und durch die Beachtung des Zuträglichen und Abträglichen vermag man dies alles zu beurteilen. Denn zu gewissen Zeiten gehen wir mit dem Gut um wie mit einem Übel und mit dem Übel wiederum wie mit einem Gute.

Wir halten auch die Selbstgenügsamkeit für ein großes Gut, nicht um uns in jedem Falle mit Wenigem zu begnügen, sondern damit wir, wenn wir das Viele nicht haben, mit dem Wenigen auskommen, in der echten Überzeugung, daß jene den Überfluß am süßesten genießen, die seiner am wenigsten bedürfen, und daß alles Naturgemäße leicht, das Sinnlose aber schwer zu beschaffen ist, und daß bescheidene Suppen ebensoviel Lust erzeugen wie ein üppiges Mahl, sowie einmal aller schmerzende Mangel beseitigt ist, und daß Wasser und Brot die höchste Lust zu verschaffen vermögen, wenn einer sie aus Bedürfnis zu sich nimmt. Sich also zu gewöhnen an einfaches und nicht kostspieliges Essen verschafft nicht nur volle Gesundheit, sondern macht den Menschen auch unbeschwert gegenüber den notwendigen Verrichtungen des Lebens, bringt uns in eine zufriedenere Verfassung, wenn wir in Abständen uns einmal an eine kostbare Tafel begeben, und erzeugt Furchtlosigkeit vor den Wechselfällen des Zufalls. Wenn wir also sagen, daß die Lust das Lebensziel sei, so meinen wir nicht die Lüste der Wüstlinge und das bloße Genießen, wie einige aus Unkenntnis und weil sie mit uns nicht übereinstimmen oder weil sie uns mißverstehen, meinen, sondern wir verstehen darunter, weder Schmerz im Körper noch Beunruhigung in der Seele zu empfinden. Denn nicht Trinkgelage und ununterbrochenes Schwärmen und nicht Genuß von Knaben und Frauen und von Fischen und allem anderen, was ein reichbesetzter Tisch bietet, erzeugt das lustvolle Leben, sondern die nüchterne Überlegung, die die Ursachen für alles Wählen und Meiden erforscht und die leeren Meinungen austreibt, aus denen die schlimmste Verwirrung der Seele entsteht.

Für all dies ist der Anfang und das größte Gut die Einsicht. Darum ist auch die Einsicht noch kostbarer als die Philosophie. Aus ihr entspringen alle übrigen Tugenden, und sie lehrt, daß es nicht möglich ist, lustvoll zu leben ohne verständig, schön und gerecht zu leben, noch auch verständig, schön und gut, ohne lustvoll zu leben. Denn die Tugenden sind von Natur verbunden mit dem lustvollen Leben, und das lustvolle Leben ist von ihnen untrennbar.

Denn schließlich, wen könntest du höher stellen als jenen, der über die Götter fromme Gedanken hat und der hinsichtlich des Todes vollkommen ohne Furcht ist, der das Endziel der Natur begriffen hat und der verstanden hat, daß die oberste Grenze des Guten leicht zu erfüllen und leicht zu beschaffen ist, daß aber die oberste Grenze des Übels entweder der Zeit oder dem Schmerze nach nur schmal ist?

Die Notwendigkeit aber, die einige als Herrin von allem einführen, verwirft er als leere Meinung. Denn besser wäre es, sich dem Mythos von den Göttern anzuschließen, als sich zum Sklaven der Schicksalsnotwendigkeit der Naturphilosophen zu machen. Denn der Mythos deutet die Hoffnung an, daß die Götter durch die ihnen erwiesenen Ehren beeinflußbar seien; das Schicksal aber hat eine unerbittliche Notwendigkeit.

Den Zufall aber hält der Weise weder für eine Gottheit, wie es die Menge tut – denn Gott tut nichts auf ungeordnete Weise –, noch hält er ihn für eine unstete Ursache; denn er glaubt nicht, daß durch ihn Gutes und Übles zum glückseligen Leben den Menschen gegeben werde, wohl aber, daß er den Ausgangspunkt großer Güter und Übel bilde. Für besser hält er es, mit vernünftiger Überlegung Unglück zu haben als ohne Überlegung Glück zu haben. Denn schöner ist es, wenn beim Handeln der rechte Entschluß nicht zur rechten Erfüllung kommt, als wenn ein unrechter Entschluß durch den Zufall zu rechter Erfüllung gelangt.

Dieses und was dazu gehört, überdenke Tag und Nacht in dir selber und zusammen mit dem, der deinesgleichen ist. Dann wirst du niemals, weder im Wachen noch im Schlafen, beunruhigt werden, und du wirst unter den Menschen leben wie ein Gott. Denn keinem sterblichen Wesen gleicht der Mensch, der inmitten unsterblicher Güter lebt.

(Brief an Menoikeus)

Der Kynismus des Diogenes[1]

Diogenes, des Wechslers Hikesias Sohn, stammte aus Sinope. Diokles erzählt, sein Vater habe ein öffentliches Wechslergeschäft gehabt und sei wegen Falschmünzerei flüchtig geworden. Eubulides aber berichtet in seinem Buch über Diogenes, dieser sei selbst der Täter gewesen und sei mit seinem Vater in die Fremde gegangen. Ja, er selbst sagt von sich in seinem Pordalos, er habe die Münze verfälscht[2]. Einige behaupten, er

1 Diogenes Laertius, Leben und Meinungen berühmter Philosophen, übersetzt von Otto Apelt, neu herausgegeben von Klaus Reich, ²Hamburg 1967
Lukian, Wie man die Geschichte schreiben müsse, in: Werke in drei Bänden, übersetzt von C. M. Wieland, Bd. 2, Berlin–Weimar 1974
Dion Chrysostomos, Diogenes oder Über die Sklaven, in: Sämtliche Reden, übersetzt von W. Elliger, Zürich–Stuttgart 1967
Dion Chrysostomos, Von der Herrschaft a.a.O.
Aelian, Vermischte Nachrichten, übersetzt von E. Wunderlich, Stuttgart 1839
Cicero, Gespräche in Tusculum, übersetzt von K. Büchner, Zürich 1952
(Texte zusammengestellt und erläutert von Heinrich Niehues-Pröbsting)

2 Der griechische Ausdruck ‚to nomisma paracharattein' ist vieldeutig: ‚Nomisma' meint ursprünglich den geltenden ‚Brauch', die ‚Sitte', das ‚Gesetz', erst später die ‚Münze' als das geltende Zahlungsmittel; das Verb ‚paracharattein' muß nicht unbedingt pejorativ ‚fälschen', sondern kann auch neutral ‚umprägen' bedeuten. Der Ausdruck läßt sich sinngemäß vielleicht am besten durch den modernen der ‚Umwertung der Werte' wiedergeben. – Plausibel erscheint die Erklärung, Diogenes habe nach dem Vorbild des Sokrates seine philosophische Praxis der Umwertung der Werte mit einem Bild aus der Berufswelt seines Vaters, eines Bankiers, als Münzumprägung bzw. ironisch als Geldfälschung bezeichnet und als göttlichen Befehl des Orakels ausgegeben. Bekanntlich kam Sokrates durch einen Orakelspruch zu seiner philosophischen Tätigkeit der Wissensprüfung (s. Platon Anm. 5) und bezeichnete sein didaktisches Philosophieren nach dem Beruf seiner Mutter, einer Heb-

sei zum Aufseher gemacht worden und habe sich von den Werkleuten bereden lassen, nach Delphi oder nach Delos, der Heimat des Apollon, zum delischen Tempel sich zu begeben, um dort anzufragen, ob er das vornehmen dürfe, wozu man ihn auffordere (nämlich eine Änderung des Nomisma). Als der Gott es erlaubte, nämlich eine Änderung der staatlichen Ordnung (πολιτικὸν νόμισμα) überhaupt (nicht aber der Münze, νόμισμα), faßte er es anders auf, fälschte die Münze, ward gefaßt und mußte, wie einige vermelden, in die Verbannung gehen, während er nach anderen freiwillig aus der Stadt entwich, aus Furcht; noch andere behaupten, er sei vom Vater zur Münzfälschung veranlaßt worden und dieser sei im Gefängnis gestorben, er aber sei flüchtig geworden und nach Delphi gegangen und habe da angefragt, nicht ob er das Geld fälschen dürfe, sondern was ihm dazu verhelfen würde, alle an Ruhm zu übertreffen, und habe darauf jene Antwort erhalten.

(Diogenes Laertius VI 20–22)

Auf die Frage, welchen Gewinn ihm die Philosophie gebracht hätte, sagte er, wenn sonst auch nichts, so doch jedenfalls dies, auf jede Schicksalswendung gefaßt zu sein. (Diogenes Laertius VI 63)

Er zündete bei Tage ein Licht an und sagte: „Ich suche einen Menschen.“ (Diogenes Laertius VI 41)

Man hatte zu Korinth die Nachricht erhalten, daß König Philippus[3] gegen die Stadt in vollem Anmarsch sei. Alles geriet darüber in zitternde Bewegung und Verwirrung; der eine suchte seine Waffen hervor, ein andrer trug Steine herbei, diese flickten die Stadtmauer, jene besserten die Zinnen aus, kurz, jedermann beeiferte sich, in diesen Umständen etwas zum gemeinen Besten beizutragen. Wie Diogenes das sah, wollte er seines Orts auch nicht müßig stehn, und da er sonst nichts zu tun wußte (denn niemand ließ sich einfallen, daß er wohl auch zu irgend etwas zu gebrauchen sein könnte), schürzte er seinen kynischen Mantel auf und wälzte die Tonne, worin er sich gewöhnlich aufhielt, mit großer Emsigkeit im Kraneion[4] auf und ab; und da ihn einer von seinen Be-

amme, als Hebammenkunst. – Der Geschichtsschreiber Diogenes Laertius versucht, den konkreten und metaphorischen Sinn der Anekdote in Einklang zu bringen.

3 Der König der Makedonen und Vater Alexanders des Großen besetzte nach der Schlacht von Chaironeia (338 v. Chr.) Korinth.

4 Zypressenhain und Gymnasion vor dem Osttor Korinths

kannten fragte, was er damit wolle, gab er zur Antwort: „Ich wälze meine Tonne, damit ich nicht der einzige Faulenzer unter so vielen beschäftigten Leuten sei.“

(Lukian S. 267)

Gefragt nach seinem Heimatort, antwortete er: „Ich bin ein Weltbürger.“

(Diogenes Laertius VI 63)

Als er im Kraneion sich sonnte, trat Alexander an ihn heran und sagte: „Fordere, was du wünschest,“ worauf er antwortete: „Geh mir aus der Sonne.“

(Diogenes Laertius VI 38)

Als Alexander einst bei einem Zusammentreffen zu ihm sagte: „Ich bin Alexander, der große König,“ sagte er: „Und ich bin Diogenes der Hund[5].“

(Diogenes Laertius VI 60)

Es geht auch die Rede, Alexander habe die Äußerung getan, wenn er nicht Alexander wäre, möchte er Diogenes sein.

(Diogenes Laertius VI 32)

Als einer die Weihegeschenke in Samothrake[6] anstaunte, sagte er: „Es wären deren noch weit mehr, wenn auch die nicht Geretteten solche Stiftungen machten.“ Andere schreiben dies Wort dem Melier Diagoras[7] zu.

(Diogenes Laertius VI 59)

„Was ich vorhin bei Oidipus[8] noch vergaß: Er ging nicht nach Delphi, um das Orakel zu befragen, sondern traf mit Teiresias zusammen und erfuhr durch dessen Sehergabe großes Leid, was er aber seinem eigenen

5 ‚Hund‘: griechisch ‚kyon‘. Daraus ist ‚Kynismus‘ abgeleitet, woraus der moderne Begriff ‚Zynismus‘ entstand.

6 Insel vor der thrakischen Küste; dort befand sich ein Heiligtum, in dessen Mysterien eingeweiht zu werden Schutz vor Seenot versprach.

7 Dichter und berühmt-berüchtigter Atheist des 5. Jahrhunderts v. Chr., der wegen Götterleugnung aus Athen verbannt wurde.

8 Die kynische Destruktion des tragischen, von Sophokles dramatisch gestalteten Ödipus-Mythos geht wahrscheinlich auf den ‚Ödipus‘ zurück, den Diogenes Laertius (VI 80) im Schriftenverzeichnis des Diogenes aufführt; dieses Verzeichnis enthält die Titel von weiteren sechs Tragödien, deren Autorschaft in der Antike umstritten war. Die nicht überlieferten Lesedramen – der Tendenz nach eher Parodien – behandelten vermutlich in ‚zynischer‘ Weise tragi-

Unverstand zuzuschreiben hatte. Er bekam nämlich zu hören, daß er bei seiner eigenen Mutter geschlafen und Kinder von ihr habe. Das hätte man vielleicht geheimhalten oder in Theben als gesetzlich erklären sollen. Statt dessen machte er es später aller Welt kund und rief, außer sich, laut, er sei zugleich Vater und Bruder derselben Kinder, Gatte und Sohn derselben Frau. Die Hähne regen sich über solche Beziehungen nicht auf, nicht die Hunde noch die Esel, nicht einmal die Perser, die doch als die Vornehmsten in Asien gelten. Zudem blendete er sich selbst und irrte blind durch das Land, wie wenn er nicht auch sehend hätte umherziehen können.“ (Dion Chrysostomos 10, 29–30)

„Du wirst finden, daß ein Sophist sich in nichts von einem lüsternen Eunuchen unterscheidet.“ – Bei den letzten Worten fragte sich Alexander verwundert, worin Diogenes wohl den Sophisten mit einem Eunuchen vergleiche, und er erkundigte sich. Die Antwort: „Weil die Geilsten unter den Eunuchen, ihre Männlichkeit und Leidenschaft für die Frauen beteuernd, mit ihnen schlafen und sie nicht in Ruhe lassen und doch nichts dabei herauskommt, selbst wenn sie ganze Tage und Nächte mit ihnen zusammenwären.“ (Dion Chrysostomos 4, 35–36)

Ein andermal begegnete er, getrocknete Feigen essend, dem Platon und sagte: „Du kannst auch teilnehmen.“ Und als jener zulangte und aß, sagte er: „Teilnehmen, sagte ich, nicht aufessen.“[9]

(Diogenes Laertius VI 25)

Als Platon die Definition aufstellte, der Mensch ist ein federloses zweifüßiges Tier[10], und damit Beifall fand, rupfte er einem Hahn die Federn aus und brachte ihn in dessen Schule mit den Worten: „Das ist Platons Mensch;“ infolgedessen ward der Zusatz gemacht „mit platten Nägeln“.[11] (Diogenes Laertius VI 40)

---

sche Mythenstoffe, indem sie die mythischen Tabuverletzungen rational rechtfertigten und die Achtung der mythischen Tabus als Dummheit entlarvten.

9 Mit der Lehre von der ‚Teilnahme‘ (‚methexis‘) versucht Platon zu zeigen, daß die sinnlich wahrnehmbaren Einzeldinge ihr Sein durch Teilhabe an den immerseienden Ideen erhalten.

10 im Dialog ‚Politikos‘ (266 e)

11 ‚mit platten Nägeln‘: griechisch ‚platyonychos‘ – eine witzige Etymologie des Namens ‚Platon‘

Als Platon sich über seine Ideen vernehmen ließ und von einer Tischheit und einer Becherheit redete, sagte er: „Was mich anlangt, Platon, so sehe ich wohl einen Tisch und einen Becher, aber eine Tischheit und Becherheit nun und nimmermehr." Darauf Platon: „Sehr begreiflich; denn Augen, mit denen man Becher und Tisch sieht, hast du allerdings; aber Verstand, mit dem man Tischheit und Becherheit erschaut, hast du nicht."

(Diogenes Laertius VI 53)

Als einmal Plato über einige Gegenstände einen Vortrag hielt, zeigte Diogenes, welcher dabei anwesend war, wenig Aufmerksamkeit. Aristons Sohn wurde darüber unwillig, und sagte: „Höre auf meine Worte, Du Hund!" Nicht im Geringsten betroffen erwiderte Diogenes: „Ich bin doch nie, wie die Hunde, dahin zurückgekehrt, wo ich verkauft wurde" – eine Anspielung auf die Reise Platos nach Sizilien.[12] – Plato äußerte, wie man sagt, öfters, Diogenes sei ein rasender Sokrates.

(Aelian 14, 33)

Platon beobachtete ihn, wie er seinen Kohl abspülte; er trat an ihn heran und sagte leise zu ihm: „Hättest du dich dem Dionysios[13] fügsam erwiesen, so brauchtest du keinen Kohl zu waschen." Dieser aber habe ebenso leise geantwortet: „Und hättest du dich zum Kohlabspülen herabgelassen, so hättest du dich nicht dem Dionysios dienstbar gemacht."

(Diogenes Laertius VI58)

Er pflegte alles in voller Öffentlichkeit zu tun, sowohl was die Demeter betrifft, wie auch die Aphrodite[14]. Darauf bezieht sich folgende Schlußfolgerung: Wenn es nichts Absonderliches ist zu frühstücken, so ist es auch auf dem Markte nicht absonderlich; nun ist aber das Frühstücken nichts Absonderliches; folglich ist es auch nicht absonderlich auf dem Markte. Und da er häufig öffentlich Onanie trieb, sagte er: „Könnte

---

12 Platon wurde laut Überlieferung bei seinem ersten Besuch in Sizilien nach einer Auseinandersetzung von dem Tyrannen Dionysios I. an die Spartaner übergeben und von diesen als Sklave verkauft. Insgesamt wird von drei Sizilienreisen Platons berichtet. – Nach umfangreicher anekdotischer Überlieferung wurde auch Diogenes in die Sklaverei verkauft, nachdem er von Seeräubern gefangen genommen worden war; er aber ließ sich nicht loskaufen, sondern erwies sich gerade in der Sklaverei als wahrer Herr, weil er seine innere Freiheit für unverlierbar erachtete.

13 vgl. Anm. 12

14 Demeter und Aphrodite: Göttinnen des Getreides und der Liebe

man doch so durch Reiben des Bauches sich auch den Hunger vertreiben.“ (Diogenes Laertius VI 69)

Als Xeniades[15] ihn fragte, wie er ihn begraben solle, sagte er: „Auf dem Gesichte liegend.“ Auf die Frage aber nach dem Grunde sagte er: „Weil in kurzer Zeit das Untere zu oberst gekehrt werden wird.“ Dies aber deshalb, weil die Makedoner bereits die Herrschaft in den Händen hatten, oder mit anderen Worten, von unten nach oben gelangt waren. (Diogenes Laertius VI 31–32)

Er befahl, man solle ihn unbeerdigt hinauswerfen. Da sagten die Freunde: „Den Vögeln und den wilden Tieren vor?“ Er antwortete: „Keineswegs, legt vielmehr einen Stock neben mich, daß ich sie wegtreibe.“ – „Wie wirst du das können?“ jene, „Du wirst doch nichts merken.“ – „Was kann mir also das Zerreißen durch die wilden Tiere schaden, wenn ich nichts empfinde?“ (Cicero I. 104–105)

Lucius Annaeus Seneca[1]

1.

Glückselig leben will jedermann, lieber Bruder Gallio; aber was zu einem glückseligen Leben gehöre, das ist den meisten unklar oder verborgen. Und es ist nicht so leicht, zu einem glückseligen Leben zu gelangen: verfehlt man den Weg, so kommt man immer weiter davon ab, je rascher man darauf zugegangen ist; ist man auf dem entgegengesetzten Wege, so macht gerade die Eile die Entfernung immer größer. Deswegen muß man sich zuerst darüber klar werden, was man eigentlich erstrebe, sodann muß man sehen, auf welchem Wege man das Ziel am schnellsten erreiche. Schon auf dem Wege, wenn er der rechte ist, wird man bemerken, wie weit man täglich kommt, um wieviel man dem Ziele näher sei,

15 in anekdotischer Überlieferung der Käufer des Diogenes; vgl. Anm. 12

1 Vom glückseligen Leben und andere Schriften, Übersetzung nach Ludwig Rumpel, mit Einführung und Anmerkungen herausgegeben von Peter Jaerisch, Reclam 7790/91, Stuttgart 1975. Ad Lucilium epistula 47 (gekürzt) (übersetzt von Ruth Dölle). Vom glückseligen Leben (58/59); von der Vorsehung (Entstehungszeit unbekannt); Briefe (nach 62).

zu dem ein natürliches Verlangen uns hintreibt. Solange man ohne festes und klares Ziel umherschweift ohne Führer, durch wirren Lärm und Lockstimmen bald dahin, bald dorthin gezogen, fließt das kurze Leben dahin unter lauter Irrtümern, auch wenn man Tag und Nacht um eine richtige Auffassung sich bemüht. Man entscheide sich daher, wo man hin will und auf welchem Wege, nicht ohne einen erfahrenen Führer, der unser Ziel genau kennt; denn hier ist es nicht ganz ebenso wie auf andern Reisen. Wenn man da auf seinem Wege bleibt und die Leute fragt, die dort wohnen, so kann man nicht wohl irregehen; hier aber täuscht gerade der gangbarste, betretenste Weg am ehesten . . .

Die Natur muß man zur Führerin nehmen; der Vernünftige beobachtet und befragt sie. Glückselig leben und naturgemäß leben ist ein und dasselbe. Was das heiße, will ich genauer erklären. Es heißt, die körperlichen Anlagen und Bedürfnisse der Natur sorgfältig, aber nicht ängstlich beachten als etwas Vorübergehendes, uns nur für kurze Zeit Gegebenes, nicht ihr Sklave werden und sich durch nichts Fremdes beherrschen lassen; was dem Körper angenehm ist und uns von außen zukommt, ansehen wie Hilfsvölker im Lager und wie leichte Truppen. Sie mögen uns dienen, nicht uns beherrschen, nur so sind sie für unsern Geist von Wert. Äußerlichkeiten dürfen einen Mann nie gefangennehmen und beherrschen; er halte nur auf sich selbst etwas, vertraue nur dem eigenen Genius, baue sich sein Leben selber künstlerisch auf und sei stets auf alles gefaßt. Sein Selbstvertrauen sei nicht ohne Erkenntnis, seine Erkenntnis nicht ohne Beharrlichkeit; was er für recht hält, dabei bleibe er, und was er beschlossen hat, das stehe fest. Es ist selbstverständlich, daß ein solcher Mann in sich fest gegründet dasteht, menschenfreundlich und hochherzig in allem Tun. Gesunde Vernunft wird ihm innewohnen, von ihr wird er sich leiten lassen; er hat keinen andern Bestimmungsgrund und Antrieb zur Wahrheit und zur Einkehr bei sich selbst. So wirkt auch Gott, der die ganze Welt umfaßt und lenkt, in seinem ganzen Handeln wohl nach außen, kehrt aber doch immer wieder in sich zurück. Also tue auch unser Geist; wenn er den Sinnen folgend sich nach außen gewendet hat, so beherrsche er die Außendinge und sich selbst und mache sozusagen das höchste Gut sich unterwürfig. Auf solche Weise wird ihm eine in sich harmonische Macht eigen werden, und es wird daraus jene sichere Vernunft entstehen, die sich nicht widerspricht, die nicht schwankt in Meinungen, Begriffen oder eigener Überzeugung. Wenn diese sich geordnet hat, klar und harmonisch geworden ist, so erreicht sie das höchste Gut . . .

Ich bin der Ansicht (vielleicht hören meine Brüder aus der Stoa das nicht gern), daß Epikur das Reine und Rechte lehrt, ja, wenn man seine Lehre genauer betrachtet, ist sie sogar sehr streng und fast freudlos. Das Vergnügen läuft am Ende auf eine Kleinigkeit hinaus; die Richtschnur, die wir für die Tugend aufstellen, stellt er auf für seinen Begriff von „Vergnügen". Er verlangt, es müsse der Natur untertan sein. Was aber der Natur genügt, ist für ein üppiges Leben zu wenig.

(Vom glückseligen Leben 1,8,13)

2.

Du hast die Frage an mich gerichtet, lieber Lucilius: Wenn doch die Welt von der Vorsehung geleitet wird, wie kommt es da, daß den Guten so viel Unheil widerfährt? Besser wohl würde diese Frage in einem zusammenhängenden Werke besprochen, in dem der Beweis geführt würde, daß die Vorsehung das ganze Weltall leite und daß die Gottheit Anteil an uns nehme. Weil du aber wünschest, daß ich von dem ganzen Stoff etwas einzelnes herausnehme und einen Widerspruch löse, ohne die anderen Streitfragen zu berühren, so will ich es unternehmen, die Gottheit zu verteidigen; es wird nicht schwer sein, das zu tun. Es ist überflüssig, hier zu zeigen, daß ein so großes Werk nicht ohne einen Lenker bestehen könne und daß der regelmäßige Gang der Gestirne nicht Folge eines zufälligen Anstoßes sei, da alles zufällig Bewegte oft in Unordnung gerät und leicht anstößt; daß dieser ununterbrochene schnelle Gang mit einer solchen Menge von Dingen zu Land und zur See, die vielen wohlgeordneten helleuchtenden Lichter nach einem ewigen Gesetze geordnet seien . . .

Du zweifelst ja nicht an der Vorsehung im allgemeinen, aber du beklagst dich über sie. Ich will dich aussöhnen mit den Göttern, die gegen die Guten ganz wohlgesinnt sind. Das kommt überhaupt in der ganzen Natur nicht vor, daß jemals das Gute dem Guten schadet. Gott und gute Menschen sind durch das Band der Tugend freundschaftlich miteinander verbunden. Ja, mehr als Freundschaft besteht zwischen beiden: Verwandtschaft, Ähnlichkeit. Der Gute ist nur zeitlich von Gott verschieden; er ist sein Schüler, Nachahmer, echter Sohn; und er, der erhabene Vater, treibt ihn mit Ernst zur Tugend an und erzieht ihn etwas hart, nach strenger Väter Art . . .

Nun will ich aber im Verlauf der Rede zeigen, daß die Dinge, die man gewöhnlich für Übel ansieht, es in Wirklichkeit nicht sind. Was du schwer, widrig, verwünschenswert nennst, ist erstens denen selbst heilsam, denen es widerfährt, und zweitens dem Ganzen heilsam, für das die Götter mehr sorgen als für das einzelne. Ferner: es widerfährt ihnen nicht gegen ihren Willen; wollten sie es nicht, so verdienten sie, daß sie ein schlimmes Schicksal erleiden. Das Schicksal bringt es so mit sich, und es trifft die Guten mit Recht nach demselben Gesetze, nach dem sie gut sind. Endlich will ich dich überzeugen, du habest nie einen Rechtschaffenen zu bemitleiden, denn er ist nicht unglücklich, wenn man ihn auch dafür hält . . .

Was es auch sei, das uns unser Leben, unsern Tod vorschreibt, an dieselbe Notwendigkeit und dasselbe Naturgesetz wie wir sind auch die Götter gebunden. Ihnen, wie uns, ist eine unabänderliche Bahn vorgezeichnet. Der oberste Schöpfer und Lenker des Alls befolgt selbst die Gesetze, die er gegeben hat; einmal hat er befohlen, immer gehorcht er. ,,Warum aber war Gott so unbillig bei Austeilung der Lose, daß er Guten Armut, Krankheit und schweres Geschick zuerkannte?" Der Künstler kann den Stoff nicht ändern; darüber ist nichts mehr zu sagen. Manches läßt sich von manchem nicht absondern, es hängt zusammen und bildet ein unteilbares Ganzes . . .

,,Warum läßt Gott rechtschaffenen Menschen etwas Böses geschehen?" Er tut das nicht! Alles Böse hält er von ihnen fern, Schande und Verbrechen, böse Gedanken und habsüchtige Pläne, blinde Begierde und nach fremdem Gut trachtenden Geiz; davor behütet er sie. Oder soll Gott auch die Habseligkeiten der Guten behüten? Das erlassen sie ihm; sie achten solche Dinge ja gering. Demokritus[2] warf den Reichtum von sich, weil er ihn für eine Bürde des edlen Geistes hielt. Was Wunder, wenn Gott einem zuteil werden läßt, was der Gute sich zuweilen selber wünscht! ,,Tugendhafte Menschen verlieren Kinder"; warum nicht? Einmal sterben sie ja auch selbst. ,,Sie werden in die Verbannung geschickt"; warum nicht? Einmal verlassen sie ja doch ihr Vaterland, um es nie wiederzusehen. ,,Sie werden getötet"; warum nicht? Sie töten sich ja zuweilen selbst. ,,Sie müssen Schweres erdulden"; um andere das Dulden zu lehren; sie sind zu Vorbildern geboren. Denke dir daher, Gott sage: ,,Ihr, denen gefällt, was recht ist, worüber könnt ihr mir ge-

---

2 griechischer Philosoph (460–371 v. Chr.), baute die von seinem Mitbürger Leukippos begründete Atomenlehre wissenschaftlich aus und schuf so ein geschlossenes einheitliches Weltbild, in dem alles aus der Bewegung der Atome hervorging. In seiner Ethik lehrte er, daß die Glückseligkeit in der Ruhe und Heiterkeit der Seele bestehe, die am sichersten durch Mäßigung und Gleichmaß des Lebens zu erreichen sei.

genüber klagen? Andere habe ich mit Scheingütern umgeben und habe die eitlen Menschen getäuscht wie mit einem langen trügerischen Traume; mit Gold, Silber und Elfenbein habe ich sie geschmückt, aber wahre Güter sind das nicht: in ihrem Herzen ist nichts Gutes zu finden. Sehet ihr diejenigen, die ihr für glücklich haltet, nicht von der Licht-, sondern von der Schattenseite an, so sind sie elend, schmutzig, schändlich und nur äußerlich übertüncht, wie ihre Wände. Das ist kein echtes, reines Glück; es ist nur ein leichter Firnis. Solange sie stehen und nach Gefallen sich zeigen können, glänzen sie und machen Eindruck; tritt etwas ein, was sie verwirrt und bloßstellt, dann kommt an den Tag, welch greulichen Schmutz in Wirklichkeit der äußere Glanz verdeckt hat.

Euch gab ich sichere, bleibende Güter; je mehr ihr euch damit beschäftigt und je genauer ihr sie betrachtet, desto besser und größer werdet ihr sie finden. Ich habe euch gelehrt, das zu verachten, was andere fürchten, die Lüste ekelhaft zu finden. Ihr glänzet nicht äußerlich; eure Güter sind inwendig. So läßt sich das Weltall an der Betrachtung der eigenen Schätze genügen und achtet der Außendinge nicht. In das Innere habe ich alles Gute gelegt; das Glück nicht brauchen, das ist euer Glück. ‚Aber es ereignet sich viel Trauriges, Erschreckendes, schwer zu Ertragendes.' Weil ich euch davon nicht befreien konnte, darum habe ich euer Gemüt gegen alles gewappnet. Tragt es mutig! In diesem Punkte steht ihr noch höher als Gott. Er kann von gar keinem Übel angefaßt werden, ihr erduldet es siegreich. Verachtet die Armut; niemand lebt so arm, wie er geboren wurde. Verachtet den Schmerz; entweder geht er zu Ende oder es geht mit euch zu Ende. Verachtet das Geschick; ich habe ihm kein Geschoß gegeben, das euern Geist träfe. Verachtet den Tod; er endigt entweder alles oder er führt euch zu einem andern Leben. Ich habe vor allem dafür gesorgt, daß euch niemand gegen euern Willen zurückhalten kann: der Ausweg ist offen. Wollt ihr nicht kämpfen, so könnt ihr entfliehen. Darum habe ich von allem, was euch notwendig sein sollte, nichts leichter gemacht als das Sterben.

(Von der Vorsehung 1,3,5,6)

3.

Seneca grüßt den Lucilius.

Mit Freude habe ich von Leuten, die von dir kommen, erfahren, daß du mit deinen Sklaven freundschaftlich zusammenlebst. Das beweist deine Klugheit, deine Bildung. „Sklaven sind sie." Aber doch Menschen. „Sklaven sind sie." Aber doch Hausgenossen. „Sklaven sind sie." Aber doch Freunde von niedrigerer Herkunft. „Sklaven sind sie." Aber doch Sklaven wie du, wenn du bedenkst, daß das Schicksal über euch beide die gleiche Macht hat . . .

Bedenke doch bitte: Derjenige, den du deinen Sklaven nennst, entstammt denselben Samen, freut sich über denselben Himmel, atmet wie du, stirbt wie du. Du kannst ihn ebenso gut als freien Mann ansehen wie er dich als Sklaven. Nach der Niederlage des Marius[3] hat das Schicksal viele Männer von vornehmster Abstammung, die auf Grund ihrer Verdienste im Krieg Aussicht auf den Senatorenrang hatten, erniedrigt: den einen machte es zum Hirten, den anderen zum Wächter einer Hütte. Kannst du da einen Menschen verachten, den ein solches Schicksal traf, das dich treffen kann, schon während du ihn verachtest? . . .

„Was denn? Alle Sklaven soll ich zu mir an den Tisch holen?" Genauso wenig wie alle Freien. Du irrst aber, wenn du meinst, ich würde einige sozusagen wegen ihrer zu niedrigen Tätigkeit zurückweisen, z. B. jenen Maultiertreiber oder jenen Ochsentreiber. Ich werde sie nicht nach ihrer Tätigkeit, sondern nach ihrem Charakter einschätzen. Den Charakter gibt sich jeder selbst, die Tätigkeit, die er auszuüben hat, weist ihm der Zufall zu. Einige möchten bei dir speisen, weil sie es wert sind, andere, um es zu werden. Wenn bei ihnen von ihrem Umgang mit unfeinen Leuten noch sklavenhaftes Benehmen vorkommt, so wird das Zusammenleben mit ehrenwerteren Menschen das schon vertreiben. Es ist nicht so, mein Lucilius, daß du nur auf dem Forum oder in der Kurie einen Freund suchen kannst. Wenn du genau aufpaßt, wirst du ihn auch bei dir zu Hause finden. Oft liegt gutes Material ungenutzt da, weil der Künstler es nicht sieht. Versuche es, und du wirst es erfahren. Ein Tor ist, wer ein Pferd, das er kaufen will, nicht selbst ansieht, sondern dessen Decke und Zaumzeug; der größte Tor aber, der den Menschen nach seiner Kleidung oder seinen Lebensumständen beurteilt, die uns sozusagen wie ein Kleidungsstück umgehängt sind.

„Ein Sklave ist er." Aber vielleicht frei in seiner Gesinnung. „Ein Sklave ist er." Soll ihm das schaden? Zeige mir doch den Menschen, der kein Sklave ist! Der eine dient sklavisch der Wollust, der andere der Habgier, der dritte dem Ehrgeiz; alle sind Sklaven der Hoffnung, alle Sklaven der Furcht. Ich kann dir einen früheren Konsul zeigen, Sklave eines alten Weibes, einen reichen Mann, Sklave einer blutjungen Diene-

3 römischer Politiker (156–86 v. Chr.). In Kriegen in Afrika und gegen die Germanen in Oberitalien sehr erfolgreicher Heerführer. In politischen Auseinandersetzungen in Rom unterlag er seinem Gegner Sulla. Eine große Anzahl der Anhänger des Marius wurde geächtet und getötet.

rin, vornehmste junge Männer, Sklaven von Ballettänzern. Keine Knechtschaft ist aber schändlicher als die, die man freiwillig eingeht. Daher gibt es keinen Grund dafür, daß solche Snobs dich davon abschrecken könnten, freundlich zu deinen Sklaven zu sein, nicht stolz von oben herab. Deine Sklaven sollen dich viel mehr ehren als fürchten.

(Brief an Lucilius 47)

Neues Testament[1]

1.

Als die Pharisäer hörten, daß Jesus die Sadduzäer[2] zum Schweigen gebracht hatte, gingen sie zu ihm. Einer von ihnen, ein Gesetzeslehrer, wollte ihn prüfen und stellte ihm die Frage: Meister, welches Gebot im Gesetz ist das wichtigste? Er antwortete ihm: *Du sollst den Herrn, deinen Gott lieben mit deinem ganzen Herzen und mit deiner ganzen Seele und mit deinem ganzen Denken.* Das ist das wichtigste und erste Gebot. Ebenso wichtig ist das zweite: *Du sollst deinen Nächsten lieben wie dich selbst*! Auf diesen beiden Geboten beruhen das ganze Gesetz und die Propheten.

(Mt 22, 34–40)

2.

Wohl denen, die vor Gott arm sind;
denn ihnen gehört das Himmelreich.
Wohl denen, die trauern;

---

1 Das Neue Testament, Einheitsübersetzung der Heiligen Schrift, [4]Stuttgart 1973. Matthäus-Evangelium: entstanden 75–90.

2 religiös-politische Parteien zur Zeit Jesu. Die Pharisäer waren wegen ihrer Frömmigkeit, anders als der herrschende Priesteradel, die Sadduzäer, volkstümlich. Sie befolgten die Tradition des mosaischen Gesetzes streng. Das Neue Testament wirft ihnen äußerliche Gesetzesfrömmigkeit, ja Heuchelei vor.

denn sie werden getröstet werden.
Wohl denen, die keine Gewalt anwenden,
denn sie werden das Land erben.
Wohl denen, die hungern und dürsten nach der Gerechtigkeit;
denn sie werden satt werden.
Wohl denen, die barmherzig sind;
denn sie werden Erbarmen finden.
Wohl denen, die ein reines Herz haben;
denn sie werden Gott sehen.
Wohl denen, die Frieden stiften;
denn sie werden Söhne Gottes genannt werden.
Wohl denen, die um der Gerechtigkeit willen verfolgt werden;
denn ihnen gehört das Himmelreich.
Wohl euch, wenn ihr um meinetwillen beschimpft und verfolgt und auf alle mögliche Weise verleumdet werdet.
Freut euch und jubelt: euer Lohn im Himmel wird groß sein.
Denn so wurden schon vor euch die Propheten verfolgt.

(Mt 5, 3–12)

3.

Wenn der Menschensohn in seiner Herrlichkeit kommt und alle Engel mit ihm, dann wird er sich auf den Thron seiner Herrlichkeit setzen. Und alle Völker werden vor ihm versammelt, und er wird sie voneinander scheiden, wie der Hirt die Schafe von den Ziegen scheidet. Er wird die Schafe auf seine rechte Seite, die Ziegen aber auf seine linke Seite stellen. Dann wird der König zu denen an seiner rechten Seite sagen: Kommet her, die ihr von meinem Vater gesegnet seid, nehmt das Reich in Besitz, das am Anfang der Welt für euch geschaffen worden ist! Denn ich war hungrig, und ihr habt mir zu essen gegeben; ich war durstig, und ihr habt mir zu trinken gegeben; ich war obdachlos, und ihr habt mich aufgenommen; ich war nackt, und ihr habt mich bekleidet; ich war krank, und ihr habt mich besucht; ich war im Gefängnis, und ihr seid zu mir gekommen. Dann werden ihm die Gerechten antworten: Herr, wann haben wir dich hungrig gesehen und dir zu essen gegeben, oder durstig, und dir zu trinken gegeben? Und wann haben wir dich obdachlos gesehen und dich aufgenommen, oder nackt, und dich bekleidet? Und wann haben wir dich krank oder im Gefängnis gesehen und sind zu dir gekommen? Darauf wird der König ihnen antworten: Amen, ich sage euch: Was ihr für einen meiner geringsten Brüder getan habt, das habt ihr für mich getan. Dann wird er sich an die auf seiner linken Seite wenden und zu ihnen sagen: Weg von mir, ihr Verfluchten, in das ewige Feuer, das für den Teufel und seine Engel geschaffen ist! Denn ich war hungrig, und ihr habt mir nichts zu essen gegeben; ich war durstig, und ihr habt mir nichts zu trinken gegeben; ich war obdachlos, und ihr habt mich nicht aufgenommen; ich war nackt, und ihr habt mich nicht bekleidet; ich war krank und im Gefängnis, und ihr habt mich nicht besucht. Dann werden auch sie antworten: Herr, wann haben wir dich hungrig oder durstig oder obdachlos oder nackt oder im Gefängnis gesehen und haben dir nicht geholfen? Darauf wird er ihnen antworten: Amen, ich sage euch: Was ihr für einen dieser Geringsten nicht getan habt, das habt ihr auch für mich nicht getan. So werden diese die ewige Strafe erhalten, die Gerechten aber das ewige Leben.

(Mt 25, 31–46)

Aurelius Augustinus[1]

Niemand kann in Wahrheit der Freund eines Menschen sein, wenn er nicht schon zuvor ein Freund der Wahrheit selbst ist; und wenn er dies nicht ohne Eigennutz ist, so kann er es überhaupt auf keine Weise werden. Hierüber haben auch die Philosophen vieles gesprochen, aber bei ihnen wird die wahre Frömmigkeit, das heißt der wahrhafte Dienst des wahren Gottes, aus dem sich alle Pflichten eines guten Lebens ableiten lassen, nicht gefunden; und zwar, soweit ich es verstehe, aus keinem anderen Grunde, als weil sie das glückselige Leben sich gewissermaßen selbst zurecht zimmern wollen und glauben, es mehr finden als erbitten zu müssen, während doch Gott dessen Geber ist. Er, der seinen Geschöpfen, den guten wie den bösen, so große Wohltaten erweist wie das Dasein, das Dasein als Menschen, den Gebrauch der Sinne, die gesunden Kräfte, Überfluß an Gütern, wird den Guten sich selbst geben, damit sie glückselig seien, weil es auch seine Gabe ist, daß sie gut sind. Jene aber, die in diesem trübseligen Leben, in diesem sterblichen Leibe, unter dieser Last des verweslichen Fleisches die Urheber ihrer Glückseligkeit und gleichsam deren Schöpfer sein wollen – meinen sie doch, sie aus

1 Ausgewählte Briefe Bd. 2, übersetzt von Alfred Hoffmann, Bibliothek der Kirchenväter Bd. 30, München o.J. An Macedonius: 414.

eigenen Kräften erlangen zu können und gleichsam schon zu besitzen, ohne sie von jener Tugendquelle zu erbitten und zu hoffen –, konnten von Gott nichts merken, da er dem Stolze widersteht. Daher sind sie einem höchst abgeschmackten Irrtum verfallen; da sie nämlich behaupten, daß sich der Weise auch im Stiere des Phalaris[2] glückselig befinde, so sind sie zum Geständnisse gezwungen, daß man die Glückseligkeit bisweilen fliehen müsse. Denn wenn die Leiden des Körpers gar zu groß werden, dann geben jene Weisen nach und erklären, bei gar zu großen derartigen Beschwerden müsse man sich das Leben nehmen. Ich will hierbei nicht erwähnen, wie groß der Frevel ist, sich selbst, wenn man unschuldig ist, zu töten, da man nicht einmal einen Schuldigen töten darf . . . Aber gewiß muß man erwägen und nicht mit Stolz, sondern mit Nüchternheit beurteilen, inwiefern ein Leben glückselig sei, dessen sich der Weise nicht dadurch erfreut, daß er es erhält, sondern das er durch Selbstmord zu endigen sich gedrungen findet . . .

Indessen besteht auch in diesem Leben die Tugend in nichts anderem als in der Liebe zu dem, was zu lieben ist. Dies auserwählen, ist Klugheit, sich davon durch keine Beschwerde abhalten lassen, ist Starkmut, keinem Sinnenreiz nachgeben, ist Mäßigkeit, keinem Stolze, ist Gerechtigkeit. Was anderes aber sollen wir uns als vorzüglichsten Gegenstand unserer Liebe auserwählen, wenn nicht das, was als das Beste erfunden wird? Dies ist Gott, und wenn wir in der Liebe ihm etwas vorziehen oder gleichsetzen, so verstehen wir nicht, uns selbst zu lieben. Denn um so besser ergeht es uns, je mehr wir in den eingehen, der das Beste ist. Nicht mit leiblichen Schritten aber gehen wir in ihn ein, sondern durch die Liebe. Um so mehr werden wir seine Gegenwart besitzen, je reiner die Liebe ist, die wir gegen ihn hegen und mit der wir nach ihm streben; denn Gott hat keine leibliche Ausdehnung und keine leiblichen Schranken. Zu ihm also, der überall gegenwärtig und überall ganz ist, kann man nicht mit den Füßen, sondern nur mit dem Herzen gehen. Unser Herz ist aber nicht nach dem zu beurteilen, was jemand weiß, sondern nach dem, was er liebt. Auch wird das Herz nur gut oder böse durch gute oder böse Liebe. Sind wir also böse, so sind wir von der Gerechtigkeit Gottes weit entfernt; durch Liebe zur Gerechtigkeit aber bessern wir uns, so daß wir als Gerechte dem Gerechten anzugehören vermögen.

2 Tyrann von Agrigent (6. Jahrhundert v. Chr.). Er galt als Muster eines grausamen Gewaltherrschers. Seine Feinde ließ er in einem ehernen Stier zu Tode rösten.

Aus allen Kräften wollen wir uns also bemühen, daß auch diejenigen zu ihm gelangen, die wir lieben wie uns selbst, vorausgesetzt, daß wir durch die Liebe zu ihm bereits gelernt haben, uns selbst zu lieben. Denn Christus, der die Wahrheit selbst ist, sagt, daß das ganze Gesetz samt den Propheten enthalten ist in den beiden Geboten: Gott zu lieben aus ganzem Herzen, aus ganzer Seele und aus ganzem Gemüte und den Nächsten wie uns selbst. Wer aber an dieser Stelle unter dem Nächsten verstanden wird, das ist nicht nach der Blutsverwandtschaft zu bemessen, sondern mit Rücksicht auf die Verbrüderung, in der alle Menschen zueinander stehen. Denn wenn schon die Rücksicht auf das Geld verbrüdert, um wieviel mehr erst die Rücksicht auf die Natur, die uns nicht nach der Ordnung des Handels, sondern nach dem Gesetze der Geburt gemeinsam ist! Wenn darum jener Lustspieldichter – denn klare Geister erhellt zuweilen ein Widerstrahl der Wahrheit – einen Greis zu dem anderen sagen läßt: „Gönnt dein Geschäft dir denn so viele Zeit, Daß Fremdes dich bekümmert, was dich nicht berührt?“, so legt er dem anderen die Antwort in den Mund: „Mensch bin ich; nichts, was menschlich, acht' ich mir als fremd“[3]. Diesem Satze sollen ganze Theater, von törichten und ungelehrten Leuten angefüllt, ihren Beifall gespendet haben. So tief ist also von Natur aus die Verwandtschaft der menschlichen Seelen in aller Herz geschrieben, daß selbst an diesem Orte niemand unter seinem Nächsten etwas anderes verstand als jeden beliebigen Menschen.

Obwohl also der Mensch mit der vom göttlichen Gebot befohlenen Liebe Gott, sich selbst und den Nächsten lieben muß, so sind deshalb doch nicht drei Gebote gegeben, und es heißt auch nicht ‚in diesen drei‘, sondern: „In diesen zwei Geboten ist das ganze Gesetz samt den Propheten enthalten“, das heißt in der Liebe zu Gott aus ganzem Herzen, aus ganzer Seele, aus ganzem Gemüte und in der Liebe zum Nächsten, den man lieben muß wie sich selbst. Daraus sollte man erkennen, daß es keine andere Selbstliebe als die auf der Gottesliebe beruhende gibt. Denn wenn jemand sich in anderer Weise liebt, so muß man vielmehr sagen, daß er sich haßt. Er wird ja ein Ungerechter und beraubt sich des Lichtes der Gerechtigkeit, da er sich von dem höchsten und vortrefflichsten Gute abwendet und sich zu sich selbst, also zum Niedrigen und Schwachen hinwendet. Es geht an ihm in Erfüllung, was so treffend geschrieben steht: „Wer aber die Ungerechtigkeit liebt, haßt seine eigene

3 Publius Terentius Afer, römischer Komödiendichter; hier zitiert aus ‚Heautontimorumenos‘ (Der Selbstquäler) Vers 75–77

Seele"[4]. Weil also niemand sich selbst liebt, außer er liebt Gott, so war es nicht notwendig, daß, nachdem das Gebot der Gottesliebe gegeben war, dem Menschen auch noch die Selbstliebe anbefohlen wurde: liebt er doch dadurch, daß er Gott liebt, sich selbst. Er muß also Gott und den Menschen lieben wie sich selbst, so daß er wenn möglich jeden Menschen durch wohltuenden Trost, durch belehrenden Unterricht oder durch heilsame Zucht zur Anbetung Gottes anleitet, weil er weiß, daß in diesen beiden Geboten das ganze Gesetz samt den Propheten enthalten ist.

Wer sich solche Tätigkeit mit vernünftiger Unterscheidung auserwählt, der ist klug; wer sich davon durch keine unangenehme Erfahrung abbringen läßt, der ist starkmütig; läßt er sich durch keine Lust davon abbringen, so ist er mäßig, durch keine Selbstüberhebung, so ist er gerecht. Diese Tugenden werden uns verliehen durch die Gnade Jesu Christi, des göttlichen Vermittlers beim Vater, der als Mensch unter uns weilte und durch den wir im Geiste der Liebe mit Gott versöhnt werden, nachdem wir infolge der Sünde seine Feinde gewesen sind; und mit diesen von Gott verliehenen Tugenden führen wir jetzt ein gutes Leben und erlangen später dessen Lohn, nämlich das glückselige Leben, das nur das ewige sein kann. Hier auf Erden werden diese Tugenden geübt, dort zeigt sich ihre Wirkung; hier kosten sie Mühe, dort empfangen sie Lohn; hier sind sie unsere Pflicht, dort Siegespreis. Darum werden alle Guten und Heiligen, die auch in allen möglichen Qualen durch die göttliche Hilfe unterstützt werden, wegen der Hoffnung auf diese Vollendung „Selige" genannt, obwohl sie erst in dieser Vollendung selig sein werden. Denn wenn sie sich mit allen möglichen Tugenden auch immer in diesen Qualen und schrecklichen Schmerzen befänden, so könnte doch niemand mit gesunder Vernunft bezweifeln, daß sie unglücklich seien.

Die Frömmigkeit also, das heißt die wahre Anbetung des wahren Gottes[5], ist zu allem nützlich; sie bewahrt vor den Widerwärtigkeiten dieses Lebens oder lindert sie und führt zu jenem glückseligen Leben, in dem wir nichts Übles mehr erdulden und des höchsten und ewigen Gutes uns erfreuen. Dieses Heil noch vollkommener zu erlangen und mit aller Standhaftigkeit zu bewahren, dazu ermahne ich dich ebenso wie mich selbst.

(An Macedonius, 2. Brief, 1–2, 13–17)

---

4 Altes Testament, Psalm 10, Vers 6

5 Neues Testament, 1. Timotheus-Brief 4,8

Thomas von Aquin[1]

1.

Hat die Theologie Vorrang vor den anderen Wissenschaften?

1. Scheinbar hat die Theologie keinen Vorrang vor den anderen Wissenschaften; denn der Rang einer Wissenschaft hängt von ihrer Sicherheit ab. Die anderen Wissenschaften aber, deren Prinzipien unzweifelhaft sind, scheinen sicherer zu sein als die Theologie. Deren Prinzipien, die Glaubensartikel, können bezweifelt werden. Also scheinen die anderen Wissenschaften Vorrang zu haben vor jener.

2. Kennzeichnend für die niedrigere Wissenschaft ist es, von der höheren etwas zu übernehmen, wie z. B. die Musik von der Arithmetik. Es übernimmt aber die Theologie einiges von den philosophischen Wissenschaften. So sagt Hieronymus[2] in seinem Brief (70) an den römischen Redner Magnus: „Die alten Kirchenlehrer haben ihre Bücher so sehr mit Meinungen und Zitaten der Philosophen durchsetzt, daß man nicht weiß, was man bei ihnen mehr bewundern soll, ihre weltliche Bildung oder ihre Kenntnis der Hl. Schrift.“ Also hat die Theologie einen niedrigeren Rang als die anderen Wissenschaften.

Aber dagegen spricht, daß die anderen Wissenschaften Mägde der Theologie genannt werden: Spr. 9: „Die Weisheit sandte ihre Mägde aus, um zur Burg zu rufen.“

Ich antworte hierauf: Weil die Theologie zugleich spekulativ und praktisch ist, geht sie allen anderen Wissenschaften voran, sowohl allen spekulativen wie allen praktischen.

Bei den spekulativen Wissenschaften hat eine Wissenschaft sowohl wegen der größeren Sicherheit ihrer Erkenntnisse als auch wegen der größeren Würde ihres Gegenstandes Vorrang vor der anderen. In beiderlei Hinsicht steht aber die Theologie über allen anderen spekulativen Wissenschaften. An Sicherheit: weil die anderen Wissenschaften ihre Sicherheit aus dem natürlichen Licht der menschlichen Vernunft erhalten,

1 Summa Theologica 1.1.5 (1267–1273)
Summa contra Gentiles III 48 (1259–1267)
(übersetzt von Ruth Dölle)

2 Kirchenlehrer (um 347–420 n. Chr.), Rhetor, Philologe, häufig als kenntnisreichster aller lateinischen Kirchenlehrer bezeichnet

die irren kann; diese aber erhält ihre Sicherheit aus dem Licht des göttlichen Wissens, bei dem es keinen Irrtum geben kann. An Würde ihres Gegenstandes: weil die Theologie sich grundsätzlich mit dem beschäftigt, was wegen seiner Erhabenheit die menschliche Vernunft übersteigt; die anderen Wissenschaften aber betrachten nur das, was der menschlichen Vernunft zugänglich ist.

Bei den praktischen Wissenschaften aber hat die den Vorrang vor der anderen, für die es kein höheres Ziel gibt; z. B. hat die Staatslehre Vorrang vor der Kriegslehre; denn das Wohl des Heeres ist dem des Staates untergeordnet. Das Ziel aber der Theologie ist, insofern sie praktisch ist, die ewige Seligkeit; ihr lassen sich als letztem Ziel alle anderen Ziele der praktischen Wissenschaften unterordnen. – So ist also klar, daß in jeder Beziehung die Theologie den Vorrang vor allen anderen Wissenschaften hat.

Zu 1. Sehr wohl kann etwas, das seiner Natur nach größere Sicherheit hat, uns weniger sicher erscheinen wegen der Unzulänglichkeit unseres Verstandes; er „verhält sich zu den offenkundigsten Gegenständen wie das Auge der Eule zum Licht der Sonne", wie Aristoteles sagt (Met.II 1; 993b9). Der Zweifel, den einige an Glaubensartikeln haben, kommt also nicht von der Ungewißheit des Gegenstandes, sondern von der Unzulänglichkeit des menschlichen Verstandes. Und doch ist das Geringste an Erkenntnis, das wir über die erhabensten Dinge erreichen können, erstrebenswerter als die sicherste Erkenntnis von den niederen Dingen, wie Aristoteles sagt (De partibus animalium I 5; 644b33).

Zu 2. Die Theologie kann gewisse Dinge von den philosophischen Wissenschaften übernehmen, nicht als ob sie sie notwendigerweise brauchte, sondern nur zur besseren Erklärung dessen, was in der Theologie gelehrt wird. Nicht nämlich erhält sie ihre Prinzipien von den anderen Wissenschaften, sondern unmittelbar von Gott durch die Offenbarung. Also empfängt sie nichts von den anderen Wissenschaften, so als ob diese überlegen wären, sondern sie bedient sich ihrer nur wie Niedrigerstehender und Mägde; so bedient sich z. B. die Architektur untergeordneter Dienstleistungen, die Staatskunst der Kriegskunst. Daß sie sich der Philosophie aber bedient, geschieht nicht wegen einer Schwäche oder eines Ungenügens dieser Lehre, sondern wegen der Schwäche unseres Verstandes; dieser läßt durch das, was durch die natürliche Vernunft (aus der die anderen Wissenschaften hervorgehen) erkannt wird, leichter zu dem hinleiten, was unsere Vernunft übersteigt. Das aber wird in der Theologie als Lehre weitergegeben.

(Summa Theologica 1,1,5)

2.

Das höchste Glück des Menschen ist nicht in diesem Leben erreichbar.

1. In den vorausgehenden Ausführungen (Kap. 38–40) ist aufgezeigt: Das höchste Glück des Menschen besteht nicht in derjenigen Erkenntnis Gottes, in der er von allen oder doch den meisten gemeinsam erkannt wird in einer vagen Vorstellung; es besteht auch nicht in der Erkenntnis Gottes, durch die er in den spekulativen Wissenschaften auf dem Wege des Beweises erkannt wird, und nicht in der, durch die er durch den Glauben erkannt wird. Es ist ebenfalls gezeigt worden (Kap. 41–46): Es ist unmöglich, in diesem Leben zu einer höheren Erkenntnis Gottes zu gelangen, in der Weise daß er in seinem Wesen erkannt würde oder wenigstens so, daß man von dem aus, was man an anderen abgesonderten Substanzen[3] erkennen kann, Gott sozusagen aus größerer Nähe erkennen würde. Oben ist aber auch begründet (Kap. 37): Das höchste Glück des Menschen muß in irgendeiner Erkenntnis Gottes bestehen. Also ist es unmöglich, daß das höchste Glück des Menschen in diesem Leben erreichbar ist.

2. Das Endziel des Menschen begrenzt sein natürliches Begehren, so daß man, wenn man es besitzt, nichts anderes mehr erstrebt. Wenn das Begehren nämlich noch auf anderes zielt, hat es noch nicht das Ziel erreicht, in dem es zu sich selbst kommt. Das kann aber in diesem Leben unmöglich geschehen. Je mehr jemand nämlich einsieht, um so größer wird sein Verlangen nach Einsicht, weil das in der Natur aller Menschen liegt, außer es gäbe jemanden, der alles einsieht; das ist aber in diesem Leben keinem Menschen jemals zuteil geworden, der nur Mensch war, und es kann auch unmöglich jemandem zuteil werden, weil wir in diesem Leben die abgesonderten Substanzen, die in höchster Weise Intelligibles sind, nicht erkennen können (dies ist dargelegt Kap. 45–46). Also ist es unmöglich, daß das höchste Glück des Menschen in diesem Leben erreichbar ist.

3. Alles, was in ein Ziel gelangt, verlangt von Natur danach, in ihm Bestand und Ruhe zu gewinnen. Daher weicht ein Körper nur durch gewaltsame Bewegung, die seinem Begehren gerade entgegengesetzt ist, von dem Platz, wohin er von Natur sich bewegt. Das Glück aber ist das

---

3 vom Stoff abgesonderte Substanzen (a materia substantiae separatae), die dem Menschen nicht unmittelbar erkennbar sind. Bei Thomas von Aquin reine Geister, Engel; in der Antike meinen ‚abgesonderte Substanzen' auch Dämonen, bei Averroes Intelligenzen, die nicht an die körperliche Verfassung der Menschen gebunden sind.

Endziel, das der Mensch von Natur erstrebt. Das natürliche Verlangen des Menschen zielt also darauf ab, im Glück Bestand zu gewinnen. Wenn er also mit dem Glück nicht zugleich unveränderlichen Bestand erlangt, dann ist er noch nicht glücklich, da sein natürliches Verlangen noch nicht zur Ruhe gekommen ist.

Wenn jemand also das Glück erlangt, erlangt er zugleich Bestand und Ruhe. So ist dies die Meinung aller vom Glück, daß es seinem Begriff nach Bestand verlangt. Deshalb sagt Aristoteles im 1. Buch der Ethik (E.N.I 10; 1100b6), daß wir nicht glauben, der Mensch sei ein Chamäleon. In diesem Leben gibt es aber keinen sicheren Bestand. Jedem nämlich, der in höchstem Maße glücklich genannt wird, können Krankheiten und Unglücksfälle zustoßen, durch die er an der Tätigkeit – ganz gleich welcher –, auf der das Glück beruht, gehindert wird. Also ist es unmöglich, daß das höchste Glück des Menschen in diesem Leben erreichbar ist.

4. Unpassend und unvernünftig scheint es zu sein, daß die Zeit, etwas hervorzubringen, lang, die Zeit seiner Dauer aber kurz wäre. Es würde nämlich daraus folgen, daß die Natur in dem größeren Zeitraum kein Ziel hätte. So sehen wir, daß die Lebewesen, die nur kurze Zeit leben, auch nur kurze Zeit zu ihrer Vollendung haben. Wenn aber das menschliche Glück in der vollkommenen Tätigkeit gemäß der vollkommenen geistigen und moralischen Tugend besteht (Aristoteles, E.N. X 7; 1177 a 12), so kann der Mensch nur nach einer langen Zeit dahin gelangen. Und dies wird am deutlichsten in der Betrachtung sichtbar, in der das höchste Glück des Menschen bestehen soll, wie aus dem Vorhergehenden ersichtlich (Kap. 38). Denn selbst im höchsten Lebensalter kann der Mensch kaum zur vollkommenen Betrachtung in den Wissenschaften gelangen. Dann bleibt aber meist nur noch eine kurze Lebenszeit. Also ist es unmöglich, daß das höchste Glück des Menschen in diesem Leben erreichbar ist.

5. Alle sagen deutlich, daß das vollkommene Glück das Gute ist. Sonst würde das Verlangen nicht zur Ruhe kommen. Das vollkommen Gute hat aber keinerlei Vermischung mit dem Bösen, so wie dem vollkommen Weißen nichts Schwarzes beigemischt ist. Es ist aber unmöglich, daß der Mensch in diesem Leben gegen Übel gefeit ist, nicht nur gegen die des Körpers wie Hunger, Durst, Hitze, Kälte und anderes dergleichen, sondern auch gegen die der Seele. Man kann keinen Menschen finden, der nicht manchmal von Leidenschaften, die die Ordnung zerstören, beunruhigt wird, der nicht manchmal von der Mitte abweicht, in der die Tugend besteht (Aristoteles E.N.II 6; 1106b36) – teils auf das

Zuviel, teils auf das Zuwenig hin –, der nicht auch in irgendwelchen Dingen sich täuscht oder der zumindest nicht weiß, was er zu wissen wünscht oder auch auf Grund unzureichender Meinung das erfaßt zu haben glaubt, worüber er Gewißheit haben wollte. Daher ist niemand in diesem Leben glücklich.

6. Der Mensch flieht von Natur aus den Tod und ist deswegen traurig; und er flieht ihn nicht nur dann, wenn er ihn kommen fühlt, sondern auch dann, wenn er an ihn denkt. Daß er nicht stirbt, kann der Mensch aber in diesem Leben nicht erreichen. Also ist es unmöglich, daß der Mensch in diesem Leben glücklich ist.

7. Das höchste Glück besteht nicht in einem Zustand, sondern in der Tätigkeit. Der Zustand besteht nämlich um der Tätigkeit willen. Es ist aber unmöglich, in diesem Leben ununterbrochen irgendeine Handlung auszuüben. Also ist es unmöglich, daß der Mensch in diesem Leben vollkommen glücklich ist.

8. Je mehr man irgendetwas ersehnt und liebt, um so größeren Schmerz und größere Trauer bringt dessen Verlust. Das Glück aber wird am meisten ersehnt und geliebt. Also bringt sein Verlust die größte Trauer. Wenn aber das höchste Glück in diesem Leben zu erreichen wäre, dann wäre gewiß, daß es zumindest durch den Tod verloren würde, und es wäre noch nicht einmal gewiß, ob es bis zum Tode dauern würde, weil einem Menschen in diesem Leben möglicherweise Krankheiten zustoßen, durch die er vollkommen an der Ausübung der Tugend gehindert wird, z. B. Wahnsinn oder ähnliches, wodurch er am Gebrauch seiner Vernunft gehindert ist. So wird ein solches Glück immer von Natur aus Trauer mit enthalten. Es wird also nicht das vollkommene Glück sein.

Es könnte jemand sagen, da das Glück das Gute der vernünftigen Natur ist, komme das vollkommene und wahre Glück denen zu, bei denen man die vollkommen vernünftige Natur findet, d. h. bei den abgesonderten Substanzen. Bei den Menschen aber findet man nur ein unvollkommenes in der Weise der Teilhabe.

Die vollkommene Erkenntnis der Wahrheit kann ihnen nämlich nicht zuteil werden außer durch eine Art Forschung; und bei der Erkenntnis dessen, was seiner Natur nach in höchster Weise intelligibel ist, versagen sie überhaupt, wie aus dem oben Gesagten (Kap. 45) klar hervorgeht. Deshalb kann das Glück gemäß seiner vollkommenen Vernunft nicht allen Menschen zukommen; aber an einem Teil davon haben sie Anteil, sogar in diesem Leben.

Und dies scheint die Meinung des Aristoteles über das Glück gewesen zu sein. Im 1. Buch der Ethik (I 10; 1101a20) untersucht er, ob Unglücksfälle das Glück aufheben. Vorher hatte er dargelegt, daß das Glück in den Werken der Tugend besteht, die am dauerhaftesten in diesem Leben zu sein scheinen. Dann zieht er den Schluß, daß diejenigen, denen eine solche Vollkommenheit in diesem Leben zukommt, als Menschen glücklich sind, indem sie nicht einfachhin zum Glück gelangen, sondern auf menschliche Art und Weise.

Es ist aber zu zeigen, daß die vorgenannte Antwort nicht die vorausgeschickten vernünftigen Argumente entkräftet. Obwohl der Mensch nämlich in der Ordnung der Natur niedriger steht als die abgesonderten Substanzen, so steht er doch höher als die unvernünftigen Wesen. Auf eine vollkommenere Weise als jene erreicht er daher sein Endziel. Jene nämlich erreichen ihr Endziel so vollkommen, daß sie nichts anderes mehr suchen. Wenn nämlich das Schwere an seinem Ort ist, kommt es zur Ruhe. Auch bei den Tieren kommt ihr natürliches Streben zur Ruhe, wenn sie Sinnesfreuden genießen. Wenn der Mensch zu seinem Endziel gelangt ist, muß daher umso mehr sein natürliches Streben zur Ruhe kommen. Das kann aber nicht in diesem Leben geschehen. Also erreicht der Mensch das Glück, insofern es das ihm eigentümliche Ziel ist, nicht in diesem Leben, wie gezeigt wurde. Er muß es daher nach diesem Leben erreichen.

9. Unmöglich kann das natürliche Verlangen sinnlos sein. Die Natur macht nämlich nichts umsonst. Das Verlangen der Natur wäre aber sinnlos, wenn es niemals erfüllt werden könnte. So ist auch das natürliche Verlangen des Menschen erfüllbar. Nur nicht in diesem Leben, wie gezeigt wurde. Also muß es nach diesem Leben erfüllt werden. Also ist das höchste Glück des Menschen nach diesem Leben erreichbar.

10. Solange sich etwas auf seine Vollkommenheit hinbewegt, ist es noch nicht bei seinem Endziel angelangt. Aber alle Menschen verhalten sich bei der Erkenntnis der Wahrheit immer so wie Wesen, die sich zur Vollkommenheit hinbewegen und danach streben, weil die Nachfolgenden immer anderes zu dem hinzufinden, was die Vorhergehenden erfunden haben, wie es auch im 2. Buch der Metaphysik heißt (II, 1; 993a30 ff.). Nicht verhalten sich also die Menschen bei der Erkenntnis der Wahrheit so, als ob sie schon im Endziel leben. Da also in der höchsten Weise in der Betrachtung, in der die Erkenntnis der Wahrheit gesucht wird, das höchste Glück des Menschen in diesem Leben zu bestehen scheint, wie auch Aristoteles im 10. Buch der Ethik es begründet

(X 7; 1177 a 12 ff.), kann man unmöglich sagen, daß der Mensch in diesem Leben sein Endziel erreicht.

11. Alles, was im Zustand der Möglichkeit ist, strebt danach, in den der Wirklichkeit zu kommen. Solange es also nicht ganz wirklich geworden ist, ist es nicht in seinem Endziel. Unser Verstand aber ist in Hinsicht darauf, alle Formen der Dinge zu erkennen, im Zustand der Möglichkeit. Er wird aber Wirklichkeit, wenn er irgendeine der Formen erkennt. Also wird er nur dann ganz Wirklichkeit, nur dann in seinem Endziel sein, wenn er einmal alles, zumindest alles Materielle, erkennt. Das kann aber der Mensch nicht durch die theoretischen Wissenschaften erreichen, vermittels derer wir in diesem Leben die Wahrheit erkennen. Also ist es unmöglich, daß das höchste Glück des Menschen in diesem Leben erreichbar ist.

Aus diesen und ähnlichen Gründen erklärten aber Alexander[4] und Averroes[5], das höchste Glück des Menschen bestehe nicht in der menschlichen Erkenntnis, d. h. durch die theoretischen Wissenschaften, sondern durch die ständige Verbindung mit der abgesonderten Substanz, und sie glaubten, dies sei dem Menschen in diesem Leben möglich.

Weil jedoch Aristoteles sah (E.N. X 10), daß es für den Menschen eine andere Erkenntnis in diesem Leben nicht gibt als die durch die theoretischen Wissenschaften, erklärte er, daß der Mensch nicht das vollkommene Glück erreichen könne, sondern nur eins auf seine ihm eigentümliche Weise. Hieraus wird hinreichend klar, in wie große Verlegenheit die bedeutendsten Gelehrten in dieser Beziehung gerieten. Von diesen Verlegenheiten werden wir befreit, wenn wir entsprechend den vorhergehenden Ausführungen feststellen, daß der Mensch zum wahren Glück erst nach diesem Leben gelangen kann, da ja die Seele des Menschen unsterblich ist. In dem Zustand wird die Seele in der Weise erkennen, wie die abgesonderten Substanzen erkennen; dies ist im 2. Buch (Kap. 81) dieses Buches dargelegt. Das höchste Glück des Menschen wird folglich in der Erkenntnis Gottes bestehen, die der menschliche Geist nach diesem Leben besitzen wird in derselben Weise, wie die abgesonderten Substanzen Gott selbst erkennen.

---

4 Alexander von Hales (geb. zwischen 1170 und 1180, gest. 1245), bedeutender englischer Scholastiker

5 führender Philosoph des westlichen Islam (1126–1198), einflußreicher Vertreter des Aristotelismus, der die Lehren des Aristoteles mit der islamischen Theologie zu verbinden suchte

Und deshalb verspricht uns der Herr (Mt 5,12) den Lohn im Himmel, und er sagt, daß die Heiligen sein werden wie die Engel (Mt 22,30), die immer Gott schauen im Himmel (Mt 18,10).

(Summa contra Gentiles III 48)

II. EUROPÄISCHE NEUZEIT

René Descartes[1]

1.

Da wir als Kinder auf die Welt kommen und über sinnliche Gegenstände urteilen, bevor wir den vollen Gebrauch unserer Vernunft erlangt haben, so werden wir durch viele Vorurteile an der Erkenntnis der Wahrheit gehindert, und es scheint kein anderes Mittel dagegen zu geben, als einmal im Leben sich zu entschließen, an allem zu zweifeln, worin man auch nur den geringsten Verdacht einer Ungewißheit antrifft.

Es ist sogar nützlich, schon das Zweifelhafte als falsch anzunehmen, um desto sicherer das zu finden, was ganz sicher und ganz leicht erkennbar ist.

Dieser Zweifel ist indessen auf die Erforschung der Wahrheit zu beschränken. Denn im tätigen Leben würde oft die Gelegenheit zum Handeln vorübergehen, ehe wir uns aus den Zweifeln befreit hätten, und hier muß man daher oft das bloß Wahrscheinliche hinnehmen und manchmal selbst unter gleich wahrscheinlichen Dingen eine Wahl treffen.

(Prinzipien der Philosophie, I, S. 1)

2.

Endlich genügt es nicht, das Haus, in dem man wohnt, nur abzureißen, bevor man mit dem Wiederaufbau beginnt, und für Baumaterial und Architekten zu sorgen oder sich selbst in der Architektur zu üben und außerdem den Grundriß dazu sorgfältig entworfen zu haben, sondern

---

1 Prinzipien der Philosophie, übersetzt und erläutert von Artur Buchenau, Hamburg 1955 (1644)
Von der Methode, neu übersetzt, herausgegeben von Lüder Gäbe, Hamburg 1960 (1637)

man muß auch für ein anderes Haus vorgesorgt haben, in dem man während der Bauzeit bequem untergebracht ist. Um also in meinem Tun nicht unentschlossen zu bleiben, solange mich die Vernunft nötigte, es in meinen Urteilen zu sein, und um so glücklich wie möglich weiterleben zu können, entwickelte ich mir eine Moral auf Zeit, die nur aus drei oder vier Grundsätzen bestand, die ich Ihnen gern mitteilen möchte.

Der erste war, den Gesetzen und Sitten meines Vaterlandes zu gehorchen, an der Religion beharrlich festzuhalten, in der ich durch Gottes Gnade seit meiner Kindheit unterrichtet worden bin, und mich in allem anderen nach den maßvollsten, jeder Übertreibung fernsten Überzeugungen zu richten, die von den Besonnensten unter denen, mit denen ich leben würde, gemeinhin in die Tat umgesetzt werden. Denn ich war ja im Begriff, meine eigenen für nichts gelten zu lassen, weil ich sie alle der Prüfung unterwerfen wollte, und war daher sicher, daß ich nichts Besseres tun könne, als den Ansichten der Besonnensten zu folgen. Und obgleich es vielleicht auch unter den Persern oder Chinesen ebenso besonnene Leute geben mag wie bei uns, schien es mir doch am nützlichsten, mich nach denen zu richten, mit denen ich leben würde, und, um zu wissen, welches wirklich ihre Überzeugungen wären, vielmehr auf ihre Taten zu achten als auf ihre Worte, nicht nur, weil es bei der herrschenden Sittenverderbnis wenige Leute gibt, die alles sagen würden, was sie glauben, sondern auch, weil viele es selbst nicht wissen; denn da der geistige Akt, durch den man etwas glaubt, verschieden ist von dem, durch den man erkennt, daß man es glaubt, ist oft der eine ohne den anderen da. Und unter mehreren Überzeugungen, die gleichermaßen anerkannt werden, wählte ich nur die gemäßigten, einmal weil sie für die Praxis immer die bequemsten und wahrscheinlich die besten sind – denn alles Übermaß ist für gewöhnlich schlecht – dann auch, um mich für den Fall eines Fehlgriffs weniger vom wahren Wege zu entfernen, als wenn ich ein Extrem gewählt hätte und dem anderen hätte folgen müssen. Besonders rechnete ich alle Versprechungen unter das Übermaß, mit denen man etwas von seiner Freiheit aufgibt. Nicht daß ich die Gesetze mißbilligte, die der Unbeständigkeit schwacher Gemüter abhelfen sollen und es, wenn man einen guten Vorsatz gefaßt hat oder sogar nur einen, der weder gut noch bös ist, erlauben – im letzteren Falle um der Sicherheit von Handel und Wandel willen – Gelübde oder Verträge einzugehen, die dazu verpflichten, bei diesem Vorsatz zu bleiben; sondern: weil ich nichts auf der Welt fand, was immer im selben Zustand bliebe, und weil ich für meine Person die Absicht hatte, meine Urteile mehr und mehr zu vervollkommnen und nicht zu verderben, so hätte ich geglaubt, mich sehr gegen den gesunden Verstand zu vergehen, wenn ich mich damals durch die Anerkennung von irgend etwas gebunden hätte, dies auch nachher noch für gut zu achten, wenn es vielleicht nicht mehr gut ist oder ich es nicht mehr dafür halte.

Mein zweiter Grundsatz war, in meinen Handlungen so fest und entschlossen zu sein wie möglich und den zweifelhaftesten Ansichten, wenn ich mich einmal für sie entschieden hätte, nicht weniger beharrlich zu folgen, als wären sie ganz gewiß. Hierin ahmte ich die Reisenden nach, die, wenn sie sich im Walde verirrt finden, nicht umherlaufen und sich bald in diese, bald in jene Richtung wenden, noch weniger an einer Stelle stehen bleiben, sondern so geradewegs wie möglich immer in derselben Richtung marschieren und davon nicht aus unbedeutenden Gründen abweichen sollten, obschon es vielleicht im Anfang bloß der Zufall gewesen ist, der ihre Wahl bestimmt hat; denn so werden sie, wenn sie nicht genau dahin kommen, wohin sie wollten, wenigstens am Ende irgendeine Gegend erreichen, wo sie sich wahrscheinlich besser befinden als mitten im Wald. Ebenso dulden die Handlungen im Leben häufig keinen Aufschub, und daher ist es eine ganz unbestreitbar wahre Forderung, daß wir, wenn es nicht in unserer Macht steht, die wahrsten Ansichten zu erkennen, den wahrscheinlichsten folgen sollten, und selbst wenn wir nicht bemerken, daß die Wahrscheinlichkeit der einen die der anderen überwiegt, sollten wir uns nichtsdestoweniger zu irgendeiner entscheiden und sie hernach, soweit sie für die Praxis Bedeutung hat, nicht mehr als zweifelhaft, sondern als ganz wahr und ganz sicher ansehen, weil der Grund, der uns dazu bewogen hat, doch wahr und sicher ist. Und dies war geeignet, mich seit dieser Zeit von aller Reue und allen Gewissensbissen zu befreien, die für gewöhnlich das Gewissen schwacher und unbeständiger Gemüter zu beunruhigen pflegen, die sich wankelmütig gehen lassen und Dinge tun, als seien sie gut, von denen sie später erkennen, daß sie schlecht sind.

Mein dritter Grundsatz war, stets bemüht zu sein, eher mich selbst zu besiegen als das Schicksal, eher meine Wünsche zu ändern als die Weltordnung und überhaupt mich an den Gedanken zu gewöhnen, daß nichts völlig in unserer Macht steht außer unseren Gedanken. Haben wir also bezüglich der Dinge außer uns unser Bestes getan, so ist alles, was am Gelingen fehlt, in Hinsicht auf uns völlig unmöglich. Dies allein schien mir auszureichen, mich für die Zukunft nichts wünschen zu lassen, was ich nicht erreichte, und mich auf diese Weise zufrieden zu machen. Denn unser Wille geht in seinen Wünschen von Natur nur auf Dinge, die unser Verstand ihm auf irgendeine Weise als möglich darstellt; betrachten wir daher alle äußeren Güter als gleich weit außerhalb unserer Macht gelegen, so werden wir uns gewiß nicht stärker darüber grämen, daß uns fehlt, was wir anscheinend schon sollten mit auf die Welt bekommen haben, falls wir es ohne unser Verschulden entbehren, als darüber, daß uns die Königreiche von China oder Mexiko nicht gehören, und indem wir, wie man so sagt, aus der Not eine Tugend machen, werden wir ebensowenig wünschen, gesund zu sein, wenn wir krank sind, oder frei zu sein, wenn wir im Gefängnis sitzen, wie wir uns jetzt etwa wünschen, einen Körper aus ähnlich unzerstörbarem Material wie Diamanten zu haben oder Flügel zum Fliegen wie die Vögel. Aber ich gebe zu, daß es langer Übung und oft wiederholten Nachdenkens bedarf, um sich daran zu gewöhnen, alle Dinge unter diesem Gesichtspunkt zu sehen, und ich glaube, daß hauptsächlich hierin das Geheimnis jener Philosophen bestand, die sich in früheren Zeiten der Herrschaft des Schicksals entziehen konnten und trotz Schmerzen und Armut mit ihren Göttern ums Glück wetteiferten. Denn unablässig mit dem Gedanken an die Grenzen beschäftigt, die ihnen die Natur gesteckt hatte, überzeugten sie sich vollkommen, daß nur ihre Gedanken ganz in ihrer Macht ständen, so daß dies allein hinreichte, ihnen jede Leidenschaft für andere Dinge fernzuhalten. So vollkommen beherrschten sie ihre Leidenschaften, daß sie sich mit einem gewissen Recht für reicher, mächtiger, freier und glücklicher hielten als irgendeinen anderen Menschen, der ohne diese Philosophie, so sehr ihn auch Natur und Geschick begünstigt haben mochten, niemals alles, was er will, so in seiner Gewalt hat.

Endlich, um diese Moral abzuschließen, verfiel ich darauf, eine Musterung der verschiedenen Beschäftigungen zu halten, denen die Menschen in diesem Leben nachgehen, um die beste darunter auszuwählen, und glaubte (die Beschäftigungen anderer will ich übergehen), ich könne nichts Besseres tun, als mit der fortfahren, der ich bereits nachging, d. h. mein ganzes Leben darauf verwenden, meinen Verstand zu kultivieren und, soweit ich könnte, nach der Methode, die ich mir vorgeschrieben, in der Erkenntnis fortzuschreiten. Mir war, seit ich diese Methode zuerst in Gebrauch genommen hatte, so außerordentliche Befriedigung zuteil geworden, wie sie in diesem Leben nach meiner Überzeugung nicht wohltuender und unschuldiger sein konnte. Jeden Tag entdeckte ich mit ihrer Hilfe etwas Wahres, das mir wichtig genug und anderen gemeinhin unbekannt schien, und die Befriedigung, die mir dies gab, erfüllte mich so, daß alles andere mich nicht berührte. Außerdem gründeten sich die drei vorhergehenden Regeln allein auf meinen Plan fortzufahren, mich zu unterrichten; denn da Gott jedem von uns ein Licht gegeben hat, Wahres und Falsches zu unterscheiden, so glaubte ich nicht, ich dürfe mich mit den Ansichten anderer nur einen Augenblick zufriedengeben ohne den Vorsatz, mein eigenes Urteil zu ihrer Prüfung zu benutzen, sobald die Zeit reif sein würde. Und ich hätte ihnen nicht ohne Bedenken folgen können, wenn ich nicht gehofft hätte, ich verlöre dadurch keine Gelegenheit, bessere zu finden, falls es sie gäbe. Schließlich hätte ich meine Wünsche nicht in Schranken halten und zufrieden sein können, hätte ich nicht einen Weg verfolgt, der mir die Gewißheit gab, ich werde auf ihm nicht nur alle Erkenntnisse erwerben, deren ich fähig wäre, sondern mit denselben Mitteln auch alle wahren Güter, die jemals in meiner Macht stehen würden; denn unser Wille entschließt sich nur in dem Maße, etwas zu verfolgen oder zu meiden, wie unser Verstand es ihm als gut oder schlecht darstellt, und deshalb genügt es, recht zu urteilen, um recht zu tun, und nach besten Kräften zu urteilen, um sein Bestes zu erreichen, d. h. alle Tugenden zu erwerben und damit zugleich auch alle anderen Güter, die man erwerben kann. Und wenn man sicher ist, daß dies erreicht ist, so muß man zufrieden sein.

(Von der Methode, III, S. 18–23)

3.

Ich habe nie viel Staat mit den Produkten meines Geistes gemacht, und solange ich aus der Methode, die ich benutze, keinen anderen Vorteil zog, als daß ich mir selbst bezüglich einiger Probleme in den spekulativen Wissenschaften Befriedigung verschaffte oder auch mein Leben nach den Maximen, die sie vorschreibt, zu regeln suchte, hielt ich mich nicht für verpflichtet, etwas darüber zu veröffentlichen. Denn was die Lebensregeln angeht, so besteht jeder so sehr auf seinen eigenen Grundsätzen, daß man ebenso viele Reformatoren auf diesem Gebiet würde finden können wie Köpfe, wäre es auch anderen als denen erlaubt, die Gott zu Herren über ihre Völker gesetzt oder denen er Gnade und Glaubenseifer genug verliehen hat, um Propheten zu sein, hier etwas zu verändern. Zwar gefielen mir meine Spekulationen sehr, aber ich glaubte, daß auch andere solche hätten, die ihnen vielleicht noch besser gefielen. Sobald ich mir aber einige allgemeine Grundbegriffe in der Physik verschafft hatte, diese bei verschiedenen Einzelproblemen zu erproben begann und dabei bemerkte, wohin sie führen können und wieweit sie sich von den Prinzipien unterscheiden, deren man sich bis heute bedient hat, so glaubte ich, sie nicht verbergen zu dürfen, ohne sehr gegen das Gesetz zu verstoßen, das uns verpflichtet, soviel an uns liegt, das allgemeine Beste aller Menschen zu befördern. Denn sie haben mir gezeigt, daß es möglich ist, zu Kenntnissen zu kommen, die von großem Nutzen für das Leben sind, und statt jener spekulativen Philosophie, die in den Schulen gelehrt wird, eine praktische zu finden, die uns die Kraft und Wirkungsweise des Feuers, des Wassers, der Luft, der Sterne, der Himmelsmaterie und aller anderen Körper, die uns umgeben, ebenso genau kennen lehrt, wie wir die verschiedenen Techniken unserer Handwerker kennen, so daß wir sie auf ebendieselbe Weise zu allen Zwecken, für die sie geeignet sind, verwenden und uns so zu Herren und Eigentümern der Natur machen könnten. Dies ist nicht nur für die Erfindung einer unendlichen Zahl von Kunstgriffen zu wünschen, die uns ohne jede Mühe zum Genuß der Früchte der Erde und aller Annehmlichkeiten auf ihr verhelfen würden, sondern vor allem auch für die Erhaltung der Gesundheit, die ohne Zweifel das erste Gut und die Grundlage aller anderen Güter dieses Lebens ist; denn sogar der Geist ist so sehr von der Leibesbeschaffenheit und der Einrichtung der Organe abhängig, daß ich, wäre es möglich ein Mittel zu finden, das die Menschen ganz allgemein weiser und geschickter machte, als sie bisher gewesen sind, glaube, man muß es in der Medizin suchen. Freilich gibt es nach ihrem heutigen Stand weniges in der Medizin, dessen Nutzen so beachtlich wäre; ich will sie gar nicht verächtlich machen, bin aber sicher, daß es niemanden gibt, selbst unter Medizinern von Profession, der nicht zugibt, daß all das, was man da weiß, fast nichts ist im Vergleich mit dem, was noch zu wissen übrig ist, und daß man sich vor einer unendlichen Zahl von Krankheiten sowohl des Körpers wie des Geistes, ja vielleicht sogar auch vor Altersschwäche bewahren könnte, wenn man eine hinreichende Kenntnis ihrer Ursachen und aller Heilmittel besäße, mit denen uns die Natur versorgt hat. Nun hatte ich die Absicht, mein ganzes Leben daranzusetzen, einer so notwendigen Wissenschaft nachzuforschen, und da ich einen Weg gefunden hatte, auf dem man sie, wie mir schien, zweifellos finden mußte, es sei denn, man würde von der Kürze des Lebens oder durch Mangel an Beobachtungen daran gehindert, meinte ich, daß es kein besseres Mittel gegen diese zwei Hindernisse gäbe, als der Öffentlichkeit all das wenige, das ich gefunden habe, getreulich mitzuteilen und kluge Köpfe zu der Aufgabe einzuladen, weiter vorzudringen, indem sie, jeder nach Neigung und Vermögen, Beobachtungen, die anzustellen wären, beisteuerten und ebenfalls der Öffentlichkeit all ihre Entdeckungen mitteilten, damit die letzten dort anfingen, wo ihre Vorgänger aufgehört haben, und wir, indem sich auf diese Weise Leben und Arbeiten vieler vereinigt, alle gemeinsam viel weiter kämen, als es jeder für sich vermöchte.

(Von der Methode, VI, S. 49–51)

Blaise Pascal[1]

1.

Alle Menschen ohne Ausnahme streben danach, glücklich zu sein, wie verschieden die Wege auch sind, die sie einschlagen; alle haben dieses Ziel. Der gleiche Wunsch ist es, mag er sich auch verschieden ansehen, der in diesen und in jenen lebt, und der bewirkt, daß die einen in den Krieg und die anderen nicht in den Krieg ziehen. Zu keiner Handlung ist der Wille zu bewegen, jede zielt auf das Glück. Es ist der Beweggrund aller Handlungen aller Menschen, selbst der, die im Begriff stehen, sich zu erhängen.

Und indessen hat seit so vielen Jahren keiner dies Ziel, auf das alle es ständig abgesehen haben, ohne den Glauben erreicht. Alle klagen: Fürsten und Untertanen; Adlige und Bürger; Alte und Junge; Starke und Schwache; Wissende und Unwissende; Gesunde und Kranke in allen Ländern und zu allen Zeiten, jeglichen Alters und jeglichen Standes.

Ein so ausgedehnter, beständiger und gleichförmiger Beweis sollte uns eigentlich von unserer Unfähigkeit, durch unsere Bemühungen glücklich zu werden, überzeugen. Aber die Beispiele belehren uns kaum: keines ist jemals so genau zutreffend, daß nicht irgendein feiner Unterschied bliebe, und dieser ist der Grund, daß wir hoffen, unsere Erwartung würde dieses Mal nicht enttäuscht werden wie sonst. Da uns so die Gegenwart nie befriedigt, betrügt uns die Erfahrung und führt uns von Unglück zu Unglück bis zum Tode, der sein ewiger Gipfel ist.

Was schreit aus dieser Gier und dieser Unmacht, wenn nicht das, daß ehemals der Mensch wirklich im Glück war, wovon uns nichts blieb als

---

1 Über die Religion und über einige andere Gegenstände (Pensées), übersetzt von Ewald Wasmuth, [7]Heidelberg 1972. Stellenangaben unter dem Text: Nummern der Pensées (entstanden nach 1658)

die Narbe und die völlig leere Spur, die der Mensch nutzlos mit allem, was ihn umgibt, zu erfüllen trachtet, da er von dem Ungegenwärtigen erlangen will, was er von dem Gegenwärtigen nicht erlangen kann; wenn nicht das, daß alles hierzu ungeeignet ist, da diesen unendlichen Abgrund nur ein Unendliches und Unwandelbares zu erfüllen vermag, das heißt nur Gott selbst?

Er allein ist des Menschen wahres Gut; und rätselhaft, seit er sich von ihm abgewandt, gibt es nichts in der Welt, das nicht geeignet gewesen wäre, seinen Ort zu erfüllen: Sterne, Himmel, Erde, Elemente, Pflanzen, Kohl, Lauch, Tiere, Insekten, Kälber, Schlangen, Fieber, Pest, Krieg, Hungersnot, Laster, Ehebruch, Blutschande. Seitdem der Mensch dies wahre Gut verloren hat, konnte ihm alles und jedes das wahre Gut bedeuten, selbst seine eigene Vernichtung, obgleich sie zugleich gegen Gott, gegen die Vernunft und gegen die Natur ist.

Die einen suchen das höchste Gut in der Herrschaft, andere in der Forschung und in den Wissenschaften, andere in der sinnlichen Lust. Andere, die ihm wirklich näher kamen, meinten, das, was alle Menschen als höchstes Gut wünschen, dürfe in keinem Besonderen, was ein Einzelner besitzen könne, beschlossen sein, da es seinen Besitzer, wenn man es teile, durch das, was dann fehlt, mehr betrübe, als ihn die Lust an dem, was ihm gehört, befriedigen könne. Sie sahen ein, daß das höchste Gut so sein müßte, daß es alle zugleich, und zwar ohne Minderung und ohne Neid besitzen könnten und daß es niemand gegen seinen Willen verlieren könnte. Und ihre Überlegung ist, daß, weil dieser Wunsch dem Menschen natürlich ist, da er notwendig in allen lebendig ist, es unmöglich ist, daß er ihn nicht spüre.

(425)

2.

Was ist zum Schluß der Mensch in der Natur? Ein Nichts vor dem Unendlichen, ein All gegenüber dem Nichts, eine Mitte zwischen Nichts und All. Unendlich entfernt von dem Begreifen der äußersten Grenzen, sind ihm das Ende aller Dinge und ihre Gründe undurchdringlich verborgen, unlösbares Geheimnis; er ist gleich unfähig, das Nichts zu fassen, aus dem er gehoben, wie das Unendliche, das ihn verschlingt.

Was also wird er tun, wenn er nichts anderes erkennt als in etwas den Anschein von der Mitte der Dinge, weil er weder ihren Grund noch ihr Ende erkennt? Alle Dinge entwachsen dem Nichts und ragen bis in das Unendliche. Wer kann diese erschreckenden Schritte mitgehen? Der Schöpfer dieser Wunder begreift sie; niemand anderes vermag es. Weil die Menschen versäumten, über diese Unendlichkeiten nachzudenken, unterfingen sie sich, die Natur zu erforschen, so als hätten sie irgendein gemeinsames Maß mit ihr. Rätselhaftes Ding, daß sie in einer Anmaßung, die so unendlich wie ihr Gegenstand ist, die Gründe der Dinge verstehen und dahin gelangen wollten, alles zu wissen. Denn es ist außer Zweifel, daß man diesen Plan nicht fassen kann ohne eine Anmaßung oder eine Fähigkeit so unendlich wie die Natur . . .

(72)

3.

Eigenliebe. Nur sich selbst zu lieben und nichts als sich selbst zu bedenken, ist die Art der Eigenliebe und dieses menschlichen Ichs. Aber wie wird es dies vollbringen? Das Ich kann nicht hindern, daß das, was es liebt, voll von Mängeln und Elend ist: es wünscht sich groß und findet sich gering; es wünscht sich glücklich und findet sich unglücklich; es wünscht sich vollkommen und findet sich voller Unvollkommenheiten; es wünscht sich von Menschen geliebt und geachtet und findet, daß seine Mängel nur ihre Abneigung und Verachtung verdienen. Diese Verlegenheit, in der es sich findet, zeugt in ihm die ungerechteste und verbrecherischste Leidenschaft, die man ersinnen kann, denn sie zeugt einen tödlichen Haß gegen die Wahrheit, die es bemäkelt und es von seinen Fehlern überzeugt. Es wird sie zu vernichten wünschen, und da es nicht fähig ist, sie selbst zu zerstören, zerstört es sie, soweit es dies vermag, in seinem Bewußtsein und in dem der anderen; d. h. es richtet seine ganze Mühe darauf, vor den andern und vor sich selbst seine Fehler zu verbergen, es kann nicht dulden, daß man sie ihm zeige, noch daß man sie bemerke.

Es ist fraglos ein Übel, voller Fehler zu sein, aber es ist ein noch größeres Übel, es zu sein und sie nicht kennen zu wollen, weil das heißt, daß man ihnen willentlich noch den Betrug hinzufügt. Wir wollen von den andern nicht getäuscht werden, wir finden es unrecht, daß sie von uns mehr geschätzt werden wollen, als sie verdienen: Also ist auch unrecht, daß wir sie täuschen und daß wir von ihnen mehr geschätzt werden wollen, als wir verdienen.

Wenn sie also an uns nur Laster und Unvollkommenheiten bemerken, die uns wirklich eignen, so ist offensichtlich, daß sie uns darin kein Unrecht tun, da wir und nicht sie die Schuld daran haben, und daß sie uns Gutes tun, wenn sie uns helfen, uns von einem Übel zu befreien, nämlich von dem, diese Mängel nicht zu kennen. Wir dürfen nicht betroffen sein, daß sie sie kennen und uns deshalb mißachten, da es richtig ist, daß sie uns kennen, wie wir sind, und daß sie uns verachten, wenn wir verächtlich sind.

So etwa müßte ein Herz, das voll von Rechtlichkeit und Gerechtigkeit wäre, empfinden. Was aber können wir von unserm sagen, wenn wir in ihm völlig gegensätzliche Neigungen finden? Ist es etwa nicht wahr, daß wir die Wahrheit und die, die sie uns sagen, hassen und nur die schätzen, die sich zu unserem Vorteil täuschen, und daß wir von ihnen anders eingeschätzt werden wollen, als wir wirklich sind? . . .

Verschiedene Grade gibt es in dieser Abneigung gegen die Wahrheit, man kann aber sagen, daß sie jedem in etwas eignet, da sie unzertrennlich von der Eigenliebe ist. Dieses falsche Zartgefühl zwingt die, die andere zu tadeln haben, zu mancherlei Umweg und mancherlei Mäßigung, um zu vermeiden, daß sie sie kränken. Sie müssen unsere Mängel verkleinern, sie zu entschuldigen suchen, Lobsprüche und Beteuerungen ihrer Anhänglichkeit und Achtung hinzufügen. Trotz alledem schmeckt diese Medizin unserer Eigenliebe bitter. Sie nimmt so wenig wie möglich davon und stets mit Widerwillen und oftmals mit einer geheimen Verachtung gegen die, die sie uns reichen.

Deshalb hütet man sich, uns, wenn man irgendein Interesse an unserer Zuneigung hat, einen Dienst zu erweisen, der, wie man weiß, uns unangenehm ist; man behandelt uns so, wie wir behandelt werden wollen. Wir verabscheuen die Wahrheit, man verbirgt sie uns; wir wollen, daß man uns schmeichele, man schmeichelt uns; wir lieben es, getäuscht zu werden, man täuscht uns.

So geschieht es, daß jede Stufe, die das Glück uns erhöht, uns immer mehr von der Wahrheit entfernt; denn wachsend hütet man sich, die, deren Neigung nützlich und deren Abneigung gefährlich ist, zu verletzen. Ein Fürst kann im Gerede von ganz Europa sein und er der einzige sein, der nichts davon weiß. Das wundert mich nicht: Die Wahrheit ist dem von Nutzen, dem man sie sagt, aber schädlich für die, die sie sagen, weil sie sich verhaßt machen. Nun, wer im Gefolge der Fürsten lebt, schätzt seinen Vorteil höher als den des Fürsten, dem er dient, und also hütet er sich, ihm zu nützen und dadurch sich selbst zu schaden.

Bei den Wohlhabenden ist dieses Unglück fraglos häufiger und alltäglicher, aber die Geringsten bleiben von ihm nicht verschont, weil es immer irgendeinen Vorteil gibt, um sich bei Menschen beliebt zu machen. So ist das menschliche Leben ein fortwährender Trug, gegenseitig täuscht man sich, gegenseitig schmeichelt man sich. Niemand redet so, wenn wir zugegen sind, wie er in unserer Abwesenheit redet. Auf dieser gegenseitigen Täuschung ist die Einigkeit der Menschen begründet, und wenige Freundschaften würden beständig sein, wenn jedweder wüßte, was sein Freund sagt, wenn er nicht anwesend ist, obgleich er dann aufrichtig und leidenschaftslos spricht.

Also ist der Mensch nichts als Verstellung, Lüge und Scheinheiligkeit, und zwar sowohl vor sich selbst, als gegenüber den andern. Er will nicht, daß man ihm die Wahrheit sagt, und er vermeidet, sie den andern zu sagen. Und all diese Anlagen haben, so fern sie von der Gerechtigkeit und der Vernunft sind, ihren natürlichen Grund in seinem Herzen.

(100)

4.

Was für ein Hirngespinst ist dann der Mensch? Welche Neuerung, was für ein Unbild, welche Wirrnis, was für ein Ding des Widerspruchs, was für ein Wunder! Beurteiler von allem, törichter Erdenwurm, Verwalter der Wahrheit, Schlammfang der Ungewißheit und der Irrheit, Ruhm und Auswurf des Universums. Wer wird diese Verwirrung entwirren? Die Natur verwirrt die Skeptiker und die Vernunft verwirrt die Dogmatiker. Was soll aus euch Menschen werden, die ihr durch eure natürliche Einsicht erkennen wollt, was eure wirkliche Seinslage ist? Keine der Sekten könnt ihr meiden, noch in einer bestehen.

Erkenne also, Hochmütiger, was für ein Widerspruch du dir selbst bist. Demütige dich, unmächtige Vernunft, schweige still, törichte Natur, begreife: der Mensch übersteigt unendlich den Menschen, und vernehme von deinem Herrn deine wirkliche Lage, von der du nichts weißt. Höre auf Gott.

Denn, wäre der Mensch nicht verderbt, so würde er sich seiner Unschuld, der Wahrheit und Glückseligkeit in Gewißheit erfreuen: und wäre der Mensch seit je verderbt, würde er keine Vorstellung, weder von der Wahrheit noch von der Glückseligkeit haben. Aber so unglücklich sind wir, und unglücklicher selbst, als wenn es Größe in unserer Lage nie gegeben, daß wir eine Ahnung vom Glück haben und nicht dahin gelangen können; wir fühlen ein Bild der Wahrheit und besitzen nur Irrheit. Wir sind unfähig, wahrhaft nichts zu wissen und etwas gewiß zu wissen; so offensichtlich ist, daß wir an einer Vollkommenheit teilhatten, aus der wir zu unserem Unglück verstoßen sind.

Das Erstaunlichste indessen ist, daß das Geheimnis, das unser Begreifen am meisten übersteigt, das von der Vererbung der Sünde, ein Ding ist, ohne das wir keine Kenntnis von uns selbst haben können. Denn fraglos, nichts gibt es, was unsere Vernunft mehr empört als die Aussage, daß die Sünde des ersten Menschen alle die schuldig gemacht haben solle, die, da sie so entfernt von diesem Ursprung sind, unfähig zu sein scheinen, daran teilzuhaben. Diese Fortzeugung scheint uns nicht nur unmöglich, sondern im höchsten Maße sogar ungerecht, denn was könnte den Gesetzen unserer elenden Gerechtigkeit mehr widersprechen als daß ein Kind, unfähig zur Willensäußerung, für eine Sünde ewig verdammt ist, an der es so wenig teilzuhaben scheint und die sechstausend Jahre vor seiner Geburt begangen wurde? Fraglos, nichts erregt heftigeren Anstoß als diese Lehre und indessen sind wir uns selbst ohne dies unverständlichste Mysterium unbegreifbar. In diesem Abgrund findet das Band unserer Lage Einschlag und Knoten, so daß der Mensch ohne dies Mysterium unbegreifbarer ist, als dies Mysterium dem Menschen unbegreifbar ist.

Woraus deutlich wird, daß Gott, da er die Schwierigkeit unseres Wesens für uns selbst unlösbar haben wollte, den Knoten so hoch oder besser so tief verborgen hat, daß wir unfähig sein sollen, dahin zu gelangen, derart, daß wir nicht durch hochmütige Anstrengungen der Vernunft uns wahrhaft kennen können, sondern nur durch schlichte Unterwerfung der Vernunft.

Diese Fundamente, die durch die unantastbare Autorität der Religion fest begründet sind, belehren uns, daß es zwei gleich unerschütterliche Wahrheiten des Glaubens gibt: erstens, daß der Mensch im Stande der Schöpfung oder der Gnade über alles in der ganzen Natur erhöht worden ist, geschaffen als Gott ähnlich und an seiner Göttlichkeit teilhabend; dann, daß er im Stande der Verderbtheit und der Sünde aus diesem Stande gestürzt und den Tieren ähnlich geworden ist.

(434)

Bernard de Mandeville[1]

1.

Alle in Freiheit lebenden Tiere streben ausschließlich nach Befriedigung ihrer Begierden und folgen ganz naturgemäß ihren Neigungen, ohne sich darum zu kümmern, welches Gute oder Böse für andere aus ihrer Befriedigung entspringt. Dies ist der Grund, warum im rohen Naturzustande diejenigen Geschöpfe am geeignetsten sind, in großer Anzahl friedlich miteinander zu leben, die den geringsten Verstand und die wenigsten Bedürfnisse haben. Und deshalb wieder ist keine Tierart ohne den Druck des Beherrschtwerdens weniger fähig, sich lange in großer Menge zusammen zu vertragen, als die des Menschen. Doch sind seine Eigenschaften – ob nun gut oder schlecht, will ich nicht entscheiden – derart, daß kein Geschöpf außer ihm jemals zu einem wirklich geselligen werden kann. Nun ist er aber jedenfalls ein außerordentlich selbstsüchtiges und widerspenstiges sowie auch schlaues Tier. Wie sehr er sich daher sonst auch mag überlegener Stärke unterwerfen müssen: es ist doch unmöglich, ihm mit Gewalt allein beizukommen und all die Vervollkommnung, deren er fähig ist, angedeihen zu lassen.

Das Hauptbestreben der Gesetzgeber und anderer weiser Männer, die um die Begründung der Gesellschaft bemüht waren, ist daher gewesen, den Menschen, die sie zu regieren hatten, den Glauben beizubringen, daß es für jeden einzelnen vorteilhafter sei, seine Begierden zu unterdrücken als ihnen freien Lauf zu lassen, und daß es weit besser sei, das allgemeine Wohl als die vermeintlichen Privatinteressen im Auge zu haben. Da dies jederzeit eine sehr schwierige Aufgabe gewesen ist, so hat man auch keinen Kunstgriff und keine Überredung unversucht gelassen, um sie zu lösen; und die Sittenlehrer und Philosophen aller Zeiten verwendeten ihr bestes Können darauf, die Wahrheit eines so nützlichen Grundsatzes zu beweisen. Indessen, ob ihn die Menschen nun jemals für richtig gehalten haben mögen oder nicht: es ist nicht wahrscheinlich, daß jemand sie hätte überreden können, ihren natürlichen Neigungen zu entsagen oder fremdes Wohl dem eigenen vorzuziehen, wenn er ihnen nicht gleichzeitig einen Ersatz gezeigt hätte, der als Be-

---

1 Mandevilles Bienenfabel, herausgegeben von Otto Bobertag, München 1914 (1724)

lohnung für den Zwang zu genießen sei, den sie sich durch ein solches Verhalten notwendigerweise antun mußten. Denen, die die Menschheit zu zivilisieren unternommen haben, war dies nicht unbekannt. Da sie aber nicht imstande waren, für alle einzelnen Handlungen so viele reale Belohnungen zu verteilen, daß sämtliche Personen zufrieden gewesen wären, so blieb ihnen nichts anderes übrig, als eine Art ideeller Belohnung zu erfinden, die bei allen Gelegenheiten als allgemeine Entschädigung für die beschwerliche Selbstverleugnung dienen und, ohne ihnen selbst oder anderen etwas zu kosten, doch für die Empfänger eine höchst annehmbare Vergütung sein sollte.

Sie untersuchten also gründlich alle uns von Natur zukommenden Stärken und Schwächen; und da sie fanden, daß niemand so roh sei, daß er nicht an Lob Gefallen fände, und niemand so verworfen, daß er Verachtung geduldig ertrüge, so schlossen sie mit Recht, die Schmeichelei müsse das machtvollste Werkzeug sein, um auf menschliche Wesen einwirken zu können. Indem sie von diesem Zaubermittel Gebrauch machten, priesen sie unsere Vorzüge vor anderen Tieren und feierten durch maßlose Lobreden auf die Wundertaten unseres Scharfsinns und die Unbegrenztheit unseres Verstandes in jeder erdenklichen Weise die Vernunftbegabtheit unserer Seele, vermittels deren wir fähig wären, die edelsten Handlungen zu vollbringen. Nachdem sie sich auf diesem sinnreichen Wege der Schmeicheleien in die Herzen der Menschen eingeschlichen, begannen sie, sie mit den Begriffen der Ehre und Schande vertraut zu machen, wobei sie die eine als das schlimmste aller Übel, die andere als das höchste Gut, wonach Sterbliche trachten könnten, hinstellten. Darauf hielten sie ihnen vor, wie sehr es der Würde so erhabener Geschöpfe entgegen sei, die Befriedigung jener Begierden zu erstreben, die sie mit den wilden Tieren gemein hätten, und gleichzeitig jene höheren Anlagen, die ihnen den Vorrang vor allen bekannten Wesen gäben, zu vernachlässigen. Sie gaben freilich zu, daß jene Naturtriebe sehr stark wären, daß es lästig sei, ihnen zu widerstehen, und sehr schwierig, sie ganz zu unterdrücken; allein, dies alles gebrauchten sie nur als Argument, um zu beweisen, wie ruhmvoll einerseits ihre Überwindung und wie schmachvoll es anderseits sei, diese nicht zu versuchen. . . .

Je genauer wir die menschliche Natur erforschen, desto mehr werden wir davon überzeugt sein, daß Sittlichkeit ein sozialpolitisches Erzeugnis aus Schmeichelei und Eitelkeit ist.

(Untersuchung über den Ursprung der Sittlichkeit, S. 27–29,35)

2.

Die Sittenlehrer und Philosophen sind bisher im allgemeinen darin einig gewesen, daß es ohne Selbstverleugnung keine Tugend geben könne. Ein kürzlich verstorbener Schriftsteller aber, der jetzt in den Kreisen der Gebildeten viel gelesen wird, ist entgegengesetzter Ansicht und glaubt, der Mensch könne, ohne sich irgendwie Zwang oder Gewalt anzutun, von Natur aus tugendhaft sein. Er scheint gewisse sittliche Qualitäten von ihm zu verlangen und zu erwarten, in derselben Weise etwa wie wir dies in bezug auf einen süßen Geschmack bei Weinbeeren und Apfelsinen tun, von denen wir, sobald sie sauer sind, ohne weiteres behaupten, sie hätten die Vollkommenheit, deren sie von Natur fähig sind, nicht erreicht. Dieser ausgezeichnete Schriftsteller – ich meine keinen anderen als Lord Shaftesbury[2] in seinen ‚Charakteristiken' – stellt sich also vor, da der Mensch für das soziale Zusammenleben geschaffen sei, so müsse ihm ein gewisses ursprüngliches Wohlwollen gegen die Gesamtheit, von der er ein Teil ist, eine Geneigtheit, deren Gedeihen zu fördern, von Geburt an innewohnen. Im Verfolg dieser Annahme nennt er jede mit Rücksicht auf das allgemeine Beste vollbrachte Handlung „tugendhaft", alle Selbstsucht aber, die eine solche Rücksicht völlig ausschließt, ein „Laster". Nach seiner Auffassung von der menschlichen Natur sind Tugenden und Laster bleibende Realitäten, die in allen Ländern und Zeiten stets die gleichen sein müssen. Und demgemäß glaubt er, ein Mensch von gesundem Verstande und natürlichem Taktgefühl vermöge nicht bloß in der Moral wie in den Werken der Natur und Kunst jenes sogenannte *Pulchrum et Honestum* herauszufinden, sondern auch durch seine Vernunft mit derselben Leichtigkeit und Sicherheit sich selbst zu regieren, mit der ein gewandter Reiter ein wohl dressiertes Pferd im Zaume hält.

Der aufmerksame Leser, der den vorangehenden Teil dieses Buches gelesen hat, wird bald bemerkt haben, daß zwei Systeme nicht stärker einander widerstreiten können als das seiner Lordschaft und das meinige. Seine Anschauungen zeugen in der Tat von einer edlen und vornehmen Denkweise: sie sind ein großes Kompliment für die Menschheit und mit Hilfe einiger Schwärmerei wohl imstande, uns mit der höchsten Auffas-

2 englischer Philosoph (1671–1713). Nach ihm besitzt der Mensch einen angeborenen, wenn auch auszubildenden „moral sense" für das sittlich Schöne. Das Sittliche besteht in einem harmonischen Verhältnis der auf sich selbst bezogenen Neigungen (self-affections) und der geselligen Neigungen (social-affections). Einen echten Konflikt zwischen beiden gibt es nicht.

sung von Menschenart und -würde zu erfüllen. Wie schade, daß sie falsch sind! Ich würde dies nicht sagen, hätte ich nicht bereits auf fast jeder Seite dieses Buches bewiesen, daß sie durch unsere tägliche Erfahrung widerlegt werden. Um aber selbst den unbedeutendsten Einwand, der etwa gemacht werden könnte, nicht unbeantwortet zu lassen, beabsichtige ich, im folgenden einige bisher nur flüchtig berührte Dinge ausführlicher zu behandeln. Ich hoffe den Leser zu überzeugen, nicht bloß, daß die guten und liebenswürdigen Eigenschaften des Menschen nicht diejenigen sind, die ihn mehr als andere Tiere zu einem sozialen Wesen machen; sondern überdies, daß es völlig unmöglich sein würde, ohne die Beihilfe des sogenannten natürlichen wie auch moralischen Übels irgendwelche Menschenmassen in eine große, reiche und blühende Nation umzuwandeln, oder, wenn dies geschehen, sie in diesem Zustande zu erhalten.

(Untersuchung über das Wesen der Gesellschaft, S. 291–292)

3.

Die Moral

So klagt denn nicht: für Tugend hat's
In großen Staaten nicht viel Platz.
Mit möglichstem Komfort zu leben,
Im Krieg zu glänzen und doch zu streben,
Von Lastern frei zu sein, wird nie
Was andres sein als Utopie.
Stolz, Luxus und Betrügerei
Muß sein, damit ein Volk gedeih'.
Quält uns der Hunger oft auch gräßlich,
Zum Leben ist er unerläßlich.
Stammt nicht des edlen Weines Saft
Von einem garstig dürren Schaft?
Der, wenn man ihn nicht sorgsam pflegt,
Bloß nutzlos wuchert und nichts trägt,
Doch dessen Frucht uns Lust bereitet,
Wenn man ihn bindet und beschneidet.
Genau so uns das Laster nutzt,
Wenn das Gesetz es kappt und stutzt,

Ja, ist so wenig aufzugeben
Für Völker, die nach Größe streben,
Wie Hunger ist, damit sie leben.
Mit Tugend bloß kommt man nicht weit;
Wer wünscht, daß eine goldene Zeit
Zurückkehrt, sollte nicht vergessen:
Man mußte damals Eicheln essen.

(Der unzufriedene Bienenstock, S. 23)

4.

Die in den folgenden Versen enthaltene Satire auf die verschiedenen Berufe und Stände und fast alle Klassen und Schichten des Volkes zielt daher nicht etwa böswillig auf besondere Persönlichkeiten. Sie verfolgt lediglich den Zweck, die Minderwertigkeit der Bestandteile zu zeigen, die alle zusammen die gedeihliche Mischung einer wohlgeordneten Gesellschaft ergeben, und damit die wunderbare Macht politischer Weisheit gebührend hervorzuheben, mit deren Hilfe ein so schönes Gebäude aus den verachtungswürdigsten Materialien aufgeführt wird. Denn der eigentliche Sinn der Fabel, wie er in der ‚Moral' kurz erklärt wird, ist folgender. Zunächst soll dargelegt werden, daß es unmöglich ist, all den vornehmen Komfort des Lebens, den man in einem reichen, mächtigen und gewerbefleißigen Lande antrifft, zu genießen, gleichzeitig aber mit all der Tugend und Unschuld gesegnet zu sein, die man in einem goldenen Zeitalter sich nur wünschen kann. Daraus soll dann die Unvernünftigkeit und Torheit derjenigen erwiesen werden, die bei ihrem Streben, ein wohlhabendes und blühendes Volk zu sein, und bei ihrer erstaunlichen Gier nach all dem Gewinn, den sie als solches erlangen können, doch immer über jene Laster und Mißstände murren und klagen, die vom Anbeginn der Welt bis zum heutigen Tag von allen je durch Macht, Reichtum und Geistesbildung berühmt gewesenen Staaten unabtrennbar gewesen sind.

Zu diesem Zwecke berühre ich zuerst kurz einige Verfehlungen und Mißbräuche, die man den verschiedenen Berufen und Ständen allgemein zur Last legt. Darauf zeige ich, wie gerade diese Fehler aller einzelnen Menschen durch geschickte Behandlung und Lenkung der Größe und dem irdischen Glücke der Gesamtheit dienstbar gemacht worden sind. Und schließlich beschreibe ich, was die notwendige Folge von allgemeiner Redlichkeit und Tugend, von Mäßigkeit, Unschuld und Zufriedenheit des ganzen Volkes sein würde, und beweise dadurch, daß – wenn die Menschheit von den ihr nun einmal anhaftenden Schwächen geheilt werden könnte – daß sie dann auch nicht mehr solche umfangreiche, mächtige und hochkultivierte Gemeinschaften würde bilden können, wie sie dies in den verschiedenen großen Republiken und Monarchien seit der Welt Beginn getan hat.

Fragt man mich, warum ich alles dies getan habe – *cui bono?* –, und wozu diese meine Ausführungen gut sein sollen, so gestehe ich: zur Unterhaltung des Lesers, sonst zu gar nichts. Würde ich aber gefragt, welche Wirkung ich naturgemäß davon erwarte, so würde ich antworten, daß erstens die Leute, die dauernd bei anderen Fehler finden, durch die Lektüre lernen möchten, bei sich selbst Einkehr zu halten, und durch Prüfung des eigenen Gewissens dahin kommen möchten, sich des fortwährenden Scheltens über das, dessen sie selbst mehr oder minder schuldig sind, zu schämen. Ferner: daß diejenigen, die so sehr an Bequemlichkeit und Komfort hängen und sich alle Errungenschaften einer hochentwickelten Kultur so gern antun, dazu gebracht werden möchten, geduldiger jene Übelstände zu ertragen, die keine Regierung auf Erden beseitigen kann, – sobald sie nämlich die Unmöglichkeit sehen, ein gut Teil jener ersten zu genießen, ohne zugleich diese letzten mit in Kauf zu nehmen.

Dies, wie gesagt, würde ich von der Veröffentlichung meiner Ansichten naturgemäß erwarten, wenn die Menschen durch irgend etwas, was man ihnen sagt, gebessert werden könnten. Indessen, die Menschheit ist trotz der vielen lehrreichen und gediegenen Schriften, die ihre Vervollkommnung bezwecken, so lange Zeiten hindurch die gleiche geblieben, daß ich nicht eitel genug bin, von einer so unbedeutenden Kleinigkeit besseren Erfolg zu erwarten.

(Vorwort, S. 5–7)

5.

Die Tugend, die von Politik
Gelernt gar manchen schlauen Trick,
Auf der so vorgeschriebnen Bahn
Ward nun des Lasters Freund.

. . .So trägt ein Kaufmann, der Getreide oder Tuch in fremde Länder schickt und dafür Wein und Branntwein einkauft, zum Gedeihen des

Gewerbes in seinem Vaterlande bei; er begünstigt die Schiffahrt, vergrößert die Zolleinnahmen und befördert auf verschiedene Weise das öffentliche Wohl. Doch läßt sich nicht leugnen: die Hauptsache für ihn sind die Liederlichkeit und Trunksucht seiner Mitmenschen. Denn wenn niemand Wein tränke, als wer seiner bedarf, und auch keiner mehr, als sein Wohlbefinden erfordert, so würden die vielen Weingroßhändler, Weinstubenbesitzer und Küfer, die in unserer blühenden Stadt so glänzend dastehen, in einer üblen Lage sein. Das gleiche wäre nicht bloß von Karten- und Würfelfabrikanten zu sagen, sondern auch von Seiden- und Polsterwarenhändlern, von Schneidern und vielen anderen, die innerhalb eines halben Jahres verhungern müßten, wenn Eitelkeit und Luxus einmal aus dem Volke verbannt werden sollten.

(Anmerkungen, S. 72–73)

6.

Was sich sonst gänzlich ist entgegen,
Hilft sich, als wär's des Trotzes wegen.

. . . Wer möchte glauben, daß tugendhafte Frauen unwissentlich der Prostitution Vorschub leisten, oder – was noch paradoxer erscheint – daß die Unsittlichkeit zur Erhaltung der Keuschheit beiträgt? Und doch ist nichts wahrer. Wenn ein liederlicher junger Mensch ein oder zwei Stunden in der Kirche, auf einem Ball oder in irgendeiner andern Versammlung gewesen ist, wo sich eine große Zahl hübscher, vorteilhaft gekleideter Weiber aufhält, so wird seine Phantasie erhitzter sein, als wenn er dieselbe Zeit hindurch im Rathause einer Wahl beigewohnt hat oder auf dem Lande unter einer Schafherde gewandelt ist. Die Folge davon ist, daß er die in ihm erregte Begierde zu befriedigen suchen wird; und wenn er ehrbare Frauen abweisend und unzugänglich findet, so ist es sehr natürlich anzunehmen, daß er zu andern, die nachgiebiger sind, eilen wird. Wer würde im geringsten argwöhnen, daß dies die Schuld der ehrbaren Frauen ist? Sie haben keinerlei Gedanken an die Männer, wenn sie sich ankleiden, die lieben Seelen, und trachten lediglich danach, jede nach ihrem Stande, sauber und ordentlich auszusehen.

Ich bin weit davon entfernt, das Laster zu ermutigen, und glaube, es würde ein unschätzbares Glück für den Staat sein, wenn die Sünde der Unkeuschheit völlig daraus verbannt werden könnte; aber ich fürchte, es ist unmöglich . . .

Aus allem Gesagten erhellt, daß eine Notwendigkeit besteht, einen Teil der Frauen zu opfern, um den andern zu erhalten und eine Sittenverderbnis noch scheußlicherer Art zu verhindern. Woraus ich denn mit Recht schließen zu dürfen glaube, daß Keuschheit durch Unsittlichkeit aufrechterhalten wird, und die höchste der Tugenden der Beihilfe des schlimmsten der Laster bedarf, – was das scheinbare Paradoxon war, mit dessen Beweise ich mich befaßt habe.

(Anmerkungen, S. 83–84,88)

Immanuel Kant[1]

1.

Zwei Dinge erfüllen das Gemüt mit immer neuer und zunehmender Bewunderung und Ehrfurcht, je öfter und anhaltender sich das Nachdenken damit beschäftigt: *Der bestirnte Himmel über mir, und das moralische Gesetz in mir.* Beide darf ich nicht als in Dunkelheiten verhüllt, oder im Überschwenglichen, außer meinem Gesichtskreise, suchen und bloß vermuten; ich sehe sie vor mir und verknüpfe sie unmittelbar mit dem Bewußtsein meiner Existenz. Das erste fängt von dem Platze an, den ich in der äußern Sinnenwelt einnehme, und erweitert die Verknüpfung, darin ich stehe, ins unabsehlich-Große mit Welten über Welten und Systemen von Systemen, überdem noch in grenzenlose Zeiten ihrer periodischen Bewegung, deren Anfang und Fortdauer. Das zweite fängt von meinem unsichtbaren Selbst, meiner Persönlichkeit, an, und stellt mich in einer Welt dar, die wahre Unendlichkeit hat, aber nur dem Verstande spürbar ist, und mit welcher (dadurch aber auch zugleich mit allen jenen sichtbaren Welten) ich mich nicht, wie dort, in bloß zufälliger, sondern allgemeiner und notwendiger Verknüpfung erkenne. Der erstere Anblick einer zahllosen Weltenmenge vernichtet gleichsam meine Wichtigkeit, als eines *tierischen Geschöpfs*, das die Materie, daraus es ward, dem Planeten (einem bloßen Punkt im Weltall) wieder zurückgeben muß, nachdem es eine kurze Zeit (man weiß nicht wie) mit Lebens-

1 Werke in sechs Bänden, herausgegeben von Wilhelm Weischedel, Darmstadt 1966. Grundlegung zur Metaphysik der Sitten (1785), Kritik der praktischen Vernunft (1788), Metaphysik der Sitten (1797)

kraft versehen gewesen. Der zweite erhebt dagegen meinen Wert, als einer *Intelligenz*, unendlich, durch meine *Persönlichkeit*, in welcher das moralische Gesetz mir ein von der Tierheit und selbst von der ganzen Sinnenwelt unabhängiges Leben offenbart, wenigstens so viel sich aus der zweckmäßigen Bestimmung meines Daseins durch dieses Gesetz, welche nicht auf Bedingungen und Grenzen dieses Lebens eingeschränkt ist, sondern ins Unendliche geht, abnehmen läßt.

Allein, Bewunderung und Achtung können zwar zur Nachforschung reizen, aber den Mangel derselben nicht ersetzen. Was ist nun zu tun, um diese, auf nutzbare und der Erhabenheit des Gegenstandes angemessene Art, anzustellen? Beispiele mögen hierbei zur Warnung, aber auch zur Nachahmung dienen. Die Weltbetrachtung fing von dem herrlichsten Anblicke an, den menschliche Sinne nur immer vorlegen, und unser Verstand, in ihrem weiten Umfange zu verfolgen, nur immer vertragen kann, und endigte – mit der Sterndeutung. Die Moral fing mit der edelsten Eigenschaft in der menschlichen Natur an, deren Entwicklung und Kultur auf unendlichen Nutzen hinaussieht, und endigte – mit der Schwärmerei, oder dem Aberglauben. So geht es allen noch rohen Versuchen, in denen der vornehmste Teil des Geschäftes auf den Gebrauch der Vernunft ankommt, der nicht, so wie der Gebrauch der Füße, sich von selbst, vermittelst der öftern Ausübung, findet, vornehmlich wenn er Eigenschaften betrifft, die sich nicht so unmittelbar in der gemeinen Erfahrung darstellen lassen. Nachdem aber, wiewohl spät, die Maxime in Schwung gekommen war, alle Schritte vorher wohl zu überlegen, die die Vernunft zu tun vorhat, und sie nicht anders, als im Gleise einer vorher wohl überdachten Methode, ihren Gang machen zu lassen, so bekam die Beurteilung des Weltgebäudes eine ganz andere Richtung, und, mit dieser, zugleich einen, ohne Vergleichung, glücklichern Ausgang. Der Fall eines Steins, die Bewegung einer Schleuder, in ihre Elemente und dabei sich äußernde Kräfte aufgelöst, und mathematisch bearbeitet, brachte zuletzt diejenige klare und für alle Zukunft unveränderliche Einsicht in den Weltbau hervor, die, bei fortgehender Beobachtung, hoffen kann, sich immer nur zu erweitern, niemals aber, zurückgehen zu müssen, fürchten darf.

Diesen Weg nun in Behandlung der moralischen Anlagen unserer Natur gleichfalls einzuschlagen, kann uns jenes Beispiel anrätig sein, und Hoffnung zu ähnlichem guten Erfolg geben. Wir haben doch die Beispiele der moralisch-urteilenden Vernunft bei Hand. Diese nun in ihre Elementarbegriffe zu zergliedern, in Ermangelung der *Mathematik* aber ein der *Chemie* ähnliches Verfahren, der *Scheidung* des Empirischen vom Rationalen, das sich in ihnen vorfinden möchte, in wiederholten Versuchen am gemeinen Menschenverstande vorzunehmen, kann uns beides *rein*, und, was jedes für sich allein leisten könne, mit Gewißheit kennbar machen, und so, teils der Verirrung einer noch *rohen* ungeübten Beurteilung, teils (welches weit nötiger ist) den *Genieschwüngen* vorbeugen, durch welche, wie es von Adepten des Steins der Weisen zu geschehen pflegt, ohne alle methodische Nachforschung und Kenntnis der Natur, geträumte Schätze versprochen und wahre verschleudert werden. Mit einem Worte: Wissenschaft (kritisch gesucht und methodisch eingeleitet) ist die enge Pforte, die zur *Weisheitslehre* führt, wenn unter dieser nicht bloß verstanden wird, was man tun, sondern was *Lehrern* zur Richtschnur dienen soll, um den Weg zur Weisheit, den jedermann gehen soll, gut und kenntlich zu bahnen, und andere vor Irrwegen zu sicheren; eine Wissenschaft, deren Aufbewahrerin jederzeit die Philosophie bleiben muß, an deren subtiler Untersuchung das Publikum keinen Anteil, wohl aber an den *Lehren* zu nehmen hat, die ihm, nach einer solchen Bearbeitung, allererst recht hell einleuchten können.

(Kritik der praktischen Vernunft. Beschluß, Bd. 4, S. 300–302)

2.

Bruchstück eines moralischen Katechisms

Der Lehrer = L. frägt der Vernunft seines Schülers = S. dasjenige ab, was er ihn lehren will, und wenn dieser etwa nicht die Frage zu beantworten müßte = O, so legt er sie ihm (seine Vernunft leitend) in den Mund.

1. L. Was ist dein größtes, ja dein ganzes Verlangen im Leben? S. – O. – L. Daß es dir *alles und immer* nach Wunsch und Willen gehe.

2. L. Wie nennt man einen solchen Zustand? S. = O. L. Man nennt ihn *Glückseligkeit* (das beständige Wohlergehen, vergnügtes Leben, völlige Zufriedenheit mit seinem Zustande).

3. L. Wenn du nun alle Glückseligkeit (die in der Welt möglich ist) in deiner Hand hättest, würdest du sie alle für dich behalten, oder sie auch deinen Nebenmenschen mitteilen? S. Ich würde sie mitteilen; andere auch glücklich und zufrieden machen.

4. L. Das beweist nun wohl, daß du noch so ziemlich ein gutes *Herz* hast; laß aber sehen, ob du dabei auch guten *Verstand* zeigest. – Würdest du wohl dem Faulenzer weiche Polster verschaffen, damit er im süßen Nichtstun sein Leben dahin bringe, oder dem Trunkenbolde es an Wein, und was sonst zur Berauschung gehört, nicht ermangeln lassen, dem Betrüger eine einnehmende Gestalt und Manieren geben, um andere zu überlisten, oder dem Gewalttätigen Kühnheit und starke Faust, um andere überwältigen zu können? Das sind ja so viel Mittel, die ein jeder sich wünscht, um nach seiner Art glücklich zu sein. S. Nein, das nicht.

5. L. Du siehst also: daß, wenn du auch alle Glückseligkeit in deiner Hand und dazu den besten Willen hättest, du jene doch nicht ohne Bedenken jedem, der zugreift, Preis geben, sondern erst untersuchen würdest, wie fern ein jeder der Glückseligkeit *würdig* wäre. – L. Für dich selbst aber würdest du doch wohl kein Bedenken haben, dich mit allem, was du zu deiner Glückseligkeit rechnest, zuerst zu versorgen? S. Ja. L. Aber kommt dir da nicht auch die Frage in Gedanken, ob du wohl selbst auch der Glückseligkeit würdig sein mögest? S. Allerdings. L. Das nun in dir, was nur nach Glückseligkeit strebt, ist die *Neigung*; dasjenige aber, was deine Neigung auf die Bedingung einschränkt, dieser Glückseligkeit zuvor würdig zu sein, ist deine *Vernunft*, und daß du durch deine Vernunft deine Neigung einschränken und überwältigen kannst, das ist die Freiheit deines Willens.

6. L. Um nun zu wissen, wie du es anfängst, um der Glückseligkeit teilhaftig und doch auch nicht unwürdig zu werden, dazu liegt die Regel und Anweisung ganz allein in deiner *Vernunft*; das heißt so viel als: du hast nicht nötig, diese Regel deines Verhaltens von der Erfahrung, oder von anderen durch ihre Unterweisung abzulernen; deine eigene Vernunft lehrt und gebietet dir geradezu, was du zu tun hast. Z. B. wenn dir ein Fall vorkömmt, da du durch eine fein ausgedachte *Lüge* dir, oder deinen Freunden, einen großen Vorteil verschaffen kannst, ja noch dazu dadurch auch keinem anderen schadest, was sagt dazu deine Vernunft? S. Ich soll nicht lügen, der Vorteil für mich und meinen Freund mag so groß sein, wie er immer wolle. Lügen ist *niederträchtig* und macht den Menschen *unwürdig* glücklich zu sein. – Hier ist eine unbedingte Nötigung durch ein Vernunftgebot (oder Verbot), dem ich gehorchen muß: wogegen alle meine Neigungen verstummen müssen. L. Wie nennt man diese unmittelbar durch die Vernunft dem Menschen auferlegte Notwendigkeit, einem Gesetz derselben gemäß zu handeln? S. Sie heißt *Pflicht*. L. Also ist dem Menschen die Beobachtung seiner Pflicht die

allgemeine und einzige Bedingung der Würdigkeit glücklich zu sein, und diese ist mit jener ein und dasselbe.

7. L. Wenn wir uns aber auch eines solchen guten und tätigen Willens, durch den wir uns würdig (wenigstens nicht unwürdig) halten, glücklich zu sein, auch bewußt sind, können wir darauf auch die sichere Hoffnung gründen, dieser Glückseligkeit teilhaftig zu werden? S. Nein! darauf allein nicht; denn es steht nicht immer in unserem Vermögen, sie uns zu verschaffen, und der Lauf der Natur richtet sich auch nicht so von selbst nach dem Verdienst, sondern das Glück des Lebens (unsere Wohlfahrt überhaupt) hängt von Umständen ab, die bei weitem nicht alle in des Menschen Gewalt sind. Also bleibt unsere Glückseligkeit immer nur ein Wunsch, ohne daß, wenn nicht irgend eine andere Macht hinzukommt, dieser jemals Hoffnung werden kann.

8. L. Hat die Vernunft wohl Gründe für sich, eine solche, die Glückseligkeit nach Verdienst und Schuld der Menschen austeilende, über die ganze Natur gebietende und die Welt mit höchster Weisheit regierende Macht als wirklich anzunehmen, d. i. an Gott zu glauben? S. Ja; denn wir sehen an den Werken der Natur, die wir beurteilen können, so ausgebreitete und tiefe Weisheit, die wir uns nicht anders als durch eine unaussprechlich große Kunst eines Weltschöpfers erklären können, von welchem wir uns denn auch, was die sittliche Ordnung betrifft, in der doch die höchste Zierde der Welt besteht, eine nicht minder weise Regierung zu versprechen Ursache haben: nämlich, daß, wenn wir uns nicht selbst *der Glückseligkeit unwürdig* machen, welches durch Übertretung unserer Pflicht geschieht, wir auch hoffen können, ihrer *teilhaftig* zu werden.

(Metaphysik der Sitten, Bd. 4, S. 620–623)

3.

Endlich gibt es einen Imperativ, der, ohne irgend eine andere durch ein gewisses Verhalten zu erreichende Absicht als Bedingung zum Grunde zu legen, dieses Verhalten unmittelbar gebietet. Dieser Imperativ ist *kategorisch*. Er betrifft nicht die Materie der Handlung und das, was aus ihr erfolgen soll, sondern die Form und das Prinzip, woraus sie selbst folgt, und das Wesentlich-Gute derselben besteht in der Gesinnung, der Erfolg mag sein, welcher er wolle. Dieser Imperativ mag der *der Sittlichkeit* heißen . . .

Der kategorische Imperativ ist also nur ein einziger, und zwar dieser: *handle nur nach derjenigen Maxime, durch die du zugleich wollen kannst, daß sie ein allgemeines Gesetz werde.*
Wenn nun aus diesem einzigen Imperativ alle Imperativen der Pflicht, als aus ihrem Prinzip, abgeleitet werden können, so werden wir, ob wir es gleich unausgemacht lassen, ob nicht überhaupt das, was man Pflicht nennt, ein leerer Begriff sei, doch wenigstens anzeigen können, was wir dadurch denken und was dieser Begriff sagen wolle.

Weil die Allgemeinheit des Gesetzes, wornach Wirkungen geschehen, dasjenige ausmacht, was eigentlich *Natur* im allgemeinsten Verstande (der Form nach), d. i. das Dasein der Dinge, heißt, so fern es nach allgemeinen Gesetzen bestimmt ist, so könnte der allgemeine Imperativ der Pflicht auch so lauten: *handle so, als ob die Maxime deiner Handlung durch deinen Willen zum allgemeinen Naturgesetze werden sollte ...*
Gesetzt aber, es gäbe etwas, *dessen Dasein an sich selbst* einen absoluten Wert hat, was, als *Zweck an sich selbst*, ein Grund bestimmter Gesetze sein könnte, so würde in ihm, und nur in ihm allein, der Grund eines möglichen kategorischen Imperativs, d. i. praktischen Gesetzes, liegen.

Nun sage ich: der Mensch, und überhaupt jedes vernünftige Wesen, *existiert* als Zweck an sich selbst, *nicht bloß als Mittel* zum beliebigen Gebrauche für diesen oder jenen Willen, sondern muß in allen seinen, sowohl auf sich selbst, als auch auf andere vernünftige Wesen gerichteten Handlungen jederzeit *zugleich als Zweck* betrachtet werden. Alle Gegenstände der Neigungen haben nur einen bedingten Wert; denn, wenn die Neigungen und darauf gegründete Bedürfnisse nicht wären, so würde ihr Gegenstand ohne Wert sein. Die Neigungen selber aber, als Quellen der Bedürfnis, haben so wenig einen absoluten Wert, um sie selbst zu wünschen, daß vielmehr, gänzlich davon frei zu sein, der allgemeine Wunsch eines jeden vernünftigen Wesens sein muß. Also ist der Wert aller durch unsere Handlung *zu erwerbenden* Gegenstände jederzeit bedingt. Die Wesen, deren Dasein zwar nicht auf unserem Willen, sondern der Natur beruht, haben dennoch, wenn sie vernunftlose Wesen sind, nur einen relativen Wert, als Mittel, und heißen daher *Sachen*, dagegen vernünftige Wesen *Personen* genannt werden, weil ihre Natur sie schon als Zwecke an sich selbst, d. i. als etwas, das nicht bloß als Mittel gebraucht werden darf, auszeichnet, mithin so fern alle Willkür einschränkt (und ein Gegenstand der Achtung ist). Dies sind also nicht bloß subjektive Zwecke, deren Existenz, als Wirkung unserer Handlung, *für uns* einen Wert hat; sondern *objektive Zwecke*, d. i. Dinge, deren Dasein an sich selbst Zweck ist, und zwar einen solchen, an dessen Statt kein anderer Zweck gesetzt werden kann, dem sie *bloß* als Mittel zu Diensten stehen sollten, weil ohne dieses überall gar nichts von *absolutem Werte* würde angetroffen werden; wenn aber aller Wert bedingt, mithin zufällig wäre, so könnte für die Vernunft überall kein oberstes praktisches Prinzip angetroffen werden.

Wenn es denn also ein oberstes praktisches Prinzip, und, in Ansehung des menschlichen Willens, einen kategorischen Imperativ geben soll, so muß es ein solches sein, das aus der Vorstellung dessen, was notwendig für jedermann Zweck ist, weil es *Zweck an sich selbst ist*, ein *objektives* Prinzip des Willens ausmacht, mithin zum allgemeinen praktischen Gesetz dienen kann. Der Grund dieses Prinzips ist: *die vernünftige Natur existiert als Zweck an sich selbst*. So stellt sich notwendig der Mensch sein eignes Dasein vor; so fern ist es also ein *subjektives* Prinzip menschlicher Handlungen. So stellt sich aber auch jedes andere vernünftige Wesen sein Dasein, zufolge eben desselben Vernunftgrundes, der auch für mich gilt, vor; also ist es zugleich ein *objektives* Prinzip, woraus, als einem obersten praktischen Grunde, alle Gesetze des Willens müssen abgeleitet werden können. Der praktische Imperativ wird also folgender sein: *Handle so, daß du die Menschheit, sowohl in deiner Person, als in der Person eines jeden andern, jederzeit zugleich als Zweck, niemals bloß als Mittel brauchest.*

(Grundlegung zur Metaphysik der Sitten, Bd. 4, S. 45, 51, 59–61)

4.

Das moralische Gesetz ist nämlich für den Willen eines allervollkommensten Wesens ein Gesetz der *Heiligkeit*, für den Willen jedes endlichen vernünftigen Wesens aber ein Gesetz der *Pflicht*, der moralischen Nötigung und der Bestimmung der Handlungen desselben durch *Achtung* für dies Gesetz und aus Ehrfurcht für seine Pflicht. Ein anderes subjektives Prinzip muß zur Triebfeder nicht angenommen werden, denn sonst kann zwar die Handlung, wie das Gesetz sie vorschreibt, ausfallen, aber, da sie zwar pflichtmäßig ist, aber nicht aus Pflicht geschieht, so ist die Gesinnung dazu nicht moralisch, auf die es doch in dieser Gesetzgebung eigentlich ankömmt.

Es ist sehr schön, aus Liebe zu Menschen und teilnehmendem Wohlwollen ihnen Gutes zu tun, oder aus Liebe zur Ordnung gerecht zu sein, aber das ist noch nicht die echte moralische Maxime unsers Verhaltens, die unserm Standpunkte, unter vernünftigen Wesen, als *Menschen*, angemessen ist, wenn wir uns anmaßen, gleichsam als Volontäre, uns mit stolzer Einbildung über den Gedanken von Pflicht wegzusetzen, und, als vom Gebote unabhängig, bloß aus eigener Lust das tun zu wollen, wozu für uns kein Gebot nötig wäre. Wir stehen unter einer *Disziplin* der Vernunft, und müssen in allen unseren Maximen der Unterwürfigkeit unter derselben nicht vergessen, ihr nichts zu entziehen, oder dem Ansehen des Gesetzes (ob es gleich unsere eigene Vernunft gibt) durch eigenliebigen Wahn dadurch etwas abzukürzen, daß wir den Bestimmungsgrund unseres Willens, wenn gleich dem Gesetze gemäß, doch worin anders, als im Gesetze selbst, und in der Achtung für dieses Gesetz setzten. Pflicht und Schuldigkeit sind die Benennungen, die wir allein unserem Verhältnisse zum moralischen Gesetze geben müssen. Wir sind zwar gesetzgebende Glieder eines durch Freiheit möglichen, durch praktische Vernunft uns zur Achtung vorgestellten Reichs der Sitten, aber doch zugleich Untertanen, nicht das Oberhaupt desselben, und die Verkennung unserer niederen Stufe, als Geschöpfe, und Weigerung des Eigendünkels gegen das Ansehen des heiligen Gesetzes, ist schon eine Abtrünnigkeit von demselben, dem Geiste nach, wenn gleich der Buchstabe desselben erfüllt würde.

Hiemit stimmt aber die Möglichkeit eines solchen Gebots, als: *Liebe Gott über alles und deinen Nächsten als dich selbst*,* ganz wohl zusammen. Denn es fordert doch, als Gebot, Achtung für ein Gesetz, das *Liebe befiehlt*, und überläßt es nicht der beliebigen Wahl, sich diese zum Prinzip zu machen. Aber Liebe zu Gott als Neigung (pathologische Liebe) ist unmöglich; denn er ist kein Gegenstand der Sinne. Eben dieselbe gegen Menschen ist zwar möglich, kann aber nicht geboten werden; denn es steht in keines Menschen Vermögen, jemanden bloß auf Befehl zu lieben. Also ist es bloß die *praktische Liebe*, die in jenem Kern aller Gesetze verstanden wird. Gott lieben, heißt in dieser Bedeutung, seine Gebote *gerne* tun; den Nächsten lieben, heißt, alle Pflicht gegen ihn *gerne* ausüben. Das Gebot aber, das dieses zur Regel macht, kann auch nicht diese Gesinnung in pflichtmäßigen Handlungen zu *haben*, sondern bloß darnach zu *streben* gebieten. Denn ein Gebot, daß man etwas gerne tun soll, ist in sich widersprechend, weil, wenn wir, was uns zu tun obliege, schon von selbst wissen, wenn wir uns überdem auch bewußt wären, es gerne zu tun, ein Gebot darüber ganz unnötig, und, tun wir es zwar, aber eben nicht gerne, sondern nur aus Achtung fürs

* Mit diesem Gesetze macht das Prinzip der eigenen Glückseligkeit, welches einige zum obersten Grundsatz der Sittlichkeit machen wollen, einen seltsamen Kontrast: Dieses würde so lauten: *Liebe dich selbst über alles, Gott aber und deinen Nächsten um dein selbst willen.*

Gesetz, ein Gebot, welches diese Achtung eben zur Triebfeder der Maxime macht, gerade der gebotenen Gesinnung zuwider wirken würde. Jenes Gesetz aller Gesetze stellt also, wie alle moralische Vorschrift des Evangelii, die sittliche Gesinnung in ihrer ganzen Vollkommenheit dar, so wie sie als ein Ideal der Heiligkeit von keinem Geschöpfe erreichbar, dennoch das Urbild ist, welchem wir uns zu näheren, und, in einem ununterbrochenen, aber unendlichen Progressus, gleich zu werden streben sollen. Könnte nämlich ein vernünftig Geschöpf jemals dahin kommen, alle moralischen Gesetze völlig *gerne* zu tun, so würde das so viel bedeuten, als, es fände sich in ihm auch nicht einmal die Möglichkeit einer Begierde, die ihn zur Abweichung von ihnen reizte; denn die Überwindung einer solchen kostet dem Subjekt immer Aufopferung, bedarf also Selbstzwang, d. i. innere Nötigung zu dem, was man nicht ganz gern tut. Zu dieser Stufe der moralischen Gesinnung aber kann es ein Geschöpf niemals bringen. Denn da es ein Geschöpf, mithin in Ansehung dessen, was es zur gänzlichen Zufriedenheit mit seinem Zustande fordert, immer abhängig ist, so kann es niemals von Begierden und Neigungen ganz frei sein, die, weil sie auf physischen Ursachen beruhen, mit dem moralischen Gesetze, das ganz andere Quellen hat, nicht von selbst stimmen, mithin es jederzeit notwendig machen, in Rücksicht auf dieselbe, die Gesinnung seiner Maximen auf moralische Nötigung, nicht auf bereitwillige Ergebenheit, sondern auf Achtung, welche die Befolgung des Gesetzes, obgleich sie ungerne geschähe, *fordert*, nicht auf Liebe, die keine innere Weigerung des Willens gegen das Gesetz besorgt, zu gründen, gleichwohl aber diese letztere, nämlich die bloße Liebe zum Gesetze (da es alsdenn aufhören würde, *Gebot* zu sein, und Moralität, die nun subjektiv in Heiligkeit überginge, aufhören würde, *Tugend* zu sein) sich zum beständigen, obgleich unerreichbaren Ziele seiner Bestrebung zu machen. Denn an dem, was wir hochschätzen, aber doch (wegen des Bewußtseins unserer Schwächen) scheuen, verwandelt sich, durch die mehrere Leichtigkeit, ihm Gnüge zu tun, die ehrfurchtsvolle Scheu in Zuneigung, und Achtung in Liebe, wenigstens würde es die Vollendung einer dem Gesetze gewidmeten Gesinnung sein, wenn es jemals einem Geschöpfe möglich wäre, sie zu erreichen.

Diese Betrachtung ist hier nicht so wohl dahin abgezweckt, das angeführte evangelische Gebot auf deutliche Begriffe zu bringen, um der *Religionsschwärmerei* in Ansehung der Liebe Gottes, sondern die sittliche Gesinnung, auch unmittelbar in Ansehung der Pflichten gegen Menschen, genau zu bestimmen, und einer *bloß moralischen* Schwärmerei, welche viel Köpfe ansteckt, zu steuern, oder, wo möglich, vorzubeugen. Die sittliche Stufe, worauf der Mensch (aller unserer Einsicht nach auch jedes vernünftige Geschöpf) steht, ist Achtung fürs moralische Gesetz. Die Gesinnung, die ihm, dieses zu befolgen, obliegt, ist, es aus Pflicht, nicht aus freiwilliger Zuneigung und auch allenfalls unbefohlener von selbst gern unternommener Bestrebung zu befolgen, und sein moralischer Zustand, darin er jedesmal sein kann, ist *Tugend*, d. i. moralische Gesinnung *im Kampfe*, und nicht *Heiligkeit* im vermeinten *Besitze* einer völligen *Reinigkeit* der Gesinnungen des Willens. Es ist lauter moralische Schwärmerei und Steigerung des Eigendünkels, wozu man die Gemüter durch Aufmunterung zu Handlungen, als edler, erhabener und großmütiger, stimmt, dadurch man sie in den Wahn versetzt, als wäre es nicht Pflicht, d. i. Achtung fürs Gesetz, dessen Joch (das gleichwohl, weil es uns Vernunft selbst auferlegt, sanft ist) sie, wenn gleich ungern, tragen *müßten*, was den Bestimmungsgrund ihrer Handlungen ausmachte, und welches sie immer noch demütigt, indem sie es befolgen (ihm *gehorchen*), sondern als ob jene Handlungen nicht aus Pflicht, sondern als barer Verdienst von ihnen erwartet würden. Denn nicht allein, daß sie durch Nachahmung solcher Taten, nämlich aus solchem Prinzip, nicht im mindesten dem Geiste des Gesetzes ein Genüge getan hätten, welcher in der dem Gesetze sich unterwerfenden Gesinnung, nicht in der Gesetzmäßigkeit der Handlung (das Prinzip möge sein, welches auch wolle), besteht, und die Triebfeder *pathologisch* (in der Sympathie oder auch Philautie[2]), nicht moralisch (im Gesetze) setzen, so bringen sie auf diese Art eine windige, überfliegende, phantastische Denkungsart hervor, sich mit einer freiwilligen Gutartigkeit ihres Gemüts, das weder Sporns noch Zügel bedürfe, für welches gar nicht einmal ein Gebot nötig sei, zu schmeicheln, und darüber ihrer Schuldigkeit, an welche sie doch eher denken sollten, als an Verdienst, zu vergessen. Es lassen sich wohl Handlungen anderer, die mit großer Aufopferung, und zwar bloß um der Pflicht willen, geschehen sind, unter dem Namen *edler* und *erhabener* Taten preisen, und doch auch nur so fern Spuren da sind, welche vermuten lassen, daß sie ganz aus Achtung für seine Pflicht, nicht aus Herzensaufwallungen geschehen sind. Will man jemanden aber sie als Beispiele der Nachfolge vorstellen, so muß durchaus die Achtung für Pflicht (als das einzige echte, moralische Gefühl) zur Triebfeder gebraucht werden: diese ernste, heilige Vorschrift, die es nicht unserer eitelen Selbstliebe überläßt, mit pathologischen Antrieben (so fern sie der Moralität analogisch sind) zu tändeln, und uns auf *verdienstlichen* Wert was zu Gute zu tun. Wenn wir nur wohl nachsuchen,

2 „Selbstliebe, ein über alles gehendes Wohlwollen gegen sich selbst" (Bd. 4, S. 193), auch häufig „Eigenliebe" genannt.

so werden wir zu allen Handlungen, die anpreisungswürdig sind, schon ein Gesetz der Pflicht finden, welches *gebietet* und nicht auf unser Belieben ankommen läßt, was unserem Hange gefällig sein möchte. Das ist die einzige Darstellungsart, welche die Seele moralisch bildet, weil sie allein fester und genau bestimmter Grundsätze fähig ist.

Wenn *Schwärmerei* in der allergemeinsten Bedeutung eine nach Grundsätzen unternommene Überschreitung der Grenzen der menschlichen Vernunft ist, so ist *moralische Schwärmerei* diese Überschreitung der Grenzen, die die praktische reine Vernunft der Menschheit setzt, dadurch sie verbietet, den subjektiven Bestimmungsgrund pflichtmäßiger Handlungen, d. i. die moralische Triebfeder derselben, irgend worin anders, als im Gesetze selbst, und die Gesinnung, die dadurch in die Maximen gebracht wird, irgend anderwärts, als in der Achtung für dies Gesetz, zu setzen, mithin den alle *Arroganz*[3] sowohl als eitele *Philautie* niederschlagenden Gedanken von Pflicht zum obersten *Lebensprinzip* aller Moralität im Menschen zu machen gebietet.

Wenn dem also ist, so haben nicht allein Romanschreiber, oder empfindelnde Erzieher (ob sie gleich noch so sehr wider Empfindelei eifern), sondern bisweilen selbst Philosophen, ja die strengsten unter allen, die Stoiker, *moralische Schwärmerei*, statt nüchterner, aber weiser Disziplin der Sitten, eingeführt, wenn gleich die Schwärmerei der letzteren mehr heroisch, der ersteren von schaler und schmelzender Beschaffenheit war, und man kann es, ohne zu heucheln, der moralischen Lehre des Evangelii mit aller Wahrheit nachsagen: daß es zuerst, durch die Reinigkeit des moralischen Prinzips, zugleich aber durch die Angemessenheit desselben mit den Schranken endlicher Wesen, alles Wohlverhalten des Menschen der Zucht einer ihnen vor Augen gelegten Pflicht, die sie nicht unter moralischen geträumten Vollkommenheiten schwärmen läßt, unterworfen und dem Eigendünkel sowohl als der Eigenliebe, die beide gerne ihre Grenzen verkennen, Schranken der Demut (d. i. der Selbsterkenntnis) gesetzt habe.

Pflicht! du erhabener großer Name, der du nichts Beliebtes, was Einschmeichelung bei sich führt, in dir fassest, sondern Unterwerfung verlangst, doch auch nichts drohest, was natürliche Abneigung im Gemüte erregte und schreckte, um den Willen zu bewegen, sondern bloß ein Gesetz aufstellst, welches von selbst im Gemüte Eingang findet, und doch sich selbst wider Willen Verehrung (wenn gleich nicht immer Befol-

---

3 „Wohlgefallen an sich selbst (arrogantia)“ (Bd. 4, S. 193), auch häufig „Eigendünkel“ genannt

gung) erwirbt, vor dem alle Neigungen verstummen, wenn sie gleich in Geheim ihm entgegen wirken, welches ist der deiner würdige Ursprung, und wo findet man die Wurzel deiner edlen Abkunft, welche alle Verwandtschaft mit Neigungen stolz ausschlägt, und von welcher Wurzel abzustammen die unnachlaßliche Bedingung desjenigen Werts ist, den sich Menschen allein selbst geben können?
Es kann nichts Minderes sein, als was den Menschen über sich selbst (als einen Teil der Sinnenwelt) erhebt, was ihn an eine Ordnung der Dinge knüpft, die nur der Verstand denken kann, und die zugleich die ganze Sinnenwelt, mit ihr das empirisch-bestimmbare Dasein des Menschen in der Zeit und das Ganze aller Zwecke (welches allein solchen unbedingten praktischen Gesetzen, als das moralische, angemessen ist) unter sich hat. Es ist nichts anders als die *Persönlichkeit*, d. i. die Freiheit und Unabhängigkeit von dem Mechanism der ganzen Natur, doch zugleich als ein Vermögen eines Wesens betrachtet, welches eigentümlichen, nämlich von seiner eigenen Vernunft gegebenen reinen praktischen Gesetzen, die Person also, als zur Sinnenwelt gehörig, ihrer eigenen Persönlichkeit unterworfen ist, so fern sie zugleich zur intelligibelen Welt gehört; da es denn nicht zu verwundern ist, wenn der Mensch, als zu beiden Welten gehörig, sein eigenes Wesen, in Beziehung auf seine zweite und höchste Bestimmung, nicht anders, als mit Verehrung und die Gesetze derselben mit der höchsten Achtung betrachten muß.

Auf diesen Ursprung gründen sich nun manche Ausdrücke, welche den Wert der Gegenstände nach moralischen Ideen bezeichnen. Das moralische Gesetz ist *heilig* (unverletzlich). Der Mensch ist zwar unheilig genug, aber die *Menschheit* in seiner Person muß ihm heilig sein. In der ganzen Schöpfung kann alles, was man will, und worüber man etwas vermag, auch *bloß als Mittel* gebraucht werden; nur der Mensch, und mit ihm jedes vernünftige Geschöpf, ist *Zweck an sich selbst*. Er ist nämlich das Subjekt des moralischen Gesetzes, welches heilig ist, vermöge der Autonomie seiner Freiheit. Eben um dieser willen ist jeder Wille, selbst jeder Person ihr eigener, auf sie selbst gerichteter Wille, auf die Bedingung der Einstimmung mit der *Autonomie* des vernünftigen Wesens eingeschränkt, es nämlich keiner Absicht zu unterwerfen, die nicht nach einem Gesetze, welches aus dem Willen des leidenden Subjekts selbst entspringen könnte, möglich ist; also dieses niemals bloß als Mittel, sondern zugleich selbst als Zweck zu gebrauchen. Diese Bedingung legen wir mit Recht sogar dem göttlichen Willen, in Ansehung der vernünftigen Wesen in der Welt, als seiner Geschöpfe, bei, indem sie auf der *Persönlichkeit* derselben beruht, dadurch allein sie Zwecke an sich selbst sind.

Diese Achtung erweckende Idee der Persönlichkeit, welche uns die Erhabenheit unserer Natur (ihrer Bestimmung nach) vor Augen stellt, indem sie uns zugleich den Mangel der Angemessenheit unseres Verhaltens in Ansehung derselben bemerken läßt, und dadurch den Eigendünkel niederschlägt, ist selbst der gemeinsten Menschenvernunft natürlich und leicht bemerklich. Hat nicht jeder auch nur mittelmäßig ehrlicher Mann bisweilen gefunden, daß er eine sonst unschädliche Lüge, dadurch er sich entweder selbst aus einem verdrießlichen Handel ziehen, oder wohl gar einem geliebten und verdienstvollen Freunde Nutzen schaffen konnte, bloß darum unterließ, um sich in Geheim in seinen eigenen Augen nicht verachten zu dürfen? Hält nicht einen rechtschaffenen Mann im größten Unglück des Lebens, das er vermeiden konnte, wenn er sich nur hätte über die Pflicht wegsetzen können, noch das Bewußtsein aufrecht, daß er die Menschheit in seiner Person doch in ihrer Würde erhalten und geehrt habe, daß er sich nicht vor sich selbst zu schämen und den inneren Anblick der Selbstprüfung zu scheuen Ursache habe? Dieser Trost ist nicht Glückseligkeit, auch nicht der mindeste Teil derselben. Denn niemand wird sich die Gelegenheit dazu, auch vielleicht nicht einmal ein Leben in solchen Umständen wünschen. Aber er lebt, und kann es nicht erdulden, in seinen eigenen Augen des Lebens unwürdig zu sein. Diese innere Beruhigung ist also bloß negativ, in Ansehung alles dessen, was das Leben angenehm machen mag; nämlich sie ist die Abhaltung der Gefahr, im persönlichen Werte zu sinken, nachdem der seines Zustandes von ihm schon gänzlich aufgegeben worden. Sie ist die Wirkung von einer Achtung für etwas ganz anderes, als das Leben, womit in Vergleichung und Entgegensetzung das Leben vielmehr, mit aller seiner Annehmlichkeit, gar keinen Wert hat. Er lebt nur noch aus Pflicht, nicht weil er am Leben den mindesten Geschmack findet.

So ist die echte Triebfeder der reinen praktischen Vernunft beschaffen; sie ist keine andere, als das reine moralische Gesetz selber, so fern es uns die Erhabenheit unserer eigenen übersinnlichen Existenz spüren läßt, und subjektiv, in Menschen, die sich zugleich ihres sinnlichen Daseins und der damit verbundenen Abhängigkeit von ihrer so fern sehr pathologisch affizierten Natur bewußt sind, Achtung für ihre höhere Bestimmung wirkt. Nun lassen sich mit dieser Triebfeder gar wohl so viele Reize und Annehmlichkeiten des Lebens verbinden, daß auch um dieser willen allein schon die klügste Wahl eines vernünftigen und über das größte Wohl des Lebens nachdenkenden *Epikureers* sich für das sittliche Wohlverhalten erklären würde, und es kann auch ratsam sein, diese Aussicht auf einen fröhlichen Genuß des Lebens mit jener obersten und schon für sich allein hinlänglich-bestimmenden Bewegursache zu verbinden; aber nur um den Anlockungen, die das Laster auf der Gegenseite vorzuspiegeln nicht ermangelt, das Gegengewicht zu halten, nicht um hierin die eigentliche bewegende Kraft, auch nicht dem mindesten Teile nach, zu setzen, wenn von Pflicht die Rede ist. Denn das würde so viel sein, als die moralische Gesinnung in ihrer Quelle verunreinigen wollen. Die Ehrwürdigkeit der Pflicht hat nichts mit Lebensgenuß zu schaffen; sie hat ihr eigentümliches Gesetz, auch ihr eigentümliches Gericht, und wenn man auch beide noch so sehr zusammenschütteln wollte, um sie vermischt, gleichsam als Arzeneimittel, der kranken Seele zuzureichen, so scheiden sie sich doch alsbald von selbst, und, tun sie es nicht, so wirkt das erste gar nicht, wenn aber auch das physische Leben hiebei einige Kraft gewönne, so würde doch das moralische ohne Rettung dahin schwinden.

(Kritik der praktischen Vernunft. Von den Triebfedern der reinen praktischen Vernunft, Bd. 4, S. 204–212)

5.

Die Regeln der Übung in der Tugend (exercitiorum virtutis) gehen auf die zwei Gemütsstimmungen hinaus, *wackeren* und *fröhlichen* Gemüts (animus strenuus et hilaris) in Befolgung ihrer Pflichten zu sein. Denn sie hat mit Hindernissen zu kämpfen, zu deren Überwältigung sie ihre Kräfte zusammen nehmen muß, und zugleich manche Lebensfreuden zu opfern, deren Verlust das Gemüt wohl bisweilen finster und mürrisch machen kann; was man aber nicht mit Lust, sondern bloß als Frohndienst tut, das hat für den, der hierin seiner Pflicht gehorcht, keinen inneren Wert und wird nicht geliebt, sondern die Gelegenheit ihrer Ausübung so viel möglich geflohen.

Die Kultur der Tugend, d. i. die moralische *Asketik*, hat, in Ansehung des Prinzips der rüstigen, mutigen und wackeren Tugendübung den Wahlspruch der *Stoiker*: gewöhne dich, die zufälligen Lebensübel *zu ertragen* und die eben so überflüssigen Ergötzlichkeiten *zu entbehren* (assuesce incommodis et desuesce commoditatibus vitae). Es ist eine Art von *Diätetik* für den Menschen, sich moralisch gesund zu erhalten. *Gesundheit* ist aber nur ein negatives Wohlbefinden, sie selber kann nicht gefühlt werden. Es muß etwas dazu kommen, was einen angenehmen Lebensgenuß gewährt und doch bloß moralisch ist. Das ist das jederzeit fröhliche Herz in der Idee des tugendhaften *Epikurs*. Denn wer sollte wohl mehr Ursache haben, frohen Muts zu sein und nicht darin selbst eine Pflicht finden, sich in eine fröhliche Gemütsstimmung zu versetzen und sie sich habituell zu machen, als der, welcher sich keiner vorsätzlichen Übertretung bewußt und, wegen des Verfalls in eine solche, gesichert ist (hic murus aheneus esto[a] etc. Horat.). – Die Mönchsasketik hingegen, welche aus abergläubischer Furcht, oder geheucheltem Abscheu an sich selbst, mit Selbstpeinigung und Fleischeskreuzigung zu Werke geht, zweckt auch nicht auf Tugend, sondern auf schwärmerische Entsündigung ab, sich selbst Strafe aufzulegen und, anstatt sie moralisch (d. i. in Absicht auf die Besserung) zu *bereuen*, sie *büßen* zu wollen; welches, bei einer selbstgewählten und an sich vollstreckten Strafe (denn die muß immer ein anderer auflegen), ein Widerspruch ist, und kann auch den Frohsinn, der die Tugend begleitet, nicht bewirken, vielmehr nicht ohne geheimen Haß gegen das Tugendgebot statt finden.

(Metaphysik der Sitten, Bd. 4, S. 625–626)

6.

Nun ist zwar klar, daß diejenigen Bestimmungsgründe des Willens, welche allein die Maximen eigentlich moralisch machen und ihnen einen sittlichen Wert geben, die unmittelbare Vorstellung des Gesetzes und die objektiv-notwendige Befolgung desselben als Pflicht, als die eigentlichen Triebfedern der Handlungen vorgestellt werden müssen; weil sonst zwar *Legalität* der Handlungen, aber nicht *Moralität* der Gesinnungen bewirkt werden würde. Allein nicht so klar, vielmehr beim ersten Anblicke ganz unwahrscheinlich, muß es jedermann vorkommen, daß auch subjektiv jene Darstellung der reinen Tugend *mehr Macht* über das menschliche Gemüt haben und eine weit stärkere Triebfeder abgeben könne, selbst jene Legalität der Handlungen zu bewirken, und kräftigere Entschließungen hervorzubringen, das Gesetz, aus reiner Achtung für dasselbe, jeder anderer Rücksicht vorzuziehen, als alle Anlockungen, die aus Vorspiegelungen von Vergnügen und überhaupt allem dem, was man zur Glückseligkeit zählen mag, oder auch alle Androhungen von Schmerz und Übeln jemals wirken können. Gleichwohl ist es wirklich so bewandt, und wäre es nicht so mit der menschlichen Natur beschaffen, so würde auch keine Vorstellungsart des Gesetzes durch Umschweife und empfehlende Mittel jemals Moralität der Gesinnung hervorbringen. Alles wäre lauter Gleisnerei, das Gesetz würde gehaßt, oder wohl gar verachtet, indessen doch um eigenen Vorteils willen befolgt werden. Der Buchstabe des Gesetzes (Legalität) würde in unse-

a Übersetzung des Herausgebers: „dieser soll eine eherne Mauer sein".

ren Handlungen anzutreffen sein, der Geist desselben aber in unseren Gesinnungen (Moralität) gar nicht, und da wir mit aller unserer Bemühung uns doch in unserem Urteile nicht ganz von der Vernunft los machen können, so würden wir unvermeidlich in unseren eigenen Augen als nichtswürdige, verworfene Menschen erscheinen müssen, wenn wir uns gleich für diese Kränkung vor dem inneren Richterstuhl dadurch schadlos zu halten versuchten, daß wir uns an denen Vergnügen ergötzten, die ein von uns angenommenes natürliches oder göttliches Gesetz, unserem Wahne nach, mit dem Maschinenwesen ihrer Polizei, die sich bloß nach dem richtete, was man tut, ohne sich um die Bewegungsgründe, warum man es tut, zu bekümmern, verbunden hätte.

(Kritik der praktischen Vernunft, Bd. 4, S. 287–288)

Johann Gottlieb Fichte[1]

Über die Bestimmung des Menschen an sich

Welches ist die Bestimmung des Menschen in der Gesellschaft? Die Beantwortung dieser Frage setzt wiederum die Beantwortung einer anderen noch höheren voraus – der: welches ist die Bestimmung des Menschen an sich? d. h. des Menschen, insofern er bloß als Mensch, bloß nach dem Begriffe des Menschen überhaupt gedacht wird; – isoliert, und außer aller Verbindung, die nicht in seinem Begriffe notwendig enthalten ist.

Ich darf Ihnen wohl jetzt ohne Beweis sagen, was mehreren unter Ihnen ohne Zweifel schon längst bewiesen ist, und was andere dunkel, aber darum nicht weniger stark fühlen, daß die ganze Philosophie, daß alles menschliche Denken und Lehren, daß Ihr ganzes Studieren, daß alles, was ich insbesondere Ihnen werde vortragen können, auf nichts anderes abzwecken kann als auf die Beantwortung der aufgeworfenen Fragen, und ganz besonders der letzten höchsten: Welches ist die Bestimmung des Menschen überhaupt, und durch welche Mittel kann er sie am sichersten erreichen?

---

1 Johann Gottlieb Fichtes sämtliche Werke, herausgegeben von Immanuel Hermann Fichte, 8 Bde., Berlin 1845–1846, Bd. 6: Zur Politik und Moral. Fotomechanischer Nachdruck Berlin 1971. Über die Bestimmung des Gelehrten 1794. (Die Orthographie wurde dem heutigen Gebrauch angepaßt.)

Zwar nicht für die Möglichkeit des Gefühls dieser Bestimmung, wohl aber für die deutliche, klare und vollständige Einsicht in dieselbe wird die ganze Philosophie, und zwar eine gründliche und erschöpfende Philosophie vorausgesetzt. – Diese Bestimmung des Menschen an sich ist zugleich der Gegenstand meiner heutigen Vorlesung. Sie sehen, meine Herren, daß ich das, was ich darüber zu sagen habe, in dieser Stunde nicht vollständig aus seinen Gründen ableiten kann, wenn ich nicht in dieser Stunde die ganze Philosophie abhandeln will. Aber ich kann es auf Ihr Gefühl aufbauen. . . .

Was das eigentlich Geistige im Menschen, das reine Ich, – schlechthin an sich – isoliert – und außer aller Beziehung auf etwas außer demselben – sein würde? – diese Frage ist unbeantwortlich – und genau genommen enthält sie einen Widerspruch mit sich selbst. Es ist zwar nicht wahr, daß das reine Ich ein Produkt des Nicht-Ich – so nenne ich alles, was als außer dem Ich befindlich gedacht, was von dem Ich unterschieden und ihm entgegengesetzt wird – daß das reine Ich, sage ich, ein Produkt des Nicht-Ich sei: – ein solcher Satz würde einen transzendentalen Materialismus ausdrücken, der völlig vernunftwidrig ist – aber es ist sicher wahr, und wird an seinem Orte streng erwiesen werden, daß das Ich sich seiner selbst nie bewußt wird, noch bewußt werden kann, als in seinen empirischen Bestimmungen, und daß diese empirischen Bestimmungen notwendig ein Etwas außer dem Ich voraussetzen. Schon der Körper des Menschen, den er *seinen* Körper nennt, ist etwas außer dem Ich. Außer dieser Verbindung wäre er auch nicht einmal ein Mensch, sondern etwas für uns schlechthin Undenkbares; wenn man ein solches, das nicht einmal ein Gedankending ist, noch ein Etwas nennen kann. – Den Menschen an sich und isoliert betrachten, heißt demnach weder hier, noch irgendwo: ihn bloß als reines Ich, ohne alle Beziehung auf irgend etwas außer seinem reinen Ich betrachten; sondern bloß, ihn außer aller Beziehung auf vernünftige Wesen seinesgleichen denken.

Und, wenn er so gedacht wird, was ist seine Bestimmung? was kommt ihm als Menschen, seinem Begriffe nach, zu, das unter den uns bekannten Wesen dem Nicht-Menschen nicht zukommt? wodurch unterscheidet er sich von allem, was wir unter den uns bekannten Wesen nicht Mensch nennen? –

Von etwas Positivem muß ich ausgehen, und da ich hier nicht von dem absoluten Positiven, dem Satze: Ich bin, ausgehen kann, so muß ich indessen einen Satz als Hypothese aufstellen, der im Menschengefühl unaustilgbar liegt – der das Resultat der gesamten Philosophie ist, der sich streng erweisen läßt – und den ich in meinen Privatvorlesungen streng erweisen werde; den Satz: So gewiß der Mensch Vernunft hat, ist er sein eigener Zweck, d. h. er ist nicht, weil etwas anderes sein soll – sondern er ist schlechthin, weil *Er* sein soll: sein bloßes Sein ist der letzte Zweck seines Seins: oder, welches ebensoviel heißt: man kann ohne Widerspruch nach keinem Zwecke seines Seins fragen. Er ist, *weil* er ist. Dieser Charakter des absoluten Seins, des Seins um seiner selbst willen, ist sein Charakter oder seine Bestimmung, insofern er bloß und lediglich als vernünftiges Wesen betrachtet wird.

Aber dem Menschen kommt nicht bloß das absolute Sein, das Sein schlechthin; es kommen ihm auch noch besondere Bestimmungen dieses Seins zu; *er ist* nicht bloß, sondern *er ist auch irgend etwas*; er sagt nicht bloß: ich bin; sondern er setzt auch hinzu: ich bin dieses oder jenes. Insofern er überhaupt ist, ist er vernünftiges Wesen; insofern er irgend etwas ist; was ist er dann? – Diese Frage haben wir zu beantworten. –

Das, was er ist, ist er zunächst nicht darum, weil er ist; sondern darum, weil *etwas außer ihm ist*. – Das empirische Selbstbewußtsein, d. i. das Bewußtsein irgendeiner Bestimmung in uns, ist nicht möglich, außer unter der Voraussetzung eines Nicht-Ich, wie wir schon oben gesagt haben und an seinem Orte beweisen werden. Dieses Nicht-Ich muß auf seine leidende Fähigkeit, welche wir Sinnlichkeit nennen, einwirken. Insofern also der Mensch etwas ist, ist er sinnliches Wesen. Nun aber ist er nach dem obigen zugleich vernünftiges Wesen, und seine Vernunft soll durch seine Sinnlichkeit nicht aufgehoben werden, sondern beide sollen nebeneinander bestehen. In dieser Verbindung verwandelt sich der obige Satz: Der Mensch ist, weil er ist – in den folgenden: *Der Mensch soll sein, was er ist, schlechthin darum, weil er ist*, d. h. alles was er ist, soll auf sein reines Ich, auf seine bloße Ichheit bezogen werden; alles, was er ist, soll er schlechthin darum sein, weil er ein Ich ist; und was er nicht sein kann, weil er ein Ich ist, soll er überhaupt gar nicht sein. Diese bis jetzt noch dunkle Formel wird sich sogleich aufklären.

Das reine Ich läßt sich nur negativ vorstellen; als das Gegenteil des Nicht-Ich, dessen Charakter Mannigfaltigkeit ist – mithin als völlig absolute Einerleiheit; es ist immer Ein und ebendasselbe und nie ein anderes. Mithin läßt die obige Formel sich auch so ausdrücken: der Mensch soll stets einig mit sich selbst sein; er soll sich nie widersprechen. – Nämlich das reine Ich kann nie im Widerspruche mit sich selbst stehen, denn es ist in ihm gar keine Verschiedenheit, sondern es ist stets Ein und ebendasselbe: aber das empirische, durch äußere Dinge bestimmte und bestimmbare Ich kann sich widersprechen; – und so oft es sich widerspricht, so ist das ein sicheres Merkmal, daß es nicht nach der Form des reinen Ich, nicht durch sich selbst, sondern durch äußere Dinge bestimmt ist. Und so soll es nicht sein; denn der Mensch ist selbst Zweck; er soll sich selbst bestimmen und nie durch etwas Fremdes sich bestimmen lassen; er soll sein, was er ist, weil er es sein will und wollen soll. Das empirische Ich soll so gestimmt werden, wie es ewig gestimmt sein könnte. Ich würde daher, – was ich bloß im Vorbeigehen und zur Erläuterung hinzufüge, – den Grundsatz der Sittenlehre in folgender Formel ausdrücken: Handele so, daß du die Maxime deines Willens als ewiges Gesetz für dich denken könntest. –

Die letzte Bestimmung aller endlichen vernünftigen Wesen ist demnach absolute Einigkeit, stete Identität, völlige Übereinstimmung mit sich selbst. Diese absolute Identität ist die Form des reinen Ich und die einzige wahre Form desselben; oder vielmehr: an der Denkbarkeit der Identität wird der Ausdruck jener Form *erkannt*. Welche Bestimmung aber ewig dauernd gedacht werden kann, dieselbe ist der reinen Form des Ich gemäß. – Man verstehe dieses nicht halb und nicht einseitig. Nicht etwa bloß der Wille soll stets einig mit sich selbst sein, – von diesem ist nur in der Sittenlehre die Rede – sondern alle Kräfte des Menschen, welche an sich nur Eine Kraft sind, und bloß in ihrer Anwendung auf verschiedene Gegenstände unterschieden werden – sie alle sollen zu vollkommener Identität übereinstimmen und unter sich zusammenstimmen.

Nun aber hängen die empirischen Bestimmungen unseres Ich, wenigstens ihrem größten Teil nach, nicht von uns selbst, sondern von etwas außer uns ab. Zwar ist der Wille in seinem Kreise, d. i. in dem Umfange der Gegenstände, auf welche er sich beziehen kann, nachdem sie dem Menschen bekannt geworden, absolut frei, wie zu seiner Zeit streng wird erwiesen werden. Aber das Gefühl und die dasselbe voraussetzende Vorstellung ist nicht frei, sondern hängt von den Dingen außer dem Ich ab, deren Charakter gar nicht Identität, sondern Mannigfaltigkeit ist. Soll nun dennoch das Ich auch in dieser Rücksicht stets einig mit sich selbst sein, so muß es unmittelbar auf die Dinge selbst, von denen das Gefühl und die Vorstellung des Menschen abhängig ist, zu wirken streben; der Mensch muß suchen, dieselben zu modifizieren, und sie selbst zur Übereinstimmung mit der reinen Form seines Ich zu bringen, damit nun auch die Vorstellung von ihnen, insofern sie von ihrer Beschaffenheit abhängt, mit jener Form übereinstimme. – Diese Modifikation der Dinge nun, wie sie nach unseren notwendigen Begriffen von ihnen sein sollen, ist nicht durch den bloßen Willen möglich, sondern es bedarf dazu auch einer gewissen Geschicklichkeit, die durch Übung erworben und erhöht wird.

Ferner, was noch wichtiger ist, unser empirisch bestimmbares Ich selbst nimmt durch den ungehinderten Einfluß der Dinge auf dasselbe, dem wir uns unbefangen überlassen, solange unsere Vernunft noch nicht erwacht ist, gewisse Biegungen an, die mit der Form unseres reinen Ich unmöglich übereinstimmen können, da sie von den Dingen außer uns herkommen. Um diese auszutilgen und uns die ursprüngliche reine Gestalt wiederzugeben – dazu reicht gleichfalls der bloße Wille nicht hin, sondern wir bedürfen auch dazu jener Geschicklichkeit, die durch Übung erworben und erhöht wird.

Die Erwerbung dieser Geschicklichkeit, teils unsere eigenen vor dem Erwachen unserer Vernunft und des Gefühls unserer Selbsttätigkeit entstandenen fehlerhaften Neigungen zu unterdrücken und auszutilgen; teils die Dinge außer uns zu modifizieren und sie nach unseren Begriffen umzuändern, – die Erwerbung dieser Geschicklichkeit, sage ich, heißt *Kultur*; und der erworbene bestimmte Grad dieser Geschicklichkeit wird gleichfalls so genannt. Die Kultur ist nur nach Graden verschieden; aber sie ist unendlich vieler Grade fähig. Sie ist das letzte und höchste Mittel für den Endzweck des Menschen, die völlige Übereinstimmung mit sich selbst, – wenn der Mensch als vernünftig sinnliches Wesen; – sie ist selbst letzter Zweck, wenn er als bloß sinnliches Wesen betrachtet wird. Die Sinnlichkeit soll kultiviert werden: das ist das Höchste und Letzte, was sich mit ihr vornehmen läßt. –

Das endliche Resultat aus allem Gesagten ist folgendes: Die vollkommene Übereinstimmung des Menschen mit sich selbst, und – damit er mit sich selbst übereinstimmen könne – die Übereinstimmung aller Dinge außer ihm mit seinen notwendigen praktischen Begriffen von ihnen, – den Begriffen, welche bestimmen, wie sie sein *sollen*, – ist das letzte höchste Ziel des Menschen. Diese Übereinstimmung überhaupt ist, daß ich in die Terminologie der kritischen Philosophie eingreife, dasjenige, was Kant *das höchste Gut* nennt: welches höchste Gut an sich, wie aus dem obigen hervorgeht, gar nicht zwei Teile hat, sondern völlig einfach ist: es ist – die *vollkommene Übereinstimmung eines vernünftigen Wesens mit sich selbst*. In Beziehung auf ein vernünftiges Wesen, das von den Dingen außer sich abhängig ist, läßt dasselbe sich als zweifach betrachten: – als Übereinstimmung *des Willens* mit der Idee eines ewig geltenden Willens, oder *sittliche Güte* – und als Übereinstimmung der *Dinge außer uns* mit unserem Willen (es versteht sich mit unserem vernünftigen Willen) oder *Glückseligkeit*. – Es ist also – im

Vorbeigehen sei dies erinnert – so wenig wahr, daß der Mensch durch die Begierde nach Glückseligkeit zur sittlichen Güte bestimmt werde; daß vielmehr der Begriff der Glückseligkeit selbst und die Begierde nach ihr, erst aus der sittlichen Natur des Menschen entsteht. – Nicht – *das ist gut, was glückselig macht*; sondern – *nur das macht glückselig, was gut ist*. Ohne Sittlichkeit ist keine Glückseligkeit möglich. *Angenehme* Gefühle zwar sind ohne sie und selbst im Gegenstreite gegen sie möglich, und wir werden an seinem Orte sehen, warum? aber diese sind nicht Glückseligkeit, sondern oft widersprechen sie ihr sogar.

Alles Vernunftlose sich zu unterwerfen, frei und nach seinem eigenen Gesetze es zu beherrschen, ist letzter Endzweck des Menschen; welcher letzte Endzweck völlig unerreichbar ist und ewig unerreichbar bleiben muß, wenn der Mensch nicht aufhören soll, Mensch zu sein, und wenn er nicht Gott werden soll. Es liegt im Begriffe des Menschen, daß sein letztes Ziel unerreichbar, sein Weg zu demselben unendlich sein muß. Mithin ist es nicht die Bestimmung des Menschen, dieses Ziel zu erreichen. Aber er kann und soll diesem Ziele immer näherkommen: und daher ist die *Annäherung ins Unendliche zu diesem Ziele* seine wahre Bestimmung als *Mensch*, d. i. als vernünftiges aber endliches, als sinnliches aber freies Wesen. – Nennt man nun jene völlige Übereinstimmung mit sich selbst Vollkommenheit, in der höchsten Bedeutung des Wortes, wie man sie allerdings nennen kann: so ist *Vollkommenheit* das höchste unerreichbare Ziel des Menschen; *Vervollkommnung ins Unendliche* aber ist seine Bestimmung. Er ist da, um selbst immer sittlich besser zu werden, und alles rund um sich herum *sinnlich*, und wenn er in der Gesellschaft betrachtet wird, auch *sittlich* besser und dadurch sich selbst immer glückseliger zu machen.

Das ist die Bestimmung des Menschen, insofern er isoliert, d. h. außer Beziehung auf vernünftige Wesen seinesgleichen betrachtet wird. – Wir sind nicht isoliert, und ob ich gleich heute meine Betrachtungen nicht auf die allgemeine Verbindung vernünftiger Wesen untereinander richten kann, so muß ich doch einen Blick auf diejenige Verbindung werfen, in die ich heute mit Ihnen, meine Herren, trete. Jene erhabene Bestimmung, die ich Ihnen heute kurz angedeutet habe, ist es, die ich in vielen hoffnungsvollen jungen Männern zur deutlichen Einsicht erheben soll; die ich Ihnen zum überlegtesten Zwecke und zum beständigen Leitfaden Ihres ganzen Lebens zu machen wünsche – in jungen Männern, die bestimmt sind, wieder an ihrem Teile kräftigst auf die Menschheit zu wirken, einst im engeren oder weiteren Umkreis durch Lehren, oder durch Handeln, oder durch beides, die Bildung, die sie selbst erhalten haben, weiter zu verbreiten, und an allen Enden unser gemeinsames Brudergeschlecht auf eine höhere Stufe der Kultur wohltätig heraufzuheben – in jungen Männern, bei deren Bildung ich höchstwahrscheinlich an noch ungeborenen Millionen von Menschen bilde. Wenn einige unter Ihnen das gütige Vorurteil für mich haben sollten, daß ich die Würde dieser meiner besonderen Bestimmung fühle, daß ich es mir bei meinem Nachdenken und Lehren zum höchsten Zwecke machen werde, zur Förderung der Kultur und Erhöhung der Humanität in Ihnen, meine Herren, und in allen, mit denen Sie je einen Berührungspunkt gemein haben werden, beizutragen; und daß ich alle Philosophie und alle Wissenschaft für nichtig halte, die nicht auf dieses Ziel ausgeht – wenn Sie so von mir urteilen, so urteilen Sie – ich darf das vielleicht sagen – ganz richtig von meinem Willen. Inwiefern meine Kräfte diesem Wunsche entsprechen sollen, hängt nicht ganz von mir selbst ab; es hängt zum Teil von Umständen ab, die nicht in unserer Macht stehen. Es hängt zum Teil auch mit von Ihnen ab, meine Herren, von Ihrer Aufmerksamkeit, die ich mir erbitte, von Ihrem Privatfleiße, auf den ich mit froher voller Zuversicht rechne, von Ihrem Vertrauen zu mir, dem ich mich empfehle und durch Handeln zu empfehlen suchen werde.

Über die Bestimmung des Menschen in der Gesellschaft

Es gibt eine Menge Fragen, welche die Philosophie erst zu beantworten hat, ehe sie Wissenschaft und Wissenschaftslehre werden kann: – Fragen, welche die alles entscheidenden Dogmatiker vergaßen und welche der Skeptiker nur auf die Gefahr hin, der Unvernunft oder der Bosheit oder beider zugleich bezichtigt zu werden, – anzudeuten wagt.

Es ist, wofern ich nicht oberflächlich sein und seicht behandeln will, worüber ich etwas Gründlicheres zu wissen glaube – wofern ich nicht Schwierigkeiten verbergen und in der Stille übergehen will, die ich recht wohl sehe – es ist, sage ich, mein Schicksal in diesen öffentlichen Vorlesungen, mehrere dieser fast noch ganz unberührten Fragen berühren zu müssen, ohne sie doch völlig erschöpfen zu können – auf die Gefahr hin, mißverstanden oder mißgedeutet zu werden, nur *Winke* zum weiteren Nachdenken, nur *Weisungen* auf weitere Belehrung geben zu können, wo ich lieber die Sache aus dem Grunde erschöpfen möchte. Vermutete ich unter Ihnen, meine Herren, viele Popular-Philosophen, die ohne alle Mühe und ohne alles Nachdenken, bloß durch die Hilfe ihres Menschenverstandes, den sie gesund nennen, alle Schwierigkeiten gar leicht lösen, so würde ich diesen Lehrstuhl oft nicht ohne Zagen betreten.

Unter diese Fragen gehören besonders folgende zwei, für deren Beantwortung unter anderem auch kein gründliches Naturrecht[2] möglich sein dürfte; zuvörderst die: mit welcher Befugnis nennt der Mensch einen bestimmten Teil der Körperwelt *seinen* Körper? wie kommt er dazu, diesen seinen Körper zu betrachten, als seinem Ich angehörig, da er doch demselben gerade entgegengesetzt ist? und dann die zweite: wie kommt der Mensch dazu, vernünftige Wesen seinesgleichen außer sich anzunehmen und anzuerkennen, da doch dergleichen Wesen in seinem reinen Selbstbewußtsein unmittelbar gar nicht gegeben sind?

Ich habe heute die Bestimmung des Menschen in der Gesellschaft festzusetzen, und die Lösung dieser Aufgabe setzt die Beantwortung der letzteren Frage voraus. – Gesellschaft nenne ich die Beziehung der vernünftigen Wesen aufeinander. Der Begriff ist nicht möglich ohne die Voraussetzung, daß es vernünftige Wesen außer uns wirklich gebe, und ohne charakteristische Merkmale, wodurch wir dieselben von allen anderen Wesen unterscheiden können, die nicht vernünftig sind und demnach nicht mit zur Gesellschaft gehören. Wie kommen wir zu jener Voraussetzung? und welches sind diese Merkmale? Dies ist die Frage, die ich zuvörderst zu beantworten habe.

„Wir haben beides, sowohl daß es vernünftige Wesen unseresgleichen außer uns gebe, als auch die Unterscheidungszeichen derselben von vernunftlosen Wesen aus der Erfahrung geschöpft;" so dürfen wohl diejenigen antworten, die sich noch nicht an strenge philosophische Untersuchung gewöhnt haben; aber eine solche Antwort würde seicht und unbefriedigend, es würde gar keine Antwort auf *unsere* Frage sein, sondern sie würde zu einer ganz anderen gehören. Die Erfahrungen, auf welche sie sich berufen würden, machten ja wohl auch die Egoisten, die darum noch immer nicht gründlich widerlegt sind. Die Erfahrung lehrt nur das, daß *die Vorstellung* von vernünftigen Wesen außer uns in unserem empirischen Bewußtsein enthalten sei; und darüber ist kein Streit, und kein Egoist hat es noch geleugnet. Die Frage ist: ob dieser Vorstellung etwas *außer derselben* entspreche; ob es unabhängig von unserer Vorstellung und, wenn wir es uns auch nicht vorstellen, – vernünftige Wesen außer uns gebe; und hierüber kann die Erfahrung nichts lehren, so gewiß als sie Erfahrung, d. i. das System unserer Vorstellungen ist.

Die Erfahrung kann höchstens lehren, daß Wirkungen gegeben sind, die den Wirkungen vernünftiger Ursachen ähnlich sind; aber nimmermehr

---

2 Fichte versteht wie viele neuzeitliche Theoretiker unter Naturrecht das allein aus der Vernunft begründete Recht.

kann sie lehren, daß die Ursachen derselben als vernünftige Wesen an sich wirklich vorhanden seien; denn ein Wesen an sich selbst ist kein Gegenstand der Erfahrung.

Wir selbst tragen dergleichen Wesen erst in die Erfahrung hinein; *wir* sind es, die gewisse Erfahrungen aus dem Dasein vernünftiger Wesen außer uns erklären. Aber – *mit welcher Befugnis* erklären wir so? diese *Befugnis* muß vor dem Gebrauch derselben näher erwiesen werden, weil die Gültigkeit derselben sich darauf gründet, und kann nicht etwa bloß auf den wirklichen Gebrauch gegründet werden: und so wären wir denn um keinen Schritt weiter; und stünden gerade wieder bei der Frage, die wir oben aufwarfen: wie kommen wir dazu, vernünftige Wesen außer uns anzunehmen und anzuerkennen?

Das theoretische Gebiet der Philosophie ist unstreitig durch die gründlichen Untersuchungen der Kritiker erschöpft; alle bis jetzt noch unbeantworteten Fragen müssen aus praktischen Prinzipien beantwortet werden, wie ich indes nur historisch anführe. Wir müssen versuchen, ob wir die aufgeworfene Frage aus dergleichen Prinzipien wirklich beantworten können.

Der höchste Trieb im Menschen ist, laut unserer letzten Vorlesung, der Trieb nach Identität, nach vollkommener Übereinstimmung mit sich selbst; und damit er stets mit sich übereinstimmen könne, nach Übereinstimmung alles dessen, was außer ihm ist, mit seinen notwendigen Begriffen davon. Es soll seinen Begriffen nicht nur *nicht widersprochen* werden, so daß ihm übrigens die Existenz oder Nicht-Existenz eines demselben *entsprechenden* Objekts gleichgültig wäre, sondern es soll auch wirklich etwas demselben Entsprechendes gegeben werden. Allen Begriffen, die in seinem Ich liegen, soll im Nicht-Ich ein Ausdruck, ein Gegenbild gegeben werden. So ist sein Trieb bestimmt.

Im Menschen ist auch der Begriff der Vernunft und des vernunftmäßigen Handelns und Denkens gegeben, und er will notwendig diesen Begriff nicht nur in sich selbst realisieren, sondern auch außer sich realisiert sehen. Es gehört unter seine Bedürfnisse, daß vernünftige Wesen seinesgleichen außer ihm gegeben seien.

Er kann dergleichen Wesen nicht hervorbringen; aber er legt den Begriff derselben seiner Beobachtung des Nicht-Ich zugrunde und erwartet, etwas demselben Entsprechendes zu finden. – Der erste, zunächst sich anbietende, aber bloß negative Charakter der Vernünftigkeit ist Wirksamkeit nach Begriffen, Tätigkeit nach Zwecken. Was den Charakter der Zweckmäßigkeit trägt, kann einen vernünftigen Urheber haben;

das, worauf sich der Begriff der Zweckmäßigkeit gar nicht anwenden läßt, hat gewiß keinen vernünftigen Urheber. – Aber dieses Merkmal ist zweideutig; Übereinstimmung des Mannigfaltigen zur Einheit ist der Charakter der Zweckmäßigkeit; aber es gibt mehrere Arten dieser Übereinstimmung, die sich aus bloßen Naturgesetzen, – eben nicht aus *mechanischen*, aber doch aus *organischen* – erklären lassen; mithin bedürfen wir noch eines Merkmals, um aus einer gewissen Erfahrung mit Überzeugung auf eine vernünftige Ursache derselben schließen zu können. – Die Natur wirkt auch da, wo sie zweckmäßig wirkt, nach *notwendigen Gesetzen*; die Vernunft wirkt immer mit *Freiheit*. Mithin würde Übereinstimmung des Mannigfaltigen zur Einheit, die durch Freiheit gewirkt wäre, der sichere und untrügliche Charakter der Vernünftigkeit in der Erscheinung sein. Es fragt sich nur: wie soll man eine in der Erfahrung gegebene Wirkung durch Notwendigkeit von einer gleichfalls in der Erfahrung gegebenen Wirkung durch Freiheit unterscheiden?

Einer Freiheit außer mir kann ich mir überhaupt gar nicht unmittelbar bewußt sein; nicht einmal einer Freiheit in mir oder meiner eigenen Freiheit kann ich mir bewußt werden; denn die Freiheit an sich ist der letzte Erklärungsgrund alles Bewußtseins und kann daher gar nicht in das Gebiet des Bewußtseins gehören. Aber – ich kann mir bewußt werden, daß ich mir bei einer gewissen Bestimmung meines empirischen Ich durch meinen Willen einer anderen Ursache nicht bewußt bin als dieses Willens selbst; und dieses Nichtbewußtsein der Ursache könnte man wohl auch ein Bewußtsein der Freiheit nennen, wenn man sich nur vorher gehörig erklärt hat; und wir wollen es hier so nennen. *In diesem Sinne* kann man sich selbst einer eigenen Handlung durch Freiheit bewußt werden.

Wird nun durch *unsere* freie Handlung, der wir uns in dem angezeigten Sinne bewußt sind, die Wirkungsart der Substanz, die uns in der Erscheinung gegeben ist, so verändert, daß diese Wirkungsart gar nicht mehr aus *dem* Gesetze, nach welchem sie vorher sich richtete, sondern bloß aus demjenigen zu erklären ist, das *wir unserer* freien Handlung zugrunde gelegt haben, und welches dem vorherigen entgegengesetzt ist; so können wir eine solche veränderte Bestimmung nicht anders erklären als durch die Voraussetzung, daß die Ursache jener Wirkung gleichfalls vernünftig und frei sei. Hieraus entsteht, daß ich in die Kantische Terminologie eingreife, eine *Wechselwirkung nach Begriffen*[3]; eine

3 Was Fichte in diesem Zusammenhang unter diesem Begriff versteht, sagt er im folgenden S. 223.

zweckmäßige Gemeinschaft; und diese ist es, die ich Gesellschaft nenne. Der Begriff der Gesellschaft ist nun vollständig bestimmt.

Es gehört unter die Grundtriebe des Menschen, vernünftige Wesen seinesgleichen außer sich annehmen zu dürfen; diese kann er nur unter der Bedingung annehmen, daß er mit ihnen, nach der oben bestimmten Bedeutung des Wortes, in Gesellschaft tritt. – Der gesellschaftliche Trieb gehört demnach unter die Grundtriebe des Menschen. Der Mensch *ist bestimmt*, in der Gesellschaft zu leben; er *soll* in der Gesellschaft leben; er ist kein ganzer vollendeter Mensch und widerspricht sich selbst, wenn er isoliert lebt.

Sie sehen, meine Herren, wie wichtig es ist, die Gesellschaft überhaupt nicht mit der besonderen empirisch bedingten Art von Gesellschaft, die man den Staat nennt, zu verwechseln. Das Leben im Staate gehört nicht unter die absoluten Zwecke des Menschen, was auch ein sehr großer Mann darüber sage; sondern es ist ein nur unter gewissen Bedingungen stattfindendes *Mittel zur Gründung einer vollkommenen Gesellschaft*. Der Staat geht, ebenso wie alle menschlichen Institute, die bloße Mittel sind, auf seine eigene Vernichtung aus: *es ist der Zweck aller Regierung, die Regierung überflüssig zu machen*. Jetzt ist der Zeitpunkt sicher noch nicht – und ich weiß nicht, wie viele Myriaden Jahre oder Myriaden von Myriaden Jahren bis dahin sein mögen – und es ist überhaupt hier nicht von einer Anwendung im Leben, sondern von Berichtigung eines spekulativen Satzes die Rede – jetzt ist der Zeitpunkt nicht; aber es ist sicher, daß auf der *a priori* vorgezeichneten Laufbahn des Menschengeschlechtes ein solcher Punkt liegt, wo alle Staatsverbindungen überflüssig sein werden. Es ist derjenige Punkt, wo statt der Stärke oder der Schlauheit die bloße Vernunft als höchster Richter allgemein anerkannt sein wird. *Anerkannt sein*, sage ich, denn irren, und aus Irrtum ihren Mitmenschen verletzen mögen die Menschen auch dann noch; aber sie müssen nur alle den guten Willen haben, sich ihres Irrtums überführen zu lassen, und so, wie sie desselben überführt sind, ihn zurückzunehmen und den Schaden zu ersetzen. – Ehe dieser Zeitpunkt eintritt, sind wir im allgemeinen noch nicht einmal wahre Menschen.

Nach dem Gesagten ist *Wechselwirkung durch Freiheit* der positive Charakter der Gesellschaft. – Diese – ist selbst Zweck; und es wird demnach gewirkt, *bloß und schlechthin darum*, damit gewirkt werde. – Durch die Behauptung aber, daß die Gesellschaft ihr eigener Zweck sei, wird gar nicht geleugnet, daß die Art des Einwirkens noch ein besonderes Gesetz haben könne, welches der Einwirkung ein noch bestimmteres Ziel aufstellt.

Der Grundtrieb war, vernünftige Wesen unseresgleichen oder *Menschen* zu finden. – Der Begriff vom Menschen ist ein idealischer Begriff, weil der Zweck des Menschen, insofern er das ist, unerreichbar ist. Jedes Individuum hat sein besonderes Ideal vom Menschen überhaupt, welche Ideale zwar nicht in der Materie, aber doch in den Graden verschieden sind; jeder prüft nach seinem eigenen Ideale denjenigen, den er für einen Menschen anerkennt. Jeder wünscht vermöge jenes Grundtriebes, jeden anderen demselben ähnlich zu finden; er versucht, er beobachtet ihn auf alle Weise, und wenn er ihn *unter* demselben findet, so sucht er ihn dazu emporzuheben. In diesem Ringen der Geister mit Geistern siegt stets derjenige, der der höhere, bessere Mensch ist; so entsteht durch Gesellschaft *Vervollkommnung der Gattung*, und wir haben damit auch zugleich die Bestimmung der ganzen Gesellschaft, als solcher, gefunden. Wenn es scheint, als ob der höhere und bessere Mensch keinen Einfluß auf den niederen und ungebildeten habe, so täuscht uns hierbei teils unser Urteil, da wir oft die Frucht auf der Stelle erwarten, ehe das Samenkorn keimen und sich entwickeln kann; teils kommt es daher, daß der bessere vielleicht um zu viele Stufen höher steht, als der ungebildete; daß sie zu wenig Berührungspunkte miteinander gemein haben; zu wenig aufeinander wirken können – ein Umstand, der die Kultur auf eine unglaubliche Art aufhält, und dessen Gegenmittel wir zu seiner Zeit aufzeigen werden. Aber im Ganzen siegt der bessere gewiß; ein beruhigender Trost für den Freund der Menschen und der Wahrheit, wenn er dem offenen Kriege des Lichtes mit der Finsternis zusieht. Das Licht siegt endlich gewiß – die Zeit kann man freilich nicht bestimmen, aber es ist schon ein Unterpfand des Sieges, und des nahen Sieges, wenn die Finsternis genötigt ist, sich in einen öffentlichen Kampf einzulassen. Sie liebt das Dunkel; sie hat schon verloren, wenn sie gezwungen ist, an das Licht zu treten.

Also – das ist das Resultat unserer ganzen bisherigen Betrachtung – der Mensch ist für die Gesellschaft bestimmt; unter diejenigen Geschicklichkeiten, welche er seiner in der vorigen Vorlesung entwickelten Bestimmung nach in sich vervollkommnen soll, gehört auch die *Gesellschaftlichkeit*.

Diese Bestimmung für die Gesellschaft überhaupt ist, so sehr sie auch aus dem Innersten, Reinsten des menschlichen Wesens entsprungen ist, dennoch, als bloßer Trieb, dem höchsten Gesetze der steten Übereinstimmung mit uns selbst, oder dem Sittengesetze untergeordnet und muß durch dasselbe weiter bestimmt und unter eine feste Regel gebracht werden; und so wie wir diese Regel auffinden, finden wir die Bestimmung *des Menschen* in der *Gesellschaft*, die der Zweck unserer gegenwärtigen Untersuchung und aller bis jetzt angestellten Betrachtungen ist.

Zuvörderst wird durch jenes Gesetz der absoluten Übereinstimmung der gesellschaftliche Trieb *negativ* bestimmt; er darf sich selbst nicht widersprechen. Der Trieb geht auf *Wechselwirkung*, *gegenseitige* Einwirkung, *gegenseitiges* Geben und Nehmen, *gegenseitiges* Leiden und Tun: nicht auf bloße Kausalität, nicht auf bloße Tätigkeit, wogegen der andere sich nur leidend zu verhalten hätte. Der Trieb geht darauf aus, *freie vernünftige* Wesen außer uns zu finden und mit ihnen in Gemeinschaft zu treten; er geht nicht auf *Subordination*, wie in der Körperwelt, sondern er geht auf *Koordination* aus. Will man die gesuchten vernünftigen Wesen außer sich nicht frei sein lassen, so rechnet man etwa bloß auf ihre *theoretische Geschicklichkeit*, nicht auf ihre freie praktische Vernünftigkeit: man will nicht in Gesellschaft mit ihnen treten, sondern man will sie, als geschicktere Tiere, *beherrschen*, und dann versetzt man seinen gesellschaftlichen Trieb mit sich selbst in Widerspruch. – Doch was sage ich: man versetzt ihn mit sich selbst in Widerspruch? man hat ihn vielmehr noch gar nicht – jenen höheren Trieb: die Menschheit hat sich dann in uns noch gar nicht so weit ausgebildet; wir stehen selbst noch auf der niederen Stufe der halben Menschheit, oder der Sklaverei. Wir sind selbst noch nicht zum Gefühl unserer Freiheit und Selbsttätigkeit gereift; denn sonst müßten wir notwendig um uns herum uns ähnliche, d. i. freie Wesen sehen wollen. Wir sind Sklaven und wollen Sklaven halten. Rousseau sagt: Mancher hält sich für einen Herrn anderer, der doch mehr Sklave ist als sie; er hätte noch weit richtiger sagen können: Jeder, der sich für einen Herrn anderer hält, ist selbst ein Sklave. Ist er es auch nicht immer wirklich, so hat er doch sicher eine Sklavenseele, und vor dem ersten Stärkeren, der ihn unterjocht, wird er niederträchtig kriechen. – Nur derjenige ist frei, der alles um sich herum freimachen will, und durch einen gewissen Einfluß, dessen Ursache man nicht immer bemerkt hat, wirklich freimacht. Unter seinem Auge atmen wir freier; wir fühlen uns durch nichts gepreßt und zurückgehalten und eingeengt; wir fühlen eine ungewohnte Lust, alles zu sein und zu tun, was nicht die Achtung für uns selbst uns verbietet.

Der Mensch darf vernunftlose Dinge als Mittel für seine Zwecke gebrauchen, nicht aber vernünftige Wesen: er darf dieselben nicht einmal als Mittel für ihre eigenen Zwecke brauchen; er darf nicht auf sie wirken wie auf tote Materie oder auf das Tier, so daß er bloß seinen Zweck mit ihnen durchsetze, ohne auf ihre Freiheit gerechnet zu haben. – Er darf kein vernünftiges Wesen wider seinen Willen tugendhaft oder weise oder glücklich machen. Abgerechnet, daß diese Bemühung vergeblich sein würde und daß keiner tugendhaft oder weise oder glücklich werden kann außer durch seine eigene Arbeit und Mühe – abgerechnet also, daß das der Mensch nicht kann, soll er – wenn er es auch könnte oder zu können glaubte – es nicht einmal wollen; denn es ist unrecht, und er versetzt sich dadurch in Widerspruch mit sich selbst.

Durch das Gesetz der völligen formalen Übereinstimmung mit sich selbst wird der gesellschaftliche Trieb auch positiv bestimmt, und so bekommen wir die eigentliche Bestimmung des Menschen in der Gesellschaft. – Alle Individuen, die zum Menschengeschlechte gehören, sind unter sich verschieden; es ist nur Eins, worin sie völlig übereinkommen, ihr letztes Ziel, die Vollkommenheit. Die Vollkommenheit ist nur auf eine Art bestimmt: – sie ist sich selbst völlig gleich; könnten alle Menschen vollkommen werden, könnten sie ihr höchstes und letztes Ziel erreichen, so wären sie alle einander völlig gleich; sie wären nur Eins; ein einziges Subjekt. Nun aber strebt jeder in der Gesellschaft den anderen, wenigstens seinen Begriffen nach, vollkommener zu machen; ihn zu seinem Ideale, das er sich von dem Menschen gemacht hat, emporzuheben. – Mithin ist das letzte, höchste Ziel der Gesellschaft völlige Einigkeit und Einmütigkeit mit allen möglichen Gliedern derselben. Da aber die Erreichung dieses Ziels die Erreichung der Bestimmung des Menschen überhaupt – die Erreichung der absoluten Vollkommenheit voraussetzt: so ist es ebenso unerreichbar als jenes – ist unerreichbar, solange der Mensch nicht aufhören soll, Mensch zu sein, und nicht Gott werden soll. Völlige Einigkeit mit allen Individuen ist mithin zwar das *letzte Ziel*, aber nicht die *Bestimmung* des Menschen in der Gesellschaft.

Aber annähern und ins Unendliche sich annähern an dieses Ziel – das kann er und das soll er. Dieses Annähern zur völligen Einigkeit und Einmütigkeit mit allen Individuen können wir Vereinigung nennen. Also Vereinigung, die der Innigkeit nach stets fester, dem Umfange nach stets ausgebreiteter werde, ist die wahre Bestimmung des Menschen in der Gesellschaft: diese Vereinigung aber ist, da nur über ihre letzte Bestimmung die Menschen einig sind und einig werden können – nur durch Vervollkommnung möglich. Wir können demnach ebenso gut sagen: gemeinschaftliche Vervollkommnung, Vervollkommnung seiner selbst durch die frei benutzte Einwirkung anderer auf uns: und Vervollkommnung anderer durch Rückwirkung auf sie, als auf freie Wesen, ist unsere Bestimmung in der Gesellschaft.

Um diese Bestimmung zu erreichen, und sie immer mehr zu erreichen, dazu bedürfen wir einer Geschicklichkeit, die nur durch Kultur erworben und erhöht wird, und zwar einer Geschicklichkeit von zweierlei Art: einer Geschicklichkeit *zu geben*, oder auf andere, als auf freie Wesen zu wirken, und einer Empfänglichkeit *zu nehmen*, oder aus den Wirkungen anderer auf uns den besten Vorteil zu ziehen. Von beiden werden wir an seinem Orte besonders reden. Besonders die letztere muß man sich auch neben einem hohen Grade der ersteren zu erhalten suchen; oder man bleibt stehen und geht dadurch zurück. Selten ist jemand so vollkommen, daß er nicht fast durch jeden anderen wenigstens von irgendeiner, vielleicht unwichtig scheinenden oder übersehenen Seite sollte ausgebildet werden können.

Ich kenne wenig erhabenere Ideen, meine Herren, als die Idee dieses allgemeinen Einwirkens des ganzen Menschengeschlechtes auf sich selbst, dieses unaufhörlichen Lebens und Strebens, dieses eifrigen Wettstreites zu geben und zu nehmen, das edelste, was dem Menschen zuteil werden kann, dieses allgemeinen Eingreifens zahlloser Räder ineinander, deren gemeinsame Triebfeder die Freiheit ist, und der schönen Harmonie, die daraus entsteht. Wer du auch seist, so kann jeder sagen, du der du nur Menschenantlitz trägst, du bist doch ein Mitglied dieser großen Gemeinde; durch welche unzählige Mitglieder die Wirkung auch fortgepflanzt werde – ich wirke darum doch auch auf dich, und du wirkst darum doch auch auf mich; keiner, der nur das Gepräge der Vernunft, sei es auch noch so roh ausgedrückt, auf seinem Gesichte trägt, ist vergebens für mich da. Aber ich kenne dich nicht, noch kennst du mich: – o, so gewiß wir den gemeinschaftlichen Ruf haben, gut zu sein und immer besser zu werden – so gewiß – und dauere es Millionen und Billionen Jahre – was ist die Zeit? – so gewiß wird einst eine Zeit kommen, da ich auch dich in meinen Wirkungskreis mit fortreißen werde, da ich auch dir werde wohltun, und von dir Wohltaten empfangen können, da auch an dein Herz das meinige durch das schönste Band des gegenseitigen freien Gebens und Nehmens geknüpft sein wird.

(Bestimmung des Gelehrten, S. 293–311)

Georg Wilhelm Friedrich Hegel[1]

1.

Ein Mann, der den Menschen in seiner Ganzheit wieder herstellen wollte, konnte einen solchen Weg unmöglich einschlagen, der der Zerrissenheit des Menschen nur einen hartsinnigen Dünkel zugesellt. Im Geiste der Gesetze handeln, konnte ihm nicht heißen, aus Achtung für die Pflicht mit Widerspruch der Neigungen handeln; denn beide Teile des Geistes (man kann bei diesem Zerrissensein des Gemüts nicht anders sprechen) befänden sich ja eben dadurch gar nicht im Geiste, sondern gegen den Geist der Gesetze, der eine, weil er ein Ausschließendes, also von sich selbst Beschränktes, der andere, weil er ein Unterdrücktes ist.

Unmittelbar gegen Gesetze gekehrt zeigt sich dieser über Moralität erhabene Geist Jesu in der Bergpredigt, die ein an mehreren Beispielen von Gesetzen durchgeführter Versuch ist, den Gesetzen das Gesetzliche, die Form von Gesetzen zu benehmen, der nicht Achtung für dieselben predigt, sondern dasjenige aufzeigt, was sie erfüllt, aber als Gesetz aufhebt, und also etwas Höheres ist, als der Gehorsam gegen dieselben und sie entbehrlich macht. Da die Pflichtgebote eine Trennung voraussetzen, und die Herrschaft des Begriffs in einem Sollen sich ankündigt, so ist dagegen dasjenige, was über diese Trennung erhaben ist, ein *Sein*, eine Modifikation des Lebens, welche nur in Ansehung des Objekts betrachtet ausschließend, also beschränkt ist, indem die Ausschließung nur durch die Beschränktheit des Objekts gegeben ist, und

---

1 Hegels theologische Jugendschriften, herausgegeben von Hermann Nohl, Tübingen 1907. Der Geist des Christentums (1798–1800)
Phänomenologie des Geistes, herausgegeben von Johannes Hoffmeister, ^{6}Hamburg 1952 (1807)
Grundlinien der Philosophie des Rechts, herausgegeben von Helmut Reichelt, Frankfurt–Berlin–Wien 1972 (1821). Im Text nur Angabe der §§
Enzyklopädie der philosophischen Wissenschaften, herausgegeben von Friedhelm Nicolin und Otto Pöggeler, Hamburg 1959 (1830)
In seinen sogenannten Theologischen Jugendschriften setzt sich Hegel, oft in philosophischer Auslegung der Evangelien, mit Problemen der Philosophie, Theologie, Kirche und Gesellschaft auseinander. Sie blieben Fragmente und wurden ebenso wie seine im engeren Sinne politischen Schriften dieser Zeit von ihm nicht veröffentlicht. In ihnen sind wesentliche Themen seiner späteren Philosophie bereits behandelt, wie in dem folgenden Text die Kritik des Sollens in der Ethik und die Kritik der Trennung von Moralität und Sittlichkeit.

nur dasselbe betrifft. Wenn Jesus auch das, was er den Gesetzen entgegen- und über sie setzt, als Gebote ausdrückt (Meinet nicht, ich wolle das Gesetz aufheben; Euer Wort sei: Ich sage euch nicht zu widerstehen usw.; Liebe Gott und deinen Nächsten) so ist diese Wendung in einem ganz andern Sinne Gebot, als das Sollen des Pflichtgebots; sie ist nur die Folge davon, daß das Lebendige gedacht, ausgesprochen, in der ihm fremden Form des Begriffs gegeben wird; da hingegen das Pflichtgebot seinem Wesen nach als ein Allgemeines ein Begriff ist. Und wenn so das Lebendige in der Form eines Reflektierten, Gesagten gegen Menschen erscheint, so hatte Kant sehr Unrecht diese zum Lebendigen nicht gehörige Art des Ausdrucks: Liebe Gott über alles und deinen Nächsten als dich selbst, als ein Gebot anzusehen, welches Achtung für ein Gesetz fordert, das Liebe befiehlt. Und auf dieser Verwechselung des Pflichtgebots, das in der Entgegensetzung des Begriffs und des Wirklichen besteht, und der ganz außerwesentlichen Art, das Lebendige auszusprechen, beruht seine tiefsinnige Zurückführung dessen, was er ein Gebot nennt: Liebe Gott über Alles und den Nächsten als dich selbst – auf sein Pflichtgebot. Und seine Bemerkung, daß Liebe, oder in der Bedeutung, die er dieser Liebe geben zu müssen meint – alle Pflichten *gerne* ausüben – nicht geboten werden könne, fällt von selbst hinweg; weil in der Liebe aller Gedanke von Pflichten wegfällt; und auch die Ehre, die er jenem Ausspruch Jesu dagegen wieder angedeihen läßt, ihn als das von keinem Geschöpf erreichbare Ideal der Heiligkeit anzusehen, ist ebenso überflüssig verschwendet; denn ein solches Ideal, in dem die Pflichten als gerne getan vorgestellt würden, ist in sich selbst widersprechend, weil Pflichten eine Entgegensetzung und das Gernetun keine Entgegensetzung forderten; und er kann diesen Widerspruch ohne Vereinigung in seinem Ideal ertragen, indem er jedoch die vernünftigen Geschöpfe (eine sonderbare Zusammenstellung) „für fähig" zu fallen, jenes Ideal zu erreichen für unfähig erklärt.

(Der Geist des Christentums und sein Schicksal, Jugendschriften S. 266–267)

2.

Was allgemein gültig ist, ist auch allgemein geltend; was sein *soll, ist* in der Tat auch, und was nur sein *soll*, ohne zu *sein*, hat keine Wahrheit. Hieran bleibt der Instinkt der Vernunft mit Recht seinerseits fest hängen und läßt sich nicht durch die Gedankendinge, die nur sein *sollen* und als *Sollen* Wahrheit haben sollen, ob sie schon in keiner Erfahrung angetroffen werden, – durch die Hypothesen so wenig als durch alle anderen

Unsichtbarkeiten eines perennierenden Sollens irre machen; denn die Vernunft ist eben diese Gewißheit, Realität zu haben, und was nicht als ein Selbstwesen für das Bewußtsein ist, d. h. was nicht erscheint, ist für es gar nichts.

(Phänomenologie, S. 189–190)

3.

Die öffentliche Meinung ist die unorganische Weise, wie sich das, was ein Volk will und meint, zu erkennen gibt. Was sich wirklich im Staate geltend macht, muß sich freilich auf organische Weise betätigen, und dies ist in der Verfassung der Fall. Aber zu allen Zeiten war die öffentliche Meinung eine große Macht und ist es besonders in unserer Zeit, wo das Prinzip der subjektiven Freiheit diese Wichtigkeit und Bedeutung hat. Was jetzt gelten soll, gilt nicht mehr durch Gewalt, wenig durch Gewohnheit und Sitte, wohl aber durch Einsicht und Gründe.

(Rechtsphilosophie § 316 Zusatz)

4.

Man kann zwar von denen, die es am gründlichsten zu nehmen scheinen, hören, die Form sei etwas Äußeres und für die Sache Gleichgültiges, es komme nur auf diese an: man kann weiter das Geschäft des Schriftstellers, insbesondere des philosophischen, darin setzen, *Wahrheiten* zu entdecken, *Wahrheiten* zu sagen, *Wahrheiten* und richtige Begriffe zu verbreiten. Wenn man nun betrachtet, wie solches Geschäft wirklich betrieben zu werden pflegt, so sieht man einesteils denselben alten Kohl immer wieder aufkochen und nach allen Seiten hin ausgeben – ein Geschäft, das wohl auch sein Verdienst um die Bildung und Erweckung der Gemüter haben wird, wenn es gleich mehr als ein vielgeschäftiger Überfluß angesehen werden könnte – „denn sie haben Mosen und die Propheten, laß sie dieselbigen hören“. Vornehmlich hat man vielfältige Gelegenheit, sich über den Ton und die Prätention, die sich dabei zu erkennen gibt, zu verwundern, nämlich als ob es der Welt nur noch an diesen eifrigen Verbreitern von Wahrheiten gefehlt hätte, und als ob der aufgewärmte Kohl neue und unerhörte Wahrheiten brächte und vornehmlich immer „in jetziger Zeit“ hauptsächlich zu beherzigen wäre. Andernteils aber sieht man, was von solchen Wahrheiten von der einen Seite her ausgegeben wird, durch eben dergleichen von anderen

Seiten her ausgespendete Wahrheiten verdrängt und weggeschwemmt werden. Was nun in diesem Gedränge von Wahrheiten weder Altes noch Neues, sondern Bleibendes sei, wie soll dieses aus diesen formlos hin- und hergehenden Betrachtungen sich herausheben – wie anders sich unterscheiden und bewähren, als durch die *Wissenschaft*?

Ohnehin über *Recht, Sittlichkeit, Staat* ist die *Wahrheit ebensosehr alt*, als in *den öffentlichen Gesetzen, der öffentlichen Moral und Religion offen dargelegt und bekannt*. Was bedarf diese Wahrheit weiter, insofern der denkende Geist sie in dieser nächsten Weise zu besitzen nicht zufrieden ist, als sie auch zu *begreifen*, und dem schon an sich selbst vernünftigen Inhalt auch die vernünftige Form zu gewinnen, damit er für das freie Denken gerechtfertigt erscheine, welches nicht bei dem *Gegebenen*, es sei durch die äußere positive Autorität des Staats oder der Übereinstimmung der Menschen, oder durch die Autorität des inneren Gefühls und Herzens und das unmittelbar beistimmende Zeugnis des Geistes unterstützt, stehenbleibt, sondern von sich ausgeht und eben damit fordert, sich im Innersten mit der Wahrheit geeint zu wissen?

Das einfache Verhalten des unbefangenen Gemütes ist, sich mit zutrauensvoller Überzeugung an die öffentlich bekannte Wahrheit zu halten, und auf diese feste Grundlage seine Handlungsweise und feste Stellung im Leben zu bauen. Gegen dieses einfache Verhalten tut sich etwa schon die vermeinte Schwierigkeit auf, wie aus den unendlich *verschiedenen Meinungen* sich das, was darin das allgemein Anerkannte und Gültige sei, unterscheiden und herausfinden lasse; und man kann diese Verlegenheit leicht für einen rechten und wahrhaften Ernst um die Sache nehmen. In der Tat sind aber die, welche sich auf diese Verlegenheit etwas zugute tun, in dem Falle, den Wald vor den Bäumen nicht zu sehen, und es ist nur die Verlegenheit und Schwierigkeit vorhanden, welche sie selbst veranstalten; ja diese ihre Verlegenheit und Schwierigkeit ist vielmehr der Beweis, daß sie etwas anderes als das allgemein Anerkannte und Geltende, als die Substanz des Rechten und Sittlichen wollen. Denn es ist darum wahrhaft, und nicht um die *Eitelkeit* und *Besonderheit* des Meinens und Seins zu tun, so hielten sie sich an das substantielle Rechte, nämlich an die Gebote der Sittlichkeit und des Staats, und richteten ihr Leben danach ein. – Die weitere Schwierigkeit aber kommt von der Seite, daß der Mensch *denkt* und im Denken seine Freiheit und den Grund der Sittlichkeit sucht. Dieses Recht, so hoch, so göttlich es ist, wird aber in Unrecht verkehrt, wenn nur dies für Denken gilt und das Denken nur dann sich frei weiß, insofern es vom *Allgemein-Anerkannten und Gültigen abweiche* und sich etwas *Besonderes* zu erfinden gewußt habe.

Am festesten konnte in unserer Zeit die Vorstellung, als ob die Freiheit des Denkens und des Geistes überhaupt sich nur durch die Abweichung, ja Feindschaft gegen das öffentlich Anerkannte beweise, in *Beziehung auf den Staat* eingewurzelt, und hiernach absonderlich eine Philosophie über den Staat wesentlich die Aufgabe zu haben scheinen, *auch* eine *Theorie* und eben eine neue und besondere zu erfinden und zu geben. Wenn man diese Vorstellung und das ihr gemäße Treiben sieht, so sollte man meinen, als ob noch kein Staat und Staatsverfassung in der Welt gewesen, noch gegenwärtig vorhanden sei, sondern als ob man *jetzt* – und dies *Jetzt* dauert immer fort – ganz von vorne anzufangen, und die sittliche Welt nur auf ein solches *jetziges* Ausdenken und Ergründen und Begründen gewartet habe. Von der *Natur* gibt man zu, daß die Philosophie sie zu erkennen habe, *wie sie ist*, daß der Stein der Weisen *irgendwo*, aber *in der Natur selbst* verborgen liege, daß sie *in sich vernünftig* sei und das Wissen diese in ihr gegenwärtige, *wirkliche* Vernunft, nicht die auf der Oberfläche sich zeigenden Gestaltungen und Zufälligkeiten, sondern ihre ewige Harmonie, aber als ihr *immanentes* Gesetz und Wesen zu erforschen und begreifend zu fassen habe. Die *sittliche Welt* dagegen, der Staat, sie, die Vernunft, wie sie sich im Elemente des Selbstbewußtseins verwirklicht, soll nicht des Glücks genießen, daß es die Vernunft ist, welche in der Tat in diesem Elemente sich zur Kraft und Gewalt gebracht habe, darin behaupte und inwohne.*

* Es gibt zweierlei Arten von Gesetzen. Gesetze der Natur und des Rechts: die Gesetze der Natur sind schlechthin und gelten so, wie sie sind: sie leiden an keiner Verkümmerung, obgleich man sich in einzelnen Fällen dagegen vergehen kann. Um zu wissen, was das Gesetz der Natur ist, müssen wir dieselbe kennenlernen, denn diese Gesetze sind richtig: nur unsere Vorstellungen davon können falsch sein. Der Maßstab dieser Gesetze ist außer uns, und unser Erkennen tut nichts zu ihnen hinzu, befördert sie nicht: nur unsere Erkenntnis über sie kann sich erweitern. Die Kenntnis des Rechts ist einerseits ebenso, andererseits nicht. Wir lernen die Gesetze ebenso kennen, wie sie schlechthin da sind: so hat sie mehr oder weniger der Bürger, und der positive Jurist bleibt nicht minder bei dem, was gegeben ist, stehen. Aber der Unterschied ist, daß bei den Rechtsgesetzen sich der Geist der Betrachtung erhebt und schon die Verschiedenheit der Gesetze darauf aufmerksam macht, daß sie nicht absolut sind. Die Rechtsgesetze sind *Gesetztes* von Menschen *Herkommendes*. Mit diesem kann notwendig die innere Stimme in Kollision treten oder sich ihm anschließen. Der Mensch bleibt bei dem Daseienden nicht stehen, sondern behauptet, in sich den Maßstab zu haben von dem, was recht ist: er kann der Notwendigkeit und der Gewalt äußerer Autorität unterworfen sein, aber niemals wie der Notwendigkeit der Natur, denn ihm sagt immer sein Inneres, wie es sein solle, und in sich selbst findet er die Bewährung oder Nichtbewährung dessen, was gilt. In der Natur ist die höchste

Das geistige Universum soll vielmehr dem Zufall und der Willkür preisgegeben, es soll *gottverlassen* sein, so daß nach diesem Atheismus der sittlichen Welt das *Wahre* sich *außer* ihr befinde und zugleich, weil doch *auch* Vernunft darin sein soll, das Wahre nur ein Problema sei. Hierin aber liege die Berechtigung, ja die Verpflichtung für jedes Denken, auch seinen Anlauf zu nehmen, doch nicht um den Stein der Weisen *zu suchen*, denn durch das Philosophieren unserer Zeit ist das Suchen erspart und jeder gewiß, so wie er steht und geht, diesen Stein in seiner Gewalt zu haben. Nun geschieht es freilich, daß diejenigen, welche in dieser Wirklichkeit des Staats leben und ihr Wissen und Wollen darin befriedigt finden – und deren sind viele, ja mehr als es meinen und wissen, denn *im Grunde* sind es *alle* –, daß also wenigstens diejenigen, welche mit *Bewußtsein* ihre Befriedigung im Staate haben, jener Anläufe und Versicherungen lachen und sie für ein bald lustigeres oder ernsteres, ergötzliches oder gefährliches, leeres Spiel nehmen. Jenes unruhige Trei-

---

Wahrheit, daß ein Gesetz *überhaupt ist*: in den Gesetzen des Rechts gilt die Sache nicht, weil sie ist, sondern jeder fordert, sie solle seinem eigenen Kriterium entsprechen. Hier also ist ein Widerstreit möglich dessen, was ist, und dessen, was sein soll, des an und für sich seienden Rechts, welches unverändert bleibt, und der Willkürlichkeit der Bestimmung dessen, was als Recht gelten solle. Solche Trennung und solcher Kampf findet sich nur auf dem Boden des Geistes, und weil der Vorzug des Geistes somit zum Unfrieden und zur Unseligkeit zu führen scheint, so wird man häufig zur Betrachtung der Natur aus der Willkür des Lebens zurückverwiesen und soll sich an derselben ein Muster nehmen. Gerade in diesen Gegensätzen aber des an und für sich seienden Rechts und dessen, was die Willkür als Recht geltend macht, liegt das Bedürfnis, gründlich das Rechte erkennen zu lernen. Seine Vernunft muß dem Menschen im Rechte entgegenkommen: er muß also die Vernünftigkeit des Rechts betrachten und dies ist die Sache unserer Wissenschaft, im Gegensatz der positiven Jurisprudenz, die es oft nur mit Widersprüchen zu tun hat. Die gegenwärtige Welt hat dazu noch ein dringenderes Bedürfnis, denn vor alten Zeiten war noch Achtung und Ehrfurcht vor dem bestehenden Gesetz da: jetzt aber hat die Bildung der Zeit eine andere Wendung genommen, und der Gedanke hat sich an die Spitze alles dessen gestellt, was gelten soll. Theorien stellen sich dem Daseienden gegenüber und wollen als an und für sich richtig und notwendig erscheinen. Nunmehr wird es spezielleres Bedürfnis, die Gedanken des Rechts zu erkennen und zu begreifen. Da sich der Gedanke zur wesentlichen Form erhoben hat, so muß man auch das Recht als Gedanken zu fassen suchen. Dies scheint zufälligen Meinungen Tür und Tor zu öffnen, wenn der Gedanke über das Recht kommen soll: aber der wahrhafte Gedanke ist keine Meinung über die Sache, sondern der Begriff der Sache selbst. Der Begriff der Sache kommt uns nicht von Natur. Jeder Mensch hat Finger, kann Pinsel und Farben haben, darum aber ist er noch kein Maler. Ebenso ist es mit dem Denken. Der Gedanke des Rechts ist nicht etwa, was jedermann aus erster Hand hat, sondern das richtige Denken ist das Kennen und Erkennen der Sache, und unsere Erkenntnis soll daher wissenschaftlich sein.

ben der Reflexion und Eitelkeit, so wie die Aufnahme und Begegnung, welche sie erfährt, wäre nun eine Sache für sich, die sich auf ihre Weise in sich entwickelt; aber es ist *die Philosophie* überhaupt, welche sich durch jenes Getreibe in mannigfaltige Verachtung und Mißkredit gesetzt hat . . .

So soll denn diese Abhandlung, insofern sie die Staatswissenschaft enthält, nichts anders sein, als der Versuch, den *Staat als ein in sich Vernünftiges zu begreifen* und *darzustellen*. Als philosophische Schrift muß sie am entferntesten davon sein, einen *Staat, wie er sein soll*, konstruieren zu sollen: die Belehrung, die in ihr liegen kann, kann nicht darauf gehen, den Staat zu belehren, wie er sein soll, sondern vielmehr, wie er, das sittliche Universum, erkannt werden soll.

Ιδοὺ Ρόδος ἰδοὺ καὶ τὸ πήδημα.
Hic Rhodus, *hic* saltus.

Das *was ist* zu begreifen, ist die Aufgabe der Philosophie, denn das, *was ist*, ist die Vernunft. Was das Individuum betrifft, so ist ohnehin jedes ein *Sohn seiner Zeit*; so ist auch die Philosophie *ihre* Zeit *in Gedanken erfaßt*. Es ist ebenso töricht zu wähnen, irgendeine Philosophie gehe über ihre gegenwärtige Welt hinaus, als, ein Individuum überspringe seine Zeit, springe über Rhodus hinaus. Geht seine Theorie in der Tat drüber hinaus, baut es sich eine Welt, *wie sie sein soll*, so existiert sie wohl, aber nur in seinem Meinen, – einem weichen Elemente, dem sich alles Beliebige einbilden läßt.
Mit weniger Veränderung würde jene Redensart lauten:
Hier ist die Rose, *hier* tanze.

Was zwischen der Vernunft als selbstbewußtem Geiste und der Vernunft als vorhandener Wirklichkeit liegt, was jene Vernunft von dieser scheidet und in ihr nicht die Befriedigung finden läßt, ist die Fessel irgendeines Abstraktums, das nicht zum Begriffe befreit ist. Die Vernunft als die Rose im Kreuze der Gegenwart[2] zu erkennen und damit dieser sich zu erfreuen, diese vernünftige Einsicht ist die *Versöhnung* mit der Wirklichkeit, welche die Philosophie denen gewährt, an die einmal die innere Anforderung ergangen ist, *zu begreifen* und in dem, was substantiell ist, ebenso die subjektive Freiheit zu erhalten sowie mit der subjek-

---

2 Sinnbild für die von Hegel angestrebte Verbindung der Vernunft der Philosophie mit dem Christentum als der Religion des Kreuzes. Genaue Auslegung bei Karl Löwith, Von Hegel zu Nietzsche, [5]Stuttgart 1964, S. 28–43

tiven Freiheit nicht in einem Besondern und Zufälligen, sondern in dem, was an und für sich ist, zu stehen.

(Rechtsphilosophie, Vorrede, S. 2–6, 12–13)

5.

In der Vorrede zu meiner *Philosophie des Rechts* befinden sich die Sätze:

Was vernünftig ist, das ist wirklich,
und was wirklich ist, das ist vernünftig.

Diese einfachen Sätze haben manchen auffallend geschienen und Anfeindung erfahren, und zwar selbst von solchen, welche Philosophie und wohl ohnehin Religion zu besitzen nicht in Abrede sein wollen. Die Religion wird es unnötig sein in dieser Beziehung anzuführen, da ihre Lehren von der göttlichen Weltregierung diese Sätze zu bestimmt aussprechen. Was aber den philosophischen Sinn betrifft, so ist so viel Bildung vorauszusetzen, daß man wisse, nicht nur daß Gott wirklich, – daß er das Wirklichste, daß er allein wahrhaft ist, sondern auch, in Ansehung des Formellen, daß überhaupt das Dasein zum Teil *Erscheinung*, und nur zum Teil Wirklichkeit ist. Im gemeinen Leben nennt man etwa jeden Einfall, den Irrtum, das Böse und was auf diese Seite gehört, sowie jede noch so verkümmerte und vergängliche Existenz zufälligerweise eine *Wirklichkeit*. Aber auch schon einem gewöhnlichen Gefühl wird eine zufällige Existenz nicht den emphatischen Namen eines Wirklichen verdienen; – das Zufällige ist eine Existenz, die keinen größeren Wert als den eines *Möglichen* hat, die so gut *nicht sein* kann, als sie ist . . .

Der *Wirklichkeit des Vernünftigen* stellt sich schon die Vorstellung entgegen, sowohl daß die Ideen, Ideale weiter nichts als Chimären und die Philosophie ein System von solchen Hirngespinsten sei, als umgekehrt, daß die Ideen und Ideale etwas viel zu Vortreffliches seien, um Wirklichkeit zu haben, oder ebenso etwas zu Ohnmächtiges, um sich solche zu verschaffen. Aber die Abtrennung der Wirklichkeit von der Idee ist besonders bei dem Verstande beliebt, der die Träume seiner Abstraktionen für etwas Wahrhaftes hält und auf das *Sollen*, das er vornehmlich auch im politischen Felde gern vorschreibt, eitel ist, als ob die Welt auf ihn gewartet hätte, um zu erfahren, wie sie sein *solle*, aber nicht sei; wäre sie, wie sie sein soll, wo bliebe die Altklugheit seines Sollens? Wenn er sich mit dem Sollen gegen triviale, äußerliche und vergängliche Gegenstände, Einrichtungen, Zustände usf. wendet, die etwa auch für eine gewisse Zeit, für besondere Kreise eine große relative Wichtigkeit haben mögen, so mag er wohl Recht haben und in solchem Falle vieles finden, was allgemeinen, richtigen Bestimmungen nicht entspricht; wer wäre nicht so klug, um in seiner Umgebung vieles zu sehen, was in der Tat nicht so ist, wie es sein soll? Aber diese Klugheit hat Unrecht, sich einzubilden, mit solchen Gegenständen und deren Sollen sich innerhalb der Interessen der philosophischen Wissenschaft zu befinden. Diese hat es nur mit der Idee zu tun, welche nicht so ohnmächtig ist, um nur zu sollen und nicht wirklich zu sein, und damit mit einer Wirklichkeit, an welcher jene Gegenstände, Einrichtungen, Zustände usf. nur die oberflächliche Außenseite sind.

(Enzyklopädie § 6, S. 38–39)

6.

Indem auch die *subjektive* Befriedigung des Individuums selbst (darunter die Anerkennung seiner in Ehre und Ruhm) in der Ausführung *an und für sich geltender* Zwecke enthalten ist, so ist beides, die Forderung, daß nur ein solcher als gewollt und erreicht erscheine, wie die Ansicht, als ob die objektiven und die subjektiven Zwecke einander im Wollen ausschließen, eine leere Behauptung des abstrakten Verstandes. Ja sie wird zu etwas Schlechtem, wenn sie darein übergeht, die subjektive Befriedigung, weil solche (wie *immer* in einem vollbrachten Werke) vorhanden, als die *wesentliche Absicht* des Handelnden und den objektiven Zweck als ein solches zu behaupten, das ihm nur ein *Mittel* zu jener gewesen sei. – Was das Subjekt *ist, ist die Reihe seiner Handlungen*. Sind diese eine Reihe wertloser Produktionen, so ist die Subjektivität des Wollens ebenso eine wertlose; ist dagegen die Reihe seiner Taten substantieller Natur, so ist es auch der innere Wille des Individuums.

Das Recht der *Besonderheit* des Subjekts, sich befriedigt zu finden, oder, was dasselbe ist, das Recht der *subjektiven Freiheit* macht den Wende- und Mittelpunkt in dem Unterschiede des *Altertums*, und der *modernen* Zeit. Dies Recht in seiner Unendlichkeit ist im Christentum ausgesprochen und zum allgemeinen wirklichen Prinzip einer neuen Form der Welt gemacht worden. Zu dessen nähern Gestaltungen gehören die Liebe, das Romantische, der Zweck der ewigen Seligkeit des Individuums usf., – alsdann die Moralität und das Gewissen, ferner die andern Formen, die teils im folgenden als Prinzip der bürgerlichen Gesellschaft und als Momente der politischen Verfassung sich hervortun werden, teils aber überhaupt in der Geschichte, insbesondere in der Geschichte der Kunst, der Wissenschaften und der Philosophie auftreten. –

Dies Prinzip der Besonderheit ist nun allerdings ein Moment des Gegensatzes, und zunächst wenigstens *ebensowohl* identisch mit dem Allgemeinen als unterschieden von ihm. Die abstrakte Reflexion fixiert aber dies Moment in seinem Unterschiede und Entgegensetzung gegen das Allgemeine und bringt so eine Ansicht der Moralität hervor, daß diese nur als feindseliger Kampf gegen die eigene Befriedigung perenniere, – die Forderung

„mit Abscheu zu tun, was die Pflicht gebeut"[a].

Eben dieser Verstand bringt diejenige psychologische Ansicht der Geschichte hervor, welche alle große Taten und Individuen damit kleinzumachen und herabzuwürdigen versteht, daß sie Neigungen und Leidenschaften, die aus der substantiellen Wirksamkeit gleichfalls ihre Befriedigung fanden, sowie Ruhm und Ehre und andere Folgen, überhaupt die besondere Seite, welche er vorher zu etwas für sich Schlechtem dekretierte, zur Hauptabsicht und wirkenden Triebfeder der Handlungen umschafft, – er versichert, weil große Handlungen und die Wirksamkeit, die in einer Reihe solcher Handlungen bestand, Großes in der Welt hervorgebracht, und für das *handelnde Individuum* die Folge der Macht, der Ehre und des Ruhms gehabt, so gehöre nicht jenes Große, sondern nur dies Besondere und Äußerliche, das davon auf das Individuum fiel, diesem an; weil dies Besondere Folge, so sei es *darum* auch als Zweck, und zwar selbst als einziger Zweck gewesen. – Solche Reflexion hält sich an das Subjektive der großen Individuen, als in welchem sie selbst steht und *übersieht* in dieser selbstgemachten Eitelkeit das Substantielle derselben; – es ist die Ansicht „der psychologischen Kammerdiener, für welche es keine Helden gibt, nicht weil diese keine Helden, sondern weil jene nur die Kammerdiener sind".

Zusatz. In magnis voluisse sat est[3] hat den richtigen Sinn, daß man etwas Großes wollen solle, aber man muß auch das Große ausführen können: sonst ist es ein nichtiges Wollen. Die Lorbeeren des bloßen Wollens sind trockene Blätter, die niemals gegrünt haben.

(Rechtsphilosophie § 124)

a Vgl. Schillers Distichen „Gewissensskrupel" und „Entscheidung"

3 In großen Dingen gewollt zu haben ist schon genug. Properz (48–16 v. Chr.) 2.10.6

7.

Das wahrhafte Gewissen ist die Gesinnung, das, was *an und für sich* gut ist, zu wollen; es hat daher feste Grundsätze; und zwar sind ihm diese die für sich objektiven Bestimmungen und Pflichten. Von diesem seinem Inhalte, der Wahrheit, unterschieden, ist es nur die *formelle Seite* der Tätigkeit des Willens, der als *dieser* keinen eigentümlichen Inhalt hat. Aber das objektive System dieser Grundsätze und Pflichten und die Vereinigung des subjektiven Wissens mit demselben, ist erst auf dem Standpunkte der Sittlichkeit vorhanden. Hier auf dem formellen Standpunkte der Moralität ist das Gewissen ohne diesen objektiven Inhalt, so für sich die unendliche formelle Gewißheit seiner selbst, die eben darum zugleich als die Gewißheit *dieses* Subjektes ist.

Das *Gewissen* drückt die absolute Berechtigung des subjektiven Selbstbewußseins aus, nämlich *in sich* und *aus sich* selbst zu wissen, was Recht und Pflicht ist, und nichts anzuerkennen, als was es so als das Gute weiß, zugleich in der Behauptung, daß was es so weiß und will, in *Wahrheit* Recht und Pflicht ist. Das Gewissen ist als diese Einheit des subjektiven Wissens und dessen, was an und für sich ist, ein Heiligtum, welches anzutasten Frevel wäre. Ob aber das Gewissen eines *bestimmten Individuums* dieser Idee des Gewissens gemäß ist, ob das, was es *für gut hält* oder ausgibt, auch wirklich gut ist, dies erkennt sich allein aus dem *Inhalt* dieses Gutseinsollenden. Was Recht und Pflicht ist, ist als das an und für sich Vernünftige der Willensbestimmungen, wesentlich weder das *besondere* Eigentum eines Individuums, noch in der *Form* von Empfindung oder sonst einem einzelnen, d. i. sinnlichen Wissen, sondern wesentlich von *allgemeinen*, gedachten Bestimmungen, d. i. in der Form von *Gesetzen* und *Grundsätzen*. Das Gewissen ist daher diesem Urteil unterworfen, ob es *wahrhaft* ist oder nicht, und seine Berufung nur *auf sein Selbst* ist unmittelbar dem entgegen, was es sein will, die Regel einer vernünftigen, an und für sich gültigen allgemeinen Handlungsweise. Der Staat kann deswegen das Gewissen in seiner eigentümlichen Form, d. i. als *subjektives Wissen* nicht anerkennen, so wenig als in der Wissenschaft die subjektive *Meinung*, die *Versicherung* und *Berufung* auf eine subjektive Meinung, eine Gültigkeit hat. Was im wahrhaften Gewissen nicht unterschieden ist, ist aber unterscheidbar, und es ist die bestimmende Subjektivität des Wissens und Wollens, welche sich von dem wahrhaften Inhalte trennen, sich für sich setzen und denselben zu einer *Form* und *Schein* herabsetzen kann. Die Zweideutigkeit in Ansehung des Gewissens liegt daher darin, daß es in der Bedeutung jener Identität des subjektiven Wissens und Wollens und des wahrhaften Guten vorausgesetzt, und so als ein Heiliges behauptet und anerkannt wird, und ebenso als die nur subjektive Reflexion des Selbstbewußseins in sich doch auf die Berechtigung Anspruch macht, welche jener Identität selbst nur vermöge ihres an und für sich gültigen vernünftigen Inhalts zukommt. In den moralischen Standpunkt, wie er in dieser Abhandlung von dem sittlichen unterschieden wird, fällt nur das formelle Gewissen; das wahrhafte ist nur erwähnt worden, um seinen Unterschied anzugeben und das mögliche Mißverständnis zu beseitigen, als ob hier, wo nur das formelle Gewissen betrachtet wird, von dem wahrhaften die Rede wäre, welches in der in der Folge erst vorkommenden sittlichen Gesinnung enthalten ist. Das religiöse Gewissen gehört aber überhaupt nicht in diesen Kreis.

Zusatz: Sprechen wir vom Gewissen, so kann leicht gedacht werden, daß dasselbe um seiner Form willen, welche das abstrakt Innerliche ist, schon an und für sich das Wahrhafte sei. Aber das Gewissen als Wahrhaftes ist diese Bestimmung seiner selbst, das zu wollen, was an und für sich das Gute und die Pflicht ist. Hier aber haben wir erst mit dem abstrakt Guten zu tun, und das Gewissen ist noch ohne diesen objektiven Inhalt, ist nur erst die unendliche Gewißheit seiner selbst.

(Rechtsphilosophie § 137)

8.

. . .An diese Stelle gehört auch der berüchtigte Satz: *der Zweck heiligt die Mittel*. – So für sich zunächst ist dieser Ausdruck trivial und nichtssagend. Man kann ebenso unbestimmt erwidern, daß ein heiliger Zweck wohl die Mittel heilige, aber ein unheiliger Zweck sie nicht heilige. Wenn der Zweck recht ist, so sind es auch die Mittel, ist insofern ein tautologischer Ausdruck, als das Mittel eben das ist, was nichts für sich, sondern um eines andern willen ist und darin, in dem Zwecke, seine Bestimmung und Wert hat, – *wenn es nämlich in Wahrheit ein Mittel ist*. – Es ist aber mit jenem Satze nicht der bloß formelle Sinn gemeint, sondern es wird darunter etwas Bestimmtes verstanden, daß nämlich für einen guten Zweck etwas als Mittel zu gebrauchen, was für sich schlechthin kein Mittel ist, etwas zu verletzen, was für sich heilig ist, ein Verbrechen also zum Mittel eines guten Zwecks zu machen, erlaubt, ja auch wohl Pflicht sei. Es schwebt bei jenem Satze einerseits das unbestimmte Bewußtsein von der Dialektik des vorhin bemerkten *Positiven* in vereinzelten rechtlichen oder sittlichen Bestimmungen oder solcher ebenso unbestimmten allgemeinen Sätze vor, wie: *du sollst nicht töten*, oder *du sollst für dein Wohl, für das Wohl deiner Familie sorgen*[4]. Die Gerichte, Krieger haben nicht nur das Recht, sondern die Pflicht, Menschen zu töten, wo aber *genau bestimmt* ist, wegen welcher Qualität Menschen und unter welchen Umständen dies erlaubt und Pflicht sei. So muß auch mein Wohl, meiner Familie Wohl höheren Zwecken nach- und somit zu Mitteln herabgesetzt werden. Was sich aber als Verbrechen bezeichnet, ist nicht so eine unbestimmt gelassene Allgemeinheit, die noch einer Dialektik unterläge, sondern hat bereits seine bestimmte objektive Begrenzung. Was solcher Bestimmung nun in dem Zwecke, der dem Verbrechen seine Natur benehmen sollte, entgegengestellt wird, der heilige Zweck, ist nichts anders als die *subjektive Meinung* von dem, was gut und besser sei. Es ist dasselbe, was darin geschieht, daß das Wollen beim abstrakten Guten stehen bleibt, daß nämlich alle an und für sich seiende und geltende Bestimmtheit des Guten und Schlechten, des Rechts und Unrechts, aufgehoben und dem Gefühl, Vorstellen und Belieben des Individuums diese Bestimmung zugeschrieben wird. . . .

(Rechtsphilosophie § 140)

9.

Diese Subjektivität als die abstrakte Selbstbestimmung und reine Gewißheit nur ihrer selbst, *verflüchtigt* ebenso alle *Bestimmtheit* des Rechts, der Pflicht und des Daseins in sich, als sie die *urteilende* Macht ist, für einen Inhalt nur aus sich zu bestimmen, was gut ist, und zugleich die Macht, welcher das zuerst nur vorgestellte und sein *sollende* Gute eine *Wirklichkeit* verdankt.

Das Selbstbewußtsein, das überhaupt zu dieser absoluten Reflexion in sich gekommen ist, weiß sich in ihr als ein solches, dem alle vorhandene und gegebene Bestimmung nichts anhaben kann noch soll. Als allgemeinere Gestaltung in der Geschichte (bei Sokrates, den Stoikern usf.) erscheint die Richtung, *nach innen* in sich zu suchen und aus sich zu wissen und zu bestimmen, was recht und gut ist, in Epochen, wo das,

---

4 Hegel hat vorher dargelegt, daß der gute Wille, der das Gute will, rein formell beansprucht, etwas Positives zu sein. Die Dialektik besteht darin, daß z. B. auch der Diebstahl, um Armen Gutes zu tun (oder gegenwärtig würde Hegel sagen können: die Entführung bekannter Persönlichkeiten z. B. in Lateinamerika, um gegen die Freilassung Nahrungsmittel und Medikamente für Slumbewohner zu erpressen) wegen des positiven Inhalts des Gewollten zur guten Absicht und damit zur guten Handlung gemacht wird.

was als das Rechte und Gute in der Wirklichkeit und Sitte gilt, den bessern Willen nicht befriedigen kann; wenn die vorhandene Welt der Freiheit ihm ungetreu geworden, findet er sich in den geltenden Pflichten nicht mehr und muß die in der Wirklichkeit verlorene Harmonie nur in der ideellen Innerlichkeit zu gewinnen suchen. Indem so das Selbstbewußtsein sein formelles Recht erfaßt und erworben, kommt es nun darauf an, wie der Inhalt beschaffen ist, den es sich gibt.

Zusatz: Betrachten wir dieses Verflüchtigen näher und sehen wir, daß in diesen einfachen Begriff alle Bestimmungen aufgehen und von ihm wieder ausgehen müssen, so besteht es zunächst darin, daß alles, was wir als Recht oder als Pflicht anerkennen, vom Gedanken als ein Nichtiges, Beschränktes und durchaus nicht Absolutes kann aufgewiesen werden. Dagegen darf die Subjektivität, wie sie allen Inhalt in sich verflüchtigt, auch wiederum denselben aus sich entwickeln. Alles was in der Sittlichkeit entsteht, wird durch diese Tätigkeit des Geistes hervorgebracht. Andererseits ist der Mangel dieses Standpunkts, daß er ein bloß abstrakter ist. Wenn ich meine Freiheit als Substanz in mir weiß, so bin ich tatlos und handle nicht. Gehe ich aber zu Handlungen fort, suche ich nach Grundsätzen, so greife ich nach Bestimmungen, und die Forderung ist alsdann, daß diese aus dem Begriff des freien Willens abgeleitet seien. Wenn es daher recht ist, das Recht und die Pflicht in die Subjektivität zu verflüchtigen, so ist es andererseits unrecht, wenn diese abstrakte Grundlage sich nicht wiederum entwickelt. Nur in Zeiten, wo die Wirklichkeit eine hohle geist- und haltungslose Existenz ist, mag es dem Individuum gestattet sein, aus der wirklichen in die innerliche Lebendigkeit zurückzufliehen. Sokrates stand in der Zeit des Verderbens der atheniensischen Demokratie auf: er verflüchtigte das Daseiende und floh in sich zurück, um dort das Rechte und Gute zu suchen. Auch in unserer Zeit findet es mehr oder weniger statt, daß die Ehrfurcht vor dem Bestehenden nicht mehr vorhanden ist und daß der Mensch das Geltende als seinen Willen, als das von ihm Anerkannte haben will.

(Rechtsphilosophie § 138)

Sören Kierkegaard[1]

1.

Die Hegelsche Philosophie kulminiert in dem Satze, daß das Äußere das Innere und das Innere das Äußere sei. Hier ist Hegel fertig. Aber dieses Prinzip ist wesentlich ein ästhetisch-metaphysisches Prinzip, und so ist die Hegelsche Philosophie glücklich und gut fertig geworden, ohne sich mit dem Ethischen und dem Religiösen zu befassen, oder sie ist auf trügerische Weise fertig geworden, indem sie alles (darunter auch das Ethische und das Religiöse) in dem Ästhetisch-Metaphysischen zusammengemischt hat. Schon das Ethische setzt eine Art Gegensatz-Verhältnis zwischen dem Äußeren und dem Inneren, insofern es das Äußere in Indifferenz setzt; die Äußerlichkeit als Material der Tat ist indifferent; denn die Absicht ist das, was ethisch akzentuiert wird, der Ausfall als das Äußere der Tat ist gleichgültig, denn die Absicht ist das, was ethisch akzentuiert wird, und es ist gerade unsittlich, sich um den Ausfall zu kümmern; der Sieg im Äußeren beweist ethisch gar nichts, denn ethisch wird nur nach dem Inneren gefragt; die Strafe im Äußeren ist eine Kleinigkeit, und, weit davon entfernt, mit ästhetischer Geschäftigkeit die Sichtbarkeit der Strafe zu fordern, sagt das Ethische stolz: ich werde schon strafen, im Inneren nämlich, und es ist gerade unsittlich, die Strafe im Äußeren im Vergleich mit dem Inneren in Anschlag zu bringen.

(Unwissenschaftliche Nachschrift, S. 456–457)

2.

Was ist wohl ein einzelner existierender Mensch? Ja, unsere Zeit weiß nur allzu gut, wie wenig das ist, aber darin liegt eben die besondere Unsittlichkeit des Zeitalters. Jedes Zeitalter hat die seine; diejenige unserer Zeit ist vielleicht nicht Lust und Genuß und Sinnlichkeit, wohl aber eine pantheistisch[2] ausschweifende Verachtung des einzelnen Menschen.

---

1 Philosophische Brosamen und Unwissenschaftliche Nachschrift, herausgegeben von Hermann Diem und Walter Rest, dtv 6064, München 1976 (1844), Der Einzelne und sein Gott, ausgewählt und eingeleitet von Walter Rest, Freiburg 1961
Entweder – Oder, herausgegeben von Hermann Diem und Walter Rest, dtv 6043, München 1975 (1843)

2 Pantheismus, philosophische Lehre, die Gott mit der Welt identifiziert, alles als Eines deutet, so daß auch die Individuen ihre Selbständigkeit verlieren

Mitten in allen Jubel über unsere Zeit und das neunzehnte Jahrhundert klingt heimlich eine heimliche Verachtung des Menschseins hinein: mitten in der Wichtigtuerei der Generation gibt es eine Verzweiflung über das Menschsein. Alles, alles will mit, weltgeschichtlich will man sich vom Totalen betören lassen, keiner will ein einzelner existierender Mensch sein. Daher vielleicht auch die vielen Versuche, auf Hegel zu setzen, selbst von Leuten, die das Mißliche in seiner Philosophie gesehen haben. Man fürchtet, spurlos zu verschwinden, wenn man ein einzelner existierender Mensch würde, so daß nicht einmal Zeitungen, geschweige denn kritische Journals, geschweige denn weltgeschichtliche Spekulanten einen gewahr werden. Man fürchtet, wenn man ein einzelner existierender Mensch würde, daß man mehr noch als ein Mann auf dem Lande in Vergessenheit und Verlassenheit wird leben müssen, und läßt man Hegel fahren, dann wird wohl nicht einmal die Möglichkeit bestehen, daß jemand einen Brief an einen adressiert. Und es ist unleugbar, daß, wenn man keine ethische und religiöse Begeisterung hat, man darüber verzweifeln muß, ein einzelner Mensch zu sein – sonst nicht. Als Napoleon in Afrika vorrückte, erinnerte er die Soldaten daran, daß von der Spitze der Pyramiden die Erinnerung von vierzig Jahrhunderten auf sie herabsehe. Es schaudert einen schon, wenn man bloß davon liest; kein Wunder also, daß es im Augenblick der Beschwörung selbst den feigsten Soldaten in einen Helden verwandelt haben muß! Falls man aber annimmt, daß die Welt seit sechstausend Jahren steht, und daß Gott doch wohl ebenso lange wie die Welt dagewesen ist, dann sieht ja die Erinnerung von sechstausend Jahren vom Himmel auf den einzelnen existierenden Menschen herab: sollte das nicht ebenso begeisternd sein? Aber mitten im Mut der Generation entdeckt man leicht den Mißmut und die Feigheit der Individuen. Wie man in der Wüste aus Furcht vor Räubern und wilden Tieren in großen Karawanen reisen muß, so haben die Individuen jetzt ein Grauen vor der Existenz, weil sie gottverlassen ist; nur in großen Horden wagen sie zu leben und klammern sich en masse zusammen, um doch etwas zu sein.

(Unwissenschaftliche Nachschrift, S. 523–524)

3.

Und jeden einzelnen Menschen zu ehren, unbedingt jeden Menschen, das ist die Wahrheit und ist die Gottesfurcht und die ,,Nächsten"-Liebe; aber ethisch-religiös die ,,Menge" als Instanz im Verhältnis zur Wahrheit anzuerkennen, das heißt Gott leugnen und kann darum auch unmöglich ,,Nächstenliebe" sein. Und der ,,Nächste", das ist der absolut wahre Ausdruck für Menschen-Gleichheit; wofern ein jeder in Wahrheit den Nächsten wie sich selbst liebt, da wurde vollkommene Menschen-Gleichheit zum Ausdruck gebracht; ein jeder, der in Wahrheit den Nächsten liebt, drückt unbedingt die Menschen-Gleichheit aus; ein jeder, und ob er auch gleich mir gestehe, daß sein Streben schwach und unvollkommen sei, jeder, der darauf aufmerksam ist, daß es die Aufgabe ist, den Nächsten zu lieben, der ist auch darauf aufmerksam, was menschliche Gleichheit ist. Aber niemals habe ich in der Heiligen Schrift das Gebot gelesen: Du sollst die Menge lieben, schon gar nicht: Du sollst, ethisch-religiös, in der Menge die Instanz Deines Verhältnisses zur ,,Wahrheit" erkennen. Doch es versteht sich, seinen Nächsten lieben ist Selbstverleugnung, die Menge lieben oder so tun, als ob man sie liebte, sie zur Instanz für ,,die Wahrheit" machen, das ist der Weg, im Sinnenfälligen zur Macht zu kommen, der Weg zu allerhand zeitlichem und weltlichem Vorteil – zugleich ist es die Unwahrheit; denn ,,Menge" ist Unwahrheit . . .

,,Der Einzelne"; mit dieser Kategorie steht und fällt die Sache des Christentums, nachdem die Welt-Entwicklung so weit in Reflexion geraten ist, wie sie ist. Ohne diese Kategorie hat der Pantheismus schlechthin gesiegt. Es werden daher sicherlich die kommen, welche diese Kategorie dialektisch ganz anders anzuspannen wissen – sie haben auch keine Arbeit damit gehabt, sie hervorzuziehen –, aber die Kategorie ,,der Einzelne" ist und bleibt der feste Punkt, der Widerstand zu bieten vermag gegen pantheistische Verwirrung, er ist und bleibt das Gewicht, das zugelegt werden kann.

(Der Einzelne, S. 38, 41)

4.

Das Ethische hat, als das Absolute, in sich selbst unendliche Gültigkeit und bedarf keiner Staffage, um sich besser auszunehmen. Aber diese bedenkliche Staffage (wenn nicht der Blick eines Allwissenden, sondern das Auge eines Menschen sie durchschauen soll) ist gerade das Weltgeschichtliche, wo das Ethische, wie nach dem Wort des Dichters[3] die Natur, knechtisch dem Gesetz der Schwere dient; denn die Differenz der Quantität ist auch ein Gesetz der Schwere. Je mehr man das Ethische

3 Schiller, Die Götter Griechenlands

simplifizieren kann, desto besser sieht man es. Es ist deshalb nicht so, wie man sich trügerisch einbilden will, daß man das Ethische in der Weltgeschichte, wo alles sich um Millionen dreht, besser sehe als in seinem eigenen ärmlichen Leben. Im Gegenteil, es ist umgekehrt, besser sieht man es in seinem eigenen Leben, eben weil man sich da nicht an dem Stoffartigen und Massenartigen versieht. Das Ethische ist die Innerlichkeit, und in je weniger man es sieht, wenn man es doch in seiner Unendlichkeit sieht, desto besser sieht man es; während der, welcher die weltgeschichtliche Staffage braucht, um es, wie er meint, dadurch besser zu sehen, dadurch eben beweist, daß er ethisch unreif ist. Wer nicht die unendliche Gültigkeit des Ethischen begreift, selbst wenn es ihn allein in der ganzen Welt anginge, der begreift eigentlich das Ethische nicht; denn daß es alle Menschen angeht, geht ihn in gewissem Sinne gar nichts an, außer wie ein Schatten, welcher der ethischen Klarheit folgt, in der er selbst lebt. Es geht mit der Auffassung vom Ethischen wie mit dem Rechnen: man lernt am besten rechnen durch Rechnen mit unbenannten Zahlen; wenn man mit den benannten anfängt, beginnt das Interesse leicht, sich um etwas anderes zu drehen. Weltgeschichtlich rechnet man mit benannten Größen und mit ungeheuer großen Größen, die durch ihre Mannigfaltigkeit das Mannigfaltige im Betrachter mannigfaltig bewegen. Aber für dieses Quantitieren hat der sinnliche Mensch eine große Vorliebe, und darum ist es, um noch einmal an den Vergleich und an seine Ungleichheit zu erinnern, hier bei weitem nicht der Anfänger, der mit unbenannten Zahlen rechnet, da es im Gegenteil ein Zeichen von wahrer ethischer Reife ist, dem zu entsagen, wonach man vielleicht früh genug und auch natürlich genug verlangt: das Rechnen mit weltgeschichtlichen Größen. Wie ein edler Grieche gesagt hat (Empedokles – Plutarch), man solle im Bösen fasten (νηστεύειν κακοτητὸς), so gilt es auch von der wahren ethischen Auffassung des Ethischen, daß sie fastet und nüchtern ist, es gilt, daß es einen nicht gelüste, weltgeschichtlich zum Gastmahl zu gehen und sich am Erstaunlichen zu berauschen. Aber diese Enthaltsamkeit ist wieder ethisch verstanden der göttlichste Genuß und die herzstärkende Erquickung der Ewigkeit. Dagegen wird ein Mensch weltgeschichtlich leicht zu der Annahme verführt, es habe, wenn er ein unbedeutender Mensch sei, keine unendliche Bedeutung, wenn er fehle; und wenn er ein sehr großer Mensch sei, dann könne die Größe den Fehltritt zu etwas Gutem machen.

(Unwissenschaftliche Nachschrift, S. 275–277)

5.

Das Ethische ist das Allgemeine und somit das Abstrakte. In seiner vollkommenen Abstraktion ist daher das Ethische immer verbietend. Dergestalt zeigt das Ethische sich als Gesetz. Sobald das Ethische befehlend ist, hat es bereits etwas vom Ästhetischen an sich. Die Juden waren das Volk des Gesetzes. Sie haben daher die meisten Gebote des mosaischen Gesetzes ausgezeichnet verstanden; das Gebot aber, das sie anscheinend nicht verstanden haben, war jenes, an welches das Christentum in erster Linie anknüpfte: Du sollst Gott lieben von ganzem Herzen. Dieses Gebot ist auch nicht negativ, ist auch nicht abstrakt, es ist in höchstem Maße positiv und in höchstem Maße konkret. Wenn das Ethische konkreter wird, so geht es über in die Bestimmung von Sitten. Die Realität des in dieser Hinsicht Ethischen aber liegt in der Realität einer volklichen Individualität, und hier hat also das Ethische bereits ein ästhetisches Moment in sich aufgenommen. Doch ist das Ethische noch abstrakt und läßt sich nicht vollkommen realisieren, weil es außerhalb des Individuums liegt. Erst wenn das Individuum selbst das Allgemeine ist, erst dann läßt das Ethische sich realisieren. Es ist das Geheimnis, das im Gewissen liegt, es ist das Geheimnis, welches das individuelle Leben mit sich selber hat, daß es zugleich ein individuelles Leben und das Allgemeine ist, wenn nicht unmittelbar als solches, so doch nach seiner Möglichkeit. Wer das Leben ethisch betrachtet, der sieht das Allgemeine, und wer ethisch lebt, der drückt in seinem Leben das Allgemeine aus, er macht sich zu dem allgemeinen Menschen, nicht dadurch, daß er sich seiner Konkretion entkleidet, denn dann würde er zu gar nichts, sondern dadurch, daß er sich damit bekleidet und sie mit dem Allgemeinen durchdringt. Der allgemeine Mensch ist nämlich kein Phantom, sondern jeder Mensch ist der allgemeine Mensch, das heißt, jedem Menschen ist der Weg vorgezeichnet, auf dem er der allgemeine Mensch wird. Wer ästhetisch lebt, ist der zufällige Mensch, er glaubt der vollkommene Mensch dadurch zu sein, daß er der einzige Mensch ist; wer ethisch lebt, arbeitet darauf hin, der allgemeine Mensch zu werden.

Wenn etwa ein Mensch ästhetisch verliebt ist, so spielt das Zufällige eine ungeheure Rolle, und es ist ihm von Wichtigkeit, daß noch niemand so geliebt hat, mit den Nuancen, wie er; wenn derjenige, der ethisch lebt, heiratet, so realisiert er das Allgemeine. Darum wird er nicht ein Hasser des Konkreten, sondern er hat einen Ausdruck mehr, tiefer als jeder ästhetische Ausdruck, indem er in der Liebe eine Offenbarung des Allgemein-Menschlichen sieht. Wer ethisch lebt, hat also sich selbst als seine Aufgabe. Sein Selbst ist als unmittelbar zufällig bestimmt, und die Aufgabe ist die, das Zufällige und das Allgemeine ineinanderzuarbeiten.

(Entweder – Oder, S. 821–822)

6.

Das Individuum wählt also sich selbst als eine mannigfaltig bestimmte Konkretion und wählt sich daher nach seiner Kontinuität. Diese Konkretion ist die Wirklichkeit des Individuums; da es sie aber nach seiner Freiheit wählt, so kann man auch sagen, sie sei seine Möglichkeit oder, um nicht einen so ästhetischen Ausdruck zu gebrauchen, sie sei seine Aufgabe. Wer ästhetisch lebt, sieht nämlich überall nur Möglichkeiten, diese bilden für ihn den Inhalt der Zukunft, wohingegen derjenige, der ethisch lebt, überall Aufgaben sieht. Diese seine wirkliche Konkretion sieht das Individuum also als Aufgabe, als Ziel, als Zweck. Daß aber das Individuum seine Möglichkeit als seine Aufgabe sieht, darin drückt sich eben seine Souveränität über sich selbst aus, die es niemals aufgibt, mag es sich andererseits auch nicht gefallen in jener höchst ungenierten Souveränität, die ein König ohne Land immer hat. Dies gibt dem ethischen Individuum eine Sicherheit, die demjenigen, der nur ästhetisch lebt, durchaus fehlt. Wer ästhetisch lebt, erwartet alles von außen. Daher die krankhafte Angst, mit der manche Menschen davon reden, wie schrecklich es sei, in der Welt nicht auf seinen Platz gekommen zu sein. Wer will leugnen, wie erfreulich es ist, wenn man in dieser Beziehung recht glücklich gegriffen hat; eine solche Angst aber deutet stets darauf hin, daß das Individuum alles vom Platz erwartet, nichts von sich selbst. Wer ethisch lebt, wird auch zusehen, daß er seinen Platz richtig wählt; merkt er jedoch, daß er fehlgegriffen hat oder daß sich ihm Hindernisse entgegenstellen, die nicht in seiner Macht stehen, so verliert er nicht den Mut; denn die Souveränität über sich selbst gibt er nicht auf. Er sieht sogleich seine Aufgabe und ist daher unverzüglich handelnd.

(Entweder – Oder, S. 817)

John Stuart Mill[1]

Nach dem Prinzip des größten Glücks ist, wie oben erklärt, der letzte Zweck, bezüglich dessen und um dessentwillen alles andere wünschenswert ist (sei dies unser eigenes Wohl oder das Wohl anderer), ein

1 Der Utilitarismus, übersetzt von Dieter Birnbacher, Reclam 9821[2], Stuttgart 1976 (1861)

Leben, das so weit wie möglich frei von Unlust und in quantitativer wie in qualitativer Hinsicht so reich wie möglich an Lust ist; wobei der Maßstab, an dem Qualität gemessen und mit der Quantität verglichen wird, die Bevorzugung derer ist, die ihrem Erfahrungshorizont nach – einschließlich Selbsterfahrung und Selbstbeobachtung – die besten Vergleichsmöglichkeiten besitzen. Indem dies nach utilitaristischer Auffassung der Endzweck des menschlichen Handelns ist, ist es notwendigerweise auch die Norm der Moral. Diese kann also definiert werden als die Gesamtheit der Handlungsregeln und Handlungsvorschriften, durch deren Befolgung ein Leben der angegebenen Art für die gesamte Menschheit im größtmöglichen Umfange erreichbar ist; und nicht nur für sie, sondern, soweit es die Umstände erlauben, für die gesamte fühlende Natur.

Gegen diese Lehre wendet sich jedoch ein anderer Kreis von Gegnern, die behaupten, daß Glück in keiner seiner Ausprägungen ein vernünftiger Zweck menschlichen Lebens und Handelns sein könne; schon deshalb nicht, weil Glück unerreichbar sei – wobei sie voller Verachtung die Frage stellen: „Hast du überhaupt ein Recht, glücklich zu sein?", eine Frage, die Carlyle[2] durch den Zusatz verschärft: „Welches Recht hattest du vor nicht allzu langer Zeit, überhaupt zu *sein*?" Ferner behaupten sie, daß der Mensch *ohne* Glück auskommen kann, daß alle wahrhaft edlen Menschen dies gewußt haben und all ihren Edelmut der Lektion des ‚Entsagens', des Verzichts, verdanken, die, gründlich gelernt und befolgt, der erste Schritt auf dem Weg zur Tugend und ihre notwendige Voraussetzung sei.

Wäre der erste dieser Einwände stichhaltig, würde er den Nerv der Sache treffen: denn wenn es den Menschen grundsätzlich verwehrt ist, Glück zu erlangen, kann Glück nicht das Ziel eines zweckbestimmten Handelns oder gar das Ziel der Moral sein – obgleich noch in diesem Falle einiges für die utilitaristische Idee spräche, da das Nützlichkeitsprinzip ja nicht nur das Streben nach Glück, sondern auch die Verhinderung und Milderung von Unglück beinhaltet; und im Falle, daß das erstere Ziel utopisch wäre, entstünde dem letzteren nur ein um so größerer Wirkungskreis und eine um so höhere Dringlichkeit, zumindest so

2 Thomas Carlyle, englischer Philosoph und Historiker. Nach ihm wird die Geschichte von genial-heroischen Persönlichkeiten gemacht. Er greift den Utilitarismus scharf an, besonders in seinem autobiographischen Roman ‚Sartor Resartus. The Life and Opinion of Herr Teufelsdroeckh' (1833/34), bes. Buch II Kap. 7. Hier bezieht sich Mill auf Buch II Kap. 9.

lange, als die Menschheit es vorzieht weiterzuleben, statt ihre Zuflucht in einem kollektiven Selbstmord zu suchen, wie ihn Novalis[3] für bestimmte Situationen empfiehlt. Wird jedoch so leichthin behauptet, daß das menschliche Leben unmöglich glücklich sein könne, ist das, wenn nicht Wortklauberei, so doch eine grobe Übertreibung. Freilich: versteht man unter Glück das Fortdauern einer im höchsten Grade lustvollen Erregung, dann ist die Unerreichbarkeit von Glück nur zu offensichtlich. Der Zustand der Überschwenglichkeit hält höchstens einige Augenblicke, in einigen Fällen – mit Unterbrechungen – auch Stunden und Tage an; er ist das gelegentliche helle Auflodern der Flamme, nicht die beständige und fortdauernde Glut. Darüber waren sich die Philosophen, die die Glückseligkeit zum Endzweck des Lebens erklärten, ebenso im klaren, wie die, die ihren Spott über sie ergießen. Das Glück, das sie meinten, war nicht ein Leben überschwenglicher Verzückung, sondern einzelne Augenblicke des Überschwangs inmitten eines Daseins, das wenige und schnell vorübergehende Phasen der Unlust, viele und vielfältige Freuden enthält (mit einem deutlichen Übergewicht der aktiven über die passiven) und dessen Grundhaltung es ist, nicht mehr vom Leben zu erwarten, als es geben kann. Jedem, der ein so beschaffenes Leben führen durfte, erschien die Bezeichnung Glückseligkeit als angemessen. Und auch heute noch ist es vielen vergönnt, ein solches Dasein während eines beträchtlichen Teils ihrer Lebensdauer zu erfahren. Allein die Erbärmlichkeit der gegenwärtigen Erziehung und die elenden gesellschaftlichen Verhältnisse verhindern, daß es für nahezu alle erreichbar wird.

Die Gegner des Utilitarismus mögen vielleicht Zweifel haben, ob die Menschen – brächte man sie dazu, Glück als den Endzweck des Lebens zu betrachten – mit einem so bescheidenen Anteil, wie sie ihn erlangen könnten, zufrieden wären. Aber zahllose Menschen sind mit sehr viel weniger zufrieden gewesen. Die Hauptbestandteile eines befriedigten Lebens – von denen jeder oftmals auch für sich ausreicht – scheinen zwei zu sein: Ruhe (tranquillity) und Erregung (excitement). Viele können, wie sie immer wieder feststellen, bei großer Ruhe mit sehr wenig Lust auskommen; viele finden sich bei großer Erregtheit mit einem beträchtlichen Maß an Schmerzen ab. Es ist jedoch nicht einzusehen, warum es unmöglich sein sollte, selbst die große Masse der Menschen dazu fähig zu machen, Ruhe und Erregung miteinander zu verbinden, wo diese

---

3 mit bürgerlichem Namen Friedrich von Hardenberg (1772–1801). Vgl. hier: ‚Die Lehrlinge zu Sais', Kap. 2: ‚Die Natur'

doch keineswegs unvereinbar sind, sondern natürlicherweise zusammengehören, insofern das Fortdauern des einen Zustands die Vorbereitung auf den anderen ist und den Wunsch nach ihm wachruft. Nur diejenigen, bei denen die Trägheit die Ausmaße eines Lasters angenommen hat, verspüren nach einer längeren Zeit der Ruhe kein Bedürfnis nach Erregung; nur die, bei denen das Verlangen nach Erregung geradezu krankhaft geworden ist, empfinden die Ruhe, die der Erregung folgt, als stumpfsinnig und leer statt als ebenso angenehm wie die vorausgegangene Erregung. Wenn Menschen mit einem leidlich günstigen äußeren Schicksal am Leben nicht genug Freude finden, um es sich lebenswert erscheinen zu lassen, hat das seine Ursache darin, daß sie nur an sich selbst denken. Wem jede Gefühlsbindung – sei es zur Gemeinschaft, sei es zu einzelnen Menschen – abgeht, dem sind die Reize des Lebens erheblich beschnitten und für den verlieren sie noch an Wert, je näher der Augenblick rückt, in dem der Tod allen selbstsüchtigen Regungen ein Ende setzt; dagegen empfinden die, die etwas zurücklassen, was sie lieben, und zumal die, die in sich ein Gefühl der Anteilnahme an den Belangen der Menschheit entwickelt haben, noch im Schatten des Todes ein ebenso lebhaftes Interesse am Leben wie in der Blüte ihrer Jugend und Gesundheit. Daß ein Leben unbefriedigend ist, hat seine Ursache außer im Egoismus vor allem auch im Mangel an geistiger Bildung. Ein gebildeter Mensch – nicht nur der Philosoph, sondern jeder, dem die Quellen des Wissens aufgetan worden sind und der zumindest in gewissem Maße gelernt hat, seine Möglichkeiten zu verwirklichen – findet Gegenstände unerschöpflichen Interesses in allem, was ihn umgibt; in den Dingen der Natur, den Werken der Kunst, den Gebilden der Poesie, den Ereignissen der Geschichte, dem Schicksal der Menschheit in Vergangenheit und Gegenwart und ihren Aussichten für die Zukunft. Freilich ist es möglich, all diesen Dingen gegenüber gleichgültig zu werden, ohne auch nur den tausendsten Teil von ihnen ausgeschöpft zu haben; doch nur, wenn man von Anfang an kein inneres Interesse an diesen Dingen hatte und an ihnen im Grunde nur seine Neugier befriedigen wollte.

Es besteht jedoch der Natur der Sache nach kein Grund, warum eine gewisse geistige Kultur, wie sie das Verständnis und Interesse für Betrachtungen dieser Art erfordert, nicht das Erbteil jedes Menschen sein sollte, der in einem zivilisierten Land geboren wird – ebensowenig, wie es eine innere Notwendigkeit gibt, aus der jeder Mensch ein selbstsüchtiger Egozentriker sein muß, ein Mensch, der Gefühl und Interesse nur für das übrig hat, was sich um seine eigene erbärmliche Person dreht. Etwas Höheres als dies ist selbst jetzt schon verbreitet genug, um einen

Vorgeschmack davon zu geben, wohin die menschliche Gattung geführt werden könnte. Persönliche Gefühlsbindungen und ein aufrichtiges Interesse am Gemeinwohl sind – wenn auch in unterschiedlichem Maße – jedem rechterzogenen Menschen möglich. In einer Welt, in der es soviel gibt, das Interesse erregt, soviel, das Freude macht, soviel auch, das es richtigzustellen und zu verbessern gilt, ist jeder, der die bescheidenen charakterlichen und intellektuellen Anforderungen erfüllt, eines Daseins fähig, das beneidenswert genannt werden darf; und falls einem solchen Menschen nicht durch schlechte Gesetze oder durch Bevormundung die Freiheit vorenthalten wird, die Quellen des Glücks, die in seinem Umkreis liegen, zu erschließen, wird er dieses beneidenswerte Dasein sicher nicht verfehlen, vorausgesetzt, daß er von den größten Übeln des Lebens, den Hauptursachen körperlichen und seelischen Leids, von Krankheit und Herzlosigkeit, von Unwürdigkeit oder vom vorzeitigen Verlust derer, die wir lieben, verschont bleibt. Die schwierigste Seite des Problems ist deshalb der Kampf mit diesen unheilvollen Mächten, denen man nur mit großem Glück gänzlich entgeht und die unter den gegenwärtigen Umständen nicht beseitigt und oft sogar nicht wesentlich gemildert werden können. Doch niemand, dessen Meinung auch nur einen Moment lang Beachtung verdient, wird daran zweifeln können, daß die wirklich großen Übel in der Welt prinzipiell ausrottbar sind und daß sie bei einer weiteren Besserung der menschlichen Verhältnisse schließlich in engen Grenzen gehalten werden können. Armut, insoweit sie Leiden bedeutet, kann durch kluge Vorkehrungen seitens der Gesellschaft sowie durch Voraussicht und Vernunft seitens der Individuen gänzlich aus der Welt geschafft werden. Selbst jener hartnäckigste Widersacher, die Krankheit, läßt sich durch körperliche und geistige Erziehung und durch Maßnahmen zur Bekämpfung schädlicher Einwirkungen auf ein Minimum reduzieren; und das Fortschreiten der Wissenschaften verspricht für die Zukunft einen noch eindeutigeren Sieg über diesen schrecklichen Feind. Jeder Fortschritt in dieser Richtung befreit uns von Gefahren, die nicht nur unserem eigenen Leben ein jähes Ende bereiten können, sondern – woran uns noch mehr gelegen sein muß – uns auch diejenigen entreißen können, in denen unser ganzes Glück beschlossen liegt. Was schließlich die Wechselfälle des Schicksals und andere Enttäuschungen, die der Lauf der Welt mit sich bringt, betrifft, so beruhen sie großenteils auf grober Nachlässigkeit, ungezügelten Begierden und schlechten oder zumindest unvollkommenen gesellschaftlichen Verhältnissen. Kurz, alle wichtigen Ursachen menschlichen Leidens lassen sich in erheblichem Umfang – und viele fast gänzlich – durch menschliche Mühe und Anstrengung beseitigen. Und obgleich ihre Beseitigung bedrückend langsam vonstatten geht, obgleich eine lange Reihe von Generationen im Kampfe fallen muß, bevor die Schlacht gewonnen ist und diese Welt zu dem wird, wozu sie mit rechtem Wissen und Wollen gemacht werden kann, wird jeder, der einsichtig und großmütig genug ist, um einen wie immer geringen und unbedeutenden Teil der Aufgabe zu übernehmen, diesen Kampf als eine edle Befriedigung erleben, die er um keiner Lockung selbstsüchtigen Genusses willen aufzugeben bereit ist.

Und dies bringt uns zur wahren Beurteilung dessen, was unsere Gegner von der Möglichkeit, ja der Pflicht sagen, ohne Glück leben zu lernen. Daß es möglich ist, ohne Glück auszukommen, ist nicht zu bestreiten; unfreiwillig kommen neunzehn Zwanzigstel der Menschheit ohne Glück aus, und zwar selbst in jenen Teilen der gegenwärtigen Welt, die noch am wenigsten tief in der Barbarei stecken . . .

In der goldenen Regel, die Jesus von Nazareth aufgestellt hat, finden wir den Geist der Nützlichkeitsethik vollendet ausgesprochen. Die Forderungen, sich dem anderen gegenüber so zu verhalten, wie man möchte, daß er sich einem selbst gegenüber verhält, und den Nächsten zu lieben wie sich selbst, stellen die utilitaristische Moral in ihrer höchsten Vollkommenheit dar. Um sich diesem Ideal so weit wie möglich anzunähern, fordert das Nützlichkeitsprinzip erstens, daß Gesetze und gesellschaftliche Verhältnisse das Glück oder – wie man es in der Praxis auch nennen kann – die Interessen jedes einzelnen so weit wie möglich mit dem Interesse des Ganzen in Übereinstimmung bringen; und zweitens, daß Erziehung und öffentliche Meinung, die einen so gewaltigen Einfluß auf die menschlichen Gesinnungen haben, diesen Einfluß dazu verwenden, in der Seele jedes einzelnen eine unauflösliche gedankliche Verknüpfung herzustellen zwischen dem eigenen Glück und dem Wohl des Ganzen und insbesondere zwischen dem eigenen Glück und der Gewohnheit, so zu handeln, wie es die Rücksicht auf das allgemeine Glück gebietet; so daß er nicht nur unfähig wird, die Möglichkeit eines Glücks für sich selbst mit einer Handlungsweise, die dem Gemeinwohl zuwider ist, zusammenzudenken, sondern auch so, daß ein unmittelbares Motiv zur Förderung des allgemeinen Wohls in jedem einzelnen eines der gewohnheitsmäßigen Handlungsantriebe wird und die damit verbundenen Gefühle und Gesinnungen im Bewußtsein jedes Menschen einen hervorragenden Platz einnehmen.

(S. 21–28, 30–31)

Arthur Schopenhauer[1]

1.

§144

Unser Dasein hat keinen Grund und Boden, darauf es fußte, als die dahinschwindende Gegenwart. Daher hat es wesentlich die beständige *Bewegung* zur Form, ohne Möglichkeit der von uns stets angestrebten Ruhe. Es gleicht dem Laufe eines bergab Rennenden, der, wenn er stillstehn wollte, fallen müßte und nur durch Weiterrennen sich auf den Beinen erhält – ebenfalls der auf der Fingerspitze balancierten Stange – wie auch dem Planeten, der in seine Sonne fallen würde, sobald er aufhörte, unaufhaltsam vorwärts zu eilen.– Also Unruhe ist der Typus des Daseins.

In einer solchen Welt, wo keine Stabilität irgendeiner Art, kein dauernder Zustand möglich, sondern alles in rastlosem Wirbel und Wechsel begriffen ist, alles eilt, fliegt, sich auf dem Seile durch stetes Schreiten und Bewegen aufrecht erhält – läßt Glückseligkeit sich nicht einmal denken. Sie kann nicht wohnen, wo Platons ‚beständiges Werden und nie Sein' allein stattfindet. Zuvörderst: keiner ist glücklich, sondern strebt sein Leben lang nach einem vermeintlichen Glücke, welches er selten erreicht und auch dann nur, um enttäuscht zu werden: in der Regel aber läuft zuletzt jeder schiffbrüchig und entmastet in den Hafen ein. Dann aber ist es auch einerlei, ob er glücklich oder unglücklich gewesen, in einem Leben, welches bloß aus dauerloser Gegenwart bestanden hat und jetzt zu Ende ist . . .

§146

. . . Versucht man, die Gesamtheit der Menschenwelt in *einem* Blick zusammenzufassen; so erblickt man überall einen rastlosen Kampf, ein gewaltiges Ringen mit Anstrengung aller Körper- und Geisteskräfte um Leben und Dasein, drohenden und jeden Augenblick treffenden Gefahren und Übeln aller Art gegenüber. – Und betrachtet man dann den Preis, dem alles dieses gilt, das Dasein und Leben selbst, so findet man einige Zwischenräume schmerzloser Existenz, auf welche sogleich die Langeweile Angriff macht und welche neue Not schnell beendigt.

1 Sämtliche Werke, textkritisch bearbeitet und herausgegeben von Wolfgang Frhr. von Löhneysen, Darmstadt 1965, Bd. 5: Parerga und Paralipomena II (1851). Im Text Angabe der §§

Daß hinter der *Not* sogleich die *Langeweile* liegt, welche sogar die klügeren Tiere befällt, ist eine Folge davon, daß das Leben keinen *wahren echten Gehalt* hat, sondern bloß durch Bedürfnis und Illusion in *Bewegung* erhalten wird: sobald aber diese stockt, tritt die gänzliche Kahlheit und Leere des Daseins zutage.

(Nachträge zur Lehre von der Nichtigkeit des Daseins)

2.

§148

Wenn nicht der nächste und unmittelbare Zweck unseres Lebens das Leiden ist, so ist unser Dasein das Zweckwidrigste auf der Welt. Denn es ist absurd, anzunehmen, daß der endlose aus der dem Leben wesentlichen Not entspringende Schmerz, davon die Welt überall voll ist, zwecklos und rein zufällig sein sollte. Unsere Empfindlichkeit für den Schmerz ist fast unendlich, die für den Genuß hat enge Grenzen. Jedes einzelne Unglück erscheint zwar als eine Ausnahme, aber das Unglück überhaupt ist die Regel.

§149

Wie der Bach keine Strudel macht, solange er auf keine Hindernisse trifft, so bringt die menschliche wie die tierische Natur es mit sich, daß wir alles, was unserm Willen gemäß geht, nicht recht merken und innewerden. Sollen wir es merken, so muß es nicht sogleich unserm Willen gemäß gegangen sein, sondern irgendeinen Anstoß gefunden haben. – Hingegen alles, was unserm Willen sich entgegenstellt, ihn durchkreuzt, ihm widerstrebt, also alles Unangenehme und Schmerzliche empfinden wir unmittelbar, sogleich und sehr deutlich. Wie wir die Gesundheit unsers ganzen Leibes *nicht fühlen*, sondern nur die kleine Stelle, wo uns der Schuh drückt; so denken wir auch nicht an unsere gesamten vollkommen wohlgehenden Angelegenheiten, sondern an irgendeine unbedeutende Kleinigkeit, die uns verdrießt. – Hierauf beruht die von mir öfter hervorgehobene Negativität des Wohlseins und Glücks im Gegensatz der Positivität des Schmerzes.

Ich kenne demnach keine größere Absurdität als die der meisten metaphysischen Systeme, welche das Übel für etwas Negatives erklären; während es gerade das Positive, das sich selbst fühlbar machende ist; hingegen das Gute, d. h. alles Glück und alle Befriedigung ist das Negative, nämlich das bloße Aufheben des Wunsches und Endigen einer Pein . . .

§ 153

Wegen der oben in Erinnerung gebrachten Negativität des Wohlseins und Genusses im Gegensatz der Positivität des Schmerzes ist das Glück eines gegebenen Lebenslaufes nicht nach dessen Freuden und Genüssen abzuschätzen, sondern nach der Abwesenheit der Leiden als des Positiven. Dann aber erscheint das Los der Tiere erträglicher als das des Menschen. Wir wollen beide etwas näher betrachten.

So mannigfaltig auch die Formen sind, unter denen das Glück und Unglück des Menschen sich darstellt und ihn zum Verfolgen oder Fliehen anregt; so ist doch die materielle Basis von dem allen der körperliche Genuß oder Schmerz. Diese Basis ist sehr schmal: es ist Gesundheit, Nahrung, Schutz vor Nässe und Kälte und Geschlechtsbefriedigung; oder aber der Mangel an diesen Dingen. Folglich hat der Mensch an realem physischem Genusse nicht mehr denn das Tier; als etwa nur, insofern sein höher potenziertes Nervensystem die Empfindung jedes Genusses, jedoch auch die jedes Schmerzes steigert. Allein, wie sehr viel stärker sind die Affekte, welche in ihm erregt werden, als die des Tieres! Wie ungleich tiefer und heftiger wird sein Gemüt bewegt! – um zuletzt doch nur dasselbe Resultat zu erlangen: Gesundheit, Nahrung, Bedekkung usw. . . .

Zu bewundern ist es inzwischen, wie mittelst der Zutat des Denkens, welches dem Tiere abgeht, auf derselben schmalen Basis der Leiden und Freuden, die auch das Tier hat, das so hohe und weitläufige Gebäude des Menschenglückes und Unglücks sich erhebt, in Beziehung auf welches sein Gemüt so starken Affekten, Leidenschaften und Erschütterungen preisgegeben ist, daß das Gepräge derselben in bleibenden Zügen auf seinem Gesichte lesbar wird; während doch am Ende und im Realen es sich nur um dieselben Dinge handelt, die auch das Tier erlangt, und zwar mit unvergleichlich geringerem Aufwande von Affekten und Qualen. Durch dieses alles aber wächst im Menschen das Maß des Schmerzes viel mehr als das des Genusses und wird nun noch speziell dadurch gar sehr vergrößert, daß er vom Tode wirklich *weiß*; während das Tier diesen nur instinktiv flieht, ohne ihn eigentlich zu kennen und daher ohne jemals ihn wirklich ins Auge zu fassen wie der Mensch, der diesen Prospekt stets vor sich hat. Wenn nun also auch nur wenige Tiere natürlichen Todes sterben, die meisten aber nur so viel Zeit gewinnen, ihr Geschlecht fortzupflanzen und dann, wenn nicht schon früher, die Beute eines andern werden, der Mensch allein hingegen es dahin gebracht hat, daß in seinem Geschlechte der sogenannte natürliche Tod zur Regel geworden ist, die inzwischen beträchtliche Ausnahmen leidet; so bleiben aus obigem Grunde die Tiere doch im Vorteil. Überdies aber erreicht er sein wirklich natürliches Lebensziel ebenso selten wie jene; weil die Widernatürlichkeit seiner Lebensweise, nebst seinen Anstrengungen und Leidenschaften, und die durch alles dieses entstandene Degeneration der Rasse ihn selten dahin gelangen läßt.

Die Tiere sind viel mehr als wir durch das bloße Dasein befriedigt; die Pflanze ist es ganz und gar, der Mensch je nach dem Grade seiner Stumpfheit. Dementsprechend enthält das Leben des Tieres weniger Leiden, aber auch weniger Freuden als das menschliche. Dies beruht zunächst darauf, daß es einerseits von der *Sorge und Besorgnis*, nebst ihrer Qual, frei bleibt, andrerseits aber auch die eigentliche *Hoffnung* entbehrt und daher jener Antizipation einer freudigen Zukunft durch die Gedanken, nebst der diese begleitenden von der Einbildungskraft hinzugegebenen beseligenden Phantasmagorie, dieser Quelle unserer meisten und größten Freuden und Genüsse, nicht teilhaft wird, folglich in diesem Sinne hoffnungslos ist: beides, weil sein Bewußtsein auf das Anschauliche und dadurch auf die Gegenwart beschränkt ist; daher es nur in Beziehung auf Gegenstände, die in dieser bereits anschaulich vorliegen, ein mithin äußerst kurz angebundenes Fürchten und Hoffen kennt, während das menschliche einen Gesichtskreis hat, der das ganze Leben umfaßt, ja darüber hinausgeht. – Aber eben infolge hiervon erscheinen die Tiere, mit uns verglichen, in *einem* Betracht wirklich weise, nämlich im ruhigen, ungetrübten Genusse der Gegenwart. Das Tier ist die verkörperte Gegenwart: die augenscheinliche Gemütsruhe, deren es dadurch teilhaft ist, beschämt oft unsern durch Gedanken und Sorgen häufig unruhigen und unzufriedenen Zustand. Und sogar die in Rede stehenden Freuden der Hoffnung und Antizipation haben wir nicht unentgeltlich. Was nämlich einer durch das Hoffen und Erwarten einer Befriedigung zum voraus genießt, geht nachher, als vom wirklichen Genuß derselben vorweggenommen, von diesem ab, indem die Sache selbst dann um so weniger befriedigt. Das Tier hingegen bleibt, wie vom Vorgenuß, so auch von dieser Deduktion vom Genusse frei und genießt sonach das Gegenwärtige und Reale selbst ganz und unvermindert. Und ebenfalls drücken auch die Übel auf dasselbe bloß mit ihrer wirklichen und eigenen Schwere, während uns das Fürchten und Vorhersehn, ἡ προσδοκία τῶν κακῶν [die Angst vor dem Übel], diese oft verzehnfacht . . .

§ 154

Hat sich uns nun im obigen ergeben, daß die erhöhte Erkenntniskraft es ist, welche das Leben des Menschen schmerzensreicher macht als das des Tieres; so können wir dieses auf ein allgemeineres Gesetz zurückführen und dadurch einen viel weiteren Überblick erlangen.

Erkenntnis ist an sich selbst stets schmerzlos. Der Schmerz trifft allein den *Willen* und besteht in der Hemmung, Hinderung, Durchkreuzung desselben: dennoch ist dazu erfordert, daß diese Hemmung von der Erkenntnis begleitet sei. Wie nämlich das Licht den Raum nur dann erhellt, wann Gegenstände dasind, es zurückzuwerfen; wie der Ton der Resonanz bedarf und der Schall überhaupt nur dadurch, daß die Wellen der vibrierenden Luft sich an harten Körpern brechen, weit hörbar wird; daher er auf isolierten Bergspitzen auffallend schwach ausfällt, ja schon ein Gesang im Freien wenig Wirkung tut – ebenso nun muß die Hemmung des *Willens*, um als Schmerz empfunden zu werden, von der *Erkenntnis*, welcher doch an sich selbst aller Schmerz fremd ist, begleitet sein. . . .

§155

In früher Jugend sitzen wir vor unserm bevorstehenden Lebenslauf wie die Kinder vor dem Theatervorhang in froher und gespannter Erwartung der Dinge, die da kommen sollen – ein Glück, daß wir nicht wissen, was wirklich kommen wird! Denn wer es weiß, dem können zuzeiten die Kinder vorkommen wie unschuldige Delinquenten, die zwar nicht zum Tode, hingegen zum Leben verurteilt sind, jedoch den Inhalt ihres Urteils noch nicht vernommen haben. – Nichtsdestoweniger wünscht jeder sich ein hohes Alter, also einen Zustand, darin es heißt:,Es ist heute schlecht und wird nun täglich schlechter werden – bis das Schlimmste kommt.‘

§156

Wenn man, soweit es annäherungsweise möglich ist, die Summe von Not, Schmerz und Leiden jeder Art sich vorstellt, welche die Sonne in ihrem Laufe bescheint; so wird man einräumen, daß es viel besser wäre, wenn sie auf der Erde sowenig wie auf dem Monde hätte das Phänomen des Lebens hervorrufen können, sondern, wie auf diesem, so auch auf jener die Oberfläche sich noch im kristallinischen Zustande befände.

Man kann auch unser Leben auffassen als eine unnützerweise störende Episode in der seligen Ruhe des Nichts. Jedenfalls wird selbst der, dem es darin erträglich ergangen, je länger er lebt, desto deutlicher inne, daß es im ganzen ‚a disappointment, nay, a cheat‘ [eine Enttäuschung, sogar eine Täuschung] ist oder, deutsch zu reden, den Charakter einer großen Mystifikation, nicht zu sagen: einer Prellerei trägt. Wenn zwei Jugendfreunde nach der Trennung eines ganzen Menschenalters sich als Greise wiedersehn, so ist das vorherrschende Gefühl, welches ihr eigener Anblick, weil an ihn sich die Erinnerung früherer Zeit knüpft, gegenseitig erregt, das des gänzlichen *disappointment über das ganze Leben*, als welches ehemals im rosigen Morgenlichte der Jugend so schön vor ihnen lag, so viel versprach und so wenig gehalten hat. Dies Gefühl herrscht bei ihrem Wiedersehn so entschieden vor, daß sie gar nicht einmal nötig erachten, es mit Worten auszudrücken, sondern, es gegenseitig stillschweigend voraussetzend, auf dieser Grundlage weitersprechen.

Wer *zwei oder gar drei Generationen* des Menschengeschlechts erlebt, dem wird zumute wie dem Zuschauer der Vorstellungen der Gaukler aller Art in Buden während der Messe, wenn er sitzen bleibt und eine solche Vorstellung zwei- oder dreimal hintereinander wiederholen sieht: die Sachen waren nämlich nur auf *eine* Vorstellung berechnet, machen daher keine Wirkung mehr, nachdem die Täuschung und die Neuheit verschwunden ist.

Man möchte toll werden, wenn man die überschwenglichen Anstalten betrachtet, die zahllosen flammenden Fixsterne im unendlichen Raum, die nichts weiter zu tun haben, als Welten zu beleuchten, die der Schauplatz der Not und des Jammers sind und im glücklichsten Fall nichts abwerfen als Langeweile – wenigstens nach dem uns bekannten Probestück zu urteilen.

Sehr zu *beneiden* ist niemand, sehr zu *beklagen* unzählige. –

Das Leben ist ein Pensum zum Abarbeiten: in diesem Sinne ist defunctus[a] [tot] ein schöner Ausdruck. –

Man denke sich einmal, daß der Zeugungsakt weder ein Bedürfnis noch von Wollust begleitet, sondern eine Sache der reinen, vernünftigen Überlegung wäre: könnte wohl dann das Menschengeschlecht noch bestehn? Würde nicht vielmehr jeder soviel Mitleid mit der kommenden Generation gehabt haben, daß er ihr die Last des Daseins lieber erspart oder wenigstens es nicht hätte auf sich nehmen mögen, sie kaltblütig ihr aufzulegen? –

Die Welt ist eben *die Hölle*, und die Menschen sind einerseits die gequälten Seelen und andererseits die Teufel darin.

Da werde ich wohl wieder vernehmen müssen, meine Philosophie sei trostlos – eben nur weil ich nach der Wahrheit rede, die Leute aber hö-

a Defunctus sum = ich habe es überstanden

ren wollen, Gott der Herr habe alles wohlgemacht. Geht in die Kirche und laßt die Philosophen in Ruhe! Wenigstens verlangt nicht, daß sie ihre Lehren eurer Abrichtung gemäß einrichten sollen: das tun die Lumpe, die Philosophaster; bei denen könnt ihr euch Lehren nach Belieben bestellen. . . .

Überhaupt aber schreiet gegen eine solche Ansicht der Welt als des gelungenen Werkes eines allweisen, allgütigen und dabei allmächtigen Wesens zu laut einerseits das Elend, dessen sie voll ist, und andererseits die augenfällige Unvollkommenheit und selbst burleske Verzerrung der vollendetesten ihrer Erscheinungen, der menschlichen. Hier liegt eine nicht aufzulösende Dissonanz. Hingegen werden eben jene Instanzen zu unserer Rede stimmen und als Belege derselben dienen, wenn wir die Welt auffassen als das Werk unserer eigenen Schuld, mithin als etwas, das besser nicht wäre. Während dieselben unter jener ersten Annahme zu einer bittern Anklage gegen den Schöpfer werden und zu Sarkasmen Stoff geben, treten sie unter der andern als eine Anklage unsers eigenen Wesens und Willens auf, geeignet, uns zu demütigen. Denn sie leiten uns zu der Einsicht hin, daß wir wie die Kinder liederlicher Väter schon verschuldet auf die Welt gekommen sind und daß nur, weil wir fortwährend diese Schuld abzuverdienen haben, unser Dasein so elend ausfällt und den Tod zum Finale hat. Nichts ist gewisser, als daß, allgemein ausgesprochen, die schwere *Sünde der Welt* es ist, welche das viele und große *Leiden der Welt* herbeiführt; wobei hier nicht der physisch empirische, sondern der metaphysische Zusammenhang gemeint ist. Dieser Ansicht gemäß ist es allein die Geschichte vom Sündenfall, die mich mit dem Alten Testament aussöhnt: sogar ist sie in meinen Augen die einzige metaphysische, wenn auch im Gewande der Allegorie auftretende Wahrheit in demselben. Denn nichts anderm sieht unser Dasein so völlig ähnlich wie der Folge eines Fehltritts und eines strafbaren Gelüstens . . .

In der Tat ist die Überzeugung, daß die Welt, also auch der Mensch etwas ist, das eigentlich nicht sein sollte, geeignet, uns mit Nachsicht gegeneinander zu erfüllen: denn was kann man von Wesen unter solchem Prädikament[2] erwarten? – Ja, von diesem Gesichtspunkt aus könnte man auf den Gedanken kommen, daß die eigentlich passende Anrede zwischen Mensch und Mensch statt ‚Monsieur', ‚Sir' usw. sein möchte ‚Leidensgefährte', ‚soci malorum', ‚compagnon de misères', ‚my fellow-sufferer'. So seltsam dies klingen mag, so entspricht es doch der Sa-

2 hier: Bestimmung

che, wirft auf den andern das richtigste Licht und erinnert an das Nötigste: an die Toleranz, Geduld, Schonung und Nächstenliebe, deren jeder bedarf und die daher auch jeder schuldig ist.

(Nachträge zur Lehre vom Leiden in der Welt)

III. ENDE DER NEUZEIT

Friedrich Nietzsche[1]

1.

Die längste Zeit der menschlichen Geschichte hindurch – man nennt sie die prähistorische Zeit – wurde der Wert oder der Unwert einer Handlung aus ihren Folgen abgeleitet: die Handlung an sich kam dabei ebensowenig als ihre Herkunft in Betracht, sondern ungefähr so, wie heute noch in China eine Auszeichnung oder Schande vom Kinde auf die Eltern zurückgreift, so war es die rückwirkende Kraft des Erfolgs oder Mißerfolgs, welche den Menschen anleitete, gut oder schlecht von einer Handlung zu denken. Nennen wir diese Periode die *vormoralische* Periode der Menschheit: der Imperativ „erkenne dich selbst!" war damals noch unbekannt. In den letzten zehn Jahrtausenden ist man hingegen auf einigen großen Flächen der Erde Schritt für Schritt so weit gekommen, nicht mehr die Folgen, sondern die Herkunft der Handlung über ihren Wert entscheiden zu lassen: ein großes Ereignis als Ganzes, eine erhebliche Verfeinerung des Blicks und Maßstabs, die unbewußte Nachwirkung von der Herrschaft aristokratischer Werte und des Glaubens an „Herkunft", das Abzeichen einer Periode, welche man im engern Sinne als die *moralische* bezeichnen darf: der erste Versuch zur Selbst-Erkenntnis ist damit gemacht. Statt der Folgen die Herkunft: welche Umkehrung der Perspektive! Und sicherlich eine erst nach langen Kämpfen und Schwankungen erreichte Umkehrung! Freilich: ein verhängnisvoller neuer Aberglaube, eine eigentümliche Engigkeit der Interpretation kam eben damit zur Herrschaft: man interpretierte die Herkunft einer Handlung im allerbestimmtesten Sinne als Herkunft aus einer *Absicht*; man wurde *eins* im Glauben daran, daß der Wert einer Handlung im Werte ihrer Absicht gelegen sei. Die Absicht als die ganze Herkunft und Vorgeschichte einer Handlung: unter diesem Vorurteile ist fast bis auf die neuste Zeit auf Erden moralisch gelobt, getadelt, gerichtet, auch philosophiert worden. – Sollten wir aber heute nicht bei

---

1 Werke in drei Bänden, herausgegeben von Karl Schlechta, zweiter Band, München 1956. Jenseits von Gut und Böse (1886), Zur Genealogie der Moral (1887). Unter dem Text Angabe der §§

der Notwendigkeit angelangt sein, uns nochmals über eine Umkehrung und Grundverschiebung der Werte schlüssig zu machen, dank einer nochmaligen Selbstbesinnung und Vertiefung des Menschen, – sollten wir nicht an der Schwelle einer Periode stehn, welche, negativ, zunächst als die *außermoralische* zu bezeichnen wäre: heute, wo wenigstens unter uns Immoralisten der Verdacht sich regt, daß gerade in dem, was *nicht-absichtlich* an einer Handlung ist, ihr entscheidender Wert gelegen sei, und daß alle ihre Absichtlichkeit, alles, was von ihr gesehn, gewußt, „bewußt" werden kann, noch zu ihrer Oberfläche und Haut gehöre – welche, wie jede Haut, etwas verrät, aber noch mehr *verbirgt*? Kurz, wir glauben, daß die Absicht nur ein Zeichen und Symptom ist, das erst der Auslegung bedarf, dazu ein Zeichen, das zu vielerlei und folglich für sich allein fast nichts bedeutet, – daß Moral, im bisherigen Sinne, also Absichten-Moral, ein Vorurteil gewesen ist, eine Voreiligkeit, eine Vorläufigkeit vielleicht, ein Ding etwa vom Range der Astrologie und Alchimie[2], aber jedenfalls etwas, das überwunden werden muß. Die Überwindung der Moral, in einem gewissen Verstande sogar die Selbstüberwindung der Moral: mag das der Name für jene lange geheime Arbeit sein, welche den feinsten und redlichsten, auch den boshaftesten Gewissen von heute, als lebendigen Probiersteinen der Seele, vorbehalten blieb. –

(Jenseits von Gut und Böse § 32)

2.

Dies Problem vom *Werte* des Mitleids und der Mitleids-Moral (– ich bin ein Gegner der schändlichen modernen Gefühlsverweichlichung –) scheint zunächst nur etwas Vereinzeltes, ein Fragezeichen für sich; wer aber einmal hier hängenbleibt, hier fragen *lernt*, dem wird es gehn, wie es mir ergangen ist – eine ungeheure neue Aussicht tut sich ihm auf, eine Möglichkeit faßt ihn wie ein Schwindel, jede Art Mißtrauen, Argwohn, Furcht springt hervor, der Glaube an die Moral, an alle Moral wankt – endlich wird eine neue Forderung laut. Sprechen wir sie aus, diese *neue Forderung*: wir haben eine *Kritik* der moralischen Werte nötig, *der Wert dieser Werte ist selbst erst einmal in Frage zu stellen* – und dazu tut eine Kenntnis der Bedingungen und Umstände not, aus denen sie gewachsen, unter denen sie sich entwickelt und verschoben haben (Moral als

---

2 ein bis zum Beginn des 19. Jahrhunderts üblicher Versuch, mit nichtwissenschaftlichen Methoden chemische Stoffe zu verwandeln

Folge, als Symptom, als Maske, als Tartüfferie, als Krankheit, als Mißverständnis; aber auch Moral als Ursache, als Heilmittel, als Stimulans, als Hemmung, als Gift), wie eine solche Kenntnis weder bis jetzt da war, noch auch nur begehrt worden ist. Man nahm den *Wert* dieser „Werte" als gegeben, als tatsächlich, als jenseits aller In-Frage-Stellung; man hat bisher auch nicht im entferntesten daran gezweifelt und geschwankt, „den Guten" für höherwertig als „den Bösen" anzusetzen, höherwertig im Sinne der Förderung, Nützlichkeit, Gedeihlichkeit in Hinsicht auf *den* Menschen überhaupt (die Zukunft des Menschen eingerechnet). Wie? wenn das Umgekehrte die Wahrheit wäre? Wie? wenn im „Guten" auch ein Rückgangssymptom läge, insgleichen eine Gefahr, eine Verführung, ein Gift, ein Narkotikum, durch das etwa die Gegenwart *auf Kosten der Zukunft* lebte? Vielleicht behaglicher, ungefährlicher, aber auch in kleinerem Stile, niedriger? . . . So daß gerade die Moral daran schuld wäre, wenn eine an sich mögliche *höchste Mächtigkeit und Pracht* des Typus Mensch niemals erreicht würde? So daß gerade die Moral die Gefahr der Gefahren wäre? . . .

(Zur Genealogie der Moral. Vorrede §6)

3.

. . . Philosophieren ist insofern eine Art von Atavismus[3] höchsten Ranges. Die wunderliche Familien-Ähnlichkeit alles indischen, griechischen, deutschen Philosophierens erklärt sich einfach genug. Gerade, wo Sprach-Verwandtschaft vorliegt, ist es gar nicht zu vermeiden, daß, dank der gemeinsamen Philosophie der Grammatik – ich meine dank der unbewußten Herrschaft und Führung durch gleiche grammatische Funktionen – von vornherein alles für eine gleichartige Entwicklung und Reihenfolge der philosophischen Systeme vorbereitet liegt: ebenso wie zu gewissen andern Möglichkeiten der Welt-Ausdeutung der Weg wie abgesperrt erscheint. Philosophen des ural-altaischen Sprachbereichs (in dem der Subjekt-Begriff am schlechtesten entwickelt ist) werden mit großer Wahrscheinlichkeit anders „in die Welt" blicken und auf andern Pfaden zu finden sein als Indogermanen oder Muselmänner: der Bann bestimmter grammatischer Funktionen ist im letzten Grunde der Bann *physiologischer* Werturteile und Rasse-Bedingungen.

(Jenseits von Gut und Böse §20)

3 Wiederauftreten überwundener Eigenschaften der Ahnen

4.

Die moralische Empfindung ist jetzt in Europa ebenso fein, spät, vielfach, reizbar, raffiniert, als die dazugehörige ,,Wissenschaft der Moral" noch jung, anfängerhaft, plump und grobfingrig ist – ein anziehender Gegensatz, der bisweilen in der Person eines Moralisten selbst sichtbar und leibhaft wird. Schon das Wort ,,Wissenschaft der Moral" ist in Hinsicht auf das, was damit bezeichnet wird, viel zu hochmütig und wider den *guten* Geschmack: welcher immer ein Vorgeschmack für die bescheidneren Worte zu sein pflegt. Man sollte, in aller Strenge, sich eingestehn, *was* hier auf lange hinaus noch nottut, *was* vorläufig allein Recht hat: nämlich Sammlung des Materials, begriffliche Fassung und Zusammenordnung eines ungeheuren Reichs zarter Wertgefühle und Wertunterschiede, welche leben, wachsen, zeugen und zugrunde gehn – und, vielleicht, Versuche, die wiederkehrenden und häufigeren Gestaltungen dieser lebenden Kristallisation anschaulich zu machen – als Vorbereitung zu einer *Typenlehre* der Moral. Freilich: man war bisher nicht so bescheiden. Die Philosophen allesamt forderten, mit einem steifen Ernste, der lachen macht, von sich etwas sehr viel Höheres, Anspruchsvolleres, Feierlicheres, sobald sie sich mit der Moral als Wissenschaft befaßten: sie wollten die *Begründung* der Moral – und jeder Philosoph hat bisher geglaubt, die Moral begründet zu haben; die Moral selbst aber galt als ,,gegeben". Wie ferne lag ihrem plumpen Stolze jene unscheinbar dünkende und in Staub und Moder belassene Aufgabe einer Beschreibung, obwohl für sie kaum die feinsten Hände und Sinne fein genug sein könnten! Gerade dadurch, daß die Moral-Philosophen die moralischen Fakta nur gröblich, in einem willkürlichen Auszuge oder als zufällige Abkürzung kannten, etwa als Moralität ihrer Umgebung, ihres Standes, ihrer Kirche, ihres Zeitgeistes, ihres Klimas und Erdstriches – gerade dadurch, daß sie in Hinsicht auf Völker, Zeiten, Vergangenheiten schlecht unterrichtet und selbst wenig wißbegierig waren, bekamen sie die eigentlichen Probleme der Moral gar nicht zu Gesichte – als welche alle erst bei einer Vergleichung *vieler* Moralen auftauchen. In aller bisherigen ,,Wissenschaft der Moral" *fehlte*, so wunderlich es klingen mag, noch das Problem der Moral selbst: es fehlte der Argwohn dafür, daß es hier etwas Problematisches gebe. Was die Philosophen ,,Begründung der Moral" nannten und von sich forderten, war, im rechten Lichte gesehn, nur eine gelehrte Form des guten *Glaubens* an die herrschende Moral, ein neues Mittel ihres *Ausdrucks*, also ein Tatbestand selbst innerhalb einer bestimmten Moralität, ja sogar, im letzten Grunde, eine Art Leugnung, daß diese Moral als Problem gefaßt werden *dürfe* – und jedenfalls das Gegenstück einer Prüfung, Zerlegung, Anzweiflung, Vivisektion eben dieses Glaubens . . .

(Jenseits von Gut und Böse § 186)

5.

„Gemäß der Natur" wollt ihr *leben*? O ihr edlen Stoiker, welche Betrügerei der Worte! Denkt euch ein Wesen, wie es die Natur ist, verschwenderisch ohne Maß, gleichgültig ohne Maß, ohne Absichten und Rücksichten, ohne Erbarmen und Gerechtigkeit, fruchtbar und öde und ungewiß zugleich, denkt euch die Indifferenz selbst als Macht – wie *könntet* ihr gemäß dieser Indifferenz leben? Leben – ist das nicht gerade ein Anders-sein-wollen, als diese Natur ist? Ist Leben nicht Abschätzen, Vorziehn, Ungerecht-sein, Begrenzt-sein, Different-sein-wollen? Und gesetzt, euer Imperativ „gemäß der Natur leben" bedeute im Grunde so viel als „gemäß dem Leben leben" – wie könntet ihr's denn *nicht*? Wozu ein Prinzip aus dem machen, was ihr selbst seid und sein müßt? – In Wahrheit steht es ganz anders: indem ihr entzückt den Kanon eures Gesetzes aus der Natur zu lesen vorgebt, wollt ihr etwas Umgekehrtes, ihr wunderlichen Schauspieler und Selbst-Betrüger! Euer Stolz will der Natur, sogar der Natur, eure Moral, euer Ideal vorschreiben und einverleiben, ihr verlangt, daß sie „der Stoa gemäß" Natur sei, und möchtet alles Dasein nur nach eurem eignen Bilde dasein machen – als eine ungeheure ewige Verherrlichung und Verallgemeinerung des Stoizismus! Mit aller eurer Liebe zur Wahrheit zwingt ihr euch so lange, so beharrlich, so hypnotisch-starr, die Natur *falsch*, nämlich stoisch zu sehn, bis ihr sie nicht mehr anders zu sehn vermögt – und irgendein abgründlicher Hochmut gibt euch zuletzt noch die Tollhäusler-Hoffnung ein, daß, *weil* ihr euch selbst zu tyrannisieren versteht – Stoizismus ist Selbst-Tyrannei –, auch die Natur sich tyrannisieren läßt: ist denn der Stoiker nicht ein *Stück* Natur? . . . Aber dies ist eine alte ewige Geschichte: was sich damals mit den Stoikern begab, begibt sich heute noch, sobald nur eine Philosophie anfängt, an sich selbst zu glauben. Sie schafft immer die Welt nach ihrem Bilde, sie kann nicht anders; Philosophie ist dieser tyrannische Trieb selbst, der geistigste Wille zur Macht, zur „Schaffung der Welt", zur *causa prima*.

(Jenseits von Gut und Böse § 9)

6.

. . . Alles, was auf Erden gegen „die Vornehmen", „die Gewaltigen", „die Herren", „die Machthaber" getan worden ist, ist nicht der Rede wert im Vergleich mit dem, was die *Juden* gegen sie getan haben; die Juden, jenes priesterliche Volk, das sich an seinen Feinden und Überwältigern zuletzt nur durch eine radikale Umwertung von deren Werten, also durch einen Akt der *geistigen Rache* Genugtuung zu schaffen wußte. So allein war es eben einem priesterlichen Volke gemäß, dem Volke der zurückgetretensten priesterlichen Rachsucht. Die Juden sind es gewesen, die gegen die aristokratische Wertgleichung (gut = vornehm = mächtig = schön = glücklich = gottgeliebt) mit einer furchteinflößenden Folgerichtigkeit die Umkehrung gewagt und mit den Zähnen des abgründlichsten Hasses (des Hasses der Ohnmacht) festgehalten haben, nämlich „die Elenden sind allein die Guten, die Armen, Ohnmächtigen, Niedrigen sind allein die Guten, die Leidenden, Entbehrenden, Kranken, Häßlichen sind auch die einzig Frommen, die einzig Gottseligen, für sie allein gibt es Seligkeit – dagegen ihr, ihr Vornehmen und Gewaltigen, ihr seid in alle Ewigkeit die Bösen, die Grausamen, die Lüsternen, die Unersättlichen, die Gottlosen, ihr werdet auch ewig die Unseligen, Verfluchten und Verdammten sein!" . . . Man weiß, *wer* die Erbschaft dieser jüdischen Umwertung gemacht hat . . . Ich erinnere in betreff der ungeheuren und über alle Maßen verhängnisvollen Initiative, welche die Juden mit dieser grundsätzlichsten aller Kriegserklärungen gegeben haben, an den Satz, auf den ich bei einer andren Gelegenheit gekommen bin, („Jenseits von Gut und Böse": II 653) – daß nämlich mit den Juden *der Sklavenaufstand in der Moral* beginnt: jener Aufstand, welcher eine zweitausendjährige Geschichte hinter sich hat und der uns heute nur deshalb aus den Augen gerückt ist, weil er – siegreich gewesen ist . . .

(Genealogie der Moral I §7)

7.

Sagen wir es sofort noch einmal, was wir schon hundertmal gesagt haben: denn die Ohren sind für solche Wahrheiten – für *unsre* Wahrheiten – heute nicht gutwillig. Wir wissen es schon genug, wie beleidigend es klingt, wenn einer überhaupt den Menschen ungeschminkt und ohne Gleichnis zu den Tieren rechnet; aber es wird beinahe als *Schuld* uns angerechnet werden, daß wir gerade in bezug auf die Menschen der „modernen Ideen" beständig die Ausdrücke „Herde", „Herden-Instinkt" und dergleichen gebrauchen. Was hilft es! Wir können nicht anders:

denn gerade hier liegt unsre neue Einsicht. Wir fanden, daß in allen moralischen Hauptturteilen Europa einmütig geworden ist, die Länder noch hinzugerechnet, wo Europas Einfluß herrscht: man *weiß* ersichtlich in Europa, was Sokrates nicht zu wissen meinte, und was jene alte berühmte Schlange einst zu lehren verhieß – man „weiß" heute, was Gut und Böse ist. Nun muß es hart klingen und schlecht zu Ohren gehn, wenn wir immer von neuem darauf bestehn: was hier zu wissen glaubt, was hier mit seinem Loben und Tadeln sich selbst verherrlicht, sich selbst gut heißt, ist der Instinkt des Herdentiers Mensch: als welcher zum Durchbruch, zum Übergewicht, zur Vorherrschaft über andre Instinkte gekommen ist und immer mehr kommt, gemäß der wachsenden physiologischen Annäherung und Anähnlichung, deren Symptom er ist. *Moral ist heute in Europa Herdentier-Moral* – also nur, wie wir die Dinge verstehn, *eine* Art von menschlicher Moral, neben der, vor der, nach der viele andere, vor allem *höhere* Moralen möglich sind oder sein sollten. Gegen eine solche „Möglichkeit", gegen ein solches „Sollte" wehrt sich aber diese Moral mit allen Kräften: sie sagt hartnäckig und unerbittlich „ich bin die Moral selbst, und nichts außerdem ist Moral!" – ja mit Hilfe einer Religion, welche den sublimsten Herdentier-Begierden zu willen war und schmeichelte, ist es dahin gekommen, daß wir selbst in den politischen und gesellschaftlichen Einrichtungen einen immer sichtbareren Ausdruck dieser Moral finden: die *demokratische* Bewegung macht die Erbschaft der christlichen . . .

(Jenseits von Gut und Böse § 202)

8.

Eben das ist die lange Geschichte von der Herkunft der *Verantwortlichkeit*. Jene Aufgabe, ein Tier heranzuzüchten, das versprechen darf, schließt, wie wir bereits begriffen haben, als Bedingung und Vorbereitung die nähere Aufgabe in sich, den Menschen zuerst bis zu einem gewissen Grade notwendig, einförmig, gleich unter Gleichen, regelmäßig und folglich berechenbar zu *machen*. Die ungeheure Arbeit dessen, was von mir „Sittlichkeit der Sitte" genannt worden ist (vgl. „Morgenröte": I 1019ff.) – die eigentliche Arbeit des Menschen an sich selber in der längsten Zeitdauer des Menschengeschlechts, seine ganze *vorhistorische* Arbeit hat hierin ihren Sinn, ihre große Rechtfertigung, wieviel ihr auch von Härte, Tyrannei, Stumpfsinn und Idiotismus innewohnt: der Mensch wurde mit Hilfe der Sittlichkeit der Sitte und der sozialen Zwangsjacke wirklich berechenbar *gemacht*. Stellen wir uns dagegen ans Ende des ungeheuren Prozesses, dorthin, wo der Baum endlich seine Früchte zeigt, wo die Sozietät und ihre Sittlichkeit der Sitte endlich zutage bringt, *wozu* sie nur das Mittel war: so finden wir als reifste Frucht an ihrem Baum das *souveräne Individuum*, das nur sich selbst gleiche, das von der Sittlichkeit der Sitte wieder losgekommene, das autonome übersittliche Individuum (denn „autonom" und „sittlich" schließt sich aus), kurz den Menschen des eignen unabhängigen langen Willens, der *versprechen darf* – und in ihm ein stolzes, in allen Muskeln zuckendes Bewußtsein davon, *was* da endlich errungen und in ihm leibhaft geworden ist, ein eigentliches Macht- und Freiheits-Bewußtsein, ein Vollendungs-Gefühl des Menschen überhaupt. Dieser Freigewordne, der wirklich versprechen *darf*, dieser Herr des *freien* Willens, dieser Souverän – wie sollte er es nicht wissen, welche Überlegenheit er damit vor allem voraushat, was nicht versprechen und für sich selbst gutsagen darf, wie viel Vertrauen, wie viel Furcht, wie viel Ehrfurcht er erweckt – er „*verdient*" alles dreies – und wie ihm, mit dieser Herrschaft über sich, auch die Herrschaft über die Umstände, über die Natur und alle willenskürzeren und unzuverlässigeren Kreaturen notwendig in die Hand gegeben ist? Der „freie" Mensch, der Inhaber eines langen unzerbrechlichen Willens, hat in diesem Besitz auch sein *Wertmaß*: von sich aus nach den andern hinblickend, ehrt er oder verachtet er; und ebenso notwendig als er die ihm Gleichen, die Starken und Zuverlässigen (die welche versprechen *dürfen*) ehrt, – also jedermann, der wie ein Souverän verspricht, schwer, selten, langsam, der mit seinem Vertrauen geizt, der *auszeichnet*, wenn er vertraut, der sein Wort gibt als etwas, auf das Verlaß ist, weil er sich stark genug weiß, es selbst gegen Unfälle, selbst „gegen das Schicksal" aufrechtzuhalten –: ebenso notwendig wird er seinen Fußtritt für die schmächtigen Windhunde bereithalten, welche versprechen, ohne es zu dürfen, und seine Zuchtrute für den Lügner, der sein Wort bricht, im Augenblick schon, wo er es im Munde hat. Das stolze Wissen um das außerordentliche Privilegium der *Verantwortlichkeit*, das Bewußtsein dieser seltenen Freiheit, dieser Macht über sich und das Geschick hat sich bei ihm bis in seine unterste Tiefe hinabgesenkt und ist zum Instinkt geworden, zum dominierenden Instinkt – wie wird er ihn heißen, diesen dominierenden Instinkt, gesetzt, daß er ein Wort dafür bei sich nötig hat? Aber es ist kein Zweifel: dieser souveräne Mensch heißt ihn sein *Gewissen* . . .

(Genealogie der Moral II § 2)

9.

An dieser Stelle ist es nun nicht mehr zu umgehn, meiner eignen Hypothese über den Ursprung des „schlechten Gewissens" zu einem ersten vorläufigen Ausdrucke zu verhelfen: sie ist nicht leicht zu Gehör zu bringen und will lange bedacht, bewacht und beschlafen sein. Ich nehme das schlechte Gewissen als die tiefe Erkrankung, welcher der Mensch unter dem Druck jener gründlichsten aller Veränderungen verfallen mußte, die er überhaupt erlebt hat – jener Veränderung, als er sich endgültig in den Bann der Gesellschaft und des Friedens eingeschlossen fand. Nicht anders als es den Wassertieren ergangen sein muß, als sie gezwungen wurden, entweder Landtiere zu werden oder zugrunde zu gehn, so ging es diesen der Wildnis, dem Kriege, dem Herumschweifen, dem Abenteuer glücklich angepaßten Halbtieren – mit einem Male waren alle ihre Instinkte entwertet und „ausgehängt". Sie sollten nunmehr auf den Füßen gehn und „sich selber tragen", wo sie bisher vom Wasser getragen wurden: eine entsetzliche Schwere lag auf ihnen. Zu den einfachsten Verrichtungen fühlten sie sich ungelenk, sie hatten für diese neue unbekannte Welt ihre alten Führer nicht mehr, die regulierenden unbewußt-sicherführenden Triebe – sie waren auf Denken, Schließen, Berechnen, Kombinieren von Ursachen und Wirkungen reduziert, diese Unglücklichen, auf ihr „Bewußtsein", auf ihr ärmlichstes und fehlgreifendstes Organ! Ich glaube, daß niemals auf Erden ein solches Elends-Gefühl, ein solches bleiernes Mißbehagen dagewesen ist – und dabei hatten jene alten Instinkte nicht mit einem Male aufgehört, ihre Forderungen zu stellen! Nur war es schwer und selten möglich, ihnen zu Willen zu sein: in der Hauptsache mußten sie sich neue und gleichsam unterirdische Befriedigungen suchen. Alle Instinkte, welche sich nicht nach außen entladen, *wenden sich nach innen* – dies ist das, was ich die *Verinnerlichung* des Menschen nenne: damit wächst erst das an den Menschen heran, was man später seine „Seele" nennt. Die ganze innere Welt, ursprünglich dünn wie zwischen zwei Häute eingespannt, ist in dem Maße auseinander- und aufgegangen, hat Tiefe, Breite, Höhe bekommen, als die Entladung des Menschen nach außen *gehemmt* worden ist. Jene furchtbaren Bollwerke, mit denen sich die staatliche Organisation gegen die alten Instinkte der Freiheit schützte – die Strafen gehören vor allem zu diesen Bollwerken –, brachten zuwege, daß alle jene Instinkte des wilden freien schweifenden Menschen sich rückwärts, sich *gegen den Menschen selbst* wandten. Die Feindschaft, die Grausamkeit, die Lust an der Verfolgung, am Überfall, am Wechsel, an der Zerstörung – alles das gegen die Inhaber solcher Instinkte sich wendend: *das* ist der Ursprung des „schlechten Gewissens". Der Mensch, der sich, aus

Mangel an äußeren Feinden und Widerständen, eingezwängt in eine drückende Enge und Regelmäßigkeit der Sitte, ungeduldig selbst zerriß, verfolgte, annagte, aufstörte, mißhandelte, dies an den Gitterstangen seines Käfigs sich wundstoßende Tier, das man „zähmen" will, dieser Entbehrende und vom Heimweh der Wüste Verzehrte, der aus sich selbst ein Abenteuer, eine Folterstätte, eine unsichere und gefährliche Wildnis schaffen mußte – dieser Narr, dieser sehnsüchtige und verzweifelte Gefangne wurde der Erfinder des „schlechten Gewissens". Mit ihm aber war die größte und unheimlichste Erkrankung eingeleitet, von welcher die Menschheit bis heute nicht genesen ist, das Leiden des Menschen *am Menschen, an sich*: als die Folge einer gewaltsamen Abtrennung von der tierischen Vergangenheit, eines Sprunges und Sturzes gleichsam in neue Lagen und Daseins-Bedingungen, einer Kriegserklärung gegen die alten Instinkte, auf denen bis dahin seine Kraft, Lust und Furchtbarkeit beruhte. Fügen wir sofort hinzu, daß andrerseits mit der Tatsache einer gegen sich selbst gekehrten, gegen sich selbst Partei nehmenden Tierseele auf Erden etwas so Neues, Tiefes, Unerhörtes, Rätselhaftes, Widerspruchsvolles *und Zukunftsvolles* gegeben war, daß der Aspekt der Erde sich damit wesentlich veränderte. In der Tat, es brauchte göttlicher Zuschauer, um das Schauspiel zu würdigen, das damit anfing und dessen Ende durchaus noch nicht abzusehn ist – ein Schauspiel zu fein, zu wundervoll, zu paradox, als daß es sich sinnlos-unvermerkt auf irgendeinem lächerlichen Gestirn abspielen dürfte! Der Mensch zählt seitdem *mit* unter den unerwartetsten und aufregendsten Glückswürfen, die das „große Kind" des Heraklit[4], heiße es Zeus oder Zufall, spielt – er erweckt für sich ein Interesse, eine Spannung, eine Hoffnung, beinahe eine Gewißheit, als ob mit ihm sich etwas ankündige, etwas vorbereite, als ob der Mensch kein Ziel, sondern nur ein Weg, ein Zwischenfall, eine Brücke, ein großes Versprechen sei . . .

(Genealogie der Moral II § 16)

---

4 griechischer Philosoph (544–483). Nietzsche spielt hier auf zwei Fragmente Heraklits an: „Was ist der Aion (die Lebenszeit, die Weltzeit, die Zeit)? Heraklit: Ein spielendes, Brettsteine setzendes (würfelndes), zusammen- und auseinandertragendes Kind." Und: „Aion ist ein spielendes, würfelndes Kind. Das Königreich eines Kindes." (Heraklit, griechisch und deutsch von Heinrich Quiring, Berlin 1959, S. 77 und 78)

10.

Wir, die wir eines andren Glaubens sind – wir, denen die demokratische Bewegung nicht bloß als eine Verfalls-Form der politischen Organisation, sondern als Verfalls-, nämlich Verkleinerungs-Form des Menschen gilt, als seine Vermittelmäßigung und Wert-Erniedrigung: wohin müssen *wir* mit unsren Hoffnungen greifen? – Nach *neuen Philosophen*, es bleibt keine Wahl; nach Geistern, stark und ursprünglich genug, um die Anstöße zu entgegengesetzten Wertschätzungen zu geben und ,,ewige Werte" umzuwerten, umzukehren; nach Vorausgesandten, nach Menschen der Zukunft, welche in der Gegenwart den Zwang und Knoten anknüpfen, der den Willen von Jahrtausenden auf *neue* Bahnen zwingt. Dem Menschen die Zukunft des Menschen als seinen *Willen*, als abhängig von einem Menschenwillen zu lehren und große Wagnisse und Gesamt-Versuche von Zucht und Züchtung vorzubereiten, um damit jener schauerlichen Herrschaft des Unsinns und Zufalls, die bisher ,,Geschichte" hieß, ein Ende zu machen – der Unsinn der ,,größten Zahl" ist nur seine letzte Form –: dazu wird irgendwann einmal eine neue Art von Philosophen und Befehlshabern nötig sein, an deren Bilde sich alles, was auf Erden an verborgenen, furchtbaren und wohlwollenden Geistern dagewesen ist, blaß und verzwergt ausnehmen möchte. Das Bild solcher Führer ist es, das vor *unsern* Augen schwebt – darf ich es laut sagen, ihr freien Geister? Die Umstände, welche man zu ihrer Entstehung teils schaffen, teils ausnützen müßte; die mutmaßlichen Wege und Proben, vermöge deren eine Seele zu einer solchen Höhe und Gewalt aufwüchse, um den *Zwang* zu diesen Aufgaben zu empfinden; eine Umwertung der Werte, unter deren neuem Druck und Hammer ein Gewissen gestählt, ein Herz in Erz verwandelt würde, daß es das Gewicht einer solchen Verantwortlichkeit ertrüge; andrerseits die Notwendigkeit solcher Führer, die erschreckliche Gefahr, daß sie ausbleiben oder mißraten oder entarten könnten – das sind *unsre* eigentlichen Sorgen und Verdüsterungen, ihr wißt es, ihr freien Geister? das sind die schweren fernen Gedanken und Gewitter, welche über den Himmel *unsres* Lebens hingehn. Es gibt wenig so empfindliche Schmerzen, als einmal gesehn, erraten, mitgefühlt zu haben, wie ein außerordentlicher Mensch aus seiner Bahn geriet und entartete: wer aber das seltne Auge für die Gesamt-Gefahr hat, daß ,,der Mensch" selbst *entartet*, wer, gleich uns, die ungeheuerliche Zufälligkeit erkannt hat, welche bisher in Hinsicht auf die Zukunft des Menschen ihr Spiel spielte – ein Spiel, an dem keine Hand und nicht einmal ein ,,Finger Gottes" mitspielte! – wer das Verhängnis errät, das in der blödsinnigen Arglosigkeit und Vertrauensseligkeit der ,,modernen Ideen", noch mehr in der ganzen christlich-europäischen Moral verborgen liegt: der leidet an einer Beängstigung, mit der sich keine andre vergleichen läßt – er faßt es ja mit *einem* Blicke, was alles noch, bei einer günstigen Ansammlung und Steigerung von Kräften und Aufgaben, *aus dem Menschen zu züchten* wäre, er weiß es mit allem Wissen seines Gewissens, wie der Mensch noch unausgeschöpft für die größten Möglichkeiten ist, und wie oft schon der Typus Mensch an geheimnisvollen Entscheidungen und neuen Wegen gestanden hat – er weiß es noch besser, aus seiner schmerzlichsten Erinnerung, an was für erbärmlichen Dingen ein Werdendes höchsten Ranges bisher gewöhnlich zerbrach, abbrach, absank, erbärmlich ward. Die *Gesamt-Entartung des Menschen*, hinab bis zu dem, was heute den sozialistischen Tölpeln und Flachköpfen als ihr „Mensch der Zukunft" erscheint, – als ihr Ideal! – diese Entartung und Verkleinerung des Menschen zum vollkommnen Herdentiere (oder, wie sie sagen, zum Menschen der „freien Gesellschaft"), diese Vertierung des Menschen zum Zwergtiere der gleichen Rechte und Ansprüche ist *möglich*, es ist kein Zweifel! Wer diese Möglichkeit einmal bis zu Ende gedacht hat, kennt einen Ekel mehr als die übrigen Menschen – und vielleicht auch eine neue *Aufgabe*! . . .

(Jenseits von Gut und Böse § 203)

11.

Die Physiologen sollten sich besinnen, den Selbsterhaltungstrieb als kardinalen Trieb eines organischen Wesens anzusetzen. Vor allem will etwas Lebendiges seine Kraft *auslassen* – Leben selbst ist Wille zur Macht –: die Selbsterhaltung ist nur eine der indirekten und häufigsten *Folgen* davon. – Kurz, hier wie überall, Vorsicht vor *überflüssigen* teleologischen Prinzipien[5]! – wie ein solches der Selbsterhaltungstrieb ist.

(Jenseits von Gut und Böse § 13)

12.

Sich gegenseitig der Verletzung, der Gewalt, der Ausbeutung enthalten, seinen Willen dem des andern gleichsetzen: dies kann in einem gewissen

5 Nach teleologischer Sicht (Teleologie) sind das menschliche Handeln, Geschichte und/oder Naturgeschehen durch Zwecke (teleologisch) bestimmt und zielen auf einen letzten Endzweck als ein qualitativ bestimmtes Ziel hin.

groben Sinne zwischen Individuen zur guten Sitte werden, wenn die Bedingungen dazu gegeben sind (nämlich deren tatsächliche Ähnlichkeit in Kraftmengen und Wertmaßen und ihre Zusammengehörigkeit innerhalb *eines* Körpers). Sobald man aber dies Prinzip weiter nehmen wollte und womöglich gar als *Grundprinzip der Gesellschaft*, so würde es sich sofort erweisen als das, was es ist: als Wille zur *Verneinung* des Lebens, als Auflösungs- und Verfalls-Prinzip. Hier muß man gründlich auf den Grund denken und sich aller empfindsamen Schwächlichkeit erwehren: Leben selbst ist *wesentlich* Aneignung, Verletzung, Überwältigung des Fremden und Schwächeren, Unterdrückung, Härte, Aufzwängung eigner Formen, Einverleibung und mindestens, mildestens, Ausbeutung – aber wozu sollte man immer gerade solche Worte gebrauchen, denen von alters her eine verleumderische Absicht eingeprägt ist? Auch jener Körper, innerhalb dessen, wie vorher angenommen wurde, die einzelnen sich als gleich behandeln – es geschieht in jeder gesunden Aristokratie –, muß selber, falls er ein lebendiger und nicht ein absterbender Körper ist, alles das gegen andre Körper tun, wessen sich die einzelnen in ihm gegeneinander enthalten: er wird der leibhafte Wille zur Macht sein müssen, er wird wachsen, um sich greifen, an sich ziehn, Übergewicht gewinnen wollen – nicht aus irgendeiner Moralität oder Immoralität heraus, sondern weil er *lebt*, und weil Leben eben Wille zur Macht *ist*. In keinem Punkte ist aber das gemeine Bewußtsein der Europäer widerwilliger gegen Belehrung als hier; man schwärmt jetzt überall, unter wissenschaftlichen Verkleidungen sogar, von kommenden Zuständen der Gesellschaft, denen „der ausbeuterische Charakter" abgehn soll – das klingt in meinen Ohren, als ob man ein Leben zu erfinden verspräche, welches sich aller organischen Funktionen enthielte. Die „Ausbeutung" gehört nicht einer verderbten oder unvollkommenen und primitiven Gesellschaft an: sie gehört ins *Wesen* des Lebendigen, als organische Grundfunktion, sie ist eine Folge des eigentlichen Willens zur Macht, der eben der Wille des Lebens ist. – Gesetzt, dies ist als Theorie eine Neuerung – als Realität ist es das *Ur-Faktum* aller Geschichte: man sei doch so weit gegen sich ehrlich! –

(Jenseits von Gut und Böse § 259)

13.

Sieht man vom asketischen Ideale ab: so hatte der Mensch, das *Tier* Mensch bisher keinen Sinn. Sein Dasein auf Erden enthielt kein Ziel; „wozu Mensch überhaupt?" – war eine Frage ohne Antwort; der *Wille* für Mensch und Erde fehlte; hinter jedem großen Menschen-Schicksale klang als Refrain ein noch größeres „Umsonst!" *Das* eben bedeutet das asketische Ideal: daß etwas *fehlte*, daß eine ungeheure *Lücke* den Menschen umstand – er wußte sich selbst nicht zu rechtfertigen, zu erklären, zu bejahen, er *litt* am Probleme seines Sinns. Er litt auch sonst, er war in der Hauptsache ein *krankhaftes* Tier: aber *nicht* das Leiden selbst war sein Problem, sondern daß die Antwort fehlte für den Schrei der Frage „*wozu* leiden?" Der Mensch, das tapferste und leidgewohnteste Tier, verneint an sich *nicht* das Leiden; er *will* es, er sucht es selbst auf, vorausgesetzt, daß man ihm einen *Sinn* dafür aufzeigt, ein *Dazu* des Leidens. Die Sinnlosigkeit des Leidens, *nicht* das Leiden, war der Fluch, der bisher über der Menschheit ausgebreitet lag – *und das asketische Ideal bot ihr einen Sinn*! Es war bisher der einzige Sinn; irgendein Sinn ist besser als gar kein Sinn; das asketische Ideal war in jedem Betracht das „faute de mieux"[6] *par excellence*, das es bisher gab. In ihm war das Leiden *ausgelegt*; die ungeheure Leere schien ausgefüllt; die Tür schloß sich vor allem selbstmörderischen Nihilismus zu. Die Auslegung – es ist kein Zweifel – brachte neues Leiden mit sich, tieferes, innerlicheres, giftigeres, am Leben nagenderes: sie brachte alles Leiden unter die Perspektive der *Schuld* . . . Aber trotz alledem – der Mensch war damit *gerettet*, er hatte einen *Sinn*, er war fürderhin nicht mehr wie ein Blatt im Winde, ein Spielball des Unsinns, des „Ohne-Sinns", er konnte nunmehr etwas *wollen* – gleichgültig zunächst, wohin, wozu, womit er wollte: *der Wille selbst war gerettet*. Man kann sich schlechterdings nicht verbergen, *was* eigentlich jenes ganze Wollen ausdrückt, das vom asketischen Ideale her seine Richtung bekommen hat: dieser Haß gegen das Menschliche, mehr noch gegen das Tierische, mehr noch gegen das Stoffliche, dieser Abscheu vor den Sinnen, vor der Vernunft selbst, die Furcht vor dem Glück und der Schönheit, dieses Verlangen hinweg aus allem Schein, Wechsel, Werden, Tod, Wunsch, Verlangen selbst – das alles bedeutet, wagen wir es, dies zu begreifen, einen *Willen zum Nichts*, einen Widerwillen gegen das Leben, eine Auflehnung gegen die grundsätzlichsten Voraussetzungen des Lebens, aber es ist und bleibt ein *Wille*! . . . Und, um es noch zum Schluß zu sagen, was ich anfangs sagte: lieber will noch der Mensch *das Nichts* wollen, als *nicht* wollen . . .

(Genealogie der Moral III §28)

6 Ersatz für Besseres

Sigmund Freud

Das Unbehagen in der Kultur (II) (1930)[1]

In meiner Schrift *Die Zukunft einer Illusion* [1927][2] handelte es sich weit weniger um die tiefsten Quellen des religiösen Gefühls, als vielmehr um das, was der gemeine Mann unter seiner Religion versteht, um das System von Lehren und Verheißungen, das ihm einerseits die Rätsel dieser Welt mit beneidenswerter Vollständigkeit aufklärt, anderseits ihm zusichert, daß eine sorgsame Vorsehung über sein Leben wachen und etwaige Versagungen in einer jenseitigen Existenz gutmachen wird. Diese Vorsehung kann der gemeine Mann sich nicht anders als in der Person eines großartig erhöhten Vaters vorstellen. Nur ein solcher kann die Bedürfnisse des Menschenkindes kennen, durch seine Bitten erweicht, durch die Zeichen seiner Reue beschwichtigt werden. Das Ganze ist so offenkundig infantil, so wirklichkeitsfremd, daß es einer menschenfreundlichen Gesinnung schmerzlich wird zu denken, die große Mehrheit der Sterblichen werde sich niemals über diese Auffassung des Lebens erheben können. Noch beschämender wirkt es zu erfahren, ein wie großer Anteil der heute Lebenden, die es einsehen müssen, daß diese Religion nicht zu halten ist, doch Stück für Stück von ihr in kläglichen Rückzugsgefechten zu verteidigen sucht. Man möchte sich in die Reihen der Gläubigen mengen, um den Philosophen, die den Gott der Religion zu retten glauben, indem sie ihn durch ein unpersönliches, schattenhaft abstraktes Prinzip ersetzen, die Mahnung vorzuhalten: „Du sollst den Namen des Herrn nicht zum Eitlen anrufen!" Wenn einige der größten Geister vergangener Zeiten das gleiche getan haben, so darf man sich hierin nicht auf sie berufen. Man weiß, warum sie so mußten.

---

1 Gesammelte Werke. Band XIV, Frankfurt, 1948, bei Imago Publishing & Co., Ltd., London; Studienausgabe, herausgegeben von Alexander Mitscherlich – Angela Richards – James Strachey, Bd. 9: Fragen der Gesellschaft. Ursprünge der Religion, Frankfurt 1974; Das Unbehagen in der Kultur II, S. 206–216

2 Freuds Hauptwerk über die Religion, gesehen als ein zeitgenössisches soziales Phänomen. „Die religiösen Vorstellungen . . . sind nicht Niederschläge der Erfahrung oder Endresultate des Denkens, es sind Illusionen, Erfüllungen der ältesten, stärksten, dringendsten Wünsche der Menschheit; das Geheimnis ihrer Stärke ist die Stärke dieser Wünsche" (a.a.O. S. 164). In ‚Das Unbehagen in der Kultur' setzt Freud sich unter anderem mit Kritikern seiner Religionskritik auseinander.

Wir kehren zum gemeinen Mann und zu seiner Religion zurück, der einzigen, die diesen Namen tragen sollte. Da tritt uns zunächst die bekannte Äußerung eines unserer großen Dichter und Weisen entgegen, die sich über das Verhältnis der Religion zur Kunst und Wissenschaft ausspricht. Sie lautet:

„Wer Wissenschaft und Kunst besitzt,
hat auch Religion;
Wer jene beiden nicht besitzt,
der habe Religion!"*

Dieser Spruch bringt einerseits die Religion in einen Gegensatz zu den beiden Höchstleistungen des Menschen, anderseits behauptet er, daß sie einander in ihrem Lebenswert vertreten oder ersetzen können. Wenn wir auch dem gemeinen Mann die Religion bestreiten wollen, haben wir offenbar die Autorität des Dichters nicht auf unserer Seite. Wir versuchen einen besonderen Weg, um uns der Würdigung seines Satzes zu nähern. Das Leben, wie es uns auferlegt ist, ist zu schwer für uns, es bringt uns zuviel Schmerzen, Enttäuschungen, unlösbare Aufgaben. Um es zu ertragen, können wir Linderungsmittel nicht entbehren. („Es geht nicht ohne Hilfskonstruktionen", hat uns Theodor Fontane gesagt[a].) Solcher Mittel gibt es vielleicht dreierlei: mächtige Ablenkungen, die uns unser Elend geringschätzen lassen, Ersatzbefriedigungen, die es verringern, Rauschstoffe, die uns für dasselbe unempfindlich machen. Irgend etwas dieser Art ist unerläßlich*. Auf die Ablenkungen zielt Voltaire, wenn er seinen *Candide* in den Rat ausklingen läßt, seinen Garten zu bearbeiten; solch eine Ablenkung ist auch die wissenschaftliche Tätigkeit. Die Ersatzbefriedigungen, wie die Kunst sie bietet, sind gegen die Realität Illusionen, darum nicht minder psychisch wirksam dank der Rolle, die die Phantasie im Seelenleben behauptet hat. Die Rauschmittel beeinflussen unser Körperliches, ändern seinen Chemismus. Es ist nicht einfach, die Stellung der Religion innerhalb dieser Reihe anzugeben. Wir werden weiter ausholen müssen.

Die Frage nach dem Zweck des menschlichen Lebens ist ungezählte Male gestellt worden; sie hat noch nie eine befriedigende Antwort gefunden, läßt eine solche vielleicht überhaupt nicht zu. Manche Fragesteller haben hinzugefügt: wenn sich ergeben sollte, daß das Leben keinen Zweck hat, dann würde es jeden Wert für sie verlieren. Aber diese

---

* Goethe in den *Zahmen Xenien* IX (Gedichte aus dem Nachlaß)

a In seinem Roman Effi Briest (1895)

* Auf erniedrigtem Niveau sagt Wilhelm Busch in der *Frommen Helene* dasselbe: „Wer Sorgen hat, hat auch Likör."

Drohung ändert nichts. Es scheint vielmehr, daß man ein Recht dazu hat, die Frage abzulehnen. Ihre Voraussetzung scheint jene menschliche Überhebung, von der wir soviel andere Äußerungen bereits kennen. Von einem Zweck des Lebens der Tiere wird nicht gesprochen, wenn deren Bestimmung nicht etwa darin besteht, dem Menschen zu dienen. Allein auch das ist nicht haltbar, denn mit vielen Tieren weiß der Mensch nichts anzufangen – außer, daß er sie beschreibt, klassifiziert, studiert –, und ungezählte Tierarten haben sich auch dieser Verwendung entzogen, indem sie lebten und ausstarben, ehe der Mensch sie gesehen hatte. Es ist wiederum nur die Religion, die die Frage nach einem Zweck des Lebens zu beantworten weiß. Man wird kaum irren zu entscheiden, daß die Idee eines Lebenszweckes mit dem religiösen System steht und fällt.

Wir wenden uns darum der anspruchsloseren Frage zu, was die Menschen selbst durch ihr Verhalten als Zweck und Absicht ihres Lebens erkennen lassen, was sie vom Leben fordern, in ihm erreichen wollen. Die Antwort darauf ist kaum zu verfehlen; sie streben nach dem Glück, sie wollen glücklich werden und so bleiben. Dies Streben hat zwei Seiten, ein positives und ein negatives Ziel, es will einerseits die Abwesenheit von Schmerz und Unlust, anderseits das Erleben starker Lustgefühle. Im engeren Wortsinne wird „Glück" nur auf das letztere bezogen. Entsprechend dieser Zweiteilung der Ziele entfaltet sich die Tätigkeit der Menschen nach zwei Richtungen, je nachdem sie das eine oder das andere dieser Ziele – vorwiegend oder selbst ausschließlich – zu verwirklichen sucht.

Es ist, wie man merkt, einfach das Programm des Lustprinzips[3], das den Lebenszweck setzt. Dies Prinzip beherrscht die Leistung des seelischen Apparates vom Anfang an; an seiner Zweckdienlichkeit kann kein

3 Lustprinzip – Realitätsprinzip: Bei Freud die beiden Prinzipien, die das psychische Geschehen beherrschen. Die gesamte psychische Aktivität hat zum Ziel, Unlust zu vermeiden und Lust zu verschaffen. Während das Lustprinzip unmittelbare Erfüllung anstrebt, schiebt das Realitätsprinzip auf Grund hemmender Bedingungen in der Außenwelt diese auf. „Die Aufgabe, Unlust zu verhüten, stellt sich fast gleichwertig neben die des Lustgewinns; das Ich erfährt, daß es unvermeidlich ist, auf unmittelbare Befriedigung zu verzichten, den Lustgewinn aufzuschieben, ein Stück Unlust zu ertragen und bestimmte Lustquellen überhaupt aufzugeben. Das so erzogene Ich ist ‚verständig' geworden, es läßt sich nicht vom Lustprinzip beherrschen, sondern folgt dem Realitätsprinzip, das im Grunde auch Lust erzielen will, aber durch die Rücksicht auf die Realität gesicherte, wenn auch aufgeschobene und verringerte Lust" (Vorlesungen zur Einführung in die Psychoanalyse, Studienausgabe Bd. 1, Frankfurt 1969, S. 349).

Zweifel sein, und doch ist sein Programm im Hader mit der ganzen Welt, mit dem Makrokosmos ebensowohl wie mit dem Mikrokosmos. Es ist überhaupt nicht durchführbar, alle Einrichtungen des Alls widerstreben ihm; man möchte sagen, die Absicht, daß der Mensch „glücklich" sei, ist im Plan der „Schöpfung" nicht enthalten. Was man im strengsten Sinne Glück heißt, entspringt der eher plötzlichen Befriedigung hoch aufgestauter Bedürfnisse und ist seiner Natur nach nur als episodisches Phänomen möglich. Jede Fortdauer einer vom Lustprinzip ersehnten Situation ergibt nur ein Gefühl von lauem Behagen; wir sind so eingerichtet, daß wir nur den Kontrast intensiv genießen können, den Zustand nur sehr wenig*. Somit sind unsere Glücksmöglichkeiten schon durch unsere Konstitution beschränkt. Weit weniger Schwierigkeiten hat es, Unglück zu erfahren. Von drei Seiten droht das Leiden, vom eigenen Körper her, der, zu Verfall und Auflösung bestimmt, sogar Schmerz und Angst als Warnungssignale nicht entbehren kann, von der Außenwelt, die mit übermächtigen, unerbittlichen, zerstörenden Kräften gegen uns wüten kann, und endlich aus den Beziehungen zu anderen Menschen. Das Leiden, das aus dieser Quelle stammt, empfinden wir vielleicht schmerzlicher als jedes andere; wir sind geneigt, es als eine gewissermaßen überflüssige Zutat anzusehen, obwohl es nicht weniger schicksalsmäßig unabwendbar sein dürfte als das Leiden anderer Herkunft.

Kein Wunder, wenn unter dem Druck dieser Leidensmöglichkeiten die Menschen ihren Glücksanspruch zu ermäßigen pflegen, wie ja auch das Lustprinzip selbst sich unter dem Einfluß der Außenwelt zum bescheideneren Realitätsprinzip umbildete, wenn man sich bereits glücklich preist, dem Unglück entgangen zu sein, das Leiden überstanden zu haben, wenn ganz allgemein die Aufgabe der Leidvermeidung die der Lustgewinnung in den Hintergrund drängt. Die Überlegung lehrt, daß man die Lösung dieser Aufgabe auf sehr verschiedenen Wegen versuchen kann; alle diese Wege sind von den einzelnen Schulen der Lebensweisheit empfohlen und von den Menschen begangen worden. Uneingeschränkte Befriedigung aller Bedürfnisse drängt sich als die verlockendste Art der Lebensführung vor, aber das heißt den Genuß vor die

---

* Goethe mahnt sogar: „Nichts ist schwerer zu ertragen als eine Reihe von schönen Tagen."

[„Alles in der Welt läßt sich ertragen,
Nur nicht eine Reihe von schönen Tagen."
(Weimar, 1810–12.)]

Das mag immerhin eine Übertreibung sein.

Vorsicht setzen und straft sich nach kurzem Betrieb. Die anderen Methoden, bei denen die Vermeidung von Unlust die vorwiegende Absicht ist, scheiden sich je nach der Unlustquelle, der sie die größere Aufmerksamkeit zuwenden. Es gibt da extreme und gemäßigte Verfahren, einseitige und solche, die zugleich an mehreren Stellen angreifen. Gewollte Vereinsamung, Fernhaltung von den anderen ist der nächstliegende Schutz gegen das Leid, das einem aus menschlichen Beziehungen erwachsen kann. Man versteht: das Glück, das man auf diesem Weg erreichen kann, ist das der Ruhe. Gegen die gefürchtete Außenwelt kann man sich nicht anders als durch irgendeine Art der Abwendung verteidigen, wenn man diese Aufgabe für sich allein lösen will. Es gibt freilich einen anderen und besseren Weg, indem man als ein Mitglied der menschlichen Gemeinschaft mit Hilfe der von der Wissenschaft geleiteten Technik zum Angriff auf die Natur übergeht und sie menschlichem Willen unterwirft. Man arbeitet dann mit allen am Glück aller. Die interessantesten Methoden zur Leidverhütung sind aber die, die den eigenen Organismus zu beeinflussen versuchen. Endlich ist alles Leid nur Empfindung, es besteht nur, insofern wir es verspüren, und wir verspüren es nur infolge gewisser Einrichtungen unseres Organismus.

Die roheste, aber auch wirksamste Methode solcher Beeinflussung ist die chemische, die Intoxikation. Ich glaube nicht, daß irgendwer ihren Mechanismus durchschaut, aber es ist Tatsache, daß es körperfremde Stoffe gibt, deren Anwesenheit in Blut und Geweben uns unmittelbare Lustempfindungen verschafft, aber auch die Bedingungen unseres Empfindungslebens so verändert, daß wir zur Aufnahme von Unlustregungen untauglich werden. Beide Wirkungen erfolgen nicht nur gleichzeitig, sie scheinen auch innig miteinander verknüpft. Es muß aber auch in unserem eigenen Chemismus Stoffe geben, die ähnliches leisten, denn wir kennen wenigstens einen krankhaften Zustand, die Manie, in dem dies rauschähnliche Verhalten zustande kommt, ohne daß ein Rauschgift eingeführt worden wäre. Überdies zeigt unser normales Seelenleben Schwankungen von erleichterter oder erschwerter Lustentbindung, mit denen eine verringerte oder vergrößerte Empfänglichkeit für Unlust parallel geht. Es ist sehr zu bedauern, daß diese toxische Seite der seelischen Vorgänge sich der wissenschaftlichen Erforschung bisher entzogen hat. Die Leistung der Rauschmittel im Kampf um das Glück und zur Fernhaltung des Elends wird so sehr als Wohltat geschätzt, daß Individuen wie Völker ihnen eine feste Stellung in ihrer Libidoökonomie[4]

4 Libido (Trieb, Geschlechtstrieb), von Freud theoretisch angesetzte Triebenergie, die sich verschieden ausrichten und umwandeln kann. Bei der Ob-

eingeräumt haben. Man dankt ihnen nicht nur den unmittelbaren Lustgewinn, sondern auch ein heiß ersehntes Stück Unabhängigkeit von der Außenwelt. Man weiß doch, daß man mit Hilfe des „Sorgenbrechers" sich jederzeit dem Druck der Realität entziehen und in einer eigenen Welt mit besseren Empfindungsbedingungen Zuflucht finden kann. Es ist bekannt, daß gerade diese Eigenschaft der Rauschmittel auch ihre Gefahr und Schädlichkeit bedingt. Sie tragen unter Umständen die Schuld daran, daß große Energiebeträge, die zur Verbesserung des menschlichen Loses verwendet werden könnten, nutzlos verlorengehen.

Der komplizierte Bau unseres seelischen Apparates gestattet aber auch eine ganze Reihe anderer Beeinflussungen. Wie Triebbefriedigung Glück ist, so wird es Ursache schweren Leidens, wenn die Außenwelt uns darben läßt, die Sättigung unserer Bedürfnisse verweigert. Man kann also hoffen, durch Einwirkung auf diese Triebregungen von einem Teil des Leidens frei zu werden. Diese Art der Leidabwehr greift nicht mehr am Empfindungsapparat an, sie sucht der inneren Quellen der Bedürfnisse Herr zu werden. In extremer Weise geschieht dies, indem man die Triebe ertötet, wie die orientalische Lebensweisheit lehrt und die Yogapraxis ausführt. Gelingt es, so hat man damit freilich auch alle andere Tätigkeit aufgegeben (das Leben geopfert), auf anderem Wege wieder nur das Glück der Ruhe erworben. Den gleichen Weg verfolgt man bei ermäßigten Zielen, wenn man nur die Beherrschung des Trieblebens anstrebt. Das Herrschende sind dann die höheren psychischen Instanzen, die sich dem Realitätsprinzip unterworfen haben. Hierbei wird die Absicht der Befriedigung keineswegs aufgegeben; ein gewisser Schutz gegen Leiden wird dadurch erreicht, daß die Unbefriedigung der in Abhängigkeit gehaltenen Triebe nicht so schmerzlich empfunden wird wie die der ungehemmten. Dagegen steht aber eine unleugbare Herabsetzung der Genußmöglichkeiten. Das Glücksgefühl bei Befriedigung ei-

---

jektwahl unterscheidet Freud z. B. zwei Formen der Libidobesetzung: die Ichlibido, die die eigene Person zum Objekt nimmt (Narzißmus) oder die Objektlibido, die ein äußeres Objekt wählt. Eine Form der Libidoverschiebung ist die Sublimierung, in der sich der Trieb auf ein neues, nicht sexuelles Ziel und Objekt richtet. Als Sublimierung gelten bei Freud besonders künstlerische und intellektuelle Betätigung. Diese in sich und in ihrem Zusammenhang nicht konsistenten oder nicht vollständig ausgearbeiteten Theoriestücke werden zum Teil durch die Hypothese zusammengefügt, daß die psychischen Vorgänge in der Verteilung (Ökonomie) einer meßbaren Triebenergie bestehen, die sich auf verschiedene Objekte und Ziele beziehen und in verschiedenen Ausprägungen äquivalent erscheinen kann.

ner wilden, vom Ich ungebändigten Triebregung ist unvergleichlich intensiver als das bei Sättigung eines gezähmten Triebes. Die Unwiderstehlichkeit perverser Impulse, vielleicht der Anreiz des Verbotenen überhaupt, findet hierin eine ökonomische Erklärung.

Eine andere Technik der Leidabwehr bedient sich der Libidoverschiebungen, welche unser seelischer Apparat gestattet, durch die seine Funktion so viel an Geschmeidigkeit gewinnt. Die zu lösende Aufgabe ist, die Triebziele solcherart zu verlegen, daß sie von der Versagung der Außenwelt nicht getroffen werden können. Die Sublimierung der Triebe leiht dazu ihre Hilfe. Am meisten erreicht man, wenn man den Lustgewinn aus den Quellen psychischer und intellektueller Arbeit genügend zu erhöhen versteht. Das Schicksal kann einem dann wenig anhaben. Die Befriedigung solcher Art, wie die Freude des Künstlers am Schaffen, an der Verkörperung seiner Phantasiegebilde, die des Forschers an der Lösung von Problemen und am Erkennen der Wahrheit, haben eine besondere Qualität, die wir gewiß eines Tages werden metapsychologisch charakterisieren können. Derzeit können wir nur bildweise sagen, sie erscheinen uns „feiner und höher", aber ihre Intensität ist im Vergleich mit der aus der Sättigung grober, primärer Triebregungen gedämpft; sie erschüttern nicht unsere Leiblichkeit. Die Schwäche dieser Methode liegt aber darin, daß sie nicht allgemein verwendbar, nur wenigen Menschen zugänglich ist. Sie setzt besondere, im wirksamen Ausmaß nicht gerade häufige Anlagen und Begabungen voraus. Auch diesen wenigen kann sie nicht vollkommenen Leidensschutz gewähren, sie schafft ihnen keinen für die Pfeile des Schicksals undurchdringlichen Panzer, und sie pflegt zu versagen, wenn der eigene Leib die Quelle des Leidens wird*.

---

* Wenn nicht besondere Veranlagung den Lebensinteressen gebieterisch die Richtung vorschreibt, kann die gemeine, jedermann zugängliche Berufsarbeit an die Stelle rücken, die ihr von dem weisen Ratschlag Voltaires angewiesen wird [s.S. 274]. Es ist nicht möglich, die Bedeutung der Arbeit für die Libidoökonomie im Rahmen einer knappen Übersicht ausreichend zu würdigen. Keine andere Technik der Lebensführung bindet den Einzelnen so fest an die Realität als die Betonung der Arbeit, die ihn wenigstens in ein Stück der Realität, in die menschliche Gemeinschaft sicher einfügt. Die Möglichkeit, ein starkes Ausmaß libidinöser Komponenten, narzißtische, aggressive und selbst erotische, auf die Berufsarbeit und auf die mit ihr verknüpften menschlichen Beziehungen zu verschieben, leiht ihr einen Wert, der hinter ihrer Unerläßlichkeit zur Behauptung und Rechtfertigung der Existenz in der Gesellschaft nicht zurücksteht. Besondere Befriedigung vermittelt die Berufstätigkeit, wenn sie eine frei gewählte ist, also bestehende Neigungen, fortgeführte oder konstitutionell verstärkte Triebregungen durch Sublimierung nutzbar zu ma-

Wenn schon bei diesem Verfahren die Absicht deutlich wird, sich von der Außenwelt unabhängig zu machen, indem man seine Befriedigungen in inneren, psychischen Vorgängen sucht, so treten die gleichen Züge noch stärker bei dem nächsten hervor. Hier wird der Zusammenhang mit der Realität noch mehr gelockert, die Befriedigung wird aus Illusionen gewonnen, die man als solche erkennt, ohne sich durch deren Abweichung von der Wirklichkeit im Genuß stören zu lassen. Das Gebiet, aus dem diese Illusionen stammen, ist das des Phantasielebens; es wurde seinerzeit, als sich die Entwicklung des Realitätssinnes vollzog, ausdrücklich den Ansprüchen der Realitätsprüfung entzogen und blieb für die Erfüllung schwer durchsetzbarer Wünsche bestimmt. Obenan unter diesen Phantasiebefriedigungen steht der Genuß an Werken der Kunst, der auch dem nicht selbst Schöpferischen durch die Vermittlung des Künstlers zugänglich gemacht wird. Wer für den Einfluß der Kunst empfänglich ist, weiß ihn als Lustquelle und Lebensströstung nicht hoch genug einzuschätzen. Doch vermag die milde Narkose, in die uns die Kunst versetzt, nicht mehr als eine flüchtige Entrückung aus den Nöten des Lebens herbeizuführen und ist nicht stark genug, um reales Elend vergessen zu machen.

Energischer und gründlicher geht ein anderes Verfahren vor, das den einzigen Feind in der Realität erblickt, die die Quelle alles Leids ist, mit der sich nicht leben läßt, mit der man darum alle Beziehungen abbrechen muß, wenn man in irgendeinem Sinne glücklich sein will. Der Eremit kehrt dieser Welt den Rücken, er will nichts mit ihr zu schaffen haben. Aber man kann mehr tun, man kann sie umschaffen wollen, anstatt ihrer eine andere aufbauen, in der die unerträglichsten Züge ausgetilgt und durch andere im Sinne der eigenen Wünsche ersetzt sind. Wer in verzweifelter Empörung diesen Weg zum Glück einschlägt, wird in der Regel nichts erreichen; die Wirklichkeit ist zu stark für ihn. Er wird ein Wahnsinniger, der in der Durchsetzung seines Wahns meist keine Helfer findet. Es wird aber behauptet, daß jeder von uns sich in irgendeinem Punkte ähnlich wie der Paranoiker benimmt, eine ihm unleidliche Seite der Welt durch eine Wunschbildung korrigiert und diesen Wahn in die Realität einträgt. Eine besondere Bedeutung beansprucht der Fall, daß eine größere Anzahl von Menschen gemeinsam den Versuch unternimmt, sich Glücksversicherung und Leidensschutz durch wahnhafte

chen gestattet. Und dennoch wird Arbeit als Weg zum Glück von den Menschen wenig geschätzt. Man drängt sich nicht zu ihr wie zu anderen Möglichkeiten der Befriedigung. Die große Mehrzahl der Menschen arbeitet nur notgedrungen, und aus dieser natürlichen Arbeitsscheu der Menschen leiten sich die schwierigsten sozialen Probleme ab.

Umbildung der Wirklichkeit zu schaffen. Als solchen Massenwahn müssen wir auch die Religionen der Menschheit kennzeichnen. Den Wahn erkennt natürlich niemals, wer ihn selbst noch teilt.

Ich glaube nicht, daß diese Aufzählung der Methoden, wie die Menschen das Glück zu gewinnen und das Leiden fernzuhalten bemüht sind, vollständig ist, weiß auch, daß der Stoff andere Anordnungen zuläßt. Eines dieser Verfahren habe ich noch nicht angeführt; nicht daß ich daran vergessen hätte, sondern weil es uns noch in anderem Zusammenhange beschäftigen wird. Wie wäre es auch möglich, gerade diese Technik der Lebenskunst zu vergessen! Sie zeichnet sich durch die merkwürdigste Vereinigung von charakteristischen Zügen aus. Sie strebt natürlich auch die Unabhängigkeit vom Schicksal – so nennen wir es am besten – an und verlegt in dieser Absicht die Befriedigung in innere seelische Vorgänge, bedient sich dabei der vorhin [S. 279] erwähnten Verschiebbarkeit der Libido, aber sie wendet sich nicht von der Außenwelt ab, klammert sich im Gegenteil an deren Objekte und gewinnt das Glück aus einer Gefühlsbeziehung zu ihnen. Sie gibt sich dabei auch nicht mit dem gleichsam müde resignierenden Ziel der Unlustvermeidung zufrieden, eher geht sie achtlos an diesem vorbei und hält am ursprünglichen, leidenschaftlichen Streben nach positiver Glückserfüllung fest. Vielleicht kommt sie diesem Ziele wirklich näher als jede andere Methode. Ich meine natürlich jene Richtung des Lebens, welche die Liebe zum Mittelpunkt nimmt, alle Befriedigung aus dem Lieben und Geliebtwerden erwartet. Eine solche psychische Einstellung liegt uns allen nahe genug; eine der Erscheinungsformen der Liebe, die geschlechtliche Liebe, hat uns die stärkste Erfahrung einer überwältigenden Lustempfindung vermittelt und so das Vorbild für unser Glücksstreben gegeben. Was ist natürlicher, als daß wir dabei beharren, das Glück auf demselben Wege zu suchen, auf dem wir es zuerst begegnet haben. Die schwache Seite dieser Lebenstechnik liegt klar zutage; sonst wäre es auch keinem Menschen eingefallen, diesen Weg zum Glück für einen anderen zu verlassen. Niemals sind wir ungeschützter gegen das Leiden, als wenn wir lieben, niemals hilfloser unglücklich, als wenn wir das geliebte Objekt oder seine Liebe verloren haben. Aber die auf den Glückswert der Liebe gegründete Lebenstechnik ist damit nicht erledigt, es ist viel mehr darüber zu sagen.

Hier kann man den interessanten Fall anschließen, daß das Lebensglück vorwiegend im Genusse der Schönheit gesucht wird, wo immer sie sich unseren Sinnen und unserem Urteil zeigt, der Schönheit menschlicher Formen und Gesten, von Naturobjekten und Landschaften, künstlerischen und selbst wissenschaftlichen Schöpfungen. Diese ästhetische Einstellung zum Lebensziel bietet wenig Schutz gegen drohende Leiden, vermag aber für vieles zu entschädigen. Der Genuß an der Schönheit hat einen besonderen, milde berauschenden Empfindungscharakter. Ein Nutzen der Schönheit liegt nicht klar zutage, ihre kulturelle Notwendigkeit ist nicht einzusehen, und doch könnte man sie in der Kultur nicht vermissen. Die Wissenschaft der Ästhetik untersucht die Bedingungen, unter denen das Schöne empfunden wird; über Natur und Herkunft der Schönheit hat sie keine Aufklärung geben können; wie gebräuchlich, wird die Ergebnislosigkeit durch einen Aufwand an volltönenden, inhaltsarmen Worten verhüllt. Leider weiß auch die Psychoanalyse über die Schönheit am wenigsten zu sagen. Einzig die Ableitung aus dem Gebiet des Sexualempfindens scheint gesichert; es wäre ein vorbildliches Beispiel einer zielgehemmten Regung. Die „Schönheit" und der „Reiz" sind ursprünglich Eigenschaften des Sexualobjekts. Es ist bemerkenswert, daß die Genitalien selbst, deren Anblick immer erregend wirkt, doch fast nie als schön beurteilt werden, dagegen scheint der Charakter der Schönheit an gewissen sekundären Geschlechtsmerkmalen zu haften.

Trotz dieser Unvollständigkeit [der Aufzählung (S. 279)] getraue ich mich bereits einiger unsere Untersuchung abschließenden Bemerkungen. Das Programm, welches uns das Lustprinzip aufdrängt, glücklich zu werden [s. S. 278], ist nicht zu erfüllen, doch darf man – nein, kann man – die Bemühungen, es irgendwie der Erfüllung näherzubringen, nicht aufgeben. Man kann sehr verschiedene Wege dahin einschlagen, entweder den positiven Inhalt des Ziels, den Lustgewinn, oder den negativen, die Unlustvermeidung, voranstellen. Auf keinem dieser Wege können wir alles, was wir begehren, erreichen. Das Glück in jenem ermäßigten Sinn, in dem es als möglich erkannt wird, ist ein Problem der individuellen Libidoökonomie. Es gibt hier keinen Rat, der für alle taugt; ein jeder muß selbst versuchen, auf welche besondere Fasson er selig werden kann[b]. Die mannigfachsten Faktoren werden sich geltend machen, um seiner Wahl die Wege zu weisen. Es kommt darauf an, wieviel reale Befriedigung er von der Außenwelt zu erwarten hat und inwieweit er veranlaßt ist, sich von ihr unabhängig zu machen; zuletzt auch, wieviel Kraft er sich zutraut, diese nach seinen Wünschen abzuändern. Schon dabei wird außer den äußeren Verhältnissen die psychische Konstitution des Individuums entscheidend werden. Der vorwie-

b [Eine Anspielung auf den Friedrich dem Großen zugeschriebenen Ausspruch, wonach in seinem Staate jeder nach seiner Fasson selig werden könne]

gend erotische Mensch wird die Gefühlsbeziehungen zu anderen Personen voranstellen, der eher selbstgenügsame Narzißtische die wesentlichen Befriedigungen in seinen inneren seelischen Vorgängen suchen, der Tatenmensch von der Außenwelt nicht ablassen, an der er seine Kraft erproben kann. Für den mittleren dieser Typen wird die Art seiner Begabung und das Ausmaß der ihm möglichen Triebsublimierung dafür bestimmend werden, wohin er seine Interessen verlegen soll. Jede extreme Entscheidung wird sich dadurch strafen, daß sie das Individuum den Gefahren aussetzt, die die Unzulänglichkeit der ausschließend gewählten Lebenstechnik mit sich bringt. Wie der vorsichtige Kaufmann es vermeidet, sein ganzes Kapital an einer Stelle festzulegen, so wird vielleicht auch die Lebensweisheit raten, nicht alle Befriedigung von einer einzigen Strebung zu erwarten. Der Erfolg ist niemals sicher, er hängt vom Zusammentreffen vieler Momente ab, von keinem vielleicht mehr als von der Fähigkeit der psychischen Konstitution, ihre Funktion der Umwelt anzupassen und diese für Lustgewinn auszunützen. Wer eine besonders ungünstige Triebkonstitution mitgebracht und die zur späteren Leistung unerläßliche Umbildung und Neuordnung seiner Libidokomponenten nicht regelrecht durchgemacht hat, wird es schwer haben, aus seiner äußeren Situation Glück zu gewinnen, zumal wenn er vor schwierigere Aufgaben gestellt wird. Als letzte Lebenstechnik, die ihm wenigstens Ersatzbefriedigung verspricht, bietet sich ihm die Flucht in die neurotische Krankheit, die er meist schon in jungen Jahren vollzieht. Wer dann in späterer Lebenszeit seine Bemühungen um das Glück vereitelt sieht, findet noch Trost im Lustgewinn der chronischen Intoxikation, oder er unternimmt den verzweifelten Auflehnungsversuch der Psychose*.

Die Religion beeinträchtigt dieses Spiel der Auswahl und Anpassung, indem sie ihren Weg zum Glückserwerb und Leidensschutz allen in gleicher Weise aufdrängt. Ihre Technik besteht darin, den Wert des Lebens herabzudrücken und das Bild der realen Welt wahnhaft zu entstellen, was die Einschüchterung der Intelligenz zur Voraussetzung hat. Um diesen Preis, durch gewaltsame Fixierung eines psychischen Infantilismus und Einbeziehung in einen Massenwahn gelingt es der Religion, vielen Menschen die individuelle Neurose zu ersparen. Aber

* [Zusatz 1931:] Es drängt mich, wenigstens auf eine der Lücken hinzuweisen, die in obiger Darstellung geblieben sind. Eine Betrachtung der menschlichen Glücksmöglichkeiten sollte es nicht unterlassen, das relative Verhältnis des Narzißmus zur Objektlibido in Rechnung zu bringen. Man verlangt zu wissen, was es für die Libidoökonomie bedeutet, im wesentlichen auf sich selbst gestellt zu sein.

kaum mehr; es gibt, wie wir gesagt haben, viele Wege, die zu dem Glück führen können, wie es dem Menschen erreichbar ist, keinen, der sicher dahin leitet. Auch die Religion kann ihr Versprechen nicht halten. Wenn der Gläubige sich endlich genötigt findet, von Gottes „unerforschlichem Ratschluß“ zu reden, so gesteht er damit ein, daß ihm als letzte Trostmöglichkeit und Lustquelle im Leiden nur die bedingungslose Unterwerfung übriggeblieben ist. Und wenn er zu dieser bereit ist, hätte er sich wahrscheinlich den Umweg ersparen können.

Max Weber[1]

1.

Wie steht es denn aber mit der wirklichen Beziehung zwischen *Ethik und Politik*? Haben sie, wie man gelegentlich gesagt hat, gar nichts miteinander zu tun? Oder ist es umgekehrt richtig, daß „dieselbe" Ethik für das politische Handeln wie für jedes andere gelte? Man hat zuweilen geglaubt, zwischen diesen beiden Behauptungen bestehe eine ausschließliche Alternative; entweder die eine oder die andere sei richtig. Aber ist es denn wahr: daß für erotische und geschäftliche, familiäre und amtliche Beziehungen, für die Beziehungen zu Ehefrau, Gemüsefrau, Sohn, Konkurrenten, Freund, Angeklagten die inhaltlich *gleichen* Gebote von irgendeiner Ethik der Welt aufgestellt werden könnten? Sollte es wirklich für die ethischen Anforderungen an die Politik so gleichgültig sein, daß diese mit einem sehr spezifischen Mittel: Macht, hinter der *Gewaltsamkeit* steht, arbeitet? Sehen wir nicht, daß die bolschewistischen und spartakistischen Ideologen[2], eben weil sie dieses Mittel der Politik anwenden, genau die *gleichen* Resultate herbeiführen wie irgendein militaristischer Diktator? Wodurch als eben durch die Person der Gewalthaber und ihren Dilettantismus unterscheidet sich die Herrschaft der Arbeiter- und Soldatenräte von der eines beliebigen Machthabers des alten Regimes? Wodurch die Polemik der meisten Vertreter der vermeintlich neuen Ethik selbst gegen die von ihnen kritisierten Gegner von der irgendwelcher anderer Demagogen? Durch die edle Absicht!, wird gesagt werden. Gut. Aber das Mittel ist es, wovon hier die Rede ist, und den Adel ihrer letzten Absichten nehmen die befehdeten Gegner mit voller subjektiver Ehrlichkeit ganz ebenso für sich in Anspruch. „Wer zum Schwert greift, wird durch das Schwert umkommen", und Kampf ist überall Kampf. Also: – die Ethik der *Bergpredigt*?

---

1 Politik als Beruf, in: Gesammelte politische Schriften, herausgegeben von Johannes Winckelmann, ²Tübingen 1958, S. 493–548 (1919), Dunkker und Humblot, Berlin
Der Sinn der ‚Wertfreiheit' der soziologischen und ökonomischen Wissenschaften, in: Gesammelte Aufsätze zur Wissenschaftslehre, herausgegeben von Johannes Winckelmann, ²Tübingen 1968, S.489–540 (1917)

2 Spartakisten, Anhänger des Spartakusbundes, der sich aus dem linken Flügel der Sozialdemokratie während des Ersten Weltkrieges entwickelte. Sie versuchten im Januar 1919 gegen die Übergangsregierung, den Rat der Volksbeauftragten, zu putschen. Die Gruppe ging in der bald darauf neu gegründeten Kommunistischen Partei Deutschlands auf.

Mit der Bergpredigt – gemeint ist: die absolute Ethik des Evangeliums – ist es eine ernstere Sache, als die glauben, die diese Gebote heute gern zitieren. Mit ihr ist nicht zu spaßen. Von ihr gilt, was man von der Kausalität in der Wissenschaft gesagt hat: sie ist kein Fiaker, den man beliebig halten lassen kann, um nach Befinden ein- und auszusteigen. Sondern: ganz *oder* gar nicht, *das* gerade ist ihr Sinn, wenn etwas anderes als Trivialitäten herauskommen soll. Also z. B. der reiche Jüngling: „Er aber ging traurig davon, denn er hatte viele Güter." Das evangelische Gebot ist unbedingt und eindeutig: gib her, was du hast – *alles*, schlechthin. Der Politiker wird sagen: eine sozial sinnlose Zumutung, solange es nicht für *alle* durchgesetzt wird. Also: Besteuerung, Wegsteuerung, Konfiskation, – mit einem Wort: Zwang und Ordnung gegen *alle*. Das ethische Gebot aber fragt danach *gar nicht*, das ist sein Wesen. Oder: „Halte den anderen Backen hin!" Unbedingt, ohne zu fragen, wieso es dem anderen zukommt, zu schlagen. Eine Ethik der Würdelosigkeit – außer: für einen Heiligen. Das ist es: man muß ein Heiliger sein in *allem*, zum mindesten dem Wollen nach, muß leben wie Jesus, die Apostel, der heilige Franz[3] und seinesgleichen, dann ist diese Ethik sinnvoll und Ausdruck einer Würde. *Sonst nicht*. Denn wenn es in Konsequenz der akosmistischen Liebesethik[4] heißt: „dem Übel nicht widerstehen mit Gewalt", – so gilt für den Politiker umgekehrt der Satz: du *sollst* dem Übel gewaltsam widerstehen, sonst – bist du für seine Überhandnahme *verantwortlich*. Wer nach der Ethik des Evangeliums handeln will, der enthalte sich der Streiks – denn sie sind: Zwang – und gehe in die gelben Gewerkschaften[5]. Er rede aber vor allen Dingen nicht von „Revolution". Denn jene Ethik will doch wohl nicht lehren: daß gerade der Bürgerkrieg der einzig legitime Krieg sei. Der nach dem Evangelium handelnde Pazifist wird die Waffen ablehnen oder fortwerfen, wie es in Deutschland empfohlen wurde, als ethische Pflicht, um dem Krieg und damit: jedem Krieg, ein Ende zu machen. Der Politiker wird sagen: das einzig sichere Mittel, den Krieg für alle *absehbare* Zeit zu diskreditieren, wäre ein Status quo-Friede gewesen. Dann hätten sich die Völker gefragt: wozu war der Krieg? Er wäre ad absurdum geführt gewesen, – was jetzt nicht möglich ist. Denn für die Sieger – mindestens für einen Teil von ihnen – wird er sich politisch rentiert haben. Und dafür ist jenes Verhalten verantwortlich, das uns jeden Widerstand unmöglich machte.

3 Franz von Assisi (1181–1226)
4 Akosmismus, philosophische und religiöse Lehre, die die Nichtigkeit der Welt behauptet, hier: weltverneinend, weltverachtend
5 Gewerkschaften der sogenannten wirtschaftsfriedlichen Arbeiterbewegungen

Nun wird – wenn die Ermattungsepoche vorbei sein wird – *der Frieden diskreditiert sein, nicht der Krieg*: eine Folge der absoluten Ethik.

Endlich: die Wahrheitspflicht. Sie ist für die absolute Ethik unbedingt. Also, hat man gefolgert: Publikation aller, vor allem der das eigene Land belastenden Dokumente und auf Grund dieser einseitigen Publikation: Schuldbekenntnis, einseitig, bedingungslos, ohne Rücksicht auf die Folgen. Der Politiker wird finden, daß im Erfolg dadurch die Wahrheit nicht gefördert, sondern durch Mißbrauch und Entfesselung von Leidenschaft sicher verdunkelt wird; daß nur eine allseitige planmäßige Feststellung durch Unparteiische Frucht bringen könnte, jedes andere Vorgehen für die Nation, die derartig verfährt, Folgen haben kann, die in Jahrzehnten nicht wieder gutzumachen sind. Aber nach „Folgen" *fragt* eben die absolute Ethik nicht.

Da liegt der entscheidende Punkt. Wir müssen uns klarmachen, daß alles ethisch orientierte Handeln unter *zwei* voneinander grundverschiedenen, unaustragbar gegensätzlichen Maximen stehen kann: es kann „gesinnungsethisch" oder „verantwortungsethisch" orientiert sein. Nicht daß Gesinnungsethik mit Verantwortungslosigkeit und Verantwortungsethik mit Gesinnungslosigkeit identisch wäre. Davon ist natürlich keine Rede. Aber es ist ein abgrundtiefer Gegensatz, ob man unter der gesinnungsethischen Maxime handelt – religiös geredet: „Der Christ tut recht und stellt den Erfolg Gott anheim" –, oder unter der verantwortungsethischen: daß man für die (voraussehbaren) *Folgen* seines Handelns aufzukommen hat. Sie mögen einem überzeugten gesinnungsethischen Syndikalisten[6] noch so überzeugend darlegen: daß die Folgen seines Tuns die Steigerung der Chancen der Reaktion, gesteigerte Bedrückung seiner Klasse, Hemmung ihres Aufstiegs sein werden, – und es wird auf ihn gar keinen Eindruck machen. Wenn die Folgen einer aus reiner Gesinnung fließenden Handlung üble sind, so gilt ihm nicht der Handelnde, sondern die Welt dafür verantwortlich, die Dummheit der anderen Menschen oder – der Wille des Gottes, der sie so schuf. Der Verantwortungsethiker dagegen rechnet mit eben jenen durchschnittlichen Defekten der Menschen, – er hat, wie Fichte richtig gesagt hat, gar kein Recht, ihre Güte und Vollkommenheit vorauszusetzen, er fühlt sich nicht in der Lage, die Folgen eigenen Tuns, soweit er sie voraussehen konnte, auf andere abzuwälzen. Er wird sagen: diese Folgen werden meinem Tun zugerechnet. „Verantwortlich" fühlt sich

---

6 Syndikalismus, revolutionäre Bewegung als radikaler Gewerkschaftssozialismus um die Jahrhundertwende, besonders in romanischen Ländern

der Gesinnungsethiker nur dafür, daß die Flamme der reinen Gesinnung, die Flamme z. B. des Protestes gegen die Ungerechtigkeit der sozialen Ordnung, nicht erlischt. Sie stets neu anzufachen, ist der Zweck seiner, vom möglichen Erfolg her beurteilt, ganz irrationalen Taten, die nur exemplarischen Wert haben können und sollen.

Aber auch damit ist das Problem noch nicht zu Ende. Keine Ethik der Welt kommt um die Tatsache herum, daß die Erreichung „guter" Zwecke in zahlreichen Fällen daran gebunden ist, daß man sittlich bedenkliche oder mindestens gefährliche Mittel und die Möglichkeit oder auch die Wahrscheinlichkeit übler Nebenerfolge mit in den Kauf nimmt, und keine Ethik der Welt kann ergeben: wann und in welchem Umfange der ethisch gute Zweck die ethisch gefährlichen Mittel und Nebenerfolge „heiligt" . . .

Hier, an diesem Problem der Heiligung der Mittel durch den Zweck, scheint nun auch die Gesinnungsethik überhaupt scheitern zu müssen. Und in der Tat hat sie logischerweise nur die Möglichkeit: *jedes* Handeln, welches sittlich gefährliche Mittel anwendet, zu *verwerfen*. Logischerweise. In der Welt der Realitäten machen wir freilich stets erneut die Erfahrung, daß der Gesinnungsethiker plötzlich umschlägt in den chiliastischen Propheten[7], daß z. B. diejenigen, die soeben „Liebe gegen Gewalt" gepredigt haben, im nächsten Augenblick zur Gewalt aufrufen, – zur *letzten* Gewalt, die dann den Zustand der Vernichtung *aller* Gewaltsamkeit bringen würde, – wie unsere Militärs den Soldaten bei jeder Offensive sagten: es sei die letzte, sie werde den Sieg und dann den Frieden bringen. Der Gesinnungsethiker erträgt die ethische Irrationalität der Welt nicht. Er ist kosmisch-ethischer „Rationalist". Sie erinnern sich, jeder von Ihnen, der Dostojewskij kennt, der Szene mit dem Großinquisitor[8], wo das Problem treffend auseinandergelegt ist. Es ist

---

7 Chiliasmus, Lehre vom Kommen eines tausendjährigen Reiches auf Erden als Erfüllung der Heilsgeschichte; allgemeiner: Geschichtsdenken, das an das baldige Erreichen eines Idealzustandes in naher Zukunft glaubt

8 ‚Der Großinquisitor', Erzählung Iwan Karamasows in dem Roman von Dostojewskij (1821–1881) ‚Die Brüder Karamasow'. Christus erscheint im Spanien des 16. Jahrhunderts auf dem Höhepunkt der Inquisition und wird vom Großinquisitor gefangengesetzt. Der Großinquisitor klagt Christus in einem Monolog – Christus antwortet nicht – an, er habe die Gaben des Versuchers: Brot, Wunder, Autorität zugunsten der Freiheit verschmäht und damit das Unglück und Leid der Menschen besiegelt. Aus Liebe zur Menschheit – so Iwan Karamasows eigene Auslegung – und mit dem Bewußtsein eigener Schuld hat sich der Großinquisitor dem Antichristen verschrieben, um dem Leben der Menschen irdisches Glück als Brot, Wunder, Geheimnis, Autorität zu geben und ihnen zu nehmen, was sie unglücklich macht, die Freiheit.

nicht möglich, Gesinnungsethik und Verantwortungsethik unter einen Hut zu bringen oder ethisch zu dekretieren: welcher Zweck *welches* Mittel heiligen solle, wenn man diesem Prinzip überhaupt irgendwelche Konzessionen macht.

Der von mir der zweifellosen Lauterkeit seiner Gesinnung nach persönlich hochgeschätzte, als Politiker freilich abgelehnte Kollege F. W. Foerster[9] glaubt, in seinem Buch um die Schwierigkeit herumzukommen durch die einfache These: aus Gutem kann nur Gutes, aus Bösem nur Böses folgen. Dann existierte freilich diese ganze Problematik nicht. Aber es ist doch erstaunlich, daß 2500 Jahre nach den Upanishaden[10] eine solche These noch das Licht der Welt erblicken konnte. Nicht nur der ganze Verlauf der Weltgeschichte, sondern jede rückhaltlose Prüfung der Alltagserfahrung sagt ja das Gegenteil. Die Entwicklung aller Religionen der Erde beruht ja darauf, daß das Gegenteil wahr ist. Das uralte Problem der Theodizee[11] ist ja die Frage: Wie kommt es, daß eine Macht, die als zugleich allmächtig und gütig hingestellt wird, eine derartig irrationale Welt des unverdienten Leidens, des ungestraften Unrechts und der unverbesserlichen Dummheit hat erschaffen können? Entweder ist sie das eine nicht oder das andere nicht, oder es regieren gänzlich andere Ausgleichs- und Vergeltungsprinzipien das Leben, solche, die wir metaphysisch deuten können, oder auch solche, die unserer Deutung für immer entzogen sind. Dies Problem: die Erfahrung von der Irrationalität der Welt war ja die treibende Kraft aller Religionsentwicklung. Die indische Karmanlehre[12] und der persische Dualismus[13],

---

9 Angehöriger der Friedensbewegung; das hier gemeinte Buch: ‚Ethik und politische Pädagogik‘ (1918)

10 philosophisch bedeutende Schriften der ‚Geheimlehren‘ innerhalb der Veda, der heiligen Schriftensammlung der altindischen Kultur; Grundzug: Bewertung alles Daseins als Leiden

11 Versuch der Rechtfertigung Gottes angesichts des Leidens und Bösen in der Welt. Der erst von Leibniz (1646–1716) geprägte Begriff wird hier von Weber auf ältere Fragestellungen übertragen.

12 indische Vergeltungslehre, nach der die Summe der guten und bösen Taten (Karma – das Werk) eines Lebens die guten und schlechten Voraussetzungen für eine neue Existenz schaffen, die durch eine Wiedergeburt erlangt wird

13 Weber denkt wohl an die Lehre Zarathustras (Mitte des 6. Jahrhunderts v. Chr.), für die der gute Geist im Kampf gegen den bösen Geist steht. Der Mensch hat dem guten Geist durch sein Handeln beizustehen.

die Erbsünde, die Prädestination[14] und der Deus absconditus[15] sind alle aus dieser Erfahrung herausgewachsen. Auch die alten Christen wußten sehr genau, daß die Welt von Dämonen regiert sei, und daß, wer mit der Politik, das heißt: mit Macht und Gewaltsamkeit als Mitteln, sich einläßt, mit diabolischen Mächten einen Pakt schließt, und daß für sein Handeln es *nicht* wahr ist: daß aus Gutem nur Gutes, aus Bösem nur Böses kommen könne, sondern oft das Gegenteil. Wer das nicht sieht, ist in der Tat politisch ein Kind.

(Politik als Beruf S. 537–542)

2.

Gar nicht zur Diskussion steht eigentlich die Frage: inwieweit praktische Wertungen, insbesondere also: ethische, ihrerseits *normative* Dignität beanspruchen dürfen, also anderen Charakter haben als z. B. die als Beispiel angeführte Frage: ob Blondinen den Brünetten vorzuziehen seien, oder als ähnlich subjektive Geschmacksurteile. Das sind Probleme der Wertphilosophie, nicht der Methodik der empirischen Disziplinen. Worauf allein es für diese ankommt, ist: daß einerseits die Geltung eines praktischen Imperativs als Norm und andrerseits die Wahrheitsgeltung einer empirischen Tatsachenfeststellung in absolut heterogenen Ebenen der Problematik liegen und daß der spezifischen Dignität *jeder* von beiden Abbruch getan wird, wenn man dies verkennt und beide Sphären zusammenzuzwingen sucht. Dies ist meines Erachtens in starkem Maße geschehen, insbesondere durch Professor von Schmoller[16]. Gerade die Verehrung für unseren Meister verbietet es, diese Punkte, wo ich glaube ihm nicht beipflichten zu dürfen, zu übergehen.

---

14 Vorbestimmung des Menschen durch Gottes unerforschlichen Willen, entweder als Gnadenwahl zur Seligkeit (ohne ‚Verdienst‘) oder als Bestimmung zur Verdammnis (ohne ‚Schuld‘), jeweils modifiziert gelehrt von Augustinus, Luther, Zwingli, Calvin

15 der verborgene Gott, dessen Ratschluß unerforschlich ist

16 Professor für Volkswirtschaft (1838–1917). Als Mitbegründer und Leiter des ‚Vereins für Socialpolitik‘ hatte er großen Einfluß auf die Entwicklung der Wissenschaft und auch auf die praktische Politik. Als Vertreter des sogenannten Kathedersozialismus plädierte er für das Eingreifen des Staates in das Wirtschafts- und Sozialleben, um den sozialen Frieden zu fördern. Weber bezieht sich auf ‚Die Volkswirtschaft, die Volkswirtschaftslehre und ihre Methode‘ (in: Handwörterbuch der Staatswissenschaften, 3. Auflage, 8. Bd. (1911), S. 426–501, bes. S. 492–498), wo Schmoller sich mit Weber ausein-

Zunächst möchte ich mich dagegen wenden, daß den Anhängern der „Wertfreiheit“ die bloße Tatsache des historischen und individuellen Schwankens der jeweils geltenden wertenden Stellungnahmen als Beweis für den notwendig nur „subjektiven“ Charakter z. B. der Ethik gelte. Auch empirische Tatsachenfeststellungen sind oft sehr umstritten, und darüber, ob man jemanden für einen Schurken zu halten habe, kann oft eine wesentlich größere allgemeine Übereinstimmung herrschen als (gerade bei den Fachleuten) etwa über die Frage der Deutung einer verstümmelten Inschrift. Die nach Schmollers Annahme zunehmende konventionelle Einmütigkeit aller Konfessionen und Menschen über die Hauptpunkte der praktischen Wertungen steht in schroffem Gegensatz zu meinem entgegengesetzten Eindruck. Allein das scheint mir ohne Belang für die Sache. Denn was jedenfalls zu bestreiten ist, wäre: daß man sich bei irgendeiner solchen durch Konvention geschaffenen faktischen Selbstverständlichkeit gewisser noch so weit verbreiteter praktischer Stellungnahmen wissenschaftlich beruhigen dürfe. Die spezifische Funktion der Wissenschaft scheint mir gerade umgekehrt: daß ihr das konventionell Selbstverständliche zum *Problem* wird. Gerade dies haben ja Schmoller und seine Freunde selbst s. Z. getan. Daß man ferner die *kausale* Wirkung des *faktischen* Bestehens gewisser ethischer oder religiöser Überzeugungen auf das Wirtschaftsleben untersucht und unter Umständen hoch veranschlagt, hat doch nicht etwa die Folge: daß man nun jene kausal vielleicht sehr wirksam gewesenen Überzeugungen um deswillen auch zu *teilen* habe oder auch nur für

---

andersetzt. Er anerkennt Webers Motive und plädiert selbst für die „Bevorzugung der Untersuchung des Seienden gegenüber dem Predigen von Idealen“ in der Wissenschaft (493 b), gibt Weber recht, soweit er „subjektive Werturteile“ meine (493 b), ist aber überzeugt, daß es „objektive Werturteile“ gebe, „an denen nicht bloß einzelne Personen und Gelehrte, sondern große Gemeinschaften, Völker, Zeitalter, ja die ganze Kulturwelt teilnehmen“(493 b). Er versteht die Nationalökonomie als eine „ethische Wissenschaft“ (497 b), da sie es mit menschlichen Handlungen und ihren Ursachen zu tun habe (496 a) und das „letzte Ziel aller Erkenntnis ein praktisches“ sei (492 b). „Ich halte die transzendentale und die rein formale Ethik, wie sie M. Weber . . . als die allein berechtigte hinstellt, für verfehlt . . . Die Nationalökonomie habe ich, wie viele Nationalökonomen von J. St. Mill bis heute, eine ethische Wissenschaft genannt; auch A. Smith hielt sie für einen Teil der Moralphilosophie; die meisten, die das taten, wollen weder Ethik und Nationalökonomie zusammenwerfen noch die letztere zu einer höheren Dignität erheben, noch weniger alle möglichen Kulturideale in sie einfügen . . . ich wollte nur nicht zugeben, daß wirtschaftliches Handeln jenseits von Gut und Böse stehe“ (497 b).

„wertvoll“ halten müsse, wie umgekehrt durch Bejahung des hohen Werts einer ethischen oder religiösen Erscheinung nicht das geringste darüber ausgesagt ist, ob auch die ungewohnten Folgen, die ihre Verwirklichung gehabt hat oder haben würde, mit dem gleichen positiven Wertprädikat zu versehen wären. Über diese Fragen ist durch tatsächliche Feststellungen gar nichts auszumachen, und sie würde der einzelne sehr verschieden beurteilen müssen, je nach seinen eigenen religiösen und anderen praktischen Wertungen. Das alles gehört gar nicht zur Streitfrage. Dagegen bestreite ich sehr nachdrücklich: daß eine „realistische“ Wissenschaft vom Ethischen, d. h. die Aufzeigung der faktischen Einflüsse, welche die jeweilig in einer Gruppe von Menschen vorwiegenden ethischen Überzeugungen durch deren sonstige Lebensbedingungen erfahren und umgekehrt wieder auf diese geübt haben, ihrerseits eine „Ethik“ ergebe, welche jemals über das Gelten*sollende* etwas aussagen könne. So wenig wie eine „realistische“ Darstellung der astronomischen Vorstellungen etwa der Chinesen, – welche also aufzeigt, aus welchen praktischen Motiven und wie sie Astronomie betrieben, zu welchen Ergebnissen und warum sie zu diesen kamen, – jemals die Richtigkeit dieser chinesischen Astronomie zu erweisen zum Ziele haben könnte. Und so wenig wie die Feststellung, daß die römischen Agrimensoren[17] oder die Florentiner Bankiers (die letzteren selbst bei Erbteilungen von ganz großen Vermögen) mit ihren Methoden recht oft zu Resultaten kamen, welche mit der Trigonometrie oder dem Einmaleins unvereinbar sind, etwa die Geltung dieser letzteren zur Diskussion stellt. Durch empirisch-psychologische und historische Untersuchung eines bestimmten Wertungsstandpunktes auf seine individuelle, soziale, historische Bedingtheit hin gelangt man nun und nimmer je zu irgend etwas anderem, als dazu: ihn *verstehend zu erklären*. Das ist nichts Geringes. Es ist nicht nur wegen des persönlichen (aber nicht wissenschaftlichen) Nebenerfolgs: dem wirklich oder scheinbar Andersdenkenden persönlich leichter „gerecht werden“ zu können, erwünscht. Sondern es ist auch wissenschaftlich höchst wichtig 1. für den Zweck einer empirischen Kausalbetrachtung menschlichen Handelns, um dessen *wirkliche* letzte *Motive* kennen zu lernen, 2. aber, wenn man mit einem (wirklich oder scheinbar) abweichend Wertenden diskutiert, für die Ermittlung der wirklichen gegenseitigen Wertungsstandpunkte. Denn dies ist der eigentliche Sinn einer *Wert*diskussion: das, was der Gegner (oder auch: man selbst) wirklich meint, d. h. den Wert, auf den es jedem der beiden Teile wirklich und nicht nur scheinbar ankommt, zu erfassen

17 Feldmesser

und so zu diesem Wert eine Stellungnahme überhaupt erst zu ermöglichen. Weit entfernt also, daß vom Standpunkt der Forderung der ,,Wertfreiheit" empirischer Erörterungen aus Diskussionen von Wertungen steril oder gar sinnlos wären, ist gerade die Erkenntnis dieses ihres Sinnes Voraussetzung aller nützlichen Erörterungen dieser Art. Sie setzen einfach das Verständnis für die Möglichkeit prinzipiell und unüberbrückbar *abweichender* letzter Wertungen voraus. Denn weder bedeutet ,,alles Verstehen" auch ,,alles verzeihen", noch führt überhaupt vom bloßen Verstehen des fremden Standpunktes an sich ein Weg zu dessen Billigung. Sondern mindestens ebenso leicht, oft mit weit höherer Wahrscheinlichkeit, zu der Erkenntnis: daß, warum und worüber, man sich *nicht* einigen könne. Gerade diese Erkenntnis *ist* aber eine Wahrheitserkenntnis und gerade *ihr* dienen ,,Wertungsdiskussionen". Was man dagegen auf diesem Wege ganz gewiß nicht gewinnt – weil es in der gerade entgegengesetzten Richtung liegt – ist irgendeine normative Ethik oder überhaupt die Verbindlichkeit irgendeines ,,Imperativs". Jedermann weiß vielmehr, daß ein solches Ziel durch die zum mindesten dem Anschein nach, ,,relativierende" Wirkung solcher Diskussionen eher erschwert wird. Damit ist natürlich nun wieder nicht gesagt: daß man um deswillen sie vermeiden solle. Im geraden Gegenteil. Denn eine ,,ethische" Überzeugung, welche durch psychologisches ,,Verstehen" abweichender Wertungen sich aus dem Sattel heben läßt, ist nur ebensoviel *wert* gewesen wie religiöse Meinungen, welche durch wissenschaftliche Erkenntnis zerstört werden, wie dies ja ebenfalls vorkommt. Wenn schließlich Schmoller annimmt, daß die Verfechter der ,,Wertfreiheit" der empirischen Disziplinen nur ,,formale" ethische Wahrheiten (gemeint ist offenbar: im Sinn der Kritik der praktischen Vernunft) anerkennen könnten, so möge darauf – obwohl das Problem nicht unbedingt zur Sache gehört – mit einigen Erörterungen eingegangen sein.

Zunächst ist die in Schmollers Auffassung liegende Identifikation von ethischen Imperativen mit ,,Kulturwerten", auch den höchsten, abzulehnen. Denn es kann einen Standpunkt geben, für den Kulturwerte ,,aufgegeben" sind, auch soweit sie mit jeglicher Ethik in unvermeidlichem, unaustragbarem Konflikt liegen. Und umgekehrt ist eine Ethik, die alle Kulturwerte ablehnt, ohne inneren Widerspruch möglich. Jedenfalls aber sind beide Wertsphären nicht identisch. Ebenso ist es ein schweres (freilich weitverbreitetes) Mißverständnis, wenn geglaubt wird: ,,formale" Sätze wie etwa die der Kantischen Ethik enthielten keine *inhaltlichen* Weisungen. Die Möglichkeit einer normativen Ethik wird allerdings dadurch nicht in Frage gestellt, daß es Probleme *prakti-*

scher Art gibt, für welche sie aus sich selbst heraus keine eindeutigen Weisungen geben kann (und dahin gehören, wie ich glaube, in ganz spezifischer Art bestimmte institutionelle, daher gerade „sozial*politische*“ Probleme) und daß ferner die Ethik nicht das Einzige ist, was auf der Welt „gilt“, sondern daß neben ihr andere Wertsphären bestehen, deren Werte unter Umständen nur der realisieren kann, welcher ethische „Schuld“ auf sich nimmt. Dahin gehört speziell die Sphäre politischen Handelns. Es wäre m. E. schwächlich, die Spannungen gegen das Ethische, welche gerade sie enthält, leugnen zu wollen. Aber es ist dies keineswegs, wie die übliche Entgegensetzung „privater“ und „politischer Moral“ glauben macht, nur ihr eigentümlich. – Gehen wir einige der vorstehend bezeichneten „Grenzen“ der Ethik durch.

Zu den von *keiner* Ethik eindeutig entscheidbaren Fragen gehören die Konsequenzen des Postulates der „Gerechtigkeit«. Ob man z. B. – wie dies wohl Schmollers seinerzeit geäußerten Anschauungen am ehesten entsprechen würde – dem, der viel leistet, auch viel schuldet, oder umgekehrt von dem, der viel leisten kann, auch viel fordert, ob man also z. B. im Namen der Gerechtigkeit (denn andere Gesichtspunkte – etwa der des nötigen „Ansporns“ – haben dann auszuscheiden) dem großen Talent auch große Chancen gönnen solle, oder ob man umgekehrt (wie Babeuf[18]) die Ungerechtigkeit der ungleichen Verteilung der geistigen Gaben auszugleichen habe durch strenge Vorsorge dafür, daß das Talent, dessen bloßer Besitz ja schon ein beglückendes Prestigegefühl geben könne, nicht auch noch seine besseren Chancen in der Welt für sich ausnützen könne: – dies dürfte aus „ethischen“ Prämissen unaustragbar sein. Diesem Typus entspricht aber die *ethische* Problematik der meisten sozialpolitischen Fragen. –

Aber auch auf dem Gebiet des persönlichen Handelns gibt es ganz spezifisch ethische Grundprobleme, welche die Ethik aus eigenen Voraussetzungen nicht austragen kann. Dahin gehört vor allem die Grundfrage: ob der Eigenwert des ethischen Handelns – der „reine Wille“ oder die „Gesinnung“, pflegt man das auszudrücken – allein zu seiner Rechtfertigung genügen soll, nach der Maxime: „der Christ handelt recht und stellt den Erfolg Gott anheim“, wie christliche Ethiker sie formuliert haben. Oder ob die Verantwortung für die als möglich oder wahrscheinlich vorauszusehenden *Folgen* des Handelns, wie sie dessen Ver-

18 französischer Revolutionär (1764–1797), bereitete durch die ‚Verschwörung der Gleichen‘ die Errichtung eines kommunistischen Gemeinwesens vor; wurde hingerichtet

flochtenheit in die ethisch irrationale Welt bedingt, mit in Betracht zu ziehen ist. Auf sozialem Gebiet geht alle radikal revolutionäre politische Haltung, der sog. ,,Syndikalismus" vor allem, von dem ersten, alle ,,Realpolitik" von dem letzten Postulat aus. Beide berufen sich auf ethische Maximen. Aber diese Maximen liegen untereinander in ewigem Zwist, der mit den Mitteln einer rein in sich selbst beruhenden Ethik schlechthin unaustragbar ist.

Diese beiden ethischen Maximen sind solche von streng ,,formalem" Charakter, darin ähnlich den bekannten Axiomen der ,,Kritik der praktischen Vernunft". Von letzteren wird um dieses Charakters willen vielfach geglaubt, sie enthielten inhaltliche Weisungen zur Bewertung des Handelns überhaupt nicht. Das trifft, wie gesagt, keineswegs zu. Nehmen wir absichtlich ein möglichst weit von aller ,,Politik" abliegendes Beispiel, welches vielleicht verdeutlichen kann, welchen Sinn dieser vielberedete ,,nur formale" Charakter jener Ethik eigentlich hat. Angenommen, ein Mann sagt mit Bezug auf seine erotische Beziehung mit einer Frau: ,,Anfänglich war unser beider Verhältnis nur eine Leidenschaft, jetzt ist es ein Wert", – so würde die kühl temperierte Sachlichkeit der Kantischen Ethik die erste Hälfte dieses Satzes so ausdrücken: ,,Anfänglich waren wir beide einander *nur Mittel*" – und damit den ganzen Satz als einen Sonderfall jenes bekannten Prinzips in Anspruch nehmen, welches man seltsamerweise gern als einen rein zeitgeschichtlich bedingten Ausdruck des ,,Individualismus" hingestellt hat, während es in Wahrheit eine überaus geniale Formulierung einer unermeßlichen Vielheit ethischer Sachverhalte bedeutet, die man nur eben richtig verstehen muß. In ihrer negativen Fassung und in der Ausschaltung jeglicher Aussage darüber: was denn das positive Gegenteil der ethisch abzulehnenden Behandlung des anderen ,,nur als Mittel" sei, enthält sie offensichtlich 1. die Anerkennung außerethischer selbständiger Wertsphären, – 2. die Begrenzung der ethischen Sphäre diesen gegenüber, – endlich 3. die Feststellung, daß und in welchem Sinn dem Handeln im Dienst außerethischer Werte dennoch Unterschiede der ethischen Dignität anzuhaften vermögen. Tatsächlich sind jene Sphären von Werten, welche die Behandlung des andern ,,nur als Mittel" gestatten oder vorschreiben, der Ethik gegenüber heterogen. Es kann das hier nicht weiter verfolgt werden: jedenfalls aber zeigt sich, daß der ,,formale" Charakter selbst jenes höchst abstrakten ethischen Satzes gegen den *Inhalt* des Handelns nicht etwa indifferent bleibt. – Nun aber kompliziert sich das Problem weiter. Jenes negative Prädikat selbst, welches mit den Worten ,,nur eine Leidenschaft" ausgesprochen wurde, kann von einem bestimmten Standpunkt aus als eine Lästerung des innerlich Echtesten und

Eigentlichsten des Lebens hingestellt werden, des einzigen oder doch des königlichsten Weges hinaus aus den unpersönlichen oder überpersönlichen und daher lebensfeindlichen ,,Wert"-Mechanismen, aus dem Angeschmiedetsein an das leblose Gestein des Alltagsdaseins und aus den Prätensionen ,,aufgegebener" Unwirklichkeiten. Es läßt sich jedenfalls eine Konzeption dieser Auffassung denken, welche – obwohl sie für das von ihr gemeinte Konkretissimum des Erlebens den Ausdruck ,,Wert" wohl verschmähen würde – eben doch eine Sphäre konstituieren würde, welche jeder Heiligkeit oder Güte, jeder ethischen oder ästhetischen Gesetzlichkeit, jeder Kulturbedeutsamkeit oder Persönlichkeitswertung gleich fremd und feindlich gegenüberstehend, dennoch und eben deshalb ihre eigene in einem alleräußersten Sinn des Wortes ,,immanente" Dignität in Anspruch nähme. Welches immer nun unsere Stellungnahme zu diesem Anspruch sein mag, jedenfalls ist sie mit den Mitteln keiner ,,Wissenschaft" beweisbar oder ,,widerlegbar".

Jede empirische Betrachtung dieser Sachverhalte würde, wie der alte Mill[19] bemerkt hat, zur Anerkennung des absoluten Polytheismus als der einzigen ihnen entsprechenden Metaphysik führen. Eine nicht empirische, sondern sinndeutende Betrachtung: eine echte Wertphilosophie also, würde ferner, darüber hinausgehend, nicht verkennen dürfen, daß ein noch so wohlgeordnetes Begriffsschema der ,,Werte" gerade dem entscheidendsten Punkt des Tatbestandes nicht gerecht würde. Es handelt sich nämlich zwischen den Werten letztlich überall und immer wieder nicht nur um Alternativen, sondern um unüberbrückbar tödlichen Kampf, so wie zwischen ,,Gott" und ,,Teufel". Zwischen diesen gibt es keine Relativierungen und Kompromisse. Wohlgemerkt: dem *Sinn* nach nicht. Denn es gibt sie, wie jedermann im Leben erfährt, der Tatsache und folglich dem äußeren Schein nach, und zwar auf Schritt und Tritt. In fast jeder einzelnen wichtigen Stellungnahme realer Menschen kreuzen und verschlingen sich ja die Wertsphären. Das Verflachende des ,,Alltags" in diesem eigentlichsten Sinne des Wortes besteht ja gerade darin: daß der in ihm dahinlebende Mensch sich dieser teils psychologisch, teils pragmatisch bedingten Vermengung todfeindlicher Werte nicht bewußt wird und vor allem: auch gar nicht bewußt werden *will*, daß er sich vielmehr der Wahl zwischen ,,Gott" und ,,Teufel" und der eigenen letzten Entscheidung darüber: welcher der kolli-

---

19 James Mill (1773–1836), englischer Historiker und Ökonom, Vater von John Stuart Mill

dierenden Werte von dem einen und welcher von dem andern regiert werde, entzieht. Die aller menschlichen Bequemlichkeit unwillkommene, aber unvermeidliche Frucht vom Baum der Erkenntnis ist gar keine andere als eben die: um jene Gegensätze wissen und also sehen zu müssen, daß jede einzelne wichtige Handlung und daß vollends das Leben als Ganzes, wenn es nicht wie ein Naturereignis dahingleiten, sondern bewußt geführt werden soll, eine Kette letzter Entscheidungen bedeutet, durch welche die Seele, wie bei Platon[20], ihr eigenes Schicksal: – den Sinn ihres Tuns und Seins heißt das – *wählt*. Wohl das gröblichste Mißverständnis, welches den Absichten der Vertreter der Wertkollision gelegentlich immer wieder zuteil geworden ist, enthält daher die Deutung dieses Standpunkts als ,,Relativismus", – als einer Lebensanschauung also, die gerade auf der radikal entgegengesetzten Ansicht vom Verhältnis der Wertsphären zueinander beruht und (in konsequenter Form) nur auf dem Boden einer sehr besonders gearteten (,,organischen")Metaphysik sinnvoll durchführbar ist. –

Kehren wir zu unserem Spezialfall zurück, so scheint mir ohne die Möglichkeit eines Zweifels feststellbar: daß auf dem Gebiet der praktisch-politischen (speziell also auch der wirtschafts- und sozialpolitischen) Wertungen, sobald daraus Direktiven für ein wertvolles Handeln abgeleitet werden sollen: 1. die unvermeidlichen Mittel und 2. die unvermeidlichen Nebenerfolge, 3. die dadurch bedingte Konkurrenz mehrerer *möglicher* Wertungen miteinander in ihren *praktischen* Konsequenzen das einzige sind, was eine *empirische* Disziplin mit ihren Mitteln aufzeigen kann. *Philosophische* Disziplinen können darüber hinaus mit ihren Denkmitteln den ,,Sinn" der Wertungen, also ihre letzte sinnhafte Struktur und ihre *sinnhaften* Konsequenzen ermitteln, ihnen also den ,,Ort" innerhalb der Gesamtheit der überhaupt möglichen ,,letzten" Werte anweisen und ihre sinnhaften Geltungssphären abgrenzen. Schon so einfache Fragen aber, wie die: inwieweit ein Zweck die unvermeidlichen Mittel heiligen solle, wie auch die andere: inwieweit die nicht gewollten Nebenerfolge in den Kauf genommen werden sollen, wie vollends die dritte, wie Konflikte zwischen mehreren in concreto kollidierenden, gewollten oder gesollten Zwecken zu schlichten seien, sind ganz und gar Sache der Wahl oder des Kompromisses. Es gibt keinerlei (rationales oder empirisches) wissenschaftliches Verfahren irgendwelcher Art, welches hier eine Entscheidung geben könnte. Am allerwenig-

20 Weber spielt an auf die Erzählung des Er im Schlußmythos von Platons ‚Staat' (614 b–621 d).

sten kann diese Wahl *unsere* streng empirische Wissenschaft den Einzelnen zu ersparen sich anmaßen, und sie sollte daher auch nicht den Anschein erwecken, es zu können. –

Ausdrücklich sei schließlich aber noch bemerkt: daß die Anerkennung *dieses* Sachverhalts *für unsere Disziplinen* von der Stellungnahme zu den vorstehend in größter Kürze angedeuteten werttheoretischen Ausführungen vollständig unabhängig ist. Denn es gibt eben überhaupt keinen logisch haltbaren Standpunkt, von dem aus man ihn ablehnen könnte, außer dem einer durch *kirchliche* Dogmen eindeutig vorgeschriebenen Rangfolge der Werte. Ich muß abwarten, ob sich wirklich Leute finden, welche behaupten, daß die Fragen: ob eine konkrete Tatsache sich so oder anders verhält? warum der betreffende konkrete Sachverhalt so und nicht anders geworden ist? ob auf einen gegebenen Sachverhalt nach einer Regel des faktischen Geschehens ein anderer Sachverhalt, und mit welchem Grade von Wahrscheinlichkeit, zu folgen pflegt? dem Sinn nach *nicht* grundverschieden seien von den Fragen: was man in einer konkreten Situation praktisch *tun* solle? unter welchen Gesichtspunkten jene Situation praktisch erfreulich oder unerfreulich erscheinen könne? ob es – wie immer geartete – allgemein formulierbare Sätze (Axiome) gebe, auf welche sich diese Gesichtspunkte reduzieren lassen? – ferner: daß einerseits die Frage: in welcher Richtung sich eine konkret gegebene tatsächliche Situation (oder generell: eine Situation eines bestimmten, irgendwie hinlänglich bestimmten Typus) mit Wahrscheinlichkeit, und mit wie großer Wahrscheinlichkeit sie in jener Richtung sich entwickeln *werde* (bzw. typisch zu entwickeln *pflege*)? und die andere Frage: ob man dazu *beitragen* solle, daß eine bestimmte Situation sich in einer bestimmten Richtung – sei es der an sich wahrscheinlichen, sei es der gerade entgegengesetzten oder irgendeiner anderen – entwikkelt? endlich, daß einerseits die Frage: welche Ansicht sich bestimmte Personen unter konkreten, oder eine unbestimmte Vielheit von Personen sich unter gleichen Umständen über ein Problem welcher Art immer mit Wahrscheinlichkeit (oder selbst mit Sicherheit) bilden *werden*? und andererseits die Frage: ob diese mit Wahrscheinlichkeit oder Sicherheit entstehende Ansicht *richtig* sei? – daß die Fragen jedes dieser Gegensatzpaare miteinander dem Sinn nach auch nur das mindeste zu tun haben? daß sie wirklich, wie immer einmal wieder behauptet wird, „voneinander nicht zu trennen“ seien? daß diese letztere Behauptung *nicht* mit den Anforderungen des wissenschaftlichen Denkens im Widerspruche stehe? Ob dagegen jemand, der die absolute Heterogenität beider Arten von Fragen zugibt, dennoch für sich in Anspruch nimmt: in einem und demselben Buch, auf einer und derselben Seite, ja in einem

Haupt- und Nebensatz einer und derselben syntaktischen Einheit sich einerseits über das eine und andererseits über das andere der beiden heterogenen Probleme zu äußern, – das ist seine Sache. Was von ihm zu verlangen ist, ist lediglich: daß er seine Leser über die absolute Heterogenität der Probleme nicht unabsichtlich (oder auch aus absichtsvoller Pikanterie) *täusche*. Persönlich bin ich der Ansicht, daß kein Mittel der Welt zu „pedantisch" ist, um nicht zur Vermeidung von Konfusionen am Platze zu sein.

Der Sinn von Diskussionen über *praktische Wertungen* (der an der Diskussion *Beteiligten* selbst) kann also nur sein:

a) Die Herausarbeitung der letzten, innerlich „konsequenten" Wertaxiome, von denen die einander entgegengesetzten Meinungen ausgehen. Nicht nur über die der Gegner, sondern auch über die eigenen täuscht man sich oft genug. Diese Prozedur ist dem Wesen nach eine von der Einzelwertung und ihrer sinnhaften Analyse ausgehende, immer höher zu immer prinzipielleren wertenden Stellungnahmen aufsteigende Operation. Sie operiert nicht mit den Mitteln einer empirischen Disziplin und zeitigt keine Tatsachenerkenntnis. Sie „gilt" in gleicher Art wie die Logik.

b) Die Deduktion der „Konsequenzen" für die *wertende* Stellungnahme, welche aus bestimmten letzten Wertaxiomen folgen würden, wenn man sie, und nur sie, der praktischen Bewertung von faktischen Sachverhalten zugrunde legte. Sie ist rein sinnhaft in Bezug auf die Argumentation, dagegen an empirische Feststellungen gebunden für die möglichst erschöpfende Kasuistik derjenigen empirischen Sachverhalte, welche für eine praktische Bewertung überhaupt in Betracht kommen *können*.

c) Die Feststellung der *faktischen* Folgen, welche die praktische Durchführung einer bestimmten praktisch wertenden Stellungnahme zu einem Problem haben müßte: 1. infolge der Gebundenheit an bestimmte unvermeidliche *Mittel*, – 2. infolge der Unvermeidlichkeit bestimmter, nicht direkt gewollter Nebenerfolge. Diese rein empirische Feststellung kann u. a. als Ergebnis haben: 1. die absolute Unmöglichkeit irgendeiner auch noch so entfernt annäherungsweisen Durchführung des Wertpostulates, weil keinerlei Wege seiner Durchführung zu ermitteln sind; – 2. die mehr oder minder große *Unwahrscheinlichkeit* seiner vollen oder auch nur annäherungsweisen Durchführung, entweder aus dem gleichen Grunde oder weil die Wahrscheinlichkeit des Eintretens ungewollter Nebenerfolge besteht, welche direkt oder indirekt die Durchführung illusorisch zu machen geeignet sind; – 3. die Notwendigkeit, solche Mittel oder solche Nebenerfolge mit in Kauf zu nehmen, welche der Vertreter des betreffenden praktischen Postulats nicht in Betracht gezogen hatte, so, daß seine Wertentscheidung zwischen Zweck, Mittel und Nebenerfolg ihm selbst zu einem neuen Problem wird und an zwingender Gewalt auf andere einbüßt. – Endlich können dabei

d) *neue* Wertaxiome und daraus zu folgernde Postulate vertreten werden, welche der Vertreter eines praktischen Postulats nicht beachtet und zu denen er infolgedessen nicht Stellung genommen hatte, obwohl die Durchführung seines eigenen Postulats mit jenen anderen entweder 1. prinzipiell oder 2. infolge der praktischen Konsequenzen, also: sinnhaft oder praktisch, kollidiert. Im Fall 1 handelt es sich bei der weiteren Erörterung um Probleme des Typus a, im Falle 2 des Typus c.

Sehr weit entfernt davon also, „sinnlos" zu sein, haben Wertungsdiskussionen dieses Typus, gerade wenn sie in ihren Zwecken richtig verstanden werden, und m. E. nur dann, ihren sehr erheblichen Sinn.

Der *Nutzen* einer Diskussion praktischer Wertungen, an der richtigen Stelle und im richtigen Sinne, ist aber mit solchen direkten „Ergebnissen", die sie zeitigen kann, keineswegs erschöpft. Sie befruchtet vielmehr, wenn richtig geführt, die empirische Arbeit auf das Nachhaltigste, indem sie ihr die *Fragestellungen* für ihre Arbeit liefert.

(Sinn der 'Wertfreiheit' S. 501–511)

Herbert Marcuse

Ethik und Revolution (1964)[1]

Ich möchte das Verhältnis von Ethik und Revolution erörtern, indem ich mich von folgender Frage leiten lasse: Läßt sich eine Revolution als angebracht, gut, vielleicht sogar als notwendig rechtfertigen, und zwar nicht nur im politischen Sinne (als bestimmten Interessen dienlich), sondern auch im ethischen, das heißt rechtfertigen mit Rücksicht auf die menschliche Verfassung als solche, auf das Potential des Menschen, in einer gegebenen historischen Situation? Das bedeutet, daß ethische Begriffe wie ,,rechtmäßig" oder ,,gut" auf politische und gesellschaftliche Bewegungen angewandt werden, wobei hypothetisch unterstellt wird, daß die moralische Bewertung solcher Bewegungen (in einem zu definierenden Sinne) mehr als subjektiv ist, mehr als eine Sache des Beliebens. Unter dieser Hypothese würden ,,gut" und ,,rechtmäßig" heißen, daß etwas dazu dient, Freiheit und Glück der Menschen in einem Gemeinwesen, von welcher Regierungsform auch immer, herzustellen, zu befördern oder zu erweitern. Diese vorläufige Definition verbindet individuelles und allgemeines, privates und öffentliches Wohl. Sie versucht, eine Grundvorstellung der klassischen politischen Philosophie, die nur allzuoft unterdrückt worden ist, wiederzugewinnen, daß nämlich der Zweck der Regierung nicht nur die größtmögliche Freiheit ist, sondern auch das größtmögliche Glück des Menschen, das heißt ein Leben ohne Angst und Elend, ein Leben in Frieden.

Hier stoßen wir auf die erste quälende Frage: Wer bestimmt das allgemeine Interesse eines Gemeinwesens und damit Reichweite und Grenzen individueller Freiheit und individuellen Glücks und die der individuellen Freiheit und dem individuellen Glück im Namen und Interesse des Gemeinwesens auferlegten Opfer? Wer kann es bestimmen und mit welchem Recht? Denn solange allgemeines und individuelles Wohl nicht unmittelbar zusammenfallen, wird dieses *dazu gebracht*, mit jenem übereinzustimmen. Und wenn wir diese Frage stellen, stehen wir sofort einem ebenso ernsten wie verwickelten Problem gegenüber: angenommen selbst, daß Freiheit nicht nur eine individuelle und private Angelegenheit ist, daß sie vielmehr durch die Gesellschaft, durch den

1 übersetzt von Alfred Schmidt, in: Kultur und Gesellschaft 2, es 135, [8]Frankfurt 1970, S. 130–146 (gekürzt)

Staat, worin wir leben, bestimmt wird, wie steht es mit dem Glück? Ist das Glück eines Individuums seine private Angelegenheit, oder ist es zugleich in einem sehr entschiedenen Sinn den Beschränkungen, ja den Bestimmungen unterworfen, die ihm von einem Gemeinwesen auferlegt werden? Die extreme Position, daß menschliches Glück individuell und Sache des Individuums selbst sei und bleiben müsse, läßt sich nicht verteidigen, wenn wir sie auch nur einen Augenblick bedenken. Es gibt sicher Weisen und Formen individuellen Glücks, die nicht von jeder Art Gemeinwesen geduldet werden können. Es ist durchaus möglich – und in der Tat wissen wir, daß dem so ist – daß oft Menschen, die die führenden Folterknechte in den Hitlerschen Konzentrationslagern waren, ihr Glück darin fanden, diese Tätigkeit auszuüben. Das ist einer der vielen Fälle individuellen Glücks, bei denen wir ohne Zögern sagen, daß nicht allein das Individuum selbst der Richter über sein Glück sein und bleiben kann. Wir nehmen ein Tribunal an, das (tatsächlich oder moralisch) befugt ist, individuelles Glück zu „definieren“.

Nach diesen vorläufigen Erläuterungen möchte ich jetzt sagen, was ich unter Revolution verstehe. Unter Revolution verstehe ich den Sturz einer rechtmäßig etablierten Regierung und Verfassung durch eine soziale Klasse oder Bewegung, deren Ziel es ist, die gesellschaftliche wie die politische Struktur zu verändern. Diese Definition schließt alle militärischen Staatsstreiche, Palastrevolutionen und „präventiven“ Gegenrevolutionen (wie den Faschismus und den Nationalsozialismus) aus, weil sie die grundlegende Gesellschaftsstruktur nicht verändern. Wenn wir die Revolution auf diese Weise definieren, können wir einen Schritt weitergehen und sagen, daß eine derartige radikale und qualitative Änderung Gewalt einschließt. Friedliche Revolutionen, wenn es so etwas gibt oder geben kann, bieten keine Probleme. Wir können deshalb die Ausgangsfrage neu formulieren, indem wir fragen: Läßt sich revolutionäre Gewaltanwendung als ein Mittel zur Herstellung oder Beförderung menschlicher Freiheit und menschlichen Glücks rechtfertigen? Die Frage impliziert eine sehr wichtige Annahme, nämlich daß es rationale Kriterien zur Bestimmung der Möglichkeiten menschlicher Freiheit und menschlichen Glücks gibt, die einer Gesellschaft in einer spezifischen geschichtlichen Situation zu Gebote stehen. Wenn es keine solchen rationalen Kriterien gäbe, wäre es unmöglich, eine politische Bewegung nach ihren Chancen einzuschätzen, ein größeres Ausmaß oder einen höheren Grad von Freiheit und Glück in der Gesellschaft zu erreichen.

Postuliert man aber, daß rationale Maßstäbe und Kriterien zum Beurteilen der gegebenen Möglichkeiten menschlicher Freiheit und menschlichen Glücks zur Verfügung stehen, so nimmt man damit an, daß die ethischen, moralischen Maßstäbe *historische* Maßstäbe sind. Sind sie das nicht, so bleiben sie bedeutungslose Abstraktionen. Angewandt auf unsere Frage heißt das, daß eine revolutionäre Bewegung, um ein ethisches und moralisches Recht zu beanspruchen, imstande sein muß, für ihre Chancen, reale Möglichkeiten menschlicher Freiheit und menschlichen Glücks zu erfassen, rationale Gründe anzugeben. Und sie muß imstande sein zu begründen, daß ihre Mittel angemessen sind, diesen Zweck zu erreichen. Nur wenn das Problem in einen solchen historischen Zusammenhang gestellt wird, ist es einer rationalen Diskussion zugänglich. Andernfalls bleiben nur zwei Positionen offen, nämlich alle Revolution und revolutionäre Gewalt a priori abzulehnen oder gutzuheißen. Beide Positionen, die affirmative wie die negative, verstoßen gegen historische Tatsachen. Es ist zum Beispiel sinnlos zu sagen, daß die moderne Gesellschaft ohne die Englische, Amerikanische und Französische Revolution *hätte* entstehen *können*. Es ist ebenso sinnlos zu sagen, daß alle revolutionäre Gewalt dieselbe gesellschaftliche Funktion und dieselben gesellschaftlichen Folgen hatte. Die Gewalt der Bürgerkriege im England des siebzehnten Jahrhunderts, die Gewalt der ersten Französischen Revolution hatten sicherlich Wirkungen und Folgen, die von denen der bolschewistischen Revolution sehr verschieden waren und sehr verschieden von der konterrevolutionären Gewalt, die von den nationalsozialistischen und faschistischen Regimes ausgeübt wurde. Mehr noch, die Positionen der *apriorischen* Ablehnung oder Billigung gesellschaftlicher und politischer Gewalt würden schließlich darauf hinauslaufen, jede auf diese Weise zustande gekommene Veränderung zu sanktionieren, ganz gleich ob sie in eine fortschrittliche oder regressive, befreiende oder versklavende Richtung ginge. . . .

Die Ethik der Revolution bezeugt so den Zusammenstoß und Konflikt zweier historischer Rechte: auf der einen Seite das Recht dessen, was *ist*, das etablierte Gemeinwesen, von dem das Leben und vielleicht auch Glück der Individuen abhängen; und auf der anderen Seite das Recht dessen, was sein *kann* und vielleicht sein *sollte*, weil es Schmerz, Elend und Ungerechtigkeit verringern kann, vorausgesetzt stets, daß diese Chance als eine reale Möglichkeit begründet werden kann. Ein solcher Beweis muß rationale Kriterien liefern; wir können jetzt hinzufügen: diese müssen *historische* Kriterien sein. Als solche laufen sie auf einen „historischen Kalkül" hinaus, nämlich auf eine Berechnung der Chancen einer künftigen Gesellschaft gegenüber den Chancen der bestehenden im Hinblick auf menschlichen Fortschritt, das heißt, daß der technische und materielle Fortschritt derart angewandt wird, daß er individuelle Freiheit und individuelles Glück vergrößert. Wenn nun ein solcher historischer Kalkül eine rationale Grundlage haben soll, muß er die Opfer berücksichtigen, die den lebenden Generationen im Namen der etablierten Gesellschaft abgefordert werden, all jene Opfer von Gesetz und Ordnung, welche die Verteidigung dieser Gesellschaft in Krieg und Frieden kostet, im Kampf ums Dasein, individuell und national. Der Kalkül hätte ferner die der Gesellschaft zur Verfügung stehenden geistigen und materiellen Ressourcen zu berücksichtigen sowie die Weise, in der sie gegenwärtig genutzt werden, im Hinblick auf ihre volle Kapazität, vitale menschliche Bedürfnisse zu befriedigen und den Kampf ums Dasein zu befrieden. Auf der anderen Seite müßte der historische Kalkül die Chancen der konkurrierenden revolutionären Bewegung aufzeigen, die herrschenden Verhältnisse zu verbessern, ob nämlich das revolutionäre Ziel oder das revolutionäre Programm die technische, materielle und intellektuelle Kraft hat, die Versagungen und die Zahl der Opfer zu verringern. Schon vor der Frage nach der Möglichkeit eines solchen Kalküls (die, wie ich glaube, besteht) wird sein unmenschlicher, quantifizierender Charakter offenbar. Aber seine Unmenschlichkeit ist die der Geschichte selbst, ist ihrer empirischen, rationalen Grundlage entnommen. Keine Heuchelei sollte von vornherein die Überprüfung verzerren. Dieser brutale Kalkül ist auch keineswegs eine leere intellektuelle Abstraktion; in der Tat wurde die Geschichte an ihren entscheidenden Wendepunkten ein solch berechnetes Experiment.

Die Ethik der Revolution, wenn es etwas Derartiges gibt, wird sich daher im Einklang nicht mit absoluten, sondern historischen Maßstäben befinden. Sie machen jene allgemeinen Normen nicht ungültig, in denen Erfordernisse des Fortschritts der Menschheit zur Humanität sich aussprechen. Ganz gleich, wie rational man revolutionäre Mittel im Hinblick auf die mögliche Chance rechtfertigen mag, Freiheit und Glück für künftige Generationen zu erreichen, und dabei die Verletzung bestehender Rechte und Freiheiten und selbst des Lebens beansprucht, es gibt Formen der Gewalt und Unterdrückung, die keine revolutionäre Situtation rechtfertigen kann, weil sie gerade den Zweck negieren, wofür die Revolution ein Mittel ist. Dieser Art sind willkürliche Gewalt, Grausamkeit und unterschiedsloser Terror. Im historischen Kontinuum stellen jedoch die Revolutionen ihren eigenen moralischen und ethischen Kodex auf und werden so zum Ursprung und zur Quelle neuer allgemeiner Normen und Werte. In der Tat entstanden die meisten heute allgemein anerkannten Werte in Revolutionen, so der Wert der Toleranz in den englischen Bürgerkriegen, die unveräußerlichen Menschenrechte in der Amerikanischen und Französischen Revolution.

Diese Ideen wurden zur geschichtlichen Kraft, zunächst als parteigebundene Ideen, als Instrumente einer revolutionären Bewegung zu politischen Zwecken. Ihre Verwirklichung schloß ursprünglich Gewalt ein; später nahmen sie gegen die Gewalt gerichtete, also allgemeine ethische Gültigkeit an. Auf diese Weise stellen Revolutionen sich unter sittliche Maßstäbe.

Gewalt als solche wurde von den Führern der historischen Revolutionen niemals zu einem revolutionären Wert gemacht. . . . Nun wird (. . .) Unterdrückung, welche Gewalt einschließt, im Interesse der Revolutionsziele praktiziert, und diese Ziele werden nicht nur als politische, sondern auch als moralische Werte, sittliche Imperative dargestellt, nämlich: größere Freiheit für eine größere Zahl von Leuten. Und in diesem Sinne beanspruchen die Ziele und Zwecke der Revolution selbst Allgemeingültigkeit und werden moralischen Maßstäben und moralischer Beurteilung unterworfen.

Hier stehen wir vor dem Problem aller Ethik, nämlich vor der Frage nach der letztinstanzlichen Sanktion moralischer Werte. Oder einfacher ausgedrückt: Wer oder was bestimmt die Gültigkeit sittlicher Normen? Die Frage wird erst mit der Säkularisierung des Abendlandes akut; sie war kein Problem im Mittelalter, solange eine transzendente Sanktion der Ethik wirksam war. Die Ungläubigen konnten ‚mit Recht' ausgerottet, Ketzer mit Recht verbrannt werden. Das war Gerechtigkeit im Sinne der herrschenden Werte, die wiederum die der transzendenten Ethik waren. Worin aber besteht heute die Sanktion sittlicher Werte (Sanktion nicht im Sinne des Durchsetzens, sondern in dem des Akzeptierens sittlicher Werte), worin der Beweis ihrer Gültigkeit? Sanktion scheint heute hauptsächlich auf einem prekären und beweglichen Syndrom von Herkommen, Angst, Nützlichkeit und Religion zu beruhen; beweglich, weil es innerhalb des Syndroms eine große Variationsbreite gibt. Ich beziehe mich zum Beispiel auf die weitgehende Liberalisierung der Sexualmoral, die wir in den letzten dreißig Jahren erlebt haben, oder auf die Suspendierung praktisch aller sittlichen Werte in sogenannten Notstandssituationen. Die Sanktion und Gültigkeit ethischer Normen ist damit auf den Normalzustand gesellschaftlicher und politischer Verhältnisse beschränkt.

Nun ist eine Revolution nach den Begriffen des Normalzustands ex definitione unmoralisch; sie verstößt gegen das Recht des bestehenden Gemeinwesens; sie gestattet und erfordert sogar Täuschung, List, Unterdrückung, Zerstörung von Leben und Eigentum usw. Aber ein an diese Definition sich haltendes Urteil ist unangemessen. Sittliche Maßstäbe transzendieren aufgrund ihres imperativischen Anspruchs jeden gegebenen Zustand, und sie transzendieren ihn nicht in Richtung auf irgendwelche metaphysischen Wesenheiten, sondern innerhalb des geschichtlichen Kontinuums, in dem der gegebene Zustand entstanden ist, durch das jeder gegebene Zustand bestimmt wird und in dem jeder gegebene Zustand geändert oder durch andere Zustände aufgehoben werden wird. Und in dem geschichtlichen Kontinuum, das ihren Ort und ihre Funktion bestimmt, appelliert die Ethik der Revolution an einen historischen Kalkül. Kann die beabsichtigte neue Gesellschaft, die von der Revolution beabsichtigte Gesellschaft, dem Fortschritt in Freiheit bessere Chancen bieten als die bestehende? Im geschichtlichen Kontinuum lassen sich diese Chancen nur so berechnen, daß über den gegebenen Zustand hinausgegangen wird. Über ihn hinausgehen heißt nicht einfach, sich in ein abstraktes Vakuum der Spekulation begeben, sondern über ihn hinausgehen, indem die geistigen wie materiellen, wissenschaftlichen wie technischen Ressourcen berechnet und die rationalsten Mittel entworfen werden, diese Ressourcen zu nutzen. Wenn nun ein solcher Entwurf möglich ist, dann kann er objektive Kriterien liefern zum Beurteilen von Revolutionen in ihrer historischen Funktion hinsichtlich des Fortschritts oder Rückschritts, hinsichtlich der Entwicklung der *humanitas*.

Eine vorläufige Antwort wird nahegelegt durch einen Blick auf den historischen Prozeß selbst. Historisch bestand die objektive Tendenz der großen Revolutionen der Neuzeit in der Erweiterung des gesellschaftlichen Spielraums der Freiheit und in der Erweiterung der Bedürfnisbefriedigung. Ganz gleich, wie sehr die gesellschaftlichen Interpretationen der Englischen und der Französischen Revolution voneinander abweichen mögen, sie scheinen darin übereinzustimmen, daß eine Neuverteilung des gesellschaftlichen Reichtums stattfand, so daß vorher unterdrückte oder benachteiligte Klassen die Nutznießer dieser Veränderung waren, wirtschaftlich und (oder) politisch. Trotz der sich anschließenden Perioden der Reaktion und Restauration war das Ergebnis und die objektive Funktion dieser Revolution die Einrichtung liberalerer Regierungen, eine allmähliche Demokratisierung der Gesellschaft und technischer Fortschritt. Ich sagte „objektive Funktion", weil diese Einschätzung der Revolution offenkundig ein Urteil ex post facto ist. Die Absicht und Ideologie der Führer der Revolution und die Massen mögen ganz andere Ziele und Motive gehabt haben. Aufgrund ihrer objektiven Funktion erzielten diese Revolutionen einen Fortschritt im angegebenen Sinne, nämlich eine nachweisliche Erweiterung des Spielraums menschlicher Freiheit; sie setzten damit trotz der schrecklichen Opfer, die sie forderten, ein sittliches Recht durch und nicht bloß eine politisch-historische Rechtfertigung.

Wenn aber eine solche ethische Rechtfertigung und ihre Kriterien stets und notwendig erst post festum vorliegen, so können sie uns nicht dienen und überlassen uns der irrationalen Wahl, entweder a priori alle Revolution zu akzeptieren oder zu verwerfen. Nun gebe ich zu bedenken, daß, während die historische Funktion einer Revolution erst post festum ausgemacht werden kann, ihre voraussichtliche Richtung, fortschrittlich oder rückschrittlich, mit der Sicherheit einer vernünftigen *Chance vorher* nachweisbar ist – in dem Maße, wie die historischen Bedingungen des Fortschritts nachweisbar sind. Zum Beispiel konnte gezeigt werden – und wurde vorher gezeigt – daß die Fanzösische Revolution von 1789 im Sinne des historischen Kalküls der Entwicklung der menschlichen Freiheit eine bessere Chance bieten würde als das Ancien Regime. Demgegenüber ließe sich zeigen – und das ebenfalls schon vorher – daß faschistische und nationalsozialistische Regimes das genaue Gegenteil tun würden, nämlich die Reichweite menschlicher Freiheit notwendig beschränken. Ferner (und ich glaube, daß dies ein sehr wichtiger Punkt ist) wird ein solcher vorheriger Nachweis der historischen Chancen zunehmend rationaler mit der zunehmenden Berechenbarkeit unserer wissenschaftlichen, technischen und materiellen Ressourcen, mit dem Fortschritt in der wissenschaftlichen Macht über Mensch und Natur. Heute kommen die Möglichkeiten und Inhalte der Freiheit immer mehr unter die Kontrolle des Menschen: sie werden zunehmend berechenbarer. Und mit diesem Fortschreiten effektiver Kontrolle und Berechenbarkeit wird die unmenschliche Unterscheidung zwischen Gewalt und Gewalt, Opfer und Opfer zunehmend rationaler. Denn die ganze Geschichte hindurch sind Glück und Freiheit und selbst das Leben der Individuen aufgeopfert worden. Wenn wir das menschliche Leben als per se unter allen Bedingungen heilig betrachten, ist die Unterscheidung sinnlos, und wir müssen zugeben, daß Geschichte per se amoralisch und unmoralisch ist, weil sie niemals die Heiligkeit des menschlichen Lebens an sich geachtet hat. Faktisch aber unterscheiden wir doch zwischen Opfern, die legitim, und Opfern, die es nicht sind. Diese Unterscheidung ist eine historische, und mit dieser Einschränkung sind sittliche Maßstäbe auch auf die Gewalt anwendbar.

Lassen Sie mich jetzt das Problem zusammenfassen und neu formulieren. Im Sinne absoluter Sittlichkeit, das heißt im Sinne übergeschichtlicher Geltung, gibt es keinerlei Rechtfertigung für Unterdrückung und Aufopferung um künftiger Freiheit und künftigen Glücks willen, weder für noch gegen die Revolution. Aber historisch stehen wir vor einer Unterscheidung und einer Entscheidung. Denn Unterdrückung und Aufopferung werden täglich von allen Gesellschaften erheischt, und man kann nicht anfangen – und dies möchte ich mit dem größtmöglichen Nachdruck sagen – man kann nicht anfangen, moralisch und ethisch zu werden an einem willkürlichen, aber zweckmäßigen Schlußpunkt: dem Punkt der Revolution. Wer kann die von einer bestehenden Gesellschaft geforderten Opfer quantifizieren und mit jenen vergleichen, die von ihrer Umwälzung gefordert werden? Sind zehntausend Opfer sittlicher als zwanzigtausend? So sieht in der Tat die unmenschliche Arithmetik der Geschichte aus, und in diesem unmenschlichen historischen Zusammenhang spielt sich der historische Kalkül ab. Berechenbar sind die verfügbaren materiellen und geistigen Ressourcen, berechenbar sind die produktiven und distributiven Möglichkeiten in einer Gesellschaft und das Ausmaß unbefriedigter lebenswichtiger Bedürfnisse und befriedigter nicht lebenswichtiger Bedürfnisse. Quantifizierbar und berechenbar sind Menge und Größe der Arbeitskraft und die Gesamtbevölkerung. Das ist das empirische Material, das dem historischen Kalkül zur Verfügung steht. Und auf der Grundlage dieses quantifizierbaren Materials läßt sich die Frage stellen, ob die verfügbaren Ressourcen und Kapazitäten in rationalster Weise ausgenutzt werden, daß heißt im Hinblick auf die bestmögliche Befriedigung der Bedürfnisse bei einem Vorrang der Lebensbedürfnisse und einem Minimum an harter Arbeit, Elend und Ungerechtigkeit. Wenn die Analyse einer bestimmten historischen Situation eine negative Antwort nahelegt, wenn Bedingungen vorliegen, unter denen technologische Rationalität durch repressive politische und gesellschaftliche Interessen, die das allgemeine Wohl definieren, behindert oder gar verdrängt wird, dann wäre der Umsturz solcher Verhältnisse zugunsten eines rationaleren und menschlicheren Gebrauchs der verfügbaren Ressourcen auch eine Maximierung der Chance des Fortschritts in Freiheit. Folglich würde eine in diese Richtung gehende gesellschaftliche und politische Bewegung im Sinne des Kalküls die Annahme zulassen, historisch gerechtfertigt zu sein. Es kann sich nur um eine Annahme handeln, die der Korrektur unterworfen ist – je nachdem, wie die Bewegung sich tatsächlich entwickelt, ihr Potential offenbart und neue Tatsachen herstellt oder, mit anderen Worten, je nachdem, wie sie die Verbindung zwischen den von der Revolution angewandten Mitteln und dem Zweck, den sie zu erreichen erklärt, bewahrt oder zerreißt.

Und das führt zur letzten Frage, die ich hier aufwerfen möchte: Kann der revolutionäre Zweck *alle* Mittel rechtfertigen? Können wir zwischen rationaler und irrationaler, notwendiger und willkürlicher Unterdrückung unterscheiden? Wann kann Unterdrückung im Sinne des Ziels der jeweiligen Revolution rational genannt werden? Ich möchte kurz den Rahmen dieser Frage an der bolschewistischen Revolution erläutern. Das erklärte Ziel der bolschewistischen Revolution war der Sozialismus. Es schloß die Sozialisierung der Produktionsmittel ein und die Diktatur des Proletariats als vorbereitenden Schritt zu einer klassenlosen Gesellschaft. In der besonderen historischen Lage, in der die bolschewistische Revolution stattfand, erforderte der Sozialismus eine Industrialisierung in Konkurrenz mit den fortgeschrittenen kapitalistischen Ländern des Westens, den Aufbau bewaffneter Streitkräfte und Propaganda im Weltmaßstab. Können wir hier eine Unterscheidung zwischen rational und irrational auf die Ziele und das Maß der in ihnen enthaltenen Unterdrückung anwenden? Im Sinne der Revolution wäre rational die beschleunigte Industrialisierung, die Ausschaltung unproduktiver Führungsgruppen aus der Wirtschaft, die Einschärfung einer Arbeitsdisziplin, Opfer in der Bedürfnisbefriedigung, erzwungen durch den Vorrang der Schwerindustrie auf den ersten Stufen der Industrialisierung, und Aufhebung der staatsbürgerlichen Freiheiten, sofern sie benutzt würden, diese Ziele zu sabotieren. Doch nicht zu rechtfertigen, auch nicht im Sinne der Revolution, sind die Moskauer Prozesse, der permanente Terror, die Konzentrationslager und die Diktatur der Partei über die arbeitenden Klassen. Eine nähere Untersuchung machte erforderlich, daß die Situation der Koexistenz im Weltmaßstab in die Diskussion eingeführt wird; das ist an dieser Stelle nicht möglich. Wir haben auch von dem menschlichen Element in der Führung der Revolution abstrahiert, das heißt von den sogenannten historischen Individuen.

Und dazu möchte ich noch eine Anmerkung machen. Es erscheint mir charakteristisch, daß, je berechenbarer und kontrollierbarer der technische Apparat der modernen Industriegesellschaft wird, die Chancen menschlichen Fortschritts um so mehr von den intellektuellen und moralischen Qualitäten der Führer abhängen sowie von ihrer Bereitschaft und Fähigkeit, die kontrollierte Bevölkerung zu erziehen und dazu zu bringen, die Möglichkeit, vielmehr Notwendigkeit der Befriedung und Humanisierung anzuerkennen. Denn heute ist der technische Apparat der fortgeschrittenen Industriegesellschaft an sich autoritär und verlangt Dienstleistung, Unterwerfung, Unterordnung unter den objektiven Mechanismus des Maschinensystems, das heißt Unterwerfung unter jene, die den Apparat kontrollieren. Die Technik ist in ein mächtiges Instrument ultramoderner Herrschaft verwandelt worden – um so mächtiger, je mehr es seine Leistungsfähigkeit beweist, den Beherrschten und der Politik der Herrschaft zu dienen.

Ich komme zum Schluß. Das Verhältnis von Mittel und Zweck ist das ethische Problem der Revolution. In gewissem Sinne rechtfertigt der Zweck die Mittel, dann nämlich, wenn sie nachweislich den menschlichen Fortschritt in Freiheit fördern. Dieser legitime Zweck, der einzige legitime Zweck, erfordert die Schaffung von Verhältnissen, die seine Verwirklichung erleichtern und begünstigen würden. Und das Schaffen dieser Verhältnisse kann Opfer rechtfertigen, wie es die ganze Geschichte hindurch Opfer gerechtfertigt hat. Aber diese Beziehung zwischen Mitteln und Zwecken ist eine dialektische. Der Zweck muß in den repressiven Mitteln, ihn zu erreichen, am Werk sein. Auch dann setzen die Opfer Gewalt voraus – die gewaltlose Gesellschaft bleibt die Möglichkeit einer geschichtlichen Stufe, die erst zu erkämpfen ist.

Max Horkheimer

Mittel und Zwecke (1947)[1]

Verlangt man vom einfachen Menschen zu erklären, was mit dem Begriff Vernunft gemeint sei, so reagiert er fast immer zögernd und verlegen. Es wäre falsch, dies so zu interpretieren, als deute es eine Weisheit an, die zu tief, oder ein Denken, das zu abstrus ist, um in Worte gekleidet zu werden. Was er wirklich verrät, ist das Gefühl, daß es nichts zu erforschen gibt, daß der Begriff der Vernunft sich selbst erklärt, daß die Frage selbst überflüssig ist. Dringend um eine Antwort gebeten, wird der Durchschnittsmensch sagen, daß vernünftige Dinge offensichtlich nützliche Dinge sind und daß jeder vernünftige Mensch imstande sein soll zu entscheiden, was ihm nützt. Natürlich sollten die Umstände einer jeden Situation sowie Gesetze, Sitten und Traditionen berücksichtigt werden. Aber die Kraft, die letztlich vernünftige Handlungen ermöglicht, ist die Fähigkeit der Klassifikation, des Schließens und der Deduktion, ganz gleich, worin der besondere Inhalt besteht – das abstrakte Funktionieren des Denkmechanismus. Diese Art von Vernunft kann *subjektive Vernunft* genannt werden. Sie hat es wesentlich mit Mitteln und Zwecken zu tun, mit der Angemessenheit von Verfahrensweisen an Ziele, die mehr oder minder hingenommen werden und sich vermeintlich von selbst verstehen. Sie legt der Frage wenig Bedeutung bei, ob die Ziele als solche vernünftig sind. Befaßt sie sich überhaupt mit Zwecken, dann hält sie es für ausgemacht, daß auch sie vernünftig im subjektiven Sinne sind, das heißt, daß sie dem Interesse des Subjekts im Hinblick auf seine Selbsterhaltung dienen – sei es die des einzelnen Individuums oder die der Gemeinschaft, von deren Fortbestand der des Individuums abhängt. Der Gedanke, daß ein Ziel um seiner selbst willen vernünftig sein kann – auf Grund von Vorzügen, von denen Einsicht zeigt, daß das Ziel sie enthält –, ohne auf irgendeine Art subjektiven Gewinnes oder Vorteils sich zu beziehen, ist der subjektiven Vernunft zutiefst fremd, selbst wo sie sich über die Rücksicht auf unmittelbar nützliche Werte erhebt und sich Reflexionen über die Gesellschaftsordnung, betrachtet als ein Ganzes, widmet.

1 in: Zur Kritik der instrumentellen Vernunft, herausgegeben von Alfred Schmidt, Frankfurt 1967, S. 15–62, hier: S. 15–43 (gekürzt)

Wie naiv oder oberflächlich diese Definition der Vernunft auch erscheinen mag, sie ist ein wichtiges Symptom eines tiefgreifenden Wandels der Anschauungsweise, der in den letzten Jahrhunderten im abendländischen Denken stattgefunden hat. Lange Zeit herrschte eine diametral entgegengesetzte Ansicht von der Vernunft. Diese Ansicht behauptete das Dasein der Vernunft als einer Kraft nicht nur im individuellen Bewußtsein, sondern auch in der objektiven Welt – in den Beziehungen zwischen den Menschen und zwischen sozialen Klassen, in gesellschaftlichen Institutionen, in der Natur und ihren Manifestationen. Große philosophische Systeme, wie die von Platon und Aristoteles, die Scholastik und der deutsche Idealismus, waren auf einer objektiven Theorie der Vernunft begründet. Sie zielte darauf ab, ein umfassendes System oder eine Hierarchie alles Seienden einschließlich des Menschen und seiner Zwecke zu entfalten. Der Grad der Vernünftigkeit des Lebens eines Menschen konnte nach seiner Harmonie mit dieser Totalität bestimmt werden. Deren objektive Struktur, und nicht bloß der Mensch und seine Zwecke, sollte der Maßstab für individuelle Gedanken und Handlungen sein. Dieser Begriff von Vernunft schloß subjektive Vernunft niemals aus, sondern betrachtete sie als partiellen, beschränkten Ausdruck einer umfassenden Vernünftigkeit, von der Kriterien für alle Dinge und Lebewesen abgeleitet wurden. Der Nachdruck lag mehr auf den Zwecken als auf den Mitteln. Das höchste Bestreben dieser Art von Denken war es, die objektive Ordnung des „Vernünftigen", wie die Philosophie sie begriff, mit dem menschlichen Dasein einschließlich des Selbstinteresses und der Selbsterhaltung zu versöhnen. So will Platon in seinem ‚Staat' zeigen, daß, wer im Licht der objektiven Vernunft lebt, auch im Leben erfolgreich und glücklich ist. Im Brennpunkt der Theorie der *objektiven Vernunft* stand nicht die Zuordnung von Verhalten und Ziel, sondern die Begriffe – wie mythologisch sie uns auch heute anmuten mögen –, die sich mit der Idee des höchsten Gutes beschäftigten, mit dem Problem der menschlichen Bestimmung und mit der Weise, wie höchste Ziele zu verwirklichen seien.

Zwischen dieser Theorie, derzufolge Vernunft ein der Wirklichkeit innewohnendes Prinzip ist, und der Lehre, sie sei ein subjektives Vermögen des Geistes, besteht ein grundlegender Unterschied. Nach der letzteren kann einzig das Subjekt in einem genuinen Sinne Vernunft haben: wenn wir sagen, daß eine Institution oder irgendeine andere Wirklichkeit vernünftig ist, so meinen wir gewöhnlich, daß die Menschen sie vernünftig organisiert haben, daß sie auf eine mehr oder minder technische Art ihr logisches, kalkulatorisches Vermögen auf sie angewandt haben. Letzten Endes erweist sich subjektive Vernunft als die Fähigkeit,

Wahrscheinlichkeiten zu berechnen und dadurch einem gegebenen Zweck die richtigen Mittel zuzuordnen. Diese Definition scheint mit den Ideen vieler hervorragender Philosophen, insbesondere englischer Denker seit den Tagen von John Locke[2], übereinzustimmen. Natürlich übersah Locke andere geistige Funktionen nicht, die unter dieselbe Kategorie fallen könnten, zum Beispiel Unterscheidungsvermögen und Reflexion. Aber auch diese Funktionen helfen fraglos bei der Zuordnung von Mitteln und Zwecken, die schließlich das gesellschaftliche Interesse der Wissenschaft und in gewisser Weise die raison d'être[3] jeder Theorie im gesellschaftlichen Produktionsprozeß ist.

In der subjektivistischen Ansicht, worin „Vernunft" eher gebraucht wird, ein Ding oder einen Gedanken zu bezeichnen denn einen Akt, bezieht sie sich ausschließlich auf das Verhältnis eines solchen Gegenstandes oder Begriffs zu einem Zweck, nicht auf den Gegenstand oder Begriff selbst. Das bedeutet, daß das Ding oder der Gedanke zu etwas anderem taugt. Es gibt kein vernünftiges Ziel an sich, und es wird sinnlos, den Vorrang eines Ziels gegenüber anderen unter dem Aspekt der Vernunft zu diskutieren. Vom subjektiven Ansatz her ist eine solche Diskussion nur möglich, wenn beide Ziele einem dritten und höheren dienen, das heißt, wenn sie Mittel, keine Zwecke sind*.

Die Beziehung zwischen diesen beiden Begriffen von Vernunft ist nicht bloß eine des Gegensatzes. Historisch hat es beide Aspekte der Vernunft, den subjektiven und den objektiven, seit Anbeginn gegeben, und

* Der Unterschied zwischen dieser Bedeutung von Vernunft und der objektivistischen Konzeption ähnelt in gewissem Grade dem Unterschied von funktionaler und substantieller Rationalität, wie diese Worte in der Schule von Max Weber gebraucht werden. Max Weber hing jedoch der subjektivistischen Tendenz so entschieden an, daß er sich keinerlei Rationalität vorstellte – nicht einmal eine ‚substantielle', vermöge deren der Mensch einen Zweck von einem anderen unterscheiden kann. Wenn unsere Triebe, Absichten und schließlich unsere letzten Entscheidungen a priori irrational sein müssen, dann wird substantielle Vernunft zu einer Stätte bloßer Wechselwirkung und ist deshalb wesentlich ‚funktional'. Obgleich Webers eigene Beschreibungen und die seiner Schüler hinsichtlich der Bürokratisierung und Monopolisierung der Erkenntnis dem sozialen Aspekt des Übergangs von der objektiven zur subjektiven

2 englischer Philosoph (1632–1704), einer der Begründer der englischen Aufklärung; in seiner Erkenntnistheorie Vertreter des Empirismus: alle Erkenntnisse entstammen der äußeren oder inneren Erfahrung (‚Versuch über den menschlichen Verstand'); in seiner politischen Philosophie erkennt er noch religiöse Voraussetzungen an (‚Ein Brief über Toleranz', ‚Zwei Abhandlungen über die Regierung')

3 Daseinsberechtigung, Zweck

das Vorherrschen jenes über diesen kam im Verlaufe eines langen Prozesses zustande. Vernunft im eigentlichen Sinne als logos oder ratio war immer wesentlich aufs Subjekt bezogen, auf sein Denkvermögen. Alle Termini, von denen sie bezeichnet wird, waren einmal subjektive Ausdrücke; so leitet der griechische Terminus sich her von λέγειν, ‚sagen', und bezeichnet das subjektive Vermögen der Sprache. Das subjektive Denkvermögen war das kritische Agens, das den Aberglauben auflöste. Aber indem es die Mythologie als eine falsche Objektivität denunzierte, das heißt als ein Erzeugnis des Subjekts, mußte es Begriffe gebrauchen, die es als adäquat anerkannte. So entwickelte es stets eine eigene Objektivität. Im Platonismus wurde die pythagoreische Zahlenlehre[4], die der astralen Mythologie entstammte, zu der Ideenlehre umgebildet, die den höchsten Inhalt des Denkens als eine absolute Objektivität zu bestimmen versucht, die, obgleich mit ihm verbunden, letztlich jenseits des Denkvermögens liegt. Die gegenwärtige Krise der Vernunft besteht im Grunde in der Tatsache, daß das Denken auf einer bestimmten Stufe entweder die Fähigkeit verlor, eine solche Objektivität überhaupt zu konzipieren, oder begann, sie als einen Wahn zu bestreiten. Dieser Prozeß erstreckte sich allmählich auf den objektiven Inhalt eines jeden rationalen Begriffs. Schließlich kann keine besondere Realität per se als vernünftig erscheinen; ihres Inhalts entleert, sind alle Grundbegriffe zu bloß formalen Hülsen geworden. Indem Vernunft subjektiviert wird, wird sie auch formalisiert**.

Die Formalisierung der Vernunft hat weitreichende theoretische und praktische Konsequenzen. Wenn die subjektivistische Ansicht stichhaltig ist, kann das Denken nicht helfen zu bestimmen, ob irgendein Ziel an sich wünschenswert ist. Die Annehmbarkeit von Idealen, die Kriterien

---

Vernunft sehr erhellt haben (cf. besonders die Analysen von Karl Mannheim, in: *Man and Society*, London 1940; dt. *Mensch und Gesellschaft im Zeitalter des Umbaus*, Darmstadt 1958), ist Max Webers Pessimismus hinsichtlich der Möglichkeit rationaler Einsicht und rationalen Handelns, wie er in seiner Philosophie sich ausdrückt (cf. z. B. ‚Wissenschaft als Beruf', in: *Gesammelte Aufsätze zur Wissenschaftslehre*, Tübingen 1922), selbst ein Meilenstein auf dem Wege der Abdankung der Philosophie und Wissenschaft, was ihr Bestreben angeht, das Ziel des Menschen zu bestimmen.

** Obgleich die Termini Subjektivierung und Formalisierung in vieler Hinsicht nicht die gleiche Bedeutung haben, werden sie hier durchweg als praktisch gleichbedeutend gebraucht.

4 Pythagoras (582–507 v. Chr.), griechischer Philosoph. Die Grundordnung des Kosmos besteht letzlich in Zahlenverhältnissen. Die Zahlen sind das Wesen der Dinge.

für unser Handeln und unsere Überzeugungen, die leitenden Prinzipien der Ethik und Politik, alle unsere letzten Entscheidungen werden von anderen Faktoren als der Vernunft abhängig gemacht. Sie sollen eine Angelegenheit der Wahl und des Beliebens sein, und es ist sinnlos geworden, bei praktischen, moralischen oder ästhetischen Entscheidungen von Wahrheit zu sprechen . . .

Als die Idee der Vernunft konzipiert wurde, sollte sie mehr zustande bringen, als bloß das Verhältnis von Mitteln und Zwecken zu regeln; sie wurde als das Instrument betrachtet, die Zwecke zu verstehen, *sie zu bestimmen*. Sokrates starb, weil er die heiligsten und vertrautesten Ideen seines Gemeinwesens und seines Landes der Kritik des daimonion oder des dialektischen Denkens, wie Platon es nannte, unterwarf. Damit kämpfte er ebenso gegen den ideologischen Konservatismus wie gegen den Relativismus, der sich als Fortschritt maskierte, aber in Wirklichkeit persönlichen und Standesinteressen unterworfen war. Mit anderen Worten, er kämpfte gegen die subjektive, formalistische Vernunft, der die anderen Sophisten das Wort redeten. Er untergrub die heilige Tradition Griechenlands, die athenische Lebensweise, und bereitete so den Boden für radikal andere Formen des individuellen und gesellschaftlichen Lebens. Sokrates hielt dafür, daß die Vernunft, als universelle Einsicht verstanden, die Überzeugungen bestimmen und die Beziehungen zwischen Mensch und Mensch und zwischen Mensch und Natur regeln sollte.

Obgleich seine Lehre als philosophischer Ursprung des Begriffs des Subjekts als des obersten Richters über Gut und Böse angesehen werden könnte, sprach er von der Vernunft und ihren Urteilen nicht als von bloßen Namen oder Konventionen, sondern so, als spiegelten sie die wahre Natur der Dinge wider. Wie negativistisch seine Lehren auch gewesen sein mögen, sie schlossen die Idee absoluter Wahrheit ein und wurden als objektive Einsichten, fast als Offenbarungen, dargeboten. Sein daimonion war ein spiritueller Gott, aber er war nicht weniger wirklich, als man von den anderen Göttern glaubte. Sein Name sollte eine lebendige Kraft bezeichnen. In Platons Philosophie hat die sokratische Macht der unmittelbaren Erkenntnis oder des Gewissens, der neue Gott im individuellen Subjekt, seine Rivalen in der griechischen Mythologie entthront oder zumindest umgeformt. Sie sind zu Ideen geworden. Es kann nicht die Rede davon sein, daß sie einfach menschliche Geschöpfe, Produkte oder Inhalte sind, ähnlich den Sinneseindrücken des Subjekts nach der Theorie des subjektiven Idealismus. Im Gegenteil, sie bewahren noch einige der Vorrechte der alten Götter: sie haben eine höhere und edlere Sphäre inne als menschliche Wesen, sie sind Vorbilder, sie sind unsterblich. Das daimonion wiederum hat sich in die Seele verwandelt, und die Seele ist das Auge, das die Ideen wahrnehmen kann. Sie offenbart sich als die Schau der Wahrheit oder als das Vermögen des individuellen Subjekts, der ewigen Ordnung der Dinge innezuwerden, und somit als die Richtschnur des Handelns, die in der zeitlichen Ordnung befolgt werden muß.

Der Begriff objektive Vernunft zeigt so auf der einen Seite als sein Wesen eine der Wirklichkeit innewohnende Struktur an, die von sich aus eine bestimmte praktische oder theoretische Verhaltensweise in jedem bestimmten Fall erheischt. Diese Struktur ist demjenigen zugänglich, der die Anstrengung des dialektischen Denkens auf sich nimmt oder, damit identisch, der des Eros fähig ist. Auf der anderen Seite kann der Begriff objektive Vernunft eben diese Anstrengung und Fähigkeit kennzeichnen, eine solche objektive Ordnung zu reflektieren. Einem jeden sind Situationen vertraut, die ihrem ganzen Wesen nach und ganz unabhängig von den Interessen des Subjekts eine bestimmte Richtlinie des Handelns vorschreiben – zum Beispiel ein Kind oder ein Tier in der Gefahr des Ertrinkens, eine hungernde Bevölkerung oder eine individuelle Krankheit. Jede dieser Situationen spricht sozusagen eine eigene Sprache. Da sie jedoch nur Ausschnitte der Wirklichkeit sind, ist es möglich, daß jede von ihnen vernachlässigt werden muß, weil es umfassendere Strukturen gibt, die andere Richtlinien des Handelns erfordern, die ebenso unabhängig von persönlichen Wünschen und Interessen sind. . . .

Ursprünglich war die politische Verfassung als ein Ausdruck konkreter Prinzipien gedacht, die in der objektiven Vernunft gründen; die Ideen der Gerechtigkeit, der Gleichheit, des Glücks, der Demokratie, des Eigentums, sie alle sollten der Vernunft entsprechen, aus der Vernunft fließen.

Später wird der Inhalt der Vernunft willkürlich auf den Umfang bloß eines Teils dieses Inhalts reduziert, auf den Rahmen nur eines ihrer Prinzipien; das Besondere tritt an die Stelle des Allgemeinen. Diese tour de force[5] im Bereich des Geistigen bereitet den Boden für die Herrschaft der Gewalt im Bereich des Politischen. Nachdem sie die Autonomie aufgegeben hat, ist die Vernunft zu einem Instrument geworden. Im formalistischen Aspekt der subjektiven Vernunft, wie er vom Positi-

5 Gewaltakt

vismus hervorgehoben wird, wird ihre Beziehungslosigkeit zu einem objektiven Inhalt betont; in ihrem instrumentellen Aspekt, wie er vom Pragmatismus hervorgehoben wird, wird ihre Kapitulation vor heteronomen Inhalten betont. Die Vernunft ist gänzlich in den gesellschaftlichen Prozeß eingespannt. Ihr operativer Wert, ihre Rolle bei der Beherrschung der Menschen und der Natur, ist zum einzigen Kriterium gemacht worden. Die Begriffe wurden auf Zusammenfassungen von Merkmalen reduziert, die mehrere Exemplare gemeinsam haben. Indem sie eine Ähnlichkeit bezeichnen, entheben die Begriffe der Mühe, die Qualitäten aufzuzählen, und dienen so dazu, das Material der Erkenntnis besser zu organisieren. Man sieht in ihnen bloße Abbreviaturen der einzelnen Gegenstände, auf die sie sich beziehen. Jeder Gebrauch, der über die behelfsmäßige, technische Zusammenfassung faktischer Daten hinausgeht, ist als eine letzte Spur des Aberglaubens getilgt. Begriffe sind zu widerstandslosen, rationalisierten, arbeitssparenden Mitteln geworden. Es ist, als ob Denken selbst auf das Niveau industrieller Prozesse reduziert worden wäre, einem genauen Plan unterworfen – kurz, zu einem festen Bestandteil der Produktion gemacht . . .

Was sind die Konsequenzen der Formalisierung der Vernunft? Gerechtigkeit, Gleichheit, Glück, Toleranz, alle die Begriffe, die, wie erwähnt, in den vorhergehenden Jahrhunderten der Vernunft innewohnen oder von ihr sanktioniert sein sollten, haben ihre geistigen Wurzeln verloren. Sie sind noch Ziele und Zwecke, aber es gibt keine rationale Instanz, die befugt wäre, ihnen einen Wert zuzusprechen und sie mit einer objektiven Realität zusammenzubringen. Approbiert durch verehrungswürdige historische Dokumente, mögen sie sich noch eines gewissen Prestiges erfreuen, und einige sind im Grundgesetz der größten Länder enthalten. Nichtsdestoweniger ermangeln sie der Bestätigung durch die Vernunft in ihrem modernen Sinne. Wer kann sagen, daß irgendeines dieser Ideale enger auf Wahrheit bezogen ist als sein Gegenteil? Nach der Philosophie des durchschnittlichen modernen Intellektuellen gibt es nur eine Autorität, nämlich die Wissenschaft, begriffen als Klassifikation von Tatsachen und Berechnung von Wahrscheinlichkeiten. Die Feststellung, daß Gerechtigkeit und Freiheit an sich besser sind als Ungerechtigkeit und Unterdrückung, ist wissenschaftlich nicht verifizierbar und nutzlos. An sich klingt sie mittlerweile gerade so sinnlos wie die Feststellung, Rot sei schöner als Blau oder ein Ei besser als Milch.

Je mehr der Begriff der Vernunft an Kraft einbüßt, desto leichter gibt er sich her zu ideologischer Manipulation und zur Propagierung selbst der dreistesten Lügen. Das Fortschreiten der Aufklärung löst die Idee der objektiven Vernunft auf, den Dogmatismus und den Aberglauben; aber oft ziehen Reaktion und Obskurantismus[6] den größten Vorteil aus dieser Entwicklung. Hergebrachte Interessen, die den traditionellen humanitären Werten entgegengesetzt sind, pflegen sich im Namen des ‚gesunden Menschenverstandes' auf die neutralisierte, ohnmächtige Vernunft zu berufen. Diese Entsubstantialisierung der Grundbegriffe kann durch die politische Geschichte hindurch verfolgt werden. ...

Die Tatsache, daß der Durchschnittsmensch noch an die alten Ideale gebunden zu sein scheint, könnte als dieser Analyse widersprechend vorgebracht werden. In allgemeinen Begriffen formuliert, könnte eingewandt werden, daß es eine Macht gibt, die die zerstörerischen Wirkungen der formalisierten Vernunft aufwiegt, nämlich die Konformität gegenüber allgemein akzeptierten Werten und Verhaltensweisen. Schließlich gibt es sehr viele Ideen, die hochzuhalten und zu respektieren uns seit unserer frühesten Kindheit gelehrt wurde. Da diese Ideen und alle mit ihnen verbundenen theoretischen Ansichten nicht durch Vernunft allein, sondern auch durch fast universelle Zustimmung gerechtfertigt werden, möchte es scheinen, daß sie durch die Transformation der Vernunft in ein bloßes Instrument nicht berührt werden können. Sie schöpfen ihre Kraft aus unserer Verehrung für die Gemeinschaft, in der wir leben, aus Menschen, die ihr Leben für sie hingegeben haben, aus dem Respekt, den wir den Begründern der wenigen aufgeklärten Nationen unserer Zeit schulden. Tatsächlich jedoch drückt dieser Einwand die Schwäche der Rechtfertigung eines angeblich objektiven Inhalts mit vergangenem und gegenwärtigem Ansehen aus. Wenn die in der modernen wissenschaftlichen und politischen Geschichte so oft denunzierte Tradition jetzt als das Maß irgendeiner ethischen oder religiösen Wahrheit beschworen wird, ist diese Wahrheit schon beschädigt und muß nicht weniger akut unter einem Mangel an Glaubwürdigkeit leiden als das Prinzip, das sie rechtfertigen soll. In den Jahrhunderten, in denen die Tradition noch die Rolle eines Beweismittels spielen konnte, leitete sich der Glaube an sie selbst aus dem Glauben an die objektive Wahrheit her. Jetzt aber scheint der Verweis auf Tradition nur eine Funktion aus jenen älteren Zeiten beibehalten zu haben: er deutet an, daß der Consensus hinter dem Prinzip, das er neu zu bestätigen sucht, ökonomisch oder politisch mächtig ist. Wer gegen ihn verstößt, ist im voraus gewarnt.

6 Verdummungseifer

Im achtzehnten Jahrhundert war die Überzeugung, daß der Mensch mit bestimmten Rechten ausgestattet ist, keine Wiederholung von Glaubenssätzen, die von der Gemeinschaft vertreten wurden, oder gar eine Wiederholung von Glaubenssätzen, die von den Ahnen übernommen waren. Sie spiegelte die Situation der Menschen wider, die diese Rechte proklamierten; sie drückte eine Kritik von Verhältnissen aus, die gebieterisch nach einer Änderung verlangten, und diese Forderung wurde vom philosophischen Denken und den geschichtlichen Aktionen verstanden und in diese umgesetzt. Die Bahnbrecher des modernen Denkens leiteten was gut ist nicht aus dem Gesetz ab – sie brachen sogar das Gesetz –, aber sie versuchten, das Gesetz mit dem Guten zu versöhnen. Ihre Rolle in der Geschichte bestand nicht darin, daß sie ihre Worte und Handlungen dem Text alter Dokumente oder allgemein akzeptierten Lehren anpaßten: sie selbst schufen die Dokumente und erreichten, daß ihre Lehren akzeptiert wurden. Heute können jene, die diese Lehren hochhalten und einer angemessenen Philosophie beraubt sind, sie entweder als den Ausdruck bloß subjektiver Wünsche betrachten oder als ein etabliertes Muster, das seine Autorität einer Anzahl von Menschen verdankt, die an es und die eherne Dauer seiner Existenz glauben. Gerade die Tatsache, daß Tradition heute beschworen werden muß, zeigt, daß sie ihre Macht über die Menschen verloren hat. Kein Wunder, daß ganze Völker – und Deutschland ist hierin kein Einzelfall – eines Morgens aufgewacht sind, um zu entdecken, daß ihre am höchsten geachteten Ideale bloße Seifenblasen waren.

Zwar hat die zivilisierte Gesellschaft bis heute von dem Restbestand dieser Ideen gezehrt, obgleich der Fortschritt der subjektiven Vernunft die theoretische Basis der mythologischen, religiösen und rationalistischen Ideen zerstörte. Aber diese tendieren dazu, mehr denn je zu einem bloßen Restbestand zu werden, und verlieren so allmählich ihre Überzeugungskraft. Als die großen religiösen und philosophischen Konzeptionen lebendig waren, priesen die denkenden Menschen Demut und brüderliche Liebe, Gerechtigkeit und Humanität nicht, weil es realistisch war, solche Prinzipien aufrechtzuerhalten, und abwegig und gefährlich, von ihnen abzuweichen, oder weil diese Maximen mit ihrem vermeintlich freien Geschmack besser übereinstimmten. Sie hielten an solchen Ideen fest, weil sie in ihnen Elemente der Wahrheit sahen, weil sie sie mit der Idee des Logos zusammenbrachten, ob in der Form Gottes oder eines transzendenten Geistes oder selbst der Natur als eines ewigen Prinzips. Nicht nur wurden die höchsten Ziele so verstanden, daß ihnen ein objektiver Sinn, eine immanente Bedeutung zukam, sondern selbst die bescheidensten Beschäftigungen und Neigungen hingen ab von einem Glauben an die allgemeine Erwünschtheit und den innewohnenden Wert ihrer Gegenstände.

Die mythologischen, objektiven Ursprünge, wie sie von der subjektiven Vernunft zerstört werden, betreffen nicht nur die großen Allgemeinbegriffe, sondern liegen auch offenkundig persönlichen, durchaus psychologischen Verhaltensweisen und Handlungen zugrunde. Sie alle – bis hinunter zu den Gefühlen – verflüchtigen sich, indem sie dieses objektiven Inhalts, dieser Beziehung auf die als objektiv angenommene Wahrheit beraubt werden. Wie die Spiele der Kinder und die Grillen der Erwachsenen in der Mythologie ihren Ursprung haben, so war jede Freude einmal mit einem Glauben an eine höchste Wahrheit verbunden. . . .

Diese alten Lebensformen, die unter der Oberfläche der modernen Zivilisation schwelen, liefern in vielen Fällen noch die Wärme, die einem jeden Entzücken innewohnt, jeder Liebe zu einem Ding, die mehr um seiner selbst als um eines anderen Dinges willen besteht. Das Vergnügen, einen Garten zu pflegen, geht auf alte Zeiten zurück, in denen die Gärten den Göttern gehörten und für sie bebaut wurden. Der Sinn für Schönheit in der Natur wie in der Kunst ist durch tausend zarte Fäden mit diesen abergläubischen Vorstellungen verknüpft. Wenn der moderne Mensch die Fäden zu ihnen durchschneidet, indem er sie entweder verspottet oder mit ihnen prunkt, so mag das Vergnügen noch eine Weile anhalten, aber sein inneres Leben ist ausgelöscht.

Karl-Otto Apel

Das Apriori der Kommunikationsgemeinschaft und die Grundlagen der Ethik (1973)[1]

Zum Problem einer rationalen Begründung der Ethik im Zeitalter der Wissenschaft

1. Die Paradoxie der Problemsituation

Wer über das Verhältnis von Wissenschaft und Ethik in der modernen, erdumspannenden Industriegesellschaft nachdenkt, der sieht sich m. E. vor eine paradoxe Situation gestellt. Einerseits nämlich war das Bedürfnis nach einer universalen, d. h. für die menschliche Gesellschaft insgesamt verbindlichen Ethik noch nie so dringend wie in unserem Zeitalter einer durch die technologischen Konsequenzen der Wissenschaft hergestellten planetaren Einheitszivilisation. Andererseits scheint die philosophische Aufgabe einer rationalen Begründung allgemeiner Ethik noch nie so schwierig, ja aussichtslos gewesen zu sein wie im Zeitalter der Wissenschaft, und zwar deshalb, weil die Idee intersubjektiver Geltung in diesem Zeitalter ebenfalls durch die Wissenschaft präjudiziert ist: nämlich durch die szientistische[2] Idee der normativ neutralen oder wertfreien „Objektivität".

Betrachten wir zunächst die eine Seite dieser paradoxen Situation: das aktuelle Bedürfnis nach einer universalen Ethik (ich möchte sagen: einer Makroethik der Menschheit auf der begrenzten Erde). Die technologischen Konsequenzen der Wissenschaft haben heute den menschlichen Handlungen und Unterlassungen insgesamt eine solche Reichweite und Tragweite verschafft, daß es nicht mehr möglich ist, sich mit moralischen Normen zu begnügen, die das menschliche Zusammenleben in kleinen Gruppen regeln und die Beziehungen zwischen den Gruppen dem Kampf ums Dasein im Sinne Darwins überlassen. Wenn die Vermutung der Ethologen zutrifft, daß bereits der Kannibalismus unter den

1 In: Transformation der Philosophie, Band 2, Das Apriori der Kommunikationsgemeinschaft, stw 165, Frankfurt 1976, S. 358–435 (gekürzt). Diese gekürzte Fassung wurde freundlicherweise vom Autor selbst für diesen Band vorgeschlagen.

2 Szientismus: philosophischer Standpunkt, daß Probleme, auch solche der Gesellschaft und des kommunikativen Handelns, durch eine als wertfrei verstandene Wissenschaft auf eine für alle verbindliche Weise gelöst werden können.

Frühmenschen als Konsequenz der Erfindung des Faustkeils zu verstehen ist, d. h. als Auswirkung der (für den „homo faber" konstitutiven) Störung des Gleichgewichts zwischen den verfügbaren Aggressionsorganen und den moralanalogen Hemmungsinstinkten, so hat sich dieses Mißverhältnis durch die moderne Entwicklung der Waffensysteme ins Unermeßliche gesteigert. Hinzu kommt aber in der Gegenwart, daß die, zumeist in archaischen Institutionen und Traditionen verwurzelten, Gruppenmoralen jene für den „homo faber" konstitutive Gleichgewichtsstörung nicht mehr zu kompensieren vermögen. Denn es gibt wohl kein typischeres Beispiel für die „Ungleichzeitigkeit" menschlicher Kultursektoren als das Mißverhältnis zwischen der Expansion szientifisch[3]-technischer Möglichkeiten und der Beharrungstendenz gruppenspezifischer Moralen.

Unterscheidet man etwa hinsichtlich der heute möglichen Auswirkung menschlicher Handlungen zwischen einem Mikrobereich (Familie, Ehe, Nachbarschaft), einem Mesobereich (Ebene der nationalen Politik) und einem Makrobereich (Schicksal der Menschheit), so läßt sich leicht zeigen, daß die zur Zeit bei allen Völkern wirksamen moralischen Normen noch immer überwiegend auf den Intimbereich (insbesondere auf die Regelung der sexuellen Beziehungen) konzentriert sind; schon im Mesobereich der nationalen Politik sind sie weitgehend auf den archaischen Impuls des Gruppenegoismus und der Gruppenidentifikation reduziert, während die eigentlich politischen Entscheidungen als Probleme moralisch neutraler „Staatsräson" gelten; soweit aber der Makrobereich der menschlichen Lebensinteressen tangiert wird, so scheint die Sorge darum vorerst noch relativ wenigen Eingeweihten überlassen zu sein. Dieser Situation auf dem konservativen moralischen Sektor steht aber seit kurzem eine völlig andersgeartete Situation auf dem Gebiet der Auswirkung menschlicher Handlungen, insbesondere ihres Risikos, gegenüber: Infolge der planetaren Expansion und internationalen Verflechtung der technisch-wissenschaftlichen Zivilisation sind in der Gegenwart die Auswirkungen menschlicher Handlungen – z. B. innerhalb der industriellen Produktion – weitgehend im Makrobereich der gemeinsamen Lebensinteressen der Menschheit zu lokalisieren.

Am deutlichsten wird die ethisch relevante Seite dieses Phänomens, wenn man das Handlungsrisiko, etwa die Gefährdung menschlichen Lebens, in Betracht zieht. Konnte etwa bis vor kurzem der Krieg als ein

3 hier in der Bedeutung: wissenschaftlich

Instrument der biologischen Auslese und u. a. der räumlichen Expansion der menschlichen Rasse durch Verdrängung der jeweils Schwächeren in unbesiedelte Gebiete interpretiert werden, so ist diese Auffassung durch die Erfindung der Atombombe endgültig überholt: Seitdem ist das Zerstörungsrisiko der Kriegshandlungen nicht mehr auf den Mikro- oder Mesobereich möglicher Auswirkungen beschränkt, sondern bedroht die Existenz der Menschheit im ganzen. Ähnlich steht es aber heute mit den Wirkungen und Nebenwirkungen der industriellen Technik insgesamt. In den letzten Jahren ist uns dies schlagartig klargemacht worden durch die Entdeckung der progressiven Umweltverschmutzung. Diese ökologische Problematik der Nebenwirkungen der technischen Zivilisation hat ja u. a. die Frage aufgeworfen, ob nicht das übliche ökonomisch-technologische Wachstumsdenken der konkurrierenden Industriestaaten radikal revidiert werden muß, wenn die Rettung der menschlichen Ökosphäre noch gelingen soll.

Diese wenigen Hinweise mögen genügen, um klarzumachen, daß die Resultate der Wissenschaft für die Menschheit eine moralische Herausforderung darstellen. Die wissenschaftlich-technische Zivilisation hat alle Völker, Rassen und Kulturen ohne Rücksicht auf ihre gruppenspezifischen kulturrelativen Moral-Traditionen mit einer gemeinsamen ethischen Problematik konfrontiert. Zum ersten Mal in der menschlichen Gattungsgeschichte sind die Menschen praktisch vor die Aufgabe gestellt, die solidarische Verantwortung für die Auswirkungen ihrer Handlungen im planetarischen Maßstab zu übernehmen. Man sollte meinen, daß diesem Zwang zur solidarischen Verantwortung die intersubjektive Geltung der Normen oder wenigstens des Grundprinzips einer Ethik der Verantwortung entsprechen müßte. – Soviel zum ersten Aspekt der Problemsituation, wie sie durch das Thema „Ethik im Zeitalter der Wissenschaft“ nahegelegt wird.

Der zweite Aspekt der Problemsituation, der sie, wie schon angedeutet, zu einer paradoxen macht, drängt sich dem Fachphilosophen auf, wenn er die theoretische – oder besser: metatheoretische[4] – Problemlage des Verhältnisses von Wissenschaft und Ethik ins Auge faßt. Diese nämlich ist gekennzeichnet durch die gerade bei unerschrockenen und redlichen Denkern weit verbreitete Überzeugung, daß die Möglichkeit intersubjektiver Geltung von Argumenten überhaupt genau so weit reicht wie die Möglichkeit wissenschaftlicher Objektivität im Bereich der logisch-mathematischen Formalwissenschaften und im Bereich der empi-

4 Metatheorie: Reflexion über die Theorie, Theorie der Theorie

risch-analytischen Realwissenschaften. Da nun weder durch den Formalismus logisch-mathematischer Schlüsse noch durch induktive Schlüsse aus Tatsachen jemals Normen oder Werturteile abgeleitet werden können, so scheint die Idee wissenschaftlicher Objektivität den Geltungsanspruch moralischer Normen oder Werturteile in den Bereich der unverbindlichen Subjektivität zu verweisen. Die in weltanschaulich-ideologischen Kontexten implizit oder explizit vertretenen Geltungsansprüche der Ethik müssen – so scheint es – auf irrationale, emotionale Reaktionen oder ebenso irrationale Willkürentscheidungen zurückgeführt werden. Rational begründbar sind demzufolge nicht die ethischen Normen selbst, sondern nur die wertfreien Beschreibungen der faktisch befolgten moralischen Normen bzw. die kausalen oder statistischen Erklärungen des Zustandekommens moralischer Normen oder Wertsysteme durch die sogenannten empirischen Sozialwissenschaften.

Diese Wissenschaften hinwiederum, zu denen man in diesem Zusammenhang die Geschichte und Kultur-Anthropologie ebenso wie die Soziologie und Psychologie rechnet, scheinen ihrerseits noch ein zusätzliches, empirisches Argument für die bereits wissenschaftslogisch postulierte Subjektivität und Irrationalität der moralischen Normen und Werte zu liefern: Sie kommen nämlich – wie man oft hört – zu dem objektiv gültigen Tatsachenurteil, daß die von Menschen anerkannten oder praktisch befolgten moralischen Normen in hohem Maße kultur- bzw. epochenrelativ, d. h. also wiederum: subjektiv sind.

So scheint es denn nur konsequent zu sein, wenn zuletzt die professionelle Philosophie, die sich wissenschaftlich versteht, selbst das Geschäft der Ethik im Sinne unmittelbarer Begründung ethischer Normen bzw. eines letzten Prinzips ethischer Normen aufgegeben hat. Aus der traditionellen Ethik oder praktischen Philosophie wurde in diesem Zusammenhang die analytische „Metaethik[5]", die sich selbst im allgemeinen als wertfreie wissenschaftlich-theoretische Beschreibung des Sprachgebrauchs oder der logischen Regeln des sogenannten „moralischen Diskurses" („moral discourse") versteht. Jede Philosophie, die mit dieser

5 Die im Rahmen der Analytischen Philosophie betriebene Metaethik wurde im angelsächsischen Sprachraum seit Beginn unseres Jahrhunderts entwickelt. Sie ist eine Theorie über die sprachliche Form moralischer Aussagen. Sie will also keine inhaltlichen Aussagen machen über das, was wir tun oder lassen sollen (Neutralitätsthese), sondern überprüft die überlieferten und gegenwärtigen ethischen Probleme durch eine kritische Analyse der Bedeutung moralischer Wörter (z. B. gut, böse, richtig, sollen, dürfen) und Sätze.

Transformation nicht konform geht, d. h. jede Philosophie, welche die „Neutralitätsthese" der analytischen Metaethik zugunsten einer Begründung moralischer Normen zu überwinden sucht, scheint Normen aus Fakten herzuleiten und damit gegen das Humesche Prinzip der strikten Unterscheidung dessen, was *ist*, und dessen, was *sein soll*, zu verstoßen. Damit scheint jede normative Ethik logisch überholt zu sein. Ihre Grundlagen werden, wie die des „Naturrechts", von der „wissenschaftlichen" Philosophie als dogmatisch bzw. ideologisch entlarvt und ihr Geltungsanspruch je nachdem als bedauernswerte Illusion oder als autoritäre Repression und Gefahr für die menschliche Freiheit gebrandmarkt. (Interessant ist im letzten Falle allerdings das quasi-moralische Engagement der „wissenschaftlichen" Philosophie, die zur Ideologiekritik im Namen des Liberalismus zu werden vermag. Wir kommen darauf zurück.) Soviel – vorläufig – über den zweiten Aspekt der paradoxen Problemsituation, mit der uns die Frage nach dem Verhältnis von Wissenschaft und Ethik konfrontiert. Eine universale, d. h. intersubjektiv gültige Ethik solidarischer Verantwortung scheint demnach zugleich notwendig und unmöglich zu sein. . . .

2. *Überlegungen zur Auflösung der Paradoxie*

Es gibt einige Grundvoraussetzungen der modernen Analytischen Philosophie, welche eine Begründung normativer Ethik als nahezu unmöglich erscheinen lassen. Versuchen wir, die wichtigsten dieser Voraussetzungen vor Augen zu stellen:

1. Aus *Tatsachen* lassen sich keine *Normen* herleiten (oder: aus *deskriptiven* Sätzen lassen sich keine *präskriptiven* Sätze und somit keine „Werturteile" ableiten). Der Kürze halber wollen wir diesen Grundsatz Humes Prinzip oder Humes Distinktion nennen.

2. *Wissenschaft*, sofern sie inhaltliche Erkenntnisse liefert, handelt von *Tatsachen*; daher ist eine *wissenschaftliche* Begründung *normativer Ethik* nicht möglich.

3. Nur die Wissenschaft liefert *objektives* Wissen; *Objektivität* ist identisch mit *intersubjektiver Geltung*; daher ist eine intersubjektiv gültige Begründung normativer Ethik überhaupt nicht möglich.

Soll die Möglichkeit einer rationalen Begründung *normativer* Ethik gezeigt werden, so scheint nach dem Vorausgehenden alles darauf anzukommen, mindestens eine der angeführten Prämissen in Frage zu stellen. Zwei Argumentationsstrategien scheinen mir hier aussichtsreich zu sein:

1. Man kann versuchen, die *Relevanz* der Humeschen Distinktion (und somit der 1. Prämisse) für unser Problem in Frage zu stellen: Wenn es auch logisch nicht möglich ist, Normen aus Tatsachen herzuleiten, so ist es doch sehr fraglich, ob alle Wissenschaften, die einen empirischen Gehalt haben, deshalb reine, d. h. in unserem Zusammenhang: moralisch wertungsfreie Tatsachenwissenschaften sind. Es könnte sein, daß nur die Naturwissenschaften, also weder die empirischen Humanwissenschaften noch die philosophische „Metaethik", ihren phänomenalen Gegenstand ohne eine gewisse moralische Wertung überhaupt konstituieren können.

2. Die zweite Argumentationsstrategie verzichtet darauf, die Wertneutralität der Wissenschaft einschließlich der philosophischen Metaethik in Frage zu stellen, sie bezweifelt insofern auch nicht die Relevanz der Humeschen Distinktion für unser Thema, sondern setzt sie voraus. Statt dessen stellt sie die Frage, ob die Objektivität der wertneutralen Wissenschaft selbst philosophisch verstanden werden kann, ohne die intersubjektive Geltung moralischer Normen vorauszusetzen. Diese Argumentation würde also die Geltung der dritten Prämisse unmittelbar in Frage stellen.

Ich möchte im folgenden zu zeigen versuchen, daß beide Argumentationsansätze berechtigt sind und einander ergänzen können. Der erste Ansatz kann jedoch, selbst wenn er sein Ziel erreicht, nicht die Möglichkeit einer rationalen Begründung der Ethik erweisen; es läßt sich vielmehr zeigen, daß seine Resultate für unser Thema erst unter der Voraussetzung relevant werden, daß der zweite Ansatz die Möglichkeit einer rationalen Begründung der Ethik erweisen kann. . . .

Unser zweiter und m. E. entscheidender Ansatz geht heuristisch[6] von der *These* aus, *daß die „Objektivität"* der wertfreien *Wissenschaft selbst noch die intersubjektive Geltung moralischer Normen voraussetzt.* Durch die Ausarbeitung der Konsequenzen dieser These soll zunächst das Vorurteil von der irrationalen Subjektivität aller moralischen Normen und Wertungen unterminiert und im Anschluß daran versucht werden, das Grundprinzip der Ethik im Zeitalter der Wissenschaft zu eruieren. Methodisch möchte ich diesen Ansatz dadurch zu entfalten versuchen, daß ich ihn als Argumentationsstrategie gegen mögliche Einwände und Mißverständnisse zu verteidigen versuche.

6 zum Auffinden von Neuem geeignet, als Hinleitung, ein Problem zu benennen und eventuell besser zur Lösung zu gelangen

Der *erste*, naheliegende *Einwand* gegen die vorgesehene Argumentationsstrategie könnte davon ausgehen, daß, wenn es gelingt, bestimmte ethische Normen als Voraussetzung der Wissenschaft zu erweisen, man damit bestenfalls ,,hypothetische Imperative" im Sinne Kants begründen könnte, nicht aber einen ,,kategorischen Imperativ" als unbedingte moralische Grundnorm[7]. Denn die entscheidende Frage würde in diesem Falle lauten: Ist denn Wissenschaft etwas, das sein *soll*? – Um diese Frage zu beantworten, – so könnte man argumentieren – ist Ethik erforderlich, die ihrerseits wiederum auf subjektive, irrationale Entscheidungen rekurrieren muß. Auf diesen Einwand wäre zunächst folgendes zu antworten: Der Nachweis, daß die intersubjektive Geltung moralischer Normen eine Bedingung der Möglichkeit und Gültigkeit von Wissenschaft ist, kann immerhin zeigen, daß nicht schon – wie weitgehend angenommen – die Idee der wissenschaftlichen ,,Objektivität" ein prinzipielles Argument gegen die Möglichkeit einer intersubjektiv gültigen Ethik sein kann. Der Ansatz würde also genügen, um die ethisch relevante Spielart des ,,Szientismus" zu widerlegen, welche die Möglichkeit oder Nichtmöglichkeit der Ethik davon abhängig macht, daß ihre Geltungsform auf die der wertfreien Objektivität ,,reduziert" werden kann. Denn gerade dies ließe sich immerhin zeigen, daß – entgegen der bisher angenommenen Voraussetzung des westlichen Komplementaritätssystems – die normativ-neutrale Objektivität der empirisch-analytischen Wissenschaften nur als möglich gedacht werden kann, wenn zugleich eine dazu komplementäre intersubjektive Geltung ethischer Normen angenommen wird. Hier zeigt sich eine interessante Parallele zwischen der Ethik und der Hermeneutik[8]; denn auch die letztere kann heute ihr methodologisches Eigenrecht gegen den Szientismus am besten dadurch verteidigen, daß sie zeigt, daß objektiv beschreibende und – kausal oder statistisch – erklärende Wissenschaft immer schon methodische Sinnverständigung in der Dimension der (transzendentalen[9]) Intersubjektivität voraussetzt. Mit der Widerlegung des Szientismus in

---

7 ,,Wenn nun die Handlung bloß wozu anders, als Mittel, gut sein würde, so ist der Imperativ hypothetisch; wird sie als an sich gut vorgestellt, mithin als notwendig in einem an sich der Vernunft gemäßen Willen, als Prinzip desselben, so ist er kategorisch." (Kant, Grundlegung zur Metaphysik der Sitten, in: Werke (Weischedel), Bd. 4, S. 43)

8 Kunst der Auslegung, seit dem 19. Jahrhundert spezifisch geisteswissenschaftliche Methode

9 die im Subjekt, hier in der Intersubjektivität immer schon vorgegebene Bedingung der Möglichkeit

dem angedeuteten Sinn wäre zwar nicht die Möglichkeit eines kategorischen Imperativs, aber doch bereits die logische Notwendigkeit der intersubjektiven Geltung einer Ethik im *Zeitalter der Wissenschaft* erwiesen. Es wird sich indessen zeigen, daß die von der Wissenschaft vorausgesetzten ethischen Grundnormen nicht lediglich ,,hypothetische Imperative" in dem erwähnten eingeschränkten Sinn darstellen, sondern am Ende sogar eine Antwort auf die Frage bereitstellen, ob Wissenschaft *sein* soll. Um dies zu zeigen, wollen wir unsere *These* dahin radikalisieren, daß schon die, nicht nur in jeder Wissenschaft, sondern in jeder Problemerörterung vorausgesetzte *rationale Argumentation* die Geltung universaler ethischer Normen voraussetzt. Diese These gilt es jedoch zunächst gegen ein mögliches Mißverständnis zu verteidigen:

Der Sinn meiner These ist nicht der, daß bereits das Prinzip der Rationalität, das durch die Befolgung der logischen Regeln folgerichtigen Denkens präsentiert ist, eo ipso eine Grundlage der Ethik darstellt. Ich bin zwar durchaus (mit Peirce, Popper und Lorenzen[10]) der Meinung, daß die Logik, und insbesondere die Wissenschaftslogik, als *normative Wissenschaft* aufzufassen ist. Daraus folgt interessanterweise, daß die moderne rekonstruktive Historie der exakten Wissenschaften das Beispiel einer nicht wertfreien (empirisch-analytischen), sondern *normativ-hermeneutischen* Wissenschaft abgibt, die in der Logizität ein Prinzip normativer Wertung immer schon voraussetzen kann. Mit diesem Prinzip ist aber nicht (ohne weiteres) schon ein Prinzip der Ethik entdeckt.

Daß dies nicht der Fall ist, zeigt sich z.B. bei dem Versuch, die Grenzen einer wertneutralen Metaethik allein dadurch zu überwinden, daß man sie mit der normativen Wissenschaftslogik in Parallele setzt. Dieser Versuch führt lediglich zu dem Programm, die vorliegenden Moralsysteme in derselben Weise wie wissenschaftliche Theorien auf ihre logische Konsistenz und auf ihre empirische Bewährung hin zu überprüfen. Es ist aber leicht zu sehen, daß bei Moralsystemen, im Unterschied zu wissenschaftlichen Theorien, von empirischer Bewährung nur gesprochen werden kann, wenn – außer der logischen Konsistenz – schon ein ethischer Maßstab der Bewährung vorausgesetzt wird.

---

10 C.S.Peirce (1839–1914), amerikanischer Philosoph, Begründer des Pragmatismus
K.R.Popper (geb. 1902), Begründer des Kritischen Rationalismus, der in Deutschland besonders von Hans Albert vertreten wird
P. Lorenzen (geb. 1915), Vertreter des Logischen Konstruktivismus der sogenannten Erlanger Schule

Andererseits soll jedoch – gerade in unserem Kontext – nicht bestritten werden, daß mit der etwas vagen Formel von der „Ethik der Logik" etwas Richtiges zum Ausdruck gebracht ist. So ist es z. B. in einem noch zu klärenden Sinne falsch, wenn man – etwa mit Berufung auf Kant – behauptet, daß auch der Teufel Logiker sein könne. Zwar läßt sich nicht bestreiten, daß der logisch richtige Verstandesgebrauch als bloßes Mittel von einem bösen Willen in Dienst genommen werden kann.* Insofern ist die Logik als Theorie des normativ richtigen Verstandesgebrauchs eine moralisch wertfreie Technologie (die – ebenso wie andere Technologien – ins Komplementaritätssystem von wertfreier Objektivität und subjektiver Wertsetzung sich einfügt). Es läßt sich insofern auch nicht sagen, daß die Logik eine Ethik logisch *impliziert*. Dennoch kann behauptet werden, daß die Logik – und *mit ihr zugleich* alle Wissenschaften und Technologien – eine Ethik als Bedingung der Möglichkeit *voraussetzt*. Das läßt sich durch folgende Überlegung zeigen:

Die logische Geltung von Argumenten kann nicht überprüft werden, ohne im Prinzip eine Gemeinschaft von Denkern vorauszusetzen, die zur intersubjektiven Verständigung und Konsensbildung befähigt sind. Selbst der faktisch einsame Denker kann seine Argumentation nur insofern explizieren und überprüfen, als er im kritischen „Gespräch der Seele mit sich selbst" (Platon) den Dialog einer potentiellen Argumentationsgemeinschaft zu internalisieren vermag. Darin zeigt sich, daß die *Geltung* einsamen Denkens von der Rechtfertigung von sprachlichen Aussagen in der aktuellen Argumentationsgemeinschaft prinzipiell abhängig ist.

Es kann nicht „einer allein" einer Regel folgen und im Rahmen einer „Privatsprache" seinem Denken Geltung verschaffen; dieses ist vielmehr prinzipiell öffentlich. So würde ich in unserem Zusammenhang die bekannte These des späten Wittgenstein interpretieren.**

Zugleich mit der wirklichen Argumentationsgemeinschaft setzt aber nun die logische Rechtfertigung unseres Denkens auch die Befolgung einer moralischen Grundnorm voraus. Lügen z. B. würde offenbar den Dialog der Argumentierenden unmöglich machen; aber dasselbe gilt

---

* In diesem Sinne betont Kant, daß „das Problem der Staatserrichtung ... selbst für ein Volk von Teufeln (wenn sie nur Verstand haben) auflösbar" ist. („Zum ewigen Frieden", Werke [Weischedel] Bd. 6, S. 224).

** Um die Voraussetzung des Sprachspiels als Bedingung der Prüfungskriterien und damit der *Geltung* des Sinns von „Regel" und „Regelbefolgung" geht es, wenn Wittgenstein sagt: „Es kann nicht ein einziges Mal nur ein Mensch einer Regel gefolgt sein ..." (Philos. Untersuchungen I, § 199).

auch schon von der Verweigerung des kritischen Verständnisses bzw. der Explikation und Rechtfertigung von Argumenten. Kurz: in der Argumentationsgemeinschaft ist die wechselseitige Anerkennung aller Mitglieder als gleichberechtigter Diskussionspartner vorausgesetzt.

Da nun aber alle sprachlichen Äußerungen und darüber hinaus alle sinnvollen Handlungen und leibhaften Expressionen von Menschen (sofern sie verbalisierbar sind) als virtuelle Argumente aufgefaßt werden können, so ist in der Grundnorm der wechselseitigen Anerkennung der Diskussionspartner diejenige der „Anerkennung" aller Menschen als „Personen" im Sinne Hegels virtuell impliziert. Anders gesagt: Alle der sprachlichen Kommunikation fähigen Wesen müssen als Personen anerkannt werden, da sie in all ihren Handlungen und Äußerungen virtuelle Diskussionspartner sind und die unbegrenzte Rechtfertigung des Denkens auf keinen Diskussionspartner und auf keinen seiner virtuellen Diskussionsbeiträge verzichten kann. Diese Forderung wechselseitiger *Anerkennung von Personen als Subjekten der logischen Argumentation*, und nicht schon der logisch richtige Verstandesgebrauch der Einzelnen, rechtfertigt m. E. die Rede von der „Ethik der Logik".

Diese Pointe läßt sich deutlicher machen, wenn man im Sinne der Theorie der „Sprechakte"* zwischen dem *performativen* und dem *propositionalen* Teil der menschlichen Rede unterscheidet[11]. Es zeigt sich dann, daß im Dialog der Argumentierenden nicht nur wertneutrale Aussagen über Sachverhalte gemacht werden, sondern diese Aussagen zumindest implizit mit *kommunikativen Handlungen* verknüpft sind, – mit Handlungen, welche moralische Ansprüche an alle Mitglieder der Kommunikationsgemeinschaft stellen. So setzt bereits jede Tatsachen-Aussage als eine solche, die logisch zu *rechtfertigen* ist, in der pragmatischen Tiefenstruktur eine *performative* Ergänzung voraus, wie etwa: „Ich behaupte hiermit gegen jeden möglichen Opponenten, daß . . ." oder: „Ich fordere hiermit jeden zur Prüfung der folgenden Aussage auf". Die performative Ergänzung der zur Überprüfung erforderlichen Aussagen

* Vgl. J. R. Searle, *Sprechakte*, Frankfurt 1971.

11 Der propositionale Teil betrifft die Aussage über Sachverhalte, die gleichsam als ‚neutraler' Kern der performativen Äußerung betrachtet werden muß. Durch das Element des Performativen wird der Sprechakt zu einer Handlung, die mit der Äußerung selbst vollzogen wird: Ich verspreche es dir, ich teile es mit, ich warne dich. Das Begriffspaar propositional – performativ wird in Sprechakttheorien stark differenziert. Searle spricht von propositionalen und illokutionären Akten.

lautet dementsprechend: „Ich bestreite hiermit gegen dich, daß A der Fall ist", oder „Ich bestätige dir, daß A der Fall ist". In dieser Ebene der intersubjektiven Verständigung über Sinn und Geltung von Aussagen, und nicht schon in der Ebene der sachbezogenen Verstandesoperationen, wird, unserem heuristischen Ansatz zufolge, eine Ethik vorausgesetzt.

Wenn die Frage, ob jemand in seinen Verstandesoperationen einer Regel folgt, nur im Rahmen eines Sprachspiels sinnvoll gestellt und beantwortet werden kann, dann *muß* die Logik, welche die Regeln des monologischen Verstandesgebrauchs zu *rechtfertigen* hat, die Ebene des Dialogs betreten. *Argumente* sind dann nicht, wie im modernen (syntaktisch-semantischen) Logikkalkül, unter Abstraktion von der pragmatischen Dimension zu verstehen, sondern immer zugleich als Sinn- und Geltungs-*Ansprüche*, die nur im interpersonalen Dialog expliziert und entschieden werden können. In diesem Sinn konnte m. E. Paul Lorenzen, in Anknüpfung an die vorarisťotelische Ursprungssituation der Logik, Sinn und Geltung der Aussagenlogik in der Ebene des Dialogs begründen und von da aus mit innerer Konsequenz den Übergang von der normativen Logik zur Begründung der Ethik in Angriff nehmen. Im Unterschied zum Ansatz der Popperianer wird die „Ethik der Logik" hier m. E. nicht einfach in der konstruktiven Parallelisierung der Metaethik mit der metaszientifischen „Logik der Forschung" gesucht, sondern im rekonstruktiven Rückgang auf die *transzendental-pragmatischen* Bedingungen der Möglichkeit der Logik, und damit auch der Wissenschaft, im Apriori der Kommunikationsgemeinschaft.

(Die Konsequenzen dieses Unterschiedes für die Wissenschaftstheorie liegen m. E. in dem Umstand, daß die wertneutralen, empirisch-analytischen Wissenschaften nicht schon deshalb eine Ethik voraussetzen, weil sie Verstandesoperationen im Sinne einer normativen Logik voraussetzen, sondern deshalb, weil diese monologischen Operationen der Wissenschaft eine dialogische Sinnverständigung und Geltungsrechtfertigung in einer Kommunikationsgemeinschaft voraussetzen. Kurz: Die normative Wissenschaftslogik (Szientistik) setzt normative Hermeneutik und mit dieser zugleich normative Ethik voraus, weil „einer allein" nicht Wissenschaft treiben und etwa seine Mitmenschen mit Hilfe einer privaten Logik zu bloßen Objekten der „Beschreibung" und „Erklärung" reduzieren kann.) Was letztlich den Übergang von der (normativen) Logik zur (normativen) Ethik ermöglicht, ist m. E. die Überwindung des „methodischen Solipsismus“[12], die bei P. Lorenzen wie beim späten Wittgenstein angebahnt ist.

Aus der Überwindung des methodischen Solipsismus wird m. E. auch klar, daß die von der Logik vorausgesetzte Ethik zugleich die Frage beantworten kann, ob und weshalb Logik und darüber hinaus Wissenschaft *sein soll*. Es zeigt sich nämlich, daß die in der Logik vorausgesetzte Ethik der Argumentation für die logische und empirisch wissenschaftliche Rechtfertigung von Meinungen nicht nur eine Bedingung der Möglichkeit ist, sondern sie als *Anspruch* aller Mitglieder der Argumentationsgemeinschaft an alle anderen und somit als moralische Pflicht erweisen kann. Eine Ethik, welche nicht in diesem Sinne die Rechtfertigung von Meinungen zur Pflicht machen würde, könnte gar nicht – qua Ethik der Argumentation – die Bedingung der Möglichkeit der Logik sein. Die von der Logik als Bedingung ihrer Möglichkeit *vorausgesetzte* Ethik *impliziert* also die Pflicht zur Anwendung der Logik und der Wissenschaft. Läuft indessen diese Argumentation nicht auf einen logischen Zirkel hinaus? – Die Ethik der Argumentation, welche Logik und Wissenschaft zur Pflicht macht, wird ja *nur dann* unabdingbar vorausgesetzt, *wenn* wir logische Argumentation überhaupt wollen! In der Tat: das entscheidende – unabhängige – Argument zur „Letztbegründung“ der Logik mitsamt der von ihr vorausgesetzten Ethik steht noch aus, und wir werden darauf zurückkommen. An dieser Stelle sei nur darauf hingewiesen, daß das Bedingungsgefüge von Wissenschaft, Logik und Ethik der Argumentationsgemeinschaft offenbar als ganzes akzeptiert werden oder – falls dies sinnvoll möglich ist – negiert werden muß. (Auch an dieser Stelle sei auf die Parallele zur wissenschaftstheoretischen *Komplementaritätsthese* hingewiesen: Empirisch-analytische (*beschreibende* und *erklärende*) Wissenschaft setzt *hermeneutische Verständigung* in der Kommunikationsgemeinschaft der Wissenschaft betreibenden Menschen voraus; hermeneutische Verständigung aber impliziert u. a. auch die Benutzung aller verfügbaren Tatsachen-Informationen, d. h. – unter den Bedingungen der Gegenwart –: empirisch-analytische Wissenschaften. Insofern aber hermeneutische Verständigung darüber hinaus Verständigung über Bedürfnisse und Ziele ist, setzt sie eine Ethik voraus und wird zugleich von der vorausgesetzten Ethik – mitsamt der Information durch empirisch-analytische Wissenschaft – gefordert.)

---

12 Solipsismus: philosophischer Standpunkt, der die Konstitution menschlicher Erkenntnis und menschlichen Handelns in der Selbstreflexion des subjektiven Bewußtseins begründet

Doch wie steht es mit der Möglichkeit einer *sinnvollen Negation* des soeben explizierten Bedingungsgefüges von Wissenschaft, Logik, Hermeneutik und Ethik? – Man könnte an dieser Stelle noch einmal, mit Berufung auf Kant, einwenden, auch der Teufel könne sich, unter instrumentalistischem Vorbehalt – etwa um seine Überredungskunst zu verbessern oder um das „knowing how" der wissenschaftlichen Technologie zu beherrschen – an dem Lorenzenschen Dialogspiel der Begründung der Logik und somit an der Argumentationsgemeinschaft beteiligen, – ohne seinen bösen Willen aufzugeben. Er kann sich ja – um mit Kant zu reden – „pflichtmäßig" verhalten, ohne „aus Pflicht" zu handeln. Daraus scheint hervorzugehen, daß auch der Rückgang auf die ethischen Bedingungen der Möglichkeiten der Logik bestenfalls „hypothetische Imperative" und somit, im Sinne Kants, kein Prinzip der Ethik zu erschließen vermag.

Darauf wäre zunächst folgendes zu antworten: Kants Unterscheidung ist für unser Begründungsvorhaben nicht relevant, wenn gezeigt werden kann, daß die von uns eruierbare Grundnorm des „pflichtmäßigen" Verhaltens von der des Verhaltens „aus Pflicht" praktisch nicht unterschieden werden kann. Unter dieser Voraussetzung ist nicht das kantische Argument relevant, daß auch Teufel, die ihren Verstand gebrauchen können, sich prinzipiell „pflichtmäßig" verhalten *können*, sondern das Argument, daß auch Teufel sich pflichtgemäß verhalten *müssen*, wenn sie der Wahrheit teilhaftig werden wollen. Nun hat Ch. S. Peirce darauf aufmerksam gemacht, daß die Wahrheit, im Sinne des Konsenspostulats der Wissenschaftslogik, nicht von endlichen Individuen erreicht werden kann und daß daher die Zugehörigkeit zur Argumentationsgemeinschaft der Wissenschaftler eine prinzipielle Überwindung des Egoismus endlicher Wesen einschließt, – eine Art Selbstaufopferung (Self-surrender) im Sinne eines „logischen Sozialismus". Daraus folgt, daß der Teufel, sofern er Mitglied der Argumentationsgemeinschaft sein wollte, sich in bezug auf deren Mitglieder (alle Vernunftwesen!) für immer so verhalten müßte, als ob er den Egoismus, und damit sich selbst, überwunden hätte. Der ihm unterstellte instrumentalistische Vorbehalt verliert also in diesem Fall seine Bedeutung, da er prinzipiell nicht verifiziert werden kann. – Dies scheint darauf hinzudeuten, daß die moralische Norm, die vom Willen zur Wahrheit und damit von der Zugehörigkeit zur unbegrenzten Argumentationsgemeinschaft vorausgesetzt wird, kein „hypothetischer Imperativ" *in dem von Kant gemeinten Sinn* sein kann: Der entsprechende hypothetische Imperativ ist zumindest nicht von einem „pathologischen Interesse" an einem empirischen Ziel motiviert, sondern gewissermaßen vom praktischen Interesse der theoretischen Vernunft selbst. Darin, daß die Wahrheitssuche mit der Voraussetzung des intersubjektiven Konsensus auch die Moral einer idealen Kommunikationsgemeinschaft antizipieren muß, dürfte sich viel eher ein modernes Analogon der klassischen Lehre von den „Transzendentalien" zeigen: Was die klassische Metaphysik sub specie aeternitatis[13] als *seiend* unterstellte – die Identität des *unum, bonum, verum*[14] –, das muß die moderne Philosophie einer geschichtlich riskanten Vermittlung von Theorie und Praxis immer noch als *sinnkritisch notwendiges Postulat* und – hinsichtlich der Realisierung – als „Prinzip Hoffnung" unterstellen. . . .

3. Doch nun ist es an der Zeit, eine letzte Frage zu beantworten, die im Kontext unseres gegenwärtigen Themas wohl die wichtigste ist: Wieviel ist durch die transzendentale Reflexion auf die moralischen Normen der Kommunikationsgemeinschaft, die im Apriori der Argumentation mitvorausgesetzt sind, wirklich erreicht? – Kann aufgrund dieser Voraussetzungen eine normative Ethik ausgearbeitet werden, die als Grundlage für eine solidarische Übernahme der moralischen Verantwortung im Zeitalter der Wissenschaft tauglich ist?

An dieser Stelle zeigt sich noch einmal, daß es nicht genügt, diejenigen moralischen Normen zu rekonstruieren, die im Sinne „hypothetischer Imperative" für das Faktum der Wissenschaft vorausgesetzt sind – obwohl der Nachweis solcher Normen notwendig ist, um den lähmenden Bann des Szientismus zu brechen. Daß die Ethik der Wissenschaft (Science) nicht genügt, um eine Ethik der Menschheit im Zeitalter der Wissenschaft zu begründen, läßt sich durch die folgenden kritischen Überlegungen zu Peirces Konzeption der Wissenschaftsethik klarmachen: Peirce sah – wie mir scheint, mit Recht – das spezifische moralische Engagement, das von jedem Mitglied der Gemeinschaft der Naturwissenschaftler implizit vorausgesetzt wird, in einer gewissen Abstraktion von den endlichen (individuellen) Lebensinteressen. Der Naturwissenschaftler muß nach Peirce in der Lage sein, sich (als austauschbares Glied) mit einer unbegrenzten Experimentier-Gemeinschaft zu identifizieren, von der er weiß, daß sie ihr Ziel, die Feststellung der definitiven Wahrheit, nicht zu seinen Lebzeiten erreichen wird. In der hierin implizierten Gesinnung der Selbstaufopferung der Individualität („Selfsurrender") scheint Peirce so etwas wie das Paradigma morali-

13 unter dem Gesichtspunkt des Ewigen, Unendlichen

14 Die klassische Metaphysik lehrte, daß das Eine, Gute und Wahre untereinander austauschbar sind.

scher Gesinnung überhaupt erblickt zu haben, und er konnte daher von der Extrapolation der Ethik der Wissenschaft die Rationalisierung des Universums auch im Sinne einer Ethik der „evolutionären Liebe" erwarten. Der Versuch, diese Extrapolation nachzuvollziehen und einen ethischen Imperativ auf der Linie des Peirceschen „Selfsurrender" zu formulieren, zeigt jedoch, daß hier die Verabsolutierung *eines* Lebensinteresses vorgenommen würde,– eines Bedürfnisses, das selbst erst noch in der „Gemeinschaft der Argumentierenden" zu rechtfertigen ist.

Diese Überlegung zeigt, daß die Gemeinschaft der Argumentierenden nicht mit der Gemeinschaft der Wissenschaftler identisch ist, obwohl sie von der letzteren vorausgesetzt wird. Im Apriori der Argumentation liegt der *Anspruch*, nicht nur alle „Behauptungen" der Wissenschaft, sondern darüber hinaus alle menschlichen *Ansprüche* (auch die impliziten Ansprüche von Menschen an Menschen, die in Handlungen und Institutionen enthalten sind) zu *rechtfertigen*.* Wer argumentiert, der anerkennt implizit alle möglichen *Ansprüche* aller Mitglieder der Kommunikationsgemeinschaft, die durch vernünftige Argumente gerechtfertigt werden können (sonst würde der Anspruch der Argumentation sich selbst thematisch beschränken), und er verpflichtet sich zugleich, alle eigenen Ansprüche an Andere durch Argumente zu rechtfertigen. Darüber hinaus sind die Mitglieder der Kommunikationsgemeinschaft (und das heißt implizit: alle denkenden Wesen) m. E. auch verpflichtet, alle virtuellen Ansprüche aller virtuellen Mitglieder zu berücksichtigen – u. d. h. alle menschlichen „Bedürfnisse", sofern sie *Ansprüche* an die Mitmenschen stellen könnten. Menschliche „Bedürfnisse" sind als interpersonal kommunizierbare „Ansprüche" ethisch relevant; sie sind anzuerkennen, sofern sie durch Argumente interpersonal gerechtfertigt werden können. In der geforderten Bereitschaft zur Rechtfertigung von persönlichen Bedürfnissen als interpersonalen Ansprüchen liegt inso-

---

* Unter „Rechtfertigung" verstehe ich nicht jene *definitive Rechtfertigung*, die es – nach Peirce und Popper – für Sätze (Behauptungen) der Wissenschaft nicht geben kann. Gleichwohl scheint mir die traditionelle Forderung nach „Rechtfertigung" weiterhin sinnvoll; sie kann jedenfalls nicht, wie die Popperianer suggerieren, durch die Forderung nach „Kritik" ersetzt werden. Im *Traktat über kritische Vernunft* z. B. sucht H. Albert – wie nicht zu übersehen ist – durch alle Kritik hindurch den Ansatz des „kritischen Rationalismus" zu *rechtfertigen*. Die Kommunikationspartner haben in der Tat einen moralischen Anspruch darauf, von dem sie Ansprechenden darüber unterrichtet zu werden, was alles *rebus sic stantibus* für eine *Behauptung* – oder für einen *Antrag* oder einen *Vorschlag* – spricht.

fern eine Analogie zu dem von Peirce geforderten „Selfsurrender", als die „Subjektivität" der egoistischen Interessendurchsetzung allerdings zugunsten der „Transsubjektivität" der argumentativen Interessenvertretung aufgeopfert werden muß.* Zugleich liegt darin aber die Forderung, gerade kein endliches, individuelles Interesse von Menschen ohne Not aufzuopfern. Der Sinn der moralischen Argumentation könnte geradezu in dem – nicht eben neuen – Prinzip ausgedrückt werden, daß alle *Bedürfnisse* von Menschen – als virtuelle *Ansprüche* – zum Anliegen der Kommunikationsgemeinschaft zu machen sind, die sich auf dem Wege der Argumentation mit den Bedürfnissen aller übrigen in Einklang bringen lassen.**

Damit scheint mir das Grundprinzip einer Ethik der Kommunikation angedeutet zu sein, das zugleich die – eingangs vermißte – Grundlage einer Ethik der demokratischen Willensbildung durch *Übereinkunft* („Konvention") darstellt. Die angedeutete Grundnorm gewinnt ihre Verbindlichkeit nicht etwa erst durch die *faktische Anerkennung* derer, die eine Übereinkunft treffen („Vertragsmodell"), sondern sie verpflichtet alle, die durch den Sozialisationsprozeß „kommunikative Kompetenz" erworben haben, in jeder Angelegenheit, welche die Interessen (die virtuellen *Ansprüche*) Anderer berührt, eine Übereinkunft zwecks solidarischer Willensbildung anzustreben; und nur diese *Grundnorm* – und nicht etwa das *Faktum* einer bestimmten Übereinkunft – sichert den einzelnen normgerechten Übereinkünften morali-

---

* In diesem Sinne kennzeichnet P. Lorenzen die moralische Grundnorm als das Prinzip der „Transsubjektivität".

** Man kann m. E. nicht umgekehrt die Ansprüche der Menschen dadurch rechtfertigen, daß man sie auf „wahre Bedürfnisse" zurückführt, etwa durch „normative Genese" der „kulturellen Bedürfnisse" aus „natürlichen Bedürfnissen"; denn gerade die natürlichen Bedürfnisse der Menschen – Nahrung, Unterkunft, Sexualität usw. – sind offenbar nur als kulturelle Bedürfnisse, u. d. h. schon: als kommunizierbare Ansprüche, die in einer bestimmten gesellschaftlichen Situation (z. B. bei einem bestimmten Entwicklungsstand der „Produktivkräfte") befriedigt werden können, moralisch relevant und ethisch zu rechtfertigen. Die normative Genese der kulturellen Bedürfnisse aus den natürlichen Bedürfnissen hat m. E. nur – allerdings – eine ideologiekritische Funktion; zur Rechtfertigung der Bedürfnisse gehört aber darüber hinaus die Konfrontation der subjektiv „echten" Bedürfnisse mit dem „Realitätsprinzip" (Freud); und diese Konfrontation bedarf selber wiederum einer normativen und empirischen Genese der gesellschaftlichen Situation, z. B. der Entwicklung der „Produktivkräfte" und der „Produktionsverhältnisse" (Marx), und der machtpolitischen Situation, in der sich ein bestimmter Staat befindet.

sche Verbindlichkeit. Die von der im Liberalismus und Existentialismus säkularisierten christlichen Tradition geforderten, subjektiven Gewissensentscheidungen der Einzelnen sind jetzt mit der Forderung der intersubjektiven Geltung a priori vermittelt – dadurch, daß jeder einzelne die öffentliche Argumentation als Explikation aller möglichen Geltungskriterien und somit auch der vernünftigen Willensbildung von vornherein anerkennt. Der ,,methodische Solipsismus" ist damit auch auf dem Gebiet der Ethik überwunden.

Das hier angedeutete Prinzip zu verstehen bedeutet freilich zugleich: einzusehen, daß mit der Aufstellung des Prinzips wenig getan ist, wenn es nicht gelingt, die mit dem Prinzip gestellten langfristigen Aufgaben zu erfüllen: nämlich erstens, die *Methode der moralischen Diskussion* (der praktischen ,,Beratung" überhaupt) zu entwickeln, und zweitens, diese Methode unter endlichen, politisch-juristischen Bedingungen wirksam zu institutionalisieren. Damit scheint mir nun freilich eine Grenze des bislang exponierten Prinzips selber angedeutet zu sein.

Die bisher entwickelte Grundlegung einer Ethik der Kommunikation geht von idealisierten Voraussetzungen aus. Sie berücksichtigt prinzipiell nicht den Umstand, daß nicht nur intellektuelle Schwierigkeiten bei der Institutionalisierung der moralischen Diskussion zu berücksichtigen sind, sondern die Tatsache, daß diese Institutionalisierung in einer konkreten geschichtlichen Situation, die immer schon durch den *Konflikt der Interessen* bestimmt ist, durchgesetzt werden muß. Sie berücksichtigt z. B. nicht den Umstand, daß selbst diejenigen, welche die volle Einsicht in das Moralprinzip gewonnen haben, deshalb doch nicht ohne weiteres Mitglieder einer unbegrenzten Gemeinschaft gleichberechtigter Kommunikationspartner werden können, sondern an ihre *reale* gesellschaftliche Position und Situation gebunden bleiben. Durch diese reale Bindung sind sie dazu verurteilt, eine *spezifische moralische Verantwortung* zu übernehmen, die durch das formale Prinzip der ,,Transsubjektivität" im Sinne der Argumentationsgemeinschaft nicht definiert werden kann. Als ,,Experten" im Sinne eines bestimmten Wissens oder Könnens z. B. haben sie eine Autorität, die auch dann zur Geltung zu bringen ist, wenn sie von den Mitmenschen – etwa den vom ,,Biozid" bedrohten Bewohnern der Erde – nicht anerkannt wird. Als Angehörige einer unterdrückten Klasse oder Rasse haben sie gegenüber den sozial Privilegierten a priori ein *moralisches Privileg*, ein Recht auf Durchsetzung der Gleichberechtigung noch diesseits der Spielregeln, die erst unter der Voraussetzung der realen Gleichberechtigung zu akzeptieren sind. Als Politiker sind sie darüber hinaus verpflichtet, alle Realisierungschancen sowie alle Wirkungen und Nebenwirkungen von moralisch wünschenswerten Zielsetzungen verantwortlich abzuwägen. Kurz: das Moralprinzip, soweit wir es bislang entwickelt haben, berücksichtigt nicht die moralische Situation all derer, die außerhalb einer institutionalisierten Kommunikation unter Zeitdruck Gewissensentscheidungen zu fällen haben und dabei nicht nur moralische Gesinnungsmaximen, sondern – entgegen Kants Unterstellung* – auch mögliche bzw. wahrscheinliche Auswirkungen in Rechnung zu stellen haben. M. Weber hat diese Situation in ein scharfes Licht gerückt durch die These, daß eine „Ethik politischer Verantwortung" mit jeder konsistenten „Gesinnungsethik" in Konflikt geraten muß.** So ist es z. B. dem Politiker- und nicht nur ihm – mit Rücksicht auf die zu verantwortenden Konsequenzen oft nicht möglich, das fundamentale Gebot jeder Kommunikationsethik (wie auch schon der Kantischen Ethik) einzuhalten, das die Lüge verbietet. Das gleiche gilt für das Verbot, einen Menschen bloß als Mittel, und nicht auch als Selbstzweck zu behandeln. An dieser Stelle kehrt offenbar das Kernproblem der modernen, existentialistischen Situationsethik wieder, und es erhebt sich die Frage, ob hier nun doch dem Irrationalismus das Feld zu überlassen ist oder ob sich aus unserem Ansatz wenigstens *regulative Prinzipien* auch für eine Situationsethik der einsamen Entscheidungen herleiten lassen.

Ohne das Gewicht des Tragischen in den menschlichen Grenzsituationen zu unterschätzen, möchte ich dennoch die letzte Frage positiv beantworten und einen Versuch unternehmen, die Konsequenzen des Apriori der Kommunikationsgemeinschaft für die langfristige *strategische* Orientierung moralischen Handelns anzudeuten.

---

* Die Beispiele, die Kant für die Anwendung des „kategorischen Imperativs" gibt – insbesondere in der Abhandlung „Über ein vermeintes Recht, aus Menschenliebe zu lügen" – zeigen m. E., daß er die Situationsabhängigkeit der Geltung materialer Normen und damit das Problem der moralischen Verantwortung für alle Folgen und Nebenfolgen nicht hinreichend reflektiert hat. Auf der Linie einer geschichtsphilosophischen Übertreibung, welche die Wahrheit sichtbar macht, könnte man sagen: Kant hat durch seine Begründung der „Autonomie" des gesetzgebenden „guten Willens" die Ära der heteronomen „Gebotsethik" überwunden; aber er hat damit zugleich eine „Gesinnungsethik" begründet, die noch immer – insgeheim – unterstellt, daß der „gute Wille" der Menschen, auf den es allein ankommt, gewürdigt wird (– von einem Gott, der gewissermaßen die eigentliche Verantwortung für das Weltgeschehen einschließlich der Geschichte behält?). Demgegenüber scheint nun die Ära der eigentlichen „Verantwortungsethik" angebrochen zu sein: Es kommt letztlich nicht auf den „guten Willen« an, sondern darauf, daß das Gute geschieht. Die Menschen müssen die Verantwortung fürs Unternehmen auf sich nehmen.

** Vgl. M. Weber, Politik als Beruf, s. oben S. 287

Zunächst könnte man mit J. P. Sartre den kategorischen Imperativ Kants bzw. Lorenzens Prinzip der Transsubjektivität soweit formalisieren, daß es auch auf den Grenzfall der absolut einzigartigen Situationsentscheidung angewandt werden kann: Der Einzelne kann nach Sartre selbst in einer kommunikations- und vergleichslosen Lage, die ihn zwingt, scheinbar alle moralischen Normen zu übertreten, seiner Intention nach stellvertretend für die Menschheit handeln: er kann die Menschheit wählen, indem er sich wählt. In diesem Falle müßte prinzipiell jeder Andere, der sich in seine Lage zu versetzen vermag, ihm seine Zustimmung nachträglich erteilen und so die Erfüllung der moralischen Normen der Kommunikationsgemeinschaft feststellen können. (Mit dieser Forderung hat Sartre selbst die Phase des irrationalen Willkür-Existentialismus der „Fliegen" hinter sich gelassen, um den „Existentialismus als Humanismus" auszuweisen. *) Nun bringt aber gerade diese radikale Formalisierung die inhaltliche Leere, die auch schon an Kants kategorischem Imperativ beklagt wurde, vollends an den Tag; und es erhebt sich daher die Frage, ob nicht – entgegen der Meinung Kants – aus dem „Faktum der Vernunft", sofern es als *Apriori der Kommunikationsgemeinschaft* begriffen wird, ein inhaltliches Ziel als regulatives Prinzip aller moralischen Handlungen hergeleitet werden kann.** Reflektieren wir zu dem Zweck genauer auf die Eigenart des Apriori der Kommunikationsgemeinschaft als der sinnkritischen Bedingung der Möglichkeit und Gültigkeit aller Argumentationen im Vergleich mit dem Apriori der traditionellen Transzendentalphilosophie:

Der erste Punkt, der hier auffällt, ist der Umstand, daß es sich nicht um eine rein *idealistische* Voraussetzung im Sinne eines Bewußtseinsapriori handelt; freilich handelt es sich auch nicht um eine rein materialistische Voraussetzung – so als ob das ideale und normative „Bewußtsein überhaupt" Kants durch das „Sein" der empirischen Gesellschaft ersetzt werden sollte.*** Die Pointe unseres Apriori scheint mir vielmehr darin zu liegen, daß es das *Prinzip einer Dialektik* (diesseits) *von Idealismus und Materialismus* bezeichnet: Wer nämlich argumentiert, der setzt immer schon zwei Dinge gleichzeitig voraus: Erstens eine *reale*

* Vgl. J. P. Sartre, Ist der Existentialismus ein Humanismus?, s. unten S. 353–361.

** De facto hat Kant dies selbst in seiner Idee der „weltbürgerlichen Gesellschaft" auch getan.

*** Diese massivste Form der „naturalistic fallacy", die offenbar dazu dient, den Willen zur philosophischen Argumentation und Rechtfertigung als Epiphänomen der „bürgerlichen" Gesellschaftsstruktur zu relativieren, wollen wir einer gewissen marxistischen Neoorthodoxie überlassen.

Kommunikationsgemeinschaft, deren Mitglied er selbst durch einen Sozialisationsprozeß geworden ist, und zweitens eine *ideale Kommunikationsgemeinschaft*, die prinzipiell imstande sein würde, den Sinn seiner Argumente adäquat zu verstehen und ihre Wahrheit definitiv zu beurteilen. Das Merkwürdige und Dialektische der Situation liegt aber darin, daß er gewissermaßen die ideale Gemeinschaft *in* der realen, nämlich als reale Möglichkeit der realen Gesellschaft, voraussetzt; obgleich er weiß, daß (in den meisten Fällen) die reale Gemeinschaft einschließlich seiner selbst weit davon entfernt ist, der idealen Kommunikationsgemeinschaft zu gleichen. Aber der Argumentation bleibt, aufgrund ihrer transzendentalen Struktur, keine andere Wahl, als dieser verzweifelten und hoffnungsvollen Situation ins Auge zu sehen.

Wir stellen also fest, daß in unserer transzendentalen Voraussetzung ein „Widerspruch" enthalten ist, und zwar kein echter oder scheinbarer formallogischer, sondern ein *dialektischer Widerspruch*. . . . Es handelt sich hier offenbar um einen „Widerspruch" nicht im metaphorischen Sinne der formalen Logik, sondern im wörtlichen Sinne der noch unentschiedenen Geschichtsdialektik, – um einen Widerspruch, den man – wie Hegel sagt – *aushalten* muß. Die Auflösung dieses Widerspruchs kann man im Sinne einer „Dialektik zwischen Hegel und Marx" nur von der geschichtlichen Realisierung der idealen Kommunikationsgemeinschaft *in* der realen erwarten; ja man muß diese geschichtliche Auflösung des Widerspruchs moralisch postulieren.

Aus dieser (impliziten) Forderung jeder philosophischen Argumentation lassen sich nun m. E. *zwei grundlegende regulative Prinzipien* für die langfristige moralische Handlungsstrategie jedes Menschen ableiten: Erstens muß es in allem Tun und Lassen darum gehen, das *Überleben* der menschlichen Gattung als der *realen* Kommunikationsgemeinschaft sicherzustellen, zweitens darum, in der realen die *ideale* Kommunikationsgemeinschaft zu verwirklichen. Das erste Ziel ist die notwendige Bedingung des zweiten Ziels; und das zweite Ziel gibt dem ersten seinen Sinn, – den Sinn, der mit jedem Argument schon antizipiert ist.

Diejenige Strategie, welche unter dem regulativen Prinzip der Sicherstellung des Überlebens der Gattung steht, hat heute eine Antwort zu geben auf die eingangs erwähnte Tatsache, daß im Zeitalter der wissenschaftlichen Technologie alle menschlichen Aktivitäten *Makrowirkungen* haben, die das Überleben der Gattung zu bedrohen vermögen. Zu diesem Zweck wird sie sich selbst eines wissenschaftlichen Instrumentariums bedienen müssen, das m. E. in der funktionalistischen Systemtheorie der modernen Soziologie und Politologie prinzipiell gefunden werden müßte. D. h.: die menschliche Gesellschaft insgesamt kann, darf und muß unter dem Gesichtspunkt der Überlebensstrategie als ein *Selbstbehauptungssystem* (auch im Sinne der Luhmannschen „Reduktion von Komplexität“[15]) analysiert werden. Sogar die Wahrheit kann, darf und muß unter diesem Gesichtspunkt funktionalistisch (normativ-analytisch) interpretiert werden – wissenschaftliche Wahrheit ist ja zweifellos *auch* ein Mittel in der Überlebensstrategie der menschlichen Gattung. Aber diese funktionalistische Interpretation der Wahrheit läuft gerade nicht auf eine „Reduktion“ im Sinne Nietzsches und Luhmanns hinaus, denn die ganze Überlebensstrategie erhält ja, unseren Voraussetzungen zufolge, ihren Sinn nur durch die (von der Argumentation geforderte) Strategie der gesellschaftlichen Realisierung der idealen Kommunikationsgemeinschaft, in der die Wahrheit erreicht werden kann. M. a. W.: Die *Überlebensstrategie* erhält ihren Sinn durch eine langfristige *Emanzipationsstrategie*.

An dieser Stelle nun ist unser Ansatz – wie mir scheint – in der Lage, der Strategie eines nichtorthodoxen, nicht dogmatisch-deterministischen, sondern humanitär-emanzipatorischen und gewissermaßen hypothetisch-experimentellen Marxismus oder besser: Neomarxismus eine ethisch begründete Funktion einzuräumen. Denn es ist klar, daß die Aufgabe der Realisierung der idealen Kommunikationsgemeinschaft auch die Aufhebung der Klassengesellschaft, kommunikationstheoretisch formuliert: die Beseitigung aller sozial bedingten Asymmetrien des interpersonalen Dialogs, impliziert. . . .

Auch die Emanzipationsstrategie wird sich im Zeitalter der Wissenschaft eines wissenschaftlichen Instrumentariums bedienen müssen. In erster Linie wird man dabei nach wie vor an die historisch-hermeneutischen Verständigungswissenschaften denken müssen. (Im Zeitalter der empirisch-analytischen „Science“ und „Technologie“ sind sie keineswegs entbehrlich oder szientifisch reduzierbar; vielmehr wachsen ihnen proportional zum szientifisch-technologischen Fortschritt ständig komplementäre Aufgaben der Herstellung eines zureichenden Sinn-Verständnisses und einer normativ adäquaten Ziel-Verständigung zwi-

15 Zentraler Begriff der Systemtheorie Luhmanns. Komplexität bezeichnet die Menge von Ereignissen und Zuständen eines Systems im Sinne funktionaler Möglichkeiten. Reduktion ist die Verminderung dieser Möglichkeiten im Verhältnis zu bestimmten Wirkungen, z. B. durch Festlegung von Handlungszielen oder Sinngebung durch Zukunftsvorstellungen. Reduktion von Komplexität bewältigt und stabilisiert möglichkeitsreiche, aber dadurch instabile Situationen durch Ausschließung von Möglichkeiten.

schen den szientifisch-technologischen Experten und zwischen diesen und der Gesellschaft im ganzen zu; man denke in diesem Zusammenhang nur an die neuen hermeneutischen Disziplinen der Wissenschafts- und Technologie-Historie und der interdisziplinären „Wissenschafts-Wissenschaft".) Diese heute so umstrittenen Disziplinen erhalten durch das Postulat der *Realisierung der idealen Kommunikationsgemeinschaft* ihr *regulatives Prinzip* im methodologischen *und* im ethisch-normativen Sinn einer nicht subjektiv-beliebigen Begründung von Werturteilen. Sie dienen so einer empirischen und normativen Rekonstruktion der geschichtlichen Situation und damit der „Bildung" der öffentlichen Meinung.

Freilich werden die traditionellen humanistischen Geisteswissenschaften als wissenschaftliches Instrumentarium der Emanzipationsstrategie nicht ausreichen. Ihre Grenze liegt da, wo die eigentlichen Hindernisse des Verstehens und damit der Verständigung in der *realen* Kommunikationsgemeinschaft angetroffen werden: Hindernisse im Sinne der Nichttransparenz oder der ideologischen Verschleierung materieller Interessen, die der Realisierung der idealen Kommunikationsgemeinschaft im Wege stehen. Hier muß sich die ethisch begründete Emanzipationsstrategie ihr spezifisches wissenschaftliches Instrumentarium erst schaffen, um auf dem Umweg über ein quasi-naturalistisches „Erklären" der verdinglichten Strukturen das reflexive Selbstverständnis der Menschen zur emanzipatorischen Durchbrechung seiner Schranken zu provozieren. Diese Aufgabe fällt m. E. den kritisch-emanzipatorischen Sozialwissenschaften zu: der Psychoanalyse und der Ideologiekritik, die alle empirisch-analytischen und normativ-analytischen Sozialwissenschaften, einschließlich der Ökonomie, in ihren Dienst zu stellen haben.

Im Zusammenhang der soeben skizzierten Strategie der Emanzipation ergibt sich freilich selbst noch ein äußerst delikates moralisches Problem, die Frage nämlich: In welchen Situationen und aufgrund welcher Kriterien darf ein Kommunikationspartner das emanzipiertere Bewußtsein für sich beanspruchen und sich dergestalt als Sozialtherapeut für autorisiert halten? – Doch diese Frage ist letztlich identisch mit dem allgemeineren Problem der verantwortlichen Situationseinschätzung und Situationsentscheidung, die – auch unter der Voraussetzung unserer regulativen Prinzipien – niemandem abgenommen werden kann. Die „Parteiergreifung" in der konkreten geschichtlichen Situation wird immer ein riskantes Engagement einschließen, das weder durch philosophisches noch durch wissenschaftliches Wissen gedeckt werden kann.

An dieser Stelle – und nicht schon bei der Parteiergreifung für die Emanzipation überhaupt, die, wie wir zu zeigen versuchten, philosophisch gerechtfertigt werden kann – muß jeder eine nicht – oder nicht völlig – begründbare „moralische" Glaubensentscheidung auf sich nehmen. Es gibt jedoch auch in dieser Situation der einsamen* Entscheidung offenbar kein besseres ethisches Regulativ als dies: im eigenen reflexiven Selbstverständnis die mögliche Kritik der idealen Kommunikationsgemeinschaft zur Geltung zu bringen. Dies scheint mir das Prinzip der möglichen moralischen Selbsttranszendenz zu sein.

* Auch wenn es sich um eine politisch relevante Entscheidung handelt, wird sie von „Einzelnen" zu verantworten sein, die sich eventuell mit Gruppen solidarisieren, nicht aber dem Kollektiv die Entscheidung überlassen können. Der Existentialismus behält hier gegen die marxistische Neoorthodoxie recht, weil der Einzelne sich immer schon, als Argumentierender, mit der idealen Kommunikationsgemeinschaft solidarisieren kann. Diese transzendentale Solidarisierung sollte er voraussetzen und auch dann noch festhalten, wenn er sich – im riskanten politisch-existenziellen Engagement – mit einer realen Gesellschaftsgruppe solidarisiert.

Hermann Lübbe

Pragmatismus oder die Kunst der Diskursbegrenzung[1]

Meine Absicht ist, den Sinn des Wortes ‚Pragmatismus' in seiner vernünftigen gemeinsprachlichen Bedeutung zu rekonstruieren. Ein Anspruch, dabei in Übereinstimmung mit dem Pragmatismus-Begriff philosophiegeschichtlicher Lehren und Schulen zu sein, wird explizit nicht erhoben. Begriffsgeschichtliche Analysen, die einen Zusammenhang von Alltagskonzept und Schulkonzept des Pragmatismus erkennen ließen, sind nicht beabsichtigt. Zu den Diskursen, über deren Sinngrenzen der Pragmatismus uns täuschungsfrei hält, zähle ich in diesem Text aus Vereinfachungsgründen exklusiv Diskurse zur Begründung konfliktlösender Normen.

Damit habe ich bereits vorausgesetzt, daß ich Normen, generelle Handlungsvorschriften also, nach Analogie der Begründung von Behauptungen über die Wirklichkeit für begründbar halte. Diese Voraussetzung hat den Vorzug, in Übereinstimmung mit dem Faktum zu sein, daß Zweifel an der Begründbarkeit von Normen zwar als Philosopheme, nicht aber in der öffentlichen Normenbegründungspraxis unserer Parlamentarier, Synodalen oder Ministerialreferenten begegnen. Zu den Philosophen, die an der Begründbarkeit von Normen zweifeln oder gezweifelt haben, gehört übrigens, entgegen einschlägigen Vorurteilen, Max Weber nicht. Das habe ich in meinem Aufsatz ‚Sind Normen methodisch begründbar? Rekonstruktion der Antwort Max Webers' [2] zu zeigen versucht. An dieser Stelle möchte ich aus diesem Aufsatz zunächst das Schema rekapitulieren, gemäß dem in Fällen konfligierenden Handelns die Begründung der Norm erfolgt, die das Handeln der beteiligten Subjekte in konfliktlösender Weise normiert. Dabei reduziere ich dieses Schema auf einige wenige, indispensable Elemente.

---

1 unveröffentlichtes Manuskript; als Diskussionsgrundlage vorgelegt beim Zweiten Paderborner Kolloquium (1977) ‚Normenbegründung – Normendurchsetzung'. Lübbe setzt sich vor allem mit den Diskurstheorien auseinander, wie sie von K.-O. Apel (geb. 1924) und J. Habermas (geb. 1929) in ihren Veröffentlichungen dargestellt sind und auch von ihnen auf dem Ersten Paderborner Kolloquium (1976) ‚Transzendentalphilosophische Normenbegründungen' vertreten wurden.

2 in: Willi Oelmüller (Hrsg.), Materialien zur Normendiskussion, Bd.1: Transzendentalphilosophische Normenbegründungen, UTB, Paderborn (Schöningh) 1978

1. Die Konfliktsituation wird beschrieben, zum Beispiel als eine Situation konkurrierender Nutzung einer Sache mit absehbar sachzerstörender Wirkung. Die speziesbedrohende Überfischung durch konkurrierende Fangflotten verschiedener Nationalität ist dafür ein reales, aktuelles und seiner Einfachheit wegen naheliegendes Beispiel.
2. Es wird Gemeinsamkeit der Beteiligten im Willen festgestellt oder unterstellt, den Konflikt zu beenden, also wechselseitigen Schadensfolgen des konfligierenden gegenwärtigen Handelns der Beteiligten durch eine einvernehmliche Änderung dieses Handelns vorzubeugen. Im Exempel heißt das: Es wird Gemeinsamkeit im Willen festgestellt oder unterstellt, die bedrohten Arten zu retten, um sie auch künftig noch befischen zu können.
3. Auf der Grundlage von Annahmen über die Wirklichkeit und auf der Grundlage zusätzlicher Annahmen über die wirklichkeitsändernden Wirkungen von Handlungen werden diejenigen Handlungen angegeben, die geeignet sind sicherzustellen, was man, wie festgestellt oder unterstellt, einvernehmlich zur Änderung der gegenwärtigen Konfliktsituation will. Im Exempel heißt das in erster Linie: Fixierung einer speziesrettenden Fangquote.
4. Man formuliert diejenige Norm, die, wenn sie in Kraft gesetzt würde, allen Beteiligten vorschriebe, wie sie handeln müßten, um zu können, was sie, wie festgestellt oder unterstellt, wollen.

Dieses Schema der Normenbegründung ist, wie gesagt, vereinfacht; aber das Normenbegründungsproblem ist damit keineswegs trivialisiert. Es ist deswegen nicht trivialisiert, weil es tatsächlich trivial ist. Wäre es das nicht, so wäre kaum verständlich zu machen, wieso uns in unserer öffentlichen moralischen, rechtlichen und politischen Kultur gelingende Normenbegründungspraxis ständig begegnet.

An die Trivialität des Normenbegründungsverfahrens zu erinnern ist nun deswegen wichtig, weil diese Erinnerung hilft, die evidenten Schwierigkeiten, die es bereitet, in Politik, Recht und Moral Konflikte zu lösen, an der richtigen Stelle zu suchen. Mit Problemen des Verfahrens der Begründung konfliktlösender Normen haben wir es in Konfliktfällen höchst selten zu tun.

Mit welchen Schwierigkeiten haben wir es in Konfliktfällen zu tun? Zwei besonders wichtige Schwierigkeiten, die uns hindern, mit Konfliktsituationen fertigzuwerden, möchte ich nennen. Erstens handelt es sich um Schwierigkeiten, die sich aus dem Hiatus zwischen kognitiver und sozialer Geltung von Normen ergeben. Zweitens handelt es sich um

Schwierigkeiten, die sich aus der Inkompatibilität kognitiver Orientierungssysteme ergeben, die über Möglichkeiten vorentscheiden zu sagen, was der Fall ist. Beide Schwierigkeiten möchte ich zunächst so knapp wie möglich erläutern.

1

Kognitive Geltung besitzt eine Norm kraft ihrer Begründung. Dazu gehört Angemessenheit in der Beschreibung des Konflikts, um dessen normative Lösung es zu tun ist. Dazu gehört Richtigkeit in der Feststellung oder Unterstellung des Willens der Beteiligten, die gegebene Situation mit konfliktlösender Wirkung zu ändern. Dazu gehört Zuverlässigkeit der empirischen Annahmen über die Realität, auf die wir unsere Erwartung der konfliktlösend-realitätsverändernden Auswirkung eines geeigneten Handelns stützen müssen, und dazu gehört schließlich die regelrechte Ableitung der Norm, die entsprechend zu handeln vorschreibt, aus der Folge der in der charakterisierten Weise sie begründenden Sätze. Soziale Geltung besitzt diese Norm indessen erst dann, wenn der ernsthafte Wille, sie zu befolgen, unter allen Beteiligten ausdrücklich erklärt worden ist oder – und das ist der Regelfall sczialer Geltung von Normen – einschlägig legitimierte Institutionen die fragliche Norm rite beschlossen haben.

Es liegt nun zugestandenermaßen nahe, die Zweckmäßigkeit der erläuterten Unterscheidung von kognitiver und sozialer Geltung von Normen mit dem folgenden Argument zu bestreiten. Der Wille, eine Konfliktsituation in konfliktlösender Weise zu ändern, ist ja die als faktisch zu unterstellende Basis eines jeden Diskurses zur Begründung derjenigen Norm, die das entsprechend situationsverändernde Handeln für alle Beteiligten zur Vorschrift erhöbe. Konsequenterweise wäre doch dann die gelungene Begründung einer solchen Norm für alle, die den zu dieser Begründung indispensabel gehörenden Basiswillen teilen, mit der Anerkennung auch der sozialen Geltung dieser Norm identisch, weil sie, wenn sie nicht anerkennen, was sie sollen, gar nicht könnten, was sie vorweg doch bekundet haben zu wollen.

Wie läßt sich gegen diese Argumentation die Zweckmäßigkeit der Unterscheidung von kognitiver und sozialer Geltung von Normen verteidigen? Es genügt, so scheint mir, der Hinweis auf das Faktum, daß individuelle wie kollektive Subjekte, obwohl sie wissen, was sie sollen, damit sie können, was sie wollen, es gleichwohl nicht tun, oder, auf der Ebene der Tätigkeit normenbeschließender Institutionen, das, was sie sollten, gleichwohl nicht durch Beschluß zu sozialer Geltung erheben.

Wieso ist das so und wieso sind entsprechend Normenbegründungsdiskurse im Regelfall nicht geeignet, durch ihr Gelingen soziale Geltung begründeter Normen eo ipso zu stiften? Die Antwort lautet: Die Lebenszusammenhänge der in einen Konflikt involvierten Subjekte sind im Regelfall sehr verschieden, und entsprechend ergäben sich für diese Subjekte aus ihrem normengerechten, konfliktlösenden Handeln höchst unterschiedliche Nebenfolgen. Im Exempel: Die speziesrettende Fangquotennorm bedeutet für den einen mißlingende Fangflottenamortisation, für den anderen Erhöhung der Arbeitslosenrate, für den Dritten beides und für den Vierten Sollerfüllungsdefizite im Fünfjahresplan zur Schließung der Fett- oder Eiweißlücke.

Gewiß: auch über diese zusätzlichen Konflikte, die sich in unterschiedlicher Weise für Beteiligte jeweils neu aus der Beachtung der in ihrer Begründung unstrittigen, konfliktlösenden Norm ergeben müßten, ließe sich natürlich vorweg im Normenbegründungsdiskurs reden und zusätzlich über die zusätzlichen Konflikte aus Nebenfolgen der Normen zur Lösung der Nebenfolgenkonflikte erster Stufe etc. Kurz: im Prinzip ließe sich so lange reden, bis die Lebensumstände aller Beteiligten im Entwurf von Grund auf konfliktfrei neu geregelt und homogen gemacht worden sind.

Pragmatisch, und zwar sowohl unter Effizienzgesichtspunkten wie unter Freiheitskonservierungsgesichtspunkten, ist es, sich auf solche Fundamentaldiskurse zum Wegarbeiten kontingenter Identität beteiligter Subjekte nicht einzulassen. Pragmatisch ist es, Normenbegründungsdiskurse auf den Zweck der Lösung isolierter Konflikte zu begrenzen, und, nach gelungener Normenbegründung, die Entscheidung über ihre Geltung zu verschieben, bis die Beteiligten in kontingenzadäquat diversifizierten Diskursen Gelegenheit hatten, intern ihre jeweils verschiedenen Nebenfolgenkonflikte zu lösen.

Natürlich könnte es sein, daß ihnen das, aus Besorgnis vor den Nebenfolgen der Lösung der Nebenfolgenkonflikte nicht oder, in Relation zur temporalen Natur der Sache, nicht rechtzeitig gelingt. Das hat dann die gewöhnliche Folge, daß nicht getan werden kann, wovon die Beteiligten wissen, daß sie es tun müßten, um zu können, was sie wollen. Der Pragmatismus in der Normendiskursbegrenzung kann diese Folgen in der Tat nicht eo ipso vermeiden. Aber unpragmatische Diskursentgrenzung, die die kontingenten Identitäten beteiligter empirischer Subjekte nach Maßgabe der Einheit des transzendentalen Subjekts vereinheitlichen möchte, kann es mit Sicherheit noch viel weniger, und wenn es sich dann um Fälle handelt, wo von der raschen Durchsetzung der sozialen Geltung einer Norm ungleich Wichtigeres abhängig zu sein scheint als von der Bewältigung ihrer Nebenfolgen, so muß man, so lange noch Zeit ist, eben davon zu überzeugen suchen, und, sofern keine Zeit bleibt, die Entscheidung, sofern sie dem Zeitablauf nicht überlassen sein soll, auf andere Weise suchen.

Bei Instanzen, deren Dezisionskompetenz wir funktional oder regional unterworfen sind, ist diese ,,andere Weise" institutionalisiert, und jede Entscheidung ist, in Relation zum Diskurs, nichts anderes als ein pragmatischer Akt seiner Begrenzung. Im Exempel parlamentarischer Normenbeschlußpraxis heißt das: Zu jedem von Ministerialreferenten mit exzellenter Begründung versehenen Normenentwurf finden drei ,,Lesungen" statt, und dann wird abgestimmt. Die Abstimmung ist der dezisionistische Standardakt, Diskurse durch Zählen statt durch Wägen von Stimmen pragmatisch zu begrenzen.

Die Notwendigkeit solcher Diskursbegrenzung läßt sich mit der transzendentalen Verfassung der beteiligten Subjekte tatsächlich nicht begründen. Sie ergibt sich aus empirischen Umständen, zum Beispiel aus ihrer Sterblichkeit, oder, was die Sachen betrifft, um deren Nutzung gestritten wird, aus dem Zwang, den Diskurs in kürzerer Frist zu beenden als Motten und Rost brauchen, sie zu fressen. Innerhalb dieser Frist kann man natürlich wiederum streiten, das heißt Diskurse darüber führen, wie lange denn nun, bevor entschieden wird, die Diskurse dauern sollen, und solche Diskurse über die Begrenzung von Diskursen sind es, die wir regelmäßig zur Begründung von Normen, die institutionelle Entscheidungsverfahren regeln sollen, führen. Die einschlägigen Spielräume sind natürlich sehr groß, und durchschlagende Gründe, einen Gesetzesentwurf dreimal statt einmal oder fünfmal zu lesen, gibt es nicht. Als letztinstanzlicher Grund dieser üblichen parlamentarischen Verfahrensregel wird vermutlich der Grundsatz auszumachen sein, daß aller guten Dinge drei sind. –

2

Als zweite Schwierigkeit, die uns, trotz klaglos-fraglos funktionierender Normenbegründungsverfahren, regelmäßig hindert, Konfliktsituationen normativ zu beenden, hatte ich die Inkompatibilität kognitiver Orientierungssysteme genannt, durch die unter Beteiligten über inkompatible Möglichkeiten vorentschieden ist, überhaupt sagen zu können, was der Fall ist. Hier fallen einem sogleich Beispiele aus der Geschichte der Religionen ein. Indessen: die großen, aktuellen Ideologien haben unter Gesichtspunkten einer Diskursbegrenzungspragmatik denselben Status. Ist die These, unsere Gesellschaft habe Klassencharakter und Politik in dieser Gesellschaft Klassenkampfcharakter, überhaupt diskutabel? Im transzendentalen Prinzip gewiß; aber bereits der Politisierungsgrad, den unsere wissenschaftlichen Einrichtungen, die doch als Örter reiner Geltung jenes Prinzips institutionell konzipiert sind, in vielen Bereichen inzwischen erreicht haben, hat jene These in Zustimmung oder Ablehnung diskursiv längst unzugänglich gemacht, und genau diese Unzugänglichkeit bestimmt natürlich erst recht die Pragmatik nationaler und internationaler Politik bis hin zur Koexistenzpolitik. Es bedarf keiner Erläuterung, wie sehr politische Konflikte, mindestens unter anderem, von den inkompatiblen kognitiven Orientierungen bestimmt sind, von denen die konfligierenden Subjekte in ihrer Praxis sich leiten lassen. Im Prinzip natürlich könnte die Lösung dieser Konflikte auch über Diskurse erfolgen, die in der Absicht geführt werden, die wechselseitig praxisbestimmenden kognitiven Orientierungssysteme kompatibel zu machen. Der Pragmatismus der Diskursbegrenzung legt es indessen nahe, solche Diskurse nicht zu führen. Dieser Pragmatismus beruht auf der Einsicht, daß man über einiges nur dann reden kann, wenn man über anderes gerade nicht redet. Es gehört ja überhaupt zur Definition eines politischen Subjekts, daß es etwas vertritt, was es nicht zur Disposition zu stellen bereit ist und worüber es in diesem Sinn auch nicht mit sich reden läßt. Zu diesen indiskutablen Beständen gehören, als Elemente historisch kontingenter Identität kollektiver und institutioneller Subjekte, auch heute noch Orientierungssysteme, die, kulturell oder sogar institutionell geschützt, Interpretamente der sozialen Realität mit bedeutender, konfliktträchtiger Folgewirkung für die politische Praxis sind. In der Konfrontation von Subjekten solcher Orientierung mit anderen Subjekten anderer Orientierung ist dann, sozusagen, die Einheit der Welt gar nicht gegeben, die zu den Bedingungen der Möglichkeit eines jeden Diskurses gehört, der in der Absicht der Begründung einer konfliktlösenden Norm soll geführt werden können.

Pragmatisch ist es in solchen Fällen, den im transzendentalen Prinzip gewiß möglichen Diskurs über die wechselseitigen, inhomogenen, konfliktträchtigen Basis-Orientierungen gar nicht erst anzufangen und lediglich über Lösungsmöglichkeiten solcher Konflikte zu diskutieren, die sich im Rahmen von Annahmen über die Wirklichkeit formulieren lassen, die die konfligierenden Subjekte teilen, so daß sie insoweit doch ein- und derselben Welt angehören und gemeinsam auf dem Boden analog interpretierter Realität stehen. Im Beispiel heißt das: in der politischen Interaktion, die der Koexistenzdoktrin folgt, werden die wechselseitigen Ideologien nicht diskutiert, vielmehr aus dem Diskurs ausgeklammert und jenseits der Diskursgrenzen gegeneinander behauptet. Oder um es in einem Beispiel des umgekehrten Richtungssinns zu sagen: Daß die SPD-Führung die Juso-These, die CDU sei die politische Organisation des Klassenfeindes, wenn auch für falsch, so doch für diskutabel, womöglich für einen Betrag zur ‚Theorie-Diskussion' hält anstatt für ein parteidisziplinäres oder parteipolitisches Ordnungsproblem – genau diese unpragmatische Unsicherheit in Bezug darauf, worüber mit wem wann und unter welchen Umständen zu diskutieren sinnvoll ist und worüber nicht, macht die aktuelle Selbstdarstellungs- und Selbstbehauptungsschwäche der SPD aus.

Pragmatische Regeln der Diskursbegrenzung sind ein indispensables Element der Diskurstheorie von Anfang an, und schon Aristoteles hat in seiner Dialektik (z. B. Topik 105a 5–7) Exempel gebracht, an denen man solche Regeln ablesen kann. In ihrer strukturellen Quintessenz bestimmen diese Regeln Grenzen, jenseits derer Sprüche nicht Widersprüche, sondern die Weigerung, sich auf sie einzulassen, Widerstand also, erfordern. Die diskurseuphorische Sorge, durch solchen Übergang vom Widersprechen zum Widerstehen werde die Kommunikation abgebrochen, befindet sich im Irrtum über Natur und Bedingungen kommunikativer Interaktion. Diskurse zur Normenbegründung in konfliktlösender Absicht erfordern ja, wie gezeigt, als Elemente dieser Begründung Einigkeit über die Natur des Konflikts auf der Basis übereinstimmender Annahmen über das, was der Fall ist. Sie erfordern Einheit der Welt als transzendentale Bedingung der Möglichkeit einer Verständigung über sie. Und nun ist es so, daß in der kommunikationspraktischen Antithetik von Widerspruch und Widerstand der Widerstand die mit Abstand geeignetste Form ist, konfligierende Subjekte auf jene Basis gemeinsamer Wirklichkeit zurückzubringen, ohne die es für sie gar keine Konfliktlösungsmöglichkeiten gäbe. Der pragmatische Vorzug des Widerstands vor dem Widerspruch beruht darauf, daß er den Kommunikationsaufwand minimalisiert, der erforderlich ist, um zwischen konfligierenden Subjekten eine Basis gemeinsamer Realität von maximaler Interpretationsbedürftigkeit zu finden. Weder Pädagogik noch Politik wären ohne Nutzung dieser diskursbegrenzenden Pragmatik des kommunikativen Widerstands möglich, und man erkennt, daß Widerstand, in Relation zum Widerspruch, nicht das Ende der Kommunikation bedeutet, vielmehr ihren non-verbalen Intensiv.

In Sätzen von erleuchtender phänomenologischer Evidenz hat Jürgen Habermas vier universale Ansprüche formuliert, denen jeder kommunikativ Handelnde sich unterwerfen muß, wenn überhaupt

Kommunikation stattfinden soll: „sich verständlich *ausdrücken*"; „*etwas* zu verstehen geben"; „*sich* dabei verständlich zu machen"; „sich *miteinander* zu verständigen". Evident ist nun auch, daß es genau diese Ansprüche sind, über deren Erfüllung die zur gemeinsamen Wirklichkeit zurückzwingende Kraft des Widerstandes wirkt. Jürgen Habermas hat exakt nicht nur die transzendentalen Bedingungen unserer Paderborner Seminardiskussionen, vielmehr eo ipso auch den universalpragmatischen Horizont zum Beispiel der Cuba-Krise beschrieben. Ihre Lösung war ein kommunikativer Prozeß. Aber das Medium dieses kommunikativen Prozesses war nicht ein Diskurs, sondern eine pragmatische Begrenzung durch Übergang zur Intensivkommunikation mittels maximal interpretationsunbedürftiger Widerstandshandlungen. Karl Marx' berühmte Kurz-Definition der Revolution als Praxis des Übergangs von der Waffe der Kritik zur Kritik der Waffen beruht, auf ihre Weise, auf derselben Einsicht in die Unvermeidbarkeit von Fällen, die eine Diskursbegrenzungspragmatik erzwingen.

In vielen Fällen gehorcht die Diskursbegrenzungspragmatik ersichtlich einer Zeitmangelerfahrung. Alle Dezisionsinstitutionen, die konfliktlösende Normen nicht kraft ihrer Begründung, sondern kraft Entscheidung zu Normen von sozialer Geltung erheben, folgen dem Imperativ knapper Zeit. Dagegen folgt die Pragmatik der Begrenzung oder Vermeidung von Diskursen über historisch kontingente, identitätssichernde Orientierungssysteme, Grundwerte etc. über den Imperativ knapper Zeit hinaus auch noch einem anderen Imperativ. Diesen Imperativ möchte ich den Imperativ der Minimalisierung von Universalisierbarkeitsanforderungen nennen. Er besagt: Die Zumutung, mit anderen sich auf den Boden übereinstimmend interpretierter Wirklichkeit zu versammeln, ist politisch nur insoweit sinnvoll und legitim, als lösungsbedürftige Konflikte herrschen, deren normative Regelung nur im Ausgang von homogenen Erfahrungen möglich ist.

Lösung von Konflikten durch diskursive Begründung von Normen, deren Beachtung die Realität in konfliktlösender Weise verändern hieße, setzt als kommunikative Bedingung ihrer Möglichkeit tatsächlich Einheit der Deutung und Erfahrung dieser Realität voraus. Aber reale Konflikte sind es, die allein die Zumutung begründen können, sich mit anderen im Horizont einer gemeinsamen Welt-Anschauung zu vereinigen. Die Tendenz zur Homogenisierung unserer Welt-Anschauungen über das Maß der Erfordernisse hinaus, die sich aus unseren realen, potentiell konfliktträchtigen Abhängigkeiten voneinander ergeben, wirkt nämlich ihrerseits konflikterzeugend. Sie erzeugt Konflikte einer besonders scharfen Sorte, für die es pragmatische Lösungsmöglichkeiten nicht gibt, sondern einzig ihre Beendigung durch Liquidation unseres wechselseitigen Andersseins.

Der Pragmatismus des Imperativs knapper Zeit sorgt für Effektivität. Der Pragmatismus des Imperativs der Minimalisierung dessen, worüber man zu reden gezwungen werden kann, sorgt für Freiheit von Subjekten in ihrer historisch kontingenten Identität.

Jean-Paul Sartre

Ist der Existentialismus ein Humanismus? (1946)[1]

Was nennt man Existentialismus? . . . Verwickelt werden die Dinge dadurch, daß es zwei Arten von Existentialisten gibt: die ersten, welche Christen sind, unter die ich Jaspers[2] und Gabriel Marcel[3] (dieser katholischer Konfession) einreihen würde; und auf der anderen Seite die atheistischen Existentialisten, zu denen Heidegger[4] und auch die französischen Existentialisten und ich selber zu stellen sind. Gemeinsam haben sie die Überzeugung, daß die Existenz der Essenz[5] vorangehe, oder, wenn Sie wollen, daß man von der Ichheit ausgehen muß. Was soll man genauer darunter verstehen? Betrachten wir ein Artefakt[6], zum Beispiel ein Buch oder ein Papiermesser, so ist dieser Gegenstand von einem Handwerker angefertigt worden, der sich von einem Begriff hat anregen lassen; er hat sich auf den Begriff Papiermesser bezogen und zugleich auf eine vorher bestehende Technik der Erzeugung, welche zu dem Begriff gehört und im Grunde ein Rezept ist. Somit ist das Papiermesser zugleich ein Gegenstand, der auf eine bestimmte Art hergestellt wird und andererseits eine bestimmte Verwendung hat; und man kann sich nicht einen Menschen vorstellen, der ein Papiermesser anfertigte, ohne zu wissen, wozu der Gegenstand dienen soll. Wir werden also sagen, daß in bezug auf das Papiermesser die Essenz – das heißt die Summe der Rezepte und der Eigenschaften, die erlauben, es anzufertigen und es zu bestimmen – der Existenz vorangeht, und so ist die Anwesenheit mir gegenüber solch eines Papiermessers oder solch eines Buches determiniert. Wir haben also hier ein technisches Bild der Welt, in der, kann man sagen, die Erzeugung der Existenz vorausgeht.

1 in: Drei Essays, Ullstein TB 304, Frankfurt–Berlin 1964,S. 7–36 (gekürzt), Europa-Verlag, Zürich
2 Karl Jaspers, deutscher Psychologe und Philosoph (1883–1969), neben Martin Heidegger bekanntester Vertreter der deutschen Existenzphilosophie
3 französischer Philosoph (1889–1973), Hauptvertreter des christlichen Existentialismus in Frankreich
4 (1889–1976), begründete innerhalb der deutschen Existenzphilosophie die Existential-Ontologie, die nach dem Sinn des Seins fragt
5 Wesen, Wesenheit
6 künstlich Hergestelltes, Kunsterzeugnis

12 UTB 778, Diskurs: Sittliche Lebensformen (99251)

Wenn wir einen Schöpfer-Gott annehmen, so wird dieser Gott meistens einem höherstehenden Handwerker angeglichen; und was für eine theologische Lehre wir auch betrachten, ob es sich um eine Lehre wie die von Descartes oder von Leibniz[7] handelt, wir räumen immer ein, daß der Wille mehr oder weniger dem Verstand folgt oder ihn wenigstens begleitet, und daß Gott, wenn er schafft, genau weiß, was er schafft.

Demnach ist der Begriff Mensch im Geiste Gottes dem Begriff Papiermesser im Geiste des Handwerkers anzugleichen, und Gott erzeugt den Menschen nach Techniken und einem Begriff, genau wie der Handwerker ein Papiermesser nach einer Definition und einer Technik anfertigt. So verwirklicht der individuelle Mensch einen bestimmten Begriff, der im göttlichen Verstande ist. Im 18. Jahrhundert wird in den atheistischen Lehren der Philosophen der Begriff Gottes abgeschafft, aber nicht ebensosehr die Idee, daß die Essenz der Existenz vorangehe.

Diese Idee finden wir sozusagen überall wieder: wir finden sie bei Diderot[8], bei Voltaire[9] und selbst bei Kant wieder. Der Mensch ist Eigentümer einer menschlichen Natur; diese menschliche Natur, welche der Begriff des Menschen ist, findet sich bei allen Menschen wieder. Dies bedeutet, daß jeder Mensch ein besonderes Beispiel eines allgemeinen Begriffes „Der Mensch" ist. Bei Kant geht aus dieser Allgemeinheit hervor, daß sowohl der Urwaldmensch, der Naturmensch, wie der Bürger derselben Begriffsbestimmung unterworfen ist und dieselben Grundeigenschaften besitzt. Somit geht auch hier noch die Essenz des Menschen jener geschichtlichen Existenz voraus, der wir in der Natur begegnen.

Der atheistische Existentialismus, für den ich stehe, ist zusammenhängender. Er erklärt, daß, wenn Gott nicht existiert, es mindestens *ein* Wesen gibt, bei dem die Existenz der Essenz vorausgeht, ein Wesen, das existiert, bevor es durch irgendeinen Begriff definiert werden kann, und daß dieses Wesen der Mensch oder, wie Heidegger sagt, die menschliche Wirklichkeit ist. Was bedeutet hier, daß die Existenz der Essenz vorausgeht? Es bedeutet, daß der Mensch zuerst existiert, sich begegnet, in der Welt auftaucht und sich *danach* definiert.

---

7 G. W. Leibniz (1646–1716), deutscher Philosoph, Physiker, Mathematiker, Historiker und Diplomat. In seiner Theodizee (1710) stellt er Gott dar als den Schöpfer der besten aller möglichen Welten und verteidigt ihn angesichts der Übel in der Welt.

8 französischer Schriftsteller und Philosoph (1713–1784)

9 bekanntester Schriftsteller und Philosoph der französischen Aufklärung (1694–1778)

Wenn der Mensch, so wie ihn der Existentialist begreift, nicht definierbar ist, so darum, weil er anfangs überhaupt nichts ist. Er wird erst in der weiteren Folge sein, und er wird so sein, wie er sich geschaffen haben wird. Also gibt es keine menschliche Natur, da es keinen Gott gibt, um sie zu entwerfen. Der Mensch ist lediglich so, wie er sich konzipiert – ja nicht allein so, sondern wie er sich will und wie er sich *nach* der Existenz konzipiert, wie er sich will nach diesem Sichschwingen auf die Existenz hin; der Mensch ist nichts anderes als wozu er sich macht.

Das ist der erste Grundsatz des Existentialismus. Das ist es auch, was man die Subjektivität nennt und was man uns unter eben diesem Namen zum Vorwurf macht. Aber was wollen wir denn damit anderes sagen, als daß der Mensch eine größere Würde hat als der Stein oder der Tisch? Denn wir wollen sagen, daß der Mensch zuerst existiert, das heißt, daß er zuerst ist, was sich in eine Zukunft hinwirft und was sich bewußt ist, sich in der Zukunft zu planen.

Der Mensch ist zuerst ein Entwurf, der sich subjektiv lebt, anstatt nur ein Schaum zu sein oder eine Fäulnis oder ein Blumenkohl; nichts existiert diesem Entwurf vorweg, nichts ist im Himmel, und der Mensch wird zuerst das sein, was er zu sein geplant hat, nicht was er sein wollen wird. Denn was wir gewöhnlich unter Wollen verstehen, ist eine bewußte Entscheidung, die für die meisten unter uns dem nachfolgt, wozu er sich selbst gemacht hat. Ich kann mich einer Partei anschließen wollen, ein Buch schreiben, mich verheiraten, alles das ist nur Kundmachung einer ursprünglicheren, spontaneren Wahl als was man Willen nennt.

Aber wenn wirklich die Existenz der Essenz vorausgeht, so ist der Mensch verantwortlich für das, was er ist. Somit ist der erste Schritt des Existentialismus, jeden Menschen in Besitz dessen, was er ist, zu bringen und auf ihm die gänzliche Verantwortung für seine Existenz ruhen zu lassen. Und wenn wir sagen, daß der Mensch für sich selber verantwortlich ist, so wollen wir nicht sagen, daß der Mensch gerade eben nur für seine Individualität verantwortlich ist, sondern daß er verantwortlich ist für alle Menschen. Es gibt zweierlei Sinn in dem Wort Subjektivismus, und unsere Gegner arbeiten auf unehrliche Weise mit dieser Tatsache. Subjektivismus bedeutet einerseits Wahl des individuellen Subjektes durch sich selber, und anderseits Unmöglichkeit für den Menschen, die menschliche Subjektivität zu überschreiten. Dieser zweite Sinn ist der tiefere Sinn des Existentialismus. Indem wir sagen, daß der Mensch sich wählt, verstehen wir darunter, daß jeder unter uns sich wählt; aber damit wollen wir ebenfalls sagen, daß, indem er sich wählt, er alle Menschen wählt. Tatsächlich gibt es nicht eine unserer Handlungen, die, indem sie den Menschen schafft, der wir sein wollen, nicht gleichzeitig ein Bild des Menschen schafft, so wie wir meinen, daß er sein soll. Wählen, dies oder jenes zu sein, heißt gleichzeitig, den Wert dessen, was wir wählen, bejahen, denn wir können nie das Schlechte wählen. Was wir wählen, ist immer das Gute, und nichts kann für uns gut sein, wenn es nicht gut für alle ist.

Wenn anderseits die Existenz der Essenz vorangeht und wir zur gleichen Zeit existieren wollen, wie wir unser Bild gestalten, so ist dieses Bild für alle und für unsere ganze Epoche gültig. Somit ist unsere Verantwortlichkeit viel größer, als wir es etwa voraussetzen könnten, denn sie bindet die ganze Menschheit. Bin ich Arbeiter und wähle, eher einer christlichen Gewerkschaft beizutreten als Kommunist zu sein – will ich mit diesem Beitritt anzeigen, daß Bescheidung im Grunde die Lösung ist, die dem Menschen zukommt, daß das Reich des Menschen nicht auf Erden ist – so binde ich dadurch nicht nur meinen Fall: ich will für *alle* Selbstbescheidung üben, folglich hat mein Schritt die ganze Menschheit gebunden.

Und will ich eine individuellere Tatsache – mich verheiraten und Kinder haben, selbst wenn diese Heirat einzig und allein von meiner Lage oder von meiner Leidenschaft oder von meinem Begehren abhängt, so binde ich dadurch nicht nur mich selber, sondern verpflichte die ganze Menschheit auf den Weg der Monogamie. So bin ich für mich selbst und für alle verantwortlich, und ich schaffe ein bestimmtes Bild des Menschen, den ich wähle; indem ich mich wähle, wähle ich den Menschen. . . .

Als gegen 1880 französische Professoren eine weltliche Moral aufzustellen versuchten, sagten sie ungefähr folgendes: Gott ist eine unnütze und kostspielige Hypothese; wir unterdrücken sie, jedoch ist trotzdem notwendig – damit es eine Sittlichkeit, eine Gesellschaft und eine bürgerlich geordnete Welt überhaupt gebe –, daß einige Werte ernst genommen und als a priori bestehend angesehen werden. Es muß a priori pflichtmäßig sein, daß man ehrenhaft ist, daß man nicht lügt, daß man seine Frau nicht schlägt, daß man Kinder auf die Welt setzt usw. usw. . . ., wir werden also eine kleine Arbeit unternehmen, die erlauben wird, zu zeigen, daß diese Werte trotz allem bestehen, daß sie in einem intelligiblen[10] Himmel verzeichnet sind, wenn anderseits es

10 nur durch die Vernunft, nicht durch die sinnliche Erfahrung erfaßbar

auch keinen Gott gibt. Mit anderen Worten (und dies, glaube ich, ist die Gedankenrichtung von allem, was man in Frankreich Radikalismus nennt), nichts wird geändert sein, wenn Gott nicht existiert; wir werden dieselben Richtsätze von Ehrenhaftigkeit, von Fortschritt, von Menschlichkeit wiederfinden, und wir werden aus Gott eine verjährte Hypothese gemacht haben, die ruhig und von selber sterben wird.

Der Existentialist denkt im Gegenteil, es sei sehr störend, daß Gott nicht existiert, denn mit ihm verschwindet alle Möglichkeit, Werte in einem intelligiblen Himmel zu finden; es kann nichts a priori Gutes mehr geben, da es kein unendliches und vollkommenes Bewußtsein mehr gibt, um es zu denken. Nirgends steht geschrieben, daß das Gute existiert, daß man ehrenhaft sein soll, daß man nicht lügen soll; genau aus dem Grunde, weil wir auf einer Ebene uns befinden, wo es nur Menschen gibt.

Dostojewski[11] hatte geschrieben: „Wenn Gott nicht existierte, so wäre alles erlaubt.“ Da ist der Ausgangspunkt des Existentialismus. In der Tat, alles ist erlaubt, wenn Gott nicht existiert, und demzufolge ist der Mensch verlassen, da er weder in sich noch außerhalb seiner eine Möglichkeit findet, sich anzuklammern. Vor allem findet er keine Entschuldigungen. Geht tatsächlich die Existenz der Essenz voraus, so kann man nie durch Bezugnahme auf eine gegebene und feststehende menschliche Natur Erklärungen geben; anders gesagt, es gibt keine Vorausbestimmung mehr, der Mensch ist frei, der Mensch ist Freiheit.

Wenn wiederum Gott nicht existiert, so finden wir uns keinen Werten, keinen Geboten gegenüber, die unser Betragen rechtfertigen. So haben wir weder hinter uns noch vor uns, im Lichtreich der Werte, Rechtfertigungen oder Entschuldigungen. Wir sind allein, ohne Entschuldigungen. Das ist es, was ich durch die Worte ausdrücken will: Der Mensch ist verurteilt, frei zu sein. Verurteilt, weil er sich nicht selbst erschaffen hat, anderweit aber dennoch frei, da er, einmal in die Welt geworfen, für alles verantwortlich ist, was er tut. Der Existentialist glaubt nicht an die Macht der Leidenschaft. Er wird nie denken, daß eine schöne Leidenschaft ein verwüstender Wildbach ist, der den Menschen unvermeidlich zu gewissen Taten führt und der deshalb eine Entschuldigung ist. Er denkt, der Mensch sei für seine Leidenschaft verantwortlich. Der Existentialist wird auch nie denken, daß der Mensch auf Erden Hilfe finden könne in einem gegebenen Zeichen, das ihm seine Richtung weise.

---

11 s. o. Weber Anm. 8

Denn er denkt, daß der Mensch das Zeichen entziffern wird, wie es ihm gefällt. Er denkt also, daß der Mensch ohne irgendeine Stütze und ohne irgendeine Hilfe in jedem Augenblick verurteilt ist, den Menschen zu erfinden. Ponge[12] hat in einem sehr schönen Aufsatz gesagt: „Der Mensch ist die Zukunft des Menschen." Das ist vollkommen richtig. Bloß wenn man darunter versteht, daß diese Zukunft im Himmel verzeichnet ist, daß Gott sie sieht – dann ist es falsch, denn das wäre nicht einmal mehr eine Zukunft. Versteht man es so, daß, was für ein Mensch auch in Erscheinung tritt, es eine Zukunft zu gestalten gibt, eine jungfräuliche Zukunft, die auf ihn wartet, dann ist das Wort richtig. Aber dann ist man eben verlassen. . . .

Es gibt Wirklichkeit nur in der Tat; übrigens geht sie [die Lehre des Existentialismus] noch weiter, indem sie beifügt: Der Mensch ist nichts anderes als sein Entwurf, er existiert nur in dem Maße, in welchem er sich verwirklicht, er ist also nichts anderes als die Gesamtheit seiner Handlungen, nichts anderes als sein Leben. Hiernach können wir begreifen, warum unsere Lehre einer gewissen Anzahl von Leuten Schrecken einflößt. Denn oft haben sie nur eine Weise, ihr Elend zu ertragen, nämlich zu denken: Die Umstände waren gegen mich, ich hätte zu viel Besserem getaugt als was ich gewesen bin. . . .

Wir definieren den Menschen nur durch die Beziehung auf ein Sichbinden. Es ist unsinnig, uns Unmotiviertheit der Wahl vorzuwerfen.

In zweiter Linie sagt man uns: Ihr könnt über die andern nicht urteilen. Dies ist richtig in einem gewissen Maße, falsch in einem andern. Wahr ist es in dem Sinne, daß jedesmal, wenn der Mensch seine Bindung und seinen Entwurf in voller Aufrichtigkeit und vollem Klarsinn wählt (welches auch im übrigen der Entwurf sein möge), er diesem unmöglich einen andern vorziehen kann; wahr ist es in dem Sinne, daß wir nicht an den Fortschritt glauben; der Fortschritt ist eine Verbesserung; der Mensch ist immer derselbe einer Situation gegenüber, die sich verändert, und die Wahl bleibt immer eine Wahl inmitten einer Situation. Das Problem der Moral hat nicht gewechselt seit dem Augenblick, wo man zwischen den Verteidigern der Sklaverei und denen der Sklavenbefreiung wählen konnte, zum Beispiel zur Zeit des Sezessionskrieges[13], und

12 französischer Schriftsteller (geb. 1899)

13 Krieg in den USA zwischen den abgefallenen Südstaaten und den Nordstaaten (1861–1865). Vordergründig ging es um die Sklavenbefreiung in den Südstaaten

dem gegenwärtigen Augenblick, wo man für das MRP[14] oder für die Kommunisten sich entscheiden kann.

Aber man *kann* trotzdem urteilen, denn, wie ich Ihnen gesagt, man wählt im Angesicht der andern und man wählt sich im Angesicht der andern. Zunächst kann man urteilen (und das ist vielleicht nicht ein Werturteil, sondern ein logisches Urteil), daß gewisse Wahlhandlungen auf Irrtum beruhen und andere auf Wahrheit. Man kann über einen Menschen urteilen, indem man sagt, er sei schlechten Willens.

Wenn wir die Situation des Menschen als eine freie Wahl bestimmt haben, ohne Entschuldigungen und ohne Hilfe, so ist jeder Mensch, der in der Entschuldigung durch seine Leidenschaften Zuflucht sucht, jeder Mensch, der eine Vorausbestimmung erfindet, ein Mensch von schlechtem Willen.

Man könnte einwenden: Aber warum sollte er nicht schlechten Willens sich wählen? Ich antworte, daß ich ihn nicht moralisch zu beurteilen habe, aber ich bestimme seinen schlechten Willen als einen Irrtum. Hier kann man einem Wahrheitsurteil nicht aus dem Wege gehen. Der schlechte Wille ist offenbar eine Lüge, weil er die totale Freiheit der Bindung verhehlt. Auf derselben Ebene behaupte ich, daß es ebenso schlechter Wille ist, wenn ich wähle, zu erklären, daß gewisse Werte vor mir bestehen; ich bin im Widerspruch mit mir selber, wenn ich zu gleicher Zeit dieselben will und sage, daß sie sich mir auferlegen. Sagt man mir aber: Und wenn ich nun schlechten Willens sein *will*?, so antworte ich: Es gibt keinen Grund, daß Sie es *nicht* sind, aber ich erkläre, daß Sie es sind, und daß die Haltung strengen Zusammenhanges die Haltung der Gutgläubigkeit ist.

Und ferner kann ich ein *moralisches* Urteil fällen. Wenn ich erkläre, daß die Freiheit durch jeden konkreten Umstand hindurch kein anderes Ziel haben kann, als sich selber zu wollen, wenn der Mensch einmal erkannt hat, daß er in Verlassenheit Werte setzt – dann kann er nur *eines* noch wollen, nämlich die Freiheit, als Grundlage aller Werte. Das bedeutet nicht, daß er die Freiheit als abstrakte will. Es will einfach heißen, daß die Handlungen der Menschen, die guten Willens sind, zur letzten Bedeutung das Streben nach Freiheit als solcher haben. Ein Mensch, der sich irgendeiner kommunistischen oder revolutionären Gewerkschaft anschließt, will konkrete Ziele; diese Ziele schließen einen abstrakten

14 Mouvement Républicain Populaire (‚Volksrepublikaner'), christlich-demokratische-soziale Partei in Frankreich, gegründet 1944, bis 1947 neben Sozialisten und Kommunisten führende Partei in Frankreich

Willen zur Freiheit ein; aber diese Freiheit will sich in der Übereinstimmung mit andern.

Wir wollen die Freiheit um der Freiheit willen und durch jeden besonderen Einzelumstand hindurch. Und indem wir die Freiheit wollen, entdecken wir, daß sie ganz und gar von der Freiheit der andern abhängt, und daß die Freiheit der andern von der unsern abhängt. Gewiß hängt die Freiheit als Definition des Menschen nicht vom andern ab, aber sobald ein Sichbinden vorhanden ist, bin ich verpflichtet, gleichzeitig mit meiner Freiheit die der andern zu wollen, und ich kann meine Freiheit nicht zum Ziel nehmen, wenn ich nicht zugleich die Freiheit der andern zum Ziel nehme. . . .

Es gibt einen (. . .) Begriff des „Humanismus", welcher im Grunde genommen dies bedeutet: Der Mensch ist dauernd außerhalb seiner selbst; indem er sich entwirft und indem er sich außerhalb seiner verliert, macht er, daß der Mensch existiert, und auf der andern Seite, indem er transzendente Ziele verfolgt, kann er existieren; der Mensch ist diese Überschreitung und erfaßt die Gegenstände nur in Beziehung auf diese Überschreitung, und so befindet er sich im Herzen, im Mittelpunkt dieser Überschreitung. Es gibt kein anderes All als ein menschliches All, als das All der menschlichen Ichheit.

Diese Verbindung der Transzendenz als Wesenserbauung des Menschen (nicht im Sinne, wie Gott transzendent ist, sondern im Sinne der Überschreitung) und der Ichheit, in dem Sinne, wie der Mensch nicht in sich selber eingeschlossen ist, sondern dauernd gegenwärtig in einem menschlichen All – das ist es, was wir den existentialistischen Humanismus nennen. Humanismus, weil wir den Menschen daran erinnern, daß es außer ihm keinen andern Gesetzgeber gibt und daß er in seiner Verlassenheit über sich selber entscheidet; und weil wir zeigen, daß nicht durch Rückwendung auf sich selber, sondern immer durch Suche nach einem Ziel außerhalb seiner, welches diese oder jene Befreiung, diese oder jene besondere Verwirklichung sein wird – daß dadurch der Mensch sich als humanes Wesen verwirklichen wird. Aus diesen Überlegungen kann man ersehen, daß nichts ungerechter ist als die Vorwürfe, die man gegen uns erhebt.

Der Existentialismus ist nichts anderes als eine Bemühung, alle Folgerungen aus einer zusammenhängenden atheistischen Einstellung zu ziehen. Er versucht keineswegs, den Menschen in Verzweiflung zu stürzen. Aber wenn man, wie die Christen, jede Haltung des Unglaubens Verzweiflung nennt, so geht der Existentialismus von der Urverzweiflung aus. Der Existentialismus ist mithin nicht ein Atheismus im Sinne, daß er sich erschöpfen würde im Beweis, Gott existiere nicht. Eher erklärt er: Selbst wenn es einen Gott gäbe, würde das nichts ändern; das ist unser Standpunkt. Nicht, als ob wir glaubten, daß Gott existiert, aber wir denken, daß die Frage nicht die seiner Existenz ist; der Mensch muß sich selber wieder finden und sich überzeugen, daß ihn nichts vor ihm selber retten kann, wäre es auch ein gültiger Beweis der Existenz Gottes.

In diesem Sinne ist der Existentialismus ein Optimismus, eine Lehre der Tat, und nur aus Böswilligkeit können die Christen, ihre eigene Verzweiflung mit der unsern verwechselnd, uns zu Verzweifelten stempeln.

Michel Foucault
Paulo Caruso, Gespräch mit Michel Foucault[1]

Welcher Gattung gehört Ihrer Meinung nach Ihre Arbeit an? Der Philosophie? Oder handelt es sich um eine „Kritik", die gewisse Humanwissenschaften ergänzen oder unterstützen könnte?

Da muß ich sagen, daß es schwierig ist, eine Forschungsarbeit wie die meinige in die Philosophie oder in die Humanwissenschaft einzuordnen. Man könnte sie als eine Analyse der Zivilisationstatsachen, die *unsere* Kultur charakterisieren, definieren und insofern würde es sich um etwas wie eine *Ethnologie*[2] der Kultur, der wir angehören, handeln. Ich versuche tatsächlich, mich außerhalb der Kultur, der wir angehören, zu stellen, um ihre formalen Bedingungen zu analysieren, um gewissermaßen ihre *Kritik* zu bewerkstelligen: aber nicht um ihre Werte herabzusetzen, sondern um zu sehen, wie sie tatsächlich entstanden sind. Indem ich die Bedingungen unserer Rationalität analysiere, stelle ich auch unsere Sprache, stelle ich meine Sprache, deren Entstehung ich analysiere, in Frage.

Sie arbeiten also an einer Ethnologie unserer Kultur.

Oder zumindest an einer Ethnologie unserer Rationalität, unseres Diskurses[3].

Was Sie sagen, betrifft aber auch unmittelbar die Philosophie, es geht jeden zeitgenössischen Philosophen an. Vor allem, wenn Sie von speziellen Analysen über bestimmte Themen zu allgemeineren Implikationen übergehen.

Daß meine Arbeit etwas mit Philosophie zu tun hat, ist sehr gut möglich: vor allem, da die Philosophie – zumindest seit Nietzsche – die Aufgabe des *Diagnostizierens* hat und nicht mehr eine Wahrheit zu sagen sucht, die für alle zu allen Zeiten gültig ist. Ich versuche eben zu diagnostizieren: die *Gegenwart zu diagnostizieren*. Ich versuche zu sagen, was wir heute sind und was es jetzt bedeutet, das zu sagen, was wir sagen.

---

1 in: Von der Subversion des Wissens, übersetzt und herausgegeben von Walter Seitter, Reihe Hanser 150, München 1974, S. 7–31 (gekürzt)
2 eigentlich: Völkerkunde; hier ist gemeint: die eigene Kultur wie eine fremde erforschen
3 zur Bedeutung von ‚Diskurs' s. u.

Dieses Graben unter unseren Füßen charakterisiert seit Nietzsche das gegenwärtige Denken und in diesem Sinne kann ich mich als Philosophen bezeichnen.

Aber diese Ausgrabungsarbeit, diese Archäologie, ist auch eine historische Arbeit.

Ja, gewiß. Und es ist merkwürdig, daß in Frankreich einige, darunter vor allem Nicht-Historiker, in meinem letzten Buch[4] kein Geschichtsbuch gesehen haben. Dabei ist es wirklich ein Geschichtsbuch. Die Historiker haben sich darin nicht geirrt. Aber die Nicht-Historiker haben behauptet, daß es ein Buch sei, das die Geschichte negieren, entleeren, verschließen sollte usw. Wahrscheinlich kommt das von ihrer etwas simplifizierenden Geschichtskonzeption. Für sie ist die Historie im wesentlichen eine Gesamtheit von Analysen, die vor allem einer wohl definierten Linearität folgen müssen, die von A nach B eine trügerische Entwicklung herstellen: der Evolutionsmythos als tragendes Gerüst der Geschichte. Außerdem sehen sie die Geschichte immer als eine Angelegenheit der Beziehungen zwischen dem Individuum und der Institution, der Materialität der Dinge, der Vergangenheit usw.: also als eine Dialektik zwischen dem freien individuellen Bewußtsein und der Gesamtheit der menschlichen Welt in ihrer Schwere und Undurchsichtigkeit. Ich glaube nun, daß sich über diese Themen sehr interessante Geschichtsbücher schreiben lassen, wie es ja auch welche gibt, zumindest seit Michelet[5]. Aber ich glaube, daß es auch andere Möglichkeiten gibt, Geschichtswerke zu verfassen. Und darin kann ich nicht als Neuerer gelten, da seit einiger Zeit professionelle Historiker Analysen des Typs angestellt haben, wie sie in der »Ordnung der Dinge« vorkommen: so unterwirft sich etwa einer der berühmtesten Historiker, Braudel[6], nicht dem Ideal der evolutiven, linearen Bewußtseinsgeschichte.

Man muß sich vor einer simplifizierenden linearen Geschichtskonzeption hüten. Man hält es für ein spezifisch historisches Problem, wie ein bestimmtes Faktum einem anderen folgt; aber man sieht nicht das Problem, das genau so ein historisches Problem ist: nämlich wie zwei Ereignisse gleichzeitig sein können. Häufig wird die Geschichte auch als bevorzugter Ort der Kausalität betrachtet, als müßte jede Geschichts-

4 Les mots et les choses, Paris 1966, deutsch: Die Ordnung der Dinge. Eine Archäologie der Humanwissenschaften, stw 96, Frankfurt 1974

5 französischer Historiker (1798–1874), einer der größten und volkstümlichsten Historiker seines Landes

6 französischer Historiker (geb. 1902)

theorie die Beziehungen zwischen Ursache und Wirkung hervorheben. Seit Jahrhunderten sind nun die Naturwissenschaften – und seit Jahrzehnten die Humanwissenschaften – innegeworden, daß der Kausalbezug logisch nicht aufrechtzuerhalten ist: im Grunde genommen gibt es die Kausalität logisch gar nicht. Und heute arbeitet man eben daran, logische Beziehungen im Feld der Historie einzuführen. Sobald in die historische Analyse logische Relationen wie Implikation, Exklusion, Transformation usw. eingeführt sind, verschwindet die Kausalität. Dann aber gilt es, das Vorurteil abzubauen, demzufolge eine Geschichte ohne Kausalität keine Geschichte mehr ist.

Ihr letztes Buch richtete sich nicht nur gegen die ,,kausale Geschichte", sondern auch gegen die sog. ,,humanistischen" Ideologien.

Wenn wir das *Heute*, in dem wir leben, diagnostizieren, so können wir einige Tendenzen isolieren, die bereits der Vergangenheit angehören, die sich aber noch für zeitgenössisch halten. Ebendeswegen wurde einigen meiner Analysen, die für mich lediglich Analysen waren, ein polemischer Wert beigemessen. Sie haben sich auf meine Diagnosen des Humanismus bezogen. In der »Ordnung der Dinge« habe ich die beiden Forschungsrichtungen, von denen ich oben sprach, fortzusetzen gesucht: einmal handelte es sich darum, wie sich ein Gegenstand für das ,,Wissen" konstituiert hat, und darum, wie ein bestimmter Typ des Diskurses funktioniert hat. Ich habe also folgendes Phänomen zu analysieren versucht: in den wissenschaftlichen Diskursen, die der Mensch seit dem 17. Jahrhundert formuliert hat, ist im 18. Jahrhundert ein neuer Gegenstand aufgetreten: der ,,Mensch". Mit dem Menschen ergab sich die Möglichkeit der Konstituierung der Humanwissenschaften, und außerdem ist eine Ideologie oder ein allgemeines philosophisches Thema entstanden: der Gedanke vom unverjährbaren Wert des Menschen. Dies ist ganz wörtlich zu verstehen: der Mensch ist als Gegenstand möglicher Wissenschaften erschienen – eben der Wissenschaften vom Menschen – und gleichzeitig als Wesen, dank dem alle Erkenntnis möglich ist. Der Mensch gehörte also dem Feld der Erkenntnisse als möglicher Gegenstand an und war andererseits am Ursprungspunkt jedweder Erkenntnis.

Also Objekt und Subjekt.

Subjekt allen Wissens und Objekt eines möglichen Wissens. Diese zweideutige Situation charakterisiert die anthropologisch-humanistische Struktur des Denkens des 19. Jahrhunderts. Mir scheint, daß dieses Denken sich unter unseren Augen auflöst und zersetzt. Dies verdankt sich im wesentlichen der strukturalistischen Tendenz. In dem

Augenblick, in dem man sich darüber klar geworden ist, daß alle menschliche Erkenntnis, alle menschliche Existenz, alles menschliche Leben und vielleicht das ganze biologische Erbe des Menschen, in Strukturen eingebettet ist, d. h. in eine formale Gesamtheit von Elementen, die beschreibbaren Relationen unterworfen sind, hört der Mensch sozusagen auf, das Subjekt seiner selbst zu sein, zugleich Subjekt und Objekt zu sein. Man entdeckt, daß das, was den Menschen möglich macht, ein Ensemble von Strukturen ist, die er zwar denken und beschreiben kann, deren Subjekt, deren souveränes Bewußtsein er jedoch nicht ist. Diese Reduktion des Menschen auf die ihn umgebenden Strukturen scheint mir charakteristisch für das gegenwärtige Denken und somit ist die Zweideutigkeit des Menschen als Subjekt und Objekt jetzt keine fruchtbare Hypothese, kein fruchtbares Forschungsthema mehr . . .

Wir kommen also wieder zu dem von Ihnen geschätzten Thema des Verschwindens des Subjekts bzw. des Menschen und jeder Form des Humanismus. Ich möchte, daß Sie mir die Tragweite dieser Ihrer Thesen deutlicher machen. Um zu beginnen: Sie haben von ,,weichen Humanismen« gesprochen (Teilhard de Chardin[7], Camus[8] usw.), um auf einige Humanismen hinzuweisen, die Ihnen besonders widerwärtig sind: muß ich daraus schließen, daß es Humanismen gibt, die auch in Ihren Augen Respekt verdienen?

Ich habe in der Tat den Ausdruck ,,weicher Humanismus" verwendet, und das läßt aus naheliegenden sprachlichen Gründen annehmen, daß ich an die Existenz nicht weicher, sondern harter Humanismen denke, die im Gegensatz zu den anderen Respekt verdienen würden. Dazu muß ich jedoch sagen, daß ,,weicher Humanismus" eine tautologische Formel[9] ist und daß ,,Humanismus" die ,,Weichheit" schon impliziert.

Derartige Behauptungen haben nun für viele, wenn nicht für alle, einen sehr provokatorischen Charakter. Daher möchte ich, daß Sie etwas besser erläutern, was Sie sagen wollen.

---

7 französischer Philosoph (1881–1955), entwarf eine Philosophie der universalen Evolution, die Natur und Kultur umfaßt, als Aufstieg der Schöpfung ausgerichtet auf Gott

8 französischer Schriftsteller (1913–1960), vertrat einen Existentialismus des ‚Absurden'. Der Mensch sei Fremder in der Welt. Seine Würde bestehe darin, die Sinn- und Hoffnungslosigkeit des Daseins zu ertragen. Symbol des Lebens ist die sinnlose Mühe des Sisyphos.

9 Tautologie: überflüssige Verdoppelung einer Aussage

So antworte ich denn, daß die Provokation gerade in der Berufung auf den Humanismus liegt. Sie wissen doch – und ich beziehe mich auf eine Landschaft, die sicherlich auch Sie gut kennen, da wir sie wahrscheinlich gemeinsam durchwandert haben, daß es gerade dieser Humanismus war, der in den Jahren nach dem Weltkrieg sowohl den Stalinismus wie die Hegemonie der christlich-demokratischen Parteien gerechtfertigt hat, daß es derselbe Humanismus ist, den wir bei Camus und im Existentialismus Sartres finden usw. Zuguterletzt ist dieser Humanismus doch der Prostituierte des ganzen Denkens, der ganzen Kultur, der ganzen Moral und Politik der letzten 20 Jahre gewesen: und wenn man ihn uns nun als Tugendbeispiel vorstellt, so halte ich das für eine Provokation.

Es handelt sich aber nicht darum, einen bestimmten Humanismus zum Tugendbold zu machen. Sie haben sich darauf beschränkt, einen Humanismus zu verurteilen, der im Widerspruch zu seinen eigenen Voraussetzungen steht, einen zweideutigen oder überholten Humanismus. Ich möchte jedoch, daß Sie mir erklären, wieso man heute überhaupt nicht mehr Humanist sein kann.

Darauf will ich folgendes antworten: Ich glaube, die Humanwissenschaften führen uns überhaupt nicht zur Entdeckung des „Menschlichen", der Wahrheit des Menschen, seiner Natur, seiner Entstehung, seiner Bestimmung. Dasjenige, mit dem sich die verschiedenen Humanwissenschaften wirklich beschäftigen, ist etwas vom Menschen Verschiedenes, das sind Systeme, Strukturen, Kombinatoriken, Formen usw. Wenn wir uns daher ernsthaft mit den Humanwissenschaften auseinandersetzen wollen, müssen wir uns vor allem der Illusion entledigen, es gelte, den Menschen zu suchen.

Das mag auf der Ebene der Wissenschaft, der Erkenntnis zutreffen; aber auf der Ebene der Moral . . .

Sagen wir: auf der Ebene der Politik. Ich behaupte nämlich, daß sich die Moral zur Gänze auf die Politik und auf die Sexualität reduzieren läßt, welche wiederum auf die Politik reduziert werden kann. Folglich *ist* die Moral die Politik. Die Erfahrung der fünfziger Jahre beweist uns nun, daß diese humanistische Idee nicht nur nicht fruchtbar, sondern sogar schädlich und verderblich ist, da sie die verschiedensten und gefährlichsten politischen Operationen ermöglicht hat. In Wirklichkeit sind die Probleme, die sich einem Politiker stellen, Probleme etwa folgender Art: Soll man den Index des Bevölkerungswachstums steigen lassen? Soll man die Schwerindustrie oder die Leichtindustrie fördern? Bietet die Steigerung des Konsums in einer bestimmten Konjunktur Vorteile oder nicht? Das sind die politischen Probleme. Auf dieser Ebene finden wir keine „Menschen".

Aber formulieren Sie nicht eben Ihren Humanismus? Warum soll man eine ökonomische Tendenz einer anderen gegenüber bevorzugen? Warum soll man das Wachstum der Bevölkerung regulieren? Geht es in all diesen politischen Aufgaben nicht um das Wohl der Menschen?

Was liegt denn der Wirtschaft zugrunde, wenn nicht der Mensch, und zwar nicht nur als Arbeitskraft, sondern auch als Zweck? An diesem Punkte müssen Sie doch die nihilistische Behauptung vom „Verschwinden des Menschen", von der „Auflösung des Menschen" zumindest teilweise wieder zurückziehen. Ich kann nicht glauben, daß Sie diesen Behauptungen einen absoluten Wert beimessen. Wenn Sie es aber doch tun, so möchte ich, daß Sie dies klar sagen und, wenn möglich, rechtfertigen. Es sei denn, Sie wollten nur einen entmystifizierenden Slogan prägen.

Ich möchte nicht, daß meine Behauptung als Slogan betrachtet wird. Zwar ist sie inzwischen zu einem Schlagwort geworden, aber gänzlich gegen meinen Willen. Vielmehr handelt es sich um eine tiefe Überzeugung, die ich aus der Erfahrung der üblen Dienste gewonnen habe, welche diese Idee des Menschen in so vielen Jahren geleistet hat.

Diese schlechten Dienste hat sie dem Menschen erwiesen. Auch Sie orientieren sich an einer humanistischen Forderung. Bis zu welchem Punkt glauben Sie, den Humanismus negieren zu können? Im Konkreten beschränken Sie sich doch darauf, die zu ihren eigenen Voraussetzungen im Widerspruch stehenden Humanismen, die überholten oder allzu beschränkten Humanismen zu denunzieren, was die Forderung einer moderneren, der heutigen Situation angemesseneren und elastischeren humanistischen Ideologie impliziert.

Ich möchte nicht als Vorkämpfer eines technokratischen Humanismus oder eines Humanismus, der sich nicht als solchen zu bezeichnen wagt, auftreten. In Wahrheit ist ja niemand mehr Humanist als die Technokraten. Auf der anderen Seite muß eine linke Politik möglich sein, die ohne all diese konfusen humanistischen Mythen auskommt. Ich glaube, daß sich das Optimum des gesellschaftlichen Funktionierens definieren läßt, und zwar aufgrund einer bestimmten Beziehung zwischen dem Bevölkerungswachstum, dem Konsum, der individuellen Freiheit, der Möglichkeit von Freude für einen jeden, und ohne Berufung auf die Idee des Menschen: ein Optimum des Funktionierens kann intern definiert werden, ohne daß gesagt wird, „für wen" es so besser ist. Nach meinem

Dafürhalten sind die Technokraten Humanisten und die Technokratie ist eine Form des Humanismus. Die Technokraten glauben ja in einem gewissen Sinn die einzigen zu sein, die das „Glück der Menschen" definieren und herbeiführen können.

Aber stellen nicht auch Sie sich dieses Problem?

Nein, warum? Für mich gehört die Technokratie zum Humanismus, und ich lehne beide ab.

Sie sehen in diesem technokratischen Humanismus einen schlechten Humanismus, dem Sie einen anderen, einen wertvolleren Humanismus entgegensetzen.

Aber warum muß man Humanist sein? Ich sage doch nur, daß wir das heute mögliche Optimum des gesellschaftlichen Funktionierens politisch zu definieren suchen können.

Aber das gesellschaftliche Funktionieren ist das Funktionieren der Menschen, welche eine gegebene Gesellschaft bilden.

Wenn ich sagte, daß der Mensch aufgehört hat zu existieren, so wollte ich natürlich nicht sagen, daß der Mensch als Lebewesen oder als Gesellschaftswesen vom Planeten verschwunden ist. Das gesellschaftliche Funktionieren ist und bleibt das Funktionieren der Individuen in Beziehung aufeinander.

Allerdings meinen Sie, daß die humanistischen Mythen keineswegs mit dem Problem des Funktionierens der Menschen in Beziehungen aufeinander verbunden sein müssen.

Jawohl. Wenn wir über das Problem des Humanismus zu diskutieren scheinen, beziehen wir uns eigentlich auf ein einfacheres Problem, auf das des Glücks. Ich behaupte, daß sich der Humanismus zumindest auf der politischen Ebene als jede Einstellung definieren läßt, derzufolge es Zweck der Politik ist, das Glück herbeizuführen. Meiner Überzeugung nach kann aber der Begriff des Glücks nicht mehr gedacht werden. *Das Glück existiert nicht und das Glück der Menschen existiert noch weniger.*

Und was setzen Sie dem Begriff des Glücks entgegen?

Man kann dem Begriff des Glücks nichts entgegenstellen: nur dem, was existiert, kann man etwas entgegensetzen.

Sie denken also, daß man die Probleme nicht auf der Ebene des Glücks, sondern des Funktionierens stellen soll.

Ja.

Scheint Ihnen das ausreichend? Ist dieser Fetischismus[10] *des guten Funktionierens nicht masochistisch*[11]*?*

Ich glaube, es ist notwendig, daß man sich in Bezug auf die Menschheit mit einer Position abfindet, die der Position entspricht, welche man gegen Ende des 18. Jahrhunderts in Bezug auf die anderen Lebewesen angenommen hat, als man sich darüber einigte, daß die Lebewesen nicht *für jemanden* – weder für sich selbst, noch für den Menschen, noch für Gott – funktionieren, sondern daß sie einfach existieren. Der Organismus funktioniert. Wozu existiert er? Um sich zu reproduzieren? Um sich am Leben zu erhalten? Keineswegs. Er funktioniert. Er funktioniert in sehr zweideutiger Weise: zum Leben, aber auch zum Sterben; es ist ja wohlbekannt, daß sich das Funktionieren des Lebens ständig abnutzt, daß gerade das Funktionieren des Lebens zum Tod führt. Also funktioniert eine Spezies nicht für sich selbst, und auch nicht für den Menschen oder zur größeren Ehre Gottes: sie beschränkt sich darauf, zu funktionieren. Dasselbe gilt nun auch für die menschliche Spezies. Gewiß verfügt die Menschheit über ein Nervensystem, mit dem sie ihr Funktionieren bis zu einem gewissen Grad kontrollieren kann. Und es ist klar, daß diese Kontrollmöglichkeit fortwährend die Idee nahelegt, die Menschheit müsse auch einen Zweck haben. Diesen Zweck entdekken wir in dem Maße, in dem wir unser eigenes Funktionieren kontrollieren können. Wir aber drehen die Dinge um. Wir sagen: weil wir einen Zweck haben, müssen wir unser Funktionieren kontrollieren. In Wirklichkeit können nur aufgrund dieser Kontrollmöglichkeit all die Ideologien, Philosophien, Metaphysiken, Religionen entstehen. Verstehen Sie, was ich sagen will? Die Möglichkeit der Kontrolle führt zur Idee des Zwecks. Tatsächlich hat die Menschheit keine Zwecke. Sie funktioniert, sie kontrolliert ihr Funktionieren und bringt ständig Rechtfertigungen für diese Kontrolle hervor. Wir müssen uns damit abfinden, daß es nur Rechtfertigungen sind. Der Humanismus ist nur eine von ihnen, die letzte.

Aber wenn ich sagen würde: vielleicht bedarf es für das gute Funktionieren dieses Systems der Rechtfertigungen. Der Humanismus könnte das gute Funktionieren der Gesellschaft erleichtern, ohne einen absoluten Wert für den Sinn oder die Zwecke der Menschheit zu beanspruchen.

Diese Ihre Hypothese bestärkt mich in der Idee, die ich seit einiger Zeit habe, daß nämlich der Mensch, die Idee des Menschen, im 19. Jahrhun-

---

10 hier: Verabsolutierung, zwangshafte Fixierung auf eine Sache

11 hier: selbstquälerisch

dert ungefähr dieselbe Funktion ausübte wie die Idee Gottes in den voraufgehenden Jahrhunderten. Man glaubte noch im vergangenen Jahrhundert, daß es praktisch unmöglich sei, dem Menschen die Idee zuzumuten, daß Gott nicht existiert: wenn es Gott nicht gäbe, wäre alles verloren. Man schrak vor der Idee einer ohne Gott funktionierenden Menschheit zurück und da die Menschheit weiterhin funktionierte, blieb man bei der Überzeugung, daß die Idee Gottes für die Erhaltung der Menschheit notwendig sei. Sie sagen mir nun: vielleicht ist die Idee der Menschheit nötig, auch wenn sie nur ein Mythos ist, damit die Menschheit funktioniert. Darauf antworte ich: ja, vielleicht, aber vielleicht auch nicht. Nicht mehr und nicht weniger als die Idee Gottes.

Aber der Unterschied liegt darin, daß meines Erachtens die Menschheit keinen transzendenten oder metaphysischen Wert erhalten kann. Solange es Menschen gibt, müssen diese Menschen innerhalb ihres Funktionierens so oder so ihre eigene Existenz voraussetzen. Vielleicht gibt es nichts Mythischeres als das Fehlen totalisierender Mythen; dennoch ist nicht von vornherein auszuschließen, daß die Menschheit eines Tages ohne Mythen funktionieren kann. Allerdings erscheint es mir unwahrscheinlich.

Sagen wir also, daß die Rolle des Philosophen, der zu sagen hat, ,,was los ist", heute vielleicht darin liegt, aufzuweisen, daß die Menschheit die Möglichkeit eines Funktionierens ohne Mythen zu entdecken beginnt. Das Verschwinden der Philosophien und Religionen könnte damit zusammenhängen.

Aber wenn Sie eben von der Rolle des Philosophen gesprochen haben, wie können Sie dann vom Verschwinden der Philosophien sprechen? Wenn der Philosoph eine Rolle hat, warum muß er verschwinden?

Ich habe vom Verschwinden der Philosophien gesprochen, nicht vom Verschwinden des Philosophen. Ich glaube, es gibt einen Typ ,,philosophischer" Tätigkeiten, die in gewissen Bereichen ausgeübt werden können und die im allgemeinen darin bestehen, daß man die Gegenwart einer Kultur diagnostiziert. Dies scheint mir die wahre Funktion zu sein, die den Individuen, welche wir Philosophen nennen, zukommen kann.

B. F. Skinner
Aus: Jenseits von Freiheit und Würde (1971)[1]

1.

Die Begriffe ‚Sollte' und ‚Müßte' werfen schwierige Fragen auf, wenn wir uns den Kontingenzen[2] zuwenden, die jemand veranlassen, sich zum Vorteil anderer zu verhalten. ‚Du solltest (müßtest) die Wahrheit sagen' ist insofern ein Werturteil, als diese Feststellung auf verstärkende Folgen verweist. Übersetzen ließe sich diese Äußerung folgendermaßen: ‚Wenn du verstärkt[3] wirst durch das Lob deiner Mitmenschen, wirst du auch verstärkt werden, wenn du die Wahrheit sagst.' Der hier implizierte Wert wohnt den sozialen Folgen inne, die Kontrollzwecken dienen. Diese Feststellung ist insofern ein ethisches oder moralisches Urteil, als ‚Ethos' und ‚Moral' auf herkömmliches praktisches Verhalten einer Gruppe verweisen.

Wir haben es hier mit einem Bereich zu tun, in dem man die Koordinationen von Bedingungen und Folgen nur zu leicht aus den Augen verliert. Jemand ist ein guter Autofahrer dank der Kontingenzen der Verstärkung, die sein Verhalten geprägt haben und es nun aufrechterhalten. Dieses Verhalten wird seit altersher damit erklärt, daß er das Wissen oder das Geschick besitze, die nötig sind, um einen Wagen zu fahren; doch müßten dann Wissen und Geschick auf jene früheren Zusammenhänge zurückgeführt werden. Wir sagen nicht, daß ein Autofahrer das tut, ‚was er tun sollte', weil ihm eine innere Stimme sagt, was richtig ist. Allerdings berufen wir uns gern auf eine solche innere Tugend, wenn es darum geht, warum sich jemand seinen Mitmenschen gegenüber anständig verhält. Er verhält sich aber anständig, nicht weil er von den Mitmenschen mit Verantwortungs- oder Pflichtgefühl oder mit Loyalität oder Achtung anderen gegenüber ausgestattet worden ist, sondern weil seine Mitmenschen sein Verhalten durch wirksame Kontingenzen

---

1 übersetzt von Edwin Ortmann, Reinbek bei Hamburg 1973

2 in der Psychologie: Beliebigkeiten, beliebige Einwirkungen

3 Verstärkung, Grundbegriff der Verhaltenslehre Skinners. Jedes geäußerte Verhalten kann dadurch eingeübt (habitualisiert) werden, daß es verstärkt wird. Jede positive Verstärkung (z. B. Belohnung) bewirkt die Tendenz zur Wiederholung des vorausgegangenen Verhaltens, während eine negative Verstärkung (z. B. Bestrafung) ein Verlöschen der betreffenden Verhaltensform zur Folge hat.

prägten. Die Verhaltensweisen, die als gut oder schlecht und als richtig oder falsch eingestuft werden, sind nicht auf Tugendhaftigkeit oder Schlechtigkeit, auf einen guten oder schlechten Charakter oder auf ein Wissen um Gut und Böse zurückzuführen; sie sind zurückzuführen auf Folgewirkungen, zu denen eine Vielzahl von Verstärkern gehört, darunter auch die verallgemeinerten verbalen Verstärker ‚Gut!', ‚Schlecht!', ‚Richtig!' und ‚Falsch!' . . .

Wir wollen einige relevante Tatsachen anführen. Lange Zeit, bevor jemand jene ‚Norm' [‚Du sollst nicht stehlen'] formuliert hatte, griffen die Menschen jene an, von denen sie bestohlen wurden. Irgendwann begann man, Diebstähle als Vergehen zu bezeichnen, und als solche wurden sie nun sogar von jenen bestraft, die nicht bestohlen worden waren. Jemand, der mit diesem Zusammenhang vertraut war, vielleicht weil er ihm selbst bereits ausgesetzt gewesen war, konnte nun einem anderen raten ‚Stiehl nicht.' Wenn dieser Jemand genügend Prestige oder Autorität besaß, brauchte er die Folgen nicht weiter zu beschreiben. Die Formulierung ‚Du sollst nicht stehlen', der wir in den Zehn Geboten begegnen, läßt auf übernatürliche Sanktionen schließen. Dagegen impliziert ein ‚Du sollst nicht stehlen' relevante soziale Folgen, die man folgendermaßen übersetzen könnte: ‚Wenn du Bestrafung vermeiden möchtest, dann vermeide es zu stehlen', oder: ‚Stehlen ist falsch, und falsches Verhalten wird bestraft.' Eine solche Feststellung ist nicht normativer als die Feststellung: ‚Wenn Kaffee dich wachhält und du schlafen möchtest, dann trinke keinen.'

Eine Vorschrift oder ein Gesetz schließt Aussagen über vorherrschende Folgewirkungen ein, seien sie nun naturbedingter oder sozialer Art. Man kann eine Vorschrift oder ein Gesetz einfach wegen der Folgen einhalten, auf die sie hinweisen; doch drohen jene, die Vorschriften oder Gesetze formulieren, gewöhnlich mit weiteren, zusätzlichen Folgen. Ein Bauarbeiter befolgt eine Vorschrift, wenn er einen Schutzhelm trägt. Die natürlichen Folgen, zu denen der Schutz vor fallenden Gegenständen gehört, prägen sich nicht stark ein, weshalb die Vorschrift erzwungen werden muß: Leute, die keine Helme tragen, werden entlassen. Es gibt keinen *natürlichen* Zusammenhang zwischen dem Tragen eines Helms und dem Behalten eines Arbeitsplatzes; der Zusammenhang wird aufrechterhalten, weil der Hinweis auf die natürlichen, aber weniger eindrucksvollen Folgen, zu denen der Schutz vor fallenden Gegenständen gehört, nicht genügt. Eine parallele Argumentation wäre für jede Vorschrift, die auf soziale Folgen hinweist, möglich. Auf die Dauer gesehen verhalten die Menschen sich wirksamer, wenn ihnen die Wahrheit gesagt worden ist, doch sind die resultierenden Vorteile zu entlegen, um dem, der die Wahrheit sagt, zu nützen, und so ist der Hinweis auf weitere Folgen nötig, um das betreffende Verhalten aufrechtzuerhalten. Daher wird es als ‚gut' bezeichnet, wenn man die Wahrheit sagt. Es ist richtig, wenn man die Wahrheit sagt, während Lügen schlecht und falsch ist. Die ‚Normen' sind ganz einfach Aussagen über Kontingenzen.

(S. 117–120)

2.

Es liegt in der Natur der experimentellen Analyse menschlichen Verhaltens, daß diese die bislang dem ‚autonomen Menschen' zugeschriebenen Funktionen eine nach der anderen der kontrollierenden Umwelt überträgt. Eine solche Analyse bewirkt, daß dem ‚autonomen Menschen' immer weniger zu tun bleibt. Aber wie sieht es nun mit dem Menschen selbst aus? Gibt es am Menschen nichts, was mehr ist als nur ein lebender Körper? Wenn nicht etwas namens ‚Ich' überlebt, wie können wir dann von Selbsterkenntnis oder Selbstkontrolle sprechen? An wen richtet sich das Gebot ‚Erkenne dich selbst'?

Ein wesentlicher Teil der Kontingenzen, denen ein kleines Kind ausgesetzt ist, besteht darin, daß sein Körper der einzige Teil seiner Umwelt ist, der von einem Augenblick zum anderen und von Tag zu Tag derselbe (*idem*) bleibt. Wir sagen, das Kind entdecke seine Identität, wenn es zwischen seinem Körper und dem Rest der Welt unterscheiden lernt. Ein Kind tut das, lange bevor die Gemeinschaft es lehrt, Dinge zu bezeichnen und das ‚Ich' vom ‚Es' oder ‚Du' zu unterscheiden.

Ein ‚Ich' ist ein Verhaltensrepertoire, das einem gegebenen Komplex von Kontingenzen entspricht. Die Bedingungen, denen eine Person ausgesetzt ist, können hier teilweise eine beherrschende Rolle spielen; unter anders gearteten Bedingungen, erklärt der Betreffende vielleicht: ‚Ich bin außer mir', oder: ‚Was du da sagst, was ich getan hätte, hätte ich unmöglich tun können, weil es mir nicht gleichsieht.' Die Identität, die einem Ich zugeschrieben wird, ergibt sich aus den Kontingenzen, die für das Verhalten verantwortlich sind. Zwei oder mehr Repertoires, die von verschiedenen Komplexen von Kontingenzen hervorgebracht werden, bilden zwei oder mehrere Ichs. Jemand kann ein Repertoire besitzen, das seinem Leben mit Freunden, und ein anderes, das seinem Leben mit der Familie entspricht; ein Freund kann in ihm ein völlig anders geartetes Ich entdecken, wenn er ihn zusammen mit seiner Familie erlebt, und dasselbe kann der Familie zustoßen, wenn sie ihn zusammen mit Freunden erlebt. Das Problem der Identität entsteht, wenn sich Situationen vermischen, wenn zum Beispiel eine Person zugleich mit der Familie und Freunden zusammen ist.

Selbsterkenntnis und Selbstkontrolle deuten in diesem Sinne auf zwei Ichs hin. Der Sich-selbst-Erkennende ist fast immer ein Produkt von sozialen Kontingenzen, während das Ich, das erkannt wird, anderen Quellen entstammen kann. Das kontrollierende Ich (das Gewissen oder Über-Ich) ist sozialen Ursprungs, während das kontrollierte Ich das Produkt einer genetisch bedingten Empfänglichkeit für Verstärkung (das Es oder der alte Adam) sein dürfte. Das kontrollierende Ich vertritt gewöhnlich die Interessen anderer, während das kontrollierte Ich die Interessen der Einzelperson vertritt.

Die Vorstellung, die sich aus einer wissenschaftlichen Analyse ergibt, ist nicht die eines Körpers mit einer Person darin, sondern die eines Körpers, der eine Person *ist* in dem Sinne, daß er ein komplexes Verhaltensrepertoire entfaltet. Diese Vorstellung ist natürlich ungewohnt. Stellt man den Menschen so dar, erscheint er als ein Fremder, und vom traditionellen Standpunkt aus gesehen hat er vielleicht überhaupt nichts Menschenähnliches an sich. ,,Mindestens hundert Jahre lang", meinte Joseph Wood Krutch*, ,,waren wir für Theorien voreingenommen gewesen (einschließlich der des wirtschaftlichen Determinismus, des mechanistischen Behaviorismus und des Relativismus), welche die Größe des Menschen reduziert haben, bis dieser überhaupt aufhörte, ein Mensch im Sinne der Humanisten früherer Generationen zu sein". Matson** argumentierte, daß ,,der empirische Verhaltenswissenschaftler ... und sei es nur mittels Implikation, bestreite, daß es ein einzigartiges Lebewesen namens Mensch gäbe". ,,Was jetzt angegriffen wird", so erklärte Maslow***, ,,ist das ‚Sein' des Menschen". C. S. Lewis**** drückte das sehr unverblümt aus: Der Mensch sei im Begriff, abgeschafft zu werden.

---

* Josef Wood Krutch: ›*Epitaph for an Age*‹. In: *New York Times Magazine*, 30. 6. 1967

** Floyd W. Matson: ›*The Broken Image: Man, Science and Society*‹. New York 1964; zitiert nach einer Rezension in *Science* (1964), S. 829–830

*** Abraham H. Maslow: ›*Religions, Values, and Peak-Experiencis*‹. Columbus 1964

**** C. S. Lewis: ›*The Abolition of Man*‹. New York 1957

Augenscheinlich haben wir es mit Schwierigkeiten zu tun, wenn wir den Menschen identifizieren wollen, auf den solche Bemerkungen zutreffen. Lewis kann nicht die Spezies Mensch gemeint haben, denn diese wird nicht nur nicht abgeschafft , sondern sie füllt zusehends unsere Erde. (Es ist möglich, daß sie sich als Folge davon schließlich durch Krankheiten, Hungersnöte, Umweltverschmutzung oder eine Atomkatastrophe selbst ‚abschafft', aber das ist es nicht, was Lewis gemeint hat.) Und genausowenig verhält sich der Einzelmensch weniger wirksam oder produktiv. Man erklärt uns, daß das, was bedroht ist, der ‚Mensch *qua* Mensch' sei, der ‚Mensch in seiner Menschlichkeit', der ‚Mensch als Du und nicht als Es' oder der ‚Mensch als Person und nicht als Ding'. Das sind nicht sonderlich hilfreiche Formulierungen, doch liefern sie uns einen Schlüssel. Was im Begriff ist, abgeschafft zu werden, ist der ‚autonome Mensch' – der innere Mensch, der Homunkulus, der besitzergreifende Dämon, der Mensch, der von der Literatur der Freiheit und der Würde verteidigt wird.

Seine Abschaffung ist seit langem überfällig. Der ‚autonome Mensch' ist ein Mittel, dessen wir uns bei der Erklärung jener Dinge bedienen, die wir nicht anders erklären können. Er ist ein Produkt unserer Unwissenheit, und während unser Wissen wächst, löst sich die Substanz, aus der er gemacht ist, immer mehr in Nichts auf. Die Wissenschaft entmenschlicht den Menschen nicht, sie ‚dehomunkulisiert' ihn, und es bleibt ihr nichts anderes übrig, wenn sie der Abschaffung der menschlichen Spezies vorbeugen will: Wir können froh sein, wenn wir uns von diesem Menschen im Menschen befreit haben. Nur wenn wir ihn seiner Rechte entsetzen, können wir uns den echten Ursachen menschlichen Verhaltens zuwenden. Und nur dann können wir vom Abgeleiteten zum Beobachteten gelangen, vom Wunderbaren zum Natürlichen, vom Unzulänglichen zum Beeinflußbaren.

Es wird oft behauptet, daß wir, wenn wir das tun, den Menschen, der überlebt, als bloßes Tier behandeln müßten. ‚Tier' ist hier ein abwertender Begriff, aber nur, weil der Begriff ‚Mensch' fälschlicherweise aufgewertet worden ist. Krutch argumentiert, daß, während die traditionelle Anschauung Hamlets Ausruf „‚Wie ein Gott!" unterstütze, Pawlow[4], der Verhaltenswissenschaftler, dieses Zitat in den Ausspruch

---

4 russischer Physiologe (1849–1936), begründete die Lehre von den bedingten Reflexen und verstand das menschliche (und tierische) Verhalten als ein System solcher Reaktionen. Sein Modellversuch mit einem Hund: durch entsprechende Einübung – Futter wurde in Verbindung mit einem Glockenton gegeben – reagierte der Hund auch dann mit Speichelfluß, wenn nur der Glokkenton zu hören war.

,,Wie ein Hund!" umformuliert habe. Doch das war ein Schritt voran. Ein Gott ist das archetypische Muster einer Fiktion, mit der etwas erklärt werden soll, eines wunderwirkenden Geistes, des Metaphysischen. Der Mensch ist wesentlich mehr als ein Hund, doch ebenso wie ein Hund ist auch er durch wissenschaftliche Analyse erfaßbar.

(S. 203–206)

3.

Die wissenschaftliche Analyse des Verhaltens entsetzt den autonomen Menschen seiner Rechte und schreibt die Kontrolle, die er angeblich ausgeübt hat, der Umwelt zu. Der einzelne mag dann besonders ungeschützt und angreifbar erscheinen. Er wird dieser Analyse zufolge von seiner Umwelt und zum großen Teil von anderen Menschen kontrolliert: Wird er dadurch nicht einfach zum Opfer, zum Betrogenen? Menschen sind zweifellos Betrogene gewesen, genauso wie sie Betrüger gewesen sind, doch der Ausdruck ist an dieser Stelle zu scharf. Er deutet auf eine Beraubung hin, doch ist Beraubung keinesfalls eine wesentliche Folge interpersoneller Kontrolle. Aber ist der einzelne nicht auch unter gutgemeinter Kontrolle im allerbesten Fall ein Zuschauer, der dem, was geschieht, zwar beiwohnen kann, aber zu ohnmächtig ist, um das Geschehen zu beeinflussen? Ist er nicht ‚in eine Sackgasse hineingeraten in *seinem* langen Kampf um die Kontrolle seines eigenen Schicksals'?

(S. 210)

Der experimentellen Analyse zufolge verlagert sich die Determination des Verhaltens vom ‚autonomen Menschen' auf die Umwelt, die sowohl für die Evolution der Spezies als auch für das Repertoire, das jedes ihrer Mitglieder erworben hat, verantwortlich ist. Die ersten Entwürfe einer Umwelttheorie waren unzulänglich, weil sie nicht erklären konnten, wie die Umwelt funktioniert; so blieb noch vieles dem ‚autonomen Menschen' überlassen. Heute übernehmen allerdings Umweltkontingenzen Funktionen, die einst dem ‚autonomen Menschen' zugeschrieben worden sind. So stellen sich bestimmte Fragen. Wird der Mensch ‚abgeschafft' werden? Er wird gewiß nicht abgeschafft werden als Spezies oder als Einzelperson, die bestimmte Dinge erstrebt und vollbringt. Es ist der autonome innere Mensch, der abgeschafft wird, und das ist ein guter Schritt voran. Aber wird der Mensch dadurch nicht zum Betrogenen oder zu einem passiven Beobachter dessen, was mit ihm geschieht? Er wird in der Tat von seiner Umwelt kontrolliert, doch dürfen wir nicht vergessen, daß dies eine Umwelt ist, die er großenteils selbst geschaffen hat. Die Evolution einer Kultur ist eine gewaltige Einübung in Selbstkontrolle. Viele behaupten, die wissenschaftliche Sicht des Menschen führe zu verletzter Eitelkeit, zu einem Gefühl der Hoffnungslosigkeit und zu einer Sehnsucht nach Vergangenem. Aber keine Theorie ändert das, worüber eine Theorie handelt; der Mensch bleibt, was er immer gewesen ist. Dagegen kann eine neue Theorie die Möglichkeit verändern, auf den Gegenstand einzuwirken. Die wissenschaftliche Sicht des Menschen bietet erregende Möglichkeiten. Wir haben noch nicht erkannt, was der Mensch aus dem Menschen machen kann.

(S. 220)

Leszek Kolakowski
Der Anspruch auf die selbstverschuldete Unmündigkeit (1970)[1]

Mein allgemeiner Leitsatz ist einfach und gar nicht neu. Es gibt zwei Umstände, deren wir uns immer gleichzeitig erinnern sollen: Erstens, hätten nicht die neuen Generationen unaufhörlich gegen die ererbte Tradition revoltiert, würden wir noch heute in Höhlen leben; zweitens, wenn die Revolte gegen die ererbte Tradition einmal universell würde, werden wir uns wieder in den Höhlen befinden. Der Kult der Tradition und der Widerstand gegen die Tradition sind gleichermaßen unentbehrlich für das gesellschaftliche Leben; eine Gesellschaft, in der der Kult der Tradition allmächtig wird, ist zur Stagnation verurteilt; eine Gesellschaft, in der die Revolte gegen die Tradition universell wird, ist zur Vernichtung verurteilt. Die Gesellschaften produzierten immer sowohl den Geist des Konservativismus wie den Geist der Revolte; beide sind nötig, können aber immer nur im Konflikt, nie in einer Synthese, koexistieren. Diese spontane Arbeitsteilung deckt sich oft – wenn auch nicht notwendig – mit den Generationen. Wenn aber das Tempo der Veränderungen so gewaltig wird wie heute, wird sogar der Begriff ,,Generation" nebelhaft.

Seit mehreren Jahrhunderten machen die heranwachsenden Generationen – jede auf eigene Faust – dieselben Entdeckungen: die Autorität habe keinen Wert; an nichts dürfe man allein deshalb glauben, weil es von den angeblichen Autoritäten zu glauben aufgegeben ist; keine Wahrheit und kein Wert verdienten die Anerkennung, sie seien ewig oder allgemeingültig und so weiter.

Den Wert der Tradition anerkennen heißt – dieser Haltung nach – den Wert der Autorität anerkennen, also die eigenen Gedanken der Macht der sozialen Trägheit unterordnen, sich freiwillig des Kritizismus und der Vernunft entledigen und damit auf das verzichten, was den Menschen zum Menschen macht.

Hier aber stellt sich uns die Frage: Ist es die Fähigkeit zum Gebrauch der Vernunft, die uns zu Menschen macht, oder aber die Fähigkeit, die Tradition aufzubewahren? Oder wenn beide Fähigkeiten zusammen – dann in welchem Sinn? Die Vernunft ist die Befähigung, die Auskünfte über

1 in: Leonhard Reinisch (Hrsg.), Vom Sinn der Tradition, München 1970, S. 1–15

die Welt zu sammeln, auszuwählen und praktisch anzuwenden. Die Tradition ist die Weise, in der die Werte aufbewahrt und überliefert werden. Die Befähigung, neue Auskünfte zu erwerben und sie praktisch anzuwenden, ist keine spezifisch menschliche Eigenschaft, sondern die Eigenschaft eines jeden Nervensystems. Spezifisch menschlich ist dagegen die Fähigkeit, neue Auskünfte durch Generationen anzuhäufen, sie den folgenden Generationen zu überweisen. Die Tiere sind nicht imstande, das individuell angeeignete Wissen ihrer Nachkommenschaft oder anderen Individuen zu überliefern. Die Sprache und die Schrift ermöglichen es, daß sich das Wissen kumulieren und jede Generation sich die Informationsgüter der vorangehenden Generation in einer verkürzten Form zu eigen machen kann. In diesem Sinn ist Vernunft die menschliche Fähigkeit, daß die Resultate ihrer Arbeit sich in der menschlichen Gattung kapitalisieren.

Also nicht die Fähigkeit, das Wissen hervorzubringen, und auch nicht die technologischen Geschicklichkeiten sind spezifisch menschlich; sondern menschlich ist die Tatsache, daß das Wissen und die Technologie dank der Sprache und der Schrift anwachsen können.

Die Fähigkeit, die nicht-informatorischen und nicht-technologischen Werte aufzubewahren und zu überliefern, eben die Tradition, ist die Eigentümlichkeit des Menschen in noch bedeutsamerem Sinn. Seit langem machen uns die Wissenschaftler immer wieder auf eine Wahrheit aufmerksam, die gemeinverständlich scheint: der Instinktvorrat der menschlichen Gattung, das heißt die Gesamtheit der biologisch ererbten Reflexe, ist nicht kräftig und groß genug, um der Aggression im Rahmen der Gattung, ja sie genügen nicht einmal, um der gegenseitigen Vernichtung der Individuen vorbeugen zu können. Unsere angeborenen Bremsen sind nicht stark genug, um uns vor der gegenseitigen Ausrottung zu schützen. Was der Selbstvernichtung der Gattung in einem allgemeinen Krieg aller gegen alle entgegenwirkt, ist nicht der Instinkt, doch auch nicht das rationelle Kalkül, denn dieses kann mir nicht beweisen, daß mein Interesse dann am besten gewahrt und gesichert ist, wenn ich für das Interesse anderer sorge; die Konflikte zwischen meinen Interessen und den Interessen anderer sind permanent, und alle Erfahrungen der Menschheit müssen mich zu der Überzeugung veranlassen, daß ich mich um das Interesse anderer, und besonders um das Interesse der ganzen Gattung nur zum eigenen Nachteil zu kümmern vermag.

Sowohl die Stammessolidarität als auch die Gattungssolidarität erfordern Mittel, die weder der Instinkt noch das Wissen über die Welt liefern können. Das einzige Arsenal dieser Mittel ist die Tradition, das heißt die Sammlung der Werte, die wir uns nicht deshalb aneignen, weil uns jemand mit Vernunftgründen von ihnen überzeugt, sondern weil wir kraft der Überlieferung der vorangehenden Generationen daran glauben.

Mit anderen Worten, die Tradition ist das einzige Werkzeug, das es uns ermöglicht, uns nicht-technologische Werte anzueignen. Diese Werte kann ich mir nicht als „Wahrheiten", der wissenschaftlichen Wahrheit ähnlich, zu eigen machen. Nur dank der Autorität der Tradition kann ich glauben, daß irgend etwas gut oder schlecht, edel oder elend, der Mühe wert oder unwert ist. Wenn ich mich gegen die Tradition erhebe, erhebe ich mich entweder gegen einen Teil meines Erbes im Namen eines anderen Teils, oder gegen eine Tradition im Namen einer anderen Tradition. Der Kampf gegen die Tradition war immer ein Kampf im Namen einer anderen Tradition, mögen sich auch oft die Teilnehmer dieses Kampfes täuschen, indem sie das, was sie der Tradition entgegenstellen, für die freie Vernunft halten. Die Revolutionen lieben es, sich mit Kostümen der Vergangenheit zu schmücken – wie die Französische Revolution, die sich mit solcher Vorliebe römisch kleidete.

Aber auch die Revolutionen, die, wie die Oktoberrevolution in Rußland, die Bindungen an die Vergangenheit prinzipiell wegwarfen, schöpften ihre Kräfte aus den durch die Tradition überlieferten Werten und Losungen und konnten anderswoher diese Kraft nicht holen.

Wir kennen zwar die Versuche einer Totalempörung gegen die Tradition. Diese Versuche sind wichtig und einer näheren Betrachtung wert, denn sie belehren uns darüber, welche Konsequenzen jemand ziehen muß, der die Werte der Tradition im Ganzen ablehnen möchte. Kaum ein Schriftsteller hat dieser Begierde der totalen Empörung gegen die Tradition besseren Ausdruck gegeben als Max Stirner[2]. Selbst Nietzsche scheint schwach und inkonsequent im Vergleich zu ihm. Stirner wagte es, alle Folgerungen zu deuten und auszusagen, die sich aus der globalen Zurückweisung der Tradition ergeben. Wenn ich mich mit meiner eigenen Sache abgeben soll – sagte er – muß ich alle fremden Sachen ablehnen: die Sache Gottes, die Sache der Menschheit, die Sache der Wahrheit, des Menschen, der Freiheit und der Gleichheit, die Sache des Volkes und die Sache des Allgemeingutes. Wenn ich mich als den

2 deutscher Philosoph (1806–1866), Schriftstellername für Kaspar Schmidt, Hauptwerk: Der Einzige und sein Eigentum (1845). Das einzig Reale ist das Individuum, das Ich, und alles andere hat nur insofern Wert, als es dem Ich dient.

„Einzigen" anerkenne, gibt es keine Gründe, daß mich irgend etwas außer meinem eigenen Interesse einschränkt. Die ganze menschliche Kultur stellt sich mir dann dar als verschiedene Formen des Zwangs, den die fremden Kräfte mir – dem Einzigen – als meine Sache aufzudrängen versuchen, obwohl sie nicht meine Sache ist, sondern die fremde. Ich breche mit der Tradition ab, das heißt, ich breche mit der Kultur ab, mit der Kontinuität der mir als letzte überlieferten Werte, denn es sind keine an mich exklusiv gebundenen, meinem Interesse dienenden Werte.

Stirners Gründe sind unwiderlegbar. Wenn ich von der Tradition verlange, daß sie mir ihre Gründe angibt, sich vor mir rechtfertigt, verurteilt sie sich zum Tode. Welche Gründe habe ich, zu meinen, daß mein Privatinteresse durch irgend etwas eingeschränkt werden sollte? Welche anderen Gründe außer dem, daß ich kraft der Tradition an das Bedürfnis solcher Einschränkung geglaubt hatte? Man kann vielleicht rational beweisen, daß gewisse Werte für die menschliche Gattung vorteilhaft, andere dagegen ihr schädlich sind, obschon es in mehreren Fällen schwer ist, sich einen solchen Beweis vorzustellen. Was sollte mich eigentlich dazu veranlassen, mich um das Interesse der menschlichen Gattung zu kümmern, wenn ich deutlich sehe, daß mein Privatinteresse dem der anderen entgegensteht? Und mehr noch, warum sollte ich überhaupt glauben, daß es so etwas wie das Allgemeininteresse der Menschheit gibt, da ich ebenso deutlich sehe, daß die Interessen der Teilgemeinschaften der menschlichen Gattung – die der Völker oder der Stämme – einander widersprechen? Wenn ich die Solidarität mit einer Gemeinschaft eingehe, wähle ich sie gegen andere Gemeinschaften – und welche rationale Überlegung könnte mich überzeugen, daß ich mein eigenes Interesse mit dieser und nicht mit einer anderen zufälligen Gemeinschaft verbinden sollte?

Falls es aber gelänge zu bestimmen, was das wirkliche Interesse der ganzen Menschheit in langem Zeitmaßstab ist, warum sollte ich – der endliche und sterbliche Mensch – mein endliches und sofortiges Interesse dem Interesse der Dauer der Gattung aufopfern? Warum sollte ich mich nicht für Stirners Einzigen erklären? Warum sollte ich nicht Raskolnikoffs Räsonieren[3] wiederholen?

---

3 Hauptgestalt des Romans ‚Schuld und Sühne' von Dostojewski (1821–1881). Roskolnikoff räsoniert, daß er einem außergewöhnlichen Menschen, wie er einer sei, erlaubt sei, Leben, das weniger wert sei, zu vernichten, um höherwertiges zu erhalten und zu fördern. Das heißt in seinem Fall, eine alte Wucherin zu töten und mit dem geraubten Geld sein Studium zu finanzieren.

Es gibt auf diese Fragen keine Antwort, die sich auf rationale Gründe berufen kann. Das menschliche Individuum kann nicht rational davon überzeugt werden, daß es seine Schuldigkeit ist, mit anderen auch dann die Solidarität zu erhalten, wenn diese Solidarität irgendeinen Verzicht auf sein eigenes Interesse fordert. Wenn der einzelne zu solcher Solidarität veranlaßt werden kann, dann nicht durch die Kraft des Instinkts – diese genügt nicht –, noch durch einen Schluß der Vernunft – einen solchen Vernunftsschluß gibt es nicht –, sondern ausschließlich weil er glaubt, daß es so gut ist, und er glaubt es deshalb, weil ihn zu diesem Glauben die Tradition der sozial ererbten Werte veranlaßt hat.

Piaget[4] weist darauf hin, daß jedes Kind in der frühen Entwicklungsphase die Autorität der Erwachsenen unkritisch annimmt, daß aber in der normalen Entwicklung die Phase folgt, in der der freiwillige Solidaritätswille und die Bereitschaft zur Zusammenarbeit den blinden Kult der aufgedrängten Gebote ablösen.

Wenn dem so ist, drängt sich die Frage auf: Auf welche Weise wäre diese freiwillige Solidarität und Bereitschaft zur Zusammenarbeit und Freundschaft möglich, wenn ihr nicht die Phase der Autorität vorangegangen wäre? Und was anders ist diese freiwillige Zusammenarbeit und Solidarität, als eben dieselbe Autorität, die der Verinnerlichung unterworfen wurde und schon von innen wirkt, ohne der Furcht und der Bedrohung von außen zu bedürfen?

Hier drängt sich eine Bemerkung auf, die jeder, der gegenüber der Tradition skeptisch eingestellt ist, hervorheben muß. Wir leben doch – wird er sagen – in einer Welt, in der miteinander nicht zu vereinbarende und sich widersprechende Traditionen wirken. Mehr noch: ist es nicht eben die Macht der Tradition, die den schädlichsten Aberglauben, den National- und Rassenhaß, die giftigen Vorurteile, die irrationalen Tabus und die irrationalen Heiligkeiten lebendig macht? Wenn sich also jemand für den Wert der Tradition ausspricht, muß er auch zu sagen wissen, wie und auf welche Weise man der Einwirkung der verderbenbringenden und unmenschlichen Traditionen entgehen kann. Spricht doch die Stimme der Tradition aus dem Könige Asoka[5], wenn er Frieden, Toleranz und Versöhnung verkündet; spricht doch die Stimme der Tradi-

4 (geb. 1896), befaßt sich vor allem mit der kindlichen Entwicklung der Sprache, des Denkens, der Raum-Zeit- und Kausalvorstellungen wie der moralischen Urteilsbildung

5 einer der größten Herrscher Indiens (273–232 v. Chr.), wollte die moralischen Grundsätze des Buddhismus auch in der Regierung verwirklichen

tion auch aus Josue, wenn er Achan mit seinen Kindern steinigen ließ, weil Achan das unreine Gut der Bürger von Jericho angerührt hatte[6]. Aus der Tradition schöpfte der heilige Franziskus[7] seine Kraft und aus der Tradition schöpfte sie Hitler. Was bedeutet es dann praktisch, an das Bedürfnis der Tradition zu appellieren?

Eines ist wahr: Wenn wir allgemein vom Wert der Tradition reden, geben wir uns den Anschein, als hätten wir uns zu einem Standpunkt emporgehoben, wo wir selbst von der Tradition frei sind, und als würden wir ihre Werte wie Instrumente empfehlen, die man nach Belieben manipulieren kann. Und weiter: Wenn ich vom Bedürfnis der Tradition rede, denke ich nicht an irgendeine Tradition, sondern an eine, die in gewisser Hinsicht schon dem Inhalt nach bestimmt ist. Es ist ebenso wahr, daß viele der schlimmsten und verderblichsten Kräfte unserer Zivilisation aus der Trägheit der Tradition kommen. Glücklich sind die, denen ihre eigene Tradition den Glauben an die Gemeinschaft der menschlichen Gattung, den Glauben an Toleranz, die Bereitschaft zum Zusammenwirken und den Kritizismus überliefert hat. Andere aber haben aus der Tradition den National- und Rassenhaß, den Fanatismus, den Kult der Gewalt übernommen.

Es ist leicht, allgemeine Phrasen aufzustellen, wie: „Laßt uns aus der Tradition die wertvollen Elemente bewahren, die schlechten dagegen ausmerzen." Was aber gut und was schlecht in der ererbten Tradition ist, können wir nirgend anderswoher wissen als eben aus der Tradition. Es gibt keine Möglichkeit, die ererbte Tradition von einer Position aus zu selektieren, die von der Tradition unabhängig ist; jede Selektion setzt eine schon angeeignete Tradition voraus, sie ist daher keine echte Selektion, sondern Affirmationsakt einer bestimmten Tradition. Wir täuschen uns, wenn wir meinen, wir könnten in der Tradition wie in einer Pralinenschachtel auslesen nach unserem freien Geschmack. Unser Geschmack in dieser Auslese – auch er ist die Tradition. Wären wir aber fähig, uns an eine Stelle zu setzen, die ganz frei von aller Tradition ist, dann hätten wir überhaupt keine Gründe, irgend etwas in der Tradition auszuwählen.

Nur im Namen der Tradition revoltieren wir deshalb gegen die Tradition, selektieren oder werten wir sie. Und wenn wir uns aus ihren Fesseln losmachen können, dann nur kraft einer Entscheidung, die uns alle Bande mit der Kontinuität der ganzen Kultur zerreißen läßt, mit jedem

---

6 Vgl. Altes Testament, Buch Josua, Kap. 7
7 Franz von Assisi (1181–1226)

Solidaritätsprinzip brechen läßt; dann entscheiden wir uns dazu, im Namen des Privatinteresses der ganzen Welt den Krieg zu erklären.

Nur die Tradition ist fähig, diese nicht-utilitären Bande der Solidarität hervorzubringen, ohne die die menschliche Gattung nicht bestehen kann. Wenn ich von den Werten der Tradition rede, rede ich davon parteiisch, da man anders davon nicht reden kann; parteiisch – das heißt vom Standpunkt einer bestimmten Tradition, und zwar von einer, die mich glauben läßt, daß die Menschlichkeit als solche ein Wert ist, und nicht irgendeine Rasse, irgendein Volk oder Stamm, obwohl sie zugleich glauben läßt, daß die universellen Werte innerhalb der kleineren nationalen oder Stammesgemeinschaften entstehen; von einer Tradition, die den Gewaltkult ablehnt, aber zugleich das Prinzip verwirft, das uns empfiehlt, sich dem Bösen nicht zu widersetzen; von einer Tradition schließlich, die Toleranz verkündet, ohne auf den Kampf zu verzichten.

Ich erhebe nicht den Anspruch, ich könnte rational beweisen, daß die Tradition, zu der ich mich bekenne, besser sei als andere Traditionen. Ich verkünde vielmehr, daß sie besser ist. Das heißt, daß ich bereit bin, ihrer Verbreitung im Widerstand gegen jede entgegengesetzte Tradition zu dienen.

Vor kurzem noch, in der Zeit der relativen Isolierung der Kulturen und Wirtschaftsmärkte, schien die Einheit der Menschheit fast keine ernste Frage zu sein, denn die Gesellschaften konnten jeweils ohne die anderen für sich existieren.

In unserer Epoche aber, wo die gegenseitige Abhängigkeit aller Gesellschaften universell geworden ist, kann die Menschheit nur überdauern, wenn ihre tatsächliche, das heißt ökonomische und technologische Einheit sich auf einen Glauben stützt, der die Einheit des Menschengeschlechts zum Wert macht. Die menschliche Gemeinschaft hat weder eine zoologische Garantie, noch kann sie mit Hilfe wissenschaftlicher Mittel gerechtfertigt werden. Die menschliche Gemeinschaft braucht, um wirklich zu sein, eine Tradition, die verkündet, daß solche Gemeinschaft ein Wert ist. Die Tradition, an der wir teilhaben, enthält mehrere Bestandteile, die den Glauben an die Einheit der Menschlichkeit und der menschlichen Berufung predigen. Wir finden sie im Christentum ebenso wie im Buddhismus oder im Sozialismus. Das besagt selbstverständlich nicht, daß man alle diese Traditionen synthetisch zu einem Ganzen verschmelzen könnte, und dies um so weniger, als jede von ihnen heute innerlich zerrissen ist. Wir haben keine Gründe dafür, daß wir mit einer universellen Synthese der Kultur rechnen dürfen, einer

Synthese, die die Konflikte der entgegengesetzten Traditionen beseitigt. Wir können uns nur darum bemühen, die Kraft dieser Tradition der Mitmenschlichkeit zu stärken, weil sie es ist, deren Kraft oder Ohnmacht über Leben oder Vernichtung der Gattung entscheidet.

Nie ist der Angriff gegen den Wert der Tradition so kräftig gewesen wie heute. Genauer gesagt: Er ist nie quantitativ so kräftig gewesen, denn es gibt keine Tradition, keine Heiligkeit und kein Tabu, die nicht seit undenklicher Zeit auch in Frage gestellt worden wären. Leute, die heute der Tradition den Krieg erklären und sich vorstellen, daß sie zum ersten Mal die aufgestellten und althergebrachten Werte anzugreifen wagten, können sich nur dank ihrer Ignoranz am eigenen revolutionären Mut berauschen; in Wirklichkeit sind alle durch sakrale Angst geschützten Verbote und Gebote (das dauerhafteste Tabu der Menschheit, das Inzestverbot, eingeschlossen) seit langer Zeit nicht nur praktisch verletzt, sondern immer auch prinzipiell in Frage gestellt worden. Es ist unmöglich, etwas zu erfinden, um die Welt zu ärgern, was nicht schon im Altertum bekannt gewesen wäre. Neu ist die Anhäufung der bewußt gegen die Tradition gerichteten Einstellung; sie ist viel größer denn je. Einige Gründe für diese Situation sind offensichtlich. Da ist zunächst die Urbanisierung zu nennen, sowie die Leichtigkeit, mit der man von Ort zu Ort umziehen kann; sie brachten es mit sich, daß der Raum aufgehört hat, die Rolle eines Verbindungsfaktors zu spielen. Immer weniger Menschen haben das Gefühl, daß die räumliche Lokalisierung ihre Existenz und ihr Schicksal bestimme. Die Institution des „Hauses" im hergebrachten Sinne verschwindet, das heißt, die Institution eines Ortes, den der einzelne als eigen anerkennen möchte und der für ihn ein dauerhaftes Verbindungszentrum ist.

Damit löschen die durch räumliche Nähe entstehenden Bande, die Bande der Nachbarschaft, mehr und mehr aus. So verliert das Gefühl des Zusammenhalts der Tradition seine räumlichen Gründe. Durch die Urbanisierung gefördert wird in mancher Hinsicht die Schwächung des religiösen Glaubens, und darin finden wir eine anschauliche Ursache, die die Kritik aller Traditionen, die Kritik der Tradition als solcher, erleichtert.

Die Empörung der Jugend gegen die Tradition hat aber auch Ursachen, die mehr mit den sozialen Veränderungen der letzten Jahre zusammenhängen und dabei keineswegs nur mit dem allgemeinen Trend der industriellen Zivilisation. In dieser Empörung ist nicht nur ein Widerwille gegen die Tradition wirksam, sondern auch und vielleicht vor allem die

Erbitterung über eine Generation, die die Welt, in der wir leben, gestaltet hat, eine Welt, mit der niemand weiß, was tun. Es ist also die Empörung gegen jene, die die Jugend mit keinem Vorrat an Werten auszustatten wußten, Werten, die dem Leben Widerstand bieten und das Leben sinnvoll werden lassen. Die Kinder, deren Väter im Schweiße ihres Angesichts ihr Vermögen erworben haben, empfinden die Sinnlosigkeit und die Qual eines Lebens, das von der nie endenden Jagd nach dem Neuen, nach immer größerer Masse erworbener, besessener und verbrauchter Dinge erfüllt ist. Die Kinder, deren Väter ihr Leben in den revolutionären Kämpfen für eine gerechte Welt aufs Spiel gesetzt hatten, beschauen nun die angeblich nach jenen Idealen gebildete Welt: eine Welt erfüllt mit Furcht, Bedrängnis und mit der Diktatur einer Ideologie, die ununterbrochen wiederholt und von niemandem mehr geglaubt wird. Und was ist es gar mit jenen Kindern, deren Väter für Führer ihr Leben eingesetzt und ihr Blut vergossen haben? Mögen die Formen, in denen sich die Revolte der Jugend ausdrückt, naiv, dumm, oft barbarisch sein, so könnte es doch nichtsdestoweniger so sein, daß die Jugend, die die Probleme und Sorgen unserer Welt erben soll, mehr Gründe zur Erbitterung hat als irgendeine vorher. Nicht so sehr der Widerwille gegen die Tradition ist in ihren Verneinungen wichtig als ein ihnen nicht bewußt gewordenes Bedürfnis, an der Tradition einen Rückhalt zu finden, was aber unmöglich ist eben durch die katastrophale Bloßstellung so vieler Ideale, so vieler Werte, die das Leben ihrer Väter erfüllt hatten. Zynismus – Revolte – Flucht: dies sind drei mögliche negative Haltungen, die man angesichts dieser Krise einnehmen kann. Einige, überzeugt davon, daß sie die Welt ohnehin nicht verändern können, wollen sich lieber den Forderungen der Situation anpassen; praktiziert heißt das im Westen, Geld zu machen mit dem vollen Bewußtsein, daß sich darin ein Sinn nicht mehr finden läßt, oder im Osten, in der sozialistischen politischen Bürokratie auf Karriere auszugehen, wobei man die toten Slogans wiederholt, sich dabei jedoch ihrer Sinnlosigkeit völlig bewußt ist.

Andere wollen lieber durch die Flucht vor dem Leben protestieren, durch den Versuch, der gegebenen sozialen Bindung ganz zu entwischen, mit Hilfe einer Betäubung durch Rauschgift und im prinzipiellen Nichtstun. Andere bedrohen die Welt mit Vernichtung und stellen sich in kindischem Zorn vor, sie wären imstande, die ganze Zivilisation zu zerstören, wenn sie nur stark genug fluchen, ohne irgend etwas Neues zu wissen, das sie der bestehenden Welt gegenüberstellen. Ein Bedürfnis nach echten oder wenigstens echt erlebten Werten wird schließlich darin sichtbar, daß selbst Karikaturen von Ideologie wie der Maoismus in den entwickelten Industriegesellschaften eine Anziehungskraft ausüben.

Wir dürfen nicht damit rechnen, daß plötzlich neue Propheten erscheinen werden, die der Welt eine Wunderarznei für ihre Krankheiten offenbaren und dem verhungerten Geiste eine neue Nahrung liefern werden. Solche Propheten erscheinen manchmal, aber sie vergehen ebenso schnell in den Wellen der bald folgenden Enttäuschung. Man darf nicht darauf rechnen, daß uns ein gutes Rezept für die Einrichtung der Welt vom Himmel geschenkt wird. Auch bedürfen wir nicht neuer Werte oder neuer Religionen. Der Vorrat an Werten, den wir in den existierenden Religionen und Philosophien ererbt haben, ist zwar inkohärent – und kann gar nicht kohärent sein –, er ist jedoch als ein Rückhalt für das Leben und für die Reflexion ausreichend.

Falls es uns gelingen wird, zu verstehen, warum eine so riesige Menge an Idealen, Losungen, Werten, Programmen, die einst die Hoffnung der Welt waren, sich als eine Konkursmasse herausgestellt hat, zu welcher sich niemand bekennen will – abgesehen von denen, die dazu gezwungen sind –, dann wird es uns auch gelingen, das Vertrauen zu diesen herkömmlichen Werten wiederzugewinnen, von denen es jetzt scheinen mag, daß sie die Konfrontation mit dem Leben nicht auszuhalten wußten. Ich sage „scheinen mag", weil wir in Wirklichkeit nicht berechtigt sind zu behaupten, daß gewisse menschliche Fundamentalwerte endgültig mit der Realität konfrontiert worden sind und dabei ihre Nichtigkeit offenbart haben. Wir sind nicht berechtigt zu sagen, daß die Freiheit aufgehört hat ein Wert zu sein, weil sie als eine Losung, die Ausbeutung, Unterdrückung und Terror heiligen sollte, mißbraucht worden ist. Die Evangelien hören nicht auf, die Hauptquelle unserer Moral zu sein, weil sich ihrer skrupellose Fanatiker bedient haben. Der Sozialismus hört nicht auf, die Leitidee der menschlichen Gesellschaft zu sein, weil sich obskure und tyrannische Mächte seinen Namen angeeignet haben. Wahrlich, in keinem Fall dürfen wir uns mit der bloßen Erklärung zufriedengeben, daß eine Idee „mißbraucht" worden ist; wir sind verpflichtet, zu überlegen, *warum* sie auf solche Weise mißbraucht werden konnte. Wir sind verpflichtet, in jedem Fall darüber nachzudenken, welche Eigentümlichkeiten einer Idee oder eines Wertes es ausmachen, daß sie zum Werkzeug in den Händen von Verbrechern werden konnten. Unser Nachdenken und Denken über die Kultur sollte eine unaufhörliche Selbstkritik sein. Wir sollten uns zu unserer Tradition so verhalten, wie sich Thomas Mann zur Tradition der deutschen Kultur im Lichte der Erfahrungen des Nazismus verhalten hat.

Thomas Mann hatte ein gutes Recht, zu sagen, daß der Hitlerismus nicht ein Erbe der deutschen Kultur sei, sondern ihre Verneinung. Er hatte ein Recht, das zu sagen, er sagte es aber nicht. Er versuchte statt dessen eine Frage zu erwägen, zu der Mut erforderlich war: welche Eigenschaften der deutschen Kultur – und zwar der besten, derjenigen, die von der ganzen Menschheit verehrt wird und auf die die Menschheit stolz sein muß – welche Eigenschaften machten den Hitlerismus möglich? Analoge Fragen müssen wir in Bezug auf jede Tradition, die in unserer Kultur lebt, stellen. Es ist nicht genug zu sagen, daß es in der Geschichte des Christentums Schatten gibt, die seinen ursprünglichen Sinn entstellt haben. Wir müssen erforschen, ob dieser ursprüngliche Sinn etwas in sich enthielt, was solche Entstellung ermöglichte. Es ist nicht genug zu sagen, daß die Idee des Sozialismus im sozialistischen Staatssystem zur Karikatur entartet ist, denn die Karikatur muß an das Original erinnern, bevor sie Karikatur genannt werden darf. Die elendesten, die unerträglichsten Eigenschaften unserer Zivilisation sind in den Traditionen eingewurzelt, die uns teuer und nahe sind: in der römischen Rechtsordnung, in der christlichen Moral, in den Idealen der Aufklärung und des Sozialismus. Wir sind verpflichtet, diese rätselhaften Zusammenhänge zu erforschen. Wir müssen wissen, auf welche Weise sich hinter der edlen Silhouette von Doktor Jekyll der gespensterhafte Schatten von Mister Hyde verbirgt[8].

Aber die schlimmste und verderblichste Weise, in der wir auf diese Situation reagieren könnten, wäre der Angriff gegen die Tradition überhaupt, gegen die Tradition als solche. Wir kehren also zu der am Anfang vorgelegten These zurück. Die Gesellschaften bedürfen ebenso der Tradition wie der Revolte gegen die Tradition. Die Werte, die die Menschen als Einheit brauchen und die jeder einzelne braucht, sind sowohl die Anpassungsfähigkeit wie auch die Unfähigkeit zur Anpassung. Die Anpassung ist nötig im Sinne der Fähigkeit zur Solidarität, die Nichtanpassung ist nötig im Sinne der Fähigkeit zum Protest. Diese zwei Werte lassen sich aneinanderfügen. Auch andere Werte lassen sich zusammenfügen: zum Beispiel die Anpassung im Sinne des feigen Konformismus

8 ‚Dr. Jekyll und Mr. Hyde', Novelle von R. L. Stevenson (1850–1894). Dr. Jekyll leidet darunter, daß das Gerechte und Ungerechte im Menschen miteinander verbunden sind. Getrennt könnte das Gute ungehemmt vom Bösen seinen Weg gehen, und das Böse könnte sich ohne Gewissensbisse verwirklichen. Ihm gelingt es, daß er, Dr. Jekyll, den „niederen Mächten seiner Seele" zeitweise eine Gestalt gibt und sich in Mr. Hyde verwandelt, der schwere Verbrechen begeht. Bei Stevenson endet die Geschichte damit, daß Mr. Hyde sich durchsetzt und die Gestalt Dr. Jekylls verdrängt.

mit der Nichtanpassung im Sinne des asozialen Egoismus. Diese Verbindung ist die schlimmste erzieherische Mischung, die es geben kann. Es ist die Erziehung, die auf natürliche Weise durch totalitäre Systeme produziert wird; denn diese isolieren einerseits die Einzelnen voneinander, indem sie alle Formen der spontanen sozialen Organisation paralysieren und dadurch die Entwicklung des Solidaritätsgefühls töten, andererseits erzeugen sie durch das Repressionssystem den Konformismus und die Angst vor persönlicher Verantwortlichkeit. Das Schlimmste in irgendeiner Erziehung ist die Unterscheidungsunfähigkeit zwischen diesen Haltungen: zwischen Solidarität und Konformismus einerseits und zwischen Protest und Unfähigkeit zu solidarischem Handeln andererseits. Jener Teil der Jugend, der es für eine Tugend hält, daß er der Gesellschaft nichts anzubieten hat, und der sich mit der Suche nach Vorwänden zu zwecklosem Vernichten zufriedengibt, besteht keineswegs aus Revolutionären. Es sind keine Revolutionäre, es sind die launenhaften Kinder ihrer Gesellschaft, die Opfer der Gesellschaft, die sie angreifen. Sie sind Opfer in einem ganz anderen Sinne, als sie es sich vorstellen. Sie sind Opfer in dem Sinne, daß diese Gesellschaft es nicht vermag, sie mit einer Reihe vertrauenswürdiger Werte auszustatten.

Falls – was glücklicherweise wenig wahrscheinlich ist – der Widerstand gegen die Tradition zu ihrer totalen Verneinung führt, dürfen wir mit vollem Recht vom Ende der menschlichen Welt reden. Wenn es dazu nicht kommt, dann nur dadurch, daß die bestehenden Traditionen, die uns an die Solidarität der Menschheit, an den Wert der Freiheit, der Gleichheit, der Toleranz und anderer lächerlich gemachter Ideen glauben lassen, sich lebendig genug erweisen, um der gegenwärtigen Zersetzung zu widerstehen. In beiden Fällen wird es die Menschheit selbst sein, die sich ihr eigenes Schicksal bereitet.

Bibliographisch-biographischer Anhang

Im bibliographischen Anhang werden einige Werke kurz charakterisiert, die für eine intensivere Beschäftigung mit dem Thema ‚Sittliche Lebensformen‘ hilfreich sind. Die Auswahl beschränkt sich durchweg auf deutschsprachige Literatur, und hierbei auf solche, die möglichst verschiedene Interpretationen vorstellt und weiterführende Literatur nennt. Die biographischen Hinweise geben erste Kurzinformationen, die vor allem auf das Thema dieses Bandes bezogen sind.

Lexika

1. *Historisches Wörterbuch der Philosophie*, hrsg. v. J. Ritter – K. Gründer, Basel-Stuttgart 1971 ff.

2. *Geschichtliche Grundbegriffe*, hrsg. v. O. Brunner – W. Conze – R. Koselleck, Stuttgart 1972 ff.

   Beide Lexika zeigen durch begriffsgeschichtliche Untersuchungen den fundamentalen Wandel der Begriffe, wie sie innerhalb und außerhalb der Wissenschaften verwendet werden.
   ‚Geschichtliche Grundbegriffe‘ beschränkt sich darauf, in großen Artikeln zu wenigen Begriffen den Wandel der gesellschaftlichen und politischen Grundbegriffe seit der Entstehung der Neuzeit deutlich zu machen.

3. *Handbuch philosophischer Grundbegriffe*, hrsg. v. H. Krings – H. M. Baumgartner – Ch. Wild, München 1973 (auch als Studienausgabe)
   Von verschiedenen wissenschaftstheoretischen Ansätzen bzw. letzten Wertentscheidungen aus wird versucht, in systematischer Weise in größeren Artikeln zentrale Begriffe zu bestimmen und „eine Selbstdarstellung der gegenwärtigen Philosophie“ zu liefern.

4. *Sowjetsystem und demokratische Gesellschaft*, Freiburg i. Br. 1966–1972; Sonderausgabe nach Sachbereichen aufgeteilt: Marxismus im Systemvergleich, Frankfurt a. M. – New York 1973
   Umfassendster Versuch eines Vergleichs der leitenden Begriffe in den westlichen und in den sozialistisch verwalteten Gesellschaften unter Berücksichtigung des Standes der internationalen Forschung. Der Aufbau jedes Artikels ist gleich: Darstellung der Bedeutung des Begriffs in der Geschichte in nichtsozialistischen Gesellschaften und Wissenschaften; Darstellung der Bedeutung in den nachrevolutionären sozialistischen Gesellschaften; Vergleich.

5. *Marxistisch-Leninistisches Wörterbuch der Philosophie*, hrsg. v. G. Klaus – M. Buhr, rororo 6155–6157, Reinbek bei Hamburg 1972 (Sonderausgabe des ‚Philosophischen Wörterbuchs‘, Leipzig 1969; die neueste Auflage: ^{12}1974 ist auch in der Bundesrepublik erhältlich)
   Das relativ kleine preiswerte Lexikon liefert gute Informationen zur offiziellen marxistischen Philosophie und auch zur Kybernetik.

6. *Staatslexikon. Recht, Wirtschaft, Gesellschaft,* hrsg. von der Görres-Gesellschaft, Freiburg i. Br. 1957–1963; 3 Ergänzungsbände Freiburg i. Br. 1969–1970
Lexikon, das besonders in den „weltanschaulich bedeutsamen Artikeln" auf der Grundlage der katholisch-christlichen Überlieferung und der katholischen Staats- und Soziallehre informiert. Ergänzungsbände offener für verschiedene Richtungen und Auffassungen als das ‚Grundwerk'. Neben Sachartikeln auch Personenartikel.

7. *The Encyclopedia of Philosophy*, hrsg. v. P. Edwards, 8 Bde., New York – London 1967
Herausgeber und die Mehrzahl der Autoren vertreten die analytische Tradition der angelsächsischen Philosophie. Artikel besonders zur Logik, Philosophie der Sprache und Ethik, auch zur Geschichte der Philosophie in einzelnen Ländern, zu philosophischen Schulen und Bewegungen, Disziplinen und ihrer Geschichte, viele Personenartikel.

8. *Lexikon der Ethik*, hrsg. v. O. Höffe in Zusammenarbeit mit M. Forschner, A. Schöpf und W. Vossenkuhl, Beck'sche Schwarze Reihe 152, München 1977
Geht aus von einem weiten Begriff von Ethik, der auch Probleme der Anthropologie, Rechts-, Sozial-, Staatsphilosophie und Religionsphilosophie einbezieht. „Sowohl dem Reflexionsniveau der klassischen Ethik als auch dem Methodenbewußtsein der mannigfachen Strömungen der Gegenwart verpflichtet." (S. 7) Literaturangaben zu den Quellen und zur Forschung unter den einzelnen Artikeln; eine Zusammenstellung: ‚Quellen der Ethik'.

Textsammlungen

9. *Analytische Handlungstheorie,* Bd. 1: G. Meggle (Hrsg.), Handlungsbeschreibungen. Bd. 2: A. Beckermann (Hrsg.), Handlungserklärungen, Frankfurt a. M. 1977
Sammlungen wichtiger Texte.

10. *D. Birnbacher – N. Hoerster* (Hrsg.), Texte zur Ethik, dtv 6042, München 1976
Texte vor allem von angelsächsischen Autoren des 20. Jahrhunderts, nach thematischen Schwerpunkten geordnet, jeweils mit Literaturangaben.

11. *G. Grewendorf – G. Meggle* (Hrsg.), Seminar: Sprache und Ethik. Zur Entwicklung der Metaethik, stw 91, Frankfurt a. M. 1974
Sammlung wichtiger Aufsätze, Vorwort der Herausgeber, Literaturhinweise auch auf englischsprachige Literatur.

12. *W. Heidelmeyer* (Hrsg.), Die Menschenrechte. Erklärungen, Verfassungsartikel, internationale Abkommen, UTB 123, Paderborn 1972
Textsammlung, Literaturangaben.

13. *O. Höffe* (Hrsg.), Einführung in die utilitaristische Ethik. Klassische und zeitgenössische Texte, München 1975
Texte von J. Bentham, J. St. Mill, H. Sidgwick, J. O. Urmson, J. Rawls, J. J. C. Smart, R. B. Brandt, D. Lyons. Einleitung des Herausgebers s. Nr. 117. Mit Bibliographie.

14. *F. Kambartel* (Hrsg.), Praktische Philosophie und konstruktive Wissenschaftstheorie, Theorie-Diskussion, Frankfurt a. M. 1974 (darin auch eine Kritik der Philosophie der Erlanger Schule, S. 96–147)
Zur Modifikation der Position der konstruktiven Ethik durch K. vgl. ‚Universalität als Lebensform. Zu den (unlösbaren) Schwierigkeiten, das gute und vernünftige Leben über formale Kriterien zu bestimmen', in: W. Oelmüller (Hrsg.), Materialien zur Normendiskussion, Bd. 2, Normenbegründung – Normendurchsetzung, UTB 836, Paderborn 1978.

15. *K. Löwith* (Hrsg.), Die Hegelsche Linke. Texte aus den Werken von H. Heine, A. Ruge, M. Hess, M. Stirner, B. Bauer, L. Feuerbach, K. Marx und S. Kierkegaard, Stuttgart–Bad Cannstatt 1962
In seiner Einleitung ‚Philosophischer Theorie und geschichtliche Praxis in der Philosophie der Linkshegelianer' zeigt L., wie die sonst sehr unterschiedlich argumentierenden Linkshegelianer darin übereinkommen, daß sie sich radikal von der Tradition der theoretischen Philosophie und Metaphysik abwenden und sich der Geschichte und Politik zuwenden. Dies ist für L. die „unphilosophische Auslieferung an das geschichtliche Denken"; sie sei die Ursache für das Unzulängliche gegenwärtiger marxistischer wie nichtmarxistischer Philosophie.

16. *H. Lübbe* (Hrsg.), Die Hegelsche Rechte. Texte aus den Werken von F. W. Carové, J. E. Erdmann, K. Fischer, E. Gans, H. F. W. Hinrichs, C. L. Michelet, H. B. Oppenheim, K. Rosenkranz und C. Rossler, Stuttgart–Bad Cannstatt 1962
L. will durch die Sammlung weitgehend unbekannter Texte und in seiner Einleitung zeigen, daß das Urteil über die Hegelsche Rechte als ‚konservativ' oder ‚reaktionär' falsch ist. Er betont ihre liberalen Anschauungen, die das klassisch-liberale Element Hegelschen Denkens aufnähmen.

17. *Moral und Gesellschaft*. Mit Beiträgen von Kosík, Sartre, Luporini, Garaudy, Della Volpe, Marković, Schaff, es 290, Frankfurt a. M. 1968
Versuch einer Begründung der Moral von verschiedenen Positionen des gegenwärtigen nichtdogmatischen Marxismus aus.

18. *W. Oelmüller – R. Dölle – R. Piepmeier*, Diskurs: Politik, UTB 723, Paderborn 1977
Der erste Band der Reihe philosophischer Arbeitsbücher enthält Texte von Platon bis Habermas und Lübbe sowie ausführliche Einleitungen, im Anhang biographische Angaben zu den Autoren und eine kommentierte Bibliographie (wie dieser Band).

19. *W. Oelmüller* (Hrsg.), Weiterentwicklungen des Marxismus, Wege der Forschung CXXXIII, Darmstadt 1977
Der Dokumentationsband zeigt beispielhaft an vier Problemzusammenhängen: Sozialwissenschaftliche Methoden, Natur – Geschichte, Subjekt – Subjektlose Strukturen, Spätkapitalismus – Etatismus – Industriegesellschaft auf, wie Marxisten in West- und Osteuropa nach dem Zweiten Weltkrieg unter Berücksichtigung der veränderten historischen Bedingungen der Gegenwart zur Revision der Grundannahmen von Marx gezwungen sind und wie sie diese neu zu formulieren versuchen. Aufgenommen sind Aufsätze von Adorno, Althusser, Bloch, Garaudy, Habermas, Kalivoda, Kolakowski, Lukács, Luporini, Malewski, Marković, Sartre, Schmidt, Stojanović. Mit Bibliographie zur deutschsprachigen Marx- und Marxismusforschung.

20. *H. J. Sandkühler – R. de la Vega* (Hrsg.), Marxismus und Ethik. Texte zum neukantianischen Sozialismus. Mit einer (2. Auflage: neuen) Einleitung von H. J. Sandkühler, Frankfurt a. M. 1970, 2. Auflage, stw 75, Frankfurt a. M. 1974
Dokumentation der Auseinandersetzung zwischen sozialistischen Neukantianern und Marxisten in der II. Internationale um die Möglichkeit einer marxistischen Ethik, die nach S. zum ‚demokratischen Sozialismus' und damit zum theoretischen und politischen ‚Revisionismus' führt.

Allgemeine Darstellungen, Aufsatzsammlungen

Eine befriedigende Darstellung der Geschichte der Ethik und der praktischen Philosophie vom gegenwärtigen Stand des Problembewußtseins aus gibt es nicht. Einen Überblick kann man sich durch folgende Lexikonartikel verschaffen.

21. *J. Ritter – R. Romberg – A. Pieper*, Ethik, in: Historisches Wörterbuch der Philosophie, Bd. 2, Sp. 759–809 (mit ausführlichen Literaturangaben auch zu älteren Gesamtdarstellungen)

22. *R. Pohlmann*, Autonomie, in: ebda., Bd. 1, Sp. 701–719

23. *W. Warnach – O. H. Pesch – R. Spaemann*, Freiheit, in: ebda., Bd. 2, Sp. 1064–1098

24. *J. Ritter – R. Spaemann*, Glück, in: ebda., Bd. 2, Sp. 679–707

25. *P. Reisinger – R. Piepmeier – A. Pieper*, Imperative, kategorischer Imperativ, in: ebda., Bd. 4, Sp. 242–258

26. *W. Oelmüller*, Das Böse, in: Handbuch philosophischer Grundbegriffe, Bd. 1, S. 255–268

27. *W. Oelmüller*, Praktische Philosophie, in: Staatslexikon, Erw. Bd. 2, Sp. 957–966

28. *R. Abelson – K. Nielsen*, Ethics, History of, in: Encyclopedia of Philosophy, Bd. 2, S. 81–117 (mit ausführlichen Literaturangaben, z. T. kurz kommentiert)

29. *K. Nielsen,* Ethics, Problems of, in: ebda., Bd. 3, S. 117–134 (mit ausführlichen Literaturangaben, überwiegend kurz kommentiert)

30. *E. Bloch,* Naturrecht und menschliche Würde, Frankfurt a. M. 1961 (in der Gesamtausgabe Bd. 6)
Geschichte des Naturrechts, die die „echten Intentionen" (S. 12) des klassischen und modernen Naturrechts als Erbe in einen freiheitlichen Sozialismus einbringen will. Menschliche Würde ist nicht möglich ohne ökonomische Befreiung, diese aber auch nicht ohne Verwirklichung der Menschenrechte als Erbe des Naturrechts.

31. *J. Blühdorn* (Hrsg.), Das Gewissen in der Diskussion, Wege der Forschung XXXVII, Darmstadt 1976
Achtzehn Aufsätze, die die gegenwärtige Diskussion in verschiedenen Wissenschaften dokumentieren. Auswahlbibliographie zu gegenwärtigen Schwerpunkten der Diskussion.

32. *F. Böckle – E.-W. Böckenförde* (Hrsg.), Naturrecht in der Kritik, Mainz 1973
Dreizehn Aufsätze zur Analyse, Kritik und Verteidigung des Naturrechts. Siehe besonders die Aufsätze von Böckenförde, Kaufmann, Luhmann, Oelmüller, Spaemann.

33. *C. J. Classen* (Hrsg.), Sophistik, Wege der Forschung CLXXXVII, Darmstadt 1976
Sammlung von neunundzwanzig Aufsätzen zu allgemeinen Problemen der Sophistik und zu den Sophisten Protagoras, Gorgias, Prodikos, Hippias, Antiphon, Thrasymachos.

34. *P. Ehlen,* Die philosophische Ethik in der Sowjetunion. Analyse und Diskussion, München – Salzburg 1972
Materialreiche, kritische, sachliche Darstellung der Ethik – Diskussion seit 1961, mit kurzem Abriß der Geschichte seit 1917. Umfangreiches Literaturverzeichnis.

35. *Was ist Glück?* Ein Symposion, dtv 1134, München 1976
Sammlung von zehn Aufsätzen von F. G. Jünger, A. Gehlen, J. Pieper, A. Schmidt, V. E. Frankl, R. Huber, J. Posener, W. Bauer, W. E. Mühlmann, U. Hommes.

36. *G. Gorscheneck* (Hrsg.), Grundwerte in Staat und Gesellschaft, Beck'sche Schwarze Reihe 156, München 1977 (s. auch Nr. 39)

37. *J. Habermas,* Theorie und Praxis. Sozialphilosophische Studien, 4. Aufl. (erweitert und neu eingeleitet), st 9, Frankfurt a. M. 1971
Aufsatzsammlung. Historisch-systematische Untersuchungen zum Verhältnis der klassischen Lehre von der Politik zur modernen Sozialphilosophie, zum Marxismus und zu Problemen gegenwärtiger Demokratie. H. wendet sich gegen die aristotelische Tradition politischer Philosophie und gegen eine sich sozialtechnisch verstehende Sozialphilosophie und begreift

den Historischen Materialismus als eine in praktischer Absicht entworfene Theorie der Gesellschaft.

38. *W. Hennis*, Politik und praktische Philosophie. Eine Studie zur Rekonstruktion der politischen Wissenschaft, Neuwied–Berlin 1963
Versuch, die Politikwissenschaft gegen neuzeitliche politische Theorien durch Rückbesinnung auf ihre Herkunft aus der praktischen Philosophie und dessen Grundlegung bei Aristoteles als Wissenschaft zu rehabilitieren.

39. *O. Kimminich* (Hrsg.), Was sind Grundwerte? Düsseldorf 1977
Stellungnahmen von politisch verschiedenen Richtungen und von Wissenschaftlern verschiedener Disziplinen zum Verhältnis von Moral und Staat heute.

40. *Th. Litt*, Ethik der Neuzeit, Darmstadt 1968
Überblick über ethische Theorien vom Ende des Mittelalters bis zu Beginn des 20. Jahrhunderts.

41. *K. Löwith*, Von Hegel zu Nietzsche. Der revolutionäre Bruch im Denken des neunzehnten Jahrhunderts. Marx und Kierkegaard, [5]Stuttgart 1964
Kritische Darstellung des revolutionären Bruchs, den L. in dem Versuch der Philosophie sieht, den Sinn menschlichen Handelns auf Geschichte zu gründen. Maßstab der Kritik ist der altgriechische Begriff der Kosmos-Natur, den L. als das Begründende wiedergewinnen will.

42. *W. Maihofer* (Hrsg.), Naturrecht oder Rechtspositivismus? Wege der Forschung XVI, Darmstadt 1962
Sammlung von einunddreißig deutschsprachigen Aufsätzen aus der Naturrechtsdiskussion 1945–1960

43. *A. Müller*, Theorie, Kritik oder Bildung? Abriß der Geschichte der antiken Philosophie von Thales bis Cicero, Impulse der Forschung 19, Darmstadt 1975
Knappe, flüssig geschriebene Darstellung, die wesentliche Unterschiede der politischen Philosophie zwischen Platon und Aristoteles bzw. Epikureern und Stoikern deutlich macht. Zur Einführung in die antike Philosophie gut geeignet.

44. *W. Oelmüller* (Hrsg.), Wozu noch Geschichte? München 1977
Hierin der Aufsatz von Oelmüller: ‚Zur Rekonstruktion unserer historisch vorgegebenen Handlungsbedingungen', der die Denkvoraussetzungen der Einleitung I ausführlicher behandelt. Die Beiträge der Historiker (Kocka, Staudinger, Rüsen, Koselleck), Soziologen (Benseler, Luhmann), Wirtschaftswissenschaftler (Buttler), Theologen (Schellong) und Philosophen (Lübbe, Oelmüller, Schmidt, Stachowiak) zeigen, wie man heute mit neuen Methoden und von verschiedenen letzten Wertentscheidungen aus den Zusammenhang der Geschichte und die Voraussetzungen des Politischen zu beschreiben und zu erklären versucht.

45. *W. Oelmüller* (Hrsg.), Materialien zur Normendiskussion. Bd. 1, Transzendentalphilosophische Normenbegründungen, UTB, Paderborn 1978; Bd. 2 Normenbegründung-Normendurchsetzung, UTB, Paderborn 1978; Bd. 3 Normen und Geschichte, UTB Paderborn 1979
Arbeitspapiere und autorisierte Protokolle von drei Kolloquien in Paderborn, u. a. mit K.-O. Apel, H. M. Baumgartner, J. Habermas, F. Kambartel, H. Krings, H. Lübbe, O. Marquard, W. Oelmüller, J. Rüsen.

46. *M. Riedel* (Hrsg.), Rehabilitierung der praktischen Philosophie, 2 Bde., Freiburg i. Br. 1972, 1974
Umfangreichste Dokumentation der wichtigsten, sehr verschiedenen Arbeiten im deutschsprachigen Raum, die im Anschluß vor allem an J. Ritters Interpretationen der aristotelischen Form der praktischen Philosophie und ihrer Nachwirkungen bis ins 18. Jahrhundert nach der Leistungsfähigkeit und Grenze der praktischen Philosophie heute fragen.

47. *R. Schnur* (Hrsg.), Zur Geschichte der Erklärung der Menschenrechte, Wege der Forschung XI, Darmstadt 1964
Acht historische, sozial- und rechtsphilosophische Untersuchungen.

48. *H.-H. Schrey* (Hrsg.), Entfremdung, Wege der Forschung CDXXXVII, Darmstadt 1975
Achtzehn Aufsätze zur Herkunft des Begriffs, zur Diskussion in Theologie, Anthropologie, Marxismus, Soziologie, Sozialpsychologie und Wissenssoziologie. Ausführliche Bibliographie.

49. *H.-H. Schrey,* Einführung in die Ethik, Darmstadt 1972
Sch. stellt die wichtigsten gegenwärtigen Strömungen in der Ethik dar als „Analysen der verschiedenen Motivationen menschlichen Handelns" (S. 9), die er in ihrem „Pluralismus" gelten läßt.

50. *J. Simon* (Hrsg.), Freiheit. Theoretische und praktische Aspekte des Problems, Freiburg i. Br. – München 1977
In achtzehn Aufsätzen wird das Problem der Freiheit von verschiedenen Ansätzen her in historischen und systematischen Analysen dargestellt und diskutiert.

51. *L. Strauss,* Naturrecht und Geschichte, (Chicago 1953) Stuttgart 1956 (jetzt auch: stw 216)
Die klassische (alteuropäische) Naturrechtslehre, von Sokrates ins Leben gerufen, von Platon, Aristoteles, den Stoikern und christlichen Denkern (besonders Thomas) entwickelt, ist identisch mit der Lehre von der besten Herrschaft und dem guten Leben. Das moderne Naturrecht (der europäischen Neuzeit) bei Hobbes und Locke basiert nicht auf Vernunft, sondern auf Leidenschaft, vor allem der mächtigsten: dem Selbsterhaltungstrieb; aus ihm werden nicht mehr die Pflichten, sondern die Rechte des Bürgers abgeleitet. Dieses „moderne Naturrecht" erreicht in Rousseaus Theorie des „noch nicht menschlichen" Naturzustands und in Burkes Rückkehr zur

vormodernen Form des Naturrechts, das Ciceros ‚De re publica‘ nahekommt, seine Krise.

52. *M. Theunissen,* Der Andere. Studien zur Sozialontologie der Gegenwart, Berlin 1965
Das Nachdenken über den ‚Anderen‘ sei das hervorragende Thema der Philosophie des 20. Jahrhunderts. Th. stellt die verschiedenen Ansätze der Transzendentalphilosophie und der Philosophie des Dialogs dar und benennt als sein Thema das „vorgesellschaftliche Verhältnis zum Anderen“ (S. 6). Untersuchungen zu Husserl, Heidegger, Sartre, Buber, Rosenstock-Huessy, Löwith und Binswanger.

Biographie – Bibliographie

ANTIPHON

Über die Lebenszeit läßt sich nichts Genaueres sagen, als daß er Zeitgenosse des Sokrates war, seine Wirkungszeit also in die letzten Jahrzehnte des fünften Jahrhunderts fällt. Er war Traumdeuter und vertrat als Philosoph sophistische Lehren, wie die Antithese vom Gesetz, das nur vom Menschen gemacht und deshalb nicht begründet sei und der Notwendigkeit der Natur. Xenophon nennt ihn als Gegner des Sokrates.

53. *F. Heinimann*, Nomos und Physis. Herkunft und Bedeutung einer Antithese im griechischen Denken des 5. Jahrhunderts, Basel 1945, Neudruck: Darmstadt 1965
Arbeit zur sophistischen Antithese von Nomos und Physis. Zu Antiphon vgl. bes. S. 133–142

PLATON

geb. 427 v. Chr. in Athen, Angehöriger des höchsten Adels, gest. 347 v. Chr. in Athen. Er gründete in Athen eine Philosophenschule (‚Akademie‘). Platon versucht nach der Verurteilung seines Lehrers Sokrates zum Tode (399) angesichts der Bedrohung der griechischen Polis eine ‚Rettung der Polis‘ und eine neue Rechtfertigung einer gerechten politischen Ordnung. Richtschnur eines gerechten Handelns ist die höchste Idee des Guten, die von den Philosophen zu erkennen und in der Polis zu verwirklichen ist. Besonders in seinen Werken ‚Der Staat‘ und ‚Die Gesetze‘ entwirft Platon eine gerechte Ordnung. Platons Versuche, seine politischen Vorstellungen in Syrakus zu realisieren, scheiterten. Die Auseinandersetzung mit seiner Theorie, in der Politik und Ethik noch ungetrennt sind, gehört bis in die Gegenwart der Sache und dem Selbstverständnis nach zur praktischen Philosophie.

54. *O. Gigon – L. Zimmermann*, Begriffslexikon zu: Platon, Jubiläumsausgabe sämtlicher Werke, Bd. 8, Zürich–München 1974
Das Lexikon will „in einer begrenzten Anzahl von Stichworten und in lesbarer Form über die Philosophie Platons im ganzen orientieren“ (S. 5). Die Entwicklung der Begriffe in Platons Werk wird aufgezeigt. Zugleich wird die Verbindung zu den Vorsokratikern auf der einen, zu Aristoteles und der

hellenistischen Philosophie auf der anderen Seite hergestellt. Beste Einführung in Platons Philosophie.

55. *G. Krüger*, Einsicht und Leidenschaft. Das Wesen des platonischen Denkens, [4]Frankfurt a. M. 1973
In einer sehr genauen Symposion-Interpretation wird der Grundansatz der platonischen Philosophie verdeutlicht.

56. *R. Maurer*, Platons ‚Staat' und die Demokratie. Historisch-systematische Überlegungen zur politischen Ethik, Berlin 1970
Platons politische Philosophie verstanden als Suche nach einer politischen, praktischen Wissenschaft, die sich nicht bloß technisch, instrumental auswirkt, sondern bis in die zweckbestimmende Vernunft und Gesinnung der Menschen hineinreicht. In Vergegenwärtigung dieser höchsten Form des Politischen versucht M. ihre Rehabilitation. Literaturverzeichnis, Personen- und Begriffsregister.

ARISTOTELES
geb. 384 v. Chr. in Stagira (Thrakien) als Sohn des makedonischen Hofarztes, gest. 322 v. Chr. in Chalkis auf Euboia. Von 367 v. Chr. bis zum Tode Platons war er Mitglied der ‚Akademie'. Von Philipp wurde er als Erzieher seines Sohnes Alexander nach Makedonien berufen. Später gründete er in Athen eine neue Philosophenschule (‚Lykeion'). Nach dem Tode Alexanders als ‚Makedonenfreund' wegen ‚Gottlosigkeit' angeklagt, mußte er nach Chalkis fliehen. Wie Platon denkt er unter der Voraussetzung der Krise der Polis. Er kritisiert Platons Ideenlehre und seine Deutung der Idee des Guten, er kritisiert aber auch das sophistische Naturrecht. Aristoteles unterscheidet die drei Lebensformen: Leben des Genusses, politische und theoretische Lebensform. Nur in der gerechten Polis kann der Mensch gemäß seiner Natur gut und glücklich leben.

57. *Aristoteles*, Nikomachische Ethik, übersetzt von F. Dirlmeier, Darmstadt 1956
Ausführlicher Kommentar. D. deutet Aristoteles als treuen Schüler Platons. Mit Bibliographie zu Aristoteles und zu Darstellungen der griechischen Ethik.

58. *G. Bien*, Vernunft und Ethos. Zum Ausgangsproblem der Aristotelischen Ethik. Einleitung zu: Aristoteles, Nikomachische Ethik, hrsg. v. G. Bien, Philosophische Bibliothek 5, Hamburg 1972, S. XVII–LIX
Die Ethik und praktische Philosophie des Aristoteles wird gedeutet als eine Theorie des guten und gelingenden Lebens unter den Bedingungen der Entzweiung zwischen der Tradition und einer diese verwerfenden Vernunft. Umfangreiche Literaturhinweise.

59. *O. Gigon*, Einleitung zu: Aristoteles, Die Nikomachische Ethik, Zürich 1951, jetzt auch: dtv 6011, München 1977, S. 7–52
Informiert über die Entstehung der Ethik als wissenschaftlicher Disziplin in Griechenland, über die anderen Schriften Aristoteles' zur Ethik und über die charakteristischen Grundzüge der ‚Nikomachischen Ethik'.

60. *O. Höffe*, Praktische Philosophie. Das Modell des Aristoteles, München–Salzburg 1971
Im Anschluß an Aristoteles entwickelt H. die Idee einer praktischen Philosophie als „Grundriß-Wissenschaft", die wissenschaftlich genau erkannte Orientierungsschemata des sittlichen Handelns damit verbindet, daß die konkreten Handlungen je neu und je selbst zu erfinden und zu setzen sind.

61. *M. Riedel*, Über einige Aporien in der praktischen Philosophie des Aristoteles, in: M. Riedel (Hrsg.), Rehabilitierung der praktischen Philosophie, Bd. 1, a.a.O. (46.) S. 79–97
Der Wissenschaftscharakter der Disziplin, das Verhältnis von Arbeit und Handeln, die Legitimation von Institutionen ist unter den Bedingungen der Neuzeit mit den systematischen Möglichkeiten der praktischen Philosophie des Aristoteles nicht mehr zu begründen. Sie gehört deshalb der Vergangenheit an und ist einer Erneuerung weder fähig noch bedürftig.
Weitere Ansätze zu Aristoteles, der neuzeitlichen Aristotelesrezeption, zu Hobbes und dem neuzeitlichen Naturrecht, in: ders., Metaphysik und Metapolitik. Studien zu Aristoteles und der politischen Sprache der neuzeitlichen Philosophie, Frankfurt a. M. 1975

62. *J. Ritter*, Metaphysik und Politik. Studien zu Aristoteles und Hegel, Frankfurt a. M. 1969, jetzt auch: stw 199, Frankfurt a. M. 1977
In fünf Aufsätzen zu Aristoteles geht es R. darum, an verschiedenen Themen der praktischen Philosophie des Aristoteles (bürgerliches Leben, theoretisches Leben, Naturrecht) zu zeigen, daß nach Aristoteles die vernünftige Natur des Menschen als Menschen erst in der Polis verwirklicht ist. Damit würden „Maßstäbe" überliefert, die „dann für alle Staaten und Gesellschaften gelten, nachdem einmal eine Gesellschaft der Menschen geschichtlich wirklich geworden ist" (S. 105).

EPIKUR
geb. 341 v. Chr. auf Samos als Sohn eines athenischen Bürgers, gest. 270 v. Chr. in Athen. Für ihn war aus philosophischen und historischen Gründen eine Rettung der Polis nicht mehr möglich. Er lebte und philosophierte im Kreis seiner Freunde. Die Gespräche fanden im Garten seines Landhauses bei Athen statt; der ‚Garten' ist Symbol des Rückzugs aus der Politik. Epikurs Philosophie über das glückliche Leben wird, bis z. B. bei Kant und Marx, als eine Alternative zur platonisch-aristotelischen Philosophie und Politik verstanden. Außer drei Briefen sind von Epikur nur Fragmente der Werke erhalten.

63. *O. Gigon*, Einleitung zu: Epikur, Von der Überwindung der Furcht. Katechismus, Lehrbriefe, Spruchsammlung, Fragmente, ²Zürich–Stuttgart 1968, S. 7–56
Einführung in die Lehre Epikurs im Zusammenhang der griechisch-hellenistischen Philosophie. Einheit der Lehre, weil alle Lehrstücke dem Ziel dienen, den Menschen von Angst und Grenzenlosigkeit des Begehrens freizumachen. Mit Literaturverzeichnis.

64. *H. Marcuse*, Zur Kritik des Hedonismus, in: Kultur und Gesellschaft, Bd. 1, es 101, Frankfurt a. M. 1965, S. 128–168
In Reflexion auf die ,,Objektivität des Glücks" bei Platon und Aristoteles und auf ihren Zerfall in der Neuzeit wird in kritischem Rückgriff auf den Hedonismus versucht, einen Begriff des Glücks für eine kritische Theorie der Gesellschaft auszuarbeiten. Der radikale Hedonismus, nicht der von M. scharf kritisierte ,,negative" Epikurs, wird kritisch rezipiert. ,,Die Wahrheit des Hedonismus wäre seine Aufhebung in einem neuen Prinzip der gesellschaftlichen Organisation, nicht in einem anderen philosophischen Prinzip" (S. 142).

DIOGENES VON SINOPE

Diogenes von Sinope ist eine legendäre Philosophengestalt des vierten vorchristlichen Jahrhunderts, zu der sich eine geschichtliche Existenz nicht nachweisen läßt. Seine Lebenszeit wird zumeist nach der Überlieferung berechnet, daß er 323 v. Chr. in hohem Alter am selben Tag wie Alexander der Große gestorben sei; aber diese – wie alle übrige, überwiegend anekdotische, Überlieferung kann historisch nicht verifiziert werden. Diogenes gilt in der Antike als der Prototyp des Kynikers, als die Verkörperung des Kynismus schlechthin; so hat ihn auch die frühe Neuzeit rezipiert. Die erhaltene antike Überlieferung zum Kynismus stammt im wesentlichen aus den ersten nachchristlichen Jahrhunderten, ist also drei- bis fünfhundert Jahre jünger als der ursprüngliche Kynismus. Diesen führt sie – oft polemisierend gegen einen als entartet dargestellten Kynismus der eigenen Zeit – auf den Sokratiker Antisthenes und auf Diogenes zurück, der als der einzige Schüler des Sokratesschülers Antisthenes genannt wird. Beschäftigung mit dem Kynismus und Zitierung von Diogenes-Anekdoten finden sich bei zahlreichen antiken Autoren – bis hin zu den christlichen Kirchenvätern. Das meiste überliefert Diogenes Laertius (3. Jahrhundert n. Chr.), von dem die einzige erhaltene Philosophiegeschichte der Antike stammt (,Leben und Meinungen berühmter Philosophen').

65. *H. Niehues-Pröbsting*, Der Kynismus des Diogenes und der Begriff des Zynismus, München 1979
Der antike Kynismus ist der Ursprung des modernen Zynismusbegriffs; dieser geht aus jenem in einem Prozeß der Rezeption und Umformung hervor. Der Kynismus verkörpert sich in der Gestalt des Protokynikers Diogenes, der als eine literarische Konkurrenz- und Gegenfigur zum platonischen Sokrates erscheint: Kynismus stellt sich dar als ,,notwendige Ergänzung und Kehrseite des Platonismus". Dies wird in der Haltung des Kynikers zu Mythos, Polis, politischer Macht und Wissenschaft, vor allem aber zum Tod deutlich. Der Autor nimmt die Anekdote als Medium philosophischen Gehalts ernst und läßt dabei erahnen, was der Geschichtsschreibung der Philosophie entgeht, wenn sie sich selbst auf Konstruktionen von Systemen und deren Abhängigkeiten restringiert.

66. *K. Heinrich*, Antike Kyniker und Zynismus in der Gegenwart, in: ders., Parmenides und Jona, Frankfurt a. M. 1966

„Animalische Selbstbehauptung" ist der Fluchtpunkt des Kynikers vor der Bedrohung durch das Schicksal, die Reduktion darauf zugleich Protest gegen die mangelnde Identitätssicherung durch traditionelle Institutionen.

LUCIUS ANNAEUS SENECA

geb. 4 v. Chr. in Corduba, römischer Ritter, gest. 65 n. Chr. bei Rom. Ausbildung in Rhetorik und Philosophie. Seine kurze politische Laufbahn endete mit der Verbannung nach Korsika. Später wurde er Erzieher Neros. In den ersten Jahren der Herrschaft Neros war Seneca der politisch einflußreichste Mann Roms. Später fiel er in Ungnade. Von Nero der Teilnahme an einer Verschwörung beschuldigt, wurde er aufgefordert, sich selbst zu töten. Seneca zählt man zu den Stoikern, die sich vor allem als Bürger des vernünftig geordneten Kosmos verstanden und für die Philosophie Mittel zur ‚stoischen' Lebensführung war.

67. *G. Maurach* (Hrsg.), Seneca als Philosoph, Wege der Forschung CCCCXIV, Darmstadt 1975
Sammlung von sechzehn Aufsätzen, Literaturverzeichnis, Register

68. *M. Pohlenz*, Die Stoa. Geschichte einer geistigen Bewegung, ²Göttingen 1959
Pohlenz gibt in diesem ‚klassischen' Werk die umfassendste Darstellung der Geschichte der Stoa im Zusammenhang der ihr vorhergehenden Philosophie von Platon bis Aristoteles, der zeitgenössischen Philosophie (vor allem in Abgrenzung von den Epikureern) und den nachfolgenden Strömungen: Hellenistisches Judentum, Gnosis, Neuplatoniker, Christentum.

69. *M. Rozelaar*, Seneca. Eine Gesamtdarstellung, Amsterdam 1976
Umfassende Darstellung Senecas als Staatsmann, Philosoph und Dichter. In den biographischen Teilen der Arbeit Verarbeitung psychoanalytischer und medizinischer Kenntnisse. Kurze Bibliographie, ausführliches Register.

MATTHÄUS

Er wird in allen vier neutestamentlichen Apostellisten unter den zwölf Aposteln genannt. Die altkirchliche Tradition, er sei der Verfasser des (eben deshalb so genannten) Matthäus-Evangeliums, kann heute nicht mehr als richtig anerkannt werden. Als Verfasser gilt heute allgemein ein namentlich nicht bekannter hellenistischer Judenchrist; Adressat des Evangeliums ist eine Gemeinde, die überwiegend aus Judenchristen bestand; als Abfassungszeit ist der Zeitraum 75–90 n. Chr. anzunehmen. Dem Rahmen des Markusevangeliums werden an geeigneten Stellen Stücke vom ‚Sondergut' eingefügt, die nur der Verfasser des Matthäusevangeliums verarbeitet. Es entstehen so kunstvoll komponierte große Redeteile, z. B. die Bergpredigt (Kap. 5–7) und die eschatologischen Reden (Kap. 24–25). Die sittlichen Forderungen des alttestamentlichen Gesetzes werden in der Lehre Jesu aufgenommen, radikalisiert und im Doppelgebot der Gottes- und Nächstenliebe zusammengefaßt (Kap. 22, 34–40). Das Matthäusevangelium ist in der alten Kirche das meistbenutzte, zitierte und erklärte Evangelium.

70. *J. Schniewind*, Das Evangelium nach Matthäus, Neues Testament Deutsch 2, Göttingen 1977 (Neudruck der 12. Auflage)

71. *E. Schweizer*, Das Evangelium nach Matthäus, Neues Testament Deutsch 2, [13]Göttingen 1973

72. *W. Grundmann*, Das Evangelium nach Matthäus, Theologischer Handkommentar 1, [4]Berlin 1975

73. *J. Schmid*, Das Evangelium nach Matthäus, [5]Regensburg 1965 (Regensburger Neues Testament)
Kommentare mit weiterführender Literatur

AURELIUS AUGUSTINUS
geb. 354 in Thagaste (Nordafrika), gest. 430 in Hippo Regius (Nordafrika). Studium der Rhetorik und, durch die Lektüre Ciceros beeinflußt, der Philosophie. Bekehrung zum Christentum, seit 396 Bischof von Hippo Regius. In seinen Schriften versucht er, in Anknüpfung und kritischer Auseinandersetzung mit antiken Philosophen ihre Gedanken und die in der Bibel bezeugten Wahrheiten zu einer christlichen Philosophie zu vereinigen. Gilt als einer der bedeutendsten ‚Kirchenväter'. Sein Vermittlungsversuch zwischen platonischer Philosophie und christlichem Offenbarungsglauben ist heute umstritten.

74. *H. Arendt*, Der Liebesbegriff bei Augustin. Der Versuch einer philosophischen Interpretation, Berlin 1929
Interpretation von der existentialistischen Philosophie K. Jaspers' her.

75. *J. Brechtken*, Augustinus Doctor Caritatis. Sein Liebesbegriff im Widerspruch von Eigennutz und selbstloser Güte im Rahmen der antiken Glückseligkeitsethik, Monographien zur phil. Forschung 136, Meisenheim/Glan 1975
Untersuchung der Synthese von Antike und Christentum am Beispiel des Liebesbegriffs als dem Zentralbegriff von Augustinus' philosophischer Ethik. Ergebnis: die Vermittlung ist gescheitert. Das Wesentliche entstamme allein der griechisch-hellenistischen Philosophie, mit deren Prinzip der Daseinserfahrung des Ich sich das auf den Anderen bezogene Prinzip der christlichen Nächstenliebe nicht vereinbaren lasse.

76. *E. König*, Augustinus Philosophus. Christlicher Glaube und philosophisches Denken in den Frühschriften Augustins, München 1970
Arbeit aus der Schule W. Kamlahs. Über die Rekonstruktion des terminologischen Systems wird schrittweise das Denken des frühen Augustinus rekonstruiert. Gegen die Alternative von ‚Christentum' und ‚Philosophie'. „Das ‚Christentum Augustins' leitet sich sowohl aus dem neutestamentlichen Glauben als auch aus dem philosophischen Denken der Griechen her und ist nur im Zusammenhang mit beiden zu verstehen" (S. 140).

77. *J. Ritter*, Mundus intelligibilis. Eine Untersuchung zur Aufnahme und Umwandlung der neuplatonischen Ontologie bei Augustinus, Frankfurt a. M. 1932

Die These, daß die platonische Trennung von sinnlicher und intelligibler Welt sich bei Augustinus wiederfindet (mit der Umdeutung des mundus intelligibilis zum Reich Gottes), bekräftigt R. durch die Interpretation, daß Augustinus wesentliche Elemente der klassischen Theorie der philosophischen Lebensform übernimmt, sie aber unter die Wahrheit der christlichen Heilsordnung stellt und damit wesentlich modifiziert. Die Grenze der philosophischen Seinslehre sei für Augustinus auch die Grenze des philosophischen Lebens.

THOMAS VON AQUIN

geb. um 1225 in Roccasecca (Süditalien), gest. 1274 im Kloster Fossa Nuova. Stammt aus bedeutendem Adelsgeschlecht. Nach Eintritt in den Dominikanerorden Studien in Neapel und Köln. Lehrtätigkeit in Paris und am päpstlichen Hof. Vor allem durch seine Rezeption der aristotelischen Philosophie in die Scholastik erreichte die mittelalterliche Theologie und Philosophie in seinen Schriften ihre für die Folgezeit einflußreichste Formulierung. Seine Lehre wurde 1879 durch eine päpstliche Enzyklika als allein verbindlich für die katholische Theologie und Philosophie erklärt.

78. *P. Engelhardt* (Hrsg.), Sein und Ethos. Untersuchungen zur Grundlegung der Ethik, Walberberger Studien 1, Mainz 1963
Neben Aufsätzen zur Ethik von Aristoteles, Plotin, Spinoza, Kant, Marx, M. Weber sieben Abhandlungen zur Ethik Thomas von Aquins.

79. *W. Kluxen*, Philosophische Ethik bei Thomas von Aquin, Mainz 1964
Arbeit zum Problem einer philosophischen Ethik bei Thomas, die begründet ist in der Synthese von Philosophie und Theologie, in der ihre Eigenständigkeit als praktische Wissenschaft vorausgesetzt und gewahrt ist. Es wird der Anspruch erhoben, zur Grundlegung einer gegenwärtigen thomistischen Ethik beizutragen, die gegen einen Ideologievorwurf geschützt ist.

RENÉ DESCARTES

geb. 1596 in La Haye (Touraine), gest. 1660 in Stockholm. Schüler eines Jesuitenkollegs, dann Studium der Rechte. Er lebte als Privatmann von ererbtem Vermögen. Nach Reisen durch Europa und Aufenthalt in Paris lebte er von 1628–1649 in Holland, um dort ungestört von den europäischen Kriegen unter dem Schutz einer relativ großen Toleranz seinen naturwissenschaftlichen und philosophischen Forschungen nachgehen zu können. Descartes geht es um eine neue Begründung des Wissens, die sich nicht auf die aristotelisch-scholastische Tradition beruft. Die Sicherheit des Erkennens findet er in der Selbstgewißheit des denkenden Ich, das sich und Gott notwendig denkt. Sein Begriff von Philosophie umfaßt noch die später ausgegliederten Naturwissenschaften. Sein Ziel ist, Theorie und Praxis in ‚Weisheit' zu vereinigen. In seinen Schriften legt er eine ‚provisorische Moral' vor. Ob er von seinem theoretischen Ansatz eine Moral entwickeln kann, die mit den Prämissen der theoretischen Philosophie übereinstimmt, ist umstritten.

80. *A. Klemmt*, Descartes und die Moral, Monographien zur philosophischen Forschung 83, Meisenheim am Glan 1971
These der Arbeit ist, daß die provisorische Moral nur der Form nach provisorisch ist und besonders in Descartes' Briefwechsel und den moralphilosophischen Abschnitten der ‚Leidenschaften der Seele' inhaltlich genauer ausgearbeitet wird. Descartes entwickle eine „Morallehre der freien Selbstbestimmung und Selbstgenügsamkeit" (S. 166), habe sie aber wegen der Gefahr der Verfolgung nie systematisch in einem selbständigen Werk dargestellt. Aufarbeitung der älteren Literatur.

81. *W. Röd*, Descartes. Die innere Genesis des cartesianischen Systems, Basel 1964
R. will die praktisch-ethischen Zielsetzungen auch der Genesis der cartesianischen Metaphysik sichtbar machen. Dem theoretischen Gewißheitspostulat liege das praktische Sicherheitsbedürfnis des Menschen zugrunde.

82. *R. Specht*, Innovation und Folgelast. Beispiele aus der neueren Philosophie- und Wissenschaftsgeschichte, problemata 12, Stuttgart-Bad Cannstatt 1972
Neben Ockham, Spinoza, Locke und Berkeley ist Descartes (S. 93–135) Beispiel für eine Deutung der Philosophie- und Wissenschaftsgeschichte als einer Geschichte der Problemerzeugung durch Problembewältigung, von Innovation und Folgelast. Descartes' Grundthese von der mathematischen Erfaßbarkeit aller Naturprozesse und seine Lehre von der Passivität der vom Geist getrennten Körper führt nicht nur zu einer Verunsicherung des theoretischen, sondern auch des moralischen Wissens, zu „Entseelung der Natur" und „Problematisierung der Leiblichkeit", die das Verhältnis des Menschen zu seiner Sinnlichkeit und der ihn umgebenden Natur grundlegend stören.

BLAISE PASCAL

geb. 1623 in Clermont, gest. 1662 in Paris, war ein bedeutender Mathematiker und Erfinder. Nach einem Bekehrungserlebnis, unter dessen unmittelbarem Eindruck er sein ‚Memorial' schrieb, näherte er sich der Bewegung der Jansenisten, die wegen der Sündhaftigkeit des Menschen Bußübungen und Weltverneinung verlangten. In seinen Fragment gebliebenen ‚Gedanken' (‚Pensées'), die eine Verteidigung des Christentums zum Ziel haben, wendet er sich gegen Descartes und den mit seiner Philosophie begründeten Anspruch des Menschen auf Welterkenntnis und Naturbeherrschung. Dagegen beruft er sich auf den Glauben, der allein die Sicherheit des Menschen im Erkennen und Handeln begründen kann. Dieser Glaube ist nicht aus dem Begriff Gottes oder der Vollkommenheit der Natur zu deduzieren. Man muß sich auf ihn wie auf ein Glücksspiel einlassen (‚Argument der Wette').

83. *L. Goldmann*, Der verborgene Gott, Neuwied–Darmstadt 1974 und: ders., Weltflucht und Politik. Dialektische Studien zu Pascal und Racine, Neuwied–Berlin 1967

Pascal wird aus marxistischer Sicht gedeutet als der erste entscheidende Überwinder der individualistischen Weltanschauung des Bürgertums. Er habe eine „tragische Weltanschauung" ausgearbeitet, die sich auch bei Kant finde. Das dialektische Denken von Hegel und Marx entwickle diese „tragische Weltanschauung" und überwinde sie.

84. *K. Löwith*, Voltaires Bemerkungen zu Pascals Pensées, in: ders., Aufsätze und Vorträge 1930–1970, Stuttgart 1971, S. 100–123
L. sagt, daß Pascals Verteidigung des Christentums auch heute noch die einzige sei, die sich einem denkerischen Anspruch stellen könne. In seinen Bemerkungen zu Pascals ‚Pensées' ergreift Voltaire die „Partei der Menschheit gegen diesen sublimen Menschenfeind" (S. 105), verteidigt die Eigenliebe und plädiert für das kleine bestehende Glück der Menschen angesichts einer denkbaren schlechteren Lage.

85. *E. Wasmuth*, Der unbekannte Pascal. Versuch einer Deutung seines Lebens und seiner Lehre, Regensburg 1962, und: ders., Die Philosophie Pascals, Heidelberg 1949
Pascals Lehre, die als systematische Einheit verstanden wird, erscheint als gelungene Versöhnung von wissenschaftlichem Weltbild und christlichem Glauben aufgrund seiner Deutung des Menschen, die noch heute aktuell sei.

BERNARD DE MANDEVILLE

geb. um 1670 in Dordrecht (Holland), gest. 1733 in London. Lebte dort als Arzt und Schriftsteller. Mit der These seiner satirischen ‚Bienenfabel', daß private Laster das Wohlergehen der Gesellschaft bewirken, entfachte er eine zeitgenössiche Auseinandersetzung, in der die frühe bürgerliche Gesellschaft ihre Prinzipien diskutierte. Diese Auseinandersetzung wurde sachlich in der – damals noch als moral philosophy verstandenen – Nationalökonomie, z. B. der von A. Smith, weitergeführt. Auf diesen Zusammenhang weisen besonders die neuere englische und die marxistische Mandeville-Forschung hin.

86. *W. Euchner*, Versuch über Mandevilles Bienenfabel, Einleitung zu: B. Mandeville, Die Bienenfabel oder Private Laster, öffentliche Vorteile, Frankfurt a. M. 1968, S. 7–55
M. propagiere eine Verfestigung der Zustände, die er als schlecht durchschaut habe und komme dadurch zu dem verzweifelten Zynismus seiner Satiren.

87. *F. B. Kaye* (Hrsg.), B. Mandeville: The Fable of the Bees: or, Private Vices, Public Benefits. With a commentary critical, historical and explanatory, 2 Bde., Oxford 1924, Neudruck: Oxford 1957
Maßgebende kritische Ausgabe mit ausführlicher Einleitung, fortlaufenden Sacherläuterungen und Kommentar, Verzeichnis aller Ausgaben und Übersetzungen, Liste der Bezugnahmen auf das Werk Mandevilles (bis 1923).

88. *I. Primer* (Hrsg.), Mandeville Studies. New Explorations in the Art and Thought of Dr. Bernard Mandeville (1670–1733), The Hague 1975

Sammlung von vierzehn Aufsätzen über Mandevilles Stellung zur Religion, Ethik, Politik und Gesellschaft, zu seiner Beziehung zu anderen Schriftstellern und zur literarischen Form seines Werkes. Es soll eine erneute Beschäftigung mit Mandeville angeregt werden, weil seine Fragen nach der Natur des Menschen und nach dem Zusammenhang zwischen privater Moral und öffentlicher Wohlfahrt heute noch bedrängender seien als zu seiner Zeit.

IMMANUEL KANT

geb. 1724, gest. 1804 in Königsberg. Studium der Philosophie, Theologie und Mathematik; Hauslehrer; ab 1755 an der Universität Königsberg, ab 1770 Professor. Gegen eine eudämonistische Ethik, die Glückseligkeit als letztes Motiv des Handelns betrachtet, aber auch gegen moderne Naturrechtskonstruktionen sucht Kant nach einem unbedingt verpflichtenden Prinzip sittlichen Handelns, das er als kategorischen Imperativ formuliert. Seine Ethik ist die in Zustimmung und Ablehnung folgenreichste der Neuzeit. Wesentliche Ansatzpunkte der Kritik sind die vermeintliche inhaltliche Leere des formalen Prinzips des kategorischen Imperativs und das mit ihm formulierte Prinzip der Verallgemeinerung.

89. *L. W. Beck*, Kants ‚Kritik der praktischen Vernunft'. Ein Kommentar, ins Deutsche übersetzt von K.-H. Ilting, (Chicago 1960), München 1974
Akzeptiert grundsätzlich die Position Kants und will sie durch streng logische Formulierungen und Umformulierungen unangreifbar machen. Mit Bibliographie.

90. *H. J. Paton*, Der kategorische Imperativ. Eine Untersuchung über Kants Moralphilosophie, (London 1947) Berlin 1962
Als Kommentar zur ‚Grundlegung der Metaphysik der Sitten' aufgebaut, zieht aber alle Werke Kants zur Ethik und auch die seiner theoretischen Philosophie heran.

91. *R. Bittner – K. Cramer* (Hrsg.), Materialien zu Kants ‚Kritik der praktischen Vernunft', stw 59, Frankfurt a. M. 1975
Texte aus Kants handschriftlichem Nachlaß, zur frühen Rezeption und aus der Diskussion im 19. Jahrhundert. Bibliographie der Schriften Kants zur Moralphilosophie, zur Vorgeschichte und Rezeptionsgeschichte. Bibliographie zu 23 Stichworten und Themen der praktischen Philosophie Kants.

92. *D. Henrich*, Der Begriff der sittlichen Einsicht und Kants Lehre vom Faktum der Vernunft, in: G. Prauss (Hrsg.), Kant. Zur Deutung seiner Theorie von Erkennen und Handeln, Neue Wiss. Bibliothek 63, Köln 1973, S. 223–254
Zeigt Kants Weg von den Versuchen einer Deduktion der sittlichen Einsicht aus der theoretischen Vernunft bis zu seiner Lehre vom ‚Faktum der Vernunft'. Kant lehre die Deduzierbarkeit aus der theoretischen Vernunft, gebe aber den Vernunftstandpunkt in der Grundlegung der Ethik nicht auf. Damit zeige er die Besonderheit des Wesens der sittlichen Einsicht, die für die gegenwärtige Philosophie wiederzugewinnen sei.

93. *K.-H. Ilting*, Der naturalistische Fehlschluß bei Kant, in: M. Riedel (Hrsg.), Rehabilitierung der praktischen Philosophie, Bd. 1, a.a.O. (46.), S. 113–130
Kant wird der Vorwurf des naturalistischen Fehlschlusses gemacht, d. h. er habe von einem Sein auf ein Sollen geschlossen: In der ‚Grundlegung zur Metaphysik der Sitten' gründe er die Ethik auf Seinssätze der rationalistischen Metaphysik; auch in der ‚Kritik der praktischen Vernunft' halte er immer noch daran fest, daß eine Grundnorm an sich verpflichte und ihre bindende Kraft eine Tatsache sei.

94. *H. Lübbe*, Dezisionismus in der Moraltheorie Kants, in: ders., Theorie und Entscheidung. Studien zum Primat der praktischen Vernunft, Freiburg i. Br. 1971, S. 144–158
L. will dezisionistische Elemente in Kants Moraltheorie nachweisen. Handeln nach der unbedingten Forderung des moralischen Gesetzes sei letztlich eine Dezision, da die Forderung nicht mit der theoretischen Vernunft zwingend bewiesen werden könne.

95. *W. Oelmüller*, Die unbefriedigte Aufklärung. Beiträge zu einer Theorie der Moderne von Lessing, Kant und Hegel, Frankfurt a. M. 1969, Neuausgabe, stw 263, Frankfurt a. M. 1979, vor allem III. Kap. Kant, S. 103–239
Kants praktische Philosophie wird, wie auch die Philosophie Lessings und Hegels, als Versuch verstanden, in kritischer Auseinandersetzung mit alteuropäischen und zeitgenössischen Theorien Lösungsmöglichkeiten für spezifische Probleme der Moderne zu entwickeln. Der hier beginnende Diskurs wird als Prozeß einer bis heute „unbefriedigten Aufklärung" gedeutet.

96. *G. Patzig*, Die logische Form praktischer Sätze in Kants Ethik, in: ders., Ethik ohne Metaphysik, Kleine Vandenhoeck-Reihe 326, Göttingen 1971, S. 101–126
Mit Hilfe formaler Logik sollen Einsichten Kants so formuliert werden, daß sie nicht mehr mißverständlich oder irreführend sind.

97. *O. Schwemmer*, Vernunft und Moral. Versuch einer kritischen Rekonstruktion des kategorischen Imperativs bei Kant, in: G. Prauss (Hrsg.), Kant, Zur Deutung seiner Theorie von Erkennen und Handeln, Köln 1973, S. 225–273
Der von der Position des Logischen Konstruktivismus aus unternommene Versuch der Rekonstruktion und „Ausformulierung" (S. 219) des kategorischen Imperativs führt zu der Kritik, daß dieser nicht angebe, auf welche Übernormen sich die Normenbegründung stützen soll und darf.

98. *E. Topitsch*, Die Voraussetzungen der Transzendentalphilosophie. Kant in weltanschauungsanalytischer Beleuchtung, Hamburg 1975
Wie in der theoretischen Philosophie, so sei Kant auch in seiner praktischen Philosophie noch durchweg in platonisch-christlicher Metaphysik befangen, obwohl er der Tendenz nach bereits „Bahnbrecher der modernen wissenschaftlichen Weltanschauung" (S. 10) sei.

JOHANN GOTTLIEB FICHTE

geb. 1762 in Rammenau (Oberlausitz), gest. 1814 in Berlin. Studium der Theologie und Philosophie, Hauslehrer, 1794 Professor in Jena, 1799 wegen des Vorwurfs des ‚Atheismus' entlassen, ab 1809 Professor in Berlin. Erkenntnis wie sittliches Handeln begründet er aus der Autonomie des Willens, gewonnen in der Selbstreflexion des subjektiven Bewußtseins. Diese Autonomie des intelligiblen Ich soll in einem Geschichtsprozeß der unendlichen Annäherung für das empirische Ich realisiert werden. Diese Lehre wird in den späten Schriften Fichtes z. T. wesentlich modifiziert; er selbst glaubte, in allen Neuformulierungen an ihr festgehalten zu haben.

99. *Z. Batscha*, Gesellschaft und Staat in der politischen Philosophie Fichtes, Frankfurt a. M. 1970
B. weist in einer Untersuchung des Gesellschaftsbegriffes nach, daß die Differenzierung von Gesellschaft und Staat für Fichte zentral ist.

100. *H. Verweyen*, Recht und Sittlichkeit in J. G. Fichtes Gesellschaftslehre, Symposion 50, Freiburg–München 1975
Studien zur Entwicklung der Sozial- und Geschichtsphilosophie Fichtes, deren Umbrüche aus der Immanenz der Problementwicklung, nicht von der Zeitgeschichte her gedeutet werden. Ausführlicher Forschungsbericht, Literaturverzeichnis.

101. *B. Willms*, Die totale Freiheit. Fichtes politische Philosophie, Köln–Opladen 1967
Die totalitären Konsequenzen der politischen Theorie Fichtes werden herausgearbeitet. Fichtes Philosophie ist eine „Theorie der neuzeitlichen bürgerlichen Gesellschaft, die in der abstrakten Bestimmung des Anfangs aus dem revolutionären Ansatz eine Konsequenz deduzierte, die in der wirklichen Entfaltung der bürgerlichen Gesellschaft in der Geschichte sich tatsächlich ereignet hat" (S. 13).

102. *H. M. Baumgartner – W. G. Jacobs*, J. G. Fichte – Bibliographie, Stuttgart-Bad Cannstatt 1968
Umfassende Bibliographie.

GEORG WILHELM FRIEDRICH HEGEL

geb. 1770 in Stuttgart, gest. 1831 in Berlin. Studium der Philosophie und Theologie in Tübingen (1788–93), Freundschaft mit Hölderlin und Schelling. Hauslehrer in Bern und Frankfurt, 1816 Professor in Heidelberg, ab 1818 in Berlin. In Kritik an Kant, Fichte und den Romantikern entwickelt er schon in von ihm unveröffentlichten frühen Schriften, in seiner ‚Phänomenologie' (1807), in abschließender Formulierung in seiner ‚Rechtsphilosophie' seine Theorie der Sittlichkeit, die an die aristotelische praktische Philosophie anknüpft, aber von der Analyse der modernen bürgerlichen Gesellschaft, auch ihrer ökonomischen Strukturen, ausgeht.

103. *E. Hirsch*, Die Beisetzung der Romantiker in Hegels Phänomenologie. Ein Kommentar zu dem Abschnitt über die Moralität, in: H. F. Fulda –

D. Henrich (Hrsg.), Materialien zu Hegels ‚Phänomenologie des Geistes', stw 9, Frankfurt a.M. 1973, S. 245–275
Kommentar und Interpretation des für das Verständnis von Hegels Lehre der Sittlichkeit wichtigen Abschnitts der ‚Phänomenologie'. Die von Hegel dargestellte und kritisierte Position wurde als die von Fichte, Jacobi, Novalis, F. Schlegel und Hölderlin identifiziert.

104. *H. Lübbe*, Hegels Kritik der politischen Gesellschaft, in: Theorie und Entscheidung. Studien zum Primat der praktischen Vernunft, Freiburg i. Br. 1971, S. 93–110
Herausgefordert durch die politische Praxis Robespierres und durch die politischen Theorien Rousseaus und Fichtes wird Hegel Kritiker einer Politisierung der Gesellschaft in dem Sinne, daß Moral und Gesinnung politisiert werden. Die Freiheit des Menschen als Glied der bürgerlichen Gesellschaft ist nur gesichert, wenn die potentielle politische Gewalt dieser Gesellschaft konstitutionell vermittelt ist.

105. *H. Marcuse*, Vernunft und Revolution. Hegel und die Entstehung der Gesellschaftstheorie, [3]Neuwied–Berlin 1970
Interpretation des Hegelschen Systems, die die Implikationen betont, die auf die Marxsche Theorie vorausweisen.

106. *O. Marquard*, Hegel und das Sollen, in: Philos. Jahrbuch 72 (1964) S. 103–119, jetzt in: Schwierigkeiten mit der Geschichtsphilosophie. Aufsätze, Frankfurt a.M. 1973, S. 37–51
Hegels Sollenskritik wird insofern recht gegeben, als sie auf die Gefahr aufmerksam macht, daß durch ein sich absolut setzendes Sollen der erreichte Stand der Freiheiten nicht gesichert, sondern gefährdet wird. („Regressionseffekt des Sollensdenkens" S. 49). Voraussetzung dieser Interpretation ist eingestandenermaßen, daß die Triftigkeit der Transzendentalphilosophie-Interpretation Hegels undiskutiert bleibt (S. 164, Anm. 51) und Hegels Begriffe der vollendeten Welt in Begriffe des „einstweilen erreichten Standes" „übersetzt" werden (S. 167, Anm. 60). In Anmerkung 3 (S. 153): alle wichtigen Stellen Hegels zur Kritik des Sollens.

107. *O. Negt* (Hrsg.), Aktualität und Folgen der Philosophie Hegels, es 441, Frankfurt a.M. 1970
Kritik der bürgerlichen Hegel-Renaissance und einer vom Sowjet-Marxismus geprägten Hegel-Interpretation aus der Sicht der ‚Neuen Linken'.

108. *M. Riedel* (Hrsg.), Materialien zu Hegels Rechtsphilosophie, 2 Bde., stw 88 u. 89, Frankfurt a.M. 1975
Bd. 1: Rezensionen, Kritiken, Abhandlungen, die zu Hegels Lebzeiten und bis 1869 erschienen. Bd. 2 dokumentiert gegenwärtigen Diskussionsstand durch wichtige Aufsätze. Chronologisch geordnete Bibliographie von Textausgaben und ausgewählte Literatur zur ‚Rechtsphilosophie'.

109. *M. Riedel*, Studien zu Hegels Rechtsphilosophie, es 355, Frankfurt a.M. 1969

Historisch-kritische Interpretationen der ,Rechtsphilosophie' im Zusammenhang mit der politisch-naturrechtlichen Tradition und der industriellen und politischen Revolution.

110. *J. Ritter,* Moralität und Sittlichkeit. Zu Hegels Auseinandersetzung mit der kantischen Ethik, in: Metaphysik und Politik, a.a.O. (62.), S. 281–309
Mit Hegel wird die Reduzierung der Sittlichkeit auf Moralität bei Kant kritisiert, die bei Hegel wieder in eine umfassende Sittlichkeit aufgenommen wurde.
Zu den Voraussetzungen dieser Hegel- und Kant-Interpretationen vgl. J. Ritter, Hegel und die französische Revolution, in: ebda. S. 183–255. Gegenthese zu Ritter vertritt J. Habermas, Hegels Kritik der Französischen Revolution, in: Theorie und Praxis, a.a.O. (37.), S. 128–147

SÖREN KIERKEGAARD

geb. 1813, gest. 1855 in Kopenhagen. Studien der Theologie und Philosophie, 1841 Hörer Schellings in Berlin; verstand sich als religiöser Schriftsteller. Er wendet sich gegen die Philosophie Hegels, gegen ein historisiertes und in seinem Selbstverständnis von der Amtskirche her bestimmtes Christentum und betont das Recht des Einzelnen als Subjektivität, in der die Wahrheit des Glaubens über alle historischen Vermittlungen und dogmatischen Fassungen hinweg erscheint und allein Wirklichkeit wird. Im 20. Jahrhundert beziehen sich der Existentialismus, besonders K. Jaspers und J. P. Sartre, und die dialektische Theologie auf ihn.

111. *Th. W. Adorno*, Kierkegaard. Konstruktion des Ästhetischen, Frankfurt a. M. 1962, jetzt auch: stw 74, Frankfurt a. M. 1974
Kierkegaards Denken als ,,objektlose Innerlichkeit" gründe in der ,,Erkenntnis des gesellschaftlichen Lebens, der Entfremdung des Menschen von einer Wirklichkeit, die bloß noch als Ware an ihn herangebracht" werde. Sein Rückzug auf die ,,verlorene Unmittelbarkeit" (S. 73) in die Subjektivität ist für Adorno keine ausreichende Antwort.

112. *H. Fahrenbach,* Die gegenwärtige Kierkegaard-Auslegung in der deutschsprachigen Literatur 1948–1962, Philosophische Rundschau, Beiheft 3, Tübingen 1962
Literaturbericht.

113. *K. Jaspers*, Psychologie der Weltanschauung, ³Berlin 1925, S. 419–432

114. *ders.*, Kierkegaard, in: Rechenschaft und Ausblick. Reden und Aufsätze, München 1951, S. 115–133
Existenzphilosophische Deutung Kierkegaards.

115. *H.-H. Schrey* (Hrsg.), Sören Kierkegaard, Wege der Forschung CLXXIX, Darmstadt 1971
Sammlung von achtzehn Aufsätzen.

116. *M. Theunissen*, Der Begriff Ernst bei Sören Kierkegaard, Symposion 1, Freiburg–München 1958

Erweist den Begriff „Ernst" in seiner umfassenden Bedeutung für Kierkegaards Auslegung der menschlichen Existenz und der für sie wesentlichen Wirklichkeit.

JOHN STUART MILL

geb. 1806 in London, gest. 1873 in Avignon. Sohn des schottischen Philosophen James Mill. 1823–58 Angestellter der Ostindischen Handelsgesellschaft. Gründer der ‚Utilitarian Society'. 1865–68 Mitglied des Unterhauses. Mill verfaßte ein umfangreiches philosophisches, ökonomisches und literarisches Werk, das auch heute noch vor allem im angelsächsischen Sprachraum eine große Wirkung hat. Er gilt als bedeutender Vertreter des klassischen Liberalismus mit seinem Glauben an eine vernünftig geregelte freie Sozialordnung, seiner Forderung nach religiöser Toleranz und nach Verwirklichung einer liberal-kapitalistischen Wirtschaftsordnung. Höchstes Ziel sittlichen Handelns ist für Mill die Förderung des größtmöglichen Glücks aller. Sein Utilitarismus spielt in der gegenwärtigen Diskussion in Kritik und modifizierter Aneignung eine bedeutende Rolle.

117. *O. Höffe,* Einleitung zu: Einführung in die utilitaristische Ethik, a.a.O. (13.), S. 7–34
Thematik und Methode des bisherigen Utilitarismus seien unzureichend. Die grundsätzliche Intention, menschliches Handeln auf das Wohlergehen der Betroffenen auszurichten, könne jedoch in einem wesentlich modifizierten „kritischen Utilitarismus" wirksam werden. Vgl. auch: O. Höffe, Strategien der Humanität. Zur Ethik öffentlicher Entscheidungsprozesse, Freiburg–München 1975, S. 100–155

118. *G. Patzig,* Die Begründbarkeit moralischer Forderungen, in: Ethik ohne Metaphysik, Kleine Vandenhoeck-Reihe 326, Göttingen 1971, S. 32–61
Der Utilitarismus wird als Weiterentwicklung der Ethik J. Butlers verstanden und prinzipiell gegen eine Reihe von Einwänden verteidigt. Vgl. auch: G. Patzig, Ein Plädoyer für utilitaristische Grundsätze in der Ethik, in: Neue Sammlung, Göttinger Zeitschrift für Erziehung und Gesellschaft 13 (1973), S. 488–500

ARTHUR SCHOPENHAUER

geb. 1788 in Danzig, gest. 1860 in Frankfurt a.M. Studium der Naturwissenschaften, besonders Physiologie, und der Philosophie, 1820 Privatdozent in Berlin, kann sich jedoch gegen Hegel nicht behaupten, lebte seit 1832 als Privatmann in Frankfurt a.M. In seiner Philosophie wendet er sich gegen Harmonisierungen, z. B. geschichtsphilosophische, die Leid und Unglück des Menschen und sein Handeln in einem auf ein Ziel gerichteten ‚vernünftigen' Geschichtsprozeß gerechtfertigt sehen. Seine Kritik ist letztlich in einer Metaphysik des Willens begründet. Der die Natur und den Menschen beherrschende Wille muß immer streben, ohne ein Ziel zu erreichen. Es gibt keine endliche Befriedigung, kein ‚Glück'. Alles Leben ist Leiden, dem kurz nur durch Kunstgenuß, endgültig nur durch Verneinung des Willens zum Leben zu entrinnen ist. Von hierher wird

Mitleid das Fundament der Moral. Seine Philosophie kam erst nach der Mitte des Jahrhunderts zur Wirkung und wurde besonders von Nietzsche aufgenommen und selbständig verarbeitet.

119. *A. Gehlen,* Die Resultate Schopenhauers, in: Theorie der Willensfreiheit und frühe philosophische Schriften, Neuwied–Berlin 1965, S. 312–338
Bei Ablehnung der Willensmetaphysik, der Erkenntnislehre und des Pessimismus sieht G. Schopenhauers Leistung auf anthropologischem Gebiet. Er gehe in seiner Auffassung des Menschen von der Handlung aus, bestimme die Erkenntnisleistungen und die Abgrenzung vom Tier auf neue Weise und löse das Leib-Seele-Problem so, daß eine angemessene Handlungstheorie möglich werde.

120. *M. Horkheimer,* Die Aktualität Schopenhauers, in: Archiv für Philosophie 11 (1961) S. 207–222
Für H. bietet Schopenhauer wegen seiner Ahnung einer Dialektik des technischen Fortschritts, der Destruktion des Gedankens einer auf säkulares Heil gerichteten Geschichte und der Lehre vom blinden Willen als dem Ewigen eine Analyse unserer Zeit, deren Kennzeichen Hoffnungslosigkeit sei. H. sieht dagegen im Aussprechen des Gedankens der Hoffnungslosigkeit ein Moment von Hoffnung.

121. *W. Schulz,* Bemerkungen zu Schopenhauer, in: Natur und Geschichte. K. Löwith zum 70. Geburtstag, Stuttgart 1967, S. 302–321
Schopenhauer wird im Zusammenhang der idealistischen Philosophie gesehen, auf die er zurückgreife, um seine gegenidealistischen Ansätze zu systematisieren. Gleichwohl sei er Überwinder der traditionellen Metaphysik mit ihren bis zu Hegel wesentlich dogmatisch-christlichen Inhalten. Gerade deshalb gelinge es ihm, in seiner Mitleidsethik christliche Werte zu übernehmen.

FRIEDRICH NIETZSCHE

geb. 1844 in Röcken bei Lützen, gest. 1900 in Weimar. Studium der klassischen Philosophie; beeinflußt von Schopenhauer und Wagner, 1868 Professur in Basel, die er 1879 aufgibt, 1889 Ausbruch einer Geisteskrankheit. Nachdem Nietzsches Hoffnung auf eine Erneuerung der Kultur enttäuscht worden war, versuchte er in einer Umwertung aller Werte, in der Kritik der Moral durch eine Analyse ihrer Entstehung Möglichkeiten einer neuen Moral zu finden. Seine Philosophie erlangte zu Anfang des Jahrhunderts Wirkung in weiten Kreisen. In der heutigen Diskussion ist besonders seine späte Philosophie des „Willens zur Macht“, des „Übermenschen“ und der „Ewigen Wiederkehr“ umstritten, sowohl in ihrer philosophischen Relevanz wie in ihren politischen Wirkungen.

122. *M. Heidegger,* Nietzsche, 2 Bde., Pfullingen 1961

123. *ders.,* Nietzsches Wort „Gott ist tot“, in: Holzwege, Frankfurt a.M. 1950, S. 193–247

124. *ders.*, „Wer ist Nietzsches Zarathustra?" in: Vorträge und Aufsätze, Pfullingen 1954, S. 101–126

125. *ders.*, Was heißt Denken? Tübingen 1954, S. 1–78
Da sich für H. in Nietzsches Denken die „bisherige Überlieferung des abendländischen Denkens . . . sammelt und vollendet", wird die Auseinandersetzung mit Nietzsche zu einer „Auseinandersetzung mit dem bisherigen abendländischen Denken" (Nietzsche, Bd. 1, S. 13). Der für H. zentrale Gedanke Nietzsches, der „Wille zur Macht", ist ihm Vollendung der abendländischen Metaphysik, in der die „Seinsvergessenheit" metaphysischen Denkens ihre äußerste Spitze erreicht.

126. *H. H. Holz,* Friedrich Nietzsche – von der Kritik bürgerlicher Kultur zum Präfaschismus, in: Die abenteuerliche Rebellion. Bürgerliche Protestbewegungen in der Philosophie, Philosophische Texte Bd. 5, Darmstadt–Neuwied 1976, S. 31–113
Differenzierte Analyse aus marxistischer Sicht.

127. *K. Löwith,* Nietzsches Philosophie der Ewigen Wiederkehr des Gleichen, Stuttgart 1956 (Anhang: Zur Geschichte der Nietzsche-Deutung 1894–1954, S. 199–225)

128. *ders.*, Kierkegaard und Nietzsche, in: Aufsätze und Vorträge 1930–1970, Stuttgart 1971, S. 41–63
Nietzsches Lehre der Ewigen Wiederkehr als Kernstück seiner Philosophie wird für L. Zeugnis gegen ein Denken, das sich von der Geschichte her begründen will. Nietzsches Denken scheiterte, da er die Lehre von der Wiederkehr mit der modernen vom „Willen zur Macht" verbindet; damit wird die von L. geforderte Rückkehr zur griechischen Kosmos-Natur als dem Begründenden unmöglich.

129. *G. Lukács,* Nietzsche als Begründer des Irrationalismus der imperalistischen Periode, in: Die Zerstörung der Vernunft, Neuwied–Berlin 1962, S. 270–350 (= Kap. 3) (Gesamtausgabe Bd. 9)
Mit seinem Begriff des Lebens und seiner Lehre vom Willen zur Macht sei Nietzsche Vertreter der Klassenmoral des Kapitalismus der imperalistischen Epoche.

SIGMUND FREUD

geb. 1856 in Freiberg (Nordmähren), gest. 1939 in London. 1885 Dozent für Neuropathologie in Wien, eröffnet später eine psychiatrische Praxis, emigriert 1938 nach London. Begründer der Psychoanalyse. Eine von Freuds Definitionen lautet: „Psychoanalyse ist der Name 1. eines Verfahrens zur Untersuchung seelischer Vorgänge, welche sonst kaum zugänglich sind; 2. einer Behandlungsmethode neurotischer Störungen, die sich auf diese Untersuchung gründet; 3. einer Reihe von psychologischen, auf solchem Wege gewonnenen Einsichten, die alle allmählich zu einer neuen wissenschaftlichen Disziplin zusammenwachsen." (‚Psychoanalyse' und ‚Libidotheorie', 1923) Mit dieser ‚Disziplin' deutet er auch Phänomene der Kultur, Mythologie und Religion. Freuds Lehren haben bedeutenden Einfluß nicht nur auf Psychologie und Psychiatrie, sondern auch auf Philosophie und Humanwissenschaften.

130. *H. Glaser,* Sigmund Freuds zwanzigstes Jahrhundert. Seelenbilder einer Epoche. Materialien und Analysen, München 1976
Essayistische Darstellung, die auch die neueste Literatur verarbeitet. Zur Deutung von Freuds „gesellschaftsanalytischen Schriften" (S. 7) werden Dichtungen, Kunstwerke, philosophische und politische Schriften herangezogen. G. will Beziehungen zwischen individuellem und gesellschaftlichem Bewußtsein aufzeigen, um „Aufklärungsstrategien" (S. 11) zu entwickeln.

131. *A. Lorenzer,* Sprachzerstörung und Rekonstruktion, Vorarbeiten zu einer Metatheorie der Psychoanalyse, stw31, Frankfurt a.M. 1973

132. *ders.,* Die Wahrheit der psychoanalytischen Erkenntnis. Ein historisch-materialistischer Entwurf, Frankfurt a.M. 1974
These: „Der psychoanalytische Erkenntnis- und Behandlungsprozeß, der in ‚Sprachzerstörung und Rekonstruktion' als ‚hermeneutischer' ausgewiesen wurde, ist zu präzisieren im Rahmen der Frage nach ‚materialistischer Hermeneutik' . . . Die hier anvisierte Metatheorie der Psychoanalyse überschreitet das Terrain der psychoanalytischen Theorie in Richtung auf historisch-materialistische Gesellschaftstheorie." (Sprachzerstörung S. 8)

133. *H. Marcuse,* Triebstruktur und Gesellschaft. Ein philosophischer Beitrag zu Sigmund Freud, Frankfurt a.M. 1967
M. löst den von Freud als notwendig erachteten Zusammenhang von Triebverzicht und Kultur auf und entwirft in Aneignung der besonders bei Schiller gewonnenen „ästhetischen Dimension" das Modell einer freien Gesellschaft für alle, die nicht auf dem Triebverzicht der Individuen aufgebaut ist. Der erreichte Stand der Naturbeherrschung durch mechanisierte Arbeit ermögliche die Konstituierung eines neuen nichtrepressiven Realitätsprinzips.

134. *P. Ricoeur,* Die Interpretation. Ein Versuch über Freud, Frankfurt a.M. 1969, auch: stw76, bes. II. Buch, 2. und 3. Teil, S. 163–351
R. deutet die Psychoanalyse als eine Deutung der Kultur und kritisiert die naturwissenschaftlich behavioristische Verfahrensweise Freuds von einem hermeneutischen Ansatz aus.

MAX WEBER

geb. 1864 in Erfurt, gest. 1920 in München. Studium der Rechtswissenschaften, Geschichte, Nationalökonomie und Philosophie in Heidelberg, Göttingen, Berlin. Lehrtätigkeit in Freiburg, Heidelberg und München. Neben seiner wissenschaftlichen Tätigkeit war er vor und nach dem Ersten Weltkrieg politisch tätig und einflußreich. Gegen den Dogmatismus der Wissenschaften und Weltanschauungen auf der einen Seite und den irrationalistischen Lebensphilosophien auf der anderen Seite verteidigt er den ambivalenten okzidentalen Rationalisierungs- und Bürokratisierungsprozeß. Er begrenzt die Kompetenz moderner Wissenschaft im Streit um Werte. Dies führte zum berühmten ‚Werturteilsstreit'. In den entwickelten Industriegesellschaften Europas und der westlichen Welt denken und argumentieren bürgerliche und sozialistische Humanwissenschaftler heute ‚im Bannkreis von Max Weber'.

135. *H. Albert – E. Topitsch* (Hrsg.), Werturteilsstreit, Wege der Forschung CLXXV, Darmstadt 1971
Sammlung von fünfundzwanzig Aufsätzen von 1916–1967.

136. *J. Habermas*, Max Webers Legitimationsbegriff. Abschnitt in: Legitimationsprobleme im Spätkapitalismus, es 623, Frankfurt a. M. 1973, S. 133–140
Auseinandersetzung in größerem Zusammenhang. Bei Weber nur Begründung von Legalität als dem legalen Zustandekommen einer Entscheidung, nicht von Legitimation, die einen diskursiv begründbaren Wahrheitsbezug voraussetze.

137. *W. Schluchter*, Wertfreiheit und Verantwortungsethik. Zum Verhältnis von Wissenschaft und Politik bei Max Weber, Gesellschaft und Wissenschaft 3, Tübingen 1971
Durch eine differenzierte Analyse will Sch. zeigen, daß Weber Wissenschaft und Politik weder identifizieren noch total gegeneinander isolieren wollte. Beide können aneinander korrigiert werden. Webers Modell hat pragmatischen, nicht dezisionistischen Charakter.

HERBERT MARCUSE

geb. 1898 in Berlin. In den dreißiger und vierziger Jahren Mitarbeiter des von M. Horkheimer geleiteten ‚Instituts für Sozialforschung' in Frankfurt a. M., seit 1934 in New York, seit 1956 Professor an der University of California, San Diego. Schüler Heideggers. Er versucht die Theorieansätze von Marx und Freud zu vermitteln. Bei seiner Analyse der hochindustrialisierten Gesellschaften kommt er zu einer neuen Theorie der Revolution, die intellektuelle Protestbewegungen, diskriminierte Minderheiten und nationale Befreiungsbewegungen als revolutionäre Kräfte versteht. Die Studentenbewegungen der 60er Jahre in den USA und der Bundesrepublik Deutschland beriefen sich auch auf seine Theorien.

138. *J. Habermas* (Hrsg.), Antworten auf Herbert Marcuse, es 263, Frankfurt a.M. 1968
Sieben Aufsätze, die philosophische, politische und ökonomische Aspekte der Schriften Marcuses kritisch untersuchen.

139. *H. H. Holz*, Herbert Marcuse – Utopie und Anarchismus, in: Die abenteuerliche Rebellion, a.a.O. (126.), S. 189–247
Marcuse komme zu einer Fehleinschätzung der geschichtlichen Lage, weil er den Klassencharakter der Auseinandersetzungen in der Gegenwart verkenne.

MAX HORKHEIMER

geb. 1895 in Stuttgart, gest. 1973 in Nürnberg. 1930–33 Prof. für Sozialphilosophie und Direktor des Instituts für Sozialforschung in Frankfurt a.M., das er auch nach der Emigration (1933) in New York und seit 1950 wieder in Frankfurt (zusammen mit Th. W. Adorno) leitete. Seit 1949 wieder Professor in Frankfurt a.M.. Mit Th. W. Adorno Begründer und bedeutendster Vertreter der Kritischen Theorie (‚Frankfurter Schule'). Horkheimer versucht, gegen den Prozeß der Instrumentalisierung und Funktionalisierung der Vernunft vor allem im Anschluß an Kant, Hegel, Schopenhauer und Marx eine kritische Gesellschaftstheorie zu entwickeln. Nach den Erfahrungen des Stalinismus und Faschismus sowie aufgrund der Tendenzen der entwickelten Industriegesellschaften hält er in seinen letzten Schriften die Chancen für eine Bewahrung humaner Traditionen sowie für die Veränderung der Gesellschaft für gering: ,,Unbedachte und dogmatische Anwendung kritischer Theorie auf die Praxis in der veränderten historischen Realität vermöchte den Prozeß, den sie zu denunzieren hätte, nur zu beschleunigen" (Vorwort zur Neupublikation von ‚Traditionelle und kritische Theorie' 1968).

140. *M. Jay*, Dialektische Phantasie. Die Geschichte der Frankfurter Schule und des Instituts für Sozialforschung 1923–1950, Frankfurt a. M. 1976
Biographisch, historiographisch und theoriegeschichtlich hervorragende Arbeit. Die Kritische Theorie wird sowohl als wissenschaftsorganisatorisches Gruppenphänomen wie auch in ihren Differenzierungen und Differenzen zwischen den einzelnen Mitarbeitern dargestellt. Ausführliche Darstellung zu Biographie und Werk Horkheimers. Bibliographie der Veröffentlichungen der Mitarbeiter des Instituts (bis 1950) und der Arbeiten, die sich auf das Institut und seine Mitarbeiter unmittelbar beziehen. Namens- und Sachregister.

141. *W. Post*, Kritische Theorie und metaphysischer Pessimismus. Zum Spätwerk Max Horkheimers, München 1971
Das Spätwerk, das oft als Bruch mit der Kritischen Theorie gedeutet wird, wird als deren Fortsetzung unter veränderten gesellschaftlich-politischen Verhältnissen verstanden.

142. *M. Theunissen*, Gesellschaft und Geschichte. Zur Kritik der kritischen Theorie, Berlin 1969
Auseinandersetzung mit dem frühen Horkheimer und Habermas. Leitende Intention sei es, unter den Bedingungen einer ,,universalen Angewiesenheit auf faktische Geschichte den alten Gedanken des Selbstzweckes der Erkenntnis zu retten" (S. 13), ohne einen umgreifenden Naturkosmos wie die antike Philosophie zu hypostasieren. Diese Intention werde verfehlt, weil Horkheimer (und Adorno) letztlich Versöhnung mit der Natur als Ziel der Geschichte formulierten.

KARL-OTTO APEL

geb. 1922 in Düsseldorf, Professor in Kiel, Saarbrücken, seit 1972 in Frankfurt a.M. In Aufnahme und kritischer Neuformulierung der Hermeneutik Heideggers und Gadamers, des Pragmatismus (Ch. S. Peirce), der angelsächsischen Sprachphilosophie, besonders des späten Wittgenstein und der modernen Sprechakttheorien (Austin, Searle) kommt Apel zu einem Theorieansatz, für den die Letztbegründung ethischer Normen nur im Rahmen einer transzendentalen Sprachpragmatik möglich ist. Mit der Unhintergehbarkeit der Kommunikation seien ethische Grundwerte vorgegeben, die jeder immer schon anerkennt, der sich an ihr beteiligt.

143. *K.-O. Apel* (Hrsg.), Sprachpragmatik und Philosophie. Beiträge von K.-O. Apel, J. Habermas, S. Kanngießer, H. Schnelle, D. Wunderlich, Theorie-Diskussion, Frankfurt a. M. 1976
Kritik an Apel durch Vertreter der empirischen Sprachforschung; von Habermas differenzierte Auseinandersetzung mit dem transzendentalen Ansatz Apels, bei Übereinstimmung in Intention und Ziel.

(45.) *W. Oelmüller* (Hrsg.), Materialien zur Normendiskussion, Bd. 1: Transzendentalphilosophische Normenbegründungen, UTB 779, Paderborn 1978
Arbeitspapiere und autorisierte Protokolle eines Kolloquiums in Paderborn 1976, in dem neben dem Ansatz von Krings und Habermas der Ansatz von Apel von ihm dargelegt und diskutiert wurde.

HERMANN LÜBBE

geb. 1926 in Aurich/Ostfriesland. Studium der Philosophie, Theologie und Soziologie an den Universitäten Münster, Freiburg, Frankfurt, Erlangen. Lehrtätigkeit in Erlangen, Hamburg, Münster, Köln, Bochum und Bielefeld. 1966–1970 Staatssekretär im Kultusministerium von Nordrhein-Westfalen. Seit 1971 Professor für Philosophie und politische Theorie an der Universität Zürich. Lübbe beschäftigt sich vor allem mit zentralen Positionen der politischen Philosophie des 19. und 20. Jahrhunderts in Deutschland. In den wissenschafts- und hochschulpolitischen Diskussionen der letzten Jahre geht es ihm um eine Rehabilitierung des politischen Dezisionismus gegen Theorie und Praxis der ‚Neuen Linken‘.

(45.) *W. Oelmüller* (Hrsg.), Materialien zur Normendiskussion. Bd. 1, Transzendentalphilosophische Normenbegründungen, UTB 779, Paderborn 1978; Bd. 2 Normenbegründung – Normendurchsetzung, UTB, Paderborn 1978
Arbeitspapiere und autorisierte Protokolle zweier Kolloquien in Paderborn (1976 und 1977), in denen neben den Ansätzen von Apel, Habermas, Kambartel und Krings der von Lübbe von ihm dargelegt und diskutiert wurde.

JEAN-PAUL SARTRE

geb. 1905 in Paris, 1931–45 Gymnasialprofessor in Le Havre, Laon und Paris, aktiv in der Widerstandsbewegung, lebt seit 1945 als freier Schriftsteller in Paris. In seiner Existenzphilosophie (Existentialismus) beeinflußt von Heidegger, Jaspers und der Phänomenologie E. Husserls, in seinen späteren Werken kritische Reflexion auf Marx und Hegel. Sartre betont das „Engagement" des Menschen aus der Freiheit, zu der er „verdammt ist". Die Problematik dieser Freiheit stellt Sartre auch in seinen Romanen, Dramen und Filmen dar.

144. *K. Hartmann,* Sartres Sozialphilosophie. Eine Untersuchung zur ‚Critique de la raison dialectique I', Berlin 1966
Sartres Werk wird gedeutet als eine in sich geschlossene, systematische Transzendentalphilosophie des Sozialen. Seine Sozialphilosophie sei ein „Paradigma einer transzendentalontologischen Gegenposition zur Hegelschen Rechtsphilosophie" (S. 201).

145. *P. Kampits,* Sartre und die Frage nach dem Anderen. Eine sozialontologische Untersuchung, Wien–München 1975
Sartre gelinge es, bei verdienstvollen Ansätzen, nicht, seinen grundsätzlichen Subjektivismus zu transzendieren und zu einem wahren Begriff der Personalität des Anderen zu kommen.

146. *H. Marcuse*, Existentialismus. Bemerkungen zu Jean-Paul Sartres ‚L'Être et le Néant' (1948), in: Kultur und Gesellschaft 2, es 153, Frankfurt a.M. 1965, S. 49–84
Sartre hypostasiere „spezifisch geschichtliche Bedingungen der menschlichen Existenz in ontologische und metaphysische Kennmale" (S. 52) und gelange nicht zur revolutionären Theorie, sondern zur „ideologischen Ontologie" (S. 53). Im 1965 neu geschriebenen Schlußkapitel urteilt M. von der politischen Tätigkeit Sartres her, daß er das „Versprechen einer ‚Moral der Befreiung'" (S. 84) eingelöst habe.

147. *A. Schaff,* Marx oder Sartre. Versuch einer Philosophie des Menschen, Wien–Köln–Stuttgart–Zürich 1964
Sch. sieht das Verdienst Sartres darin, Probleme der Verantwortlichkeit für persönliches und gesellschaftliches Handeln gestellt zu haben. Eine Lösung dieser Probleme sei jedoch nur zu erwarten von einer noch zu schaffenden marxistischen Philosophie des Menschen. Die Lösungen des Existentialismus seien wegen dessen unzureichenden Verständnisses des Individuums in der Gesellschaft abzulehnen.

MICHEL FOUCAULT

geb. 1926 in Poitiers, Professor in Clermont-Ferrand, Paris-Vincennes, seit 1970 am Collège de France. Anders als die bisherigen Wissenschaftsgeschichten (vor allem die Ideengeschichten) und Humanwissenschaften, versucht Foucault mit seinen strukturalen und funktionalen Analysen epochenspezifische „Systeme der Gleichzeitigkeit", Analogien und Beziehungsgeflechte zwischen den wissenschaftlichen Disziplinen und den sozialen Institutionen herauszuarbeiten. Nicht Kontinuitäten, sondern Diskontinuitäten habe die „Archäologie des Wissens“ sichtbar zu machen. Im Anschluß an Nietzsche spricht Foucault nicht nur vom „Tod Gottes“, sondern vom „Tod des Menschen“ als eines autonomen Subjekts.

148. *G. Schiwy*, Der französische Strukturalismus, rde310/11, Reinbek bei Hamburg 1969
Neben einer leicht verständlichen Einführung in den Strukturalismus als Mode, Methode und Ideologie werden im Textanhang zentrale ausgewählte Texte abgedruckt, denen jeweils Einführungen vorangestellt sind. Hier auch die beiden Interviews: M. Foucault, Absage an Sartre und: J.-P. Sartre antwortet.

149. *W. Seitter*, Michel Foucault – Von der Subversion des Wissens; Nachwort zu: M. Foucault, Von der Subversion des Wissens, Reihe Hanser 150, München 1974, S. 141–170 (Bibliographie der Schriften Foucaults S. 171–176)
Darstellung der Entwicklung Foucaults anhand auch seiner frühen Veröffentlichungen.

150. *P. Sloterdijk*, Michel Foucaults strukturale Theorie der Geschichte, in: Philosophisches Jahrbuch 79 (1972), S. 161–184
Referat und kritische Erörterung der Zentralbegriffe Foucaults. Wesentlicher Mangel sei das Fehlen einer „positiven und negativen Theorie des Subjekts“ (S. 181); zu bezweifeln sei, ob Foucaults Praxisbegriff das „Problem der Konstitution diskursiver Praktiken“ (S. 181) lösen könne.

BURRHUS FREDERIC SKINNER

geb. 1904 in Susquehanna (Pennsylvania), Psychologe und Pädagoge, Professor an der Edgar-Peirce-University. Führender Vertreter des Behaviorismus. Durch experimentelle Versuchsreihen kommt er zu einer Theorie der Verhaltenssteuerung und einer Psychologie des Lernens. Er ist der Überzeugung, daß eine vollständig kontrollierte Konditionierung des Verhaltens, ‚jenseits von Freiheit und Würde‘ möglich ist, wenn die Vorbedingungen konstant sind.

151. *N. Chomsky*, Zu B. F. Skinners, Jenseits von Freiheit und Würde, in: Aus Staatsräson, es736, Frankfurt a. M. 1974, S. 44–103
Ch. bestreitet Skinner die Wissenschaftlichkeit seiner „Spekulation“ über menschliches Verhalten. Es gebe keine Verhaltenswissenschaft, die empirisch abgesicherte Thesen über die Probleme menschlicher Freiheit und Würde enthalte. Gegenüber Skinners Gesellschaftsmodell sympathisiert Ch. mit einem als „libertären Sozialismus“ verstandenen Anarchismus. (Vgl. ‚Bemerkungen zum Anarchismus‘, S. 104–121)

LESZEK KOLAKOWSKI

geb. 1927 in Radom. 1953 Professor in Warschau, 1956 Theoretiker und Publizist oppositioneller Gruppen im ‚Polnischen Oktober‘. Wegen Parteinahme für oppositionelle Studenten 1966 aus der kommunistischen Partei ausgeschlossen,

1968 Verlust des Lehrstuhls, Professor in Montreal und Berkeley, seit 1970 am All Souls College in Oxford. In Aufnahme und kritischer Diskussion nichtmarxistischer Positionen versucht Kolakowski die Verengung orthodox-marxistischer Philosophie und Parteiideologie zu überwinden. In seinen Analysen unserer Denkvoraussetzungen, vor allem der religiösen und philosophischen, kommt er zu dem Ergebnis, daß der Mensch auch in Zukunft außer über einen kritischen Rationalismus auch über ein Arsenal mythischer Bilder und Anschauungen verfügen muß, wenn er ‚menschlich' bleiben will.

152. *M. Greifenhagen,* Das Gute und der gesellschaftliche Fortschritt im Marxismus Kolakowskis, in: Zeitschrift für evangelische Ethik 9 (1965), S. 284–297
Kolakowskis Revision des Marxismus als Kritik des Stalinismus wird erörtert mit Blick auf gesellschaftliche Probleme in westlichen Ländern. Gegen die Identifizierung des moralisch Guten mit dem sozialen Fortschritt nehme Kolakowski „einen an Kant erinnernden Standpunkt der persönlichen Entscheidung in der ethischen Tagesforderung" (S. 287) ein. Mit dem modifizierten Marxismus Kolakowskis könne die protestantische Theologie in einen Dialog eintreten.

153. *G. Schwan,* Leszek Kolakowski. Eine Philosophie der Freiheit nach Marx, Stuttgart 1971
Darstellung der philosophischen Entwicklung Kolakowskis. Erörterung von Möglichkeiten gegenwärtiger marxistischer Philosophie und philosophischer Begründung politischen Handelns. Bibliographie der Schriften Kolakowskis und Literatur über ihn.

Register

In das Personenregister sind grundsätzlich nicht die Namen aufgenommen, die im Anhang vorkommen. Aufgenommen wurden nur die Namen, die für die Arbeit mit diesem Band hilfreich sein können.

Dies gilt auch für das Sachregister. Zum Teil werden Begriffsdifferenzierungen nur unter einem Oberbegriff zusammengefaßt: z. B. Geschichte – geschichtlich – Weltgeschichte; Humanismus – Humanität – Menschlichkeit; Sitte – Herkommen – Gewohnheit.

Personenregister

Sachregister

Quellenverzeichnis

Antiphon
Fragmente der Vorsokratiker, hrsg. von Hermann Diels, Rowohlt Verlag, Hamburg 1957, © Weidmann Publishers, Caragh Lake

Platon
Jubiläumsausgabe sämtlicher Werke, 8 Bde., eingeleitet von Olof Gigon, übertragen von Rudolf Rufener, Artemis-Verlags-AG, Zürich – München 1974

Aristoteles
Die Nikomachische Ethik, übersetzt und hrsg. von Olof Gigon, Deutscher Taschenbuchverlag GmbH (dtv 6011), ²München 1975, © Artemis-Verlags-AG, Zürich

Epikur
Von der Überwindung der Furcht, eingeleitet und übertragen von Olof Gigon, Artemis-Verlags-AG, ²Zürich 1968

Diogenes
Anekdoten zusammengestellt aus:
Diogenes Laertius, Leben und Meinungen berühmter Philosophen, übersetzt von Otto Apelt, neu hrsg. von Klaus Reich, ²Hamburg 1968 Lukian, Wie man Geschichte schreiben müsse. In: Werke in drei Bänden, übersetzt von C. M. Wieland, 2. Bd., Berlin und Weimar 1974 Dion Chrysostomos, Diogenes oder Über die Sklaven. In: Sämtliche Reden, übersetzt von W. Ellinger, Zürich–Stuttgart 1967
Aelan, Vermischte Nachrichten, übersetzt von E. Wunderlich, Stuttgart 1839
Cicero, Tusculanische Gespräche, für diesen Band übersetzt von R. Dölle

Lucius Anneus Seneca
Vom glückseligen Leben und andere Schriften, übersetzt nach Ludwig Rumpel, mit Einführung und Anmerkungen hrsg. von Peter Jaerisch, Reclam Verlag 7790 (2), Stuttgart 1975

Neues Testament
Einheitsübersetzung der Heiligen Schrift, Katholische Bibelanstalt GmbH, ⁴Stuttgart 1973

Aurelius Augustinus
Ausgewählte Briefe Bd. 2, übersetzt von Alfred Hoffmann, Bibliothek der Kirchenväter Bd. 30, Verlag Kösel GmbH & Co, München o. J.

Thomas von Aquin
Summa Theologica, Summa contra Gentiles, für diesen Band übersetzt von R. Dölle

René Descartes
Die Prinzipien der Philosophie, übersetzt und erläutert von Arthur Buchenau, Verlag Felix Meiner, Hamburg 1955
Von der Methode, neu übersetzt und hrsg. von Lüder Gäbe, Verlag Felix Meiner, Hamburg 1960

Blaise Pascal
Über die Religion und über einige andere Gegenstände (Pensées), übertragen und hrsg. von Ewald Wasmuth, Verlag Lambert Schneider, 7Heidelberg 1972

Bernard de Mandeville
Bienenfabel, hrsg. und übersetzt von Otto Bobertag, Verlag Albert Langen/ Georg Müller, München 1914

Immanuel Kant
Werke in sechs Bänden, hrsg. von Wilhelm Weischedel, Wissenschaftliche Buchgesellschaft, Darmstadt 1966 (seitengleich mit der 12bändigen Ausgabe im Insel-Verlag, Frankfurt a.M. 1964)

Johann Gottlieb Fichte
Sämtliche Werke, hrsg. von Immanuel Fichte, 8 Bde., Berlin 1845–1846. Fotomechanischer Nachdruck, Verlag Walter de Gruyter & Co, Berlin 1971

Georg Wilhelm Friedrich Hegel
H.'s theologische Jugendschriften, hrsg. von Hermann Nohl, Tübingen 1907. Fotomechanischer Nachdruck, Verlag Minera GmbH, Frankfurt 1966
Phänomenologie des Geistes, hrsg. von Johannes Hoffmeister, Verlag Felix Meiner, 6Hamburg 1952
Grundlinien der Philosophie des Rechts, hrsg. von Helmut Reichelt, Verlag Ullstein GmbH (TB 2929), Frankfurt–Berlin–Wien 1972
Enzyklopädie der philosophischen Wissenschaften, hrsg. von Friedhelm Nicolin und Otto Pöggeler, Verlag Felix Meiner, Hamburg 1959

Sören Kierkegaard
Philosophische Brosamen und Unwissenschaftliche Nachschrift, hrsg. von Hermann Diem und Walter Rest, Deutscher Taschenbuchverlag (dtv 6064), München 1976
Der Einzelne und sein Gott, ausgewählt und eingeleitet von Walter Rest, Verlag Herder KG (Herder Bücherei Nr. 105), Freiburg 1961, © Walter Rest
Entweder – Oder, hrsg. von Hermann Diem und Walter Rest, Deutscher Taschenbuchverlag (dtv 6043), München 1975

John Stuart Mill
Der Utilitarismus, Übersetzung, Anmerkungen und Nachwort von Dieter Birnbacher, Reclam Verlag 9821 (2), Stuttgart 1976

Arthur Schopenhauer
Sämtliche Werke, textkritisch bearbeitet und hrsg. von Wolfgang Frhr. von Löhneysen, Wissenschaftliche Buchgesellschaft, Darmstadt 1965

Friedrich Nietzsche
Werke in drei Bänden, hrsg. von Karl Schlechta, Verlag Carl Hanser, München 1956

Sigmund Freud
Gesammelte Werke, Band XIV, S. Fischer Verlag GmbH, Frankfurt a.M. © 1948, by Imago Publishing co., Ltd., London

Studienausgabe, hrsg. von Alexander Mitscherlich, Angela Richards, James Strachey, Bd. 9: Fragen der Gesellschaft. Ursprünge der Religion, S. Fischer Verlag GmbH, Frankfurt 1974

Max Weber
Politik als Beruf, hrsg. von Johannes Winckelmann, Verlag Duncker und Humblot ©, 6Berlin 1977
Gesammelte Aufsätze zur Wissenschaftslehre, hrsg. von Johannes Winckelmann, Verlag J. C. B. Mohr – Paul Siebeck ©, 4Tübingen 1973

Herbert Marcuse
Ethik und Revolution
übersetzt von Alfred Schmidt, In: Kultur und Gesellschaft 2, Suhrkamp Verlag (es 135), 8Frankfurt 1970

Karl-Otto Apel
Das Apriori der Kommunikationsgemeinschaft und die Grundlagen der Ethik
In: Transformation der Philosophie, Bd. 2, Suhrkamp Verlag, Frankfurt 1976 (Vom Autor für diesen Band gekürzt)

Hermann Lübbe
Pragmatismus oder die Kunst der Diskursbegrenzung
In: Willi Oelmüller (Hrsg.), Materialien zur Normendiskussion Bd. 2. Normenbegründung – Normendurchsetzung, Ferdinand Schöningh (UTB), Paderborn 1978

Jean-Paul Sartre
Ist der Existentialismus ein Humanismus
In: Drei Essays, Verlag Ullstein GmbH (TB 304), Frankfurt–Berlin 1964, © Europa Verlag AG, Zürich

Michel Foucault
Paul Caruso, Gespräch mit Michel Foucault
In: Von der Subversion des Wissens, übersetzt und hrsg. von Walter Seitter, Verlag Carl Hanser (Reihe Hanser 150), München 1974

Burrhus F. Skinner
Aus: Jenseits von Freiheit und Würde
In: Jenseits von Freiheit und Würde, übersetzt von Edwin Ortmann, Rowohlt Verlag GmbH, Reinbeck bei Hamburg 1973

Leszek Kolakowski
Der Anspruch auf die selbstverschuldete Unmündigkeit
In: Leonhard Reinisch Hrsg., Vom Sinn der Tradition, C. H. Beck'sche Verlagsbuchhandlung, München 1970, © Geisenheyner und Crone

Professor Dr. WILLI OELMÜLLER ist Ordinarius für Philosophie an der Gesamthochschule Paderborn und Lehrbeauftragter an der Universität Münster.
Wichtigste Veröffentlichungen:
Die unbefriedigte Aufklärung. Beiträge zu einer Theorie der Moderne von Lessing, Kant und Hegel, Frankfurt a.M. 1969 (zweite erweiterte Auflage, stw 263, Frankfurt a.M. 1979). Was ist heute Aufklärung? Düsseldorf 1972. Hrsg.: Fortschritt wohin? Düsseldorf 1972. Hrsg.: Wozu noch Geschichte? München 1977. Hrsg.: Weiterentwicklung des Marxismus, Wege der Forschung CXXXIII, Darmstadt 1977. Hrsg.: Materialien zur Normendiskussion, 3 Bde., Paderborn 1978–1979.

RUTH DÖLLE ist Studiendirektorin und Fachleiterin für Philosophie und allgemeine Pädagogik in Münster und Lehrbeauftragte an der Gesamthochschule Paderborn.
Wichtigste Veröffentlichungen:
Zum Philosophieunterricht an der Oberstufe in Nordrhein-Westfalen, in: H. M. Baumgartner – O. Höffe – Ch. Wild (Hrsg.), Philosophie-Gesellschaft-Planung. Kolloquium Hermann Krings zum 60. Geburtstag, München 1974, S. 49–59. Mitarbeit an den ‚Materialien zur Normendiskussion', 3 Bde., Paderborn, 1978–1979.

Dr. RAINER PIEPMEIER ist Dozent für Philosophie an der Gesamthochschule Paderborn.
Wichtigste Veröffentlichungen:
Aporien des Lebensbegriffs seit Oetinger, Symposion 58, Freiburg-München 1978. Aufsätze zu Themen der Praktischen Philosophie, Geschichtstheorie, Ästhetik und Religionsphilosophie. Mitarbeit an den ‚Materialien zur Normendiskussion', 3 Bde., Paderborn 1978–1979.